The Essential
Chomsky

촘스키, 知의 향연

지은이 | 노엄 촘스키
엮은이 | 앤서니 아노브
옮긴이 | 이종인
펴낸이 | 김성실
편집기획 | 최인수 · 여미숙 · 김성은 · 김선미 · 이정남
마케팅 | 곽홍규 · 김남숙
인쇄 | 한영문화사
제책 | 광성문화사

초판 1쇄 | 2013년 1월 10일 펴냄

펴낸곳 | 시대의창
출판등록 | 제10-1756호(1999. 5. 11)
주소 | 121-816 서울시 마포구 동교동 연희로 19-1 (4층)
전화 | 편집부 (02) 335-6125, 영업부 (02) 335-6121
팩스 | (02) 325-5607
이메일 | sidaebooks@daum.net

ISBN 978-89-5940-254-0 (03300)

• 책값은 뒤표지에 있습니다
• 잘못된 책은 바꾸어 드립니다.

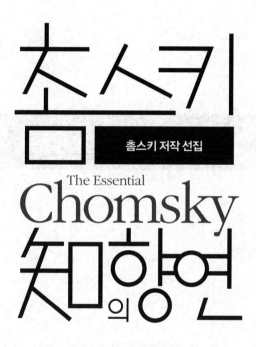

촘스키

촘스키 저작 선집

The Essential
Chomsky

知의 향연

앤서니 아노브 엮음 · 이종인 옮김

시대의창

차례

ii | 촘스키 언어학의 파노라마

| 일러두기

1. 이 책의 영어판 원서에서는 촘스키의 대표 논설을 구별 없이 발표
   연대순으로 실었으나, 한국어판에서는 글의 성격에 따라 정치평
   론과 언어학 논문으로 나누어 1, 2부로 묶었다. 각각 1부와 2부로
   묶인 글들의 차례는 발표 연대의 순서에 따랐다.
2. 원문의 이탤릭체는 고딕체로 표기했다.
3. 본문에서 ( )나 〔 〕 안의 내용은 지은이의 말이다. 옮긴이의 논
   평이나 해설은 괄호 안에 '_옮긴이'라고 표시했다.

자유주의적인 지성지《뉴욕 리뷰 오브 북스New York Review of Books》
에 실린 초창기 논설부터《패권인가 생존인가Hegemony or Survival》《촘스
키, 실패한 국가, 미국을 말하다Failed States》《촘스키, 우리가 모르는 미
국 그리고 세계Interventions》 등 최근 저서에 이르기까지 노엄 촘스키는
방대한 정치평론을 저술했다.[1] 그의 첫 정치평론서인《미국의 국력과 새
지배계급American Power and the New Mandarins》("범죄적 전쟁에 복무하기를
거부한 용감한 젊은이들에게 이 책을 바친다")은 40년이 지난 지금도 통찰과
재치가 번뜩이는 글로 평가받는다. 촘스키는 이 책에 이렇게 썼다.

"일간지들이 보여주는 공포에 떠밀려서 전쟁이 더 깊은 범죄의 잔인
한 외피에 지나지 않는다는 사실을 놓치기 쉽다. 끊임없는 고통과 굴욕,
기본 인권에 대한 무시 등을 가하는 사회질서의 이면을 꿰뚫어보지 못
하는 것이다."

이렇게 주장하는 촘스키는 전쟁을 '비극적 실수'라고 생각하는 대다
수 전쟁 비판자들과는 다른 입장을 취하면서, 그것이 오랜 역사를 가진
미 제국주의의 일환이라고 진단했다.[2]

1969년 이래 촘스키는 아시아, 라틴아메리카, 중동 등지에 관한 미국

의 해외 정책을 다룬 책들을 펴내는 한편, 언어학, 철학, 교직에 대한 의무를 충실히 수행하고 있다. 그는 사회 변화를 위해 노력하는 운동과 조직에 아낌없는 도움을 베풀었는데, 이는 그가 어린 시절부터 체험해온 지적知的이고 적극적인 사회참여 전통에 입각한 것이었다.

아브람 노엄 촘스키는 1928년 12월 7일 필라델피아의 동유럽 출신 유대인 이민자 가정에서 태어났다. 그의 아버지 윌리엄 촘스키는 1913년 러시아 차르 군대에 징집되는 것을 피하기 위해 러시아를 떠났다. 그의 어머니 엘지 시모노프스키Simonofsky, Elsie는 한 살 때 동유럽을 떠나왔다. 촘스키는 대공황 시기 파시스트의 위협이 점증하던 무렵에 성장했다. 그는 나중에 이렇게 회상했다.

"아주 어릴 적 기억으로 지금도 생생한 것은, 사람들이 우리 집 문 앞에서 헌옷을 팔던 일, 경찰들의 무자비한 시위 해산, 그리고 대공황의 여러 장면들이다."[3]

촘스키는 어릴 때부터 계급적인 연대와 투쟁 의식을 배웠다. 그의 회상에 따르면, 그의 부모는 "통상적인 루스벨트 민주당원"이었다. 이모나 고모, 삼촌들은 국제숙녀복노동조합에 속한 의류 노동자, 공산주의자, 트로츠키주의자, 아나키스트였다. 어린 시절 촘스키는 뉴욕의 급진적인 유대인 지식인 문화에 영향을 받았고, 아나키스트 책자를 파는 신문 가판대와 서점에 주기적으로 들렀다. 촘스키에 의하면 그것은 "노동자 계급의 가치관, 연대 의식, 사회주의적 가치관을 지닌 노동자 계급 문화였다."[4]

촘스키는 열여섯 살 때 펜실베이니아 대학에 들어갔으나 자퇴하려고 마음먹었는데, 그 무렵 언어학자 젤리그 해리스Harris, Zellig에게 지적이고 정치적인 자극을 받게 되었다. 촘스키는 해리스 주위의 예사롭지 않은 지적 분위기에 크게 매혹되었다. 해리스는 철학적 논의, 독서, 대학

교과과정 이외의 독립적인 연구를 포함하는 언어학 세미나를 개최했다. 촘스키는 해리스 밑에서 대학원 연구과정을 거치고, 1951년 하버드 대학 특별연구원Harvard's Society of Fellows이 되어 언어학 연구를 계속했다. 1953년에 촘스키는 "당시의 학문 연구 방법과는 완전히 결별하고" 새로운 길을 개척하기 시작했다. 그는 17세기 포르루아얄Port Royal 학파와 프랑스 철학자 르네 데카르트, 그리고 프러시아 철학자 빌헬름 폰 훔볼트 von Freiherr Humboldt, Karl Wilhelm(1767~1835, 독일의 철학자·언어학자_옮긴이)의 "언어 사용의 창조적 측면"[5]에 관한 풍부한 고찰을 면밀히 재검토했다. 촘스키는 때때로 언어와 정치의 연관 관계를 부정하거나 과소평가했지만, 그의 정치적·언어학적 연구는 동일한 철학적 전통을 바탕으로 한다. 즉 그의 연구는 현대의 아나키즘에서 '고전 자유주의', 계몽사상, 17세기의 합리주의자들에 이르기까지 폭넓은 철학적 전통을 이어받은 것이다.

스물여섯 나이에 MIT(매사추세츠 공과대학) 교수가 된 촘스키는 뛰어난 언어학 연구로 학계의 많은 주목을 받았다. 그러는 한편 전쟁을 비난하고, 그 전쟁을 지지하는 주류 지식인들을 맹렬히 성토하는 장문의 면밀한 논설을 발표하면서 정치적으로 더 폭넓은 주목을 받았다. 그는 《뉴욕 리뷰 오브 북스》와 《리버레이션Liberation》《램파츠Ramparts》《뉴 폴리틱스New Politics》《사회주의 혁명Socialist Revolution(나중에 《사회주의자 평론 Socialist Review》으로 개명)》 같은 좌파 언론에다 글을 실었다. 그는 이들 글에서, 인도차이나에서 미 정부가 저지른 일을 비판하고, 전쟁에 들이는 노력을 미국 제국주의의 역사와 연결지었다. 촘스키는 미국이 전쟁에 기울이는 노력에 대하여 치열하게 비판하는, 아주 중요하면서도 존경받는 논객이 되었고, 닉슨 대통령의 악명 높은 '적敵의 명단'에 오르게 되었다. 이때부터 그는 다양한 정부 옹호자들로부터 격렬한 중상과 비방을 받았고 그 후에는 이스라엘에 대한 비판으로 반복적인 공격의 대상이 되었다. 초기의 논설에서 우리는 촘스키 대표 저작의 기본 주제들이 이미 싹튼 것을 볼 수 있다. 그는 미국의 정책 입안 문서, 비밀 해제된 기록, 공식 성명, 구하기 힘든 자료 들을 꼼꼼히 분석했다. 그리고 미 제국주의를 은폐하고 옹호하는 자유주의자, 기성 지식인, 언론의 시사평론가 들을 강하게 비판했다. 또한 베트남전쟁이 "실수"나 "선의의 오해"에 따른, "잘해보려다가 삐끗한" 사태가 아니라, 자본주의 국가의 조직적이고 뿌리 깊은 특징에 따른 결과물이라고 진단했다.

그는 미국의 인도차이나전쟁을 멀리서 비판하는 데 그치지 않고, 자신의 신념을 실천하기 위하여 직접 행동에 뛰어들었다. 촘스키는 1965년 초의 납세 거부 운동에 참여했고 1965년 10월에는 보스턴에서 벌어진 최초의 반전 시위에도 참가했다. 시위대는 시위 반대자들과 경찰 병력에 완전히 압도될 만큼 중과부적이었지만 그래도 촘스키는 굴복하지 않고 시위 운동의 일일 운영위원으로 맹렬히 활동했다. 이 운동은 베트남전 반대 운동을 넘어서서 중앙아메리카 연대 운동, 1991년과 2003년 미국의 이라크 개입 반대 운동, 기타 반정부 운동으로 확대되었다. 촘스키는 계속하여 비판적 발언을 하고, 독창적 글을 쓰고, 명쾌한 인터뷰를 하고, 청원서에 서명하고, 자신이 힘을 보탤 수 있는 운동이라면 어디든 가리지 않고 손을 내뻗었다. 그러면서도 언어학 분야에서 제자들과 함께 연구에 열정을 쏟아 그 자신의 이론과 업적에 계속 도전하며 새로운 성과를 내놓았다.[6]

전 세계의 많은 사람들이 촘스키에게서 영감을 얻는다. 그는 〈폭스뉴스Fox News〉의 우파적 렌즈로 세상을 보는 사람들과 미국의 해외 통제 기구를 통해서만 미국을 알고 있는 사람들에게, 미국 국민들은 정치 엘리트들과는 전혀 다른 가치관과 생각을 갖고 있음을 일깨운다. 그는 종종 무시되는 반체제의 전통에 입각하여 생생한 정치·경제 분야의 증언을 한다. 또한 사회정의와 변혁을 위해 투쟁하는 전 세계 사람들과 연대하는 관점에서 거침없이 발언한다. 평생의 반려자인 캐롤Carol 촘스키와 콜롬비아나 니카라과 같은 나라들을 방문할 때면, 그는 사람들을 가르치거나 인도하기보다는 그들의 투쟁에서 더 많은 것을 배운다. 이처럼 겸손한 그의 발언은 날카로운 비판과 분석을 동반하며 엄청난 영향력을 갖는다. 그것은 세상을 바꾸는 방식을 더 잘 알기 위해 세상일에 열심히 귀 기울이는 사람들에게서 나오는 힘이기도 하다.

앤서니 아노브

i

행동하는 지성의 광장

01

지식인의 책무

이 글(원제 The Responsibility of Intellectuals)은 하버드 대학교에서 연설한 내용으로《모자이크Mosaic》지 1966년 6월호에 실렸고, 조금 고쳐져서 1967년 2월 23일《뉴욕 리뷰 오브 북스New York Review of Books》에 다시 실렸다. 이 책에서는 시어도어 로스잭 Rosazk, Theodore이 편집한《저항하는 학원The Dissenting Academy》(New York : Pantheon Books, 1968)의 재판본《미국의 국력과 새 지배계급American Power and the New Mandarins》(New York : Pantheon Books, 1969; New York : The New Press, 2002), 323~366쪽에서 전재했다.

20년 전 드와이트 맥도널드Macdonald, Dwight(전《포춘Fortune》지 주필_
옮긴이)는《폴리틱스Politics》지에 사람들의 책임, 특히 지식인의 책임에
관한 일련의 기사를 게재했다. 종전 직후 그 글들을 읽었을 때 나는 학
부생이었는데, 몇 달 전 다시 읽어볼 기회가 있었다. 맥도널드의 글들은
여전히 강한 설득력을 발휘했다. 맥도널드는 전쟁범죄에 관한 문제를
다루면서 이런 질문을 던진다. "독일과 일본 사람들은 그들의 정부가
저지른 포악한 행위에 대하여 얼마나 책임이 있는가?" 그리고 이어 그
질문을 우리 자신에게 던진다. "영국과 미국 사람들은 전쟁 중에 저질
러진 잔인한 행위들, 즉 민간인에 대한 폭격, 각종 전쟁 기술, 그리고 히
로시마와 나가사키에 투하된 원자폭탄 등에 대하여 어느 정도까지 책임
이 있는가?" 1945년에서 1946년 사이에 학부생이었던 나에게 이런 질문
들은 아주 의미심장하고 예리한 것이었다. 1930년대의 잔인한 테러, 에
티오피아의 전쟁, 러시아의 숙청, '중국 사태', 에스파냐 내전, 나치의
잔혹 행위 같은 사건들에 대한 서방의 무관심과 공모 등을 바라보면서
정치적·도덕적 의식을 갈고닦아 온 사람들에게도 맥도널드의 질문은

날카롭고 타당한 것이었다.

지식인들의 책임에 관해서는, 조금 다르지만 역시 고통스러운 질문들이 남아 있다. 지식인들이라면 정부의 거짓말을 폭로하고, 정부의 문제점, 동기, 감추어진 의도 들을 분석해야 할 입장에 있는 사람들이다. 특히 서방 세계의 지식인들은 정치적 자유, 정보에 접근할 권리, 표현의 자유를 누리는 만큼 더욱 그런 활동을 펼쳐야 할 것이다. 이 소수의 특권층을 위하여 서방 민주주의 국가들은 현대사에 일어난 사건들의 왜곡과 오도, 이데올로기, 계급적 이해관계 뒤에 감춰진 진실을 찾아내라고 시간적 여유, 시설, 훈련 등을 제공한다. 따라서 이런 특권을 누리고 있는 지식인들의 책임은 맥도널드가 말한 "일반 대중의 책임"보다 훨씬 엄중한 것이다.

맥도널드가 제기한 문제들은 20년 전과 마찬가지로 오늘날에도 여전히 타당하다. 베트남의 힘없는 농민들을 상대로 미국이 저지르고 있는 만행에 대하여 미국 사람들이 어느 정도까지 책임져야 하는지 질문을 던지지 않을 수 없다. 이런 만행을 아시아 사람들은 '바스코 다 가마의 대항해시대Vasco da Gama era'의 속편으로 보고 있다. 이런 만행이 지난 10여 년 동안 진행되어오는 과정에서 무관심과 침묵으로 일관한 사람들은 과연 역사에 어떻게 기록되어 남을까? 감각이라고는 전혀 없는 사람들만이 이런 질문을 회피할 수 있다. 나는 지식인들이 1960년대 중반에 어떻게 그 책임 문제를 다루었는지 산발적인 예를 살펴본 후에 이 질문으로 다시 돌아오려고 한다.

진실을 말하고 거짓을 폭로하는 것이 지식인의 책무다. 이것은 너무나 자명한 진리여서 아무 논평 없이 지나갈 수 있을 듯하다. 하지만 실제로는 그렇지 못하다. 가령 마르틴 하이데거Heidegger, Martin(1889~1976)는 1933년 나치를 찬양하면서 이런 발언을 했다. "진리는 사람들로

하여금 어떤 행동과 지식에 대하여 분명하게 확신하고 또 강력히 지지하게 만든다. 지식인이 발언해야 할 책임을 느끼는 '진리'는 바로 이런 종류의 것이다." 미국인들은 이보다 더 노골적으로 자신의 생각을 말한다. 1965년 11월 《뉴욕타임스》는 역사학자 아서 슐레진저Schlesinger, Arthur(1917~2007)에게 피그스만 사건(1961년 케네디 정부가 계획했으나 실패로 끝난 쿠바 침공 작전_옮긴이)에 대하여 설명을 요청했다. 그 사건 당시 슐레진저가 언론에게 했던 말과, 그 후 그의 저서에 설명되어 있는 사건 상황은 서로 모순된다는 것이었다. 그는 사건 당시 자신이 거짓말을 했다고 답변했다. 그리고 며칠 뒤에는 '국가이익'을 위해 침공 계획을 보도하지 않은 《뉴욕타임스》를 칭찬했다. 슐레진저는 최근에 펴낸 케네디 행정부를 다룬 책에서, 케네디 행정부의 오만하고 기만적인 사람들이 모두 국가이익을 고려해 행동했다고 말했다. 어떤 개인이 국가이익을 위해 자신이 알고 있는 정보에 대하여 거짓말을 한 것은 그리 큰 관심사가 될 수 없다. 하지만 이런 사건이 지식인 사회에서 아무런 반응을 일으키지 않았다는 것은 의미심장한 일이다. 미국이 인근 국가(쿠바)를 공격한 것이 부정한 일이 아니었다고 온 세상 사람들을 설득하는 것을 본분으로 생각하는 역사가에게 인문학계의 윗자리를 내주었다는 사실을, 지식인들이 이상하게 여기지 않았다는 것은 심각한 일이다. 그리고 베트남 협상과 관련하여 우리 정부와 그 대변인이 무수히 해온 거짓말들을 어떻게 해야 할까? 객관적 사실들은 관심 있는 사람들에게 이미 알려져 있다. 국내외 언론들은 이런 거짓말이 나오는 족족 그 허구성을 지적한 문건들을 제시했다. 하지만 정부가 펼치는 선전 활동의 위력은 너무나 막강해서 이 주제에 대하여 별도의 연구를 수행하지 않은 시민으로서는 정부 발표를 반박하는 객관적 사실을 제시하기가 쉽지 않다.[1]

미국의 베트남 침공을 둘러싼 기만과 왜곡은 이제 너무나 익숙해져서 더 이상 충격이 되지 못한다. 베트남 침공에 대한 냉소의 수위가 계속 높아지고 있는데 그런 냉소주의는 과거에도 미국 내에서 묵인 아래 수용되었다. 1954년의 과테말라 침공과 10년 뒤 아이젠하워의 발언(발언이라기보다 허세)을 비교해 보는 것은 유의미하다. "과테말라 침공자들을 돕기 위하여 미국 비행기들을 보냈습니다."[2] 이런 이중성은 위기의 순간에만 발휘되는 것이 아니다. 가령 '뉴 프런티어New Frontier 사람들(케네디 행정부_옮긴이)'은 역사적 정확성에 대한 관심이 별로 없다. 진행 중인 어떤 행위에 대하여 '선전 활동'을 하지 않아도 되는 때에도 여전히 그 정확성을 무시해버린다. 가령 아서 슐레진저는 1965년 초에 북베트남을 폭격하고 군사적 개입을 대대적으로 강화한 것은 "완전히 합리적인 근거"에 기반을 둔 것이라고 말했다. "……베트콩들이 전쟁에 이길 수 있다고 생각하는 한, 협상 타결안에 관심을 가질 리 없다."[3] 이런 발언을 언제 했는지 그 날짜가 중요하다. 만약 이런 발언을 6개월 전에 했더라면 무지의 탓으로 돌릴 수도 있으리라. 하지만 이 발언은 1965년 2월의 북베트남 폭격 이전 여러 달에 걸쳐 신문 1면에 유엔, 북베트남, 소련의 주도안들이 보도된 후에 나온 것이었다. 정부의 기만 행위가 폭로되고 나서, 워싱턴 특파원들이 몇 달에 걸쳐 괴로워하던 이후에 그런 발언이 나왔다. 가령 차머스 로버츠Roberts, Chalmers는 본의 아니게 냉소적인 분위기를 풍기며 이렇게 썼다. 1965년 2월 하순은 "워싱턴 정부로서는 협상하기에 좋은 시점이 아니었다. 왜냐하면 존슨 대통령이 하노이 측(북베트남 정부_옮긴이)을 협상 테이블에 끌어내기 위해 북베트남에 대한 최초의 폭격을 승인했기 때문이다. 정부는 이렇게 해야 협상 테이블에서 양측의 조건이 서로 엇비슷하게 맞아떨어진다고 보았다."[4] 이 시점에 나온 슐레진저의 발언은 기만이라기보다 경멸의 뜻이 강하다. 정부의 이런 행위를 승인해주지는 못하지만 침묵으로 용인해줄 대중을 경멸

하는 발언인 것이다.[5]

이제 정부 정책을 실제로 입안하고 집행한 사람의 경우를 보자. 슐레진저가 케네디 행정부의 외교 업무 수행에 "광범위한 역사적 견해"를 수혈했다고 칭찬한 (경제학자이자 케네디의 특별보좌관인_옮긴이) 월트 로스토Rostow, Walt(1916~2003)의 견해를 검토해 보자.[6] 로스토의 분석에 의하면, 1946년의 인도차이나 게릴라전은 스탈린이 시동을 건 것이었고,[7] 하노이는 그 지시에 따라 1958년 남베트남에 대한 게릴라전을 시작했다 (《7층에서 바라본 광경*The View from the Seventh Floor*》, 39쪽과 152쪽). 마찬가지로 공산주의 입안가들은 북부 아제르바이잔과 그리스에서 "자유세계의 방어 스펙트럼"을 정탐했고, 스탈린은 그곳에서 벌어진 "게릴라전을 실질적으로 지원했다." 이런 것들은 1945년에 면밀하게 세운 계획의 실천이었다(같은 책, 36쪽과 148쪽). 그리고 중부 유럽의 경우, 소련은 "중부 유럽의 위험한 긴장을 해소할 방안을 받아들일 입장이 못 되었다. 동부 독일의 공산주의가 서서히 잠식되어 파괴될 우려가 있었기 때문이다"(같은 책, 156쪽).

이런 견해를 학자들의 해당 사건 연구와 비교해 보는 것은 흥미로운 일이다. 스탈린이 1946년에 인도차이나 게릴라전에 시동을 걸었다는 얘기는 논박할 가치조차 없다. 하노이 정부가 1958년에 게릴라전을 시작했다는 얘기는 실제 상황과 다르다. 미국 정부 측 자료들[8]도 다음과 같은 사실을 인정하고 있다. 1959년 하노이는 응오딘지엠(1901~1963, 남베트남의 친미 반공 대통령_옮긴이)이 그 자신의 알제리전쟁*이라고 말한 것에 대한 직접적인 보고를 처음 접수했다는 것이다.[9] 이 일이 있고 나서 하노이

---

* 프랑스의 식민통치에 저항해서 1954년부터 1962년까지 알제리민족해방전선FLN이 주도하여 벌인 독립전쟁._편집자

는 게릴라전에 뛰어들 준비를 했다. 사실 1958년 12월 하노이는 현 상태를 근거로 사이공 정부(남베트남 정부_옮긴이)와 외교적, 상업적 관계를 유지하고자 제안했다.[10] 그전에도 이런 제안을 여러 번 했으나 사이공과 미국이 거부한 바 있었다. 로스토는 스탈린이 그리스 게릴라들을 지원했다는 증거는 제시하지 못했다. 사실, 명확한 기록은 없지만 그리스 게릴라들은 스탈린의 관점에서 보자면 전후戰後의 만족스러운 제국주의적 구도를 뒤흔드는 것이었다.[11]

독일에 대한 로스토의 견해는 더욱 흥미롭다. 그는 러시아 측의 1952년 3~4월 문건에 대해서는 언급할 가치를 느끼지 않는다. 그 문건은 1년 이내에 각국의 군대가 철수하고, 독일을 국제 감시단의 감시 아래 통일시키자는 제안을 담고 있다. 단 통일 독일이 서방 군사동맹에 참가하지 않는다는 보장이 전제되어야 한다.[12] 로스토는 그 자신이 지적했던 트루먼과 아이젠하워 행정부의 전략을 잠시 잊어버린 채 말한다. "두 행정부의 전략은 소련과의 진지한 협상을 회피하는 것이었다. 서방이 통일 독일의 재무장을 유럽의 틀 안에 가두어놓고, 그것을 기정사실로 만들어 모스크바를 압박할 수 있을 때까지는 말이다."[13] 이 말은 포츠담 협정을 위반하는 것이기도 하다.

하지만 가장 흥미로운 부분은 로스토의 이란 관계 발언이다. 소련이 북부 아제르바이잔의 친소련 정권에 압력을 넣어 이란의 석유에 대한 접근 권리를 확보하려는 시도가 실제로 있었다. 하지만 이런 시도는 힘이 우월한 영미 세력에 의하여 거부되었다. 그게 1946년의 일이었는데 이 시점에 영미의 강력한 제국주의는 이란에 친서방 정권을 세우고 이란의 석유에 대하여 완전한 권리를 확보했다. 우리는 1950년대 초반, 이란의 석유는 이란 국민의 것이라는 주장을 펴던 단명한 이란의 민중 정부가 그 후 어떻게 되었는지 잘 알고 있다. 하지만 흥미로운 부분은 북부 아제르바이잔을 '자유세계의 방어 스펙트럼'의 일부분으로 간주했다는 것이다. 이제 '자유세계'라는 말이 얼마나 오용되었는지는 논평할 필요조차 없게 되었다. 하지만 천연자원이 풍부한 이란이 서방의 영향권 아래에 있어야 한다는 무슨 자연법적 근거라도 있는가? 이란이 서방의 영향권 아래에 있는 것을 당연시하는 것은 뿌리 깊은 제국주의적 외교 형태를 보여주는 구체적인 사례다.

이처럼 진실을 무시하는 태도에 더해, 최근에 나온 발언들은 미국의 행동에 대하여 실제적인 혹은 가장된 순진함을 보여주고 있다. 그 순진함은 거의 경악할 수준이다. 가령 아서 슐레진저는 최근에 1954년의 베트남 정책이 "국제적 선의를 도모하려는 우리 일반 프로그램의 일환"이라고 규정했다.[14] 농담으로 한 말이 아니라면, 이런 언사는 엄청난 냉소주의 혹은 현대사의 기본도 모르는 무지의 소치라고 할 수밖에 없다. 마찬가지로, 1966년 1월 27일 하원 외교위원회에 나온 토마스 셸링 Schelling, Thomas(1921~, 2005년 노벨경제학상을 받은 경제학자_옮긴이)의 증언을 우리는 어떻게 해석할 것인가? 셸링은 아시아 전역이 "공산화할 경우" 두 가지 커다란 위험이 도사리고 있다고 증언했다.[15] 첫째 가난하고 유색인종이 살고 있는, 적대적 태도를 취할 가능성이 있는 넓은 지역에서 미국과 서방 문명이 배제될 것이라는 주장이다. 둘째는 저개발 세계에서 번영하는 민주 정부를 수립하려는 노력이 실패로 돌아가 다시는 그것을 시도할 수 없게 된다면, 미국과 같은 나라는 자신감을 유지하지 못하리라는 것이다. 미국 외교 정책의 기록에 대해 어느 정도 알고 있는 사람이 이런 황당한 증언을 하다니 정말 믿기지 않는 일이다.

하지만 이런 증언을 역사적 관점에서 바라보고 또 그것을 과거의 위선적 도덕주의의 맥락에 집어넣고 살펴보면 그리 황당한 것도 아니다. 가령 우드로 윌슨 Wislson, T. Woodrow(1856~1924, 미국 제28대 대통령_옮긴이)은 라틴아메리카 사람들에게 훌륭한 통치 기술을 가르치려고 했다. 그래서 그는 1902년에 이렇게 썼다. "식민지 사람들에게 질서와 절제하는 마음, 법률과 복종에 대한 훈련과 습관을 가르치는 것은 우리의 의무다." 또 1840년대의 선교사들은 추악하고 비열한 아편전쟁을 이런 식으로 설명했다. "이것은 신의 위대한 계획이 작용한 결과다. 사악한 인간들로 하여금 중국에 베풀어지는 자비에 복종시키고, 고립의 벽을 깨뜨려 중국을 서방의 기독교 국가들과 직접 교역하도록 하려는 것이다." 좀 더 최근의 사례를 보면, A.A. 벌Berle Jr., Adolf Augustus(1895~1971, 미국 법률가이자 외교관_옮긴이)은 도미니카 개입에 대하여 카리브 국가들의 문제는 러시아 제국주의 때문이라는 뻔뻔스러운 논평을 하기도 했다.[16]

이런 황당한 발언의 마지막 사례로 헨리 키신저를 살펴보자. 그는 미국의 베트남 정책을 논의하는 하버드-옥스퍼드 토론에 참가하여 주제 발표를 하면서 결론 부분에 다소 서글픈 어조로, 자신을 가장 괴롭히는 것은 남들이 우리의 판단력이 아니라 동기를 의심하는 것이라고 털어놓았다. 정치 분석을 전문으로 하는 사람이 이런 발언을 하다니 이례적이었다. 그는 공식 선전 활동에는 표현되지 않는 동기 혹은 정부에 봉사하는 사람들이 희미하게 인식하는 동기에 비추어 정부의 행동을 분석하는 사람인데, 동기 운운하다니 기이했다. 러시아, 프랑스, 탄자니아의 정치적 행동을 분석하면서, 공식적인 수사 뒤에 숨겨진 장기적 국가이익에 비추어 그 행동의 동기를 의심하고 해석하는 것은 당연한 일이다. 하지만 미국의 동기는 순수 그 자체로서 분석의 대상이 될 수 없다는 것이 저들의 신조다(주석 1 참조). 이것은 미국의 지성사에서 새로운 일도 아니고 나아가 제국주의의 역사에 흔히 있었던 일이다. 하지만 이런 순진한 척하는 태도는 점점 혐오스러워지고 있다. 미국의 권력이 세계 정세를 좌지우지하고, 무제한적인 악행을 저지를 수 있기 때문이다. 언론들은 이런 미국의 횡포를 매일 보도하고 있다. 물질적 이해관계와 막강한 과학기술력, 그리고 지위가 낮은 이들의 고통과 비참함에 대한 무관심을 한데 버무린 나라는 우리 미국이 처음은 아니다. 우리의 지성사를 왜곡해온 순진함과 독선의 오랜 전통은 제3세계에 경고가 되고 있다. 즉 미국이 내세우는 성실성과 온건한 의도가 겉 다르고 속 다르니 속아 넘어가지 말라는.

강단 지식인들이 정치에 참여하기를 바란다면 '뉴 프런티어 사람들'의 기본 전제를 꼼꼼히 살펴보아야 한다. 가령 나는 아서 슐레진저가 피그스만 침공에 반대했다고 인용했는데, 그 인용은 부정확한 것이다. 그가 침공을 가리켜 "끔찍한 발상"이라고 말한 것은 사실이다. "하지만 쿠바 망명객들을 앞세워서 카스트로를 전복하려는 시도 자체를 용납할 수 없기 때문에 끔찍하다고 한 것은 아니다." 감상주의적인 반응은 강인한 마음을 가진 현실주의자에게는 기대할 수 없는 것이다. 문제는 공작이 성공할 가능성이 별로 없었다는 것이다. 그가 볼 때 피그스만 침공 작전은 잘못 수립된 것이고, 그것만 제외한다면 반대할 만한 이유가 없다.[17] 이와 비슷한 맥락에서, 슐레진저는 트루히요Trujillo(1891~1961, 도미니카의 독재자_옮긴이) 암살 이후 케네디가 내놓은 '현실적' 상황 판단을 칭찬하면서 이렇게 인용한다. "세 가지 가능성이 있다. 선호하는 순서대로 말하면 첫째는 참다운 민주 정부이고, 둘째는 트루히요 체제의 지속이며 셋째는 카스트로 체제다. 우리는 첫째를 목표로 해야 한다. 하지만 셋째 가능성을 피할 수 있다는 확신이 들기 전에는 둘째 것도 포기할 수가 없다."[18] 셋째 가능성이 왜 그토록 혐오스러운지는 몇 장 뒤에 설명된다. "라틴아메리카에서 공산주의가 성공하면 미국의 권력과 영향력에 심각한 타격을 줄 것이다." 하지만 우리는 셋째 가능성을 확실히 피할 수 있다는 보장이 없으므로 실제로는 둘째 방안으로 낙찰해야 한다.

우리는 현재 브라질과 아르헨티나에서 그렇게 하고 있다.[19]

　이제 미국의 아시아 정책에 대한 월트 로스토의 견해를 살펴보자.[20] 아시아 정책의 기반은 "우리가 중공에 공개적으로 위협을 당하고 또 위협을 느낀다는 것이다." 우리가 실제로 위협을 당하고 있다는 사실을 증명하는 것은 물론 불필요하다. 아무도 이 문제에 주의를 기울이지 않는다. 우리가 위협을 느낀다고 말하면 그것으로 충분하다. 우리의 정책은 우리의 국가 유산과 국가이익에 바탕을 두어야 한다. 국가 유산은 다음과 같은 문장에 잘 요약되어 있다. "19세기 내내 미국인은 아메리카 대륙에 자신들의 원칙과 권력을 확대하는 일에 골몰해왔다. 그 과정에서 그들은 먼로 독트린이라는 아주 유연한 개념을 활용했다. 그리하여 미국의 이해관계를 알래스카와 태평양 가운데 있는 섬들에까지 확대했다.…… 적들의 무조건 항복과 전후 점령이라는 생각은…… 유럽과 아시아에 대한 미국의 안보 이익을 대변한다." 국가 유산 얘기는 이 정도면 충분할 것이다.

　국가이익이라는 문제 역시 간단하다. 우리의 근본적인 "이익은 심오한 것으로서, 해외의 각 지역 사회 문화에, 국가에 대해 개인의 존엄을 옹호하고 보호하는 요소들을 개발하고 강화하는 것이다." 동시에 우리는 "중국 공산당이 아시아인들에게 가져올 이념적 위협에 대응해야 한다. 중국이 발전하여 공산당의 방식이 민주적인 방식보다 더 좋고 빠르다는 인식을 심어주는 것을 경계해야 한다." 이들 아시아 문화권의 사람들이 "미국식의 개인과 국가 관계 개념"을 그리 중요하게 여기지 않을 가능성에 대해서는 전혀 언급하지 않는다. 가령 그들이 국내외 자본의 집중 혹은 반봉건적 구조(쿠바의 트루히요 식 독재 정권 등 미국이 무력으로 도입하거나 강요한 것)에 저항하여 '개인의 존엄'을 더 중시할 수도 있는 것이다. 이 모든 행위에 "우리의 종교적, 윤리적 가치 체계"라는 말이 따라

붙고, "너무나 복잡하고 심오한 개념들"이라서 아시아 사람들은 마르크스주의의 강령만큼 잘 이해하지 못한다고 한다. "이런 개념들에 교조적 강령이 없기" 때문에 오히려 "아시아인들은 혼란스럽게 생각한다"는 것이다.

미국 지식인들의 이런 설명은 드골이 회고록에서 한 말을 연상시킨다. "미국은 권력의지가 대단하며 그것을 이상주의 속에 감추고 있다." 하지만 미국의 권력의지는 이상주의 속에 감추어져 있는 것이 아니라 어리석음에 빠져 있다고 말해야 옳으리라. 강단 지식인들이 이런 황당한 풍경에 적지 않은 기여를 한 것이다.

자, 다시 베트남전쟁으로 돌아가 그것이 미국 지식인들 사이에서 어떤 반응을 끌어냈는지 살펴보자. 동남아 정책에 대한 최근 논의의 특징은 '책임감 있는 비판'과 '감상적(이거나 감정적인, 혹은 히스테리컬한) 비판'을 구분하려 든다는 것이다. '히스테리컬한 비판가'는 근본적 정치 원리를 부당하게도 받아들이지 않는 자로 규정된다. 그 원리란 미국이 적절하다고 생각하면 그 어디든 미국의 권력을 확대하여 무제한으로 통제할 수 있다는 생각을 말한다. 책임감 있는 비판이란 이런 원리에 도전하지 않고, 단지 어떤 특정한 시간과 장소에서 "그 원리를 밀어붙이지 못했다"라고 말하는 비판을 가리킨다.

어빙 크리스톨Kristol, Irving은 이런 구분을 염두에 두면서 1965년 8월 호《인카운터Encounter》에 실은 글에서 베트남 정책에 대한 반대 입장을 분석했다. 그는 책임감 있는 비판가인 월터 리프먼Lippmann, Walter, 《뉴욕타임스》, 풀브라이트Fulbright 상원의원 등을 학원 내의 베트남전쟁 반대 운동과 대비해 말한다. "학원 내의 반대자들과는 다르게, 리프먼 씨는 '베트남 사람들이 진정으로 원하는 것'에 대하여 주제넘은 추측을 하지 않고 그럴 생각도 없다. 또 남베트남에서 어느 정도 '침공'과 '혁명'

이 있었느냐에 대하여 법률적 해석을 하지도 않는다. 그의 관점은 **현실정치**의 관점이다. 그는 최악의 경우 중국과 **핵전쟁**을 벌일 가능성도 배제하지 않는다." 크리스톨은 이것을 바람직한 관점이라고 보면서 학원 내의 "불합리하고 이데올로기적인 반대 운동가들"의 성명과 대비한다. 그들은 때때로 "단순하면서도 도덕적인 반反제국주의"라는 황당무계한 생각에 사로잡혀 있다는 것이다. 학원의 반대자들은 "권력 구조"를 운운하고 때때로 "미국의 베트남전쟁 수행을 비판한 외국 언론의 보도와 논설"을 읽어대기도 한다. 더욱이 이런 이들 중에는 심리학자, 수학자, 화학자, 철학자 들이 많다(우연찮게도 소련의 반체제 인사들도 대개 물리학자, 문학자, 권력으로부터 멀리 떨어져 있는 사람들이다). 이 반대자들은 워싱턴에 연줄을 갖고 있지 않으며, 또 "자신들이 베트남에 대하여 좋은 생각을 내놓으면 워싱턴으로부터 즉각적이고 호혜적인 반응을 얻어낼 수 있다"는 것을 아는 이들이다.

나는 크리스톨이 반대자의 특징을 과연 정확하게 묘사했느냐에 대해서는 관심이 없다. 단지 그의 글이 환기하는 다음과 같은 가정에 대하여 관심을 갖고 있다. 미국의 동기는 정말로 순수한 것이어서 토론할 필요조차 없는 것인가? 만약 워싱턴에 연줄을 갖고 있는 '전문가들'—그들이 '최선의' 결정을 내릴 수 있는 지식과 원칙을 갖고 있다고 치고—에게 결정을 위임한다면, 그들이 과연 최선의 결정을 내릴 것인가? '전문가'에 대해 이런 질문도 던져볼 수 있다. 과연 대외 정책의 분석과 관련하여 공공 영역에 나와 있지 않은 특별한 이론과 정보가 있다는 것인가? 현재 미국 정부에서 하는 행위가 올바른데도 심리학자, 수학자, 화학자, 철학자 들이 그런 특별한 지식이 없어서 올바름을 파악하지 못하는 것인가? 크리스톨은 이런 질문을 직접적으로 다루지는 않으나, 그의 태도로 보아 위의 질문에 어떤 답변을 할 것인지는 자명하다. 미국의 공격적인 태도는 그 어떤 경건한 수사법으로 은폐한다 할지라도 감출 수 없다. 세상사를 주무르는 주도적 힘이 된 만큼 그 원인과 동기는 분석되어야 마땅하다. 일반 대중이 이해할 수 없고, 그래서 비평이 완전히 면제되는 특별한 이론과 정보란 있을 수 없다. 그런 '전문 지식'이 세상사에 적용되어 일반 대중의 삶에 영향을 미치기 때문에 정직한 일반 대중이 그 지식의 특성과 어떤 목적을 위한 것인지 검증하려 드는 것은 당연한 일이다. 이런 사실들은 너무나 분명하여 자세히 토론할 필요조차 없다.

크리스톨은 미 행정부가 베트남 문제에 대하여 언제든 새로운 사고 방식에 문을 열어놓고 있다는 괴상한 논리를 펼쳤는데, 그것을 반증하는 사례가 맥조지 번디Bundy, McGeorge(케네디 존슨 정부의 안보 담당 특별보좌관_옮긴이)가 최근에 내놓은 논문이다.[21] 번디는 먼저 이렇게 말한다. "본 무대에서…… 베트남에 대한 논쟁은 근본 사항이 아니라 전략을 중심으로 펼쳐진다." 그는 이런 말을 덧붙인다. "무대 뒤편에는 야성적인 사람들이 있다." 무대 중심에는 대통령과 그의 보좌관들이 있다. 대통령은 최근의 아시아 순방 길에서 태평양 전역의 사람들이 진보하기를 바라는 "우리의 관심을 멋지게 재확인" 했다. 이런 정부 사람들은 절제를 원하는 사람들의 이해 어린 지원을 받는다. "북베트남의 폭격이 현대전의 관점에서 볼 때 가장 정확하면서도 절제된 것이었다"는 평가의 공로는 이들 정부 사람에게 돌아가야 한다. 이런 평가에 대하여 베트남 남딘Nam Dinh, 푸리Phu Ly, 비니Vinh 등 현지의 주민들(혹은 전 주민들)은 동의할 것이다. 하지만 정부 사람들은 맬컴 브라운Browne, Malcolm Wilde (1931~2012, 퓰리처상을 받은 바 있는 미국의 사진기자_옮긴이)이 1965년 5월에 보도한 사실에 대하여 책임 있는 자들이기도 하다. "베트남 남부의 넓은 지역이 '자유롭게 폭탄을 투하할 수 있는 지역'으로 선포되었다. 이 지역에서는 움직이는 것은 뭐든지 공격의 표적이 될 수 있다. 매주 수만 톤에 이르는 폭탄, 로켓, 네이팜, 대포가 이 지역에 투하된다. 우연하게 희생된 사람들의 수는 엄청나다."

하지만 번디는 우리에게 이렇게 안심을 시킨다. "개발도상국들에 다행스럽게도 미국 민주주의는 제국주의에 대한 지속적 취미가 별로 없으며, 전반적으로 보아 미국의 경험, 이해, 동정, 지식 등은 이 세상에서 가장 인상적인 것이다." 전 세계 해외 투자의 "5분의 4를 미국인들이 담당하고 있고 가장 좋은 계획과 정책은 미국의 국익과 관계를 맺고 있다." 하지만 맥조지 번디의 글이 실린《포린어페어스Foreign Affairs》는 쿠바 무력 침공 계획이 미코얀Mikoyan(1895~1978, 소련의 정치가_옮긴이)의 아바나 방문 몇 주 전에 세워졌다고 전한다. "쿠바 침공은 오랫동안 미국의 독점적 영향권 아래에 있던 나라를 침공한 것에 지나지 않는다." 불행하게도 이런 사태를 아시아의 지식인들은 "미국의 제국주의적 취미"라고 본다. 가령 많은 인도 사람들이 이런 견해를 피력하며 분노를 터뜨렸다. "우리는 비료 공장에 대한 외자를 유치하기 위해 할 수 있는 것은 다 했다. 하지만 미국과 서방의 기업들은 우리가 곤란한 입장에 처해 있는 것을 파악하고서 우리가 받아들일 수 없는 가혹한 조건을 제시했다."[22] 한편 "워싱턴은 민간 부문의 일이니까 사기업과 거래를 하라고 끈덕지게 말했다."[23] 하지만 이것은 워싱턴 사람들이 볼 때 아시아인들이 서구 사상의 '다양하고 복잡한 개념'을 이해하지 못하는 또 다른 사례일 뿐이다.

오늘날 워싱턴에서는 '즉각적이고 호혜적인 반응'을 끌어내는 '베트남에 관한 새롭고 좋은 발상'에 대하여 면밀하게 검토해볼 필요가 있다. 미국 정부간행물사무소United States Government Printing Office는 이런 전문가적 조언의 도덕적, 지적 수준을 들여다볼 수 있는 무한한 원천이다. 정부간행물사무소가 발간한 자료에서 우리는 예일 대학 국제관계연구소 소장인 데이비드 N. 로Rowe, David N. 교수가 하원 외교위원회에 나와서 한 증언을 읽을 수 있다(주석 15 참조). 로 교수는 미국이 캐나다와 오스트레일리아의 잉여 밀을 모두 사들인다면 중국에 대규모 기근 사태가 발생할 것이라고 했다(266쪽). 다음은 그가 한 말이다. "나는 이것을 중국 국민에 대한 무기로 삼자는 얘기는 아닙니다. 분명 무기가 될 수 있습니다. 하지만 그것은 부수적인 일일 뿐입니다. 그 무기는 정부에 대한 무기가 될 것입니다. 왜냐하면 전반적 기근이 든 비우호적 국가는 내부 안정을 지속시키지 못하기 때문입니다." 로 교수는 이런 제안이 히틀러 시대 독일의 **동방정책**과 비교될 수 있다는 감상적 도덕심은 조금도 인정하지 않을 것이다.[24] 그는 이런 정책이 다른 아시아 국가들, 가령 일본에 미칠 영향을 두려워하지 않는다. 그는 "일본 문제를 오래 다뤄본 결과, 일본 사람은 권력과 결단을 무엇보다 존중한다. 따라서 그들은 우리의 권력을 바탕으로 해결안을 현지인들에게 부과하는 미국의 베트남 정책에 대하여 별로 놀라지 않을 것이다"라고 말한다. 일본인들을 고민하게 만드는 것은 "우유부단한 정책, [중국과 베트남의] 문제를 정면 돌파하지 않는 정책, 우리의 책임을 긍정적으로 수행하지 않는 정책이다." 우리가 갖고 있는 힘을 사용하지 않으려는 정책은 "일본인들을 크게 놀라게 하고 또 미일 우호 관계를 흔들어놓을 수 있다." 사실 미국의 무력을 전면적으로 사용하는 것은 일본인들에게 매우 안심이 되는 일이다. 왜냐하면 그들은 "미국의 엄청난 힘의 과시를 직접 겪은 만큼 우리의 힘을 피부로 느끼고 있기 때문이다." 이것이 어빙 크리스톨이 그토록 존중했던 건전한 '현실 정치의 관점'의 구체적 사례다.

하지만 우리는 이런 질문을 던질 수 있다. 그렇다면 왜 대규모 기근 같은 간접적 수단에만 얽매이는가? 직접적 폭격은 어떤가? 하원 외교위원회에 나온 R. J. 디재거de Jaegher 목사의 발언에는 이런 뜻이 깃들어 있다. 시턴 홀Seton Hall 대학 내 극동연구소의 소장이기도 한 디재거는 공산주의 치하에 살고 있는 모든 사람들이 그러하듯이, 북베트남 사람들도 "해방될 수만 있다면 폭격을 크게 환영할 것이다"라고 말했다(345쪽).

물론 공산당을 지지하는 사람들도 있을 것이다. 하지만 그 수는 무시해도 될 정도로 적다. 1953년에서 1959년까지 국무부 극동 담당 차관보를 지낸 월터 로버트슨Robertson, Walter은 하원 외교위원회의 증인석에서 이렇게 말했다. "베이징 체제는 전체 인구의 3퍼센트를 대표할 뿐이다"(402쪽).

그렇다면 중공 지도자들은 베트콩 지도자들에 비하여 운이 좋다고 할 수 있다. 아서 골드버그Goldberg, Arthur Joseph(1908~1990, 자유주의 성향의 미국 법률가. 연방 노동장관과 연방대법원 판사, UN 미국대표 역임_옮긴이)에 의하면 베트콩은 "남베트남 인구의 0.5퍼센트만을 대표할 뿐이다." 하지만 펜타곤 통계 수치를 믿을 수 있다면, 1965년 베트콩에 들어온 신규 병력 중 남베트남 사람이 절반을 차지하는 것은 어떻게 된 일인가.[25]

이런 전문가들 앞에서, 크리스톨이 말한 과학자와 철학자들은 모래 위에다 동그라미를 그리는 것처럼 부질없는 말만 하고 있는 것이다.

크리스톨은 반전운동의 정치적 부당성을 이렇게 규정하면서, 왜 그런 운동을 벌이는지 동기 쪽으로 시선을 돌린다. 좀 더 구체적으로 말하면, 번영하는 자유로운 복지국가 정부 아래에서 왜 학생들과 일부 '좌경화한' 소장파 교수들이 반체제운동을 벌이는지 살펴본다. "이것은 아직 그 어떤 사회학자도 답을 내놓지 못한 문제다." 이 젊은 사람들은 유복하고 재산도 있기 때문에 그들의 저항운동은 불합리하다. 그것은 권태나 무사안일 혹은 그 비슷한 것의 결과라고 크리스톨은 진단한다.

다른 가능성도 떠오른다. 가령 학생들과 소장파 교수들은 정직한 인간으로서, 그런 문제를 '전문가들'과 정부의 손에 맡겨두지 않고 직접 실체를 파악하려고 나섰을 수도 있다. 그들은 그렇게 해서 알게 된 결과에 분노할 수도 있다. 크리스톨은 이런 가능성을 부정하지는 않는다. 하지만 그 가능성은 일고의 가치도 없는 것이다. 좀 더 정확하게 말하면, 그런 가능성은 표현이 불가능하다. 그 가능성을 표현하는 범주(정직, 분노)가 강인한 사회과학자의 머릿속에는 존재하지 않기 때문이다.

이처럼 전통적인 지적 가치를 무시하는 크리스톨의 태도는 학원 내에 널리 퍼져 있는 태도를 반영한다. 이런 태도는 상당한 지적 내용을 갖춘 과학의 겉모습을 흉내 내기 위한 사회과학과 행동과학의 필사적인 노력의 결과다. 하지만 그는 다음과 같은 변명거리도 갖고 있다. 즉 누구나 인권과 그에 관련된 문제를 신경 쓰는 도덕적 인간이 될 수 있다. 하지만 대학 교수와 훈련받은 전문가들만이 '세련된' 방식으로 기술적 문제들을 해결할 수 있다. 따라서 그런 기술적 문제들만이 중요하고 실제적이라는 결론이 나온다. 책임감 있는 비非이데올로기적인 전문가들이 전략적 문제에 대하여 조언을 할 수 있다. 반면에 무책임한 '이데올로기형' 인간들은 원칙에 대하여 '떠들어대고' 도덕적 문제, 인권, 인간과 사회의 전통적 문제에 대하여 신경을 쓸 것이다. 하지만 이런 문제에 대하여 '사회과학과 행동과학'은 뻔한 이야기 말고는 내놓을 것이 없다. 이런 감정적인 이데올로기형 인간들은 비합리적이다. 왜냐하면 그들은 유복한 데다 권력을 갖고 있기 때문에 이런 문제들을 진지하게 걱정하지 않는다.

과학을 흉내 내는 이런 거짓된 태도는 때로 거의 병리적 수준에 도달한다. 가령 허먼 칸Kahn, Herman(1922~1983, 미국의 물리학자이자 전략이론가, 미래학자_옮긴이)의 경우를 보자. 칸은 부도덕하다는 비난과 동시에 용기 있는 자라는 칭송을 받아왔다. 그의 저서 《열핵전쟁On Thermonuclear War》은 "의심할 나위 없이 우리 시대의 걸작 중 하나"(스튜어트 휴즈)라는 평가를 받았다. 하지만 사실을 털어놓고 말하자면 이 책은 우리 시대의 가장 공허한 저서 중 하나다. 기존 학문의 지적 수준으로 이 책을 검증해보면 금방 알 수 있다. 또 이 책의 "관련 문헌에 의해 잘 뒷받침된 결론"과 그 결론을 유도해낸 "객관적 연구"를 추적해봐도 그렇고, 이 책이 내세우는 논리를 살펴봐도 그것이 얼마나 허약한 전제 위에 전개되고 있는지 파악할 수 있다. 칸은 결과에 따라 검증되는 이론, 설명, 경험적 전제 조건들을 하나도 내놓지 못했다. 이것은 그가 흉내 내려는 유사 과학의 행태 그대로다. 그는 전문 용어와 합리성의 허울을 제시하는 것으로 그친다. 어떤 특정 정책에 대해 결론을 내려야 할 때면 그에 대한 객관적 근거는 대지 못하고, 근거 없는 권위주의적 언사만 남발한다. 가령 러시아의 도발을 막으려면 "연간 5억 달러 이하의 민간 방위선이 구축되어야 한다"라고 말하는데, 왜 50억 달러가 아니고 5억 달러인가? 더욱이 칸 자신도 이런 발언의 공허함을 잘 알고 있다. 가끔 제정신이 드는 순간에 칸은 이렇게 말한다. "비교적 복잡한 모델이 판단의 도구로 자주 활용되는 간단한 모델보다 더 오도적誤導的일 것이라고 믿을 만한 이유는 없다." 블랙 유머를 즐기는 사람이라면 허먼 칸 식의 '전략적 사고방식' 게임을 쉽게 즐기면서 자신의 소망 사항을 객관적 사실인 양 늘어놓을 수 있을 것이다. 칸이 내놓은 기본 전제는 이런 것이다. "목표물을 상대로 자원을 총동원하는 전면적 기습은 너무나 비합리적이어서, 소련 정책 입안자들이 믿기지 않을 정도로 어리석거나 실제 정신이상을 앓지 않는다면 발생할 가능성이 거의 없다." 하지만 간단한 논증으로 정반대의 경우를 증명할 수 있다.

전제 1 | 미국의 정책 입안자들은 허먼 칸이 제시한 노선에 입각하여 생각한다.

전제 2 | 칸은 사람들이 죽느니 공산주의자가 되는 것이 낫다고 생각한다.

전제 3 | 만약 미국인들이 전면적인 공격에 반격한다면, 그때는 모든 사람이 죽을 것이다.

결론 | 미국은 전면적인 공격에 반격하지 않을 것이므로 지금 즉시 전면전을 시작해야 한다. 물론 이 주장은 한발 더 나아갈 수도 있다.

사실 | 러시아는 전면적인 공격을 하지 않았다. 따라서 그들은 합리적이지 않다. 그들이 합리적이지 않다면 '전략적 사고방식'이라는 것도 필요 없다. 따라서……

물론 이런 논증은 헛소리에 지나지 않는다. 하지만 이 헛소리가 칸의 논증과 약간 다른 점이 있다면, 그의 저서에서 발견되는 그 어떤 주장보다 좀 더 복잡하다는 것이다. 그런데 정말 놀라운 것은 진지한 사람들마저 이런 헛소리에 주목한다는 것이다. 아마도 꾸며낸 강인함과 유사 과학의 외양에 현혹된 탓이리라.

'반전운동'이 종종 이와 유사한 혼란 상태에 빠지는 것은 기이하면서도 안타까운 일이다. 가령 1965년 가을에 열린 '베트남 문제의 대안을 검토하는 국제회의'는 참석할 사람들에게 팸플릿을 돌리면서 다음과 같은 계획을 알렸다. 아래 세 가지 유형의 '지적 전통'을 취합하는 연구 모임을 만들려는 계획이다.

(1) 지역 전문가.

(2) "국제 체제, 사회 변화와 발전, 갈등과 갈등 해결, 혁명 등을 다루는 사회 이론."

(3) "신학, 철학, 인문학 전통에 뿌리내린 기본적인 인간 가치의 관점에서 공공 정책을 분석하는 일.

두 번째 지적 전통은 "사회 이론에서 나와 역사적, 비교적, 실험적 데이터로 검증된 일반 명제"를 제시한다. 세 번째 전통은 "근본적인 가치 문제를 제기하는 틀을 제시한다. 사회적 행동의 도덕적 의미는 그 틀에 비추어 분석된다."〔베트남 정책의〕 문제를 종교적, 철학적 체계의 도덕적 관점에서 접근함으로써 현재 미국의 베트남 정책보다 더 근본적인 인간 가치에 부응하는 해결안을 찾을 수 있을지도 모른다."

이상의 계획을 요약해보면, 가치의 전문가들(가령, 위대한 종교적·철학적 체계의 대변인들)은 도덕적 관점에 근거하여 근본적인 통찰을 제시하고, 사회 이론의 전문가들은 경험적으로 타당하다고 검증된 명제와 '갈등의 일반 모델'을 제시한다는 것이다. 이런 양자의 상호작용으로부터 과학적 방법이 적용된 새로운 정책이 나올지도 모른다는 예상이다. 하지만 내가 볼 때 이런 계획은 우스꽝스러운 것이다. 잘 검증된 명제를 얻기 위해 사회 이론 전문가들에게 시선을 돌리는 것과, 근본적인 인간 가치에 대한 통찰을 얻기 위해 위대한 종교적·철학적 체계의 전문가들에게 시선을 돌리는 것 중 어느 게 더 우스꽝스러운지 알 수가 없다.

이 문제에 대해서는 아직도 할 말이 많지만 더 길게 말할 것 없이, 다음 사실만 강조해두고자 한다. 전문가 숭배는 이기적(그 전문가들의 이익에만 봉사)일 뿐만 아니라 기만적이다. 물론 필요한 곳에서는 사회과학과 행동과학으로부터 배워야 한다. 이들 분야는 진지한 학문 분야임에 틀림없다. 하지만 그 학문 분야의 장점, 특히 그 학문이 이룩한 성과를 판단해본 다음에 받아들여야 하는데, 그렇게 하지 않는 것은 불행한 일일 뿐만 아니라 아주 위험하다. 일부에서 믿는 것처럼 외교정책을 수행할 때 적용되는 제대로 검증된 이론들이 있다면, 그건 정말 잘 보존된 비밀이라고 할 수밖에 없다. 베트남전쟁의 경우, 소위 전문가라는 사람들이 미국의 베트남전 개입을 정당화할 수 있는 원칙이나 정보를 갖고 있다면, 그들은 왜 그것을 지금껏 공개하지 않고 있는가? 사회과학과 행동과학(혹은 '정책과학')을 조금이라도 아는 사람이 볼 때, 외부인들이 이해하기에는 너무나 심오한 고려 사항과 원칙들이 있다는 얘기는 일고의 가치도 없는 헛소리다.

　우리가 지식인의 책임을 생각할 때 가장 기본적으로 고려하는 것은 그들이 이데올로기의 생산과 분석에 어떤 구실을 했느냐 하는 것이다. 불합리한 이데올로기형 지식인과 책임감 있는 전문가를 구분한 크리스톨의 논증은 다니엘 벨Bell, Daniel(1919~2011, 미국의 사회학자_옮긴이)의 흥미로우면서도 영향력 큰 논고인 〈이데올로기의 종언End of Ideology〉을 생각나게 한다.[26] 벨의 논고는 그 속에서 실제로 말하는 부분 못지않게 말하지 않은 부분이 중요하다. 벨은 마르크스주의의 이데올로기 분석이 계급 이해관계의 위장에 지나지 않는다고 진단하면서, 마르크스가 지적한 저 유명한 부르주아지의 신념을 인용한다. "부르주아지 해방의 **특별한** 조건은, 근대 사회를 보존하고 계급투쟁을 막는 **일반적** 조건이다." 이어 벨은 적어도 서구에서 이데올로기 시대는 끝났으며 그 자리에 일반적 합의가 들어섰다고 진단한다. 그 합의란, 개별 문제는 개별 관점에서 해결되어야 한다는 것이다. 복지국가의 틀에서 볼 때, 공공 업무의 전문가들이 그런 해결에 분명한 구실을 해야 한다. 하지만 벨은 "이데올로기들이 소진되었다"라고 말할 때의 '이데올로기'의 정확한 뜻에 대해서는 아주 조심스럽게 규정한다. 그는 이데올로기를 가리켜 "사상이 사회적 지렛대로 바뀐 것"이며, 또 "전체적 생활 방식을 바꾸려는 …… 일련의 열정적 신념"이라고 규정했다. 핵심 어휘는 "바꾸다"와 "사회적 지렛대로 바뀜"이다. 이어 그는 이런 주장을 편다. 서구의 지식인들은 사회의 급진적 변혁을 위해 사상을 사회적 지렛대로 바꾸는 일에 흥미를 잃어버렸다. 이제 우리는 다원적 사회의 복지국가를 성취했기 때문에, 사회를 급진적으로 변혁할 필요가 없어졌다. 우리는 생활 방식을 여기저기 땜질 처방 하면 되고, 그 방식을 전면적으로 바꾸려는 것은 잘못된 생각이다. 바로 이런 지식인들의 합의가 있기 때문에 이데올로기가 종식된 것이다.

벨의 논고에는 그 외에도 여러 가지 눈에 띄는 사실이 있다.

첫째, 그는 이 지식인들의 합의가 어느 정도까지 이기적인지 밝히지 않았다. 벨은 "생활 방식 전반을 변혁하는 일"에 대한 지식인들의 흥미 상실을, 그들이 복지국가 운영에 주도적 역할을 한다는 사실과 연관해서 보지 않았다. 또 복지국가에 대한 지식인들의 만족이 다음 사실과 관련이 있다는 것도 지적하지 않았다. "미국은 풍요한 사회가 되었고…… 한때 급진주의자였던 사람들에게…… 지위와 명성을…… 부여하고 있다."

둘째, 벨은 지식인들이 그 합의에 이른 것이 '옳은지' 혹은 '객관적으로 정당한지'에 대한 논증은 펼치지 않았다. 벨은 '신좌파'의 공허한 수사법에 대해 날카롭게 지적하면서도, 기술 전문가들이 아직도 남아 있는 몇몇 문제를 해결할 수 있으리라는 유토피아적 낙관론을 갖고 있다. 가령 노동자를 상품 취급하는 현상, '소외' 문제 등을 충분히 해결할 수 있다고 본다.

하지만 이런 고전적인 문제들은 여전히 우리에게 남아 있다. 솔직히 말하면 그 문제들은 강도와 규모가 더 커졌다고 할 수 있다. 가령 풍요 속의 빈곤이라는 고전적 역설은 국제적 수준에서 보자면 더욱 심각한 문제가 되어 있다. 단일 국가의 범위라면 해결안을 생각해볼 수도 있겠지만 국제적 수준에서 사회를 바꿔서 빈곤의 참상을 치유한다는 문제에 이르면, 벨이 말한 지식인의 합의라는 틀 안에서는 가망이 거의 없다.

따라서 벨이 말한 지식인의 합의는 약간 다른 식으로 표현하는 것이 더 자연스럽다. 벨의 논고 전반부에 나온 용어를 빌려 말해보자면, 복지

국가 기술자는 자신의 '과학' 내에서 특별하고 뚜렷한 사회적 지위에 대한 정당화를 발견한다. 사회과학이 국내나 해외에서 사회적 땜질 처방 기술을 받쳐줄 수 있기 때문이다. 그는 여기서 더 나아가 실제로는 계급 이익에 지나지 않는 것을 보편적으로 타당한 것처럼 주장한다. 그에게 권력과 권위를 부여한 특별 조건들이, 근대 사회를 보존하는 일반 조건인 것처럼 주장하는 것이다. 그는 복지국가의 틀 내에서 이루어지는 사회적 땜질 처방이 사회 변혁을 논하던 과거의 '전면적 이데올로기'를 대체해야 한다고 주장한다. 이렇게 하여 권력, 안전, 풍요가 보장되는 지위를 확보했으므로 그는 더 이상 근본적 변화를 도모하는 이데올로기가 필요 없다. 학자-전문가는 '자유롭게 떠도는 지식인들'을 대체한다. 부랑하는 지식인들은 "엉뚱한 가치가 존중되고 있다고 느끼기 때문에 사회를 거부"하고, 그래서 정치적 역할을 잃어버린 사람들이다(반면에 학자-전문가는 지금이야말로 올바른 가치가 존중되고 있다고 생각한다).

결과적으로 '후기 산업사회'를 관리하는 기술 전문가들이 사회의 근본적인 변혁 없이도 고전적 문제들을 다룰 수 있(기를 바란)다는 얘기는 타당하다. 또 부르주아가 그 자신의 해방을 위한 특별 조건을 근대사회 보존의 일반 조건으로 생각하는 것도 역시 타당하다. 어느 경우든 논증은 정연하고, 사회 변혁에 대한 회의주의는 정당화된다.

이런 일반적 유토피아주의의 틀에서, 벨은 복지국가의 학자-전문가와 제3세계 이데올로기 주장자들의 관계를 아주 기이한 방식으로 제시한다. 벨은 공산주의의 교리가 이미 오래전에 적군과 아군에게 잊혔기 때문에 공산주의 문제는 없다는 타당한 진단을 내리면서 말한다. "이 문제는 오래된 것이다. 새로운 사회가 민주적 제도를 수립하고 국민들에게 자발적 선택—과 희생—의 기회를 주는 방식으로 성장할 것인가, 아니면 권력에 취한 새 엘리트들이 국가를 바꾸기 위해 전체주의적인 수단을 강제할 것인가, 양자택일인 것이다." 이 문제는 흥미롭지만 동시에 "오래된 것"으로 언급된 것은 기이한 느낌을 준다. 벨로서는 서방이 과거에 민주적 방식을 선택했다고 말할 수는 없기 때문이다. 가령 영국의 산업혁명 시기에 농민들이 자발적으로 경작지를 떠난 것도 아니고, 산업 프롤레타리아가 되기 위해 자발적으로 가내수공업을 포기한 것도 아니고, 19세기 고전문학에 그려진 대로 기존 민주적 제도의 틀 내에서 자발적으로 희생을 결정한 것도 아니다. 개발도상국에서 자본을 축적하기 위해 독재적 통제가 필요하다는 주장은 논의해볼 만하지만, 서구의 발전 모델이 과연 자부심을 가지고 내세울 만한 것인지는 의문스럽다. "서방의 가치가 제시하는 〔산업화의〕 인도주의적 과정"[27]을 칭송하는 또 다른 월트 로스토를 발견하는 것은 그리 놀라운 일도 아니다. 후진국들이 직면한 문제와, 선진 산업사회들이 후진국의 발전과 현대화에 기여할 수 있는 몫을 진지하게 검토하려면 서방의 경험을 좀 더 신중하게 해석해야 한다.

다시 '새로운 사회가 민주적 제도를 수립하고 국민들에게 자발적 선택과 희생의 기회를 주는 방식'이냐 전체주의적 방식이냐 하는 문제로 돌아가보자. 솔직히 말해서 나는 이 문제가 제3세계 이데올로기보다 미국의 지식인들에게 더 적용된다고 생각한다. 후진국들은 엄청난 문제들을 안고 있지만 선택의 여지가 몇 가지 없다. 반면에 미국은 그 문제와 관련하여 선택의 범위가 아주 넓고 경제적, 기술적 수단도 많다. 물론 지적, 도덕적 자원은 별로 없지만. 미국 지식인이 자유의 미덕에 대하여 설교를 늘어놓기는 아주 쉬운 일이다. 하지만 그가 중국의 전체주의 체제 혹은 강제 산업화 과정에서 중국 농민에게 부과되는 부담 등에 정말로 관심이 있다면, 더 의미심장하고 도전적인 과제에 직면해야 한다. 즉 미국 내에서 그에 알맞은 지적, 도덕적 분위기뿐만 아니라 사회적, 경제적 조건을 창조하는 과제를 떠안아야 한다. 그래야 중국이 그 나라의 물질적 부와 기술적 능력에 걸맞은 방식으로 현대화와 개발을 꾀하도록 도울 수 있을 것이다. 쿠바와 중국에 대규모 자금 지원을 해준다 하더라도 자본 축적의 초기 단계에 따르는 독재와 테러를 경감시킬 수는 없다. 그러나 민주적 가치를 설교하는 것보다는 훨씬 효과가 좋을 것이다. 설사 다양한 '자본주의적 포위'가 없다고 하더라도 소비에트와 집단농장 같은 혁명적 운동의 진정 민주적인 요소들은 관료와 지식 기술자 등 '엘리트'에 의해 손상될 텐데, 모든 혁명적 운동이 직면하는 자본주의의 포위는 거의 틀림없이 이런 결과를 불러온다. 개발도상국에서 민주적, 자발적, 민중적 요소를 강화하려는 사람들에게 이 사실이 주는 교훈은 자명하다. 양당 제도와 서구 사회에서 부분적으로 실현된 민주적 가치 등에 대한 설교는 서구 사회가 기울여야 하는 노력과는 별 상관도 없는 얘기다. 서구 사회는 문화의 수준을 아주 높여야만 제3세계의 경제 발전과 민주제도 발전에 필요한 '사회적 지렛대'를 제공할 수 있다. 이것은 서구 사회 내부에도 그대로 적용되는 이야기다.

실제로 지식인들 사이에는 일종의 합의 사항 같은 것이 존재한다. 그들은 '있는 그대로의 사회를 받아들임으로써' 그리고 그 사회에서 '숭상되는' 가치를 선동하면서 권력과 풍요를 성취했다. 이런 합의는 과거의 유랑하는 지식인들을 대체한 학자-전문가들 사이에서 특히 눈에 띈다. 대학에서 이들 학자-전문가들은 현대사회에서 발생하는 기술적 문제를 해결하기 위하여 '가치중립적인 테크놀로지'를 구축한다.[28] 그 과정에서 앞에서 말한 것처럼 '책임감 있는 태도'를 취한다. 책임감 있는 학자-전문가들의 이런 합의는 국제적 문제에 대해서도 발견할 수 있다. 가령 엄청난 아시아인들의 희생을 가져오는 미국의 권력 행사가 다음과 같은 논리로 정당화된다. 즉 '중국의 확장'을 막기 위해 그런 조치가 불가피하다는 것이다. 하지만 중국의 확장은 현재로서는 가정일 뿐이다.[29] 이것을 국무부의 언어로 번역해보면, 아시아의 민족주의 혁명을 전복하거나 혁명의 확산을 예방하는 것이 필요하다는 이야기다. 이런 제안을 내놓은 방식을 면밀히 살펴보면 그 함의가 더욱 분명해진다. 처칠은 1943년 테헤란에서 평소처럼 명석한 문장을 구사하면서 당시의 동료인 스탈린에게 일반적 입장을 밝혔다. "…… 세계 정부는 현재 가지고 있는 것 이상을 원하지 않는 풍요로운 나라들에 맡겨야 한다. 만약 세계 정부가 가난한 나라들의 손에 놓이면 늘 위험이 따르게 될 것이다. 하지만 우리들은 현재보다 더 많은 것을 추구해야 할 이유가 없다. 각자의 방식으로 살아가면서 아무런 야망을 갖지 않은 사람들에 의해 평화가 유지될 것이다. 우리의 권력은 다른 나라보다 위에 있다. 우리는 자신의 거주지에서 평화롭게 사는 부자들과 비슷하다."[30]

처칠의 성경적 수사법을 현대 사회과학의 전문 용어로 번역하자면, 하원 외교위원회에 출석한 랜드연구소RAND Corporation(1948년 미 공군의 위촉을 받아 민간 과학·기술자들이 창설한 조사연구기관_옮긴이)의 수석 경제학자 찰스 울프Wolf, Charles의 말을 인용하면 된다.

포위에 대한 중국의 공포가 장래에 경감되거나, 완화되거나, 이완될 것이라고 보지 않는다. 하지만 우리가 동남아시아에서 수행하고 있는 일이 중국 정계에 이런 공포와 함께 살아야 한다는 현실감과 생존 의지를 더욱 불어넣어 줄 것이라 본다. 외부의 지원에 크게 의존하는 해방운동을 지원하여 공포를 더욱 확대하는 짓은 하지 않으리라 본다……. 미국의 외교 정책이 중요하게 여겨야 할 질문은 그 공포가 제거되거나 상당히 완화될 수 있는가 하는 것이 아니다. 그보다는 중국이 그런 공포를 감수하며 살아갈 수 있는 유인책, 징벌과 포상의 구

조를 갖출 수 있는가 하는 것이다.[31]

이 문제는 경제학자 토마스 셸링Schelling, Thomas(1921~, 2005년 노벨상 수상_옮긴이)이 더욱 분명하게 설명했다. "중국은 이득을 볼 수 있는 경험을 점차 많이 하고 있다. 미국은 중국을 포위하고, 또 중국으로부터 인근 지역을 방어하는 데 관심이 많지만, 중국이 평화적인 태도를 취한다면 미국도 그렇게 할 용의가 있다."[32]

간단히 말해서 우리는 우리의―확장된―거주지 안에서 평화롭게 살 용의가 있다는 것이다. 그리고 당연하게도 우리는 하인들이 사는 지역에서 흘러나오는 소음들을 불쾌하게 여긴다. 농민 혁명운동이 외세로부터 독립하려 들고 또 외세의 지원을 받는 반봉건적 구조를 쓰러뜨리려 한다면, 또는 중국이 불합리하게도 우리가 준비한 강화强化 방안에 제대로 반응하려 들지 않는다면, 온화하고 평화로운 '부자들'(중국 접경지대에 대한 통제권의 행사가 당연한 부자들)에게 포위되기를 거부한다면, 우리는 적절한 무력을 사용하여 이런 호전성에 대응할 수밖에 없다.

바로 이런 심리를 갖고 있기 때문에, 미국 정부와 관변 학자들은 베트남의 실제 정치 세력 구도를 반영하는 정치적 해결을 거부하는 것이다. 심지어 정부 전문가들도 민족해방전선National Liberation Front(NLF)* 이 '남베트남 내의 유일한 대규모 정치 세력'이라는 것을 인정한다.[33] 또 NLF가 "정치 참여를 확대하여 자급자족하는 혁명 세력이 되려고 의식적으로 대규모 노력을 기울인다"는 것도 인정한다(374쪽). 그런 노력

---

* 베트남 민족해방전선은 1940~1950년대 프랑스 식민 지배에 맞서 독립전쟁(1차 인도차이나 전쟁)을 이끌었던 **베트남독립동맹**Viet Minh(**베트민**)의 후신이다. 1960년 12월20일 발족해 2차 인도차이나 전쟁(미군이 시작한 베트남전쟁)을 이끌었다. 민족해방전선의 군사조직으로, 북베트남의 지원을 받으며 남베트남에서 정부군·미군과 싸운 것이 **베트콩** Viet Nam Cong San이다. _편집자(브리태니커 백과사전 참조)

은 커다란 성공을 거두었다. 그래서 "불교도들을 제외하고 그 어떤 정치적 집단도 자신들이 NLF와 연합할 수 있을 정도로 규모나 실력이 대등하다고 생각하지 않는다. 만약 연합했다가는 고래한테 잡혀먹는 송사리가 될 수 있다고 생각한다"(362쪽). 또 압도적인 미군 병력이 파견되기 전까지만 해도 NLF는, 투쟁은 "정치적 투쟁이 되어야 하며 대규모 군사력 사용은 그 자체로 불법이라고 생각했다……. 싸움터는 베트남 농촌 인구의 마음과 충성심이고, 무기는 정치사상으로 제한되어야 한다고 보았다"(91~92쪽, 93쪽, 99~108쪽, 155쪽 이하 참조). 그래서 1964년 중반까지 하노이는 "정책 실천의 기술과 지도 인력, 두 분야에만 집중했다"(321쪽). 압수된 NLF 문서에서는 적의 군사적 우위를 그들 NLF의 '정치적 우위'와 대비시켰다(106쪽). 이것은 미국 군사 전문가의 분석을 완벽하게 확인해주는 것이다. 미국 군사 전문가들은 우리의 문제를 이렇게 규정했다. "우리는 상당한 무력을 갖고 있지만 정치력은 거의 없다. 반면에 적은 상당한 정치력을 갖고 있으나 아주 제한적인 군사력밖에 가지고 있지 않다."[34]

마찬가지로 2월의 호놀룰루 회의와 10월의 마닐라 회의에서 사이공 정부의 고위 관리들은 솔직하게 이런 발언을 했다. "우리는 베트콩의 정치적 구조를 그대로 놔둔 '평화협정'에서 살아남을 가능성이 없다. 설혹 베트콩 게릴라가 해체된다고 하더라도 그러하다. 우리는 베트남 공산주의자들과 **정치적으로** 경쟁할 수가 없다."[35] 《뉴욕타임스》 특파원 모르Mohr는 이렇게 말한다. "베트남 사람들은 은밀한 베트콩 정치조직을 파괴해버리는 것을 골자로 하는 '평화 프로그램'을 원한다. 그런 다음 베트남 국민을 정치적으로 통제하는 철권 정부를 세워야 한다고 본다." 10월 23일 마닐라에서 특파원 모르는 남베트남 고위 관리의 말을 인용했다. "솔직히 우리는 정치적 기반만을 가지고 따지면 공산주의자들과 경쟁할 정도가 되지 못한다. 공산주의자들은 잘 조직되어 있고 기강이 확립되어 있다. 반면에 반공 민족주의자들은 그렇지 못하다. 우리는 잘 조직된 대규모 정당도 없고 또 단합되어 있지도 않다. 우리는 베트콩을 현재대로 내버려둘 수가 없다." 워싱턴의 관리들은 이런 상황을 잘 알고 있었다. 그래서 러스크Rusk 국무장관은 이런 지적을 했다. "만약 베트콩이 정식 협상 상대 자격으로 회의장에 나온다면, 그들은 남베트남과 미국이 막으려고 작정한 바로 그 목표를 달성한 것이다"(1966년 1월 28일). 마찬가지로, (《뉴욕타임스》의 기자로 이후 편집국장이 되는_옮긴이) 맥스 프랭클Frankel, Max은 워싱턴에서 이렇게 보도했다. "타협은 이곳에서 별 매력이 없다. 미 행정부는 오래전에 남베트남의 반공 세력이 공산주의 세력과 사이공 연정을 수립할 경우 견뎌내지 못한다는 결론을 내렸다. 바로 이런 이유 때문에—까다로운 의전 절차 때문이 아니라—워싱턴은 베트콩과 거래하기를 거부했고 또 그들을 독립적인 정치 세력으로 인정하지 않았다."[36]

간단히 말해서 우리는—너그럽게도—베트콩 대표가 외세의 하수인 노릇을 받아들인 때에만 협상에 참여시키겠다는 속셈이었다. 베트콩이 지난 6년 동안 요구해온 연정 참여 권한을 인정하지 않겠다는 것이었다. 워싱턴은 우리가 선택한 대표들이 미국의 무력 개입 없이는 연정에서 단 하루도 버티지 못한다는 것을 알았다. 따라서 우리는 미군 파견을 증강하고 의미 있는 협상을 거부해야 했다. 우리의 피보호 정부가 베트남 국민을 상대로 군사적, 정치적 통제를 발휘할 수 있는 날까지 말이다. 하지만 그런 날은 오지 않을 것이었다. 이미 윌리엄 번디Bundy, William Putnam(1917~2000, CIA 요원 출신, 존슨 대통령의 동아시아·태평양 담당 국무차관보_옮긴이)는 이런 지적을 했다. "서방의 개입 세력이 완전히 철수할 수 있을 정도로" 동남아시아의 안보가 탄탄하다고 결코 확신하지 못한다. 따라서 "중립화의 딱지가 붙은 해결 방안으로 나아간다면" 그것은 공산주의에 굴복하는 것이 된다.[37] 이런 논리에 의하면 남베트남은 영구히 미군의 군사기지로 남아 있어야 한다.

미국이 당연시 여기는 정치적 원칙, 즉 약한 나라들에 대한 관심과 후진국 개발 방식에 대한 독특한 식견을 가진 미국이, 다른 나라들이 미국의 진심을 받아들일 때까지(혹은 그냥 희망을 버릴 때까지), 무력으로 그 관심과 식견을 밀어붙일 권리가 있다고 여기는 원칙을 지지한다면, 이런 태도는 합리적인 것이다.

지식인의 책무가 진리를 주장하는 것이라면, 사건들을 역사적 맥락에서 관찰하는 것 역시 그의 의무다. 그런 만큼 국무장관이 독일의 예를 들면서 역사적 맥락을 내세운 것은 칭송할 만한 일이다. (히틀러가_옮긴이) 뮌헨에서 그랬듯이, 자신의 운명에 대하여 헛된 망상을 품은 강력한 침략 국가는 승리를 거둘 때마다, 권력과 권위의 확장을 손에 쥘 때마다 그것을 다음 단계의 전조로 여긴다. 이 문제는 애들라이 스티븐슨Stevenson, Adlai(1900~1965, 미국의 민주당 정치인, UN 창설에 기여했다_옮긴이)이 잘 지적했다. "그것은 아주 오래된 방식이다. 침략적인 나라가 문은 반드시 열린다는 망상에 사로잡혀 자꾸만 열려고 하면, 저항은 불가피하고 결국 대규모 전쟁이 발발한다." 여기에 유화책의 위험이 있다. 그래서 중국은 소련에 줄기차게 지적해왔다. 미국이 베트남에서 히틀러 노릇을 하고 있는데 소련은 지금 체임벌린Chamberlain, Arthur Neville(1869~1940, 2차 세계대전 발발 직전 히틀러에 대한 유화 정책을 추진한 영국 수상_옮긴이) 역할을 하고 있다고 말이다. 물론 미국 제국주의의 침략성은 나치 독일의 그것과 같지 않지만, 가스탄이나 폭탄에 시달리는 베트남 농민들에게 이런 구분은 학술적인 것에 지나지 않는다. 우리는 아시아를 점령할 생각은 없다. 늑대 양반은 이렇게 말한다. "우리는 아시아 국가들이 경제적 근대화로 나아가 '개방적이고' 안전한 사회가 되기를 바란다. 우리는 국가로서 또 민간의 개인 자격으로 이를 돕기 위해 자유롭고 편리한 접근 방식을 취한다."[38] 겉으로 내세우는 핑계는 그럴듯하다. 하지만 최근의 역사는 그와 다른 상황을 보여준다. 어떤 나라가 '개방적인' 사회—여기서 미국이 말하는 개방적 사회란 좀 특이한 것으로서 미국의 경제 침략과 정치 통제에 개방적인 사회를 말한다—로 남아 있는 한, 어떤 정부 형태를 취하든 우리는 개의치 않는다. 이 목적을 달성하기 위해 베트남에서 인종 학살이 필요하다고 해도 우리는 자유와 인권을 옹호하기 위해 그 대가를 치를 것이다.

우리가 다른 나라들이 개방적 사회로 나아가도록 도와준 방식에 대해서 길게 설명할 필요는 없을 것이다. 한 가지 좋은 사례로 최근에 하원에서 있었던 청문회의 증언을 들 수 있다. 국제이해사업협의회 Business Council for International Understanding의 인도 상임위원회를 대표하여 월렘 홀스트Holst, Willem와 로버트 미거Meagher, Robert가 증언을 했는데,[39] 그중 미거는 이런 지적을 했다. "가능하다면 인도는 외국 기업보다 기술자와 노하우를 수입하고 싶어한다. 하지만 그게 가능하지 않으므로 인도는 외국 자본을 필요악으로 받아들인다." 물론 민간 자본 투자의 터전이 해외 원조에 의해 마련되지 않았더라면 "민간 자본의 인도 투자는 이론에 지나지 않았을 것이다." "필요에 따라 인도는 외국 민간 자본에 대한 태도를 바꾸었다." 지금 "민간 외국인 투자에 대한 인도의 태도는 크게 변하고 있다. 분노와 양가감정兩價感情에서 필요성을 인정하는 쪽으로 나아가고 있다. 자본에 대한 필요가 점점 더 뚜렷해지면 양가감정이 호의적인 태도로 바뀔 것이다." 홀스트 씨는 자본 투자의 "전형적 사례"를 들었다. "인도 정부는 미국 민간 컨소시엄과 협력하여 연간 100만 톤을 생산하는 비료 공장을 지으려 했다. 이것은 인도의 현재 생산 능력을 두 배로 늘리는 계획이었다. 하지만 이 야심 찬 계획은 불행한 종말을 맞이했다. 인도 정부와 미국 기업들이 발표된 10가지 사업 특혜의 틀 내에서 양편 다 받아들일 수 있는 적절한 해결안을 찾아내지 못했기 때문이다." 문제는 주식 지분율이었다. 물론 "인도는 비료 공장을 간절히 원했다." 반면에 컨소시엄은 "공장을 제대로 통제하기 위해서 과반수 소유권을 필요로 했다." 하지만 "인도 정부도 과반수 소유권을 주장했다. 합작 사업에서 소주주의 지위로 떨어지는 것은 패배를 시인하는 것이나 다름없었다."

다행스럽게도 이 이야기는 행복한 결말을 맞는다. 위에 인용한 증언은 1966년 2월에 나왔는데 그 후 몇 주 만에 인도 정부는 새로운 빛을 보았다. 《뉴욕타임스》에 실린 일련의 보도가 그것을 잘 알려준다. 인도 내의 비판, 즉 "미국 정부와 세계은행World Bank이 인도 경제의 틀을 결정할 권한을 침탈하려 한다"는 비판은 잠잠해졌다(4월 24일). 인도 정부는 경제 원조의 재개를 위한 조건을 받아들였다. "인도 정부는 비료 공장에 대한 해외 사기업 투자의 조건을 완화" 했고 그리하여 미국 투자가들은 "상당한 경영권을 확보하게 되었다"(5월 14일). 이 개발 사업의 결과는 뉴델리에서 보낸 4월 28일자 기사에 잘 요약되어 있다.

변화의 기미가 있다. 정부는 비료 산업에 투자할 해외 사기업 투자자들에게 완화된 조건을 부여했다. 여러 산업 분야의 통제를 완화할 생각이고 충분한 해외 원조를 얻을 수 있다면 수입을 자유화할 계획이다……. 이런 결과는 미국과 IBRD(국제부흥개발은행)의 꾸준한 압력 덕분이다. 이들은 지난 1년 동안 인도 경제를 자유화하고 사기업의 진출 폭을 넓히라고 꾸준히 재촉해왔다. 미국의 압력이 특히 효과적이었는데 미국은 인도의 발전과 산업의 바퀴를 굴리는 데 필요한 외환을 가장 많이 제공한 나라이기 때문이다. 그것을 '굴레', '조건' 기타 무엇으로 부르든 간에 인도는 미국이 세계은행을 통하여 내놓는 원조의 조건에 동의하는 수밖에 없다. 인도는 달리 기댈 데가 없다.

이 기사의 제목은 인도의 '사회주의에서 실용주의로의 전환'이었다. 하지만 이것이 이야기의 끝은 아니다. 몇 달 뒤《크리스천 사이언스 모니터Christian Science Monitor》(12월 5일)에 이런 기사가 실렸다. 미국 기업가들은 "인도가 검증된 수용 능력을 갖추게 되었을 때 미국에서 모든 장비와 기계를 수입해야 한다고 주장했다. 또한 현지에서 풍부하게 구할 수 있는 나프타 대신에 액체 암모니아 등 기본 재료를 수입해야 한다고 주장했다. 뿐만 아니라 가격, 유통, 이윤, 관리권 등에 제약을 부과했다." 인도의 반응은 이미 앞에서 언급했다(30쪽 참조).

이런 식으로 우리는 인도를 개방적 사회가 되도록 도와주었다. 월트 로스토에 의하면 개방적 사회란 "미국의 핵심 이데올로기", 즉 "국가에 대한 개인의 신성함"을 이해하는 사회다. 우리는 이런 방식으로 아시아 사람들의 단순한 사고방식을 물리친다. 로스토가 말하는 아시아 사람들의 사고방식이란 "서방은 자본주의 경제의 필연적 결과로 제국주의적 운영 방식을 창출하고 그것을 고수한다는 믿음, 또는 반신반의"[40]다.

사실, 미국의 인도 개발은 전후의 주요한 추문이다. 현재 인도가 겪는 고통을 자본 삼아서, 미국의 경제력으로, 인도를 '사회주의에서 실용주의로 전환'케 하는 일이다.

영토 병합 없이 다른 나라들을 개방적 사회로 발전시킨다는 정책은 새로운 것이 아니라 예전부터 있었다. 한스 모겐소Morgenthau, Hans Joachim(1904~1980, 독일 태생으로 나치 정권을 피해 미국에 정착한 국제정치학자_옮긴이)는 우리의 전통적인 대 중국 정책은 "중국 시장 개척을 두고 자유로운 경쟁"을 선호하는 정책이라고 말했다.[41] 사실 제국주의 국가 치고 노골적으로 영토에 대한 야욕을 선언하는 경우는 거의 없다. 그래서 영국 의회는 1784년 이렇게 선언했다. "인도를 정복하여 영토를 확장한다는 계획은 우리나라의 소망, 명예, 정책에 위반되는 혐오스러운 조치다." 하지만 그 직후 인도 정복이 본격적으로 시작되었다. 1세기 뒤 영국은 "개입, 개혁, 철수"라는 표어를 내세우면서 이집트에 대한 야욕을 노골화했다. 그 후 50년 동안 이 약속이 얼마나 성취되었는지는 논평할 필요조차 없다. 1936년 북중국에서 교전이 벌어지기 직전에 일본은 국가정책의 기본 원칙을 발표했다. 온건하고 평화로운 수단을 사용하여 일본의 국력을 신장하고, 사회적 · 경제적 발전을 촉진하고, 공산주의의 위협을 박멸하고, 강대국들의 침략 정책을 시정하고, 동아시아의 안정화 세력으로 일본의 입지를 강화한다는 내용이었다. 1937년에도 일본 정부는 "중국 영토에 대한 계획이 없다"고 말했다. 간단히 말해 우리는 잘 닦인 길을 걷고 있는 것이다.

미국은 1939년까지도 일본이 "중국에 대한 미국의 권리와 이익에 대한 태도를 바꾼다면"(헐Hull, Cordell 국무장관의 말) 일본과 상업 조약과 협정을 맺을 수 있다는 입장이었음을 상기하자. 충칭에 대한 폭격과 난징 대학살은 불유쾌한 사건이었지만 정말로 중요한 것은 우리가 중국에서 확보한 권리와 이익을 지키는 것이었다. 이것은 그 당시의 책임감 있고 非히스테리컬한 미 행정부 사람들이 확고하게 갖고 있던 인식이었다. 일본이 열린 문을 닫으면서 태평양전쟁이 벌어졌듯이, 중국 '공산당'이 열린 문을 닫는다면 그것은 다음번의 태평양전쟁으로 이어질지도 모른다.

때때로 성실하고 충실한 기술 전문가들의 발언은 최근에 벌어진 야만적인 사태의 배경에 놓여 있는 지적인 태도를 적나라하게 드러낸다. 가령 경제학자 리처드 린드홈Lindholm, Richard이 1959년에 한 다음과 같은 발언을 보라. 그는 '자유 베트남'에서 경제 개발이 안 되는 현상에 좌절감을 토로한다. "미국 원조의 사용은 베트남 사람들이 수입과 저축을 어떻게 사용하는가에 따라 결정된다. 미국 원조로 베트남에 들어가는 많은 수입품이 소비재이거나 소비자 요구에 부응하기 위한 원재료다. 이런 사실은 베트남 사람들이 이런 물건을 원한다는 것을 보여준다. 그들은 이런 물품을 구입하기 위해 기꺼이 돈을 꺼낸다."[42]

간단히 말해서 베트남 **사람들**은 설탕을 정제하는 장비나 도로를 닦는 기계보다는 미제 뷰익 자동차와 에어컨을 원한다는 것이다. 그들은 자유시장에서 그런 소비 행태를 보였다. 우리가 아무리 그들의 자유로운 선택을 한심하게 여긴다 할지라도 그들이 하고 싶은 대로 내버려두는 수밖에 없다. 물론 시골길에는 짐을 싣고 비틀거리는 두 발 달린 동물도 많다. 하지만 정치학과 대학원생들이 설명하듯이, 그들은 책임 있는 근대화 엘리트가 아니라서 인간이라는 생물학적 외피만 쓰고 있을 뿐이다.

베트남의 학살 행위 뒤에 놓여 있는 지적 태도는 주로 이런 것이다. 우리는 이런 태도를 솔직하게 시인해야 한다. 그렇지 않으면 우리 정부가 베트남의 '최종 해결안' 쪽으로 우리를 데려갈 것이다. 또 그다음에 생겨날 제2, 제3의 베트남에서도 그럴 것이다.

이제 마지막으로 맥도널드의 글과 지식인의 책무로 돌아가 보자. 맥도널드는 독일의 강제수용소 경리부장과 인터뷰한 내용을 인용했다. 러시아 사람들이 그 경리부장을 목매달아 처형하겠다고 하자 그는 눈물을 터뜨리며 이렇게 항의했다. "왜 나를 처형하려고 합니까? 내가 도대체 뭘 잘못했길래?" 맥도널드는 이런 결론을 내린다. "자신의 도덕률과 어긋나는 지시를 받았을 때 상급자에게 적극 저항할 의사가 있는 사람들만 강제수용소 경리부장을 비난할 자격이 있다." "내가 도대체 뭘 잘못했길래?"라는 질문은, 매일 베트남의 학살 사건을 신문에서 읽는 우리 자신을 향해서도 던져볼 수 있다. 우리는 자유의 옹호라는 번드레한 헛구호를 정당화하는 기만행위들을 만들어내고, 말하고, 용납하고 있는 것은 아닌가?

02

저항에 대하여

이 글(원제 On Resistance)은 《뉴욕 리뷰 오브 북스》 1967년 12월 7일자에 처음 실린 것을 몇 군데 고친 것이다. 이 글에 언급된 시위는 1967년 10월 19~21일 주말에 미 법무부와 국방부 청사 앞에서 벌어졌다. 법무부에 징병 통지서를 반납하는 시위운동은 벤저민 스폭Spock, Benjamin McLane 박사, 윌리엄 슬론 코핀Coffin, William Sloane 목사, 작가 미첼 굿맨Goodman, Mitchell, 마이클 퍼버Ferber, Michael 등에게 '공동 모의' 죄로 2년 징역형이 내려지는 데 한 계기가 되었다. 자세한 사항은 다음 자료를 참조하라. Noam Chomsky, Paul Lauter, and Florence Howe, "Reflections on Political Trial," *New York Review of Books*, August 22, 1968, pp. 23~30. 수십만 명이 참여한 펜타곤 시위는 강력한 반전 의사가 표명된 잊을 수 없는 사건이었다. 시위의 정신과 성격은 노먼 메일러의 장편소설 《밤의 군대들*The Armies of the Night*》(New York : New American Library, 1968)에 생생하고 정확하게 표현되어 있다. 이 장은 《미국의 국력과 새 지배계급*American Power and the New Mandarins*》(New York : Pantheon Books, 1969; New York : The New Press, 2002), 367~385쪽에서 전재했다.

워싱턴 시위가 벌어진 지 몇 주가 지났지만 나는 아직도 그 한 주간에 대한 인상을 제대로 포착하거나 표현하기가 어렵다는 생각이 든다. 나처럼 정치 행동을 본능적으로 싫어하지만 불가피하게 원치 않는 고비로 나아가게 되는 사람들을 위하여 개인적인 생각을 말해보는 것도 유익할 것이다.

많은 시위 참가자들에게 워싱턴 시위는 "반대에서 저항으로"라는 국면 전환을 상징하는 것이었다. 이 구호의 의미에 대해서는 뒤에서 다시 다루겠지만, 글머리에서 다음 사항을 분명히 밝히고자 한다. 이 구호는 시위의 분위기를 잘 전달한 것이고 동시에 전쟁에 반대하는 현재의 상태를 잘 표현한 것이었다. 이 저항 운동에는 물리칠 수 없는 역학이 작용한다. 누구나 전쟁을 반대하는 기사를 쓰거나 연설을 할 수 있다. 또 다양한 방식으로 우려와 분노의 분위기를 만들 수도 있다. 용기 있는 소수는, 우리가 그토록 경멸하는 "(나치가 시키는 대로 하는_옮긴이) 착한 독일인들" 같은 태도를 거부하면서 직접 행동에 나설 것이다. 어떤 사람들은 징집 통지를 받았을 때 불가피하게 그런 결정을 내릴 수 있다. 전쟁에 반대하는 상원의원, 작가, 교수들은 혐오스러운 전쟁에 복무하기를 거부하는 청년들을 지켜볼 것이다. 그런 다음에는 어떻게 할 것인가? 전쟁에 반대하는 글을 쓰고 연설을 한 사람들은 징집 거부를 장려하지 않았다는 사실 뒤로 몸을 숨길 것인가, 아니면 제정신인 사람이라면 이 비참한 전쟁을 할 것이라는 여론의 분위기를 조성할 것인가? 그 둘의 경계는 아주 희미하다. 그렇다고 남들이 고통스러운 길을 가는 동안 안전한 입장에서 구경만 하는 것도 쉽지 않다. 10월 20일 법무부에 반납된 징병 카드 1000여 장과 관련 서류들은, 징병을 피할 수도 있는 처지지만 피하지 못한 청년들과 같은 길을 가겠다고 주장하는 청년들이 반납한 것이다. 이런 방식으로 저항의 동그라미는 넓어지고 있다. 이와는 별개로, 청년이 저항하지 않고 자신이 할 수 있는 행동을 거부한다면 그것은 곧 정부의 조치에 공모하는 셈이 되어버린다는 사실을 모를 사람은 없다. 이런 인식 때문에 행동에 나선 사람들은, 양식 있는 사람이라면 외면하기 힘든 도덕적인 문제를 날카롭게 제기한다.

10월 16일 월요일, 보스턴 광장에서 자신이 미국인이라는 사실이 부끄럽게 여겨지는 이유를 설명하는 하워드 진Zinn, Howard(1922~2010, '미국 현대사의 양심'으로 불린 역사학자_옮긴이)의 연설을 들었다. 나는 수백 명의 젊은이들이(그들 중 일부는 나의 제자였는데) 아주 중대한 결정을 내리는 것을 보았다. 병무청의 지시를 따르지 않겠다고 결정한 것이다. 그 주가 지나가고 다음 주 월요일 케임브리지에서 벌어진 토론회에서, 국방부의 자문관 역할을 하는 한 학자가 북베트남을 제거하려면 핵무기 수 메가톤이 필요하다고 말하는 것을 들었다. "어떤 사람들은 이것을 충격적이라고 생각하겠지만 그러나……", "내가 알기에 이런 주장을 하는 정부 관리는 없습니다." "'파괴' 같은 감정적인 용어는 사용하지 맙시다" 등등의 말도 들려왔다. 또 어떤 소련 문제 전문가는 크렘린 당국자들이 민족해방전쟁이 성공할지 면밀히 관찰하고 있다는 발언을 했다. 만약 성공한다면 전 세계적으로 지원에 나설 것이라는 이야기였다. 그런데 이 소련 문제 전문가를 상대로 이런 대꾸를 했다고 해보자. "만약 크렘린의 당국자들이 합리적인 사람들이라면 지금 당장 그런 전쟁을 수십 군데 지원할 것이다. 왜냐하면 적은 비용으로 미국 군부를 흔들어놓고 미국 사회를 분열시킬 수 있기 때문이다." 그러면 그 전문가는 당신을 가리켜 러시아인의 영혼을 잘 모르는 사람이라고 말할 것이다.

워싱턴에서 평화 시위가 벌어진 주말은 생생하고 강렬한 인상을 남겼다. 하지만 내게는 아직도 그 의미와 여파가 불분명하다. 가장 기억에 남는 것은 시위의 광경 자체다. 수만 명에 이르는 젊은이들이 스스로 생각하기에 지구상에서 가장 혐오스러운(나도 동의하는 바다) 권부權府를 둘러싸고서 참담한 파괴 행위를 당장 그만두라고 요구했다. 수만 명의 **젊은** 사람들이었다. 나는 이것을 이해하기 어려웠다. 현재 벌어지는 일을 강력히 규탄하는 것도 젊은 사람이고, 자신의 입장을 주장하다가 구타당하는 것도 젊은 사람이며, 더러운 전쟁에 참여할 것인가 아니면 감옥이나 유배를 갈 것인가 결정해야 하는 것도 젊은 사람이다. 압도적으로 그렇다는 것이 딱하지만 진실이다. 그들은 혼자서 이런 결정을 내려야 했다. 왜 이런 일이 벌어지고 있는지 우리 자신에게 물어보아야 한다.

가령 왜 맨스필드Mansfield 상원의원은 "젊은이들이 만들어내는 이 나라의 국가상象, image이 부끄럽다"고 느끼는가? 왜 젊은이들이 반대하는 제도가 만들어내는 국가상에 대해서는 부끄러워하지 않는가? 그 제도라는 것은 어떤 사람들이 운영하는가? 의회에 나와 베트남에서 소비된 군사 물동량이 2차 세계대전 중 독일과 이탈리아에서 소비된 양을 초과한다고 침착하게 증언하는, 건전하고 온건하며 합리적인 사람들이다. 맨스필드 상원의원은 어째서 사람들이 '법치'에 따르지 않는다고 잘라 말하는 것인가? 그가 말하는 사람들은 소규모 시위꾼일 뿐, 상원에 앉아 있는 90여 명의 책임 있는 사람들이 아니다. 그들은 국가가 유엔헌장의 조항을 명백히 위반하는 줄 뻔히 알면서도 상원에 앉아서 조용히 지켜보고 있을 뿐이다. 맨스필드 상원의원은 우리가 베트남을 침공하기 전에는 그 어떤 국가를 상대로 무장 공격을 한 적이 없다는 것을 잘 알고 있다. 우리에게 다음과 같은 사실을 알려준 사람은 맨스필드 상원의원이었다. "1965년 초 미국의 군사적 노력이 크게 증강되었을 때, 당시 총 14만으로 추정되는 남부의 적군 세력 중에 북베트남 출신은 400명뿐이었다." 하지만 우리는 맨스필드 보고서로부터 다음과 같은 사실도 알고 있다. 당시 남베트남에는 이미 미군이 3만 4000명 들어가 있었는데 이는 1954년의 제네바협정*을 명백하게 위반한 것이었다.

이 문제는 좀 더 추적할 필요가 있다. 1965년 10월 1차 '세계 저항의 날International Days of Protest'에 맨스필드 상원의원은 시위자들의 '무책임한 태도'를 비난했다. 맨스필드 의원은 그 자신과 다른 상원의원들이 보여준 '완전히 무책임한 태도'에 대해서는 전혀 언급하지 않았다. 북베트남의 많은 도시와 마을이 파괴되고, 남베트남의 수백만 난민이 미군

---

* 1954년 4월~7월 스위스 제네바에서 열린 국제회의(제네바회담)에서 한국전쟁과 1차 인도차이나 전쟁을 마감하기 위해 체결한 협정. 인도차이나 문제에 관해서는 프랑스, 북베트남, 남베트남, 라오스, 캄보디아, 미국, 영국, 소련, 중국 정부의 대표가 회담했다. 제네바협정의 주요 내용은 북위 17도선을 경계로 베트남의 남북을 가르고, 1956년 7월까지 국제 관리하에 통일 베트남 정부 수립을 위한 총선을 실시하며, 300일 이내에 베트남독립동맹군(베트민)과 프랑스군 양쪽이 라오스와 캄보디아에서 철수하되, 라오스와 캄보디아 정부의 요청이 있을 경우 프랑스군은 주둔할 수 있다는 것이었다. 그리고 인도차이나 3국의 중립화와 주권·독립·통일·영토 보전 존중 등이 명시되었다. 참가국 대부분은 협정 준수를 맹세했지만 미국과 남베트남은 최종 선언문에 조인하지 않았다. 다만 미국은 단독으로 무력행사를 삼간다는 선언을 했다. _편집자(브리태니커 백과사전, 네이버 지식백과 참조

폭격으로 자신들의 집에서 쫓겨나는 상황에서도 맨스필드 상원의원을 비롯한 다른 의원들은 그런 상황을 조용히 지켜보면서 전비戰費 예산에 가결 투표를 했다. 그는 이런 비극을 허용한 사람들의 도덕심이나 준법의식에 대해서는 아무 말도 하지 않았다.

내가 맨스필드 상원의원을 거론한 것은, 그가 가슴을 치며 미국이 세계를 지배해야 한다고 주장하는 애국자 유형이 아니라 미국적 지식인, 즉 배움이 많고 합리적인 사람이라고 생각하기 때문이다. 하지만 이런 사람이 우리 시대 공포의 근원인 것이다. 어쩌면 이것은 개인적 느낌일지도 모른다. 하지만 현재 우리나라에서 벌어지고 있는 일들을 살펴볼 때, '적'에게 폭격을 퍼부어 '석기시대'로 돌아가게 해야 한다고 주장하는 커티스 리메이LeMay, Curtis Emerson(1906~1990, 미 공군 장성. 참모장으로 1965년 퇴역_옮긴이) 같은 사람이 무서운 게 아니다. 어느 정도 무력을 사용해야 소기의 목적을 달성할 수 있는지, 우리 입맛에 맞는 베트남 정부는 어떤 정부인지를 나지막한 목소리로 말하는 정치학자가 진짜 무서운 사람이다. 우리가 이 엄청난 비극을 냉정하고 초연한 태도로 바라보기만 한다는 사실, 그게 정말로 무섭다. 만약 러시아나 중국이 우리가 지금 베트남에서 저지르고 있는 일을 저질렀다면, 우리는 그런 무시무시한 범죄에 엄청난 도덕적 분노를 터뜨렸을 것이다.

워싱턴 시위 계획에는 심각한 계산 착오가 있었다고 생각한다. 펜타곤 행진에 이어 여러 사람들의 연설이 있을 것으로 예상되었다. 시민 불복종운동을 하는 사람들은 대중으로부터 벗어나, 불과 수백 야드 떨어진 펜타곤까지 행진하기로 되어 있었다. 나는 시민 불복종운동에는 참여하지 않기로 했기 때문에 거기서 무슨 일을 계획했는지는 자세히 모른다. 알다시피, 이런 일에서는 합리화와 합리성을 구분하기가 매우 어렵다. 대규모 시민 불복종운동은 베트남전쟁 복무를 거부한 젊은이들을 지원하는 방식으로 수행되어야 한다고 생각한다. 그들이 반체제 운동의 실질적 부담을 떠안아야 하기 때문이다. 전쟁에 대한 반감을 좀 더 구체적으로 표현하고자 하는 사람들의 심정은 이해하지만, 펜타곤에서의 시민 불복종운동이 의미 있거나 효과적일 것이라고 보지는 않았다.

아무튼 실제로 발생한 일은 사람들이 예상했던 것과는 아주 달랐다. 연설회에 수천 명이 모였으나, 행진 참여자들의 상당수는 곧바로 펜타곤으로 갔다. 그중 일부는 직접 행동을 선호한 사람들이었으나 다수는 그냥 휩쓸려 간 것이었다. 내가 서 있던 연설자의 연단에서는, 펜타곤 쪽에서 무슨 일이 벌어지고 있는지 살펴보기가 어려웠다. 우리가 볼 수 있었던 것은 군중의 물결이었다. 간접 보고에 의하면 행렬은 군대의 제1선을 뚫고 지나가 펜타곤 계단 앞에서 진지를 차리고 버티었다. 대부분 젊은이들인 시위자들이 펜타곤 앞에 진을 치고 있는 상황에서, 행진의 소수 조직자들과 중년 집단이 연단에 머물러 있는 것은 잘못된 일이었다. 나는 연단 근처에서 로버트 로웰T.S. Lowell, Robert(1917~1977, 시인. 시민권 옹호와 반전운동에 적극 참여했다_옮긴이), 드와이트 맥도널드, 라이스 주교Monsignor Rice, Charles Owen(1908~2005, 시민권 운동과 노동운동에 헌신했던 가톨릭 사제_옮긴이), 시드니 렌스Lens, Sidney(1912~1986, 노동운동가_옮긴이), 벤저민 스폭Spock, Benjamin McLane(1903~1998, 소아과 의사이자 육아운동가로 베스트셀러 작가였다_옮긴이)과 그의 아내, 다그마 윌슨Wilson, Dagmar Searchinger(1916~2011, 화가이자 그림책 작가로 핵실험 반대운동에 헌신했다_옮긴이), 도널드 칼리시Kalish, Donald(1919~2000, 논리학자이자 교육자_옮긴이) 등을 보았다. 그때 데이브 델린저Dellinger, Dave(1915~2004, 비폭력 사회운동가_옮긴이)가 우리도 펜타곤으로 가자고 제안했다. 우리는 시위자들이 차지하지 않은 장소를 발견하고는 펜타곤 건물에서 몇 피트 떨어진 곳에 서 있는 군인들의 대열 바로 앞까지 걸어갔다. 델린저는 아직까지 연설을 하지 않은 사람은 소형 음향 설비를 이용하여 군인들을 상대로 연설을 하라고 제안했다. 이 순간에 대한 내 기억은 얼마 남아 있지 않다. 라이스 주교가 연설했고 내가 그 뒤를 이었다. 내가 연설하는 동안 군인들의 대열이 앞으로 다가오더니 나를 스쳐 지나갔다. 그건 좀 기이한 경험이었다. 내가 뭐라고 말했는지 지금은 기억이 나지 않는다. 요지는 군인들이 죽거나 죽이는 것을 원하지 않는다는 것이었다. 하지만 나의 연설 방식이 다소 어리석고 황당했다는 느낌은 남아 있다.

전진하던 군인들은 델린저와 함께했던 소규모 시위자들을 부분적으로 해산시켰다. 군인들 뒤에 남아 있던 우리는 다시 모였고 이제 닥터 스폭이 연설을 시작했다. 그러자 난데없이 군인 한 무리가 나타나더니 서서히 다가왔다. 소총을 든 전투 대형이었다. 우리는 땅에 주저앉았다. 앞에서도 말했듯이 나는 그 순간까지는 시민 불복종운동에 참여할 생각이 없었다. 하지만 그 괴상한 유기체가 서서히 다가오자—그 세포가 사람이라는 사실 때문에 더욱 괴기해 보였다—그것이 우리가 하는 일에 개입하여 이래라저래라 하게 놔두어서는 안 된다는 것을 깨닫게 되었다. 나는 그 순간 연방경찰에 체포되었다. 군인들의 공무를 방해했다는 것이다(전문 용어로는 "질서 교란 행위"). (그리 멀지 않은 곳에서) 내가 본 바로는 군인들은 그 일을 아주 울적하게 생각하는 것 같았고, 이동하기를 거부하는 사람들을 발로 차고 곤봉으로 때리라는 명령(이었다고 생각한다)을 수행하면서도 최대한 온건한 태도였다. 하지만 연방경찰관들은 달랐다. 그들은 여러 해 전 여름 미시시피 주의 잭슨 감옥에서 보았던 경찰관을 생각나게 했다. 한 늙은이가 다리에 감긴 피 묻은 붕대를 우리에게 보여주며 경찰에 맞아서 이렇게 되었다고 말했는데, 잭슨 경찰들은 무심히 웃음을 터뜨릴 뿐이었다. 워싱턴에서 연방경찰에게 가장 혹독한 대우를 받은 것은 젊은 남자와 여자들이었다. 특히 머리를 길게 기른 청년들이 가혹한 취급을 받았다. 연방경찰은 청년의 장발을 보면 적개심과 폭력 근성이 터져나오는 것 같았다. 나는 일부 경찰들의 폭력적 태도를 목격했는데 그들의 태도는 무신경에서 사소한 심술궂음에 이르기까지 다양했다. 가령 우리는 환기 구멍도 몇 개 없는 경찰 닭장차 안에서 문이 꽉 닫힌 상태로 한 시간인가 두 시간을 갇혀 있었다. 우리 같은 사나운 범죄자들은 이렇게 대접할 수밖에 없다는 식이었다.

유치장에서 그리고 석방되고 나서 나는 용감한 젊은이들에 대한 얘기를 많이 들었는데 그게 모두 진실일 거라고 생각한다. 젊은이들은 TV 촬영기사와 기자들이 현장을 떠난 밤늦은 시간에 시작된 테러에 경악했다고 한다. 그래도 그들은 추운 밤을 꼬박 지새우며 앉아 있었다. 많은 젊은이들이 발길질을 당하고, 구타당하고, 경찰 저지선 너머로 끌려갔다. 나는 또 시위자들이 군대를 도발해 사달이 났다는 얘기를 들었다. 주로 시위대 뒤쪽에 있는 사람들이 그런 언동을 하는 것 같다. 이것은 옹호할 수 없는 일이다. 군인들은 테러의 도구일 뿐이다. 어떤 사람을 때려 죽게 만든 곤봉을 탓할 수는 없는 노릇이다. 그들도 감정이 있는 인간이고 호소를 들을 수 있다. 군인 서너 명이 진압 명령에 불복종하여 체포되었다는 확실한 증거가 있다. 결국 군인들도 징병 거부자들과 같은 입장이다. 그들이 명령에 복종한다면 그들은 스스로의 행동 때문에 상처를 입는다. 만약 복종하지 않는다면 개인적 결과는 처참하다. 그것은 욕설보다는 동정을 받아야 할 상황이다. 하지만 우리는 이 문제에서 균형 감각을 유지해야 한다. 내가 보거나 들은 바에 의하면, 시위자들은 실제 발생한 폭력에서 아주 작은 구실을 했을 뿐이다.

반전운동이 철저히 비폭력을 지향해야 한다는 논리는 정말 맞는 말이다. 폭력은 전술적으로도 어리석은 것이다. 이 분야에서 정부와 경쟁할 수는 없다. 폭력은 실패할 뿐만 아니라 잠재적인 동조자들을 소외시킨다. 그뿐만 아니라 이데올로그idéologues와 정부 행정가들에게서 더 강력한 탄압을 불러일으키게 된다. 더욱이 비폭력 저항에 참가하는 사람들은 훨씬 존경스러운 인간이 된다. 민권운동을 하면서 성숙한 사람들의 인간적 품성에 감명을 받지 않은 사람이 없다. 민권운동은 그 운동에 참여한 사람들의 생활과 성격을 바꾸어놓음으로써 미국 사회에 커다란 기여를 했다. 오늘날 우리가 처한 상황에서 원칙 있는 비폭력 저항 프로그램은 많은 사람들에게 동일한 효과를 낼 것이다. 이것이 국가를 끔찍한 장래로부터 구제할지도 모른다. 북베트남을 폭격하는 것이 전술과 비용 절감 측면에서 타당하다고 생각하는 사람들, 인명을 대가로 지불해서 남베트남을 정복해야 한다고 생각하는 사람들, "우리의 일차적 목표는 우리의 이익이다. 작아지고 있는 이 세계에서 우리 국가의 이익을 지키는 것이다"(자유로운 평화를 위한 시민위원회Cirizens Committee for Peace with Freedom, 《뉴욕타임스》, 1967년 10월 26일)라고 침착하게 단언하는 사람들, 이런 사람들로부터 국가를 지켜줄지도 모른다.

다시 시위 얘기로 돌아가, 나는 유치장에서 여러 해 동안 존경해오던 사람들을 만나 위안을 얻었다. 노먼 메일러Mailer, Norman(1923~2007, 미국의 소설가), 짐 펙Peck, Jim, 데이브 델린저, 기타 여러 인사들이 있었다. 유치장에 같이 들어와 있던 청년들도, 평소 존경하던 인사들이 함께 수감되어 있는 것을 보고서, 자신들이 세상으로부터 완전히 단절된 것은 아니라는 느낌을 받았을 것이다. 나는 저항하면 잃을 것이 너무 많은 청년들이 신념을 위해 무방비로 기꺼이 투옥된 것을 보고서 감명을 받았다. 그들은 주립 대학의 젊은 강사들, 시키는 대로만 하면 장래가 창창한 대학생들, 그리고 내가 알지 못하는 많은 젊은이들이었다.

그다음은 어떻게 할 것인가? 이것이 모든 사람의 마음에 자리 잡고 있는 질문이었다. "반대에서 저항으로"라는 구호는 정말 타당하지만,

그렇다고 해서 이제 반대는 그만하자는 뜻은 아니라고 본다. 반대와 저항은 서로 떨어져 있는 것이 아니라 상호 보완하는 개념이다. 납세 거부, 징병 거부, 기타 저항운동에 참여한 사람도 교회 모임이나 마을 공회에 나가서 반정부 연설을 할 수 있고 또 반전을 주장하는 평화 후보를 위해 선거운동을 할 수도 있다. 내 경험에 비추어 볼 때, 저항운동을 적극적으로 벌이는 사람이 남들을 설득하는 일에도 열심이다. 저항의 문제를 잠시 옆으로 제쳐놓고, '끈질기게 설명하는' 시절이 아직 끝난 게 아님을 특별히 강조하고 싶다. 집에 전사戰死 통지서가 날아오고 세금이 점점 높아지면서, 정부의 선전을 그대로 믿던 사람들이 달리 생각하기 시작했다. 불행한 일 때문에 마음을 바꾼 것이지만, 그래도 교육 활동의 기회는 아주 좋다고 할 수 있다.

더욱이 최근에 보이는 정부의 선전 방향 전환은 전쟁을 분석할 중요한 기회를 준다. 최근의 베트남전 옹호 논리에는 절망의 비명 소리가 들린다. 남베트남에 "자유와 민주주의를 가져다준다"는 얘기는 덜 들리고 그 대신 "국익"이라는 얘기가 크게 들린다. 러스크 장관은 10억 인구가 있는 중국이 일으키는 위험에 대해서 말했다. 부통령은 우리가 "베이징에 본부를 두고 있는 호전적인 아시아 공산주의"와 싸우고 있다고 말했다. 또 베트콩의 승리는 미국을 직접 위협할 것이라는 말도 덧붙였다. "20년 안에 폭격을 당할 거라면 시범 도시를 지을 필요도 없다"라고 국무차관 유진 로스토Rostow, Eugene는 주장했다. 하지만 월터 리프먼이 적절히 지적했듯이, 이 모든 것은 "미합중국 해군에 대한 중대한 모욕"이 아닐 수 없다.

이런 선전 방향의 전환 때문에 비판적 분석으로 베트남 문제의 핵심을 더 쉽게 공격할 수 있게 되었다. 그러니까 문제의 핵심은 사이공과 하노이가 아니라 워싱턴과 보스턴에 있는 것이다. 전쟁을 반대하는 사람들이 베트남의 정치·사회 문제에 면밀하게 신경 쓰는 것은 좀 우스꽝스럽다. 한 세대 전에 일본의 만주 정복을 반대한 사람들은 만주의 정치·사회 문제가 아니라 일본의 정치·사회 문제들을 더 중시했다. 일본의 괴뢰 황제에 대한 지원의 정도를 두고 논쟁하지 않고 일본 제국주의의 원천을 살펴보았다. 이제 베트남전쟁을 반대하는 사람들은 공격의 원천인 미국의 이데올로기와 제도에 시선을 돌릴 수 있게 되었다. 우리는 지구의 반 바퀴 떨어진 곳에 있는 자그마한 나라를 굴복시키기 위해 쏟아부은 10만 인명의 피해와 1000억 달러의 비용 손실로 무슨 '이익'을 보았느냐고 물을 수 있게 되었다. 중국 국경 지대에 있는 인기 있는 독립 세력들을 파괴함으로써 '중국을 억제할 수 있다'는 생각의 황당함을 지적할 수 있게 되었다. "미국에게 평화와 자유는 불가분의 것"이며 "자유에 대한 억압은 결코 그대로 놔두어서는 안 된다"(시민위원회의 말)는 주장의 허구성을 지적할 수 있게 되었다. 왜 이런 주장을 하는 사람들은 미국 원정군을 타이완, 로디지아, 그리스, 미시시피* 등에는 보내

---

* 1960년대에 타이완(대만)에서는 공산주의 첩자를 척결한다는 명분 아래 대대적인 사상 탄압과 체포 열풍이 벌어졌다.
1953년에 영국의 식민지였던 현재의 짐바브웨(남로디지아)와 잠비아(북로디지아), 말라위(니아살랜드) 지역에서 로디지아 니아살랜드 연방을 결성한다. 인구의 1퍼센트도 안 되는 남로디지아의 백인 정착민들이 권력을 장악해 극심한 흑인 차별 정책을 펼치자 흑인 민족주의 운동이 격렬히 일어났고, 결국 1964년 말라위와 잠비아가 독립한다. 남로디지아 백인 지배 집단은 1965년 로디지아 공화국 독립 선언을 한다. 이후 1980년 짐바브웨 정권이 수립하기까지 로디지아에서는 폭력적인 차별 정책과 이에 맞선 게릴라 투쟁이 이어졌다.
그리스에서는 1967년 군사쿠데타가 일어났다.
미시시피 주는 1960년대 흑인 민권운동에 대한 백인 차별주의자들의 테러가 극심했던 곳이다. 1964년 미시시피 주 네쇼바 카운티에서는 흑인 민권운동가 3명이 KKK(Ku Klux Klan : 백인우월주의 비밀 테러 결사) 단원 10명에게 구타당하고 총에 맞아 숨진 뒤, 44일 만에야 흙더미에 파묻힌 채 발견되었다(미시시피 버닝Mississippi Burning 사건). 1966년에는 미시시피 대학의 흑인 최초 입학생이었던 제임스 메레디스Meredith, James Howard (1933~)가 남부 흑인들의 유권자 등록을 격려하기 위해 테네시 주 멤피스에서 미시시피

지 않고 유독 베트남에만 보내야 한다고 주장할까? 그들은 베트남에서 다음과 같은 일이 벌어지고 있다고 믿고 싶어한다. 침략자 마오쩌둥이 히틀러 식의 교활한 방법으로 군대는 보내지 않은 채 침략을 도모하면서 세계 정복을 호언하고 있다. 린뱌오林彪(임표)라는 매개를 통하여 중국은 토착적인 민족해방전쟁에 심정적 응원 이상을 보내기 어렵다고 주장하면서 왜 맥나마라McNamara, Robert S. 국방장관(1916~, 1961~1968년 미국 국방장관 재임_옮긴이)은 이런 성명들을 새로운 **나의 투쟁**(히틀러의 저서 제목_옮긴이)이라고 보는 것일까. 왜 "베트남 공산정권은 반중국적이다"라고 주장하는 사람들(이티엘 데 솔라 풀de Sola Pool, Ithiel, 《아시안 서베이 Asian Survey》, 1967년 8월)이 베트남에서 우리는 중국의 확장주의 침략자들에 맞서고 있다는 성명에 서명을 할까? 미국 이데올로기의 어떤 요소가 정보 취득이 용이한 지식인들로 하여금 뻔히 아는 사실을 다르게 말하게 할까? 시민위원회는 "남베트남이 자유롭게 나라의 미래를 개척하는 것 외에 다른 것은 바라지 않는다"라고 말하지만, 미국이 남베트남에 세우려는 체제에 프랑스 식민주의에 맞서 투쟁한 세력은 "마땅히" 배제되어 있다는 사실을 분명하게 알지 않는가(러스크 장관, 1963). 우리는 지금까지 "남베트남의 진정한 대규모 정당"(더글러스 파이크Pike, Douglas)이 주도하는 "시민 항쟁"(스틸웰 Stilwell, J.W. 장군)을 진압해오고 있다. 우리는 불교도들의 저항도 처부수도록 감독했다. 우리는 베트남 농민들에게 사이공 정부와 민족해방전선NLF 사이에서 "자유롭게 선택"하라고 하고서, 농민들을 NLF 세력이 모두 제거된 전략 마을로 분산시켰다(로저 힐스먼Hilsman, Roger〔1919~, 정치학자. 1963년 극동 담당 국무차관보가 되었으나

———————

주 잭슨까지 도보 행진을 시작했으나, 행진 이튿날 총격을 받아 온몸에 60여 곳 부상을 입고 쓰러졌다. _편집자(브리태니커 백과사전, 네이버 지식백과 참조)

1964년 존슨 대통령의 베트남 정책에 반발해 사임했다_옮긴이)).

이런 이야기는 아주 낯익은 것이다. 조금이라도 정치적 식견이 있는 사람이라면 다음과 같은 사실을 명백하게 인식할 것이다. 현재의 세계 문제는 '중국을 억제'하는 것이 아니라, 미국을 억제하는 것이다.

우리는 여기서 더 근본적인 질문을 던져볼 수 있다. 미국의 의지에 복종하지 않으려는 조그마한 나라를 파괴하는 것이 미국의 '국익'에 도움이 된다고 가정해보자. 그렇다면 우리가 '이런 국익을 위해' 행동하는 것이 적법하고 타당할까? 러스크, 험프리, 시민위원회 사람들은 그렇다고 말할 것이다. 하지만 이것은 우리가 한 세대 전에 파시스트 침략자들이 걸어간 길을 그대로 따라가고 있음을 명확하게 보여주는 일이다.

물론 우리의 국내 정치 분위기는 독일이나 일본 국민들이 당했던 분위기와는 사뭇 다르다. 미국에서는 정부에 항의하기 위해 영웅이 될 필요는 없다. 미국에 통하는 법과 다른 나라들에 가해지는 법이 같지 않음을 우리는 많은 경로를 통해 알 수 있다. 그리고 그 누구도 미국을 베트남이나 기타 지역의 재판관 혹은 집행관으로 임명한 바 없음을 알 수 있는 방법도 많다. 지난 2년 동안 대학 캠퍼스 안팎에서 많은 정치 교양 방도가 탐색되었다. 이런 노력은 계속될 것이고, 여건에 따라 계속 성숙될 것이다.

어떤 사람들은 저항 행동이 평화운동에 '먹칠'을 할 터라서 평소의 경로를 통해 잠재적인 동조자들에게 손을 뻗는 것이 어려워질 것이라고 말한다. 나는 이런 의견에 동의하지 않지만 그렇다고 해서 가볍게 무시해버려서는 안 된다고 생각한다. 베트남 사람들을 파괴로부터 구제하려는 저항자들은 다뤄야 할 쟁점을 선정하고 또 되도록 폭넓은 지지를 끌어낼 수단을 결정해야 한다. 분명한 쟁점이 있고, 명예로운 방법이 있다. 따라서 애매모호한 쟁점 때문에 추악한 행동으로 내몰릴 이유가 없다. 특히 지금까지 잘 수행되어온 징병 거부 운동은 매우 원칙적이고 용기 있는 행동일 뿐만 아니라 폭넓은 지지를 받는, 정치적으로도 효율적인 수단이라고 생각된다. 이것은 현재 너무 쉽게 묵과되고 있는 전쟁에 대한 수동적 공모라는 문제의식에 호응을 불러일으켜 줄 것이다. 이런 문제의식을 마주하게 된 사람들은 양심을 파괴하는 일상의 이데올로기적 압력으로부터 벗어나 세계 속 미국의 역할에 대하여 진지한 의문을 제기하면서, 이런 범죄적 행동이 미국 사회의 어떤 원천으로부터 흘러나오는지 탐구하게 될 것이다.

저항에 대한 반대 의사는 적절하게 표명되지 않았다고 본다. '평화운동'이라는 것은 편집광적 우파의 환상 속에만 존재한다. 채택된 수단과 추구하는 목표가 못마땅한 사람은 다른 방식으로 전쟁에 반대할 수 있을 것이다. 그들은 존재하지도 않는 운동으로부터 제명되었다고 말하지는 못할 것이다. 그들이 가능한 다른 형태의 저항을 만들어내지 못한 것은 순전히 그들 자신의 탓이다.

나는 제일 중요한 문제를 맨 마지막으로 미루었는데, 사실 거기에 대한 할 말이 별로 많지 않다. 그것은 저항이 어떤 형태를 취해야 하는가 하는 것이다. 우리는 세금을 납부하고 국내 사회가 원활하게 돌아가도록 허용함으로써, 크든 작든 전쟁에 참여하고 있다. 개인은 자신이 더 이상 참여하기를 거부하는 지점을 선택해야 한다. 그 지점에 도달하면 개인은 저항운동에 인도될 것이다. 내가 이미 설명한 저항의 사유들은 타당한 것이라고 생각한다. 그 이유들에는 더 이상 논의가 필요 없는 도덕적인 근본 요소가 있다. 이 문제는 징집을 당한 청년들에게 노골적인 형태로 제시된다. 그것은 불운한 사람들에게 부담을 떠넘기는 징병제도를 받아들일지 말지 결정해야 하는 청년에게 복잡한 문제다. 이처럼 곤경에 빠진 젊은이들을 돕지 않기란 내가 보기에 어려운 일이다. 돕는 방식은 여러 가지가 있다. 법적인 도움과 재정 지원, 지지 시위 참여, 징병 문제 상담, 징병 저항 조직 결성, 공동체 단위의 저항 조직화, 국외 탈출 희망자 돕기, 징병 대신에 감옥을 선택한 청년들에 대한 목사의 지원 등이 있다. 이러한 저항 프로그램에 대해서는 이 문제에 관심 있는 사람이라면 잘 알고 있을 것이다.

정치적 전술로서 저항은 면밀한 검토를 요구한다. 나는 그에 대한 명확한 생각이 있다고 허세를 부리지는 않겠다. 앞으로 여러 달 동안 사태가 어떻게 전개될지도 중대한 변수다. 웨스트모어랜드Westmoreland 장군(베트남전 당시의 미 연합사 총사령관_옮긴이)의 소모전은 끝없이 계속될 수도 있으나 국내 정치 상황을 미루어볼 때 그것은 가능하지 않을 것이다. 만약 공화당이 선거를 포기하지 않는다면 승리를 위한 전략을 수립할 것이다. 그들은 베트남전을 끝내겠다고 주장하겠지만 구체적인 방법에 대해서는 애매하게 말할 것이다. 이런 상황에서 존슨이 현재의 군사적 대치 상황을 그대로 놔둘 것 같지 않다. 그렇다면 다음과 같은 네 가지 선택 방안이 있다.

첫째는 미군의 철수다. 이것은 '전략적 거점'으로의 철수라고 위장될 수도 있다. 그 거점에서 군대를 해산하게 될 것이다. 이것은 국제회의에서 주선할 수도 있고 평화를 추구하는 사이공 정부가 우리에게 철수해 달라고 요청하는 형식이 될 수도 있다. 이 정책은 정치적으로도 그럴듯하다. "혁명적 발전" 같은 용어를 만들어낸 홍보 회사는 미군의 철수를 승리로 꾸며낼 수 있을 것이다. 하지만 행정부 내에 이 노선을 권장할 용기와 상상력을 가진 인물이 있는지 의심스럽다. 상원의원 다수가 이 방법을 제안하고 있고 월터 리프먼과 한스 모겐소 같은 전쟁 비판자들도 동조하고 있다. 남베트남에서 새로 총선을 실시함과 동시에 차분하게 철수하는 계획을 《주간 르몽드Le Monde hebdomadaire》(1967년

10월 26일자)에서 프랑스 역사학자 필리프 드빌레Devillers, Philippe가 제안했다. 그 밖에 변형된 철수 계획도 쉽게 생각해볼 수 있다. 핵심적인 사항은, 베트남 문제는 베트남 사람들이 해결해야 한다는 제네바협정의 원칙을 받아들이는 것이다.

둘째는 파괴다. 우리가 이렇게 할 수 있는 기술적 능력이 있다는 것은 아무도 부인하지 않는다. 감상적인 사람들만이 우리가 그렇게 할 수 있는 도덕적 능력도 갖고 있는지 의문을 제기할 뿐이다. 버나드 폴Fall, Bernard B.(1926~1967, 종군 기자이자 정치학자로서 인도차이나 전문가였다_옮긴이)은 사망 직전 인터뷰에서 이런 결과를 예측했다. "미국은 파괴할 수 있지만 평화를 가져오지는 못한다. 미국은 전쟁에 이길 수 있지만 그것은 무덤의 승리일 것이다. 베트남은 파괴될 것이다."

셋째는 북베트남을 침공하는 것이다. 이렇게 되면 우리는 하나가 아니라 두 개인 게릴라전에 당면하게 될 테고, 그 어느 것도 이기지 못할 것이다. 하지만 시의가 적절하다면 시민들을 미국의 깃발 아래 뭉치게 하는 계기가 될 것이다.

넷째는 중국을 공격하는 것이다. 이 경우 우리는 베트남을 버리고 중국의 산업 능력을 직접 겨냥하는, 이길 수 있는 전쟁으로 방향을 전환하게 된다. 이런 움직임을 보이면 선거에서 승리하게 될 것이다. 이 전망은 이른바 "전략적 사고방식"이라는 정신이상의 합리성에는 먹힐지도 모른다. 만약 우리가 아시아 대륙에 점령군이나 군사기지를 유지할 계획이라면 먼저 중국이 그것들을 위협하지 못하게 다져둬야 한다. 물론 핵전쟁의 위험이 도사리고 있지만, 존 맥더모트McDermott, John가 "위기관리자들"이라고 부른 사람들은 그 결과를 두려워하지 않는다. 이들은 1962년에 오로지 우리만이 가상 적국의 접경지에 미사일을 설치할 권리를 갖고 있다는 원칙을 확립하기 위해 핵전쟁의 위험도 마다하지 않았던 사람들이다(1926년 쿠바 미사일 위기를 말한다_편집자).

　많은 사람들이 '협상'을 현실적 대안으로 본다. 하지만 나는 이 제안의 논리도 내용도 잘 이해하지 못하겠다. 만약 우리가 북베트남 폭격을 멈추고 하노이와 협상에 들어간다면 그때에는 논의할 내용이 별로 없을 것이다. 남베트남에 대해서 말하자면, 유일하게 협상할 수 있는 논점은 외국 군대의 철수다. 다른 문제들은 미군의 공격을 이겨낸 베트남의 세력들 사이에서 해결될 수 있다. '협상' 호소는 내가 볼 때 공허할 뿐만 아니라 전쟁에 반대하는 사람들에게 함정 같은 것이다. 만약 우리가 철군에 동의하지 않는다면 협상은 교착상태에 빠지고 전투는 계속될 것이며, 미군은 폭격을 당하거나 살해될 것이고, 군부는 미국 인명을 살리기 위해 확전의 논리를 펼 것이다. 간단히 말해서 결론은 사이밍턴 Symington, Stuart(1901~1988, 미 공군합참의장 출신 상원의원으로 국방을 강조했으나 베트남전쟁은 외교상 이득이 적고 경제적 손실이 크다며 반대했다_옮긴이) 방안이 되어버린다. 우리는 우리의 조건에 따른 평화를 그들에게 제안하고, 만약 그들이 거부하면 무덤의 승리가 있을 뿐이다.

　현실성 있는 선택 방안들 중에서 내가 보기에 철군(비록 다른 것으로 가장되겠지만)이 가장 타당한 방안이다. 따라서 반전운동은 이 방안이 채택되도록 저항의 전술을 계획해야 한다. 더욱이 이런 행동을 취할 수 있는 시간은 아주 짧다. 전쟁을 끝내기 위해 저항 전술을 취하려는 논리는 명쾌하다. 주요 정책을 입안하는 사람들이 근본적 논점들에 대하여 합리적으로 처리하리라고 예상하기는 어렵다. 특히 미국만이 베트남의 사회적, 정치적 제도를 결정할 권위와 능력을 갖고 있다는 생각을 꺾기란 더욱 어렵다. 또한 선거가 이런 중요한 결정에 영향을 미칠 가능성도 별로 없다. 이 문제는 다음 선거 전에 처리될 테고 설령 그렇지 않더라도 선거에서 진지한 대안이 제시될 것 같지는 않다. 설사 기적적으로 제시된다고 할지라도, 1964년의 경험에 비추어 볼 때 '평화 후보'의 선거 공약을 어디까지 믿을 수 있을까? 확전의 엄청난 위험과 그 가증스러운 특성을 감안할 때, 이런 상황에서는 침략전에 대해 미국 국내에서 치러야 할 대가를 더 크게 할 방법을 찾는 것이 합리적이다. 국내의 저항이 아주 높아지면 정책 입안자들도 그 부담을 무시하지 못할 것이다. 심각한 부담을 지울 실행 방법으로는 총파업, 대학의 파업, 전쟁 물자의 생산과 공급을 늦추려는 시도 등 많은 가능성을 생각해볼 수 있다.

임박한 비극을 효과적으로 피할 수 있다면 이런 소요 행위가 정당화되리라고 생각한다. 하지만 나는 그런 행동의 효과가 의심스럽다. 현재 대학 바깥의 백인 사회에는 그런 행동의 폭넓은 기반이 조성되어 있지 않다. 따라서 정부를 강력하게 압박하는 것은 매우 어렵다. 내가 볼 때 처음에는 대학 인문학부와 신학부의 학생과 소장 교수들 그리고 소수 과학자들이 참여할 것이다. 전문학교, 기술 계열, 조종과 통제 전문가(사회과학 분야) 들은 상대적으로 덜 참여할 것이다. 그에 따라 미국의 인문학과 과학 문화에 장기적인 위협이 가해질 수 있다. 하지만 이것이 정책을 입안하는 사람들에게는 그리 중요한 문제가 아닐 것이다. 러스크와 로스토와 그들에게 동조하는 학자들은 그들의 정책이 이미 이들 학문 분야에 심각한 위험을 가했다는 사실을 인식하지 못한다. 그들은 국가의 창조적 에너지가 이처럼 분산되는 사태의 심각성과, 미국 권력의 폭력과 기만에 넌더리를 내는 젊은 사람들의 깊은 환멸을 제대로 이해하지 못한다. 이들 분야의 파탄이 그들에게는 무시할 수 있는 비용 정도밖에 안 되는 것이다.

저항은 도덕적 책무이면서 동시에 정부에 영향을 미칠 수 있는 전술이기도 하다. 징병 거부를 지지하는 움직임은 피할 수 없는 도덕적 책무라고 생각한다. 하지만 현 사태를 살펴보면 저항의 전술적 효과가 의심스럽다. 나는 확신 없이 상당히 망설이며 이 말을 하고 있다.

베트남에서 무슨 일이 벌어지든 그것은 국내에 엄청난 파급 효과를 가져올 것이다. 군대가 스스로의 잘못으로 전쟁에 졌다는 말은 잘 나오지 않는다. 용감한 병사들과 모르는 게 없는 장군들의 등 뒤에 민간인 반역자들이 칼을 꽂았다고 할 것이다. 미군의 철수는 미국 문화의 가장 나쁜 점을 표면화시킬지 모른다. 또 심각한 내부 탄압을 가져올지도 모른다. 반면에 미국의 '승리'는 국내와 해외 모두에 위험한 결과를 가져올 수 있다. 그것은 이미 강력한 힘을 갖고 있는 행정부에 더 큰 위신을 부여할지도 모른다. 또 A. J. 머스트Muste, Abraham Johannes(1885~1967, 개신교 목사 · 시민운동가 · 반전주의자_옮긴이)가 강조한 문제도 있다. "……전후에 승전국이 오히려 더 큰 문제를 겪는다. 그 나라는 전쟁과 폭력이 효과가 있음을 증명했다고 여긴다. 승전국에게 누가 교훈을 가르쳐줄 것인가?" 세계에서 가장 강력하고 가장 침략적인 국가의 경우, 이것은 정말 위험한 일이다. 우리가 남들과 다르고 또 순수하다는 환상—이런 환상은 과거 제국주의 전성기에 영국, 프랑스, 독일도 갖고 있었다—을 벗어버릴 수 있다면, 우리는 이런 통찰에 깃든 진리 앞에서 정직할 수 있을 것이다. 많은 무고한 사람들이 온 사방에서 고통 받고 죽어가기 전에 우리가 이 진리를 솔직하게 대면할 수 있기를 바란다.

마지막으로 우리가 현재의 전쟁과 미래의 전쟁에 대하여 효과적인 반대 운동을 펴나가는 데 몇 가지 원칙을 강조해야 한다고 생각한다. 우리는 남들에게 시민 불복종운동에 참여하라고 섣불리 강요해서는 안 된다. 우리는 젊은이들이 시민의 불복종운동에 뛰어들도록 강요하는 상황을 조성하지 않도록 세심한 주의를 기울여야 한다. 저항은 자발적으로 이루어져야 한다. 그리하여 우정과 상호 신뢰로 맺어져 고통 받는 사람들과 함께하는 든든한 지원군이 만들어지기를 간절히 소망한다.

03

언어와 자유

이 글(원제 Language and Freedom)은 1970년 1월 8~9일 시카고 로욜라 대학에서 열린 '대학의 자유와 인문과학 심포지엄' 연설문이다. 토머스 R. 고먼Gorman, Thomas R.이 편집한 심포지엄 자료집에 처음 실렸고, 《아브락사스Abraxas》 1, no.1(1970)과 《트리 쿼털리TriQuarterly》, no. 23-24(1972)에 다시 실렸다. 이 글에서 다룬 주제의 상당수가 나의 책, 《앎의 문제와 자유의 문제Problems of Knowledge and Freedom》(New York : Pantheon Books, 1971; New York : The New Press, 2003, 한국어판 : 장영준 옮김, 《촘스키, 러셀을 말하다》, 시대의창, 2011)에서 다시 논의되었다. 이 장은 《국가적인 이유For Reasons of State》(New York : Pantheon Books, 1970; New York : The New Press, 2003)의 387~408쪽에서 옮겨 실었다.

'언어와 자유'라는 주제로 연설을 해달라는 요청을 받고 당황스러우면서도 다른 한편으로는 흥미로웠다. 나는 학자로서 줄곧 언어 연구에 매달려왔기 때문에 언어 분야에 대해서만큼은 논할 거리가 달리지 않을 것 같다. 또 자유의 문제가 20세기 중반에 들어선 이 시점에 우리와 다른 이들에게 어떻게 다가오는지에 대해서도 할 말이 많다. 이 강연 제목에서 좀 골치 아픈 것은 그 둘의 연관 관계다. 어떤 방식으로 언어와 자유가 서로 연관되는가?

우선 현대의 언어 연구에 대하여 간단히 설명하려고 한다. 언어와 그용법에는 흥미를 불러일으키는 양상이 아주 많다. 하지만 내가 보기에 그중 소수만이 지금까지 생산적인 이론 작업에 도달했다. 특히 형식 문법 구조의 영역에서 우리는 아주 깊은 통찰을 일구어냈다. 언어를 아는 사람은 소리와 의미를 특정한 방식으로 연결하는 규칙 및 법칙의 체계—전문 용어로 '생성문법'이라 한다—을 획득한다. 여러 언어들을 놓고 언어학자들은 이런 문법의 성격에 대하여 타당하면서도 통찰력 있는 가설들을 많이 내놓았다. 또 '보편 문법'에 대한 관심도 크게 늘어났다. 보편문법이란 사람이라면 정상적으로 배울 수 있는 여러 언어들의 보편적 속성을 규정하는 이론을 말한다. 이 주제는 특히 중요한데, 보편문법이란 결국 본질적인 정신 능력을 연구하는 것이기 때문이다. 따라서 보편문법의 원리가 풍성하고, 추상적이고, 제한적임을 발견하는 것은 대단히 흥미로운 일이다. 그 원리로 다양한 현상을 설명할 수 있다. 현재의 지식 수준에서 만약 언어가 인간의 다른 문제들을 탐구하는 발판이 될 수 있다면, 우리는 언어의 이런 양상들 쪽으로 시선을 돌려야 한다. 이유는 단순하다. 우리가 이들 양상에 대해서만 합리적으로 잘 이해하고 있기 때문이다. 그런데 언어의 형태적 속성에 대한 연구는 인간의 본성을 이해하는 데 명확한 한계가 있음을 보여준다. 인간에게만 있는 정신mind, 다시 말해 아주 미묘한 방식으로 인간의 문화적 성취에 관여하는 정신의 특질에 대하여 우리는 제한적인 이해밖에 하지 못한다.

탐구의 출발점을 잡으면서 우리는 자연스럽게 서양 사상사의 한 시대로 시선을 돌리게 된다. 그 시대에는 "자유를 철학의 핵심이요 본질로 삼는다는 생각은 인간의 정신spirit을 해방했고…… 과학의 모든 분야에 이전의 혁명보다 더 강력한 방침을 부여했다"[1]고 믿었다. 이 문장에서 "혁명"이라는 단어는 여러 가지 연상을 불러일으킨다. 왜냐하면 셸링Schelling, Friedrich W.J. von(1775~1854, 독일의 철학자_옮긴이)은 이렇게 주장했기 때문이다. "인간은 행동하기 위해 태어난 것이지 사색하기 위해 태어난 것이 아니다." "더 고상한 인류에게 정신spirit의 자유를 선포해야 할 때가 왔다. 이제 잃어버린 족쇄에 대하여 슬퍼하며 후회하는 사람들을 참아주어야 할 시기는 지나갔다." 이렇게 말하는 셸링에게서 우리는 18세기 말의 자유주의libertarian 사상*과 혁명적 행동의 메아리를 듣는다. 셸링은 "모든 철학의 시작과 끝, 그것은 자유"라고 말하기도 했다. 사람들이 족쇄를 벗기 위해 투쟁하고, 정당성을 잃어버린 권위에 도전하고, 더 인간적이고 민주적인 제도를 구축하기 위해 애쓰는 시기에 셸링의 말은 커다란 의미와 절박함으로 다가왔다. 바로 지금과 같은 때에, 철학자들은 인간 자유의 본성과 한계를 탐구하고, 셸링과 마찬가지로 "자아의 본질은 자유"라고 결론 내리게 될 것이다. 그리고 철학에 관해서는 "철학의 가장 높은 존엄성은 인간의 자유에 전부를 건다는 사실 자체에 있다"라고 말할 것이다.

우리는 바로 그런 시기에 살고 있다. 혁명의 열기가 이른바 제3세계를 휩쓸고 있으며, 수두룩한 대중이 깊은 무기력과 전통적인 권위에 대한 복종으로부터 벗어나고 있다. 산업사회 또한 혁명적 분위기가 무르익었다고 생각하는 사람들도 있다. 신좌파의 대표들만 그런 것이 아니다.[2]

혁명적 변화의 위협은 탄압과 반발을 이끌어낸다. 그 조짐은 다양한 형태로 프랑스, 소련, 미국에서 분명하게 드러나고 있다. 오늘 우리가 만나고 있는 이 도시(시카고_옮긴이)에서도 사정은 비슷하다. 따라서 인간의 자유 문제를 곰곰이 생각하면서 낡은 사회적 제도들을 비판적으로 분석하고 지속적으로 공격했던 과거 시대로 시선을 돌려야 한다. 그 과정에서 인간은 행동하기 위해 태어난 것이지 사색하기 위해 태어난 것이 아니라는 셸링의 말을 명심하는 것도 적절하리라 생각한다.

자유와 예속에 대한 18세기 저서 중 시기적으로 빠르고 또 중요한 것으로 루소Rousseau, Jean Jaques(1712~1778)의 《인간 불평등 기원론》(1755년)이 있다. 이것은 여러 면에서 혁명적인 논문이었다. 루소는 "불평등의 기원과 과정을 설명하고, 정치적 사회의 수립과 권력 남용을 파헤치

---

* 국가에 대한 개인의 자유와 책임을 중시하며 영미권의 주류 사상이 된 (부르주아적 자유주의인) 리버럴리즘liberalism과 대비하여, 정치적·경제적·사회적·문화적인 모든 권위와 억압 기제를 거부하는 사상을 리버터리어니즘libertarianism이라 한다. '자유지상주의' '자유존중주의'로도 번역되며 아나키즘도 그 일종이다. _편집자

려" 했다. 그리고 그 과정에서 "오로지 이성의 빛만을 사용하면서 인간의 본성에 근거해 설명하려 했다. 루소의 결론은 너무나 충격적인 것이어서 디종Dijon 한림원 현상 공모의 심사위원들은 이 논문을 끝까지 읽기를 거부했다.[3] 이 논문에서 루소는 거의 모든 사회적 제도의 합법성에 도전했고 개인이 부동산과 자산을 지배하는 것을 통박했다. "이런 것들은 제멋대로인 부패한 권리에 기초한…… 약탈이다. 그것들은 무력으로 획득한 것이고, 부자들은 그 무력 덕분에 임의로 그것들을 약탈할 수 있었다." 심지어 개인이 근면하게 일해서 획득한 재산조차 '정당한 권익'으로 볼 수 없다고 말했다. 재산권의 주장에 대하여 다음과 같이 반박할 수 있다는 것이다. "수많은 당신의 동포가 당신이 넘치게 갖고 있는 것을 갖지 못해 고통 받거나 죽어가는 것을 당신은 모르는가? 평균적인 생활 수준을 초과해서 필요 이상으로 소유하기 위해서는 인류의 만장일치 동의를 받는 것이 마땅하다.

　루소는 시민 사회란 부자들이 자기들의 약탈을 보장받으려는 음모의 산물이라고 주장한다. 부자들은 위선적으로 이웃들에게 "정의와 평화의 규칙을 만들자"고 한다. 그리하여 "단 하나 예외도 없이 누구나 그 규칙에 복종하자"고 제안한다. "힘 있는 사람이든 약한 사람이든 공평하게 상호 의무를 수행함으로써 운명의 변덕을 보상받자"고 말한다. 하지만 이런 규칙을 아나톨 프랑스France, Anatole(1844~1924, 프랑스의 작가·평론가_옮긴이)는 부자나 빈자나 공평하게 밤에 다리 밑에서 잘 권리를 거부하는 법률이라고 빈정거렸다. 가난하고 약한 자들은 (부자들의_옮긴이) 그런 주장에 현혹당해서, "모두들 자신의 자유를 확보했다고 생각하며 족쇄를 향해 달려가는 것이다……." 이렇게 하여 사회와 법률은 "약자에는 새로운 족쇄를 안기고 부자에게는 새로운 힘을 부여한다. 인간의 타고난 자유를 파괴하고, 불공정한 소유권 법률을 영구히 확립하고, 간교한 약탈을 확고한 권리로 바꾸고, 소수의 야심가들을 위해 인류 전체를 노동, 예속, 곤궁에 종속시키는 것이다." 정부는 "궁극의 한계와 타락"으로 인해 필연적으로 독재적 권력이 되어버린다. 이 권력은 "그 본질상" 불법이다.

〔새로운 혁명은〕 그 정부를 아예 해산해버리거나 더 합법적인 기관으로 개선해야 한다. ……술탄을 목 졸라 죽이거나 폐위시킨 봉기는 그 술탄이 예전에 신하들의 목숨과 재산을 제멋대로 처리한 행동 못지않게 적법한 것이다. 오로지 무력으로써만이 그가 존속했으므로, 힘으로써만 그를 밀어낼 수 있다.

현재 시점에서 볼 때 흥미로운 것은 루소가 "오로지 이성의 빛만으로" 결론에 도달한 과정이다. 그는 인간을 "자연이 형성한 존재"로 보고, 자신이 생각하는 인간의 본성을 사유의 출발점으로 삼았다. 그는 인간의 본성으로부터 자연적 권리의 원칙과 사회적 존재의 기반이 도출되어야 한다고 본다.

원초적 인간, 그의 진정한 필요, 그의 의무를 지탱하는 원칙 등을 연구하는 것이 수많은 난제를 해결하는 유일한 좋은 수단이다. 도덕적 불평등의 기원, 정체政體의 진정한 기반, 각 구성원들의 상호 권리, 기타 중요하지만 잘못 설명되는 여러 가지 문제들에 이 수단을 적용해볼 수 있다.

인간의 본성을 정의하기 위하여 루소는 인간과 동물을 비교한다. 인간은 "지적이고, 자유롭고…… 이성理性이 부여되어 있는 유일한 동물이다." 동물은 "지성과 자유가 결핍되어" 있다.

　　내가 살펴본 모든 동물은 정교한 기계다. 자연은 각 동물에게 위협을 가하는 모든 외부의 힘으로부터 동물이 스스로를 지키고 생명을 이어갈 수 있도록 감각을 주었다. 나는 인간에게서도 똑같은 기계를 본다. 단지 차이가 있다면 동물은 오로지 자연의 힘으로만 움직이는 반면 인간은 자유로운 행위자로서 자신의 행동을 일으킨다는 것이다. 동물은 본능에 따라 선택하거나 거부하지만 인간은 자유를 발동하여 그렇게 한다. 따라서 동물은 이미 부여되어 있는 규칙에 따라서 행동할 수밖에 없으며 심지어 불리한 결과가 오게 되더라도 그 행동에서 벗어나지 못한다. 인간은 규칙에서 벗어난 행동을 하다가 이득을 볼 수도 있고 아니면 반대로 손해를 볼 수도 있다……. 인간과 동물의 차이는 결국 자유로운 행위자인가 여부다. 자연은 모든 동물에게 명령하고 동물은 그에 따른다. 인간도 동일한 충동을 느끼지만 그에 따르거나 거부하는 것은 인간의 자유다. 바로 이 자유를 의식하는 데서 영혼의 영성靈性, spirituality이 드러난다. 물리학은 감각의 작용과 생각의 형성에 대하여 일부 설명할 수 있다. 그러나 인간의 의지력, 선택하는 힘, 이 힘에 대한 감정 등은 순전히 정신적 행위에 속하는 것으로서 역학 법칙으로는 설명하지 못한다.

　　이렇게 볼 때 인간성의 본질은 자유이며 그 자유를 자각하는 것이다. 루소는 이런 말도 했다. "노예의 자식은 노예로 태어난다고 근엄하게 말하는 법학자는, 인간은 인간으로 태어나지 않는다고 말하는 것이나 마찬가지다."[4]
　　궤변을 늘어놓는 정치인이나 지식인들은 인간의 본성이 자유라는 사실을 호도하기 위한 온갖 방안을 찾아나선다. "그들은 인간에게는 복종하려는 자연스러운 경향이 있다고 궤변을 늘어놓는다. 그들은 자유가 정직함이나 미덕과 마찬가지라는 사실을 생각하지 못한다. 이런 것들의 가치는 인간이 그것들을 향유할 때에만 느끼고, 그것들을 잃어버린다면 그에 대한 감식안도 자연히 사라지는 것이다." 이에 대하여 루소는 이런 수사적인 질문을 던진다. "자유는 인간의 가장 고상한 능력이므로, 인간을 본능에 충실한 동물의 수준으로 격하하는 것은 수치스럽지 않은가. 아무 조건도 없이 인간의 가장 소중한 천부적 능력을 내던지고 제멋대로 날뛰는 주인(본능_옮긴이)을 만족시키기 위해 창조주가 금지한 짓을 저지르는 것은 창조주를 거스르는 것이 아닌가." 지난 몇 년 동안 미국의 징병 거부자들은 루소가 던진 이 질문을 무수하게 제기해왔다. 20세기 서구 문명의 파국으로부터 벗어나야 한다고 주장하는 사람들도 루소의 판단을 재확인하고 있다.

이리하여 국가 간 전쟁, 전투, 살인, 보복이 일어나 자연을 전율케 하고 이성에 충격을 가한다. 또 인간의 피 흘림을 미덕으로 여기는 끔찍한 편견이 생긴다. 가장 예의 바른 사람들도 동료 인간을 살해하는 것이 의무라는 가르침을 받는다. 마침내 인간은 이유도 제대로 모르는 채 서로 수천 명씩 학살한다. 지난 수십 세기 동안 지구 전체에서 자연히 발생한 것보다 더 많은 학살과 참사가 단 하루의 전투에서 혹은 단 한 군데 성채를 강탈하는 데서 저질러졌다.

자유를 위한 투쟁이 인간의 본성이고 자유의 가치는 그것을 향유할 때 느낄 수 있다는 증거를, 루소는 "모든 자유로운 사람들이 압제로부터 벗어나기 위해 했던 경이로운 일들"에서 발견한다.

〔자유로운 사람의 생활을 포기한 자들은〕 족쇄를 차고 누리는 평화와 안락에 대하여 끊임없이 자랑한다……. 하지만 나는 사람들이 자유(자유를 잃어버린 자들이 그토록 경멸하는 것)를 위하여 쾌락, 안락, 부, 권력, 목숨 그 자체도 내놓는 것을 본다. 자유롭게 태어난 동물들이 갇힌 상태를 혐오하며 감옥의 창살에 머리를 부딪치는 것을 볼 때, 알몸의 야만인들이 독립을 지키기 위해 유럽인들의 향락을 경멸하고 굶주림, 방화, 창칼, 죽음을 견디는 것을 볼 때, 노예가 자유를 누리는 데는 이유가 필요치 않다고 느낀다.

40년 뒤 루소와 비슷한 생각을 칸트Kant, Immanuel(1724~1804)가 표명했다. 그는 어떤 사람들, 가령 영주의 농노들은 "자유를 감당하지 못한다"는 명제를 거부했다.

우리가 이런 가정을 받아들인다면 자유는 결코 성취되지 않을 것이다. 왜냐하면 이미 자유를 획득하지 않고서는 자유를 위한 성숙에 도달하지 못하기 때문이다. 자신의 힘을 자유롭고 유익하게 활용하는 법을 배우려면 먼저 자유로워져야 한다. 자유를 향한 최초의 시도는 난폭하고, 또 종속적이지만 외부 권세의 보호를 받았던 예전 상태보다 더 고통스럽고 위험한 상태로 이어질지 모른다. 그러나 사람은 각자의 경험을 통해서만 이성을 획득할 수 있고 또 그 경험을 실제로 수행하자면 자유로워야 한다……. 남의 통제를 받는 사람들에게는 자유가 필요 없다든지, 그들에게는 자유를 주지 않을 권리가 누군가에게 있다든지 하는 주장은 인간을 자유롭게 창조한 하느님의 권리를 침해하는 것이다.[5]

칸트의 발언은 그 시대 상황 때문에 더욱 흥미롭다. 칸트는 공포 정치* 시대에 대중에게 자유를 부여하는 것은 시기상조라는 주장에 맞서서 프랑스대혁명을 옹호했다. 칸트의 발언은 오늘날에도 그대로 적용된다. 합리적인 사람은 폭력과 테러를 용인하지 않을 것이다. 특히 혁명 이후 음울한 독재 정치의 수중에 떨어진 국가권력은 형언할 수 없는 야만 행위를 저질렀다. 하지만 지각이 있고 인간성을 갖춘 사람이라면, 오랫동안 억눌려온 대중이 압제자들을 몰아내기 위해 봉기하면서 자유와 사회 재구축을 향해 첫발을 내디딜 때 일어나는 폭력 사태를 섣불리 단죄하지 못할 것이다.

그러면 정치권력이나 금권 등 기존 권위의 합법성에 도전하는 루소의 주장으로 다시 돌아가 보자. 그의 주장이 데카르트 모델을 따르고 있다는 것은 흥미로운 일이다. 인간은 독특하게도 물리적 설명의 한계를 벗어나는 존재이면서 한편으로는 자연법의 명령을 받는 정교한 기계다. 인간의 자유와 그 자유에 대한 자각이 인간을 짐승-기계로부터 구분해주는 특징이다. 기계론적 설명 원리는 인간의 이런 특성을 설명하지 못한다. 단지 감각의 작용과 생각의 형성에 대해서만 설명할 수 있을 뿐인데, 이 점에서 "인간은 짐승과 정도의 차이만 있을 뿐"이다.

데카르트와 그의 추종자들, 특히 코르드무아Cordemoy, Louis-Géraud de(1620?~1684, 프랑스 역사가·철학자_옮긴이)는 어떤 생물에게 정신mind이 있고 그것이 기계론적 설명의 범위를 벗어나는 존재임을 알려주는 유일한 징후는 인간과 같은 언어의 사용이라고 말했다. 일상적이고 창조적인 인간의 언어 사용은 동일한 자극의 통제로부터 자유롭고, 새롭고 창의

---

* 프랑스대혁명 기간 중 정권을 잡은 자코뱅당이 혼란스러워진 사회를 정돈하기 위해 펼친 가혹한 통제 정치. 공포 정치가 이루어진 시대(1793년 10월~1794년 7월)를 '공포 시대'라고 한다. _편집자

적이며, 상황에 알맞고, 일관성 있으며, 우리 마음속에 새로운 발상과 사유를 불러일으킨다는 것이다.[6] 데카르트 학파가 볼 때, 사람은 각자 정신을 갖고 있으며 그 본질은 생각이다. 인간이 언어를 창조적으로 사용한다는 것은 생각과 개념이 자유롭다는 뜻이다. 만약 다른 유기체가 이처럼 자유롭고 창조적으로 언어를 사용한다는 증거가 있다면 그 유기체 역시 우리와 같은 정신을 갖고 있다고 보아야 한다. 기계론적 설명이 인간의 자유와 자유에 대한 자각을 제대로 설명하지 못하다는 사실로부터, 루소는 독재적 제도에 대한 비판으로 나아간다. 정도의 차이는 있지만 자유가 인간의 본성임을 부인한다는 점에서 여러 제도가 똑같다는 것이다.

우리가 이런 생각들을 종합해본다면 언어와 자유 사이에 흥미로운 연관 관계를 구축할 수 있을 것이다. 언어의 본질적 속성과 사용 방법은 어떤 유기체가 인간과 같은 정신과 자유로운 생각 및 자기표현 능력을 갖춘 존재인지를 판별하는 기준이 된다. 자유롭게 생각하고 표현하자면 외부의 억압적 권위가 부과하는 제약으로부터 자유로워져야 한다. 더욱이 언어와 그 용법을 자세히 연구함으로써 우리는 인간의 정신을 더 깊이 이해할 수 있다. 이런 모델을 기반으로 나아감으로써 우리는 인간성의 다른 측면들도 연구할 수 있을 것이다. 루소가 올바르게 지적했듯이, 이 인간성을 정확하게 이해할 때 비로소 합리적 사회질서의 기반에 대하여 이론을 정립할 수 있다.

다시 뒤에서 다루겠지만 우선 이 문제에 대한 루소의 사상을 좀 더 자세히 살펴보자. 루소는 여러 측면에서 데카르트의 전통에서 벗어난다. 그는 "인간의 고유한 특성"을 "자기완성 능력"으로 규정한다. 자기완성 능력은 "상황에 따라 누구나 발전하며 인류 전체의 것이기도 하고 또 개인의 것이기도 하다." 자기완성 능력과 문화 전파에 의한 인류의 완성. 내가 알기로 데카르트 학파에서는 동일한 관점에서 이 주제를 논의하지 않는다. 하지만 루소의 논지는 데카르트 전통을 부인하거나 거부하는 것이 아니라 그것을 미개척 방향으로 발전시킨 것이라고 볼 수 있다. 루소의 논지는 정신의 제한성과 그 제한성에 바탕을 둔 인간성의 역사적 발전이라는 개념과 모순되지 않는다. 오히려 정신의 제한성이 자기완성 능력을 부여한다. 자유에 대한 자각을 제공함으로써 이 인간성의 본질적 속성은 자유, 다양성, 개인의 자아실현 가능성을 극대화하는 사회 조건과 사회 형태를 창출할 기회를 주었다. 수학에 비유하자면, 정수는 유리수를 다 포함하지 않는다고 해도 여전히 무한집합인 것과 같다. 다시 말해 인간성 내부에 인간의 발전을 제약하는 속성이 있다고 해서, 무한한 '자기완성' 능력을 부정하지는 못하는 것이다. 오히려 실상은 그 반대라고 말하고 싶다. 형식을 제한하는 체계가 없으면 창조적 행위도 없다. 정신에 본질적인 제한성이 없다면, '행위의 꼴 갖추기'만 있을 뿐, 자기완성의 창조적 행위는 있을 수 없다. 자기완성의 진화적 특성을 말한 루소의 주장은 우리에게 인간의 언어에 대한 관심을 환기한다. 왜냐하면 언어는 인류 완성을 지향하는 사회와 문화의 진화에 필수적인 요건이기 때문이다.

루소는 "발성發聲 기관은 인간에게 자연스러운 것이지만, 발성 그 자체는 자연스러운 것이 아니다"라고 주장했다. 나는 이 주장과 선천적 능력은 '기질적 능력'이라는 데카르트 학파의 주장 사이에 아무런 모순이 없다고 본다. 기질적 능력 덕분에 우리는 주어진 외부 자극에 대응하여 (특정한 방식으로, 타고난 본유 관념 같은) 생각들을 생산하고, 또 그런 외부 요인 없이도 우리의 생각을 계속해나갈 수 있다. 따라서 언어는 어떤 특정한 방식으로만 인간에게 자연스러운 것이다. 나는 이것이 합리주의 언어학의 중요한 통찰로서 근본을 꿰뚫은 것이라고 생각한다. 하지만

18세기 이래 경험주의 심리학이 득세하면서 이 통찰은 대체로 무시당해왔다.[7]

루소는 언어의 기원에 대해 길게 논의하지만 이 문제를 만족스럽게 파악하지는 못했다고 고백한다.

> 만약 인간이 생각하는 방법을 배우기 위해 말을 익혀야 한다면, 말하는 기술을 깨치기 위해 생각하는 법을 익혀야 할 필요가 더 크다……. 하지만 생각을 소통하고 정신의 교제를 성립시키는 기술에 대하여 그럴듯한 추론을 세우기가 어렵다. 이 숭고한 기술은 이제 그 근원으로부터 매우 멀어져…….

그는 "일반적인 생각은 낱말의 도움을 받아 머릿속에서 일어나고, 명제를 통해서만 이해될 수 있다"라고 주장한다. 동물은 이성을 갖추지 못했기 때문에 이런 생각을 구성하지 못하고 또 "그 생각에 바탕을 둔 완전성"도 획득하지 못한다. 하지만 루소는 "우리의 신진 문법학자들이 발상을 확대하고 표현을 일반화하는 수단으로 취하기 시작한", 또는 "인간의 모든 생각을 표현하는 수단"으로 개발되기 시작한 "숫자, 추상적인 단어, 아오리스트(aorist, 고대 그리스어의 부정 과거), 동사의 시제, 분사, 구문, 명제들의 연결, 추론, 담화의 논리 구축" 등에 대해서는 이해할 수가 없다. 그래서 루소는 인류 완성의 다음 단계에 대하여 추론한다. "이 단계에서 인간의 여러 생각이 널리 퍼지면서 증식하기 시작했고, 인간들 사이에 좀 더 정밀한 의사소통이 구축되었으며, [그래서] 전보다 많은 기호와 확대된 언어를 추구했다." 하지만 그는 다음과 같은 까다로운 문제를 포기한다. "어떤 것이 먼저인가? 사회가 먼저 형성되고 그다음에 언어가 생겼는가, 아니면 언어가 발명되고 그다음에 사회가 생겼는가?"

데카르트 학파는 인류라는 종에게만 있는 특성을 제시함으로써 이 까다로운 문제를 해결했다. 인간에게는 동물들의 행동을 전적으로 결정하는 "기계론적 법칙" 이외에 "창조적 법칙"이라는 제2의 실체가 있다는 것이다. 데카르트 학파가 볼 때, 언어의 기원을 역사적 진화의 과정으로 설명할 필요가 없었다. 인간의 본성은 질적으로 뚜렷한 특징을 갖고 있다. 인간의 정신과 신체는 서로 연결되는 통로가 없다. 우리는 이 사상을 현대적으로 다시 해석해볼 수 있다. 어떤 갑작스럽고 극적인 변화가 일어나 지능적인 자질이 생겨났고, 그런 자질은 인간에게만 있으며, 언어의 사용은 그 자질의 가장 뚜렷한 발현이다.[8] 만약 이것이 정확한 추론이라면, 혹은 객관적 진실의 근사치라고 여길 수 있다면, 언어 연구는 인간의 본성을 탐구하는 탐침探針 혹은 모델로 사용될 수 있고 따라서 인간 본성에 대하여 좀 더 폭넓은 이론을 수립하는 데 기여할 것이다.

나는 이 역사적 주장을 결론짓기 위하여, 다른 데서 이미 언급했듯이[9] 빌헬름 폰 훔볼트에게 시선을 돌리고자 한다. 훔볼트는 이 시기의 가장 자극적이면서 흥미진진한 사상가다. 훔볼트는 한편으로는 심오한 일반 언어학 이론가였을 뿐만 아니라, 다른 한편으로는 자유주의libertarian의 기운찬 선구자였다. 훔볼트 철학의 기본 개념은 빌둥Bildung(교양_옮긴이)이다. J.W. 버로Burrow는 이렇게 정의했다. "훔볼트가 의미하는 빌둥이란 개인, 공동체, 또는 인류의 잠재 능력을 가장 완전하게 가장 풍성하게 가장 조화롭게 발전시키는 것이다."[10] 훔볼트 사상의 발전이 곧 빌둥의 모범적 사례였다. 그는 자신의 언어관을 자유주의 사회사상과 명시적으로 연계하지는 않았지만 양자 사이에는 상당한 공통점이 있다. 그 두 가지는 발전하면서 인간성의 개념에 대하여 서로 영향을 미쳤다.

밀 Mill, J.S.(1806~1873)의 《자유론》은 홈볼트 사상의 '주도적 원칙'을 가져와 권두의 인용구로 삼았다. "인간이 최대한 다채롭게 발전하는 것은 필수 불가결하며 절대적으로 중요하다." 홈볼트는 독재 국가를 비판하면서 이런 말로 결론을 내렸다. "나는 인간 본성의 타고난 존엄성과 자유에 가장 깊은 경의를 바치면서 나 자신이 살아 있음을 느꼈다. 오로지 자유만이 인간의 존엄에 어울린다." 인간 본성에 대한 그의 사상을 요약하자면 다음과 같다.

막연하고 부질없는 욕망이 아니라 영원불변의 이성이 명하는 인간의 참된 목표는 이런 것이다. 인간이 가진 능력을 최고도로, 조화롭게 발전시켜 일관된 완전체로 만들어내는 것이다. 이런 발전을 가능하게 만드는 첫 번째 필수 조건은 자유다. 그리고 자유와 밀접히 연관된 또 다른 필수 조건이 있는데, 그것은 상황의 다양성이다.[11]

홈볼트는 루소, 칸트와 마찬가지로 이렇게 주장했다.

자유처럼 자유의 성숙을 고취해주는 것도 없다. 미성숙을 지속적인 탄압의 사유로 삼은 자들은 이 진리를 인정하지 않을 것이다. 하지만 이것은 내가 볼 때 의심할 나위 없이 인간의 본성으로부터 흘러나온 것이다. 자유로울 능력이 없다는 것은 오로지 도덕적, 지적 능력의 부재에 기인한다. 이 능력을 늘리는 것만이 유일한 길이다. 하지만 이렇게 하자면 먼저 그 능력을 발휘해야 하고 능력 발휘는 자발적 행동을 일깨우는 자유를 전제로 한다. 족쇄를 차고 있는 사람이 그 족쇄의 옥죄는 힘을 별로 느끼지 못한다고 해서 그 사람에게 자유가 부여되었다고 말할 수 없다. 자연에 의해 무시되었든 혹은 상황에 의해 퇴락

했든 그 어떤 사람도 자신을 억누르는 족쇄를 그대로 두고서는 발전할 수 없다. 우리는 이제 그런 족쇄를 하나하나 제거해야 한다. 자유의 느낌이 그의 마음속에서 활활 일어나도록 하자. 그리하여 매 단계에서 진보를 촉진해나가자.

이것을 제대로 이해하지 못하는 사람은 "인간성을 오해하고 있거나 인간을 기계로 만들고자 하는 사람으로 의심할 수밖에 없다."

인간은 근본적으로 창조적이고, 탐구적이며, 자기완성을 지향하는 존재다. "탐구하고 창조하는 것이야말로 인간의 모든 행위를 돌리는 중심축이다." 하지만 생각과 계몽의 자유는 엘리트만을 위한 것이 아니다. 훔볼트는 또다시 루소를 연상시키는 말을 했다. "인간에게 인간이 될 권리를 부정하는 사상은 곧 인간성을 퇴화시키는 사상이다." 그는 "자유와 계몽이 전파하는 과학 지식"의 효과를 낙관한다. 그러나 "모든 도덕적 문화는 영혼 안의 삶에서 직접 흘러나오는 것이다. 그것은 인간의 본성으로부터 자극을 받는 것이지, 외부의 인공적인 장치로부터 만들어지는 게 아니다……. 인간의 다른 능력도 마찬가지지만 이해 능력은 그 자신의 행동, 그 자신의 창의력, 다른 사람들이 발견한 것을 이용하는 각자의 방식에 의해 성취된다." 따라서 교육은 자기실현의 기회를 제공하는 데 그 의의가 있다. 교육이 할 수 있는 최선의 일은 인간이 자기만의 방식으로 탐구할 수 있는 풍요롭고 도전적인 환경을 제공하는 것이다. 엄밀히 말하자면 언어도 가르치는 것이 아니라 인간의 "내면에서 일깨워지는 것이다. 우리는 정신 안에서 스스로 자라나갈 실마리를 제공할 뿐이다." 훔볼트가 살아 있다면 자신의 사상이 존 듀이Dewey, John(1859~1952)의 교육 사상과 비슷하다고 생각하리라 본다. 그러면 최근에 나온 라틴아메리카 가톨릭교도들의 급진적 교육관에도 동감할 것이다. "수동적으로 착취받는 하층 계급이 자신들의 운명의 의식하고 그 운명의 주인이 되도록 변모"하려면 "의식을 일깨울" 필요가 있다는 것이 이들의 주장이다.[12] 이들의 주장은 제3세계 혁명가들의 주장과 통한다. 그들은 현행 학교 제도를 맹렬히 비판하는데, 훔볼트 역시 동의할 것이다.

〔현행 학교들은〕 비판 정신 창출이 아닌 지식의 전달에 치우쳐 있다. 사회적 관점에서 보자면 교육제도는 기존의 사회적, 경제적 구조를 바꾸려 하기보다는 그대로 유지하는 쪽으로 길들여져 있다.[13]

훔볼트의 자발성 원칙은 비좁은 의미의 교육 활동을 훌쩍 넘어서는 것이다. 그는 노동과 착취의 문제도 언급한다. 위에 인용한, 자발적 행동을 통한 이해력 함양을 강조한 훔볼트의 문장은 이렇게 이어진다.

…… 인간은 자신이 소유한 것보다 자신이 한 일을 훨씬 소중하게 여긴다. 정원을 가꾸는 노동자는 정원에서 나는 과일이나 즐기는 향유자보다 더 진정한 의미에서 그 정원의 소유자라 할 수 있다……. 이런 관점에 비추어 볼 때[14] 모든 농부와 장인이 예술가로 격상될 수 있다. 자신의 노동 자체를 좋아하는 사람은 탄력적인 재능과 창의적 기술을 발휘하여 그 노동을 향상시키고, 그리하여 자신의 지적 능력을 함양하고, 성품을 고상하게 하고, 취미를 더욱 세련되게 한다. 그리하여 인류는 그 자체로서 아름답지만, 종종 인류를 퇴화시키는 것(노동_옮긴이)에 의해 고상해질 수 있다……. 그렇지만 자유는 여전히 필수 불가결한 요소다. 자유가 없으면 인간 본성에 가장 부합되는 일조차 이런 유익한 영향력을 가져오지 못한다. 인간의 자유로운 선택에서

나오지 않은 것, 지시와 지도의 결과인 것 등은 인간의 존재 속으로 들어오지 못하고 그의 진정한 본성과 겉돌게 된다. 그런 일을 할 때 인간은 진정한 인간적 에너지를 기울이지 못하고 기계적 정확성을 발휘할 뿐이다.

인간이 스스로의 흥미나 에너지나 힘에 의해 유발되어서가 아니라 외부의 요구나 지시에 의해 기계적으로 행동하게 되면 "우리는 그의 행위를 존경할지 모르나 그의 존재를 경멸하게 된다."[15]

이런 개념에 입각하여 훔볼트는 국가의 역할을 비판한다. "국가는 개인의 목적을 간과한 채 개인을 국가의 임의적 목적에 봉사시키는" 경향이 있다는 것이다. 그의 사상은 고전적 자유주의로서, 개인 생활 혹은 사회생활에 국가 개입은 최소한에 그쳐야 한다고 주장한다.

훔볼트는 1790년대에 저술 활동을 했으므로 산업자본주의가 어떤 형태를 취하게 될지 알지 못했다. 그래서 그는 민간 권력의 위험에 대해서는 그리 신경 쓰지 않았다.

> 우리는 (이론과 실제는 다소 다르다는 것을 명심하면서) 한 개인의 영향력은 경쟁, 운의 쇠락, 죽음 등으로 인해 점점 사그라질 것이라고 생각한다. 하지만 이런 현상이 국가에는 벌어지지 않을 것이다. 그래서 국가는 오로지 안보에 관한 경우 외에는 절대로 어떤 일에도 개입해서는 안 된다는 원칙을 지켜야 한다…….

그는 '시민 개인'의 조건이 본질적으로 평등하다고 보았고, 기업 자본주의의 시대에 '개인'이라는 개념이 어떻게 달라질지 알지 못했다. 그는 **"법 앞에 만인의 평등**을 내세우는 민주주의와 **인간의 자기 자신에 대한 권리**

를 내세우는 자유주의가 자본주의 경제 현실 앞에서 파산" 되리라는 것을 내다보지 못했다.[16] 약탈적 자본주의 상황에서는 개인의 생존을 보장하고 물리적인 환경 파괴를 예방하기 위해 국가의 개입이 절대적으로 필요하다는 것을 예측하지 못했다. 칼 폴라니Polanyi, Karl(1886~1964, 진보적 사회개혁가·경제학자_옮긴이)가 지적한 바와 같이, 스스로 조절하는 시장은 "단 한 순간도 존재하지 않았다. 그것은 인간적이고 자연적인 사회를 파괴하고, 인간을 물리적으로 파괴하고, 그 주변 환경을 황무지로 만들었다."[17] 훔볼트는 노동의 상품성이 몰고 올 결과를 예측하지 못했다. (폴라니의 말대로) 이런 원칙이 정립되었다. "상품을 어디에 팔고, 어떤 목적에 사용하고, 어떤 가격에 교환되고, 어떤 방법으로 소비하고 파기하는지 등은 상품이 결정할 바가 아니다." 그러나 인간의 노동력이 상품인 경우, 고전적 자유 시장의 불합리하고 파괴적인 작용을 억제하기 위하여 최소한의 사회적 보호가 필요한 것이다. 훔볼트는 자본주의 경제 관계가 예속의 형태를 영구화한다는 것도 이해하지 못했다. 이미 1767년 무렵에 시몽 랭게Linguet, Simon Nicolas Henri(1736~1794, 프랑스의 법률가·역사가_옮긴이)는 그 예속 형태가 노예제보다 더 나쁘다고 진단했다.

우리의 농장 노동자가 자신이 먹지 못할 과일을 경작하고, 석공은 자신이 살지 못할 집을 짓게 강요하는 삶의 방식은 달리 없다. 결핍 때문에 그들은 시장에 나가 노동력을 사줄 주인을 기다린다. 결핍 때문에 그들은 부자에게 무릎을 꿇고 부자를 더 부유하게 만들 수 있게 해달라고 간청한다……. 노예제의 폐지가 노동자에게 어떤 이득을 가져다주었는가? ……노동자가 자유롭다고 당신은 말한다. 아! 그건 오히려 그의 불운이다. 노예는 주인이 돈을 주고 사들였기 때문에 주인에게 소중하다. 하지만 노동자는 그를 고용한 부유한 탕자에게 아무런 비용도 부담시키지 않았다……. 사람들은 이 노동자들에게 주인이 없다고 말한다. 하지만 그들은 더 끔찍하고 사나운 주인을 모시고 있는데 그건 **결핍**이다. 바로 이 결핍 때문에 노동자들은 가장 가혹한 의존 상태로 전락하게 된다.[18]

만약 예속된 상태가 인간 본성을 퇴화시키는 것이라면 새로운 해방을 기대해야 한다. 푸리에Fourier(1772~1837)는 그것을 "역사상 세 번째이자 마지막 해방 단계"라고 말했다. 이 단계에 이르면 노동의 상품성이 사라지고 임금 노예제가 끝나며, 상업·산업·재정 제도가 민주적 통제 아래 놓이게 되어 프롤레타리아가 자유인으로 바뀔 것이다.[19]

홈볼트는 이런 결론을 기꺼이 받아들였을 것이다. 그는 국가가 사회 생활에 개입할 수 있는 경우는 "자유와 존재를 가능케 하는 조건들이 자유에 의해 위협받을 때뿐"이라고 말했다. 제약 없는 자본주의 경제에서 발생하는 상황들이 바로 그렇다. 관료제와 독재 국가에 대한 홈볼트의 비판은 근대사의 가장 어두운 그늘을 호소력 있게 예고한다. 그의 비판 기준은 그가 상상한 이상으로 생겨난 다양한 형태의 강제적 제도에 그대로 적용된다.

고전적 자유주의 사상을 표명하기는 했지만 홈볼트는 루소와 같은 원시적 개인주의자는 아니었다. 루소는 "자기 자신에 만족하면서 사는" 원시인을 찬양했다. 그는 "사교적인 사람, 자기 자신을 벗어나서 남들의 의견을 따라 사는 방법밖에 모르는 사람, ……남의 판단으로부터…… 자신의 존재 이유를 발견하는 사람"[20]을 경멸했다. 홈볼트는 이와는 아주 다른 견해를 내놓았다.

…… 이 글에서 다룬 사상과 논증은 이렇게 요약할 수 있다. 인간

사회의 모든 족쇄를 분쇄하면서, 새로운 사회적 유대 관계를 되도록 많이 시도해야 한다. 고립된 인간은 족쇄를 찬 인간과 마찬가지로 발전할 수 없다.

그는 국가나 기타 독재적 기관의 강요가 없는 자유로운 결사의 공동체를 기대했다. 그런 공동체 안에서 자유로운 인간들은 창조하고 탐구하면서 자신의 잠재력을 최대한 발전시킬 수 있다는 것이다. 이렇게 홈볼트는 시대를 훨씬 앞서가며, 산업사회의 다음 단계에서나 어울릴 법한 아나키스트 사상을 제시했다. 우리는 이런 여러 가닥의 흐름이 자유 사회주의libertarian socialism 틀 안에서 합류되는 날을 기대해볼 수 있다. 오늘날, 드문드문 그 요소가 발견되기는 하지만 자유로운 사회주의를 구현한 사회 형태는 아직까지 존재하지 않는다. 가령 서구 민주주의 국가들에서 고도로 성취된—미흡한 부분이 없는 것은 아니지만—개인적 권리의 보장, 이스라엘의 키부츠, 유고슬라비아의 노동자평의회 실험, 제3세계의 인민 의식화 운동과 사회 참여 운동 등이 그 요소들이다. 사회 참여 운동과 의식화 운동은 불합리한 독재체제와 불편하게 공존하는 제3세계 혁명의 근본 요소다.

유사한 인간 본성 개념이 홈볼트의 언어관에서도 발견된다. 언어는 자유로운 창조 작용이다. 그 법칙과 원리는 고정되어 있지만 언어 생성의 원리가 활용되는 양태는 자유롭고 무한히 다양하다. 심지어 낱말 해석과 용법에도 자유로운 창조 작용이 관여한다. 언어의 정상적인 사용과 습득은 홈볼트가 말한 언어의 고정된 형태에 의존한다. 언어 생성 작용 체계는 인간 정신의 본성과 그에 따른 제약에 뿌리를 두고 있다. 하지만 그 제약이 정상적 지능의 자유로운 창조나 위대한 작가 혹은 사상가의 더 수준 높고 독창적인 창조 작업을 방해하지는 못한다. 홈볼트는 한편으로는 플라톤주의자다. 학습이란 일종의 기억으로서, 체험에 의해 자극을 받은 인간의 정신이 내부의 근원에서 나와 스스로 결정하는 길을 따라가는 것이라고 주장한다. 그는 다른 한편으로 낭만주의자다. 문화적 다양성을 권장하면서 창의적 천재의 무한한 정신적 기여 가능성을 인정한다. 여기에는 아무런 모순도 없다. 천재의 개인적 작품이 원리와 규칙의 제약을 받는다는 미학 이론이 모순되지 않는 것과 마찬가지 이치다. 데카르트과 합리주의자들은 언어의 정상적, 창조적 사용이 정신의 존재를 알려주는 가장 좋은 지표라고 보았다. 언어의 정상적, 창조적 사용은 규칙과 생성 원리 체계를 전제로 하는 것으로서, 합리주의 문법학자들은 그 체계를 해명하려고 시도하여 어느 정도 성공을 거두기도 했다.

근대의 많은 비판자들은 자유로운 창조가 제약과 운용 원리 체계 안에서 일어난다는 믿음은 모순이라고 주장하는데, 그것은 잘못된 주장이다. 다만 셸링은 '모순'이라는 표현을 느슨하게 은유적으로 사용해서 이렇게 말했다. "결핍과 자유의 모순이 없다면, 철학뿐만 아니라 모든 고상한 정신적 욕망은 죽음 속으로 가라앉게 될 것이다. 죽음은 모순이 아무런 기능도 발휘하지 않는 학문의 특징이다." 결핍과 자유, 규칙과 선택 사이의 긴장이 없다면 창조성도 없고 의사소통도 없으며, 의미 있는 행위도 있을 수 없다.

나는 지금까지 전통적 사상들을 좀 길게 설명했다. 이렇게 한 것은 고답 취미 때문이 아니라 이들 사상이 가치 있고 정확할 뿐만 아니라 우리가 나아가야 할 길을 보여준다고 생각하기 때문이다. 사회적 행동은 미래 사회에 대한 전망과 그 사회의 성격에 대한 가치 판단에 의해 생겨난다. 가치 판단은 인간성에 대한 개념에서 나온다. 우리는 인간의 행동과 불질적, 지적, 사회적 창조물에 의해 드러난 인간 본성을 탐구함으로써 그 경험 기반을 파악할 수 있다. 우리는 이제 역사의 발전 단계에서 미래 사회에 대하여 진지하게 생각해볼 수 있는 지점에 이르렀다. 그 사회는 위에 인용한 훔볼트의 말에서 나타나고, 그 뒤를 이은 자유사회주의자들이 면면히 갈고 닦은 전통에 입각하여, 자유로운 사회적 연대가 독재적 제도들의 족쇄를 대체하는 사회가 되어야 한다.[21]

약탈적 자본주의는 복잡한 산업제도와 선진 테크놀로지를 창조했다. 그것은 일정한 범위 내에서 민주주의가 실행되는 폭을 넓혔고 특정한 자유주의적liberal 가치를 신장시켰다. 하지만 이제는 극복해야 할 대상이 되었다. 그것은 20세기 중반에 적합한 제도가 아니다. 그것은 공동의 관점에서만 표출될 수 있는 인간의 욕구에 부응하지 못한다. 그 제도가 내세우는 '경쟁하는 인간'의 개념—부와 권력의 최대화만을 추구하는 인간, 시장의 관계에 복종하는 인간, 착취와 외부의 권위에 스스로 굴복하는 인간—은, 심사숙고해보면 비인간적이고 용납 불가한 것이다. 독재적 국가는 대안이 될 수 없다. 가령 미국에서 발전하고 있는 군국주의적 국가자본주의나 관료화한 중앙 집중적 복지국가 등은 인간 존재의 목표로 용인될 수 없다. 물질과 문화가 결핍되어 있을 때에만 탄압적 제도가 정당화된다. 그런데 억압적 제도들은 역사의 어떤 시점에 결핍을 생산하여 영구화했고, 심지어 인간의 생존 자체를 위협하기도 했다. 현대 과학과 테크놀로지는 인간에게서 단순 노동의 필요를 덜어주었다. 어쩌면 과학과 테크놀로지가 자유로운 결사와 민주적 통제에 바탕을 둔 합리적 사회 질서를 가져다줄지 모른다. 우리가 그런 사회 질서를 창조할 의지가 있다면 말이다.

미래의 사회 질서에 대한 전망은 인간성에 대한 개념에 바탕을 두고 있다. 만약 인간에게 타고난 정신의 구조가 없고 문화·사회에 대한 선천적 욕구가 없다면, 인간은 국가 권위, 기업의 관리자, 기술 관료, 중앙위원회 등이 마음대로 '행동의 꼴'을 주물러 만들 수 있는 무한히 신축적인 대상일 것이다. 인류에 대한 믿음을 갖고 있는 사람들은 인간은 그런 대상이 아니라고 강력하게 주장할 것이다. 그리고 인간의 타고난 특성이 지적 발전, 도덕적 의식의 성장, 문화적 성취, 자유로운 공동체 참여 등의 얼개를 짠다는 사실을 증명하려 들 것이다. 고전주의 전통에서도 예술 천재는 규칙의 틀 안에서 작업하면서도 그 틀에 도전한다고 말한다. 우리는 여기서 별로 잘 알려지지 않은 주제를 건드리고 있다. 우리가 이런 주제를 더 깊이 이해하려면 근대 사회과학과 행동과학의 틀로부터 과감하게 벗어나야 한다.[22]

여기서 다시, 지금껏 간단하게 살펴본 전통이 도움을 준다고 생각한다. 이미 앞에서 지적한 것처럼, 인간의 특성과 잠재력에 관심이 많았던 사람들은 언어의 속성에 대해서도 관심이 많았다. 나는 언어 연구가 규칙의 지배를 받는 행동, 규칙 체계의 틀 내에서 벌어지는 자유롭고 창조적인 활동을 이해하는 데 약간의 빛을 던져줄 수 있으리라고 본다. 언어는 분명 인간의 정신 구조에 내재하는 속성을 반영하기 때문이다. 현대의 언어 연구는 언어 형식에 대한 훔볼트의 사상으로 되돌아가는 길이라 할 수 있다. 언어 생성 작용 체계는 정신의 내재적 속성에 뿌리를 내리고 있으면서, 훔볼트의 표현을 빌리자면 유한한 수단의 무한한 활용을 허용한다. 언어는 행동 조직 체계로는 설명이 되지 않는다. 언어가 어떻게 사용되는지 이해하기 위해서는 훔볼트식의 추상적 언어 형태를 발견해야 한다. 근대적 용어로 말하자면, 그 생성문법을 발견해야 한다. 언어를 배운다는 것은 이 추상적 체계를 스스로 구축하는 것이다(물론 무의식적으로). 언어학자와 심리학자는 언어 학습자가 터득한 체계의 속성을 파악해야만 비로소 언어 습득과 사용에 관해 제대로 된 연구를 진행할 수 있다. 그 체계는 특정한 시간적, 공간적 조건에서 특정한 특성을 지닌 정선만이 터득할 수 있는 것이다. 우리는 이제 그 정신의 특성을 좀 더 자세히 설명할 수 있게 되었고, 경험 기반에 따른 좋은 사례도 나오고 있는 듯하다. 우리가 행동과 그 조직, 행동과 환경의 상호 관계 등의 연구에만 집중한다면 언어와 정신의 본성을 놓치게 된다. 인간 심리와 문화의 다른 양상들도 원칙적으로 이와 유사한 방식으로 연구할 수 있을 것이다.

이렇게 하여 우리는 인간성에 관한 근거 있는 경험적 명제에 바탕을 둔 사회과학을 개발할 수 있다. 우리가 인간적으로 습득 가능한 언어들을 연구하여 다소 성공을 거두었듯이, 예술적 표현의 형태, 과학적 지식, 심지어 윤리적 제도와 사회적 구조의 범위 등을 인간 정신의 내재적 능력과 필요에 비추어 연구할 수 있다. 나아가 특정한 물질적, 정신적 문화 조건 아래서 인간의 근본적 욕구—자발적인 행동, 창조적인 작업, 연대 관계, 사회 정의 추구 등—를 가장 잘 권장하고 수용하는 사회 조직 개념을 개발할 수도 있을 것이다.

나는 언어 연구의 중요성을 과장하고 싶지는 않다(위에서 틀림없이 과장했을 것이다). 언어는 인간 지능의 산물이고 당장 접근 가능한 연구 대상이다. 언어를 마음mind의 거울로 여기는 두터운 전통이 있다. 이런 생각에는 깊은 진리와 유익한 통찰이 깃들어 있다.

이 강연을 시작할 때 '언어와 자유'라는 제목에 당황했는데, 여전히 당황스럽긴 하지만 강연이 끝나가는 지금은 전보다 더 강한 흥미를 느낀다. 나의 강연은 추론적이고 개괄적이기 때문에 간극이 너무 넓고, 은유와 실체 없는 추측을 들어내면 과연 무엇이 남을까 하는 의문마저 든다. 우리가 인간과 사회에 대하여 아는 것이 별로 많지 않고, 진지하게 탐구해야 할 문제들을 명료하게 규정하는 일에도 별로 진전이 없다는 사실을 생각하면 오싹해진다. 하지만 몇 가지 단단한 발판은 확보했다고 생각한다. 인간 심리의 한 가지 양상인 인간의 언어를 집중적으로 연구하면 사회적 행동의 도구로 쓰일 인문적 사회과학의 정립에 크게 기여할 것으로 본다. 하지만 사회적 행동은 잘 확립된 인간 이론, 사회 이론을 기다릴 수가 없고, 또 그 이론의 타당성이 우리의 희망이나 도덕적 판단에 따라 결정되는 것도 아니다. 두 가지—추론과 행동—는 모두 할 수 있는 한 진보해야 한다. 그리하여 이론적 탐구가 자유와 사회 정의를 위한, 가없고 험하며 그렇지만 희망은 있는 투쟁에 확고한 길잡이가 될 날을 앞당겨야 한다.

아나키즘 소론

이 글(원제 Notes on Anarchism)은 다니엘 게랭Guérin, Daniel(1904~1988, 프랑스의 아나키
스트)의 저서《아나키즘 : 이론에서 실천까지Anarchism : From Theoy to Practice》(New
York : Monthly Review Press, 1970)의 서문을 수정한 것이다. 약간 다른 형태로《뉴욕 리
뷰 오브 북스》1970년 5월 21일자에도 실렸다. 이 장은《국가적인 이유For Reasons of
State》(New York : Pantheon Books, 1973 ; New York : The New Press, 2003), 370~386쪽에
서 옮겨 실었다.

아나키즘에 공감한 한 프랑스 작가는 1890년대에 이렇게 썼다. "아나키즘은 넓은 등짝을 갖고 있다. 그것은 흰 종이처럼 모든 것을 다 받아들인다. 아나키즘의 철천지원수가 저지른 것보다 더 적대적인 행위마저도 받아들인다."[1] 이른바 '아나키즘'이라고 불리는 아주 다양한 생각과 행동이 있다. 그렇게 상호 갈등하는 경향들을 어떤 종합적 이론 혹은 이데올로기로 포섭하려는 것은 무망한 일이다. 설사 자유주의libertarian의 역사로부터 생생하게 살아 있는 전통을 뽑아낸다고 하더라도(다니엘 게랭이 그의 저서 《아나키즘》에서 한 것처럼), 그 사상의 원칙을 구체적이고 확정적인 사회 변혁의 이론으로 제시하는 것은 쉬운 일이 아니다. 아나키스트 역사학자인 루돌프 로커Rocker, Rudolf(1873~1958)는 아나키즘 사상이 아나키즘적 생디칼리즘anarcho-syndicalism에 이르기까지의 역사를 게랭의 저서와 유사한 방식으로 더듬으면서, 이 문제에 대하여 이렇게 언급했다.

〔아나키즘은〕 고정된 자기완결적 사회 체제가 아니다. 오히려 인류

발전의 역사에서 두드러진 한 흐름이라고 할 수 있다. 지적 감독관 노릇을 하려는 교회나 통치 기구와 달리, 생활 내에서 모든 개인적·사회적 힘들이 자유롭게 전개되는 상황을 추구한다. 심지어 자유도 절대적이 아니라 상대적인 개념이다. 왜냐하면 자유의 개념은 계속 확대되면서 다양한 방식으로 더 폭넓게 영향을 미쳐왔기 때문이다. 아나키스트는 자유를 추상적인 철학 개념으로 여기지 않는다. 오히려 모든 개인이 자연으로부터 물려받은 힘, 능력, 재능을 최대한 신장해서 사회적으로 활용하도록 만드는 구체적 가능성으로 여긴다. 개인의 자연스러운 발전이 교회나 정부에 영향을 받지 않을수록 인간의 개성은 더 효과적이면서 조화롭게 될 터이고, 또 그가 살고 있는 사회의 지적 문화의 수준은 그만큼 더 높아질 것이다.[2]

여기서 우리는 이런 질문을 던지고 싶어진다. 구체적이고 세밀한 사회 이론을 제시하지 못하는 '인류 발전의 역사에 두드러진 한 흐름'을 연구하는 것이 무슨 소용인가? 실제로 많은 논평가들이 아나키즘을 유토피아적이고, 형체가 없으며, 원시적이고, 복잡한 사회 현실과 양립하지 못하는 사상이라며 배척했다. 하지만 우리는 다르게 논증해볼 수도 있다. 역사의 모든 단계에서 우리의 관심사는 이전 시대부터 내려온 권위와 압제의 구체적 형체를 제거하는 것이었다. 과거에는 그런 압제와 권위가 국가 안보나 국가의 존속 혹은 경제개발 때문에 정당화되었다. 하지만 이제는 그런 것들이 물질적, 문화적 결핍을 조성할 뿐이다. 만약 이것이 사실이라면 현재와 미래를 위해 고정되어 있는 사회 개혁의 원칙 같은 것은 있을 수 없다. 또 사회 변화가 어떤 방향을 향해 나아가야 한다는 구체적이면서 불변하는 개념 역시 있을 수 없다. 사실 인간성에 대한 지식이나 가능한 사회 형태의 범위에 대한 우리의 지식은 너무나 한심한 수준이어서 사회에 대한 포괄적 이론은 대단히 의심스럽게 쳐다보게 된다. "인간의 본성", "효율성의 필요", "근대 생활의 복잡성" 운운하면서 이런 것들 때문에 압제와 독재 통치가 필요하다는 논리를 우리가 의심스럽게 쳐다보는 것과 마찬가지 이치다.

하지만 역사의 특정 시기에, 그 시대의 요청에 맞추어 당대의 이해 수준에 맞게 "인류 발전의 역사에 두드러지는 한 흐름"을 실현시키려는 이유가 존재한다. 그래서 로커는 이렇게 말했다. "우리 시대의 문제는 인간을 경제적 착취와 정치적, 사회적 노예화로부터 해방시키는 것이다." 그 구체적 방법은 국가권력을 정복하고 행사하는 것도 아니고, 의회주의를 무력화하는 것도 아니다. 그보다는 "사람들의 경제 생활을 바닥부터 새로 건설하여 사회주의 정신으로 완공하는 것이다."

> 그런데 생산자들 자신만이 이 일에 합당하다. 왜냐하면 그들만이 사회에서 가치를 창조하는 요소이고, 그 요소로부터 새로운 미래가 수립되기 때문이다. 그들의 과업은 경제적 착취가 고착시킨 모든 족쇄로부터 노동을 해방시키고, 정치 권력이 만들어놓은 모든 제도와 절차로부터 사회를 해방시키고, 공동체의 이익을 위해 협동 노동과 계획적인 행정을 하는 자유로운 집단의 동맹이 실현되도록 길을 여는 것이다. 이 위대한 목표를 위해 도시와 농촌에서 힘들게 일하는 대중을 전투적 세력으로 한데 묶는 것이 근대 아나키즘적 생디칼리즘의 목표이며, 이 속에 운동의 모든 목적이 깃들어 있다(108쪽).

사회주의자로서 로커는 "노동자들의 완전한 최종적 해방은 단 한 가지 조건 위에서만 가능하다"고 보았다. 그것은 "노동자 단체가 자본, 원료, 그리고 토지를 포함한 모든 노동수단을 접수하는 것이다."[3] 아나키즘적 생디칼리스트로서 로커는 노동자들의 조직이 혁명 전前 시대에 "미래에 대한 구상뿐만 아니라 실제로 미래 자체를 창조해야 한다"고 주장한다. 그러니까 노동자들이 스스로 미래 사회의 구조를 구현해야 한다는 말이다. 그는 수탈자의 재산을 빼앗는 것은 물론이고 국가기구를 해체하는 사회적 혁명을 기대한다. "우리가 국가 대신에 수립할 것은 산업 조직이다."

　　아나키즘적 생디칼리스트는 사회주의적 경제 질서는 정부의 법령이나 명령으로는 창조될 수 없고 노동자 연대 조직에 의해서만 창조될 수 있다고 확신한다. 노동자 연대 조직은 생산의 각 분야에서 손과 머리가 되어야 한다. 다시 말해 생산자가 모든 공장의 관리를 맡아야 한다. 또한 개별 집단, 공장, 각 산업 부문이 전반적 경제 유기체의 독립된 구성원으로 참여해야 하고, 자유로운 상호 합의에 입각하여 공동체의 이익에 따라 생산품을 생산하고 분배해야 한다(94쪽).

　　로커는 이런 사상이 에스파냐 혁명에서 극적인 방식으로 실천되던 시기에 글을 썼다. 혁명이 발발하기 직전, 아나키즘적 생디칼리즘 경제학자인 디에고 아바드 데 산티얀de Santillan, Diego Abad(1897~1983)은 이렇게 썼다.

　　…… 사회 변화의 문제에 직면하여, 혁명은 국가를 매개로 고려할 수 없고, 대신 생산자 조직에 의존해야 한다.
　　우리는 이 규범을 따랐고, 새로운 사물의 질서를 수립하기 위하여 조직적 노동보다 더 우월한 권력을 두어야 한다는 가설이 필요 없었다. 사유 재산이 철폐되고 기생과 특권이 발붙이지 못하는 경제조직에서 국가가 무슨 구실을 할 수 있다는 것인지, 누가 알려주면 고맙겠다. 국가를 억누르는 데 무기력해서는 안 된다. 국가를 끝장내는 것이 혁명의 과업이 되어야 한다. 혁명이 생산자들에게 사회의 부를 돌려주면 생산자들은 집단적 분배를 위해 스스로를 조직할 것이고, 이렇게 되면 국가는 필요 없게 된다. 반대로 혁명이 생산자들에게 사회의 부를 돌려주지 않는다면 혁명은 거짓이 되고, 국가는 존속할 것이다.

우리의 경제 평의회 동맹은 정치권력이 아니라 경제와 행정을 조정하는 권력이다. 이 기구는 아래로부터 방향 지시를 받으며 지역 의회와 전국 의회의 결의에 따라 움직인다. 이것은 연락 부대일 뿐 그 이상도 이하도 아니다.[4]

엥겔스Engels, Friedrich(1820~1895)는 1883년의 편지에서 이런 아나키즘 사상에 반대하는 견해를 표명했다.

아나키스트들은 사태를 거꾸로 뒤집어놓는다. 그들은 국가의 정치 조직을 철폐함으로써 프롤레타리아 혁명을 **시작**해야 한다고 주장한다……. 하지만 그 순간에 국가를 철폐하는 것은 승리를 거둔 프롤레타리아가 새로이 획득한 권력을 행사할 유일한 수단을 파괴하는 것이 된다. 이 수단이 있어야 자본주의자인 적들을 진압하고, 사회의 경제적 혁명을 수행할 수 있다. 이 수단이 없다면 승리는 새로운 패배로 바뀔 것이고 파리 코뮌 직후와 비슷한 노동자 대학살로 끝날 것이다.[5]

반대로 바쿠닌Bakunin, Mikhail A.(1814~1876) 같은 아나키스트들은 "붉은 관료제red bureaucracy"의 위험을 경고하면서 그것이 "우리 세기가 창조한 가장 사악하고 끔찍한 거짓말이 될 것"이라고 말했나.[6] 프랑스의

아나키즘적 생디칼리스트인 페르낭 펠루티에Pelloutier, Fernand(1867~
1901)는 물었다. "우리가 필연적으로 복종해야 하는 과도 국가가 반드시
집단주의적 감옥이 되어야 하는가? 모든 정치 기구가 사라진 상황에서,
오로지 생산과 소비의 필요에 따라서 움직이는 자유로운 조직으로 구성
되면 안 되겠는가?"[7]

나는 이 질문에 대한 답변을 알고 있다고 허세를 부리지는 않겠다.
하지만 어떤 형태가 되었든 긍정적인 답변이 마련되지 않는다면, 좌파
의 인도주의적 이상을 성취할 진정한 민주 혁명의 기회는 그리 크지 않
다. 마르틴 부버Buber, Martin(1878~1965)는 이 문제를 아주 명료하게 의
식하면서 이렇게 썼다. "사물의 본성을 미루어 볼 때, 곤봉이 되어버린
나무에서 싹이 나기를 바랄 수는 없다."[8] 바쿠닌은 국가권력을 정복하
느냐 파괴하느냐 하는 문제가 자신과 마르크스를 갈라놓는 일차적 문제
라고 보았다.[9] 이 문제는 이런저런 형태로 19세기 내내 제기되어왔고
'자유사회주의'와 '독재적 사회주의'를 갈라놓은 분수령이 되었다.

붉은 관료제에 대한 바쿠닌의 경고와 스탈린 독재 체제 아래서 무성
했던 붉은 관료제의 존재에도 불구하고, 1세기에 걸친 이 논쟁을 해석
할 때 현대의 사회운동에 근거하여 그 역사적 원천을 캐내려 하는 것은
명백한 오류다. 특히 볼셰비즘을 '실천에 옮겨진 마르크스주의'로 보는
것은 타당하지 않다. 오히려 러시아혁명의 역사적 상황을 고려한 좌파
의 볼셰비키 비판이 더 정곡을 찌른다.[10]

반反볼셰비키, 좌익 노동운동은 레닌주의자들을 반대한다. 왜냐하
면 그들은 러시아 봉기를 프롤레타리아의 목적을 위해 철저하게 활용
하는 일에 적극적으로 나서지 않았기 때문이다. 그들은 환경에 사로
잡힌 수인囚人이 되어 국제 급진 운동을 러시아의 필요에 이용했고,

러시아의 필요는 곧 볼셰비키 정당-국가의 필요와 동일시되었다. 러시아혁명의 '부르주아'적 양상들은 이제 볼셰비즘 그 자체에서 발견되고 있다. 레닌주의는 국제 사회민주주의의 일파로 판정되었고 전술적 문제들에서만 사회민주주의와 다를 뿐이다.[11]

아나키스트 전통에서 주도적 사상을 단 하나 들라면, 바쿠닌이 파리 코뮌에 대하여 논평하면서 밝힌 자신의 소신을 꼽을 수 있을 것이다.

> 나는 자유를 미친 듯이 사랑하는 사람이다. 자유는 지성, 존엄, 인간의 행복을 발전시킬 수 있는 유일한 조건이다. 국가가 제공하고 규정하고 규제하는 형식적 자유는 안 된다. 그것은 대다수를 노예로 삼는 소수의 특권을 보호하기 위한, 항구적인 거짓말에 지나지 않는다. 루소 학파와 기타 부르주아 자유주의 학파가 찬양하는, 개인주의적이고 이기적이고 천박하고 허구적인 자유도 안 된다. 그들은 국가가 모든 남성 각 개인에게 제한적으로 제공하는 권리를 권리로 인정하려 한다. 그것은 결국 개인의 권리를 영零으로 만들어버릴 것이다. 나는 이름값을 하는 자유, 개인에게 깃들어 있는 물질적·정신적·도덕적 힘을 최대한 발전시켜주는 자유를 원한다. 개개인 본성의 법칙에 의해 결정되는 제약 외에는 어떤 제약도 인정하지 않는 자유를 원한다. 개인의 본성에 의한 제약은 제약이라고 할 수 없다. 왜냐하면 그 제약의 법칙은 어떤 외부 입법자에 의해서 제정되는 것이 아니라 우리 내부에 유전적으로 깃들어 있는 것으로서, 우리 물질적·정신적·도덕적 존재의 기반이 되기 때문이다. 그것들은 우리를 제약하는 것이 아니라 우리의 자유를 형성하는 실제적이고 직접적인 조건이다.[12]

이런 사상은 계몽사상에서 자라난 것이다. 루소의《인간 불평등 기원론》, 훔볼트의《국가 행위의 제한Limits of State Action》, 칸트의 프랑스대혁명 옹호에 뿌리를 내리고 있다. 자유의 성숙을 위해서는 자유가 전제 조건이며, 성숙이 이루어졌을 때 비로소 선물처럼 자유를 부여하는 형태가 되어서는 안 된다는 것이다(이 책의 1부 3장 82~85쪽 참조). 산업자본주의가 발달하면서 예기치 못했던 새로운 불공정 체제가 생겨났다. 계몽사상과 고전 자유주의liberal 이상은 새로운 사회 질서를 떠받치는 이데올로기로 변질되었고, 자유사회주의 사상은 계몽사상과 고전 자유주의 이상의 본디 급진적인 인도주의를 보존, 확장했다. 사실, 국가가 사회생활에 개입하는 것을 반대하는 고전 자유주의의 관점에서 보자면, 자본주의적 사회관계는 용납하기 어려운 것이다. 이것은 훔볼트의 고전적 저서《국가 행위의 제한》에서 분명하게 드러난다. 1부 3장에서 보았듯이(89~98쪽), 이 저서는 밀의《자유론》에 영감을 주었다. 1792년에 완성된 이 자유주의 사상의 고전은 본질적으로 반反자본주의적이다. 하지만 이 사상은 알아보기 어려울 정도로 왜곡되어 산업자본주의의 이데올로기로 편입되었다.

사회적 족쇄들을 자유로운 사회적 연대와 노동으로 대체해야 한다는 훔볼트의 사회사상은 초기의 마르크스를 연상시킨다(1부 3장의 주석 16 참조). 훔볼트에 의하면 노동의 소외는 다음과 같은 경우에 발생한다. "일이 노동자에게서 겉돌고…… 그의 본성의 일부가 아니고…… 〔그래서〕 일에서는 자신을 실현하지 못하고 도리어 자신을 부정하게 된다……. 〔그리하여〕 신체적으로 피곤하고 정신적으로 타락하게 된다." 노동의 소외는 "노동자들을 야만적인 일 속으로 밀어넣고 기계로 만든다." 그리하여 인간으로부터 "자유로운 의식적 활동과 생산적 생활이라는 인간다운 특성"을 빼앗아버린다. 마르크스도 이와 유사한 생각을 했다. "새로운 유형의 인간은 동료 인간을 **필요**로 한다……. 〔노동자의 결사는〕 미래의 사회적 인간관계망을 창조하는 건설적 노력이 된다."[13] 고전 자유주의libertarian 사상은 국가가 사회생활에 개입하는 것을 반대하는데 자유, 다양성, 자유로운 결사가 인간의 근본적인 필요라고 전제하기 때문이다. 동일한 논리의 연장선상에서 자본주의적 생산관계, 임금노동, 경쟁, '소유욕이 강한 개인주의' 이데올로기 등은 모두 반인간적 행태라고 여긴다. 이렇게 볼 때 자유사회주의libertarian socialism는 계몽사상의 자유주의적liberal 이상을 정통으로 계승한 사상이다.

루돌프 로커는, 근대의 아나키즘은 "프랑스대혁명 이후 유럽 지성사에 생겨난 두 가지 커다란 사상적 흐름, 즉 사회주의와 자유주의Liberalism가 합쳐진 것"이라고 말한다. 그는 고전 자유주의 이상이 자본주의적 경제 형태에 가로막혀 파산했다고 진단한다. 아나키즘은 "인간에 의한 인간의 착취를 반대"하기 때문에 필연적으로 반자본주의적이다. 그리고 아나키즘은 "인간에 대한 인간의 지배"에도 반대한다. "**사회주의는 자유를 지향하고 자유가 없다면 그건 사회주의가 아니다**"라고 주장한다. "이런 인식이 아나키즘의 진정한 존재 의의다."[14] 이런 관점에서 볼 때 아나키즘은 자유파libertarian wing 사회주의라고 정의할 수 있다. 바로 이런 정신에 입각하여 다니엘 게랭은 《아나키즘》과 기타 저작에서 아나키즘을 연구했다.[15]

게랭은 아돌프 피셔Fischer, Adolph(1858~1887)의 다음과 같은 유명한 말을 인용한다. "모든 아나키스트는 사회주의자이지만 그렇다고 해서 모든 사회주의자가 아나키스트인 것은 아니다." 바쿠닌은 국제 혁명 동지회를 구상하면서 그 강령인 '아나키스트 선언'(1865년)에서 각 회원은 반드시 사회주의자여야 한다고 규정했다.

신정한 아나키스트는 생산수단의 사유화와 임금노동을 반대한다. 노동은 자유롭게 수행되어야 하고 노동자 스스로 그 노동을 통제해야 한다는 원칙에 위배되기 때문이다. 마르크스가 말한 것처럼, 사회주의자들은 노동이 "생활의 수단일 뿐만 아니라 인생의 가장 높은 목표"[16]인 세상을 꿈꾼다. 그러나 노동자가 내면적 동기가 아닌 외부의 권위나 요구에 휘둘릴 때에는 그런 세상이 불가능하다. "설사 정도의 차이가 있다 하더라도 임금노동의 어떤 형태도 임금노동의 비참함 자체를 없애지는 못한다."[17] 진정한 아나키스트는 노동의 소외에 반대할 뿐만 아니라 생산성 향상의 수단으로 이루어지는 엄청난 노동의 분화에도 반대한다.

〔노동 분화는〕 노동자를 파편적 존재로 만들어버리고, 기계의 부속으로 타락시킨다. 그의 일을 고통스럽게 만들어 그 본질적 의미를 파괴해버린다. 과학이 노동에 투입되어 독립된 힘을 발휘하는 정도에 비례하여, 노동자는 노동 과정에 잠재해 있는 지적인 발달 가능성으로부터 멀어진다……[18]

마르크스는 이것을 산업화의 필연적 결과로 보지 않고, 자본주의적 생산관계의 한 양상으로 보았다. 따라서 미래의 사회는 "세분된 노동으로…… 파편적 존재가 되어버린 노동자를 완전하게 발전한 인간으로 바꾸어, 다양한 노동에 적합한 존재로 만들어야 한다. ……노동자 자신의 힘을 자유롭게 표현할 수 있도록 아주 많은…… 다양한 사회적 기능이 부여되어야 한다."[19] 이렇게 하기 위한 선결 조건은 사회적 범주인 자본과 임금노동 철폐다('노동 국가'의 산업 군대들, 다양한 형태의 전체주의와 국가 자본주의 또한 철폐 대상이다). 인간의 생산도구화와 기계 부속화는 테크놀로지의 발전과 활용으로 어느 정도 극복될 수 있다. 하지만 훔볼트의 말대로 인간의 개인적 목적을 무시하고 지배자들의 목적을 위한 도구로서 노동자를 복무시키는 독재적 생산 통제 조건에서는 극복이 불가능하다.

아나키즘적 생디칼리스트는 심지어 자본주의 체제 아래에서도 "자유로운 노동자들의 자유로운 결사"를 창설하여 민주적 바탕에서 생산 조직을 접수하려고 투쟁한다. 이런 노동자들의 결사는 "아나키즘의 실습 학교"로 기능을 발휘하게 될 것이다.[20] 푸르동Proudhon, Pierre J.(1809 ~1865)의 저 유명한 말처럼 생산수단의 사유화란 "도둑질"—"약자에 대한 강자의 착취"[21]—의 일종일 뿐이라면, 국가 관료제에 의한 생산 통제는 아무리 잘 운영된다 할지라도 정신적·육체적 노동이 인생의 가장 높은 목표가 되는 그런 조건을 만들어내지 못한다. 따라서 이 두 가지는 철폐되어야 한다.

생산수단의 사유화와 국가 통제를 공격하면서, 아나키스트는 "역사의 세 번째이자 마지막인 해방 단계"를 성취하기 위해 투쟁하는 사람들과 동조한다. 첫 번째 해방은 노예에서 농노가 된 것이고, 두 번째 해방은 농노에서 임금노동자가 된 것이며, 세 번째 해방은 프롤레타리아를 철폐하고 경제 통제권을 생산자의 자유롭고 자발적인 결사의 손에 돌려주는 것이다(푸리에, 1848년).[22] 토크빌Tocqueville(1805~1859)은 1848년 '문명'에 임박한 위험을 지적했다.

재산권이 다른 많은 권리의 근원이고 터전이라면, 그것은 쉽게 옹호될 수 있다. 아니, 그것은 공격당하지 않을 것이다. 그 경우 재산권은 사회의 성채고 다른 권리들은 외곽의 보루라고 할 수 있다. 그것은 공격의 주요 대상이 되지 않을 테고 그런 공격을 감행하려는 진지한 시도도 없을 것이다. 하지만 오늘날처럼, 재산권이 귀족 세계의 마지막 남은 권리이고 평등화 사회의 유일한 특권일 경우 이야기는 달라진다. 노동 계급의 심중心中에 어떤 일이 벌어지고 있는지 한번 생각해보라. 그들은 아직까지는 조용하다. 그들은 예전처럼 정치적 열정으로 선동되지 않는다. 하지만 그들의 열정이 정치적인 것이 아니라 사회적인 것이 되었음을 보지 못하는가? 그들 사이에 의견과 여론이 조금씩 번져나가, 이런저런 법률, 이런저런 정부 부처를 없애는 것에 그치지 않고 사회의 기반 자체를 허물어버리려는 조짐을 당신은 보지 못하는가?[23]

1871년 파리의 노동자들은 침묵을 깨고 분출했다.

> 그들은 문명의 기반인 재산권을 철폐하자고 주장했다! 그렇다. 코뮌은 대다수의 노동을 소수의 부로 만드는 계급 재산권을 철폐하려 했다. 수탈자의 재산을 수탈하려 했다. 현재 노동을 노예화하고 착취하는 수단인 생산수단, 토지, 자본을 변모시켜 자유롭게 연합된 노동의 도구로 만듦으로써 진실한 개인 소유를 이룩하려 했다.[24]

물론 코뮌은 유혈 학살 속에 패배를 당했다. 베르사유 정부가 군대를 동원하여 파리를 재점령했을 때, 파리의 노동자들이 '사회의 근본적 바탕'을 공격하며 극복하려 했던 '문명'의 성격이 다시 한 번 적나라하게 드러났다. 마르크스는 신랄하고 명확하게 묘사했다.

> 노예와 체제의 하층민들이 주인들을 상대로 봉기할 때마다 부르주아 문명과 정의의 성격이 붉은 빛 아래 드러났다. 이 문명과 정의는 노골적인 야만과 무법적인 복수를 일삼았다……. 군대의 무자비한 행위는 그들을 용병으로 고용한 문명의 본성을 그대로 드러내는 것이다. 전투가 끝난 후 대대적인 학살을 느긋이 살펴보던 온 세상의 부르

주아는 건물의 벽돌과 회반죽이 파괴된 것에 온몸을 부르르 떨었다 (같은 책, 74쪽, 77쪽).

이처럼 코뮌이 무자비하게 파괴되었는데도 바쿠닌은 파리 코뮌이 새로운 시대를 열었다고 썼다. "국경을 넘어서는, 완전하고 결정적인 민중 해방과 장래의 참된 연대……. 다음번 혁명은 국제적 연대 속에서 펼쳐질 것이고, 파리 코뮌은 부활할 것이다." 하지만 세상은 그 혁명을 아직도 기다리고 있다.

따라서 진정한 아나키스트는 반드시 사회주의자여야 하고 나아가 특정한 종류의 사회주의자여야 한다. 아나키스트는 소외된 노동과 분업 노동을 반대할 뿐만 아니라 전체 노동자 집단이 자본을 접수하는 사회를 희망한다. 자본 접수는 프롤레타리아의 이름으로 행동하는 엘리트 세력이 아니라 노동자 집단이 직접 실행해야 한다.

〔간단히 말해서 진정한 아나키스트는〕 정부의 생산 통제를 반대한다. 그것은 국가사회주의를 의미한다. 곧 국가 관료, 관리자들, 과학자, 작업장 관리가 생산수단을 통제하는 사회주의다……. 노동 계급의 목표는 착취로부터의 해방이다. 이 목표는 부르주아를 대신하는 새로운 지도 계급이나 지배계급에 의해 성취될 수 없다. 이것은 노동자들이 생산의 주인이 될 때 비로소 성취될 수 있다.

이것은 좌파 마르크스주의자인 안톤 판네쿠크Pannekoek, Anton(1873~1960)의 〈계급투쟁을 위한 다섯 가지 테제〉에서 가져온 것이다. 판네쿠크는 공산주의 평의회 운동의 뛰어난 이론가다. 여기서 급진 마르크스주의가 아나키스트 흐름과 합쳐진다.

추가로 '혁명적 사회주의'의 다음과 같은 특징을 한번 고려해보자.

혁명적 사회주의자는 생산수단을 국가가 소유한다면 결국 관료적 독재로 귀결될 것이라고 믿는다. 우리는 왜 국가가 민주적으로 산업을 통제하지 못하는지 보아왔다. 노동자들의 산업 관리 위원회에서 직접 선출된 노동자들만이 산업을 민주적으로 소유하고 통제할 수 있다. 사회주의는 근본적으로 산업 체계가 될 것이다. 또한 사회주의는 지역 단위에서 산업적 특성을 띠게 될 것이다. 그리하여 사회적 행위와 그 사회의 산업을 운영하는 사람들이 직접 지역 혹은 중앙 단위의 행정을 담당하는 평의회를 대표하게 될 것이다. 이런 방식으로 공동체의 필요를 잘 알고 또 일을 직접 담당하는 사람들로부터 대표자들에게로 권력이 상달될 것이다. 중앙 산업 관리 위원회는 사회 활동의 모든 국면에 대응하게 될 것이다. 이렇게 하여 자본주의적인 정치적, 지리적 국가는 사회주의적 산업 관리 위원회로 대체될 것이다. 이처럼 한 사회제도에서 다른 사회제도로 이행하는 것이 **사회혁명**이다. 역사상 존속해온 정치적 국가는 지배계급이 **사람들**을 통치하는 것을 의미했다. 하지만 사회주의 공화국은 전체 공동체를 대표하여 **산업**을 통치하는 것이다. 정치적 국가는 많은 사람들을 경제적으로 또 정치적으로 복종시키는 제도였다. 하지만 사회주의 공화국은 모든 사람을 위한 경제적 자유를 의미하고, 그리하여 진정한 민주주의를 이룩할 것이다.

이 선언은 윌리엄 폴Paul, William이 1917년 초에 집필한 《국가, 그 기원과 기능 The State, its Origins and Function》에 있는 것이다. 레닌Lenin(1870~1924)의 가장 자유주의적libertarian인 저작인 《국가와 혁명》이 나오기

직전에 쓴 것이다(주석 9 참조). 폴은 마르크스-더레온주의Maxist-De Leonist 사회주의 노동당의 당원이었고, 나중에는 영국 공산당의 창립 멤버가 되었다.[25] 폴의 국가사회주의 비판은 아나키스트의 자유주의 원칙과 유사한 데가 많다. 국가의 소유와 관리는 관료적 독재로 귀결될 것이기 때문에, 사회혁명은 노동자들이 직접 통제하는 산업 조직으로 대체되어야 한다는 것이다. 폴의 책에는 이와 유사한 진술이 많다.

더욱 중요한 사실은 이런 생각이 자발적인 혁명적 행동으로 실현되었다는 것이다. 1차 세계대전 후의 독일 및 이탈리아와 1936년의 에스파냐가 좋은 사례다. 에스파냐에서는 농촌뿐만 아니라 산업도시인 바르셀로나에서도 자발적인 혁명이 실현되었다. 일부 평의회 공산주의는 산업사회 내에서 벌어진 자연스러운 혁명적 사회주의의 형태였다고 볼 수도 있다. 이것은 산업제도가 소유주, 관리자, 기술관료, '전위당', 기타 국가 관료제 등 독재적 엘리트에 의해 통제될 경우, 민주주의는 크게 제한될 수밖에 없다는 인식을 반영한 것이다. 독재적 지배 조건 아래에서는 마르크스와 바쿠닌이 한층 발전시킨 고전 자유주의libertarian 이상을 비롯해 진정한 혁명이 전혀 실현될 수 없다. 인간은 자신의 잠재력을 최대한으로 계발하지 못할 것이고, 생산자는 '파편적인 존재'로 퇴화해 남을 것이고, 위에서 지시를 받는 생산 과정의 도구에 지나지 않게 될 것이다.

'자발적인 혁명적 행동'이라는 표현이 오해를 불러일으킬 수 있다. 아나키즘적 생디칼리스트들은 혁명 전 단계에서 노동자들의 조직이 "미래에 대한 구상뿐만 아니라 실제 미래 자체를 창조해야 한다"는 바쿠닌의 말을 진지하게 받아들인다. 특히 에스파냐 민중 혁명의 성취는 오랜 헌신과 투지의 전통에서 비롯된, 여러 해에 걸친 꾸준한 조직과 교육의 결과였다. 1931년 6월 마드리드 회의와 1936년 5월 사라고사 회의의 의결안은 여러 면에서 혁명 활동을 예고하는 것이었다. 또 산티얀 Santillan이 스케치한 조금 다른 생각들(주석 4 참조)도 혁명이 실현해야 할 사회적, 경제적 조직에 대한 구체적인 설명이다. 다니엘 게랭은 이렇게 썼다. "에스파냐 혁명은 대중의 의식과, 자유사회주의 사상가들의 마음 속에 비교적 원숙하게 각인되었다." 에스파냐 노동자 조직이 구조, 체험, 사회적 재구성의 과제에 대한 인식 등을 갖추고 있는 상태에서 프랑코의 쿠데타가 일어났고, 1936년 초의 혼란을 계기로 사회혁명이 일어났다. 에스파냐의 집산주의화에 관한 자료 모음집 서문에서 (독일인_옮긴이) 아나키스트 아우구스틴 수시Souchy, Augustin(1892~1984)는 이렇게 썼다.

> 여러 해 동안 에스파냐의 아나키스트와 생디칼리스트들은 사회의 사회적 변모가 가장 큰 과업이라고 생각해왔다. 그들의 조합과 모임의 회의에서, 그들의 회지에서, 그들의 소책자와 단행본에서, 사회혁명의 문제가 끊임없이 조직적으로 논의되었다.[26]

에스파냐 혁명의 자발적 성취와 건설적 작업 뒤에는 이런 철저한 준비가 있었던 것이다.

지금까지 설명해온 자유사회주의 사상은 지난 50년 동안 산업사회들 속에 함몰되어버렸다. 주도적인 이데올로기는 국가사회주의와 국가자본주의였다(미국의 경우, 여러 가지 사유들 때문에 점점 군국주의적 경향을 띠었다).[27] 하지만 지난 몇 년 동안 자유사회주의 사상에 대한 관심이 다시 점화되었다. 내가 위에서 인용한 안톤 판네쿠크의 테제들은 프랑스 급진 노동자 조직이 내놓은 최근 팸플릿 《노동자 정보 통신Informations Correspondance Ouvrière》에서 가져온 것이다. 혁명적 사회주의에 관한 월리엄 폴의 선언은 1969년 3월 영국 셰필드에서 개최된 노동자 자주관리 전국 회의the National Conference on Workers' Control에서 월터 켄들Kendall, Walter이 제출한 문서에서 인용한 것이다. 노동자 자주관리 운동은 지난 몇 년 동안 영국에서 상당한 세력으로 성장했다. 여러 노동자 회의를 조직했고 상당한 분량의 팸플릿을 내놓았으며, 영국 주요 노동조합의 위원장들이 활발하게 참가하고 있다. 가령 합금주조주물노조는 "모든 층위에서 노동자 관리" 아래 기간 산업들을 국유화하는 프로그램을 공식 정책으로 채택했다.[28] 유럽 대륙에서도 유사한 운동이 전개되고 있다. 1968년 5월 사태는 평의회 공산주의와 관련 사상에 대한 관심을 프랑스와 독일에서 촉발시켰다. 물론 영국에도 영향을 주었다.

고도의 이데올로기 사회가 보수적인 경향을 띠는 점을 감안할 때, 미국이 이런 사태 발전에 별로 영향을 받지 않았다는 것은 그리 놀라운 일도 아니다. 하지만 미국도 변할 것이다. 냉전 신화가 폭로되면서 꽤 넓은 분야에서 이런 문제를 제기하는 것이 가능해졌다. 만약 현재의 탄압 물결이 어느 정도 뒤로 물러가고, 좌파가 자멸적 경향을 불식하고 지난 10년 동안 성취된 것을 바탕으로 전진한다면, 노동자가 일터와 공동체를 민주적으로 장악해 참된 민주주의 노선으로 산업사회를 조직하는 문제는 현대사회를 진지하게 생각하는 사람들의 중요 화두가 될 수 있을 것이다. 그리고 자유사회주의를 위한 대중운동이 앞으로 나아가면, 추론은 행동으로 바뀌게 될 것이다.

1865년의 선언서에서 바쿠닌은 사회혁명의 한 축을 청년들이 맡을 것이라고 예측했다. "태생적으로 특권 계층에 속하지만 지적이고 진정으로 고상한 성품을 가진 청년들이, 두터운 신념과 뜨거운 열망으로 민중의 대의를 받아안을 것이다." 우리는 1960년대의 학생운동에서 이 예언의 성취 가능성을 엿볼 수 있었다.

다니엘 게랭은 자신이 말한 아나키즘의 "복원 과정"을 시도했다. 그는 이런 설득력 있는 주장을 편다. "아나키즘의 건설적 사상은 그 활력을 보유하고 있다. 이 사상을 잘 점검하고 세련되게 가다듬는다면 현대의 사회주의 사상이 새 출발을 하도록 도와줄 것이다……. 그리하여 마르크스주의를 풍성하게 하는 데 기여할 것이다."[29] 게랭은 아나키즘의 '넓은 등'으로부터 자유사회주의라고 불릴 수 있는 사상과 행동들을 가려 뽑아 면밀한 조사 대상으로 삼는다. 이것은 자연스럽고 타당한 절차다. 이런 틀은 주요 아나키스트들은 물론이고 아나키즘적 감수성과 이상에 의해 활성화되는 대중적 행위를 동시에 수용한다. 게랭은 아나키스트의 사유뿐 아니라, 혁명적 투쟁의 도정에서 실제로 새로운 사회 형태를 창조해내는 민중의 자발적 행동에도 관심을 쏟는다. 그는 지적 창조성뿐만 아니라 사회적 창조성에 대해서도 관심을 갖는다. 더욱이 그는 과거의 건설적 성취로부터 사회 해방 이론을 풍요롭게 만드는 교훈들을 뽑아낸다. 이것은 세계를 해석할 뿐 아니라 세계를 변혁하고자 하는 사람들에게 아나키즘의 역사를 공부하는 적당한 방법이다.

게랭은 19세기의 아나키즘이 선언적이었다면 20세기의 아나키즘은 "혁명적 실천"[30]의 시기를 맞았다고 말한다. 그의 저서《아나키즘》은 이런 판단을 반영한다. 독일의 역사가 아르투르 로젠베르크Rosenberg, Arthur(1889~1943)는 과거에 이렇게 지적했다. 민중 혁명은 어떤 사회 공동체 제도를 가지고 "봉건적이거나 중앙집중적인 통치 권력"을 대체하려고 하는 것이다. 당연히 "옛 형태의 국가를 파괴하여 소멸시키는 것을 포함한다." 그 사회 공동체 제도는 사회주의적이거나 아니면 "극단적 형태의 민주주의가 될 것이다……. 〔그것은〕 사회주의의 전제 조건이기도 하다. 사회주의는 개인의 자유가 최대한 성취되는 세상에서 실현될 수 있기 때문이다." 로젠베르크는 이것이 마르크스주의와 아나키즘의 공통된 이상이라고 말했다.[31] 이런 자유를 향한 자연스러운 투쟁은, 현재 경제와 정치 분야에서 진행되고 있는 중앙 집중화 경향과는 어긋나는 것이다.

1세기 전 마르크스는 이렇게 썼다. 파리의 부르주아는 "향후 제도가 어떤 이름으로 다시 등장하든 간에 코뮌 아니면 제국이라는 단 한 가지 선택이 있을 뿐이라고 느꼈다."

제국은 그들을 경제적으로 완전히 망쳐놓았다. 공공의 재산을 파괴했고, 대대적인 재정 사기를 부추겼고, 인위적인 자본 집중화를 지원했으며, 국민을 수탈했다. 제국은 국민을 정치적으로 탄압했고, 폭정으로 도덕적 충격을 주었으며, 자녀들의 교육을 **무식한 형제들**에게 넘겨줌으로써 볼테르주의Voltairianism를 모욕했다. 제국은 국민을 전쟁으로 몰아넣은 결과로 나타난 파멸에 대하여 단 한 가지 대안—제국의 소멸—만을 남겨놓음으로써 프랑스 국민의 자부심에 먹칠을 했다.[32]

저 한심한 제2제국은 "부르주아가 패망하고, 노동 계급이 아직 국가를 다스릴 능력을 획득하지 못한 시절에나 가능한 정부 형태였다."

이 말을 조금만 가다듬으면 1970년의 제국주의적 제도에 그대로 적용할 수 있다. "인간을 경제적 수탈과 정치적, 사회적 노예화로부터 해방시키는" 문제는 우리 시대에도 여전한 문제다. 이것이 현실로 남아 있는 한, 자유사회주의의 정신과 혁명적 실천은 우리에게 영감을 주는 길라잡이가 될 것이다.

05

국제 사건과 힘의 논리

이 글(원제 The Rule of Force in International Affairs)은 텔퍼드 테일러Taylor, Telford의 저
서《뉘른베르크와 베트남 : 미국의 비극Nuremberg and Vietnam : An American Tragedy》
을 놓고서, 전쟁범죄 심포지엄에서 발표한 글을 다듬은 것이다. 원문은《예일 법률 저
널Yale Law Journal》80, no. 7(1971년 6월)에 실렸고, 《국가적인 이유For Reasons of State》
(New York : Pantheon Books, 1973; New York : The New Press, 2003), 212~258쪽에 다시
실렸다.

미국의 베트남에 대한 개입을 뉘른베르크 재판과 국제 협약이라는 맥락에서 검토할 때 두 가지 다른 문제가 제기된다. 하나는 '합법성'이고 다른 하나는 정의의 문제다. 합법성은 법률과 역사 영역의 기술적 문제다. 전에 강대국들이 받아들였던 국제법의 기준으로 볼 때, 미국의 인도차이나전쟁은 어떻게 판단해야 할까? 정의의 문제는 그보다 막연하다. 이것은 타당한 기준에 대한 문제다. 뉘른베르크 원칙과 국제법은 강대국이 베트남이나 체코슬로바키아를 침공한 사태를 판단하는 데 흡족하고 타당한 기준이 될 수 있는가? 텔퍼드 테일러는 최근에 뉘른베르크와 베트남에 관한 연구서를 펴냈다. 테일러는 뉘른베르크 재판에서 수석 검사를 맡았던 역사학자이자 법학 교수이며, 은퇴한 육군 준장이다. 그의 책은 뉘른베르크를 집중적으로 다루면서 때때로 베트남도 언급한다. 테일러의 간결하면서도 정보가 풍부한 연구서는 전쟁범죄와 국제 행동에 관한 훌륭한 논의의 틀을 제공하리라 본다. 이 책의 전제 조건이 보수적이고 또 범위가 다소 좁기는 하지만, 테일러의 연구는 강력한 결론을 끌어낸다. 1965년부터 현재까지 미국 군부와 행정부의 지도자들은 뉘른베르크 기준에 따라 전쟁범죄자로 기소될 수 있다는 것이다. 그의 연구서가 스스로 부과한 제약도 이 주장 못지않게 논쟁적이다. 테일러의 책은 여러 면에서 합법성과 정의의 문제를 탐구하는 출발점을 제공한다.

1_ '전쟁범죄'와 '정의'

정의의 문제는 결코 가볍게 보아서는 안 된다. 국제법은 사실상 조약과 협정들을 비준한 사람들이 타당하다고 하여 받아들인 도덕적 원칙들의 덩어리다. 더욱이 테일러가 강조한 것처럼 조약과 교범들은 "전쟁 법규의 부분적 구체화일 뿐이다." 가령 헤이그 협약(1907년)의 서문에서는 이렇게 선언한다. 이 협약에서 다루지 않은 문제들은 "문명 사회에서 확립된 관행, 인도주의 원칙, 공공 양심 등을 바탕으로 제정된 각 나라들의 법률 원칙"에 따라 해결한다.[1] 따라서 그 원칙들의 정치적·사회적 **내용**뿐만 아니라 **용인 가능성**을 검토한 후에, 공공 양심과 인도주의 원칙(이런 표현이 막연하기는 하지만)에 비추어 생각해보는 것이 타당하다. '문명 사회에서 확립된 관행'에 관하여, (뉘른베르크 재판 때 미국 측 수석 검사였던_옮긴이) 잭슨Jackson, Robert 대법관은 1945년 대통령에게 보낸 중간 보고서에서 이렇게 썼다. "우리는 이 불안정한 시기에 이루어진 우리의 행동이 국제법의 확고한 시행을 지향하도록 세계의 사고방식을 이끌 것이기에, 무거운 책임을 느낍니다. 이렇게 확고하게 해놓아야 정부 권력과 인민의 운명을 손아귀에 거머쥔 사람들이 전쟁을 매력 없는 대안으로 여기게 될 것입니다"(77쪽). 우리는 전후 시대에 이 책임을 어떻게 수행했는가? 이 질문은 뉘른베르크 원칙과 관련 원칙들에 비추어

본 미국 행동의 합법성에 관련될 뿐만 아니라, 그 원칙들의 성격에도 관련된다.

테일러의 뉘른베르크 재판 분석은 재판에 적용된 원칙의 근본적인 도덕적 결함을 드러낸다. 테일러는 북베트남 폭격이 전쟁범죄라는 주장을 일축하면서 이렇게 말한다. "이 분야에 적용되는 전쟁 법률이 무엇이든 간에, 뉘른베르크 재판은 이 비판의 근거가 될 수 없다"(142쪽). 하지만 폭격은 하노이와 하이퐁을 제외한 여러 도시를 포함해 북베트남 대부분을 폐허로 만들었다.[2] 북베트남에 대한 미국의 폭격이 전쟁범죄가 되지 않는다는 논리는 이러하다.

〔2차 세계대전 중〕 양측이 도시 파괴를 자행했으므로—연합국이 더 성공적으로 수행했다—독일이나 일본에 대하여 범죄를 고발할 근거가 없다. 그래서 그에 대해서는 기소가 이루어지지 않았다(140~141쪽).

연합국 측이든 추축국 측이든 공습을 무자비할 정도로 광범위하게 실시했으므로 뉘른베르크 재판과 도쿄 재판은 이것을 문제 삼지 않았다(89쪽).

마찬가지로 런던 해군조약(1930년) 위반으로 독일 제독들을 기소하는 문제는 니미츠Nimitz, Chester William 제독(1885~1966, 2차 세계대전 당시 미국의 태평양함대 사령관이었다_옮긴이)의 증언에 의해 포기되었다. 니미츠는 그와 관련하여 "영국과 미국 해군이 한 것과 똑같은 행위를 독일 해군도 했을 뿐이다"라고 증언했다(37쪽). 뉘른베르크 재판부는 독일 제독들이 국제법 위반으로 처벌받을 이유가 없다고 판시했다. 해당 법률은 "양측이 군사적 필요의 압력으로 똑같이 호전적 행위를 취함으로써 무효가 되었"기 때문이다(38쪽). 테일러는 이런 결론을 내린다. "적—특히 전쟁에서 패배한 적—을, 승전국도 저지른 동일한 행위를 문제 삼아 처벌한다는 것은 너무나 불공평하므로, 해당 법률을 무효화한다는 것이다"(39쪽).

우리는 이런 논평에서 뉘른베르크에서 구상된 '전쟁범죄'의 개념을 추출해볼 수 있다. 오로지 패전국이 저지른 행위에 대해서만 전쟁범죄로 취급한다는 것이다. 이것은 승전국도 관여한 전쟁에 대하여 오로지 패전국에만 책임을 묻겠다는 것으로서, "너무나 불공평한" 것이다. 만약 승전국과 패전국의 범죄 행위를 동시에 처벌한다면 그것은 공정한 재판이 될 것이다. 테일러가 언급하지 않은 이 대안은 전후 재판부에서 채택되지 않았다. 재판부는 전쟁범죄 행위에서 승전국에 대한 처벌은 제외함으로써 "해당 법률을 무효화"하기로 선택했다.[3]

뉘른베르크가 국제적 도덕성을 한층 드높인 재판이 아니라 승전국의 일방적인 재판이었다는 결론은 테일러의 침략 전쟁 논의에 의하여 더욱 강화되었다. 뉘른베르크 재판의 뚜렷한 공헌은 평화에 대한 범죄의 범주를 확립한 것이라고 테일러는 지적했다. "침략 전쟁 혹은 국제조약, 협정이나 약속을 위반하는 전쟁을 계획, 준비, 진행, 수행"하거나 "이런 목적을 달성하기 위한 음모에 가담하는 것"이 범죄의 범주였다.[4] "국제 실정법 차원에서, 그리고 일반 대중의 마음속에 각인된 뉘른베르크 재판의 핵심은 이것이었다. 개인도 '침략 전쟁' 계획과 수행에 참가했다는 이유로 유죄 판결을 받을 수 있다"(84쪽). "분명, 침략 전쟁을 관장하는 국제법의 기준에 입각하여 범죄성을 확립하는 것이 미국 정부의 전후 정책이었다"(76쪽).

하지만 법원은 미국 정부가 뉘른베르크나 유엔헌장의 반反침략 규정을 위반했는지 결정할 수가 없다고 테일러는 주장한다.[5] 그 한 가지 이유로, "증거를 얻기가 거의 불가능하다." 뉘른베르크와 도쿄에서 연합국은 비밀 외교·군사 문서들을 입수할 수 있었다. 하지만 미국 정부와 남베트남 정부가 이런 문서들을 내놓을 리 없다. "2차 세계대전의 종식과 같은 완전한 군사적 승리는 현대 역사에서 드문 일이다. 따라서 비밀문서를 입수할 수 있는 다른 상황을 상정하기가 어렵다"(118~119쪽). 비밀문서를 입수해야만 침략 전쟁의 존재를 입증할 수 있다면 이런 결론에 이르게 된다. 즉 '뉘른베르크 재판의 핵심'은 무조건 항복하고 완전 패배한 적국에만 해당한다는 것이다.

그래서 테일러는 침략에 대한 증거와 관련하여 다소 망설이는 입장이다. 그는 다른 나라들의 침략에 대해서는 행정부가 일방적으로 판단할 수 있다고 보는 듯하다. "거의 불가능한" 증거 입수에도 불구하고 말이다. "1965년까지 나〔테일러〕는 미국이 유엔헌장의 정신에 입각해 침략을 저지할 목적으로 베트남에 개입했다고 보았고 그래서 그것을 지지했다"(206쪽).[6] 그러니까 테일러의 견해에 따르면, 미국 행정부는 북베트남이 1965년 이전에 침략 전쟁에 돌입했다고 일방적으로 판단을 내리고, 유엔헌장 51조에 의거하여 북베트남의 무력 공격으로부터 집단적 자위권을 발동하기 위해 남베트남에 개입한 것이다. 그러니까 미국은 너무나 판단 능력이 독특하여, 자위권 발동 조치는 유엔 안전보장이사회에 즉각 보고해야 한다는 51조의 규정을 무시해도 상관없다는 이야기다.[7] 미국의 베트남 개입은 "안전보장이사회는 평화에 대한 위협, 평화 파괴, 침략 행위 등을 판단"하고 어떤 조치를 취할지 결정한다는 39조마저 무시한 것이다.

테일러는 미국의 동남아시아 침략 여부를 판정하는 데 '증거 문제'를 과장하는 한편, 그것이 무력 침공에 대한 집단적 자위권 발동임은 입증하기가 어렵다는 사실을 과소평가했다. 그의 침략 전쟁 논의는 다른 측면에서도 부적절하다.

우리가 뉘른베르크나 기타 재판에서 법제화된 국제법의 원칙(그 용인 가능성)을 검토할 때, 아주 심각한 문제가 일어나게 된다. 이런 원칙은 각국 대표들이 규정한 것으로서, 그 정부를 전복하고 새로운 혁명 정부를 세우려는 대중적 인민 운동의 대표자들을 배제한 채 결정한 것이기 때문이다. 리처드 포크Falk, Richard Anderson(1930~, 미국의 국제법학자이자 국제 문제 전문가로 유엔에서도 활동했다_옮긴이)는 "국제 질서의 관점에서 보자면 통치 능력은 정치적 적법성을 주장할 수 있는 한 가지 요소다"[8] 라고 말한다. 그리고 토머스 J. 페어러Farer, Thomas J.는 "반란 세력이 기존 정부와 똑같은 대우를 요구할 정도로 지위를 확보하면 아주 위험한 불명료성"이 발생한다고 한다.[9] 이 점은 테일러의 신념, 즉 미국이 1962 년 베트남에서 "침략을 억제하기 위한" 조치를 취했다는 주장을 검토하는 데 중요한 기준이 된다. 그해 사이공에 주재하는 미국 관리들은 베트남 국민의 절반이 민족해방전선을 지지한다고 추정했다.[10] 더욱이 북베트남 사람들이 전투 행위를 벌이고 있다는 증거도 없었고, 남베트남에 주둔한 1만 명의 미군은 직접적으로 군사 활동을 벌이고 있었다.[11] 버나드 폴Fall, Bernard B.(1926~1967, 오스트리아 태생 종군 기자, 역사학자, 정치학자로 2차 세계대전 때는 프랑스에서 레지스탕스 활동을 했다_옮긴이)은 이렇게 적었다. "1961년부터 미국인이 미군복을 입고 베트남에서 죽었다. 그들은 싸우다가 죽었다."[12] 1962년 3월 미국 관리들은 미국 비행사들이 전투(폭격과 기총 소사) 비행을 한다고 시인했다. 그해 10월까지 남베트남의 공군 작전 가운데 30퍼센트가 미군 조종사의 주도 아래 이루어졌다.[13] 1962년 후반부에 이르러 미국은 메콩 삼각주와 까마우 반도에서 대규모 군사작전을 벌였다.[14] 종군 기자이자 작가인 리처드 트레가스키스 Tregaskis, Richard는 1963년에 발간한 책에 미군 헬리콥터 조종사들과 인터뷰한 기사를 실었다. 조종사들은 362 비행편대의 "험한 놈들"이 "베트콩 지역에서" 장난 삼아 민간인들에게 기총 소사를 했다고 말했다.[15] 1962년에는 특수작전부대the Special Operations Force의 비행 특공대가 "민간인 복장을 하고서 남베트남 공군 표시가 되어 있는 비행기를 조종하고 날아가…… 밀림 속의 베트콩 집결 지역을 공격했다."[16]

간단히 말해서, 미국은 1962년부터 남베트남의 토착 민중 세력을 상대로 직접 군사적 공격을 한 것이다. 통치 능력이 정치적 적법성을 주장하는 한 가지 요소라고 한다면, 이것은 '침략 전쟁'이라고 부르는 게 공정할 것이다. 가령 강대국들이 인정하는 현지 정부가 외세를 불러들여 국내의 반란 세력을 진압하는 동안, 그 반란 세력은 외부의 도움을 받지 못한다고 하자. 그런데 반란 세력이 광범위한 지역에서 유일하게 효력을 발휘하는 정부를 수립하고 또 대규모 정치조직을 가지고 있다고 하자.[17] 그리고 이 반란 세력이 외세의 간섭[18] 때문에 임의로 분리된 한쪽 국가에 도움을 요청한다고 하자. 이런 곳에서 (외세를 불러들인 정부의_옮긴이) 통치가 이루어지고 있다고 가정하는 것이 현재 통용되는 국제법 제도에 대한 정확한 해석이라면, 그 제도는 아무런 도덕성도 없는 제도로 무시되어야 마땅하다. 아니 더 정확히 말하면 그런 국제법 제도는 제국주의적 행위를 승인하는 도구에 지나지 않는다.

이런 질문들은 테일러의 논의에서 직접적으로 제기되지 않는다. 그 부분적인 이유는 그가 이런 질문들과 직접적인 관련이 있는 1965년 이전 시기는 언급하지 않았기 때문이다. 하지만 그와 유사한 문제들이 다양한 전쟁 양태의 합법성을 다룬 테일러의 논의에 내재되어 있다. 이미 앞에서 말했듯이, 테일러는 공습이 본질적으로 불법이 아니라고 주장했다. 이 문제에 대한 "뉘른베르크의 침묵은 미국의 남베트남 폭격 정책과 관련 있는" 질문을 끌어낸다(142쪽). 미국의 화력, 지상 소탕 작전, 주민 강제 소개 등으로 베트남 마을들을 정기적으로 파괴한 것은 합법성이 의심스럽고, 베트콩 은신 지역에 대한 보복 공격(테일러는 공식 정책이라고 했다)은 제네바협정을 "명백히 위반"한 행위다(145쪽). 더욱이 테일러는 무차별 포격 지대를 설정한 것은 불법이라고 믿는다(147쪽). 하지만 그는 베트남의 상황에서 법적 원칙을 적용하기가 매우 어렵다는 점을 강조한다. 베트남에서는 강대국이 민중 사이에 은신한 게릴라를 소탕하기 위해 테크놀로지 자원을 사용하고 있기 때문이다.

적은 이런 법규를 준수하지 않는다. 베트남의 지형은 비밀 작전을 수행하기에 알맞다. 그 작전에는 여자와 아이들도 빈번히 동참하고 적군과 아군이 구분되지 않는다. 또 미군은 황인종 개개인을 구별하는 것이 쉽지 않다. 65년 전 필리핀의 경우, 미군은 고국에서 수천 마일 떨어진, 불편하고 위험하고 낯선 환경에서 활동해야 했다. 현실을 직시하는 사람이라면 미군이 무고한 민간인과 적대적인 빨치산을 잘 구분하지 못하는 것을 이해하리라(152쪽).

적은 분명 "전쟁의 전통적 법규와 제네바협정을 위반한 것이다." 제네바협정은 두 가지 사항으로 전투 요원과 비전투 요원을 구분할 것을 명시했는데, 적은 "멀리서도 뚜렷이 알아볼 수 있는 고정된 군복을 입고 있지 않으며" 또 미군 병사들처럼 "무기를 들고 있지도 않는다." 뉘른베르크에서 재확인된 바와 같이 법은 이렇게 규정한다. "전투를 돕거나 교사教唆하거나 전투에 참가한 민간인은 전범으로 처벌받을 수 있다." 테일러는 이것이 좀 잔인해 보일지 모르나 "그래도 법은 법이다"(136~137쪽)라고 말한다.[19] 적의 의지를 꺾고, 적에게 물자와 인적 자원이 공급되지 않도록 도시와 마을을 공습하는 행위에는 그 법이 적용되지 않지만 말이다.

이런 소견은, '민중의 전쟁'은 불법이라고 낙인찍으면서 그 전쟁을 진압하는 산업국가의 테크놀로지 사용은 합법이라고 말한다. 베트남식 민중 혁명 전쟁의 본질적 특징은 이런 것이다. 정치적 행위와 군사적 행위를 결합함으로써 전투 요원과 비전투 요원의 경계를 허물어버린다. 베트남 혁명가들은 일반적으로 마오쩌둥주의 노선을 따른다. "무혈 혁명이 우리가 바라는 것인 바, 그 방향으로 노력해야 한다."[20] 심지어 더 글러스 파이크Pike, Douglas(1924~2002, 미국의 외교관이자 역사학자, 베트남 전문가_옮긴이)도 다음과 같은 사실을 인정한다. 민족해방전선NLF은 "베트남 공화국 정부Government of the Republic of Vietnam(GVN : 친미 남베트남 정부_옮긴이)와 미국에 대한 다툼은 정치적 수준에서 수행해야 하고, 대규모 군사력의 사용은 [GVN과 미국의 무력 사용 때문에 할 수 없이] 반격에 나서기 전까지는 불법이라는 입장을 견지했다."[21] NLF는 생존하기 위해 반격에 나설 때 자연 지형의 이점을 활용하고 우호적인 현지 주민들 사이를 파고드는 게릴라 전법을 사용했다. 이것은 미국이 우월한 감시 능력과 파괴 기술을 사용한 것과 동일한 논리다.

이런 민중 전쟁의 특징에 대해서는, 여러 해 전 베트남 공산주의의 사상적 지도자인 쯔엉찐Trường Chinh(長征, 1907~1988, 본명은 당쑤언쿠 Đăng Xuân Khu, 鄧春區_옮긴이)이 개괄한 바 있다.

군사적 행동에만 의지하려는 사람들이 있다……. 그들은 무력으로 모든 것을 해결할 수 있다고 믿는다. 그들은 정치적 동원을 하지 않고, 사람들에게 설명을 하면서 설득하려 들지 않는다……. 열심히 싸우기만 할 뿐 정치적 작업을 게을리한다. 그들은 군과 인민이 혼연일체가 되어 협동하는 방식으로 일하지 않는다.[22]

버나드 폴은 위의 문장을 인용하면서 말했다. "적은 다시 한 번 친절하게도 우리에게 그들의 승리 방식을 가르쳐주었다."[23] 그 방식은 민중 사이에서 정치적 지지를 얻고 국민 전체를 중앙 정부(이 경우 외국 군대에 의해 세워진 정부)에 대항하는 투쟁에 참여시키는 것이다. 민간인 참여는 혁명전쟁의 정치적, 사회적 특성을 투영한다. 괌과 태국에 기지를 둔 B-52 폭격기의 무제한 폭격이 미국 '반폭동' 정책의 정치적, 사회적 특성을 드러내는 것과 비슷하다. 미국에게는 뉘른베르크의 침묵이 적용되고, 전쟁 법규는 혁명전쟁을 불법으로 판정한다. 테일러는 이런 법이 현지의 괴뢰 정부를 옹호하는 외국 군대에 저항하며 봉기한 민간인들을 전범으로 취급한다고 주장한다. 이런 민간인들이 전쟁 법규를 "의심할 나위 없이 위반했다"는 것이다. 하지만 도시와 마을을 파괴하고, 농지와 삼림을 황폐하게 하고, 인도차이나 전역에서 수백만 대중을 집에서 쫓아내고 또 무수한 사람들을 죽인 미군 조종사들이나 이 정책을 계획한 사람들에 대해서, 이 전쟁 법규는 아무 할 말이 없다. 기껏해야 "뉘른베르크의 침묵이…… 미군의 남베트남 폭격 정책과 관련 있는지…… 물을 뿐이다"(142쪽). 미군의 라오스와 캄보디아 폭격에 대해서도 마찬가지일 것이다(앞의 133~135쪽 참조).

이런 법규는 강자의 무기일 뿐 도덕적 힘이나 타당성은 가지고 있지 않다. 외세에 의해 수립된 정부(가령 남베트남이나 헝가리)가 외국 군대를 끌어들여 반란을 진압할 권리가 있다고 하는 법규 해석은 정치적 결정일 뿐이다. 반란 세력이 폭넓은 정치적 지지를 얻어 그들과 민중이 잘 구분되지 않는 상황에서 말이다. 법규는 한술 더 떠서 대중적 반란에 참가하는 민간인들을 전범으로 규정한다. 전투 요원은 외국 군대처럼 자신을 전투 요원으로 명확히 밝혀야 한다는 법규를 타당하다고 받아들이는 것 역시 정치적 결정일 뿐이다. 그 법규는 "고국에서 수천 마일 떨어진 곳에서" 민간인과 빨치산을 구분하기 어려워 쩔쩔매는 "불쾌한 상황으로" 병사들을 파견하는 것에 대해서는 아무런 이의도 제기하지 않는다.

외국 군대가 겪는 어려움과 불확실성을 테일러가 지적한 것은 타당하지만, 그 군대를 그런 곳에 보낸 정치 지도자들을 비난하지 않은 것은 부당하다. 적의 승리 방식(민중의 지지를 얻어내 민중운동을 통하여 외세가 수립한 현지 정부를 전복하는 것)을 비난하면서 군대 파견을 승인하는 법적 제도에 타당성을 부여하는 것도 합당하지 않다. 강대국은 외국에 무력으로 자신들이 선택한 체제를 부과할 수 있다는 정치적 판단은 결코 군대 파견의 사유가 될 수 없다. 그런 식의 법률 해석은 제국주의적 행위를 승인해주는 것이다.

테일러는 명시적으로 말하지는 않았지만, 미국이 남베트남에 마음대로 정부 체제를 부과할 수 있다는 정치적 판단을 받아들이는 듯하다. 그는 전쟁의 목적을 논하면서 이렇게 말했다. "우리의 정책은 남베트남이 반공 정부에 정치적으로 충성하도록 하는 것이다. 그리하여 그 정부에 북베트남의 군사적 수단에 대항할 방어 수단을 제공하는 것이다"(189쪽). 그가 이 정책에 반대하는 유일한 이유는 그것이 베트남 상황에서는 성공하지 못할 것 같기 때문이다. 북베트남의 군사적 수단에 저항하는 "방어 수단 제공"에 대해 말하자면, 테일러는 NLF의 전투 부대가 처음부터 현지 주민으로 구성되어 있었고 미국이 그 전쟁을 국제화할 때까지 그 상태가 유지되었다는 것을 알고 있었다. 그는 1954년 미국이 수립한 반공 정부가 남베트남을 정치적으로 장악하도록 1960년대 초 군사력을 파견한 것이 합법적이라고 생각했다. 테일러는 "미국 개입주의 전통의 과도한 이상주의적 흐름"(186쪽)을 지적했는데, 그것은 매킨리 Mckinley, William 대통령(1843~1901, 미국의 제25대 대통령. 재임 1897~1901년 _옮긴이)이 1898년의 대에스파냐 전쟁을 정당화한 논리와 비슷하다. 이것은 아주 피상적인 역사적 판단이다. 거의 모든 제국이 자신들의 행동을 '이상주의적' 터전에서 정당화하려 했다. 영국과 프랑스 제국도 그러했고 동아시아의 일본도 그랬으며[24] 동유럽의 러시아도 마찬가지였다. 제국의 지도자들과 국민들이 이런 망상에 빠지는 것은 그다지 심각한 일도 아니다. 다만 우리가 다른 제국주의적 개입을 판단하는 기준이 막상 우리의 행동을 판단하는 기준이 될 때에는 이해하기가 아주 어려워지는 것이다.[25]

테일러는 주민 강제 이주, 죄수 고문, 시신의 수 세기 열풍, 반도叛徒 소탕을 위한 넓은 지역의 초토화 작전, 무차별 포격 지대, **선미**Sòn Mỹ 마을 학살 등 미국의 전쟁 수행 방식이 그저 "끔찍하고 광적인 일탈"이냐고 묻는다(152쪽). 테일러는 그 부분적인 이유로서 전쟁 법규를 적용하기 어려운 베트남전의 특수한 양상을 거론한다. 사실 주민 강제 이주나 반도 소탕을 위한 넓은 지역의 초토화 작전은 베트남전쟁의 특수한 상황에 따른 합리적이고 필요한 조치였다. 철저한 반공주의자이고, 사태가 극도로 나빠지기 전까지 베트남전쟁의 강력한 지지자였던 버나드 폴은 1960년대 초에 이 사실을 아주 잘 설명했다.

왜 우리는 최신 테크놀로지로 무장한 최고의 엘리트 군대, 미국·영국·프랑스·오스트레일리아의 특공대와 특수 부대 병사들을 사용해야 하는가. 베트민, 알제리아인, 말레이 'CT's'[Chinese Terrorists(중국인 테러리스트)]를 상대로 말이다. 이들은 전문적 군사훈련을 받지도 않았고 우리에게 근접한 화력을 갖고 있지도 않다.

그 대답은 아주 간단하다. 서방이 일으켜 세우려는 정부에게는 민중의 지지와 정치적 영향력이 없기 때문이다. 남베트남에서 싸우고 있는 미군은 일차적 경험을 통해 이 사실을 깨치고 있다.[26]

오늘날 버나드 폴의 결론을 뒷받침할 증거들이 광범위하게 나오고 있다. "진정한 민중의 지지가 정말로 중요하다"라고 그는 썼다.[27] 바로 이 "진정한 민중의 지지" 때문에 워싱턴이 강제 이주 정책을 실시하면서 베트남 농촌 인구가 전 인구의 85퍼센트에서 50퍼센트로 줄어들었고, 농촌은 대대적으로 파괴되었다. 만약 국제법이 저항 운동을 지원하는 민간인을 가리켜 전범이라고 주장하면서 이 점을 도외시한다면, 그 도덕적 파산이 만천하에 드러나는 셈이다.

2_ 베트남에서의 '전쟁범죄'

테일러가 집중적으로 다룬 주제인, 베트남에서 미군이 취한 행동의 합법성은 뉘른베르크와 관련 협약의 틀에 비추어 보면 다소 폭이 좁은 문제다. 1965년 이후 미국의 개입에 대하여 분석하면서 테일러는 다음과 같은 결론을 내렸다. 즉 미국은 명백하게 전쟁범죄를 저질렀으며, 그 책임은 군사령부의 고위 지휘관 및 민간 지도부까지 확대할 수 있다. 관련된 증거는 광범위하다.

테일러가 검토한 첫 번째 사례는 **밀라이**My Lai 대학살이다. 학살 현장 근처에서 캐나다 병원을 운영한 병원장 알제 베네마Vennema, Alje는 학살 당시 사실을 알았으나 그리 이례적인 일이 아니라서 아무 조치도 취하지 않았다고 보고했다. 그의 환자들은 그에게 유사한 학살 사례를 지속적으로 보고했다. 밀라이가 소속된 꽝응아이Quang Ngai 성省은 사실상 파괴되었다. 성 주민의 절반이 난민촌으로 강제 수용되었고 아이들은 굶어 죽거나 부상을 당했다.[28] 밀라이 학살로 인해 군법회의에 회부된 가장 고위 장교인 오란 헨더슨Henderson, Oran 대령은 말했다. "여단급 부대에는 저마다 밀라이 같은 장소가 있다. 단지 부대마다 라이든아워(Ridenhour, 밀라이 학살을 고발한 군인_옮긴이)가 없을 뿐이다."[29]

　이런 소견은 전국 제대 군인들의 직접적인 증언에 의해 뒷받침되었다. 몇 가지 사례만 들어보면 다음과 같다. 1971년 5월 5일 텍사스 주 엘파소에서 헬리콥터 기총 사수가 증언에 나섰는데, 그가 살해한 베트남인 39명 중 한 명은 자전거를 타고 가던 노인이었고 열 명은 무장하지 않은 민간인들이었다고 말했다. 어느 경우든 그는 지휘관의 직접 명령에 따라 살해했다고 증언했다. 전직 해안경비대원은 소형 모터보트를 타고 삼각주의 운하를 따라가면서 지나치는 모든 마을에 주민들이 살고 있는지 확인하기 위해 마구 총을 쏘아댔다고 말했다. 1970년 12월 1~3일, 워싱턴 D.C.의 '미국 전쟁범죄를 조사하는 시민 위원회the Citizens' Commission of Inquiry on United States War Crimes'가 개최한 청문회에서, 101 공수사단 소속의 한 의무병은 미군 탱크가 평화롭게 모여 있던 민간인들에게 무차별 포격을 퍼부어 27명을 살해했다고 증언했다. 한 해병대 병사는 두 마을에 이유 없이 포격을 퍼부어 민간인이 20명 살해된 것을 보았다고 증언했다. 또 다른 해병대 하사는 1966년 식량 공급이 끊겨 쓰레기통을 뒤지는 베트남 민간인들에게 총격을 하라는 지시를 받았다고 증언했다(무차별 포격 지대에서는 식량 공급을 끊기 위해 논에다 네이팜탄을 퍼부었다). 전직 육군 하사는 로널드 델럼스Dellums, Ronald 의원이 주도한 하원 비공식 위원회에 나와, 1969년 4월 밀라이 근처 쯔엉카인 마을을 공격하여 저항하지 않은 베트남 사람 약 30명을 죽였다고 증언했다. 이 증언은 난민촌에 수용된 베트남 여자들이 기자들에게 확인해준 바 있다.[30] 디트로이트에서 열린 '겨울 군인 조사the Winter Soldier Investigation'*는 잔학 행위에 대하여 방대한 증언을 남겼고[31] 이와 유사한 조사가 여러 건 이루어졌다.

176명을 "사살"했다는 전직 헬리콥터 기총 사수는 《뉴욕타임스》 조지프 렐리벨드Lelyveld, Joseph 기자에게 이런 증언을 했다. 그의 헬리콥터는 도망치는 농민들을 멈춰 세우라는 지시를 받았다. 헬기 조종사가 그렇게 못할 것 같다고 보고하자 농민들을 "쏘라"는 지시가 내려왔다. 그리하여 30~40명에 이르는 비무장 촌락민이 헬기의 기총 소사로 살해되었다. 훈련병들은 이런 증언을 남겼다. 그들의 교관이 캘리 소위(밀라이 대학살에 대해 유죄 판결을 받은 단 한 사람_옮긴이)에 대한 판결이 있고 난 후 닉슨 대통령에게 편지를 보내 자신의 베트남 경력을 고백했다는 것이다. 베트남 시절 한 헬리콥터 요원이 격추된 데 대한 보복으로 헬리콥터 6대가 한 마을을 공격하여 350명을 죽였는데, 그 교관도 거기에 참여했다는 것이다.[32]

피난민, 기자, 기타 관찰자들은 이런 증거들을 상당히 많이 제시했다. 정말 중요한 사실은 이런 일이 다반사였다는 것이다.

나는 20밀리 포를 탑재한 코브라 헬리콥터가 통상적으로 수행하는 작전에 따라나섰다. 헬리콥터는 민족해방전선이 장악한 지역의 한 마을에 있는 가옥들을 향해 포격을 가했다. 헬리콥터는 집 밖으로 달아나는 마을 사람들도 쏘았다. 작전을 지휘한 미군 중령은 그것을 "지역 예비 소탕"이라고 말했다. "이렇게 포를 쏘아대면 누가 움직이는지 알 수 있죠." 중령은 그렇게 말하면서 이런 작전은 아주 일상적인 것이라고 설명했다.[33]

---

* 베트남전 반대 참전군인회Vietnam Veterans Against the War(VVAW)가 주도하여 1971년 1월 31일부터 2월 2일까지 디트로이트에서 열린 공개적인 증언 행사. 참전 군인 109명과 민간인 선문가들이 참여했다. _편집자(위키백과 참조)

25 보병사단의 공식 지도는 1967년 정크션시티Junction City 작전*의 지상 소탕이 개시되기 전에 포격과 공습을 당한 넓은 지역을 표시해놓았다. 초창기 인구 통계 수치에 의하면, 이 지역에는 인구 5000명 되는 비슷비슷한 마을이 20개나 있었다.

《뉴욕타임스》 현지 특파원인 R.W.애플Apple은 이렇게 썼다. "구크 규칙gook rule이라는 게 있는데, 노란 피부를 가진 움직이는 자는 특별한 예외적 증거가 없는 한 모두 적이라는 규칙이다. 소령, 하사관, 사병들에게서 이 규칙을 골백번도 더 들었다. 이것은 일상생활에서 지켜야 하는 공식적 정책이다." 애플은 이어서 이렇게 썼다.

> 일반 소총수에게는 분명하게 보이지 않지만 베트남 지역을 폭넓게 둘러본 우리에게는 분명하게 보이는 것이 하나 있다. 그것은 어딜 가나 피난민을 만들어내는 정책이다. 한 육군 장군은…… 그 발상에 대해 내게 설명해주었다. "게릴라가 헤엄치는 바다—농민들—를 말려버려야 해요. 가장 좋은 방법은 농촌 마을을 파괴하여 농민들을 우리 수용소로 들어오게 하는 거지요. 마을이 없으면 게릴라도 없습니다. 간단해요."[34]

애플 기자는 웨스트모어랜드Westmoreland 장군, 에이브럼스Abrams 장군, 존슨과 닉슨 대통령도 이것을 확실히 알고 있었다고 덧붙였다.[35]

"마을이 없으면 게릴라도 없다"는 이 정책—농촌 사회를 파괴하는 정책—은 베트남 문제를 다루는 일부 학원 내의 기술 관료에 의하여

---

* 1967년 2월 22일부터 82일에 걸쳐 미군과 남베트남 정부군이 실시한 대규모 공수 작전.
  _편집자

"강제 도시화 및 현대화 정책"이라고 명명되었다. 테일러는 "완곡어법 중의 최고 완곡어법"이라고 꼬집었다(202쪽). 애플 기자의 기사는 이 정책이 미군사령부에 우연히 "얻어걸린" 정책이 결코 아님을 보여준다.[36] 그것은 사전에 잘 이해되고 계획된 정책인 것이다.

잘 알려진 《뉴욕타임스》 기자 닐 시핸Sheehan, Neil의 전쟁범죄 관련 기사는 동일한 주장을 펼치고 있다.[37] "비밀 군사 문서는 '적의 인적 자원을 박탈하기 위해' 공산당이 점령한 마을들에 대한 폭격을 구체적으로 논의하고 있다." 그는 1966년의 여름에 나온 비밀 연구서가 주민을 "도시화"하기 위해 무차별 폭격과 포격을 하는 정책의 재고를 건의했다고 말한다.[38] 시핸에 의하면, 이 제안은 사이공의 고위 미국 당국자에 의해 거부되었다. 오히려 "농민들을 겁주고 농촌을 초토화하기 위하여 공습과 포격"을 계속하기로 결정되었다. 미국의 기본 전술 중 하나는 "농촌 마을을 무제한 공습하고 포격하는 것이다." 그리고 "파괴는 전쟁에서 이기기 위한 〔미군〕 전략의 기본 요소가 되었다." 농촌의 민간인들이 미군 공격의 표적이었다. "왜냐하면 그들이 있으므로 적이 생존할 수 있기 때문이다." 그 전략은 베트남 공산주의자의 "전략 거점인 농촌 인구를 파괴함으로써 적을 패배시키자는 것"이다.[39]

미국 당국자는 밀라이 학살이 베트남전쟁의 전형적 사건은 아니라고 주장했는데 어느 정도 일리 있는 말이다. 그것보다 더 전형적인 사건은 후에Hue에서 남동쪽으로 130마일 떨어진, 바탕간Batangan 반도에 있는 푸꾸이Phuqui 마을에서 일어났다. 이 사건은 전쟁의 축소판이라고 해도 과언이 아니다. 1969년 1월 이 지역의 농민 1만 2000명은 미군의 소개 작전으로 고향 집을 버리고 미군 헬리콥터에 탑승하여, 꽝응아이 근처의 심문소 겸 물 없는 수용소로 강제 입소했다. 수용소 입구에는 "우리는 공산당의 공포에서 해방시켜준 당신에게 감사합니다"라는 현수막이 내

걸려 있었다. 공식 군 통계에 의하면, 이 강제 수송을 포함한 6개월 군사 작전으로 북베트남군과 베트콩 158명이 사망했고 268명이 부상했다. 이 난민들(우연하게도 이들 중에는 밀라이 학살의 생존자들도 포함되어 있었다)은 수용소로 오기 전에 여러 달 동안 동굴과 방공호에서 살았다. 미 육군의 무차별 폭격과 포격 그리고 해군의 함포 사격 때문이었다. "북베트남 사람들의 식량 공급을 끊기 위해 미군 제트기가 제방을 폭파했다."[40]

1971년 4월 현재, 이 제방은 복구되지 않았다. "그 결과 한때 쌀이 자라던 논에 남중국해의 짠물이 스며들고 있다." 푸뀌의 1500명을 포함하여 난민 약 4000명이 이곳으로 돌아왔다. 푸뀌는 이제 10피트 높이의 대나무 울타리로 둘러쳐진 채 엄중 감시를 받고 있으며, 오후 6시부터 오전 5시 사이에는 아무도 이곳을 들어가거나 떠날 수 없다. "침수된 논들을 내려다보는 언덕들, 과거 농가들이 점점이 흩어져 있던 언덕들에는 '쇠붙이'가 가득했다. 쇠붙이란 포탄 조각, 지뢰, 불발탄 등을 가리키는 현지 농민들의 말이다. B-52 폭격이 남겨놓은 거의 20피트 깊이의 분화구들이 언덕을 보기 흉하게 만들었다." 왜 제방이 복구되지 않는지 그 이유를 미국 관리는 이렇게 말한다. "이태 전 반도의 사람들은 공산주의자로 낙인찍혔습니다. 오늘날 베트남 사람들 사이에서 그들에 대한 혐오감이 남아 있는 것은 그리 놀라운 일이 아닙니다." 대부분의 주민들은 기본적인 식량도 없이 살아가고 있다. "성省 관리들은 농민들의 쌀을 제한하는 경찰 조치를 시인하지도 부정하지도 않습니다…… 베트콩이 농민들로부터 쌀을 가져가지 못하게 남베트남의 식량 공급을 통제하는 것은 오랜 관행이었습니다." 꽝응아이 성에서 일하는 한 미국인은 말했다. "푸뀌는 이제 잊힌 마을이 되었습니다."

그렇다. 푸뀌는 그와 유사한 수백 군데 마을과 함께 잊힌 것이다.

인도차이나의 미국 전쟁은 전쟁범죄와 비인도적 범죄의 기록이고,

점점 더 가혹해지는 공포의 기록이다. 전쟁 초기 단계에서 버나드 폴이 지적한 이유들 때문에,[41] 그것 이외에는 다른 대안이 없었을지 모른다.[42] 전쟁은 농촌 인구와 그들을 지탱하는 토지를 상대로 수행되어왔다. 1961~1962년 이래 미군은 폭격, 기총 소사, 수백만 농민의 강제 이주, 농작물 파괴와 고엽 작전, 농토와 관개시설 파괴 등을 직접 수행해왔다. 토지는 포탄 자국 수백만 개로 곰보가 되었다. 숲에는 포탄 조각들이 널려 있어 벌목 작업이 불가능하다. 독성 화학물질로 약 650만 에이커에 이르는 땅에 고엽 작전이 실시되었다. 어떤 지역에는 고엽제가 집중적으로 투입되었다. 여기에는 농작물을 경작하는 농토 약 50만 에이커가 포함되었다. 베트남 자료에 의하면, 한때 주요 쌀 수출국이었던 남베트남은 현재 엄청난 양으로 식량을 수입하고 있다.[43] 평균 6에이커당 1에이커에 고엽제가 뿌려졌다. 많은 지역에서 회복의 기미는 보이지 않는다. 청산가리 성분이 든 화학물질은 땅속에 남아 여러 해 동안 없어지지 않을 것이다. 미국 내에서는 농작물을 경작할 때 사용하지 않는 물질이다. 제초제의 한 성분인 다이옥신은 포유류의 생식 능력에 커다란 손상을 입히는 것으로 알려졌다. 1969년 내내 50만 에이커에 이르는 삼림이 로마 플라우Rome Plow(미군이 베트남전에 사용한 대형 불도저의 상표_옮긴이)에 의해 파괴되었다. 이 불도저는 다른 지역에서도 널리 사용되었다. 고엽제를 사용한 지역은 완전히 발가벗겨져 아무것도 자라지 못한다. 전직 해병대 장교이자 생물학자인 아서 웨스팅Westing, Arthur은 미국과학진흥회AAAS 산하의 제초제평가위원회 위원장이다. 그는 이렇게 썼다. "우리는 남베트남의 광범위한 지역에서 아주 과격하고 해로운 방식으로 생태계를 바꾸어놓을지 모른다."[44] "식물이 말살된 황무지는 앞으로 수십 년 동안 미국의 유산으로 남을 것이다."[45] 어쩌면 영구히 남을지도 모른다.

이런 정책이 현지 주민들에게 미친 영향은 쉽게 상상해볼 수 있을 것이다. 농작물 파괴와 강제 이주에 따른 굶주림과 아사餓死는 1961년 이래 계속 나타난 현상이었다.[46] 1960년대 초에는 수백만 명을, 때때로 무력을 사용하면서 통제 지역으로 이주시켰다. 1965년 이후에는 공습과 포격, 지상 소탕 작전이 압도적인 난민 발생 요인이었다.

남베트남 인구의 절반가량이 죽거나, 다치거나, 자기 집에서 쫓겨났다. 라오스는 약 300만 인구 중 4분의 1이 난민이다. 또 다른 3분의 1은 역사상 가장 지독한 폭격을 맞으며 산다. 난민들은 지독한 폭격 때문에 동굴과 터널에서 살아가야 했다고 털어놓았다. 폭격이 어찌나 심한지 미군 제트기의 공격을 피할 때가 아니면 강아지도 마을 길을 다니지 않았다. 폭격의 범위가 확대될수록 마을 전체가 점점 더 깊은 숲으로, 점점 더 깊이 터널을 파고 들어갔다. 라오스 북부의 비옥한 항아리 평야는 마침내 싹쓸이되어 무차별 포격 지대가 되어버렸다. 이 라오스 난민들은 북베트남 군대는 별로 보지 못했으며, 파테트 라오Pathet Lao(라오스에서 1950년대에 프랑스의 인도차이나 지배에 대항해 독립전쟁을 벌이고, 1960년대 들어 친미 비엔티안 정부와 내전을 벌인 끝에 1975년 정권을 장악한 좌파 지향적 민족 단체_옮긴이)도 마을에서 모습을 볼 수가 없었다고 보고했다. 문제의 지역들은 남베트남이나 '호찌민 루트'Ho chi Minh Trail(산악과 밀림의 작은 길들을 연결해 북베트남, 남베트남, 라오스, 캄보디아를 이은 연락 통로로, 북베트남이 남베트남의 게릴라를 지원하기 위해 이용했다_옮긴이)에서 멀리 떨어진 곳이었다. 케네디 소위원회는 주기적 폭격이 시작된 지 녀 달 뒤인 1970년 9월에 이르러 캄보디아의 약 600만 인구 중 약 100만 명이 난민이 되었다고 추산했다. 이 집중적 폭격은 현지 당국에 붙잡혔던 기자들에 의해서도 보고되었다. 붙잡혀 있던 리처드 더드맨Dudman, Richard(1918~, 미국인 기자_옮긴이)의 목격에 따르면, "폭격과 총격은 캄보디아 농민들을 과격하게 만들었고 그 결과 농촌은 대규모의 충실하고 효과적인 혁명 기지가 되었다."[47] 이것은 다른 인도차이나 지역에서와 마찬가지로, 미군 폭격의 결과이자 원인이었다.

1971년 4월 21일, 인도차이나에서 막 돌아온 하원의원 폴 매클라스키McCloskey, Paul는 케네디 소위원회에 출석하여, 태국에 있는 우돈 공군기지의 한 중령이 다음과 같은 말을 했다고 증언했다. "북부 라오스에는 이제 마을이 남아 있지 않습니다. 북베트남의 남부 지역도 사정은 마찬가지입니다." 매클라스키 의원이 어렵사리 발굴해낼 때까지 비밀에 부쳐졌던 정부 보고서들은 난민들의 보고가 대부분 사실임을 확인해 주었다. 판테트 라오의 영향권에 속한 라오스 농촌 지역은 대부분 파괴되고 말았다.[48]

베트남에서도 사정은 거의 비슷하다. 매클라스키는 '대민 작전 및 혁명적 발전 지원Civil Operations and Revolutionary Development Support (CORDS)' 조직의 고위 관리 말을 인용했다. "1년 전 베트남의 한 성省인 꽝남에서 미군과 연합군은 성의 555개 농촌 마을 중 307개를 초토화했습니다." 그 관리는 덧붙였다. "나는 헬기를 타고 마을들을 전부 돌아보았습니다. 나무는 모두 불타서 재가 되어 있었습니다. 이것은 쌀 배급 차단 및 수색·파괴 프로그램의 일환이었습니다. 베트콩들이 이들 마을로부터 식량, 환대, 은신처 등을 얻지 못하도록 그런 파괴 작전을 실시한 겁니다."[49]

《미 육군 야전 교범》은 "적군이 소비할 목적으로 경작되는 농작물이라는 사실이 확인될 경우 화학물질이나 박테리아로써 파괴하는" 조치를 허용한다.[50] 하지만 위에 인용된 농작물 파괴 상황과, AAAS 제초제 평가위원회의 보고에 의하면, 파괴된 식량 거의 모두가 민간 소비용임을 알 수 있다. 나치스당의 영수였던 괴링은 뉘른베르크 재판에서 점령 지역의 식량을 독일군에게 넘기도록 명령했다는 사실 때문에 비인도적 범죄 혐의로 유죄 판결을 받았다. 또 도쿄 재판에서 미국은 중국에서 식량을 파괴한 일본군 장교들을 기소했다.[51]

　매클라스키 의원이 언급한 베트남의 꽝남 성은 국제개발기구AID 고관으로서 현지에서 근무했던 윌리엄 나이스웡거Nighswonger, William가 펴낸 책의 주제이기도 하다.[52] 그는 이렇게 설명한다. "남베트남 정부는 꽝남 전투에서 베트콩에게 패배했는데 적군의 병력은 주로 성 안에서 조달한 것이었다." 그들이 성공한 주된 이유는 그들이 실시한 프로그램의 "진보적인 사회적, 경제적 결과" 때문이었다. 인도차이나의 다른 지역에서와 마찬가지로, 공산당이 이끄는 부대는 성공적인 정책을 펼쳐 대중들의 지지를 얻었다.[53] 이 때문에 미국은 혁명의 근거지인 농촌 사회를 파괴하는 전략을 쓰게 되었다.

　로버트 샤플런Shaplen, Robert(1916/1917~1988, 미국의 언론인으로 동아시아 분쟁 전문 기자였다_옮긴이)은 이런 결론을 내렸다. "전쟁이 베트남 사람들에게 미친 전반적인 파급 효과는 신체적, 정신적, 사회적으로 엄청나게 파괴적이었다."[54] 더욱이 이런 파급 효과는 대부분 미국의 화력과 전술로부터 나오는 것이었다. 미군 지휘부와 워싱턴 지도자들이 바보가 아닌 이상, 이런 전술을 채택했을 때에는 이와 같은 결과를 예상했을 것이다. 이런 결과를 사전에 인지했을 뿐 아니라 심지어 의도했다는 증거들—그중 일부는 위에 인용했음—이 나오고 있다. 또 이들 전술이 1965년과 1968년에 크게 강화되었지만 그 시초는 1960년대 초로 거슬러 오른다는 것도 중요한 사실이다. 사실 미국에 의해 수립되고 유지된 응오딘지엠 정권은 1950년대 중반에 베트민Viet Minh(베트남 독립운동 조직_옮긴이)을 지지하는 농민들을 상대로 사실상 전쟁을 일으켰다.[55]

　여러 소식통에서 장황하게 흘러나오는 이런 증거들에 비추어 볼 때,

미국 군부와 정부 지도자들이 뉘른베르크 재판 정신에 비추어 전쟁범죄와 비인도적 범죄를 저질렀다는 것은 의심할 여지가 없다. 사실 밀라이 학살에 대하여 경악과 우려를 표시한 것이 오히려 이해하기 어렵다. 이 사건은 미국이 인도차이나에서 집행한 전반적 정책에 비추어 보면 비교적 사소한 사건에 지나지 않기 때문이다.

테일러는 이런 타당한 지적을 했다. "베트남전쟁은 1964년 이후 대거 치명적 차원으로 확대되었는데 주로 학자, 행정가 들의 작품이었다." 존슨 대통령과 함께 일한 케네디 자문관들, 러스크, 맥나마라, 번디, 로스토 등은 "이 전쟁과 그 전개 상황에 대하여 책임을 져야 한다"(205쪽). 치명적 파급 효과를 가져온 1961~1964년의 상황에 대해서도 같은 말을 할 수 있다. 이때의 사태도 그 후에 벌어진 일에 비하면 새 발의 피에 지나지 않으나 그래도 문명의 기준으로는 도저히 용납할 수 없는 것이다.

베트남에 대한 미국의 전쟁범죄를 논하려고 하면 종종 부정직하다, 자기혐오다라는 비판의 목소리가 들려온다. 그러면서 '적'의 전쟁범죄도 함께 거론해야 '균형'에 맞는다고 지적한다. 이런 비판은 좋게 말하면 생각이 없는 것이고 나쁘게 말하면 위선적이다. 미국의 범죄적 폭력 행위(인도차이나 전역에서)는 인도차이나의 그 어떤 세력과도 비교가 안 될 정도로 규모가 크다. 또 미군은 외세이기 때문에 도덕적, 법적 관점에서 고려의 범주를 달리해야 한다. 가령 2차 세계대전 당시 파시스트 침략자들이 점령 지역에서 저지른 만행을 그 지역의 레지스탕스의 만행과 '균형'을 맞추어 봐야 한다고 하면, 우리는 어떻게 반응해야 할까?[56] 만약 베트남전에 참가한 세력들의 범죄를 균형 있게 다루어야 한다면, 미국이 데려온 한국군과 기타 아시아 용병들의 범죄도 다루어야 하고, 나아가 미군이 수립하고 보호한 남베트남 정부의 범죄적 폭력도 거론해야 한다. 남베트남 정부가 주민들에게 테러 공격을 가한 것은 전쟁 이전부터 있어온 일이었고 그 규모는 베트콩 저항 세력의 테러보다 훨씬 컸다.[57] 미국 군부가 공산주의자 수준으로 타락했다고 지적하는 미국 개입 비판자들의 소견도 생각 없고 위선적이기는 마찬가지다. 미군이 남베트남 주민에게 퍼부은 야만적인 공격은 이 비참한 전쟁에서 견줄 대상이 없다.[58]

베트콩도 미군 못지않은 만행을 저질렀다고 되풀이 인용되는 사례가 1968년 2월 설날Tet 대공세 때 후에에서 발생한 학살 사건이다. 이 지역은 이미 1965년 초부터 미군에 의해 황폐하게 된 지역이라는 사실을 잠시 접어두고 오로지 그 학살 사건만 살펴보기로 하자. 후에 학살은 미국과 영국에서 공산주의 학살의 고전적 사례로 자주 거론되었다. 돈 오버도퍼Oberdorfer, Don(1931~, 전《워싱턴포스트》기자로 미국 존스홉킨스대 교수이자 한미관계연구소장_옮긴이) 기자는 이 사건을 "전쟁 중에 벌어진 가장 대규모 정치적 학살"이라고 서술했다.[59] 이 학살의 규모는 200명(후에 경찰서장의 주장)에서 2800명(오버도퍼의 주장인데, 놀랍게도 그는 더글러스 파이크의 자료를 신빙성 있다고 본다)까지 다양하다. 1967년에 후에에서 국제자원봉사단International Voluntary Service(IVS)의 일원으로 일했던 렌 오클랜드Ackland, Len는 1968년 조사차 후에에 다시 돌아와 미군과 베트남 관리들에게 베트남 주민 700명이 베트콩에게 살해되었다는 얘기를 들었다. 오클랜드는 자세한 조사 연구로 이 추정 수치를 뒷받침한다. 이는 현지 NLF 세력이 한 달 간에 걸친 유혈 전투 끝에 퇴각하면서 저지른 만행이었다.[60] 구체적 숫자가 어찌 되었든 잔인한 학살이 벌어진 것만은 의심할 여지가 없다.

거의 같은 시기에 후에에서 또 다른 학살이 있었다. 하지만 이 사실을 오버도퍼는 자세히 거론하지 않았고[61] 다른 학자들도 침묵하면서 넘겨버렸다. 베트콩의 700명 학살을 보고한 베트남 관리들은 미국과 GVN(베트남 공화국 정부)의 연합 폭격으로 민간인 3000~4000명이 사망했다고 추산했다. 공군 차관 타운센드 후프스Hoopes, Townsend는 민간인 2000명이 폭격된 시설물 더미 속에 매장되었다고 보고했다(오버도퍼는 집단 무덤 속에서 "2800명의 점령 희생자"가 발견되었다고 보고했다. 여러 달 뒤 그 집단 무덤이 발견되어 피살자에 대한 부검이 실시되었다. 그 결과 공산주의자의 '정치적 학살'로 정리되었는데 이는 의심스러운 사항이다). 오버도퍼에 의하면 미 해병대는 5000명 이상의 "공산주의자 사망"을 보고했는데, 후프스는 공산주의자 병력 1000명 중 "상당한 수"가 살아서 후에로부터 도망쳤다고 했다. 후에에서 활동하는 프랑스 신부는 GVN과 미 해병대가 그 도시를 다시 탈환하면서 약 1100명(주로 학생, 교사, 목사)을 살해했다고 보고했다.[62] 그 전투 직후 후에에 있었던 언론인 리처드 웨스트West, Richard는 "수백 명의 베트남 사람과 소수의 외국인"이 공산주의자들에게 살해되었고, 집단 무덤 속의 시체들 중에는 밀라이에서 벌어졌던 것 같은 학살의 피해자도 포함되어 있다고 말했다.[63] 영국의 사진작가이자 언론인인 필립 존스 그리피스Griffiths, Philip Jones는 이런 결론을 내렸다. "대부분의 희생자는 미군의 미친 듯한 집중 포화에 의해 살해되었고, 그런 다음에 공산주의 학살의 희생자라고 둘러씌워졌다."[64]

영미권에서 사실로 널리 받아들여지고 있는 미 정부의 선전 내용이 진실이고 있는 그대로 사실을 말한 것이라 해도 공산당의 후에 학살은 미국이 남베트남 주민들을 상대로 벌인 학살 규모에 비추어 보면 작은 사건이라 할 수 있다. 더욱이 관련 사실들을 폭넓게 참고해 볼 때, 후에 학살은 대체로 미국 군부의 탓으로 돌릴 수 있다. 교전 양측의 화력 규모를 감안할 때 이것은 별로 놀라운 일도 아니다.

이제 두 가지 핵심 사항을 토론할 일이 남았다. 첫째는 미국의 조치가 '군사적 필요'에 의한 것이었다는 주장이고, 둘째는 미국의 개입이 유엔헌장 51조에 의거하여 무력 침략에 저항하는 집단적 자기방어였다는 주장이다. 테일러는 두 주장을 다루었으나 내가 보기에 그의 논의는 불만족스럽다.

3_ 군사적 필요성

어떤 의미에서 보면 "마을이 없으면 게릴라도 없다"는 미국의 정책은 군사적 필요성에 바탕을 두고 있다. 미국 입안자들은 공산 저항군인 이른바 베트콩의 엄청난 대중 기반에 대해서 잘 알고 있었다. 반면에 베트남 정부에 대한 민중의 지지는 거의 없는 상태였다(앞의 132~133쪽 참조). 게다가 베트콩이 어떻게 민중의 지지를 얻는 데 성공했는지는 다 알려진 사실이었다.[65]

미군 작전국의 현지 작전 조정자인 존 폴 밴Vann, John Paul은 1965년 전쟁 수행 요령에 대한 보고서[66]를 돌린 바 있었다. 그는 남베트남에 현재 사회혁명이 진행 중이며 그 주도 세력은 민족해방전선NLF이라고 진단했다. "남베트남 정부의 대중적 정치 기반은 현재 존재하지 않는다." "오늘날 농민들의 불만은 대체로 NLF와의 동맹을 통해서 표출되고 있다." "현 정부의 정책 방향은 농민들과 도시 하층민들을 수탈하는 데 맞추어져 있다." 밴은 계속해서 이렇게 설명한다. "글을 잘 모르고 물정에 어두운 농민들이 공산주의의 사악함을 깨닫고 물리치지는 못할 것"이기 때문에 미국의 주도하에 "독재 정부"를 앞세워 "주민들을 상대로 효과적인 정치 세뇌를 실시해야 한다." 밴의 보고서는 군사 장비, 공군력, 포격 등에 단순히 의존하는 작전에 반대하면서 다음과 같이 말한 미군 장교의 견해를 거부한다. "이 사람들이 거기 머물면서 공산당을 지지한다면, 대포 세례를 받을 수밖에 없다." 밴의 보고서는 사회혁명이 미국의 목적과 "양립하지 못하는 것은 아니"며, "민중 대다수의 열망이 반공 정부를 통해서" 실현될 수 있다는 전제를 바탕으로 한다. 존 폴 밴에 의하면 미국은 무식한 베트남 농민들에게 무엇이 "가장 좋은지" 결정해주는 재판관이 되어야 한다. 미국은 "관대한 권위 정치 혹은 독재 정치를 부과하는 한편…… 민주적 성향을 띤 〔정부의〕 발판을 놓아주어야 한다." 밴의 보고서는 식민주의를 전제로 관대한 제국주의의 얼굴을 드러낸다. 이 주제에 대한 테일러의 간단한 언급들을 종합해보면 그가 밴의 제안과 전제 조건에 동의할 것을 알 수 있다.

이미 지적했듯이, 테일러는 "반공 정부에 대한 남베트남 사람들의 정치적 충성을 획득·유지하려는" 노력이 적법하다고 인정한다(189쪽). 그러면서도 실제로 그렇게 할 수 있는 가능성에 대해서는 회의를 표시한다. 그는 미국 정책의 일차적 오류는 잘못된 판단과 군사적 수단에 대한 지나친 의존이라고 지적한다(188~189쪽). 그는 미 당국의 유지 보수 노력이 부족하다고 질타한다. 폭격에만 너무 의존하고 '민간 부분'은 소홀히 했다는 것이다(196~202쪽). 그는 1960년대 초에 무력을 직접 사용한 것이나 1950년대 후반 미국이 세운 베트남 정부를 유지하기 위해 대규모 테러를 지원한 것에 대해서는 반대하지 않는다.[67] 그는 어디에서도 다음과 같은 근본적인 질문을 제기하지 않는다. 무력을 '현지 사정'에 맞는 범위 내에서 사용한다고 치고, 과연 미국이 무력을 써서 외국 땅에다 자기 입맛에 맞는 사회적·정치적 질서를 강제로 부여하는 것이 합법적인가?

이 문제를 거론하지 않았기 때문에 테일러의 '인과관계' 논의는 미흡한 것이 되고 말았다. 그는 이름 없는 비판가가 내놓은 다음과 같은 견해를 거부했다. "사태가 그처럼 악화된 것은…… 우리 지도자들이 전쟁 범죄자이기 때문이다." 테일러는 이것이 인과관계에 대하여 미흡한 대답이라고 지적했다. "왜냐하면 이것은 미국 지도자들이 이런 사태를 의도했다는 전제를 깔고 있는데, 실제로는 미국 정책이 가져온 현재의 결과를 지도자들이 크게 불만족스럽게 여기고 있기 때문이다." 무명 비판가나 테일러의 견해 모두 미국 지도부의 의도가 적법한가 여부를 따로 묻지 않는 경우에 이해할 수 있는 견해다. 만약에 미국 지도부의 의도를 범죄적인 것으로 본다면, 동어 반복이긴 하지만 우리 지도자들이 전쟁 범죄자이기 때문에 사태가 그처럼 악화되었다(즉 전쟁범죄가 저질러졌다)고 말하는 게 옳다. 이것을 전제한다면 미국 지도자들의 희망대로 사태가 돌아가지 않았다는 얘기는 당찮은 말이다. 그런 논리대로라면 뉘른베르크의 피고인들도 "정책의 결과를 크게 불만족스럽게 여겼기 때문에" 무죄 방면되어야 했을 것이다.

"사태가 그처럼 악화된 것"에 대해서, 테일러는 "죽음과 파괴의 환란 사태"로 인해 "당초 베트남에 개입할 때의 평화 유지와 보호를 위한 의도"에 대한 신뢰가 무너졌음을 떠올렸다. 테일러가 볼 때 "수단과 목적 사이에 심각한 불일치가 있었다. 군부 지도자들은 베트남 개입의 정치적 목표를 파악하지 못했고, 반면에 정치 지도자들은 군부가 목적을 달성하려고 취한 수단을 단속하지 못했다." 우리 지도자들은 "반공 정부에 대한 남베트남 사람들의 정치적 충성을 획득·유지하고, 북베트남의 군사적 공격에 맞서 방어적 지원을 제공"하려는 "우리의 공인된 정책"을 추구하지 않고, 남베트남 사람들을 무시하고, 남베트남을 전쟁터로 취급하고, 전장 근처에서 보이는 모든 북베트남 사람들과 베트콩을 살해"했다. 그리고 남베트남의 농민들도 마찬가지 방식으로 대했다. "미국의 베트남 사업에 얽힌 슬픈 사연은 이런 것이다. 군사적 수단이 금세 정치적 목적을 함몰시켜버렸다." 우리는 "보존하려고 애쓴 것을 그만 깨뜨리고 말았다"(188~189쪽, 207쪽).

'우리의 공인된 정책'을 성공적으로 추구할 수 있었느냐는 질문은 "답이 없는 질문으로 남을 것"이라고 테일러는 말했다. 하지만 '우리의 공인된 정책'이 애초부터 적법한 것이었는지, 과연 그런 정책을 꼭 실시해야 했는지 하는 질문은 답이 없을 뿐만 아니라 제기조차 되지 않았다. 하지만 이것이야말로 근본적인 질문이다.

테일러는 미국 정책을 비판할 때 흔해빠진 견해를 표명한다. 우리가 실은 그 나라를 구하려고 했는데 결과적으로 망쳐버렸다는 것이다. 이것은 설날 대공세 때 벤째Ben Tre(베트남 남부 벤째 주의 주도_옮긴이)를 파괴한 책임이 있는 공군 소령이 한 말과 똑같다. 내가 볼 때 진정한 '미국의 비극'은, 우리가 다른 나라들의 행태를 평가할 때 사용하는 기준을 우리나라에는 적용하지 않는다는 것이다(이것은 다른 많은 나라에게도 비극이 될 수 있다). 만약 미국이 그렇게 할 수 있는 도덕적 용기가 있었더라면, 과연 누구를 위해서 베트남을 '구하려는' 것인지, 또 그 나라를 '구하기' 위해 개입할 권리가 있는지 스스로에게 질문을 던졌을 것이다. 그렇게 했더라면 미국의 개입은 남베트남 농민들에 대한 전쟁 행위가 될 수 있음을 자각했을 것이며, 미국에 협조적인 남베트남 정치가들과 소수의 정치 세력 외에는 미국이 구할 게 없음을 알아챘을 것이다. 결국 미국 지도부는 미국의 국제적 이해관계를 위해 베트남을 지키려 했다. 국방 차관 존 맥노튼McNaughton, John이 펜타곤 문서에서 밝힌 바에 의하면, 미국의 목표 중 베트남 국민의 이해관계가 차지하는 비중은 10퍼센트 정도에 지나지 않는다(나머지 90퍼센트는 맥노튼이 밝힌 바처럼 환상과 자기기만이다. 《국가적인 이유For Reasons of State》, 1장 주석 195 참조). 미국이 진정으로 목표한 것이 무엇인가 하는 질문은 타당한 토론 거리다(나의 견해는《국가적인 이유》, 1장 5절 참조). 하지만 베트남 사람들의 필요와 이익을 위한 것이었다는 말은 일고의 가치도 없다. 국제법에서 국제 문제에 대하여 무력 사용이나 무력 시위를 금지한 것이 논쟁 거리가 되지 않는 것과 마찬가지다.

만약 미국 정치 지도자들이 남베트남 국민의 필요와 이익에 신경 쓰고 또 엄정한 조약 의무를 이행하는 데 관심이 있었더라면, 1964년*을 거치며 반공 정부를 확립하고 그것을 지키려는 '공인된 정책'을 수행하지 않았을 것이다. 또 1960년대 후반에 남베트남의 저항 세력을 파괴하려고 그토록 애쓰지도 않았을 것이다. 펜타곤 문서는 미국의 정치 지도자들이 두 눈을 크게 뜬 채로 남베트남 농촌 사회를 공격한 사실을 분명하게 밝히고 있다. 위에 인용한 밴 보고서와 기타 증거들은, 워싱턴이 수립한 정책을 집행한 사람들에게도 같은 판단을 내릴 수 있음을 보여준다.

테일러는 베트남 정책 실패가 다음과 같은 사실에도 원인이 있다고 믿는다. "미군은 더 이상 2차 세계대전 당시의 전쟁 영웅들처럼 막강한 영향력을 발휘하는 군사 지도자들을 갖고 있지 않다"(201쪽). 이것은 불공정한 비판이다. 2차 세계대전과 베트남전의 차이는 전쟁의 성격에 있는 것이지 군 지휘관의 특성에 있는 것이 아니다. 두 전쟁에 가담한 군 지도자들은 정부 수뇌부에서 수립한 정책을 수행했을 뿐이다. 베트남의 경우는, "반공 정부에 대한 남베트남 사람들의 정치적 충성을 획득·유지"하려는 정책이 적용되었다. 이 정책을 효과적으로 수행하기 위하여

---

* 1955년 수립한 응오딘지엠 정권이 1963년 쿠데타로 무너진 뒤 남베트남은 쿠데타의 악순환에 빠졌다. 1964년 8월 미국은 통킹 만 사건을 일으킨 뒤 1965년 2월부터 북베트남 폭격을 본격 개시했다. 통킹 만 사건은 북베트남 어뢰가 통킹 만에서 미 구축함을 공격해 벌어진 해상 전투로 알려졌으나, 나중에 미국의 자작극이었음이 드러났다. _편집자(두산백과 참조)

군부는 관대한 제국주의적 태도를 버리고, 혁명의 사회적 기반인 농촌 사회를 파괴할 수밖에 없었다. 정부 수뇌부는 베트남에서 무슨 일이 벌어지고 있는지 잘 알고 있었으면서도 정책을 바꾸려고 하지 않았다.

1967~1968년 사이에 GVN의 평화 정책 자문관이었던 로버트 W. 코머Komer, Robert W. 대사는 이렇게 설명했다. "미군의 개입은 쿠데타가 자주 발생한 GVN의 최종 붕괴를 막았고, 핵심 농민층의 지지를 얻기 위한 정치적 경쟁이 가능한 우호적인 군사적 환경을 조성했다."[68] 미군의 확전 조치는 "사이공 외에는 GVN의 행정력이 미치지 않는다"는 어려움을 극복했고, 1967~1970년의 '포괄적'인 '대규모' 평화 정책 프로그램을 가능하게 했다. 이것은 "혁명적이고 대단히 정치적인 충돌"에 적절히 대처하기 위한 프로그램이었다.[69] 밴 같은 관대한 제국주의자의 염려에도 불구하고, 코머가 말한 바 "엄청난 비용이 들어가는 미국의 군사적 개입"[70] 없이 이런 평화적 목적이 어떻게 실현될 것인지 이해하기 어렵다.

이런 의미에서 미군 개입의 엄청난 대가—고엽 작전, 주민 강제 이주, 폭격, 학대와 금지, 무차별 포격 지대, 대인 살상 무기, 암살과 테러를 자행한 피닉스 프로그램Phoenix Program,[71] 정보를 얻어내기 위한 포로 고문 등—는 군사적으로 필요한 것이라고 주장할 수도 있을 것이다. 또 군사적 필요가 국제 협정을 이탈하는 것이 정당화된다면 그런 행위가 범죄 행위가 아닐지도 모른다. 하지만 이런 주장을 펴려면 다음과 같은 전제 조건이 정당화되어야 한다. 곧 미국은 애초 1954년에 미국이 주도하여 수립한 남베트남 정부의 통치를 보장하기 위해 "혁명적이고 대단히 정치적인 충돌 사태"에 무력으로 개입할 권리가 있다는 것, 그리고 지주와 도시 엘리트, 군 장교, 북부의 가톨릭 신자들을 지지 기반으로 하는 남베트남 정부는 국내의 반란을 자력으로 이겨낼 능력이 없는 세력이라는 것이다.

이런 전제 조건에 관한 질문이 1965년 이전에 아주 첨예한 형태로 제기되었지만 테일러는 이것을 다루지 않는다. 1965년에 이르러, 밴이 지적한 바와 같이[72] 이런 원칙의 문제는 더 이상 의미가 없어졌다. 밴은 이렇게 썼다. "미 지상군이 대규모로 투입된 이후에는, 군사적 승리를 거두거나 남베트남 정부의 자율성을 확립하거나 하지 않는 한 미국은 베트남에서 철수할 수가 없었다."[73] 미 행정부와 가까운 민간인들도 같은 견해를 갖고 있었다(그들 중 일부는 나중에 공공연히 비둘기파를 자임했다). 리처드 굿윈Goodwin, Richard N.(1931~, 미국의 작가로, 케네디 정부와 존슨 정부에서 연설문 작성자로 일했다_옮긴이)은 1966년에 이렇게 썼다. 베트남전의 지속은 "미국의 존립에 관계되는 근본적인 이해관계"에 의해 정당화된다. 이것이 정책 수립의 "유일한 기준"이 되어야 한다. "다른 나라를 방어하기로 일단 결정했으면[74] 미국의 군사력을 그 나라에서 거둬들여서는 안 된다."[75]

심지어 오늘날까지도 미국 군부는 사이공 정부가 정치적으로 패배시킬 수 없었던 정치적 운동을 파괴하기 위해 군사력을 사용할 수밖에 없었다고 말한다. 메콩 삼각주의 고위 미군 장교인 존 H. 쿠시먼Cushman, John H. 장군 휘하에서 수집한 특수 첩보는, 적은 정치적 네트워크를 넓히면서 '정치적 투쟁 단계'로 되돌아가려 한다고 경고한다.[76] 윌리엄 콜비Colby, William E.(1920~1996, 1959~1962년 CIA 사이공 지역 책임자, 1962~1967년 아시아 전역에 대한 CIA 책임자_옮긴이)는 이런 말을 덧붙였다. "우리는 적이 그런 네트워크를 설치하는 것을 막아야 한다. 왜냐하면 그것은 나중에 공산주의가 되살아나는 빌미가 될 것이기 때문이다."[77] 다시 한번 미국은 다른 나라에 제멋대로 개입하여 입맛에 맞는 정권을 수립할 권한을 갖고 있다는 전제 아래, '군사적 필요'란 베트남, 라오스, 캄보디아 농촌 등지에서 압도적인 군사력을 계속 사용하는 행위를 정당화하는 것이다.

미국이 남의 나라 일에 군사적으로 개입할 권리가 있다는 고정관념은 미국의 역사에서 뿌리 깊은 것이다. 테일러는 20세기 초에 미국이 필리핀을 정복한 역사를 언급한다. 매킨리 대통령이 무슨 '이상론'을 내세웠든, 미국은 무력과 테러로 필리핀 국내의 민중운동을 진압했고, 현지 주민들에게 엄청난 피해를 입혔다. 70년 뒤 필리핀 인구의 4분의 3에 이르는 농민들은 여전히 에스파냐 점령 시대와 별반 다를 바 없는 물질적 조건 아래서 살고 있다.[78] 태국에서는 진보적 민주 인사인 쁘리디 파놈용 Pridi Phanomyong(1900~1983)이 전후 의회 민주주의를 수립했으나 군사 쿠데타가 그것을 뒤집었고 과거 미국에 전쟁을 선포했던 일본 협력자들이 다시 권력을 잡았다. 그 후 미국-일본 태평양 체제에 자발적으로 들어온 태국 현지의 테러리즘 정부에 상당한 원조가 지속적으로 제공되었다. 2차 세계대전 당시 미군 OSS와 함께 일본군을 상대로 싸웠던 쁘리디는 중국으로 망명했다. 1945년 한국에 진주한 미군은 일본 군대와 일본 협력자들을 활용하여 이미 수립되어 있던 민중 정부를 전복했다. 1949년에 이르러 미군사령부는 기존의 노동조합, 각 지역 인민위원회와 민중 단체 등을 모두 철폐하고 부유한 엘리트와 군-경찰 세력으로 구성된 우익 독재 정권을 수립했다. 이 과정에서 이들은 엄청난 테러를 자행했다.

오직 베트남만 예외다. 이 나라에서는 이런 낯익은 목표를 달성하기가 아주 어려웠던 것이다. 베트남 정책의 목표는 뚜렷하다. 현지 주민들을 한데 모아 통제하고, 그 주민들을 게릴라 부대로부터 단절시키고, 서방(과 일본) 산업사회의 수요와 능력에 부응하는 의존적 경제체제를 수립하는 것이다. 그리고 껍데기만 민주주의인 정부는 부유한 협력자들이

다스리게 한다. 베트남 농민들에 대해서는, 프랑스 식민지 시대를 비판하는 남베트남 작가의 말을 인용하면 될 것이다. "농민들은 논에서 이빨을 갈며 그들에 대한 증오를 키운다."[79] 그리고 도시의 빈민들도 그렇게 된다.

이것이 밴 같은 관대한 제국주의자들이 저개발 국가에 제시하는 사회 발전 모델이다. 그들이 이런 사실을 의식했는가 여부는 논외다. 이런 거창한 결과를 얻기 위해 제국주의자들은 인도차이나 주민들에게 복지를 챙겨준다는 허울 좋은 구실을 내세워 미국 테크놀로지의 혜택에 굴복시키려 했다. 바로 이것이 베트남에서 지난 10년 동안 벌어진 일이다.

4_ 침략과 집단적 자기방어

마지막으로 논의해야 할 사항은 테일러가 말한 뉘른베르크의 '핵심', 즉 평화에 대한 범죄의 문제다. 테일러가 말한 것처럼, 미국의 베트남 개입을 정당화하는 근거는 유엔헌장 51조뿐이다. 이 조항을 들먹이는 것은 미국이 북베트남의 무력 침공에 대응하여 집단적 자기방어에 나섰다는 논리다. 이 문제에 대해서는 광범위한 논의가 이루어졌다. 테일러가 이 문제를 언급하지 않고 또 법적, 역사적 문헌에서 거듭 다루어진 주장들을 살펴보지 않았다는 것은 기이한 일이다.[80] 미국의 자기방어 주장에 근본적인 걸림돌이 되는 사실은 미국의 군사 개입이 북베트남보다 시기적으로 앞섰고 그 범위 또한 광범위했다는 것이다. 게다가 제네바협정의 통일 규정이 파기된 후에 북베트남과 미국이 남베트남에서 싸울 권리가 있는가 하는 문제도 있다. 우선 테일러가 미국 개입의 합법성에 대하여 의문을 품게 되는 시기인 1965년 초부터 살펴보자. 1954년 이래 동남아 사태에 직접 개입해온 체스터 쿠퍼Cooper, Chester는 존슨 행정부 시절 백악관에서 아시아 문제를 담당했다. 그는 이렇게 썼다.

공산주의자들의 힘이 1965년 초 몇 달 동안 크게 증가했다. 4월 말에는 10만 베트콩 비정규군과 3만 8000명에서 4만 6000명에 이르는 적 주요 부대(**북베트남 정규군 1개 대대** 포함)가 남베트남에서 활약하고 있었다. 한편 미군 전투부대도 **빠른** 속도로 남베트남에 유입되었다. 4월 말에 이르러 미군 3만 5000명이 주둔했고 5월 초에는 그 수가 4만 5000명으로 늘어났다.[81]

400~500명인 북베트남 정규군 1개 대대는 4월 말에 잠정적으로 확인되었다.[82]

1965년 2월 존슨 행정부는 백서를 발간하여 새로운 확전을 정당화하려 했다. 쿠퍼는 그것이 "처참한 실패"였다고 했다. "〔북베트남의 개입에 대해〕 발견된 사항들이 아주 허약했기" 때문이다. 정규 군대는 확인할 수가 없었다. 침투 세력(추정 치까지 포함하여)은 내란이 이미 시작된 1959년 초 "연간 9000명" 이상이 되지 못했다. 이것은 50만 사이공 군대와 미 정규군 2만 3000명에 비하면 "그리 크지 않은 숫자"였다. "적의 무기에 대한 정보도 그리 놀랄 만한 것은 되지 못했다"고 쿠퍼는 말한다. 중국 공산당에서 나온 75밀리 무반동 소총 3정, 소련제 소총 46정, 기관단총 40정, 체코제 자동권총 1정(시장에서 구입했을지도 모르는 것) 등은 미국이 1961년 이래 사이공 정부에게 제공한 8억 6000만 달러 이상의 군사 원조에 비하여 너무 시시한 것이었다.[83] 사실 공산당에서 나온 무기는 포획된 무기의 2.5퍼센트도 채 되지 않았다. 이것은 당시 I.F. 스톤 Stone(1907~1989, 미국의 유명한 독립 언론인_옮긴이)이 지적한 바다.[84]

침투자들의 수는, 그들 중에 고향으로 돌아온 남베트남 사람들이 압도적으로 많다는 사실을 감안하면 더욱 사소한 것이 되어버린다. 이들의 귀향은 허가 못할 것도 없다. 제네바협정이 파기되었고 미국과 사이공 정부가 약속을 위반했으며,[85] 응오딘지엠 정부가 탄압에 나섰고, 1957년에 남베트남에서 게릴라전이 재개되었다는 사실을 감안하면 말이다. 더욱이 쿠퍼는 미국 군사기지에서 훈련시킨 남베트남 사람들을 남베트남에 '침투'시킨 사실은 언급하지 않았다. 1956년 이래 북베트남에 침투시킨 남베트남의 사보타주 집단과 게릴라 팀(버나드 폴의 보고)[86]도 언급하지 않았다. 또 미군이 1961~1962년 이래 군사작전에 직접 개입했다는 사실도 빼놓았다.

　　이렇게 볼 때, 미국이 북베트남의 침략에 대하여 집단적 자기방어에 나섰다는 주장은 문제가 많다. 하지만 미국 개입의 합법성을 주장하는 사람들은 여기서 한발 더 나아가 미국이 "북베트남의 침략이 있었다"라고 일방적으로 판정할 권리가 있다고 말한다. 이미 남베트남에 들어가 있던 미군의 규모를 증강한 것, 평화에 대한 위협을 판단하는 것은 유엔 안전보장이사회의 소관 사항이라는 유엔헌장을 무시한 것 등도 모두 미국의 권리라는 주장이다. 설사 이 모든 것을 액면 그대로 받아들이지 않는다고 해도 미국의 군사행동이 불법이고 또 침략 행위라는 결론을 내릴 수 있다. 남베트남에서 분명 침략이 있었는데 그것은 북쪽에서가 아니라 동쪽에서 온 것이다.

　　안타깝게도 테일러는 자주 다루어진 이 문제에 대해서 사실상 침묵한다. 그의 침략 논의는 전반적으로 보아 불만족스럽다. 북베트남이 남베트남을 침공한 죄가 있다는 주장에 대하여, 테일러는 "강력한 증거"가 있다고 말한다. "의심할 나위 없이 지상전은 모두 〔북베트남이 아니라〕 남베트남에서 벌어졌지 않은가." 그렇긴 하지만 이 문제는 불분명하다고 그는 지적한다. 제네바협정은 단지 두 "지역"을 설정하고 군사 분계선이 "잠정적인 것"이며 "정치적 혹은 지리적 경계"는 아니라고 명백하게 선언했기 때문이다(101~102쪽). 더욱이 남베트남은 미국의 지지를 등에 업고 계획된 총선 진행을 거부했다. 북베트남이 침략의 죄를 저지른 것이 불분명하다면, 미국의 군사적 행동이 51조에 의해 정당화되는 것 역시 불분명하다. 51조는 '침략'이 아니라 그보다 범위가 좁은 '무력 공격'을 말하기 때문이다.[87]

더욱이 테일러가 제시하는 '강력한 증거'는 다르게 해석될 수도 있다. 가령 지상전은 미국이 아니라 남베트남에서 벌어졌다. 테일러의 기준으로 따진다면, 이것은 미국이 남베트남을 침공한 '강력한 증거'가 된다. 특히 미국 당국은 1965년에 이르러 사이공 외 지역에는 GVN의 행정력이 미치지 않는다고 인정하기까지 했다(이 책의 152, 157쪽 참조). 테일러는 침략 전쟁을 논의하면서 이 점을 다루지 않았다.[88] 그는 미국이 침략을 범했을 가능성에 대하여 이렇게만 말한다.

> 그 주장은 …… 다음과 같은 결론에 바탕을 둔 것이다. 남베트남과 미국은 북베트남에 대한 호전적 행위, 불법 재무장, 1956년 총선 개최의 거부 등으로 1954년의 제네바 선언을 위반했다. 또한 미국은 북베트남을 폭격함으로써 유엔헌장을 위반했다.(96~97쪽)

하지만 위에서 거론된 혐의들은 상황의 일부분일 뿐이다. 훨씬 더 심각한 혐의로 이런 것이 있다. 미국은 무력 사용에 관한 유엔헌장의 조항을 위반하면서까지 남베트남 침략 전쟁에 개입했다. 이들 혐의는 미국이 대중적이고 성공적인 것으로 판단한 반란에 대하여 군사행동을 취한 사실을 바탕으로 한다. 반란은 미국이 수립한 사이공 정부보다 훨씬 더 인기가 있었다. 사이공 정부는 적군에 북베트남 정규 군대가 없는데도 1965년 전쟁에서 패배했다. 테일러는 이런 문제들을 언급하지 않았는데, 미국에게는 "혁명적이고 대단히 정치적인 충돌"(이 책의 157쪽 참조)에 지상군, 헬리콥터, 공군을 파견하여 개입할 권리가 있다는 스스로의 암묵적 전제 때문인 것으로 보인다.

무력 사용에 관한 유엔헌장(특히 2조 4항의 무력 사용 금지 원칙)은 너무나 심하게 훼손되어 사실상 없는 것과 마찬가지라고 할 수 있다. 이 문제는 토머스 M. 프랭크Franck, Thomas M.가 최근의 연구에서 다루었다.[89] 프랭크는 "전후 25년 동안 변화한 현실"은 2조 4항의 정신을 너무나 훼손하여 이제 그 조항은 "말만 남았다"라고 말한다. 프랭크는 이런 타당한 지적을 한다. "두 초강대국은 자신들의 영역을 조직하는 데 나름대로 행동 규범을 정했고 그것은 2조 4항을 크게 훼손했다." 미국은 "한 국가의 주권이 지역적 기준의 준수를 요구하는 지역의 우선적 권리에 복종해야 한다"고 강변한다. 그래서 미국은 1954년 과테말라 사건* 때 "외국 군대의 개입이 아니라 '외국' 이데올로기의 침투"를 비난했다. 이것은 브레즈네프 선언**의 예고편이었다. 프랭크는 다음과 같은 타당한 지적도 했다. "국가이익, 특히 초강대국의 국가이익은 늘 조약의 의무 사항을 눌러 이겼다." 미국은 '역내 기구'라는 개념을 만들어 거기에 동남아시아의 대부분 지역을 편입시켰다. 그리고 이 지역에서 미국은

---

* 1951년 과테말라 대통령이 된 아르벤스구스만이 당시 과테말라의 경제권을 장악하고 있었던 미국 기업 유나이티드프루트의 보유지를 몰수하는 등 농지 개혁 및 주요 산업 국유화를 추진하자, 1954년 6월 미 중앙정보국CIA의 사주를 받은 군부가 쿠데타를 일으켰다. 이후 미국의 지원을 등에 업은 우익 군부 독재 세력과 마르크스주의자들이 주도하는 게릴라 간의 내전이 40여 년 동안이나 이어졌다. 1986년 군정이 종식되고 민선 정부가 들어선 뒤 잦은 정변 끝에 1996년 12월 과테말라 정부와 반군 간에 평화협정이 체결되었다. _편집자(두산백과 참조)

자유롭게 행동할 권리가 있고 또 2조 4항을 무시해도 무방하다는 듯이 행동했다. 이런 태도의 기원은 두 초강대국이 전후에 세력권을 구축하던 시절로 거슬러 올라간다. 먼저 영국이, 그다음에 미국이 1944년 초 그리스에 개입한 것이 그 좋은 사례다.***

초강대국들의 행동을 잘 관찰했음에도 불구하고 프랭크의 논의는 여러 군데 오류가 있는데, 강대국에 유리한 관점에서 연유한 것으로 보인다. '전쟁의 성격 변화'를 다루면서 그는 두 가지 범주를 설정했다. 하나는 "민족해방운동을 대변하는 세력에 의한 소요, 침투, 파괴의 전쟁"이고, 다른 하나는 핵전쟁이다. 2조 4항의 직접적인 위반 사례들은 첫 번째 범주에 해당한다. 초강대국들이 그들의 개입을 강대국 간의 갈등 관계 때문이라고 위장하기는 하지만 말이다. 그러나 이 범주에 대한 프랭크의 논의는 근본적인 질문을 야기한다. 그는 같은 논문의 말미에서 이렇게 지적한다. "어떤 사람에게는 민족해방전쟁인데 다른 어떤 사람이 보기에는 침략 혹은 파괴 전쟁이고, 그 반대 또한 진리다." 프랭크가 주로 두 번째 사람의 입장을 취한다는 점에서 그의 편견이 드러난다. 2조

** 브레즈네프 독트린이라고도 한다. 1968년 8월 소련이 주축이 된 바르샤바조약기구군이 체코를 침공한 뒤, 그해 11월 폴란드 공산당 제5차 대회에서 브레즈네프 소련 공산당 서기장이 밝힌 방침이다. 요지는 사회주의 진영의 어느 나라가 위협을 받을 경우, 이는 사회주의 진영 전체에 대한 위협이므로 다른 사회주의 국가가 이에 개입할 권리를 가진다는 것이다. 이에 대해 중국 공산당은 "다른 나라의 주권은 유한하고 소련 수정주의 집단의 사회주의적 제국주의 주권은 무한하다는 이야기와 다름없는 침략주의적 확장 정책의 소산"이라고 비난했다. _편집자(두산백과 참조)

*** 2차 세계대전 당시 나치스 독일에 점령된 그리스에서는 좌익인 민족해방전선National Liberation Front과 민족민주연맹National Democratic League이 레지스탕스 운동을 주도했다. 1944년 11월 독일이 항복하자 이집트에 있던 망명정부 수반인 게오르기오스 파판드레우Papandreou, Georgios가 소규모 영국군과 함께 돌아와 민족해방전선을 해산시키려 했다. 이에 좌우파의 내란이 일어났고, 그리스가 소련의 영향권 안에 들지 않기를 바랐던 미국은 십수억 달러를 우파 정부에 지원했다. 결국 좌파는 힘을 잃었고, 1949년 10월 내란이 종식되었다. _편집자(두산백과 참조)

4항의 훼손을 가져온 것은 대변 세력에 의한 침투 혹은 파괴 전쟁이라는 것이다. 만약 전자의 입장을 취한다면, 이 전쟁은 민족해방운동을 탄압하기 위한 제국주의적 개입이 될 것이다. 그렇다면 2조 4항 훼손은 "전후 25년 동안 변화한 현실"이 원인이 아니라, 강대국들의 전통적인 행동 방식이 일차적 원인인 것이다. 프랭크는 이 문제를 외면하고 후자의 입장을 취함으로써 그 어떤 뚜렷한 주장도 펴지 않은 상태로 강대국의 편을 든다. 이런 편견은 뒤에 2조 4항을 훼손한 제3의 요인이 언급되면서 다소 덜어진다. "초강대국이 지배하는 지역 체제는 점점 더 독재적 성격을 띠게 되었다." 또한 그는 강대국들이 각자의 '역내 기구'에 지속적으로 개입함으로써 2조 4항을 훼손한 사례를 폭넓게 논의했다.

중국이 라오스와 남베트남에서 원주민 공산주의자 반도에게 "상당한 지원"을 해주었다고 말한 부분에서도 프랭크의 유사한 편견이 드러난다. 그의 추가 논평이 보여주듯이, 중국의 원조라는 것은 미국과 그 동맹국들이 우익 군대에게 제공한 것에 비하면 하찮은 것이었다. 선전 활동을 개입의 한 형태로 본 프랭크의 기준은 이 경우에 적용되지 않는다. 중국의 입장은, 민족해방전쟁은 자체적으로 수행되어야 하고 중국의 지원을 크게 기대해서는 안 된다는 것이었다. 덧붙이자면 인도차이나에서 싸운 유일한 중국 군대는 미국이 동원한 중국 국민당 군대였다. 이들은 라오스에서 비밀 작전을 수행했다.

프랭크의 다음과 같은 주장도 같은 문제를 드러낸다. "소규모에, 산발적이고 빈번하게 벌어지는 내란은 침략과 자기방어의 구분을…… 아주 어렵게 만들었다." 가령 "폴란드가 독일을 공격했다거나 남한이 북한을 공격했다는 말"은 신빙성이 없다. 하지만 민족해방전쟁의 경우, "누가 침략군인지 설득력 있게 확정하기가 때때로 매우 어렵다"는 것이 그의 주장이다. 그는 다른 비유를 들었더라면 더 좋았을 것이다. 헝가리가 1956년에 소련을 공격했다거나 필리핀이 20세기 초에 미국을 공격했다거나 식민지 미국이 1776년 영국을 공격했다는 말은 신빙성이 없다. 민족해방전쟁과 강대국의 개입이 고전적 방식의 연속이라고 본다면 더 적당한 비유를 찾아낼 수 있고, 전후 시대라고 해서 특별히 새로울 것도 없다.

민족해방전쟁에 대한 외부의 지원을 놓고 보자면 미국 독립전쟁 때 프랑스가 식민지 미국에 제공한 도움을 들 수 있다.

> 미국의 독립전쟁을 '정상적인' 반란으로 보면, 그것은 20세기 중반에 빈번히 벌어졌던 여러 혁명전쟁의 특징을 고루 갖추고 있다. 2세기에 걸쳐 전해진 7월 4일의 미사여구를 배제해버리면 그것은 소규모 군대를 가지고 싸운 군사작전이었다. 장정이 30만 명도 넘는 나라에서 워싱턴의 군대는 8000명을 넘어선 적이 없었다. 워싱턴 군대는 프랑스 지상군 3만 1897명과, 61척의 주요 함선에 소속된 프랑스 해군과 해병대 1만 2660명의 도움을 받았다.[90]

7월 4일(미국 독립기념일)의 미사여구 효과를 감안하더라도, 어떤 영국 작가가 미국의 독립전쟁을 프랭크의 규정대로 "민족해방운동을 대변하는 세력에 의한 소요, 침투, 파괴의 전쟁"이라고 말한다면 우리는 어렵지 않게 그의 편견을 짚어낼 수 있을 것이다. 프랭크보다 더 현실에 가까운 버나드 폴의 관점을 취한다면, 전후 시대에 2조 4항의 훼손을 가져온 뚜렷한 새 요소는 없다고 결론을 내려야 한다. 프랭크가 인용한 우 탄트U Thant(1909~1974, 버마의 교육자, 제3대 유엔 사무총장_옮긴이)의 말에 우리는 동의해야 한다. "결론적으로 말해서, 초강대국들이 안보에 위협이 된다고 주장하면서 일반적 군사행동을 취하는 한 세계 평화의 굳건한 기반은 구축될 수 없다."[91] 우리는 강대국이 말하는 안보의 위협이라는 것이, 실은 사회 지배 진단의 이익에 대한 위협이라고 고쳐 말할 수 있다.

2조 4항이 이제 "말만 남았다"는 것은 명확한 사실이지만, 이것이 기존 규범의 변화라거나, 유엔헌장 입안자들이 예상 못한 사태 변화의 결과라고 볼 이유는 없다. 2조 4항의 정신이 더 이상 적용되지 않는다고 볼 이유도 없다. 물론 이 정신을 강력하게 단속해줄 기관이 없다는 게 문제인데, 이것은 국제법의 일반적인 결점이다.

개입의 권리, 그리고 강대국이 개발도상국에 어떤 사회·정치 체제를 강요하면서 무력을 사용하거나 위협하는 문제는 베트남 문제를 다루는 데 핵심 주제가 되어야 한다. 뉘른베르크 정신을 참조하든 그보다 폭넓은 역사적 맥락을 참조하든 반드시 이 두 가지 주제를 다루어야 한다. 테일러는 이 문제를 다루지 않음으로써 스스로 논의의 폭을 좁히고 말았다. 앞으로 정책을 결정할 때는 이 두 가지가 주요 논점이 되어야 한다. 세계의 10여 개 지역에서 미국은 내란을 진압하려는 현지 정부를 지원하고 있다. 그 지원 방식은 때때로 직접적인 군사 개입을 불러올 방식이다.[92] 그리스에서 미국은 대령들을 지원함으로써 민중 반란을 진압했다. 라틴아메리카 대부분 지역에서 같은 상황이 벌어지고 있다.

　　이제 거의 모든 라틴아메리카 정권이 사악한 적들의 농촌 반란을 진압할 수 있다. 여러 가지 요인들 덕분에 그 어떤 정권도 1950년대 쿠바의 풀헨시오 바티스타Batista, Fulgencio(1901~1973, 쿠바의 군인·독재자. 카스트로가 이끈 쿠바혁명으로 권좌에서 쫓겨났다_옮긴이) 정부처럼 허약하지 않다. 미국 AID의 공공안전국은 14개 공화국에서 테러에 대응하는 방어 제1선으로서 경찰을 훈련시켰다. 17억 5000만 달러에 달하는 미국의 군사원조가 라틴아메리카에 흘러들면서 각국의 군대는 더 좋은 장비를 갖추었다. 2만 명 이상의 라틴아메리카인 장교들과 사병들이 파나마 운하 지대의 포트 굴릭Ft. Gulick에서 훈련을 받았다. 그리고 베트남에서 개발된 새로운 대對 게릴라 무기들이 공급되었는데, 특별히 설계된 헬리콥터에서 체취 탐사기까지 다양하다.[93]

이런 말은 맥스웰 테일러Tayor, Maxwell(1901~1987) 장군이 1963년에 했던 말을 연상시킨다. 베트남에서 "우리는 계속 실험실을 가동하고 있다. 그곳에서 파괴적인 반란 행위가 다양한 형태로 벌어지고 있기 때문이다." 그 지역이 "실험실로서 중요하다"는 것을 알아본 펜타곤은 "이런 게릴라 전쟁에 필요한 장비를 살펴보기 위한 조사 팀"을 진작 파견했다.[94] 미국이 반反폭동 작전의 실험실로 베트남을 활용했다는 상당한 증거가 있다. 다른 강대국들이 1936~1939년 에스파냐 내전을 실험실로 활용했듯이, 베트남을 전쟁 무기와 전술의 실험실로 활용한 것이다.[95]

베트남 실험실에서 고안된 반폭동 기술을 사용하는 라틴아메리카 정권 중에는 미국의 개입으로 명맥을 이어가는 정부가 꽤 된다. 1954년에 과테말라에서는 개혁 성향의 유망한 정부가 미국의 파괴 공작으로 전복되었다. 지난 몇 년 동안 멸공 운동을 펼치는 과정에서 엄청난 유혈극이 벌어졌고, 약 4000명에 이르는 농민이 미국의 군사원조 프로그램으로 제공된 무기에 의해 무차별 살해되었다.[96] 도널드 로빈슨Robinson, Donald은 특수작전부대 팀이 과테말라 공군에게 새로 설계된 벨 헬리콥터 조종술을 가르쳐서 게릴라를 추적하도록 한다고 보고했다.[97] 미군의 직접적인 개입이 앞으로 더 많아질지 모른다. 마로퀸 로하스Marroquin Rojas 과테말라 부통령은 몇 년 전 이렇게 주장했다. 파나마에 주둔하고 있는 미군 비행기가 과테말라로 출격하여 게릴라 활동 지역에 네이팜탄을 투하한 후[98] 다시 파나마 기지로 돌아간다는 것이다. 과테말라에 있는 선교사들도 네이팜탄 습격의 상흔들을 보았다고 한다.

전후 시대에 미국이 혁명 진압 전쟁에 가담한 범위를 제대로 추정하기는 불가능하다. 하지만 그 범위가 매우 넓다는 것을 보여주는 정보는 충분하다. 다른 나라의 내정에 무력으로 개입하는 나라가 미국만 있는 것은 아니지만, 전후 시대에 현지의 원주민 세력들을 파괴하려고 미국처럼 군사력을 많이 사용한 나라는 없다.

케네디 행정부 시절에 혁명 진압을 위한 정책은 거의 국가 이데올로기 수준으로 격상되었고 헨리 키신저의 '제한 전쟁론'[99]도 맥을 같이한다. 우리가 국가 정책과 또 뉘른베르크에서 변죽만 울렸던 합법성과 정의의 문제를 진지하게 들여다보고자 한다면 이런 이데올로기는 반드시 재고해야 한다. 이 문제는 조약이나 국제 협정에서 정면으로 다루어진 적이 거의 없었다. 그 결과 베트남의 비극은 문명인의 의식을 계속 괴롭히고 있다.

워터게이트 : 회의적 견해

이 글(원제 Watergate : A Skeptical View)은 《뉴욕 리뷰 오브 북스》 1973년 9월 20일자 3~8쪽에 처음 실렸다.

닉슨과 그 패거리의 장난질이 속속 드러나고 있지만 가장 냉소적인 사람들도 이런 현상에 놀라지 않을 것이다. 위증, 도피, 정치적 행동 기준의 무시 등이 뒤범벅된 이 미로에서 진실은 어디에 놓여 있는지, 지금 이 순간 그것은 별로 중요한 문제가 아니다. 닉슨 패거리가 1972년 선거를 훔치는 데 성공한 것은 명백해 보인다. 하지만 그런 짓을 하지 않았더라도 현직 대통령의 권력으로써 합법적으로 선거에서 이길 수 있었을 것이다. 비록 그 행위가 저질러졌을 때 머스키Muskie, Edmund Sixtus(1914~1996)*의 득표력이 상당한 것처럼 보이기는 했지만 말이다. 정치적 게

---

* 미국 민주당 정치가로 1968년 대통령선거에 부통령후보로 나섰다가 공화당의 리처드 닉슨과 스피로 애그뉴 후보에게 패배했다. 1972년 선거를 맞기 전에는 닉슨에 대적할 만한 강력한 대통령후보로 떠올랐지만, 막상 민주당의 대통령후보 지명전에서 조지 맥거번에게 근소한 차이로 패배했다. 에드 머스키의 지지세 하락을 이끈 요인은 첫째, 그가 편지에 프랑스계 캐나다인을 비하하는 표현을 썼다는 일간지《맨체스터 유니언 리더 *Manchester Union-Leader*》지의 보도였다. 이는 프랑스계 미국인들 사이에서 그에 대한 지지도를 떨어뜨렸다. 둘째는 머스키의 아내 제인이 선거운동 기간에 술에 취해 저속한 언사를 보였다는 같은 신문의 보도였다. 머스키는 이 같은 보도를 한 신문사 앞에서 항의 시위를 했는데, 마침 눈보라가 쳐서 머스키의 눈에 눈물이 맺혔고, 언론은 다시 머스키가

임의 규칙은 다른 방면으로도 위반되었다. 많은 시사평론가들이 지적한 것처럼 닉슨은 소규모 쿠데타를 시도했다. 정치의 중심부는 정치의 상규를 벗어난 사람들이 보유하는 테크닉 넘치는 공격을 받았다. 공공 정책을 결정하는 데 동참하던 힘 있는 집단들은 소속 당과 관계없이 배제되었고, 그리하여 양당으로부터 반격이 터져나왔다.

딘-콜슨 리스트Dean-Colson List(백악관 법률고문 존 딘과 특별보좌관 찰스 콜슨이 작성한, 이른 바'적들'의 이름을 적어놓은 명단_옮긴이)는 이 사건의 사소한 특징이었지만 닉슨 마피아 패거리의 계산 착오를 보여주는 지표였고, 사람들의 일반적 반응에 대한 질문을 불러일으켰다. 그 리스트는 경솔하다는 비판에서부터 분노에 이르기까지 다양한 반응을 끌어냈다. 가령 백악관의 증오 리스트(딘-콜슨 리스트)에 IBM 대표 토머스 왓슨Watson, Thomas, 시사평론가 제임스 레스턴Reston, James, 맥조지 번디 등이 들어 있지 않았더라면 어떻게 되었을까. 그 리스트가 정치적 반대자, 반전운동가, 과격분자들에게게만 국한되었더라면 어떻게 되었을까. 그랬더라면《뉴욕타임스》의 1면 기사도 없었을 테고, 책임 있는 시사평론가들은 입을 다물었을 것이다. 그 리스트는 기껏해야 합법적인 질서 수호 과정에서 책임감 때문에 빚어진 약간 우아하지 못한 또 다른 조치 정도로 치부되었으리라.

워터게이트 사건에 대한 일반적 반응도 이와 똑같은 도덕적 하자를 드러냈다. 우리는 양당 제도와 미국 민주주의의 기반을 훼손한 닉슨의 행동을 나무라며 거룩하게 설교하는 이야기들을 듣는다. 하지만 대통령

이성을 잃고 울었다고 보도했다. 머스키는 눈이 녹은 것이라고 해명했지만 차분하고 조리 있는 이미지를 잃고 말았다. 나중에 워터게이트 사건이 터지면서 프랑스계 캐나다인을 비하하는 표현을 쓴 편지는 닉슨 진영에서 조작한 것이라는 사실이 밝혀졌다. _편집자(브리태니커 백과사전, 위키백과 참조)

재선위원회Committee to Re-elect the President(CREEP : 닉슨 대통령의 재선을 위해 만들어진 조직으로, 워터게이트 사건을 일으킨 장본인들이다_옮긴이)가 민주당에게 한 소행은, 전후 시대에 양당이 공산당을 공격하거나 사회주의노동자당을 탄압한 것에 비하면 아무것도 아니다. 사회주의노동자당은 워터게이트의 분위기에 힘입어 학대, 위협, 감시 등의 행위를 해온 정부기관들을 상대로 현재 소송을 제기해놓았다. 민권 단체나 반전 단체들은 그들의 호전적 구성원 중에 정부 첩자가 침투해 있다는 것을 발견한다. 국가기관이 법적으로 혹은 다른 방식으로 반대자와 그 단체를 괴롭히는 것은 다반사가 되었고, 그 기관의 장으로 어떤 사람이 와도 이것은 바뀌지 않는다. 국가기관들이 반체제 인사들을 괴롭히는 것은 너무나 뿌리 깊은 일이어서, 워터게이트 사건의 한복판에서도 정부는 게인즈빌Gainesville 베트남전 반대 참전군인회VVAW 재판의 피고 측에 첩자를 침투시켰다. 그러나 특별검사는 그 첩자의 신분이 드러난 이후에도 그가 정부 요원이 아니라고 확언했다.[1]

워터게이트는 과거 관행으로부터 일탈한 것이 분명하지만, 규모나 원칙에서가 아니라 공격 대상 선택에서 일탈이 있었다. 공격 대상에 이제 부자와 존경받는 사람들, 공식 이데올로기의 대변인들이 포함되었다. 이들은 권력을 공유하고, 사회 정책을 기획하고, 여론을 선도하는 사람들이다. 이런 사람들은 정부의 박해 대상에 잘 오르지 않는다.

보통 정치적 반대파에 대한 국가의 공격은 법의 테두리에서—법원이 헌법을 해석하는 범위 내에서—이루어지는데, 워터게이트와 그 밖에 이번 백악관의 소행은 불법이라고 주장하는 사람들이 있다. 하지만 권력을 가진 사람들은 합법성에 대한 해석을 일방적으로 부과하는 법률 체제를 구축한 다음, 합법이란 이름 아래 적들을 색출하여 박해한다. 정치적 세뇌가 비효율적이고 반체제운동과 소요 사태가 만연한 시절에는,

배심원들이 적들에 대한 유죄 판결을 거부할 수 있다. 실제로 배심원들은 사건마다 그렇게 했고, 시사평론가들은 우리 정치제도에 대하여 찬양을 늘어놓기 바빴다. 하지만 그 평론가들은 한 가지 중요한 사실을 간과했다. 사법적 박해는 국가에 방해가 되는 사람들을 꼼짝 못하게 할 수도 있고, 자원이 빈약한 조직을 파괴할 수도 있으며, 그 조직들에 유죄를 선고하여 무력하게 만들 수도 있다. 법적 변호에 들어간 시간과 돈은 교육, 조직, 긍정적 활동 등에 사용되지 못한다. 정부는 법원의 판결이 어찌 되었든 정치 재판에서 지는 일은 거의 없다. 이것은 사상 통제 전문가들이 잘 알고 있는 바다.

대통령은 4월 16일 연설에서 "장기적 관점"을 언급하면서, "폭력과 불안, 소요와 방화와 폭격이 모두 평화와 정의의 이름으로 점점 거세어지고 있다"고 말했다. 그는 우리에게 이렇게 말했다. "훼방꾼들이 의견이 다른 사람들에게 소리를 지르고 심지어 신체적 위협을 가한다면 언론의 자유가 억압될 것이다." 이것은 사실이다. 1965년과 1966년에 전쟁에 반대하는 평화로운 대중 집회가 강제 해산되었고 시위자들은 신체적으로 공격을 당했다(가령 보스턴과 반전운동 본부에서 그런 일이 있었다). 진보적인liberal 상원의원들과 대중매체는 미국 인도차이나전쟁의 합법성을 감히 의심하는 시위대를 비난했다. 평화운동과 급진적인 정치 세력의 중심지들은 폭격과 방화를 당했고, 사람들은 나중에 문명의 수준이 땅에 떨어졌다면서 '좌파의 독재'를 비난했다. 이 "한심한 자들serious people"(닉슨의 말)을 보고 있노라면 "과연 우리가 자유민주주의로 존속할 수 있겠는지 의문이 든다"는 것이다. 물론 리처드 닉슨은 아무 말도 하지 않았다. 그는 미국이 베트남에서 승리하지 못하면 언론의 자유가 영구히 파괴될 것이라고 경고하기에 바빴다. 만약 이 문제와 관련 있는 위선자에게 상을 주기로 한다면 닉슨은 등수 안에 들지도 못할 것이다.

이것은 전혀 새로운 일이 아니다. 조지프 매카시McCarthy, Joseph R.(1908~1957)가 《뉴욕타임스》를 공격했을 때와 이어《내셔널 가디언 *National Guardian*》²을 공격했을 때, 자유 언론의 옹호자들이 보였던 반응을 상기해보라. 매카시가 국내의 파괴 행위와 소련의 침략을 막기 위한 합법적 투쟁을 방해한다고 외친 호소를 한번 상기해보라. 로젠버그 Rosenberg 부부를 사법 살인한 사태*에 대한 일반 사람들의 반응을 한번 상기해보라. 워터게이트 음모자들의 실수는 20년 전에 있었던 매카시 청문회의 교훈을 유념하지 않았다는 것이다. 좌파, 공산당 나부랭이, 전후 시대의 탄압에 굴복한 자유주의적 반대파, 반反혁명 개입 정책을 반대하는 관료 등을 비난하는 것은 얼마든지 허용된다. 하지만 그런 비난의 무기를 미 군부를 향해 날린다면 그건 전혀 다른 얘기가 된다. 이 미묘한 분간을 제대로 하지 못했기 때문에 매카시는 금세 몰락하고 말았다. 최근의 사태 발전이 보여주듯이, 닉슨의 패거리는 그와 유사한 판단 실수를 저질렀다.

워터게이트 사건의 직접적 결과는 닉슨의 날개가 부러졌다는 것이다. 권력이 전통적 통치 집단 사이에서 폭넓게 공유되고, 의회가 행정부 조치에 제약을 가하고, 정치적 기상의 변화에 따라 법원이 행정부의 사법부 권한 침해를 거부했다.

---

* 공산당원이었던 전기기사 줄리어스 로젠버그Rosenberg, Julius(1918~1953)와 에설 로젠버그Rosenberg, Ethel Greenglass(1915~1953) 부부가 원자탄개발계획에 참여하고 있던 에설의 남자형제, 육군중사 데이비드 그린글래스에게 원자폭탄 제조 기밀을 빼내어 소련 측에 넘겼다는 혐의로 1951년 3월 6일 사형을 언도받았다. 로젠버그 부부의 유죄를 입증할 만한 명확한 증거가 없었고, 세계적으로 구명 운동이 일어나 로마 교황, 영국 의원단, 아인슈타인까지 구명을 탄원했으나, 1953년 6월 19일 싱싱교도소에서 전기의자로 처형되고 말았다. 미국에서 민간인이 간첩죄로 사형당한 최초의 사건이다. _편집자(브리태니커 백과사전, 네이버 지식백과, 위키백과 참조)

더욱 중요한 사실은 닉슨과 키신저가 그들 마음대로 캄보디아 사람들을 살해할 수 없게 되었다는 것이다. 그리하여 남베트남에서 거둔 것과 같은 부분적 성공을 캄보디아에서 거둘 수 없게 되었다. 남베트남의 경우 민간 사회에 대한 살인적 공격으로 인해 진정한 민중 세력이 크게 약화되었다. 1972년 크리스마스의 테러 폭격이 실패로 돌아가면서 닉슨과 키신저는 DRV/PRG*의 협상 정착안을 받아들일 수밖에 없었다(적어도 공식적으로는).[3] 하지만 그들은 1973년 1월의 파리협정을 깨뜨리려는 티에우 정권[1963년 남베트남의 응오딘지엠 정권을 쿠데타로 무너뜨린 뒤 정부 수반이 된 응우옌반티에우Nguyen Van Thieu, 阮文紹(1923~2001)가 이끄는 남베트남 정부_옮긴이]의 노력을 공개적으로 지원했다. 동시에 그들은 원주민 게릴라 운동을 파괴할 목적으로 폭격의 표적을 캄보디아로 돌렸다. 최근 1973년 4월, 상원의 비둘기파들은 닉슨의 전쟁 정책에 도전하기에는 "시기가 적절하지 않다"고 생각했다. 하지만 비둘기파는 그런 순응이 대통령의 권력에 "완전히 굴복하는 행위"라는 것을 잘 알았다.[4] 닉슨의 국내 입장이 약화되면서 미국의 전쟁에 반대하는 사람들이 법안을 제정할 수 있게 되었다. 전쟁 반대 집단들은 1968년의 설날 대공세 이래 베트남전이 미국 자본주의를 위한 의심쩍은 염가 흥정물이라는 인식을 갖게 되었다.

존 코널리Connally, John Bowden(1917~1993, 케네디 정부에서 해군장관, 닉슨 정부에서 재무장관을 맡았던 정치인_옮긴이)가 볼 때 "기이하면서도 울적

---

* DRV는 베트남민주공화국Democratic Republic of Vietnam, 프랑스 식민지였던 베트남에 1945년 호찌민이 주도하여 세운 나라다. 1954년 베트남 남북 분단 후 북위 17도선 이북의 북베트남을 통치했다. PRG는 1969년 6월 베트남 민족해방전선NLF · 민족평화연합 · 민족민주연합전선 등이 함께 세운 베트남남부공화임시혁명정부Provisional Revolutionary Government로, 남베트남에서 미국과 베트남공화국Republic of Vietnam에 맞서 싸웠다. _편집자(표준국어대사전, 네이버 지식백과, 위키백과 참조)

한 사실이 있다. 많은 우려를 낳고 있는 지속적인 수지 적자는 해마다 미국의 해외 군사비 순지출로 충분히 벌충된다. 그것은 다른 나라들이 미국에서 사 가는 군사 장비의 거래액을 훨씬 초과하는 것이다."[5] 이것을 기이하게 생각하는 합리적 제국주의자는, 닉슨과 키신저가 미국의 2차 세계대전 참전 기간과 같은 시간이 다 지나도록 "전쟁 규모를 단계적 축소"하지 않고 오히려 인도차이나의 혁명적 민족주의를 분쇄하는 사업에 계속 더 많은 자원을 투입하는 것이 전혀 이상하지 않을 것이다. 이런 사업은 앞으로도 계속될 테지만[6] 그 규모는 적어도 일정적으로는 축소될 것이다. 이것은 워터게이트의 가장 획기적인 성과다.

워터게이트로 인해 닉슨의 개인적 권위는 추락했다. 권력은 미국 정치의 본성을 잘 이해하는 사람들에게 돌아갈 것이다. 현재 벌어지고 있는 의회와 백악관 사이의 갈등은 장기적으로 보아 더욱 강력한 대통령의 권한을 확립해줄 것이다. 닉슨의 법적 전략은 승리하는 것인데 그 자신을 위한 것은 되지 못할지라도(그가 규칙을 위반했으므로) 대통령직을 위한 전략은 될 것이다. 그리하여 대통령직은 법의 힘이 미치지 못하는 곳에 자리 잡게 될 것이다. 법무장관 리처드 클라인딘스트Kleindienst, Richard Gordon(1923~2000), 존 에일리크먼Ehrlichman, John Daniel(1925~1999, 닉슨 대통령의 내무 담당 보좌관_옮긴이), 그리고 닉슨의 변호사들은 이 문제를 명확하게 제시했다. 그들이 가끔 그 사실을 부인하기는 하지만, 그들은 대통령이 그 어떤 법적 제약에도 구속당하지 않게 한다는 입장이다. 행정부만이 기소의 시점과 대상을 결정하고 법의 단속을 면제받는다. 국가 안보라는 명제를 꺼내놓으면 모든 장애가 사라져버린다.

따라서 대통령 측근들은 자신들의 소행을 정당화하기 위해 외국의 첩보나 국가 안보 문제를 넌지시 꺼내 들기만 하면 된다. 그러면 그들은 아무런 소추를 당하지 않는다. 어빈Ervin 위원회* 청문회의 가장 실망스러운 점은 펜타곤 문서의 공표와 관련하여 에일리크먼이 내놓은 "국가 안보 문제"를 추궁하지 못했다는 것이고, 또 그 문서를 대니얼 엘스버그 Ellsberg, Daniel(1931~, 미국의 군사 전문가로 베트남전을 비판하고자 1971년, 미군의 개입 과정이 드러난 펜타곤 비밀문서를 언론에 폭로했다_옮긴이)가 러시아 대사관에 건넸으리라고 에일리크먼이 암시한 데 대해 따지지 못했다는 것이다. 칼럼니스트 메리 맥그로리McGrory, Mary(1918~2004)는 백악관이 엘스버그 사건에 이런 과도한 대응을 한 것은 그것이 추가 폭로의 빌미가 되지 않을까 우려했기 때문이라는 그럴듯한 진단을 내놓았다. 예컨대 캄보디아에 대한 비밀 군사 공격이 낱낱이 밝혀질까 두려워했다는 것이다.

원칙적으로 대통령이라는 지위는 그가 한 일이 반대에 부딪히면 대통령 본인이 탄핵될 수도 있는 자리다. 하지만 대통령직에 대한 대중의 존경은 아주 뿌리 깊기 때문에 탄핵의 위협으로 간단히 사라질 것 같지 않다. 반체제, 계급의식, 심지어 비판적 사고를 질식시킬 수 있는 이런 효과적인 장치가 간단히 포기되지는 않을 것이다. 더욱이 의회는 국내 경제와 세계 체제를 관리할 능력이나 의지도 없다. 이런 일들은 생산과 경제 문제의 국제화, 닉슨-키신저 외교의 등장으로 새로운 차원으로 확대되었다. 닉슨-키신저 외교는 소련을 하급 구성원으로 받아들이면서 "전반적인 질서의 틀"(키신저가 좋아하는 용어)[7]에 편입시켰다. 이것은 종전 초기에 스탈린이 구상했던 방식과 비슷한 것이다. 따라서 닉슨의 가장 충실한 지역구는 전쟁 포로들과 소련의 정치국인 것으로 판명 났다.

만약 탄핵과 대통령의 절대 권력(물론 국가 안보라는 문제가 수반되겠지

---

* 상원의원 샘 어빈Ervin Jr., Samuel James(1896~1985)이 의장을 맡았던, 미 상원의 헌법적 권리에 관한 법사 분과위원회Judiciary Subcommittee on Constitutional Rights를 말한다. _편집자(위키백과 참조)

만) 중 어느 하나를 골라야 한다면, 후자가 이길 것으로 전망된다. 이렇게 하여 대통령은 전보다 더 반석 같은 지위를 누리게 될 것이다. 이것은 초강대국이 그 세력권 안에서 이데올로기를 단속하기 위하여 법을 무시해도 좋다는 독트린의 필연적 결과다.[8]

워터게이트 사건과 그 후에 펼쳐진 지저분한 후일담은 무의미하지 않다. 그것은 위기에 빠진 국가자본주의 체제가 얼마나 파시즘의 유혹에 약해지는가를 분명하게 보여준다. 워터게이트 사건이 터지기는 했지만 의미 있는 반응이 나오리라는 전망은 거의 없다. 왜냐하면 다음과 같은 여러 가지 이유가 있기 때문이다. 미국의 정치 이데올로기는 너무나 보수적이고, 민중을 기반으로 하는 정당이 없고, 대기업들에 집중된 경제적·정치적 권력을 대체할 수 있는 대안적 사회 세력이 없고, 법률 회사는 일방적으로 대기업들의 시중을 들고 있고, 지식 기술자들은 민간 부문에서든 국가기관에서든 대기업이 시키는 대로 행동한다. 기존 정치 체제에 대한 대안이 없기 때문에 반대 세력은 무기력해지고, 진보적인 인사들 내에서도 대통령직이 위축되면 국가라는 배가 표류하리라는 우려가 흘러나온다. 그리하여 행정부의 권력 집중은 계속될 것이고, 경제를 좌지우지하는 자들의 대변인들 역시 계속해서 행정부에 자리를 차지하고 자신들이 고안한 국내외 질서에 순응할 것이다.

비평가들이 지적했듯이, 닉슨의 전술은 양당 제도를 위협했다. 국민이 국가를 통치한다는 환상은 두 정치조직(민주당과 공화당) 중 어느 하나를 고를 수 있는 선택권에 따른 것이다. 하지만 양당의 이해관계는 별로 다르지 않으며 미디어 기업과 미국 사회의 제도 교육(드물게 예외가 있지만)을 통해 주입되는 신조의 범위 안에 있다. 닉슨의 전술은 안정과 복종의 전통적 토대를 훼손하는 것이지만, 그러면서도 대안 이데올로기로서 전체주의적 신조를 제공하지는 않는다.

하지만 매카시와 닉슨을 출세시킨 여건들은 그대로 존속한다. 우리와 세계를 위해 다행스럽게도, 매카시는 깡패에 지나지 않았고 닉슨 마피아는 우둔하고 천박하게도 용인할 수 있는 기만의 범위를 넘어서는 바람에, 미국에서 몰락하거나 흡수된 바 없는 힘센 세력들로부터 탄핵될 위기에 놓여 있다. 하지만 앞으로 정치적 혹은 경제적 위기가 닥쳐오면 이들과 유사한 인물이 등장하여 대중적 정치 기반을 조성하는 데 성공하고, 나아가 권력의 힘으로 사회·경제 세력들을 단합하여 이번에 백악관에서 구상된 계획들을 다시 시행할지 모른다. 또한 그는 국내의 적수들을 현명하게 선택함으로써 자신의 정치적 지반을 더욱 공고히 닦을지도 모른다.

닉슨의 앞잡이들은 1969~1970년에 국가가 내란 직전에 놓여 있었으므로 헌법의 테두리를 좀 더 넓힐 필요가 있다면서 정상 참작을 호소한다. 그 기간 동안에 소요가 있었던 것은 미국의 인도차이나 개입에 대한 반발 때문이었다. '제3세계의 개발'을 산업자본주의 입맛에 맞게 진행하려는 국내외 조건들은 달라진 것이 전혀 없다. 이런 조건들이 존속하는 한 권력 계승자들은 유사한 정책을 추진하려 들 것이다. 인도차이나 전쟁은 실패하여 크게 축소되었는데도 그 전쟁의 정책 논리는 한 번도 심각하게 도전을 받은 적이 없다. 이런 논리는 딘-콜슨 리스트에 올라 있는 대부분의 사람들이 공감하고, 여론을 주도하는 많은 인사들도 동의한다.

최근의 워터게이트 폭로에 대한 반응은 그런 위험을 잘 보여준다. 일반 대중의 관심이 워터게이트에 쏠려 있는 동안, 고들리Godley 대사는 하원에 나와 이런 증언을 했다. 즉 1만 5000명 내지 2만 명에 이르는 태국 용병이 미국에 의해 고용되어 라오스에 파견되었는데, 이것은 의회의 입법 권리를 명백하게 무시한 사안이다.[9] 파테트 라오에 대한 이런 증언은 서방에서 대부분 무시되거나 야유를 받았으며, 신문 보도나 대중의 분노를 끌어내지 못했다. 이 사태가 어빈위원회 청문회에서 밝혀진 그 어떤 사안보다 중요한 것인데도 말이다.

닉슨 행정부 초기부터 캄보디아와 라오스 북부를 폭격해왔다는 폭로는 지난 몇 달 동안 가장 중요한 논쟁거리였다.[10] 이 비밀 폭격처럼 대통령의 탄핵을 정당화해주는 사례도 없을 것이다. 하지만 이 경우, 반응은 오히려 다른 곳에 집중되었다. 의회 지도자들이나 언론의 시사평론가들은 사건 자체보다 은폐와 기만에 더 관심이 많았다. 의회는 섭섭하게도 그런 중대한 조치를 비준할 권리를 박탈당했다. 1969년 가을에 있었던 사이밍턴Symington 위원회(스튜어트 사이밍턴의 의장을 맡았던 상원 외교국방위원회_옮긴이)의 청문회를 연구한 사람이라면 의회가 기회만 있다면 이런 폭격과 침략 행위를 비준했으리라고 충분히 짐작할 것이다.

언론도 그 폭격과 관련하여 다른 쪽에 관심을 보였다. 라오스의 태국 용병들이 캄보디아로 수송되었고 캄보디아 전투의 부상자들이 이미 방콕 병원에 도착했다는 사실만 열심히 보도했다.[11] 언론은 과거의 기만 행위에만 관심을 기울일 뿐 중대한 현재 진행 사건들에는 관심이 없다. 이 사건이 동남아시아에 장기적인 파급 효과를 가져올 텐데도 말이다.[12] 자크 드코르누아Decornoy, Jacques 기자가 1968년 봄 북부 라오스의 도시와 마을이 집중적인 폭격을 당하고 있다는 사실을 《르몽드Le Monde》에 보도했을 때, 미국 언론은 이것을 추적하지 않았을 뿐만 아니라 드코르누아의 목격담을 인용하지도 않았다. 1970년 1월에 나온 캄보디아 정부의 백서는 미국과 ARVN(남베트남군 병사)의 공격을 자세히 서술했는데, 미국 언론에서는 큰 관심이나 흥미를 표시하지 않았다. 1969년 초 캄보디아 고무 농장에서 벌어진 대규모 고엽 작전, 미국 정부도 인정한(미국인 목격자가 마침 현장에 있었기 때문에) '오폭' 또한 언론의 관심을 끝지 못했다.[13] 정부의 기만에 대한 불평불만은 빈 계곡의 메아리에 지나지 않았다. 의회든 미국 언론의 사설란이든 침묵으로 일관했다.

그런데 더 냉소적인 것은 최근에 미국 정치제도의 건전성에 대하여 사람들이 열광하고 있다는 사실이다. 닉슨과 그 부하들이 기만적인 소행을 저지르고, 8월 15일까지 닉슨과 키신저가 캄보디아 사람들을 죽이고 그 땅을 파괴하도록 문명의 이름으로 허용한 것이 바로 미국의 정치제도인데도, 그것이 민주주의의 전범이고 아무런 고장 없이 잘 굴러가고 있다며 자화자찬하고 있는 것이다.

진보파 정치평론가들은 키신저가 워터게이트에 연루되지 않았다고 안도의 한숨을 내쉰다. 도청을 한 적은 있지만 워터게이트 사기극에 가담하지는 않았다는 것이다. 하지만 객관적 기준을 적용해 볼 때 키신저는 현대의 대량 학살자 중 한 사람이다. 그는 캄보디아의 확전을 주재했고(그 결과가 얼마나 처참했는지 이제 잘 알려져 있다), 라오스 농촌 지역에 대한 폭격을 무차별 증강했으며, 베트남에서 잔학 행위를 저질렀다. 인도차이나에서 제국주의의 승리를 거두기 위해 이런 짓을 저지른 것이다. 하지만 그는 워터게이트 도청 행위와 무관하고 에드 머스키 상원의원을 음해하려는 공작에 끼어들지 않았다. 그래서 그는 손이 깨끗하다는 논리다.

만약 우리가 어느 정도 균형 감각을 발휘하려고 한다면, 과거 몇 달 동안의 워터게이트 폭로는 이렇게 비유될 수 있을 것이다. 예컨대 워터게이트 사건은 살인 주식회사의 이사들이 살인 행위를 하는 가운데 저지른 소득세 포탈 정도에 지나지 않는다. 그것(조세 포탈_옮긴이)도 나쁜 짓이지만 죄상의 본질은 아닌 것이다.

07

역사 다시 만들기

이 글(원제 The Remaking of History)은《새로운 냉전을 향하여 : 베트남에서 레이건에 이르는 미국의 대외 정책*Towards a New Cold War : U.S. Foreign Policy from Vietnam to Reagan*》(New York : Pantheon Books, 1982; New York : The New Press, 2003), 144~164쪽에 처음 실렸다.

미국 제국주의는 인도차이나에서 엄청난 패배를 당했다. 하지만 제국주의라는 힘은 훨씬 유연성이 떨어지는 상대와 전쟁을 벌이고 있는데 그 상대는 바로 미국 국민들이다. 여기서 성공의 가능성은 훨씬 크다. 군사적 전투가 아니라 이데올로기의 전투이기 때문이다. 정말 중요한 것은 인도차이나전쟁에서 미국이 어떤 교훈을 이끌어낼 것인가 하는 점이다. 그 결과가 새로운 제국주의적 모험의 노선과 성격을 결정할 것이다.

미국이 사이공에 수립한 정부가 마침내 붕괴하자 일본의 유력지《아사히 신문》은 이런 논설을 실었다.

베트남전쟁은 모든 면에서 민족해방전쟁이었다. 강대국이 민족주의의 등장을 무한정 억누르던 시대는 이제 끝났다.

베트남전에 대한 이 논평은 정확한 것이다. 하지만 미래에 대한 전망은 너무 낙관적이라고 할 수 있다.

이 문제는 중요한 것이다. 강대국들은 미국의 베트남전 실패가 '민족주의의 등장을 억누르기 위해' 무력을 사용할 수 없게 되었다는 표시로 여기지 않는다. 베트남전쟁이 대실패로 끝나가던 시기에 미국은 다른 곳, 가령 인도네시아, 브라질, 칠레, 도미니카공화국 등에서는 뚜렷한 성공을 거두었다. 베트남의 교훈은 국제적 긴장 완화의 당사자들에게 제국의 권역에 대한 무자비한 억압을 완화해야 한다는 교훈을 가르쳐주지 못했다.

국가 폭력을 옹호하는 자들은 일반 대중이 제국주의적 정복과 지배에 별 이해관계가 없다는 것을 잘 알고 있다. 미국 사회를 좌지우지하는 사회·경제 집단에 어떤 이익을 가져다주든, 제국을 유지하는 데 드는 공공의 비용은 아주 높다. 따라서 미국의 힘을 세계 경영에 적시 투입하려면 일반 대중에게 호전적 애국주의를 부추기거나 아니면 군기를 바싹 잡아서 복종하도록 만들어야 한다.

여기에 인텔리겐치아(지식인이라는 뜻이나 촘스키는 주로 어용 지식인이라는 의미로 사용하고 있음_옮긴이)의 과제가 놓여 있다. 만약 미국이 인류의 이익을 위해 페르시아 만을 침공하기로 결정한다면 무식한 대중이 감정적·도덕적으로 반대해서는 안 되고, 나아가 저열한 시위 행위를 해서도 안 되는 것이다. 이데올로그들은 인도차이나전쟁과 그에 대한 저항으로부터 '엉뚱한 교훈'이 나오지 않도록 감시해야 한다.

베트남전쟁 기간에 국가의 이데올로그들과 일반 여론 사이에는 상당한 괴리가 있었다. 앞으로 여러 해 동안 세계 체제가 적절히 관리되려면 이 괴리를 메워야만 한다. 따라서 '맞대결을 피하면서' 일반 대중이 별로 의미도 없고 장기적 효과도 없는 문제들에 관심을 쏟도록 유도해야 한다. 선전전을 왕성하게 수행하여 미국의 무력 사용은(성공할 수만 있다면) 합법이라는 원칙이 재수립되도록 만들어야 한다.

만약 미국의 베트남 '개입'이 평화를 위협하는 중요한 범죄라는 사실이 제대로 알려지기만 한다면 앞으로 미국이 세계 경영을 내세우며 무력을 사용하는 행위에 높다란 이데올로기의 장벽을 세울 수 있다. 따라서 미국 제국주의의 원칙을 옹호하는 자들은 이런 인식이 널리 퍼지지 않도록 단속에 나서야 한다. 그들은 미국 정책의 우둔함 혹은 잔인함을 인정할 수는 있지만, 미국 개입의 불법성은 절대로 인정해서는 안 된다고 생각한다. 또한 미국이 1차적으로 베트남을 상대로, 이어 2차적으로 인도차이나 전역을 상대로 침략 전쟁을 벌였다는 사실을 철저히 은폐해야 한다고 생각한다. 이런 사실은 '큰 실패의 교훈'으로부터 완전히 제외되어야 한다. 국제 질서의 확립을 위해 무력과 폭력을 사용해온 중요한 문제와 직결되기 때문이다.

이런 금지된 문제를 추적하다 보면 미국 전쟁의 기원과 원인을 검토하게 된다. 현재 많은 관련 정보가 나와 있는데, 그로부터 나오는 결론은 비교적 명확하다. '도미노 이론'이라는 그럴듯한 전제 아래 다음과 같은 공포가 꿈틀거린다. 만약 인도차이나에서 공산주의가 사회적·경제적으로 성공을 거둔다면, 곧 동남아시아 본토와 나아가 인도네시아 및 남부 아시아까지 잠식된다는 것이다. 내부 정책 문건들을 살펴보면, 전쟁 기획자들은 각종 괴상한 도미노 이론을 활용하여 단시간 내에 일반 대중에게 공포감을 심어주었다. 그들은 전시 효과를 우려했고, 그것이 '이데올로기의 성공'으로 이어질지 모른다고 보았다.

한 지역에서 평등주의적이고 근대적인 혁명운동이 성공하면 그것은 다른 지역에서 본보기가 될 수 있다. 이것의 장기적인 효과로서, 동아시아의 주요 산업국가인 일본과, 미국의 세계 경영 체제에서 벗어난 아시아 국가들 사이에 맺어질 협력 관계도 우려의 대상이다. 그렇다면 결국에는 미국이 태평양전쟁에서 지는 꼴이 될 터였다. 1940년대 초반의 태평양전쟁은 일본이 미국을 배제한 채 '새로운 질서'를 창조하는 것을 막기 위한 것이었다. 확실히 이 문제는 복잡하다. 나는 이 문제를 다른 곳에서 좀 더 자세히 다뤘다.[1] 아무튼 이것(미국의 세계 경영 체제_옮긴이)이 문제의 핵심이다.

　미국 제국주의를 비난하면서도 공식 이데올로기의 틀 내에 머물 수 있다. 가령 제국주의를 추상적으로 '권력과 지배 의지' 따위로 설명하는 것이다. 이것은 중립적 범주로서 미국의 사회·경제적 체제의 실제 구조와는 아무 상관도 없다. 그래서 베트남전을 반대하는 사람은 이런 식으로 쓸 수 있다. "미국이 베트남에 개입한 것은 확장주의적, 제국주의적 이권의 승리다." "미국의 개입주의적, 반혁명적 정책은 제국주의 국가에서 중차대한 이익이 걸린 체제 유지를 위해 당연히 나올 법한 반응으로, 물질적 이득과는 별개로, 미국의 역사적 역할에 대해 이 나라가 품은 미래상을 표현한 것이다." 하지만 이런 비판에 대해 주류 학자나 시사평론가들은 "무책임하다"는 딱지를 붙이지 않는다. 왜냐하면 그다음에 이런 문장을 덧붙이기 때문이다. "강대한 미국이라는 미래상은 모든 제국주의적 전망이 그러하듯이, 다른 나라들에 대한 지배권을 행사하겠다는 의지에 뿌리를 내리고 있다. 그런 미래상을 품은 사람들의 의도는 어디까지나 관대한 것이다." 이 비판은 관대한 의도를 인정하면서 '지배'의 성격을 탐구하지 않기 때문에 지배를 사회적으로 중립적인 특징으로 만들어버린다. 그리하여 주류 학자나 시사평론가들은 이런 비판을 그런 대로 책임 있는 것으로 인정해주는 것이다.[2] 이 '지배권을 행사하려는 의지'를, 미국 사회 내의 특정 사회적·경제적 성분으로서 분석하려 들고 또 미국 사회 내의 권력 및 통제 구조와 연결하려 들면, 그때는 지배 이데올로기에 대한 위협이 된다.[3] 이런 문제를 제기하는 자는 '과격분자', '마르크스주의자', '경제 결정론자', '음모론자' 등등 진지한 문제를 냉철하게 다루지 못하는 논평가로 딱지가 붙으면서 정치 담론으로부터 배제된다.

간단히 말해서 제국주의적 침략을 반대할 경우, 허용 가능한 형태가 따로 있다. 가령 입안자들의 짧은 생각과 도덕적 실패, 그리고 그들이 그만 유혹에 빠져드는 추상적이고 보편적인 '지배권을 행사하려는 의지' 등은 비판할 수 있다. 하지만 미국이 세계 질서의 유지를 위해 무력을 사용할 수 있다는 원칙을 건드리면 그것은 정치 담론의 한계를 벗어난 것이 된다(세계 질서란 결국 미국 다국적기업들의 침투와 통제를 허용하는 '개방적' 질서를 말한다).

따라서 미국의 인텔리겐치아는 현재 여러 가지 주요한 과업을 맡고 있다. 그들은 전쟁의 역사를 다시 써야 하는 것이다. 미국의 베트남전쟁이 본질적으로 파괴전이었고, 그 과정에서 인도차이나 나머지 지역까지 확대된 전쟁이라는 사실을 숨기기 위해서 말이다. 이 침략 행위는 대중적인 항의와 저항 운동에 의해 제약을 받았다. 그런데 그 대중운동이 '점잖은' 범위를 벗어나서 효과적인 직접 행동으로 확대되자, 전에는 기성 체제의 정치적 대변인이었던 자들이 그 운동의 지도자로 자처하고 나서게 되었다. 결론적으로 미국 인텔리겐치아는 이런 원칙의 문제들을 정치 담론에서 모두 제외하려고 애쓰는 것이다. 그리하여 베트남전으로부터 아무런 교훈도 얻지 못하게 말이다.

이제 베트남전이 끝나가는 마당에 그 끔찍한 전쟁에서 어떤 결론을 끌어내야 할까? 이 문제를 아직 시기상조라고 여기는 사람들도 있다. 《뉴욕타임스》의 편집자들은 말한다.

역사의 여신 클리오Clio가 움직이는 방식은 냉철하고 시간이 걸리며 파악하기 어렵다……. 나중에, 시간이 많이 흐른 다음에 역사는 선과 악, 지혜로움과 어리석음, 이상과 허상이 뒤섞인 기나긴 베트남 이야기를 평가할 수 있을 것이다.

우리는 "역사의 역할을 선제 점령하려 해서는" 안 된다. 지금은 "겸손과 침묵과 기도를 올려야 할 시간"이다(1975년 4월 5일).
하지만 베트남전은 아주 우둔한 사람들에게도 도움이 되는 한 가지 교훈을 안겨주었다. 그것은 자유 언론의 소행을 신중하게 회의적인 시각으로 관찰해야 한다는 것이다. 위에 인용한 논설이 좋은 사례다. 편집자들은 이성과 절제를 요청했다. 누가 이런 주문에 반대할까? 하지만 그 논설을 좀 더 살펴보자.

반공 독립 남베트남을 보호하는 전쟁이 다르게 수행되었어야 했다고 믿는 미국인들이 있다. 남베트남이 반공 국가로 살아갈 수 있다고 믿는 것은 신화라고 여기면서 남베트남의 군사적 패배가 이런 정치적 분석의 타당성을 확인해준다고 말하는 미국인들도 있다. 이에 대한 논쟁이 10년이나 진행되었지만 해결되지 않은 채 계속되고 있다.

우리는 이 '복잡한 의견 불일치'에 대한 역사의 판결을 기다리며 침묵하고 기도해야 한다는 것이다.
《뉴욕타임스》 편집자들은 겸손한 나머지 클리오의 판결을 추측하지 않는다. 하지만 그들은 조심스럽게 이 문제를 규정한다. 매파는 베트남전이 이길 수도 있는 전쟁이었다고 주장하고, 비둘기파는 승산이 있었던 적은 한 번도 없었다고 대꾸한다. 책임 있는 사고방식의 한계인 두 상반되는 견해의 장단점에 대해 우리는 역사의 판단을 기다려야 한다.
그러나 제3의 입장도 가능하다. 즉 클리오의 최종 판결과 상관없이,

미국은 베트남의 내부 문제에 힘으로 개입할 법적·도덕적 권리가 아예 없다는 입장이다. 미국은 인도차이나를 재정복하려는 프랑스를 도와줄 권리가 없고, 1954년 제네바협정을 위반하면서 '자립 가능한 반공 남베트남'을 수립할 권리가 (성공 여부와 관계없이) 없고, 미국이 수립한 베트남 정부를 '보존'하기 위하여 무력과 폭력을 사용할 권리가 없다.

클리오가 내릴 수 있는 유일한 판결은 전술에 대한 판단이다. 우리가 이길 수 있었을까? 다른 질문들도 상상해볼 수 있을 것이다. 우리가 이겨야만 했을까? 우리가 그렇게 할 권리가 있는가? 우리가 범죄적 침략 행위를 저질렀는가? 하지만 《뉴욕타임스》는 이미 기본 규칙을 설정했고, 이런 질문은 토론에서 제외되었다.

겸손, 침묵, 기도를 요청하는 데에는 이유가 있다. 그 뚜렷한 목적은 논의를 전술의 문제 수준에 묶어두려는 것이다. 그래야 공식 이데올로기의 기본 원칙이 훼손되지 않는다. 그 원칙이란 전 세계 국가들 중에서 오로지 미국만이 무력으로 그 통치를 강제할 권위를 갖고 있다는 것이다. 따라서 이 기본 원칙에 도전하는 진정한 평화운동은 앞으로 논의에서 제외되어야 마땅하다. 그 운동은 《뉴욕타임스》 편집자들을 그토록 심란하게 만든 '복잡한 의견 불일치'에 포함되지도 못한다.

위에서 인용한 《뉴욕타임스》의 입장에 도전하는 편지가 단 한 통도 게재되지 않았다는 것은 흥미로운 일이다. 나는 '게재'라는 말을 강조하고 싶다. 내가 아는 한 적어도 그런 편지 한 통은 그 신문사로 발송되었고, 아마 여러 통이 발송되었을 것이다. 《뉴욕타임스》는 사설에 대한 다양한 독자의 반응을 실어주는데, 가령 핵폭격을 주장한 편지가 그 사례다(1975년 5월 4일). 하지만 이 유수한 신문에도 한계가 있는 것이다.

베트남전에 대한 논의를 이런 좁은 테두리 안에 묶어두고자 하는 신문이 《뉴욕타임스》 하나만은 아니다. 《크리스천 사이언스 모니터》는 이런 평가를 내놓았다.

> 본지를 포함하여 많은 목소리들이 공산주의의 승리를 비극으로 여
> 긴다. 미국의 베트남 개입은 명예로운 것이었으나 정치적, 군사적 단
> 계에서 실수와 판단 착오가 많았다. 다른 사람들은 이런 주장을 펼친
> 다. 미국이 오래전에 실수를 깨닫고 즉각 남베트남에서 철수하여 그
> 나라 사람들이 스스로 자신들의 문제를 해결하도록 했어야 했다. 이
> 두 가지 의견을 통합하는 견해도 있을 수 있다……(4월 22일).

위의 신문 기사는 반대 의견들도 《크리스천 사이언스 모니터》가 설
정한 기본 전제에는 다 동감한다고 가정하고, 단지 철수 시기에 대해서
만 의견을 달리한다고 말한다. 실제로 전국 규모의 신문은 대체로 이런
입장을 취하고 있다(물론 몇몇 명예로운 예외가 있기는 하다). 국가정책에 대
한 비판은 늘 환영이지만 일정한 한계 내에 머물러야 한다는 것이다. 아
서 슐레진저 같은 지식인은 미국이 승리할 것이라는 언론인 조지프 앨
숍Joseph Alsop(1910~1989)의 견해에 회의를 표명하면서, 이런 말을 덧붙
인다. "우리는 모두 앨숍 씨의 견해가 옳기를 기도한다." 올바른 생각을
하는 사람은 모두 미국 군대의 승리를 기도한다고 전제한다. 슐레진저
는 1967년에 이렇게 말했다. 미국 정책은 성공할 수도 있는데, 그럴 경
우 "폐허와 파괴의 땅"이 되어가는 베트남에서 승전을 거둔 "미국 정부
의 지혜와 지도력을 칭송해야 할 것이다."[4] 하지만 그는 승전이 어렵다
고 보았다. 만약 그가 미국은 실패한 사업을 빨리 접는 것이 좋다고 재
촉했더라면, 《크리스천 사이언스 모니터》는 뒤늦게 그의 견해도 자신들
의 견해 못지않게 설득력 있는 것이라고 말했으리라.

《워싱턴포스트》는 전국 규모 미디어 중에서 전쟁에 대해 가장 일관

된 비판자로 간주되어왔다. 이 신문은 베트남전이 끝나자 어떤 반응을 보였을까? '구출'이라는 제목이 붙은 1975년 4월 30일자 논설에서 《워싱턴포스트》는 우리가 이 "특별한 번뇌"의 의미를 "논의해볼 사치를 부릴 수 있다"고 말했다. 그러면서 미국 국민들은 "그 전쟁을 전반적으로 폭넓게 판단"해야 한다고 주장했다. 그러니까 긍정과 부정을 아우르는 균형 잡힌 판단이어야 한다는 것이다.

> 지난 몇 년 동안 베트남 정책의 실제 수행이 그릇되고 오도되고 심지어 비극적이기까지 했지만, 그래도 그 정책의 목적 중 일부는 옳았고 또 타당했다는 것을 부인할 수 없다. 특히 남베트남의 사람들이 그들 자신의 정부 형태와 사회질서를 자발적으로 결정하기를 바란 것은 옳은 일이었다. 미국 대중은 어떻게 선한 충동이 나쁜 정책으로 변질되었는지를 탐구할 자격과 의무가 있지만, 초창기의 좋은 동기를 모든 기억에서 추방해서는 안 된다. 베트남전의 근본적인 '교훈'은 우리가 태생적으로 나쁜 사람이라는 것이 아니라 때때로 엄청난 실수를 저지를 수 있는 사람이라는 것이다. 바로 이런 정신에 입각하여 베트남전에 대한 사후 분석이 진행되어야 한다. 비난을 자제하는 것에 그치지 않고 공정한 통찰력을 발휘하여 국가의 상처를 치유해야 한다.

"그릇되고", "오도되고", "비극적", "실수" 같은 핵심 낱말들을 주목하라. "공정한 통찰력"을 발휘하여 우리가 도달할 수 있는 판단이 고작 이것이다.

《워싱턴포스트》는 "정책의 목적 중 일부는 옳았고 또 타당했다"고 말한다. "남베트남의 사람들이 그들 자신의 정부 형태와 사회질서를 자발석으로 결정하기를" 바랐다는 것이다. 물론 베트남 사람들이 그런 목적을 달성할 수 있도록 돕는 일은 옳고 타당하다. 여기에 대해서는 이론異論이 없다. 하지만 "초창기의 좋은 동기"가 정확하게 언제 행동으로 나타났는가? 그 연대를 정확하게 짚으면서 그 과정에서 전쟁에 관한 몇 가지 중요한 사실들을 상기해보자.

그것은 1954년 이전의 시기였는가? 그 당시 우리가 남베트남 사람들을 도와주려 했는가? 《워싱턴포스트》의 편집자들이 이 시기를 생각했을 것 같지는 않다. 그 당시 미국은 인도차이나를 재정복하려는 프랑스를 지원했다.[5] 트루먼 행정부의 국무장관 딘 애치슨Acheson, Dean은 이것이 성공하려면 "결국 원주민들의 저항을 극복해야 한다"고 말했다. 베트남 저항군은 호찌민이 이끌고 있었는데, 미국은 호찌민의 지원 요청을 거절한 바 있었다. 그가 베트남 민족주의 세력의 지도자로서 엄청난 민중의 지지를 받고 있다는 사실은 아무도 의심하지 않았다. 하지만 애치슨은 "호찌민이 민족주의자냐 공산주의자냐는 상관없는 문제"라면서도 "그는 골수 빨갱이다"라고 말했다. 미국은 "인도차이나가 공산주의에 물드는 것을 막기로"(딘 애치슨의 말) 결심한 프랑스를 지원해야 했다. 이런 조치는 남베트남 사람들 스스로 자신들의 운명을 결정하도록 돕는다는 취지와는 전혀 연결되지 않는다.

어쩌면 우리의 "초창기의 좋은 동기"가 발휘된 것은 제네바협정 이후일지도 모른다. 하지만 이것도 별 설득력 없는 주장이다. 협정의 잉크가 마르기도 전에 미국 국가안전보장회의는 정치적 합의를 훼손하는 체제 전복 프로그램을 채택하면서, "무장 공격이 아닌, 현지 공산주의자의 체제 전복 행위 혹은 반란을 패배시키기 위하여" 군사력을 사용할 수 있다(단 의회의 승인을 받은 후)고 의결했다. 그것은 '현지의 최고 법률'을 직접적으로 위반하는 것이었다. 이런 군사력은 "현지에서 사용될 수 있고 아니면 (공산 중국 등) 전복 행위와 반란의 외부적 원천에 대항해서도"

사용될 수 있었다. 미국이 지원하는 응오딘지엠 정권은 제네바협정을 무시하고 폭력적이며 유혈적인 탄압을 자행했다. 그것도 과거 프랑스 식민주의를 무너뜨리는 저항운동에 참여했던 남부 세력들을 향해서 말이다. 이 학살은 꽤나 성공을 거둔 모양이었다. 하지만 1959년에 이르러, 전前 베트민 세력은 제네바협정이 준수될지 모른다는 희망을 버리고 무장투쟁에 복귀했다. 당연히 워싱턴에서는 항의가 빗발쳤다. 이렇게 볼 때 이때 또한 미국이 남베트남 사람들의 자결권을 깊이 존중해준 시기는 아니다.

어쩌면《워싱턴포스트》는 1960년대 초반을 가리키는지도 모른다. 이 당시 미 관리들은 남베트남 인구의 절반 정도가 민족해방전선NLF을 지지한다고 추산했다. 펜타곤 문서 속의 역사학자는 이렇게 말한다. "오로지 베트콩만이 농촌 지역에서 폭넓은 지지와 영향력을 갖고 있었다." 농촌은 인구의 80퍼센트가 사는 지역이었다. 케네디 대통령은 응오딘지엠 정권을 붕괴시키려는 "전복 행위 혹은 반란"을 진압하기 위해 미군을 파견했다. 펜타곤 문서는 응오딘지엠 정권이 "본질적으로 미군의 창조물"이라고 서술했다. 1962년에 이르러 미 조종사들이 전투 비행의 30퍼센트를 담당하면서 '베트콩' 게릴라와 그들을 지지하는 농민들을 공격했다. 미국에 의해 조직, 훈련, 자문, 공급된 현지군은 인구의 3분의 1을 '전략 마을'로 강제 이주시켰다. 행정부의 대표 비둘기파인 로저 힐스먼은 남베트남 사람들이 그 전략 마을에서 남베트남 정부와 베트콩을 "자유롭게 선택"할 수 있었다고 말했다. 하지만 이 관대한 조치가 경찰의 비효율적 업무 처리 때문에 실패했다고 힐스먼은 설명한다. 사람들이 모여 있는 마을에서 베트콩 정치 선동가를 제거한다는 것은 불가능했다. 베트콩 선동가—주민들의 형제나 사촌—가 제거되지 않은 곳에서 어떻게 남베트남 정부와 베트콩을 '자유 선택'할 수 있겠는가?[6]

이때도 초창기의 좋은 동기가 발휘되던 시기가 아님은 분명하다.

공식 선전에 의하면 1963년 11월 군사 쿠데타로 응오딘지엠 정권이 전복되면서 남베트남은 마침내 민주주의의 길로 나아갔다. 하지만 이때도 《워싱턴포스트》가 말한 초창기의 좋은 동기를 발휘한 시기는 아니다.[7] 1964년 내내 NLF는 연합 정부 구성안과 중립적 프로그램을 담은 라오스 방식의 해결안을 제안했다. 하지만 미국은 내부 문서에서 말한 "시기상조인 협상"을 피하려고 요리조리 내빼고 있었다. 미 정부 연구자인 더글러스 파이크는 그렇게 회피한 이유로 남베트남의 비非공산주의자들이 불교 신자들을 제외하고는 그 누구도 연합 정부에 들어가지 않으려 했기 때문이라고 설명했다. "만약 연정에 참여하면 고래가 잔챙이를 모두 잡아먹을 것"이라고 우려했다는 것이다. '불교 신자들'(즉 정치적으로 조직된 불교도 집단)에 대하여 웨스트모어랜드 장군은 그해 9월 이렇게 말했다. "그들은 민족의 이익을 위해서 행동하는 자들이 아니다." 펜타곤의 역사학자에 의하면 헨리 캐벗 로지Lodge, Henry Cabot(1902 ~1985, 기자 출신 정치인으로 1963~1964년, 1965~1967년 남베트남 주재 미국 대사_옮긴이) 대사는 "불교도들은 당원증을 가지고 다니는 공산주의자나 다름없다"고 말했다. 미국의 입장은 남베트남의 두 정치 세력인 남부의 '고래'와 불교도 집단이 정부 형태와 사회질서를 결정하지 못하게 해야 한다는 것이었다. 오로지 미국만이 '베트남 민족의 이익'을 이해한다는 입장이었다. 이렇게 하여 미국은 잔챙이의 힘을 키우는 일에 주력하게 되는데, 당시 칸Nguyen Khanh(1927~) 장군과 군사협의회가 그 잔챙이였다. 로지 대사는 말했다. "우리는 가지고 있는 게 장군들밖에 없다." 맥스웰 테일러Taylor, Maxwell Davenport(1901~1987, 육군 장성 출신으로 1964~ 1965년 남베트남 주재 미국 대사_옮긴이) 대사는 좀 더 자세히 설명했다. "군대는 베트남 사회를 안정시킬 수 있는 유일한 요소다."

1965년 1월에 이르러 그 잔챙이마저 미국의 손아귀에서 빠져나가려고 버둥거렸다. 테일러 대사의 회고록에 의하면[8], 1965년 1월 말에 이르러 "미 정부는 칸 장군을 신임하지 않게 되었다." 그리고 칸은 "아주 실망스러운 인물이었다." 베트남의 "조지 워싱턴"이 될 수도 있었는데 "강한 성품과 성실성"을 갖추지 못해 몇 주 뒤 그만두게 했다는 것이다. 칸의 성품과 성실성 부족은 그 운명의 1월에 분명하게 드러났다. 테일러는 당시 칸이 추진하려 한 "위험스러운 칸-불교도 동맹은 우리가 함께할 수 없는 비우호적 정부의 설립을 의미했다"라고 설명했다.

실제로 계획 이상의 진전이 있었다. 칸은 분명 NLF와 정치적 해결에 가까이 다가가 있었다. '남베트남의 날'(1975년 1월 26일)을 맞이하여 파리에서 연설하면서, 칸 장군은 10년 전 "외세"가 "민족적 화해"에 대한 그의 "희망을 무시하고 남베트남의 적대적 세력들 사이의 합의"를 무산시켰다고 말했다. 그는 자신의 주장을 뒷받침하기 위하여 당시 NLF의 중앙위원회 부의장인 후인 딴 팟Huynh Tan Phat(1913~1989)이 자신에게 보낸 1965년 1월 28일의 편지를 공개했다. 그것은 칸이 그에 앞서 보낸 편지에 대한 답신이었다. 팟은 "미국은 남베트남 문제를 남베트남 사람들에게 맡겨야 한다"는 칸의 명시적 요구 사항을 지지한다고 밝히고, "남베트남 내정에 외세가 개입해서는 안 된다"는 입장에 동조한다고 썼다. 팟은 "외세에 대항하여 국가의 주권과 독립을 쟁취하기 위한 〔칸의〕 투쟁"에 NLF는 기꺼이 동참한다고 말했다. 칸은 이런 협상이 미국에 대하여 베트남 국민을 단결하게 만들고, 그리하여 전쟁을 끝낼 수 있었으리라고 말했다. 하지만 이 서신 교환이 있고서 한 달도 못 되어 칸은 "외세의 압력으로 내 조국을 떠나야 했다."

펜타곤 문서에 의하면 1월 하순, 웨스트모어랜드 장군은 "남베트남 내에서 전투를 하는 데 미군을 사용해도 좋다는 최초의 승인"을 얻었고

"비상시 미 제트기를 이용하여 폭격해도 좋다는 허가"를 얻었다(하지만 이때는 미군이 남베트남을 폭격하기 시작한 지 3년이 되던 해였다). 그 시기는 우연이 아니었다. 남베트남 사람들 사이의 정치적 타결을 막기 위하여 미국은 2월에 남베트남을 정기적으로 또 조직적으로 폭격했다(발표된 북베트남 폭격보다 3배 이상 큰 규모). 그리고 얼마 지나지 않아 미 원정군이 남베트남을 침공했다.

간단히 말해서 응오딘지엠이 쿠데타로 실각하고 1965년 초 미군이 침공할 때까지, 미국이 남베트남 사람들 스스로 미래를 결정하도록 돕기 위해 초창기의 좋은 동기에 따라 행동한 적은 없었다.

그럼 1965년 2월 이후는 어떨까? 여기서는 그런 질문을 던진다는 것 자체가 웃기는 이야기다.

1973년 1월 대통령 선거가 끝난 직후 닉슨과 키신저는 그 전해 11월 그토록 수정하려 했던 평화 협상안들을 받아들일 수밖에 없었다. 어쩌면 이 시기가 《워싱턴포스트》 편집자들이 말하는 시기의 시초일지 모른다. 하지만 또다시 객관적 사실들은 정반대의 상황을 보여준다.[9]

그렇다면 베트남전의 마지막 나날에 미국은 남베트남의 자결권을 보장해주려 했을까? 실제로 《워싱턴포스트》 편집자들은 이렇게 말했다. "오랜 세월에 걸친 미국의 베트남 개입 마지막 단계는 뚜렷한 특색을 보인다……. 왜냐하면 이 짧은 단계에서 미국은 책임감과 배려를 발휘"하여 미국인들과 수천 명의 베트남 사람들을 이동시켰기 때문이다. "또한 미국은 마지막 단계에서 베트남 사람들이 더 이상 고통당하지 않도록 정치적 타결을 촉진하려고 노력했다. 그것은 순수하면서도 이타적인 노력이었다."

아주 감동적인 이야기다. 논의의 편의를 위해서 그 순수하면서도 이타적인 노력의 진정성을 인정한다 하더라도 그것은 미국의 베트남 개입이 선과 악의 혼합이었음을 증명한다. 자, 그러면 맞비난이나 통찰이나 공정성 같은 것은 따지지 말자. 그리고 우리의 '초창기의 동기'는 '베트남 인민의 자결권'을 돕기 위한 것이었으며, '미국 정책의 일부는 옳았고, 또 타당했다'고 치자. 어쨌든 우리의 '좋은 동기'가 역사의 아이러니에 의하여 '나쁜 정책으로 변질되었다'는 판단 아래, 우리가 비극적 실수를 저질렀음을 깨달으면서 국가의 상처를 치유하는 데 논의의 초점을 맞추어보자.

미국 정부는 베트남에서 (부분적으로) 패배를 당했지만 미국 국내에서는 찰과상을 입은 것에 지나지 않는다. 미국의 지식인 엘리트들은 자기반성 따위는 할 필요 없이 최근의 사건을 자유롭게 해석할 수 있다.

요즘 홍수처럼 쏟아져나오는 '베트남의 교훈' 논설들 속에서 정직한 자기 평가의 글은 찾아보기 어렵다. 제임스 레스턴은 최근의 대실패에 관한 '진실'을 다음과 같이 설명한다.

> 진실을 말하자면 이렇다. 미국 정부는 스스로 실수를 저지른 데다가, 덧붙여서 북베트남에 기만당했다. 그들은 파리협정을 파기했다. 남베트남 사람들도 미국을 기만하기는 마찬가지였는데 그들은 파리협정을 파기했을 뿐만 아니라 사전 통지도 없이 자신들의 나라 대부분을 포기했다.(《뉴욕타임스》, 1975년 4월 4일)

미국은 실수를 저질렀을 뿐이지만 남북 베트남은 준수하기로 한 협정을 지키지 않은 죄를 저질렀다는 말이다. 사실은 약간 다르다. 파리협정이 조인되었을 때 백악관은 미국이 서명을 강요당한 그 문서에 명시된 주요 원칙을 거부한다고 밝혔다.[10]

미국은 티에우 정권을 지원하기 위해 남베트남 내에서 대규모 탄압을 펼치고 또 남베트남 내의 나머지 지역들을 점령하기 위해 군사적 행동을 취함으로써 파리협정을 위반했다. 1974년 여름 미국 관리들은 이런 노력이 성공을 거둔 것에 대하여 만족감을 표시했다. 티에우 정권은 미군의 막대한 군사원조 덕분에 확보한 엄청난 군사적 우위를 활용하여 PRG가 다스리던 지역의 약 15퍼센트를 정복했다. 미군 관리들은 앞으로도 승승장구할 것이라고 기대했다.[11]

하지만 이런 것들은 미국이 파리협정을 위배한 사례로 간주되지 않았다. 이런 범죄를 저지르는 것은 오로지 남북 베트남 사람들뿐이었다. 이것은 신조의 문제다. 객관적 사실이 어찌 되었든 말이다.

더욱이 "우리 베트남 사람들"은 파리협정을 파기했을 뿐만 아니라 사전 통지도 없이 자신들의 나라 대부분을 포기했다. 레스턴은 이런 불평을 했다. "티우 정부는 마지막에 정당하게 행동할 기회를 포드 대통령에게 주지 않았다. 티우 정부는 일방적인 퇴각을 명령했고, 텔레비전 카메라를 불러들여 인명 피해에 대하여 미국을 비난했다." 이 베트남 사람들은 얼마나 고마워할 줄 모르는 무가치한 사람들인가. 순진무구한 포드는 또다시 기만당한 것이다. "그는 자신의 나라에 불공평하다고 할 정도로 행동했다. 포드는 동남아시아의 대학살에 마치 미국이 책임 있는 것 같은 인상을 남겼다." 우리가 그처럼 황당무계하게 비난을 받아야 하다니……

여러 해가 지나간 뒤에도 이 고상한 지식인에게 별로 다른 것을 기대할 수가 없다. 그러면 《뉴욕타임스》의 주된 비둘기파인 앤서니 루이스 Lewis, Anthony에게로 시선을 돌려보자. 그는 1970년대에 전쟁을 진지하게 효과적으로 비판한 사람인데 베트남전의 역사를 요약하면서 이렇게 결론 내렸다.

인도차이나에 대한 미국의 초창기 결정은 선을 행하려 한 서투른 노력으로 간주될 수 있다. 하지만 1969년에 이르러서는 대부분의 미국 사람들과 대부분의 세상 사람들에게 베트남 개입이 치명적 실수라는 게 분명해졌다.

의회와 대부분의 미국 사람들은 "동남아시아 개입이 처음부터 실수였다는 것을 이제 알고 있다." "남베트남에 미국식 국가를 세우겠다는 생각은 망상이었다." "그것은 통하지 않는 계획이고 아무리 많은 무기와 달러와 인명을 투입해도 성공시킬 수가 없다." 오로지 포드와 키신저만이 잘못으로부터 교훈을 배우지 못했다. 베트남의 교훈은 이런 것이다. "기만은 통하지 않는다. 다른 세기, 다른 나라에서는 통했을지 모르나 20세기 말의 미국에서는 통하지 않는다." 그리하여 "전쟁이 끝난 마당에 확인되는 중요한 요소는 그동안 내내 참사의 원인이었던 바로 그 요소다. 미국 관리들은 남들뿐만 아니라 우리 자신도 속여왔던 것이다." 이것은 "전반적으로 무엇이 잘못되었는지 들여다보는 통찰의 창문이 되어야 한다." 루이스는 런던 《선데이타임스Sunday Times》의 판단을 수긍하면서 인용한다. "아시아 정책에 감추어진 엄청난 거짓말은 그 정책의 실패 못지않게 미국 사회와 미국의 평판에 손상을 입혔다."[12]

따라서 교훈은 실수와 거짓말을 피하고 성공할 수 있는 정책, 정직한 정책을 추구하는 것이다. 만약 우리의 초창기 노력들이 그처럼 '서투른 실수'가 아니었더라면 그 노력들은 합법적인 것으로 여겨졌을 것이다. 하지만 그 노력에는 다음과 같은 사항들이 포함되었다. 1954년 이후 응오딘지엠 정권이 자행한 탄압을 지지한 것, 1960년대 초 미군과 미군이 훈련하고 지휘한 병력이 수행한 전투 작전, 전략 마을 프로그램, 1962년 폭격을 가하여 10만 명 이상의 산간 부족을 '안전 지대'로 몰아넣은 것

등. 버나드 폴의 추산에 의하면 북베트남의 정규군 1개 대대가 남베트남에서 발견되기 전 1965년 4월까지 16만 이상의 '베트콩'들이 "미군 장갑차, 네이팜탄, 제트 폭격기, 구토 가스" 등에 의해서 괴멸되었다.[13] 그러니까 이 모든 것이 "선을 행하려 한 서투른 노력"이었다. 그리고 **1969년에 가서야** 우리는 '개입'이 '치명적 실수'라는 것을 깨닫게 되었다.

마지막으로 《뉴리퍼블릭New Republic》(4월 25일자)의 정규 논평가인 TRB(본명 리처드 스트라우트Strout, Richard)의 생각을 한번 살펴보자. 그는 파리에 건너가서 히틀러의 범죄 행위를 기록한 기념비들을 방문한 후 이 글을 썼다. 그의 글에는 정서적 충격이 흘러넘친다. "나는 정신병적인 히틀러 집단을 증오한다. 나는 독일인들을 결코 용서하지 못할 것 같다." 그는 계속해서 말한다. "다른 나라들도 이성을 잃었다. 이 나라는 기요틴의 나라가 아닌가? 이어 나는 베트남을 생각했다."

마침내 누군가가 베트남전쟁의 **범죄적** 성격을 생각하기 시작했다. 하지만 그것은 그리 오래가지 않는다. 다음 문장은 이렇게 되어 있다. "그것은 사악함이 아니라 어리석음이었다." 그것은 "미국 역사상 가장 큰 실수 중의 하나"였다. 이어 주제가 나온다. "그 오래된 비극을 생생하게 살피는 것은 시련의 경험이었지만 그것에 정면으로 맞서는 것은 용감한 행위다." 우리가 이렇게 한다면 "새로운 성숙의 새벽 혹은 새로운 성년이 다가올 것이다."

하지만 우리의 '용감한 행위'는 별로 멀리 나아가지 못한다. 우리의 '새로운 성숙'은 우리의 근본적인 선의를 의심하는 태도를 용납하지 못한다.

TRB가 "정신병적인 히틀러 집단"을 거론했으니 그가 그토록 증오하는 나치 범죄자들의 자기 판단을 한번 거론해보자. 하인리히 힘러 Himmler, Heinrich(1900~1945, 나치스 친위대장, 내무장관으로 유대인 학살의 최고 책임자_옮긴이)는 유대인 대학살에 대하여 이렇게 말했다.

> 이것을 경험하면서도—인간적 약점이 드러난 사례들을 제외하고
> —선의의 상태로 남으려는 것, 그것은 우리를 강인하게 만들었다. 이
> 것은 결코 문자로 기록되지 않을, 우리 역사의 영광스러운 장이다.[14]

힐러의 기준으로 볼 때, 미국 정부의 강인함은 칭송받을 만하다. 우
리는 이것을 경험하면서도 선의의 상태로 남았다. 실수를 하기는 했지
만 근본적으로 선의를 갖고 있었다. 만약 우리의 강인함을 의심하는 자
가 있다면 캄보디아 사람들에게 가서 물어보라고 하라.

물론 우리에게도 인간적 약점이 드러난 사례들이 있었다. 우리의 기
준으로 볼 때 밀라이My Lai가 그런 사례였다. 하지만 우리의 사법제도가
발동하여 범죄자들은 적절히 처벌되었다. 우리가 야마시타 도모유키山
下奉文(1885~1946, '말라야의 호랑이'라는 별명이 있었던 일본군 장군_옮긴이)
장군에게 적용한 것과 동일한 기준을 적용하지 않은 것은 사실이다. 야
마시타는 필리핀 전쟁의 마지막 몇 달 동안 자신이 직접 지휘하지도 않
은 부대들이 저지른 범죄 때문에 교수형을 당했다. 이에 비해 캘리
Calley, William 소위는 상당 기간 가택 연금을 당했을 뿐이다. 하지만 법
의 기다란 팔은 **스피디 익스프레스**SPEEDY EXPRESS 작전에 가담한 자들에
게까지는 미치지 못했다. 이 작전은 1969년 초 삼각주 지역의 끼엔호아
Kien Hoa 성省에서 벌어진 것으로서 1만 1000명의 남베트남 사람들을 학
살하고, 750정의 무기를 포획하고, NLF가 구축한 정치·사회 조직을 파
괴한 작전이다(과연 이런 작전을 남베트남 사람들의 자결권을 돕기 위한 행동이
라고 할 수 있을까). 이 작전은 선의善意 그 이상의 의미가 있었다. 에이브
럼스Abrams 장군은 그 지휘관들을 칭찬하며 이렇게 말했다. "이 사단의

작전 수행은 정말 대단하다."[15] 우리는 역사 기록자들이 미국 역사를 조명하면서 이 영광스러운 장을 기록할 것이라고 확신할 수 있다.

우리의 존경스러운 비둘기파는 매파와 일부 근본적인 전제 사항을 공유한다. 그러니까 미국 정부는 명예롭다는 것이다. 정부가 실수는 저질러도 범죄는 저지르지 않는다는 것이다. 미국 정부는 끊임없이 기만을 당하고 종종 어리석기도 하다. 체스터 쿠퍼의 말에 의하면 우리는 동맹국과 보호국들을 다루는 데 너무 "순진하고 이상주의적"이다. 하지만 사악한 적은 결코 없었다. 다른 나라들처럼 사회 지배 집단의 이해관계를 지켜줄 목적으로 행동하지 않는다. 찰스 볼렌Bohlen, Charles Eustis (1904~1974, 미국 외교관으로 소련 전문가_옮긴이) 대사는 1969년 컬럼비아 대학 강연에서 "〔미국의〕 정책을 설명하는 데 따르는 한 가지 어려움에 대해 이렇게 말했다. "우리의 정책은 미국의 물질적 이해관계에 뿌리를 내리고 있지 않다. 하지만 과거에 다른 나라들의 대외 정책은 모두 그런 이해관계를 바탕으로 한 것이었다."[16] 공식적인 적국들 혹은 강대국들을 분석하고 평가하는 지적·도덕적 기준들을 미국에 적용하려 드는 자는 "과격한 자들", "무책임한 자들", "감정적인 자들"일 뿐이다.

미국 국민 대다수가 합법적 비판의 울타리를 벗어나서, 베트남전을 전술적 실수가 아니라 부도덕한 전쟁이라고 생각한다는 것은 의미심장한 일이다. 하지만 지식인들은 그들의 사회적 역할을 의식하여 공식적 이데올로기에 순종하는 자세를 보이고 있다. 이것은 언론이나 학술지의 논평에서 분명하게 드러난다. 여론 조사는 교육 수준과 반전 태도 사이에 부정적 상관관계가 있음을 보여준다. 특히 미군 철수를 한결같이 주장해온 주된 반전 세력의 교육 수준은 그리 높지 않다. 하지만 이런 부정적 상관관계는 전쟁을 대놓고 반대하는 사람들 중에 사회 특권층도 있다는 사실 때문에 흐려진다. 인텔리겐치아가 더 국가 이데올로기에 복종하는 현상은 '미국 지식인 엘리트'에 대한 최근 연구에서도 드러난다.[17] 미국 지식인 엘리트라는 어리석은 개념은 용납하기 어려우나 논의의 편의를 위해 받아들이기로 하자. 이 최신 연구는 이미 예상된 바와 같이, 심오한 사상가들이 '실용적'인 이유에서 전쟁을 반대한다는 것을 보여주었다. 좀 더 솔직하게 털어놓고 말하자면, 지식인 엘리트들은 우리가 면책이 어렵다거나(적어도 설날 대공세 이후에는) 혹은 전쟁 비용이 너무 높다(많은 희생자를 낼 뿐 효과를 거두지 못한다)고 느낀다는 것이다.

미국의 인도차이나 정책의 본질적 특징은 전쟁의 막바지에 벌어진 마야구에즈Mayagüez 호 사건에 의하여 분명하게 드러났다. 1975년 5월 12일 미국 상선 마야구에즈 호는 캄보디아의 어느 섬 연안 3마일 지점(선장의 주장에 의하면 7마일)에서 캄보디아 경비정에 나포되었다. 5월 14일 자정 직후(미국 동부에서는 낮 시간), 미국 비행기들이 캄보디아 포함 3척을 격침했다. 그날 오후 유엔 사무총장은 양측에 무력행사를 자제하라고 요청했다. 오후 7시 7분 캄보디아 라디오는 나포된 배를 풀어주겠다고 보도했다. 몇 분 뒤 해병대가 땅Tang 섬에 침투하여 근처의 버려진 배에 승선했다. 오후 10시 45분 마야구에즈 호의 선원들을 실은 배가 미 구축함 윌슨 호에 다가왔다. 그 직후 미국 비행기들이 캄보디아 본토를 공격했다. 윌슨 호의 함장이 백악관에 마야구에즈 호의 선원들이 안전하다고 보고한 지 43분 후 민간인을 상대로 한 두 번째 공격이 벌어졌다. 미 해병대는 치열한 전투 끝에 철수했다. 펜타곤은 가장 무거운 1만 5000파운드 폭탄이 사용되었다고 발표했다. 펜타곤에 의하면 그 작전으로 미군 병사 41명이 목숨을 잃었다(부상 50명). 캄보디아 사망자의 숫자는 알려지지 않았다.

며칠 뒤 신문에는 거의 보도되지 않은 사건이 벌어졌다. 미 해안경비대가 폴란드 어선 칼마르Kalmar 호에 승선하여 그 배를 샌프란시스코로 몰아갔다. 그 배는 미국의 전관수역인 12마일 범위 안 2마일 지점에서 조업을 하고 있었다. 선원들은 무장 경비대원의 감시 아래 배에 감금되었다. 법원은 형량을 심리했는데, 어선과 화물 매각까지 포함하는 징벌을 받을 수도 있었다. 이와 유사한 사건이 많이 있다. 1975년 1월의 어느 주에, 에콰도르는 미국 참치잡이 배 7척을 해상 100마일 지점에서 나포하여 무거운 벌금을 매겼다고 한다.

포드 대통령은 5월 19일의 인터뷰에서 이런 말을 했다. 미국은 캄보디아 포함들이 마야구에즈 호 사건 며칠 전에도 파나마 배와 남한 배를 나포했다가 배와 선원들을 무사히 풀어준 사실을 알고 있다는 것이다. 키신저는 미국이 보험회사들에 캄보디아가 그 해역을 경비하고 있다는 사실을 통보한 바 있다고 주장했다. 하지만 미국 해양보험협회 회장은 그런 '사전 경고'를 확인해주지 못했다.

분명 칼마르 호와 마야구에즈 호는 서로 비교할 수 있는 사안이 아니다. 캄보디아는 미국에 직접적인 책임이 있는 전쟁에서 막 빠져나온 상태였다. 20년 동안 캄보디아는 미국의 파괴, 학살, 끔찍한 공습, 직접 침공의 희생자였다. 캄보디아는 미국의 적대적 행위가 아직도 계속되고 있다고 발표했고 그런 행위로 정탐 비행, "전복적인 사보타주와 파괴 행위," 미 스파이 선박의 해안 침투 등을 들었다. 미국의 스파이 선박이 "거의 매일 정탐 활동을 벌인다"는 것이었다. 캄보디아의 주장에 의하면, 태국과 캄보디아계 사람들이 상륙해 정탐 요원들과 접촉했고, 그들은 자신들이 CIA에 고용되었다고 자백했다. 이런 비난이 사실인지 여부는 차치하더라도, 캄보디아가 과거의 역사와 현재의 행위 등을 감안하여 미국의 전복 기도와 개입을 극도로 경계한다는 것은 분명하다. 이와 대조적으로 폴란드는 미국의 안보나 영토에 전혀 위협을 주지 않는다.

키신저에 따르면 미국은 '굴욕적 논쟁'을 피하기 위해 군사력을 사용했다. 하지만 그는 미국 헌법이 평화와 안보에 위협을 느끼면 '굴욕적인 논쟁'과 기타 평화적 수단에 의존하라고 규정한 사실을 언급하지 않았다. 미국은 법적 의무를 알고 있었기 때문에 유엔 안전보장이사회에 무력 침공에 대한 자위권을 발동했다고 통보했다. 하지만 국제법에 비추어 볼 때, 과연 캄보디아의 행동을 미국에 대한 '무장 공격'으로 볼 수 있을지 의문이다.

공식적으로는 부인하지만 미국의 군사적 행동은 징벌적 의도를 갖고 있었다. 《워싱턴포스트》(5월 17일)는 미국 정부의 소식통이 "크메르 루주 정부를 강하게 공격한 것을 잘한 일이라고 생각한다"고 개인적으로 밝혔다고 보도했다. 미국의 무력에 감히 저항하다니 캄보디아의 오만함을 응징해야 한다는 얘기였다. 국내의 반응은 불법 무력 사용이더라도 성공을 거둔다면 진보파의 지지를 받을 것임을 보여주었다(곧 석방되기로 되어 있는 선원 39명을 구조하기 위해 해병대 병사 41명이 죽은 것을 과연 '성공'이라 할 수 있을지 의문이다). 케네디 상원의원은 이런 성명을 냈다. "대통령의 확고하고 성공적인 조치는 국가의 사기를 크게 진작했으며 우리의 진정한 지지를 받을 만한 자격이 있다."[18] 캄보디아를 또다시 공격하면 국가의 사기가 과연 올라갈지 의문이다. 하지만 인도차이나전쟁의 인간적 측면을 깊이 고민하던 상원의원이 이런 반응을 보였다는 것은 중요하면서도 시사하는 바가 크다. 맨스필드 상원의원은 포드 대통령의 정치적 승리가 의회 내의 반反군국주의 세력을 약화시킨다고 설명했다. 이런 결론을 뒷받침하기라도 하듯이, 5월 20일 하원은 해외 주둔 미군의 규모를 감축하는 데 압도적인 부결 표를 던졌다. 하원 다수당 대표인 토머스 P. 오닐O'Neill, Thomas P.은 규모 감축을 지지하던 종전의 입장을 바꾸었다.

전쟁에 반대하는 몇몇 명예로운 목소리들도 있었다. 앤서니 루이스는 "그 모든 웅변과 명분을 들어봐도, 허약하고 파괴된 나라의 몇몇 황인종이 우리를 좌절시킨다고 해서 이렇게 행동하다니 이해할 수가 없다"고 말했다.

주류의 진보파에 속하는 언론인 존 오즈번Osborne, John(1907~1987)은 《뉴리퍼블릭》(6월 7일)에서 루이스를 비난했다. 그는 마야구에즈 호 사건의 "좋은 점과 소득"을 보지 못했다. 오즈번은 대통령이 "필요에 따라 적절하고 적법하게 또 용감하게" 조치한 것이라고 평가했다. 몇 가지 "흠"도 있었는데 B-52 폭격기를 사용하려 했던 잠정 계획은 그런 흠 중 하나였다. 그것은 "얼마든지 피할 수 있는 난처한 계획으로 개탄할 만한 일이었다." 하지만 오즈번은 그 계획이 거부됨으로써 우리의 명예가 지켜졌다고 말했다. 그러한 계획은 "국내외에서 나쁜 반응을 일으키는 것은 물론이고, 그런 심한 폭격으로 마야구에즈 호 선원들의 운명을 좋게 하기보다는 나쁘게 할 것이기 때문이다."

여기서 또 한 가지 고려할 사항이 생각난다. 무방비인 캄보디아 사람들을 B-52로 공격하는 것은 캄보디아 사람들을 또다시 대규모로 학살하는 행위가 될 것이다. 하지만 이 근엄한 국민 지도자(존 오즈번_옮긴이)는 이런 생각을 조금도 하지 않고 그것으로 인해 양심의 가책을 느끼지도 않는다. 그는 "언론의 엉터리 분석 기사"를 준엄하게 꾸짖으면서 그런 "엉뚱한 방식과 어조로 된" 문제 제기는 "언론에 치욕이 될 뿐"이라고 말했다.

정부 고위 관리는 언론에 이런 정보를 흘렸다. "마야구에즈 호의 위기 때 캄보디아 본토를 B-52로 폭격하자고 주장"한 사람은 키신저였다.[19] 하지만 그는 항공모함에서 발진하는 폭격기만으로 충분하다고 여긴 다른 인도적인 각료들의 제지로 주저앉았다.

이 사건은 인도차이나에 대한 미국 정책의 기본적 요소를 잘 보여준다. 그것은 무법, 야만, 어리석음이다. 하지만 국내에서 호전적 애국주의 정서를 일으키는 데 성공했으니 완전한 어리석음은 아니다. 가장 중요한 사항은 무법이다. 군사력은 무력 공격에 대한 자기방어 외의 경우에는 사용해서는 안 된다는 원칙을 위배하기 때문이다. 이 문제는 정말 중요하다. 특히 대중매체, 평론지, (자신 있게 예측건대) 학자들의 논문 등에서 '베트남의 교훈'을 논의할 때 이 문제가 전반적으로 제외되기 때문에 더욱 중요하다.

대중매체, 학교, 대학 등의 이데올로기 기관에서 이 문제를 담론에서 배제하는 작업이 성공할 가능성은 높다. 하지만 이런 노력이 예전의 순응주의와 복종심을 다시 회복시킬지는 두고 볼 일이다.

《워싱턴포스트》 사설은 '우리가 태생적으로 나쁜 사람들'이라는 사실을 부정했고, 이것은 타당하다. 하지만 '우리 국민'은 전쟁이 실수 이상의 것임을 알고 있었다. 1965년에 토론 집회, 시위, 공개 포럼, 광범위한 로비 활동, 기타 여러 형태의 항의 표시가 상당한 수준에 올라 있었고, 1967년이 되어서는 엄청난 대규모 시위, 대규모 징병 거부, 기타 비폭력적인 시민의 불복종 운동으로 확대되었다. 그 후 얼마 되지 않아 미국 정계의 지도자들은 왜 제국들이 잔인한 식민 전쟁을 수행하는 데 일반적으로 용병을 동원하는지 이해하게 되었다. 징병군은 전쟁에 뜻이 없으니 야전에서 별로 힘을 쓰지 못하기 때문이다. 1971년의 여론 조사에 의하면, 국민의 3분의 2가 베트남전을 부도덕한 전쟁으로 여겼고 미군의 철수를 요구했다. 이렇게 볼 때 '우리 국민'은 책임감 있는 신문 사설이나 정치평론가들의 압도적인 주장과는 다르게 매파도 비둘기파도 아니었다.

지난 10년간의 이데올로기적 패배를 만회하고, 미국이 나름의 질서 부과를 위해 무력과 폭력을 사용할 수 있다는 신조를 재확립하는 것은 아주 중요한 문제가 되었다. 몇몇 선전꾼은 이 문제를 노골적으로 밀어 붙이려 한다. 키신저는 대학교수 시절, "위반 행위에 대한 징벌이 없을 경우" 커다란 위험이 따른다고 썼다. 하지만 이보다 은밀하면서도 효과적인 수단이 있다. 가장 좋은 것은 미국의 산산조각난 이미지(공적으로 은혜를 베푸는 자)를 재건하는 것이다. 그리하여 우리의 순진함, 우리의 실수, 초기의 좋은 동기, 우리의 도덕주의, 물질적 이해관계에 대한 무관심 등을 강조하게 되었다.

이런 신조가 대외 정책 논의에서 노골적으로 주장되지 않을 때에는 은근히 암시되었다. 구체적 사례로서 최근의 중동 석유에 대한 논의를 살펴보자. 미국은 세계의 주요 에너지 원천인 중동을 통제하기 위해 무력을 사용할 수도 있다는 것이다. 이렇게 하여 '자유세계'를 통제하고 조직하는 우리의 능력을 유지하겠다는 것이다. 현재 이런 개입에 대한 논의는 지식인들의 오락거리다.

하지만 상황은 불안정하다. 그 누구도 미래를 예측할 수 없다. 책임 있는 의견의 비좁은 스펙트럼 안에서, 미국의 패권이 중동이나 기타 지역에서 어떻게 확립되어야 하는가 하는 전술적 문제는 의견 차이가 날 수도 있다. 어떤 사람들은 '미국의 이해관계'를 보장하기 위하여 무력이 필요하다고 느낀다.[20] 다른 사람들은 경제력과 정상적 거래 절차면 충분하다고 결론을 내린다. 미국의 개입 권리 혹은 그런 개입의 배경이 되는 관대한 의도에 대하여 심각한 의문을 제기하는 것은 불가능하다. 특히 "산유국들이 선진국과 개발도상국의 경제를 공격하여" 그에 대한 반격을 해야 할 때는 더욱 그러하다.[21]

아라비아 반도에 대한 미국의 개입 권리를 논의하는 자리에서 관련 당사자들은 다음과 같은 사실을 당연시한다. 미국이 이 지역에 대한 통제권을 성공적으로 확립하게 되면 중동 석유를 공정하고 균등하게 분배하리라는 것이다. 과연 미국이 그렇게 행동할 것인가에 대해서는 거의 아무도 의문을 제기하지 않는다. 하지만 이런 암묵적인 전제의 근거를 한번 생각해보라. 그것은 역사적 기록으로부터 귀납된 결론인가? 가령 미국이 농산물 자원, 원자재, 산업 공장의 제품들을 공정하고 균등하게 분배하였는가? 미국이 전 세계 석유 무역을 지배하고 있을 때, 유럽 동 맹국들도 중동의 값싼 석유를 함께 나누어 쓰도록 보장해주었는가? 이 질문은 논의할 가치조차 없을 것이다.

물론 표범도 때때로 무슨 이유가 있어서 피부의 얼룩무늬를 바꿀 때 가 있다. 아랍 산유국들도 공정하고 균등한 분배를 보장하기 위하여 석 유 통제권을 행사하고 싶을 것이다. 가령 아랍 산유국들은 미국이나 다 른 선진 국가들보다 GNP의 훨씬 많은 부분을 대외 원조에 사용한다. 그 리하여 이 원조의 많은 부분이 가난한 나라들에 돌아간다.[22] 따라서 만 약 역사가 길잡이가 된다면, 우리는 미국이 중동을 침공하는 계획을 논 의하기보다는 사우디아라비아와 쿠웨이트가 텍사스를 정복하도록 권 장해야 한다. 사실 이 모든 논의가 심각한 치매 증상을 보여주고 있다. 최근의 논의에서 놀라운 점은, 그 숨은 전제의 황당무계함에도 불구하 고 그런 논의가 진전되고 있다는 사실이다.

이런 것은 미국의 인텔리겐치아가 미국이 관대하다는 신조, 미국은 '국제 질서'를 위해 마음대로 무력을 사용할 수 있다는 원칙에 얼마나 유착되어 있는지 잘 보여준다. 우리가 그 무력을 사용하여 성공을 거둔 다면, (더 감성적으로) 그 무력을 그리 무자비하게 사용하지만 않는다면, 이런 원칙이 아주 당연하다는 태도다.

인도차이나에서 미국이 벌인 소행은 다음 세 단어로 요약할 수 있다. '무법', '야만', '어리석음'. 처음부터 미국 고위 정책 입안자들은 남베 트남과 기타 지역에 대한 미국의 '개입'이 국제 문제에서 무력 사용을 금하는 법적 장벽을 무시하는 행위임을 분명히 알고 있었다. 남베트남 주민들의 강력한 저항과 용기 때문에, 미국은 민중의 지지를 얻고 있는 남베트남 사회—선전꾼들의 전문 용어로는 "베트콩이 통제하는" 사회—를 상대로 파괴 전쟁을 수행할 수밖에 없었다. 미국은 이 작전에서 일부 성공을 거두었으나 그 폐허로부터 자생력 있는 피보호(괴뢰) 체제를 구축할 수는 없었다. 워싱턴이 더 이상 B-52를 불러낼 수 없게 되자, 그 썩어빠진 구조는 내부에서 붕괴되어버렸다. 결국 동남아, 미국 내, 전 세계에서 미국 통치 집단들의 이해관계에 손상이 왔다. 침략에 대한 저항을 받게 되자 무법은 야만으로 발전했다. 돌이켜 생각해보면 이 프로젝트의 실패는 부분적으로 어리석음 탓이기도 하다.

국가 폭력을 옹호하는 지식인들(자기 자신을 비둘기파라고 하는 자들도 포함)은 자연스럽게 어리석음에 집중한다. 전쟁은 비극적 실수였고 좋은 의도가 나쁜 정책으로 변질된 사례다. 이렇게 된 것은 아마 정치 지도자들과 무능력한 자문관들의 개인적 실패 때문이다. 어리석음은 정치적으로 중립적 용어다. 지금 모두가 알고 있듯이, 미국의 정책이 어리석은 것이었다면 그 치유책은 더 똑똑한 정책 입안가들(즉 비판가들)을 찾아내 일을 맡기는 것이다.

일부 전쟁 반대자들은 미국 공격의 야만성에 경악했다. 버나드 폴 같은 저명한 매파도 결국에는 반전 입장으로 돌아섰다. 베트남은 미국의 반혁명 폭력 방식으로는 결코 문화적, 역사적으로 생존할 수 없다는 것을 깨달았기 때문이다. 미국 전쟁 정책의 나치 같은 야만성은 남베트남과 기타 인도차이나 지역에서 전쟁의 주된 특징이었다. 하지만 야만 또한 정치적으로 중립 용어다. 만약 미국 지도부가 가학적이었다면, 그 치유책은 더 인간적으로 그 정책들을 수행할 사람들을 찾아내는 것이다.

가장 중요한 사안은 불법이다. 세계 경제를 관리할 권리를 갖고 있다고 생각하는 사람들의 이익을 지키기 위해 '안정된 세계 질서'를 내세우고, 그 질서를 유지하기 위해 폭력을 사용해도 무방하다고 생각하는 것, 그게 바로 불법이다.

가령 사상 통제 체계에서 다음과 같은 신조를 확립했다고 생각해보자. 미국은 무력과 테러를 범죄시하는 정당한, 그러나 위선적인 원칙들로부터 자유로운 국가다. 그렇다면 미국은 이런 신조를 바탕으로 하여 제국주의적 폭력과 침략의 다음 단계로 나아갈 것이다. 이런 신조가 그대로 남아 있는 한, 베트남의 비극은 언제라도 재현될 가능성이 높다.

08

대외 정책과 인텔리겐치아

이 글(원제 Foreign Policy and the Intelligentsia)은 《인권과 미국의 대외 정책 *'Human Rights' and American Foreign Policy*》(Nottingham: Spokesman, 1978)에 처음 실렸고, 《새로운 냉전을 향하여 : 베트남에서 레이건에 이르는 미국의 대외 정책*Towards a New Cold War : U.S. Foreign Policy from Vietnam to Reagan*》(New York : Pantheon Books, 1982; New York : The New Press, 2003), 86∼114쪽에 다시 실렸다.

그래, 우리의 거듭되는 공개적인 혹은 은밀한 개입이 모두 우연이나 실수란 말이지? 라틴아메리카와 기타 지역에 개입, 베트남 사람들에 대한 무자비한 공격, 미국의 무기와 자금에 의존하는 소수의 하찮은 대령들이 그리스의 민주주의를 압살한 것에 대한 무관심, 이런 모든 것이.

– 필립 라프Rahv, Philip, 《뉴욕 리뷰 오브 북스》, 1967년 10월 12일.

어떤 국가의 대외 정책을 알고자 한다면 그 나라의 국내 사회구조부터 탐구하는 것이 좋다. 누가 대외 정책을 수립하는가? 이 사람들은 어떤 계급의 이익을 대변하는가? 그들이 누리는 권력의 국내 기반은 무엇인가? 최종적으로 나온 정책이 그 정책을 수립한 사람들의 특별한 이익을 반영한다고 보는 것은 합리적 추론이다. 역사를 객관적으로 공부해 보면 이런 추론이 상당히 폭넓게 맞아떨어졌음을 알 수 있다. 미국도 이런 일반 원칙에 예외가 될 수 없고 이에 대한 증거는 많다. 하지만 이렇게 주장하면 '과격한 비판'이라는 딱지가 붙는데, 이런 딱지를 붙이는 지식인들에 대해서는 뒤에 다시 이야기할 것이다.

역사 기록에 대한 검토와 건전한 상식의 발휘는 다음과 같은 두 번째 추론을 유도한다. 모든 사회에는 선전꾼 집단이 있다. 이들은 명백한 사실을 위장하려 들고, 실제 권력의 작용을 감추려 들며, 좋게 말해서 국가정책을 이끈다고 알려진 신화적인 목표와 목적을 거미줄처럼 촘촘히 돌려 짠다. 선전 체계의 전형적인 메뉴란, 국제간 행위의 주체는 특정한 사회 집단이 아니라 **국가**이며 **국가**는 고상한 이상과 원칙에 따라 움직인다는 것이다. 때때로 그 이상이 실현되지 못하기도 한다. 실수, 미흡한 지도력, 역사의 복잡성과 아이러니가 작용하는 까닭이다. 선전꾼들은 위와 같이 말한 다음 어떤 끔찍한 사건이나 잔학 행위는 불운하게도(혹은 비극적으로) 국가적 의도에서 벗어난 것이라고 둘러댄다. 그런 다음, 국가는 그런 행위를 능동적으로 수행한 것이 아니고 국가 안보 및 질서와 안정을 위협하는 사악한 외부 세력을 상대하려면 어쩔 수 없었다고 부연 설명을 한다.

미국은 이런 두 번째 추론에서 예외가 아니다. 그러나 미국에는 한 가지 예외적인 상황이 있다. 지식인들이 적극적으로 국가라는 종교를 퍼뜨리면서, 나라 밖에서 발생한 온갖 사건을 '비극적 실수' 혹은 심오한 이상으로부터의 납득할 수 없는 일탈로 둘러댄다는 것이다. 이런 점에서 미국은 산업적 민주주의 국가들 중 조금 예외적인 나라다. 베트남전의 끔찍한 상황이 연일 보도되는 가운데서도, 시드니 훅Hook, Sidney (1902~1989, 미국의 철학자_옮긴이) 같은 지식인은 언제나 있었다. 그는 B-52 폭격기들이 인구가 조밀한 메콩 강 삼각주 지역에서 조직적으로 융단 폭격을 가하는데도 그것을 "우연하고도 불운한 인명의 희생" 혹은 "군사적 행동의 예기치 않은 결과"[1]로 간단히 넘어가 버린다. 이와 유사한 군사작전에 대하여 아서 슐레진저는 "우리의 일반적인 국제 선의 프로그램"(미국의 1954년 베트남 정책을 언급하며)[2]이라고 했다. 이와 유사한 사례는 얼마든지 있다.

다음도 그런 전형적인 사례 중 하나다. 《뉴욕타임스》에 기고하는 진보파 논평가인 윌리엄 V. 섀넌Shannon, Willam Vincent(1927~1988)은 "선한 일을 하려는 과정에서 우리의 도덕적 자원이 바닥나면서 위선과 독선과 빠져들게 되었다"고 설명했다.[3] 다음은 섀넌의 글이다.

> 지난 사반세기 동안 미국은 제3세계에서 선행을 하고, 정치적 자유를 권장하고, 사회적 정의를 추진해왔다. 그러나 우리가 전통적으로 우방국 겸 보호국 역할을 해왔던 라틴아메리카와, 많은 젊은이들의 인명과 국가 재산을 희생시킨 아시아에서 우리는 거듭하여 슬픔, 낭비, 비극의 결과를 맛보았다……. 이렇게 하여 경제적 원조와 게릴라 진압 병력의 훈련을 통해 우리는 최선의 의도를 가지고 [라틴아메리카에] 개입해왔다. 하지만 박애 정신, 지성, 근면만으로는 충분하지 않았다. 칠레가 그런 문제를 드러냈다. CIA는 일련의 군사독재 정권을 지원함으로써 미국의 명성에 먹칠을 했고, 고문을 자행한 군사 독재 정권은 우리가 수호하려 했던 자유와 자유로운 제도를 파괴했다.

섀넌은 그러면서 신학자인 라인홀드 니부어Niebuhr, Reinhold(1892~1971)의 경고를 명심해야 한다고 결론 내린다. "개인이나 국가가 아무리 정의롭다고 할지라도 역사 속에서 하느님의 목적을 실현할 수 있을 정도로 선량하지는 못하다." 과거 25년 동안 니카라과와 과테말라에서 우방국 겸 보호국 역할을 해왔고, 인도차이나의 농민들을 그토록 희생시킨, 정의와 이타적 자애의 모범인 미국조차 그 정도로 선량하지는 않다는 것이다. 따라서 우리는 '우리의 도덕적 이상을 성취하려는' 노력을 자제해야 한다. 그렇게 하지 않으면 신의 목적을 달성하려는 노력이 예기치 않은 참사를 가져오는 '아이러니컬한 역설'에 빠져들기 때문이다.

이런 말을 설사 25년 전에 했다고 하더라도 웃기는 이야기가 되었으리라. 하지만 이런 말이 1974년 9월에 나왔다니 정말 믿기지 않는다. 진보적 인텔리겐치아의 상당수가 이처럼 국가 프로파간다에 함몰되어 있기 때문에 이런 헛소리를 해도 아무도 주목하지 않는 것이다.

베트남전쟁 때 국가와 인텔리겐치아 사이에 적대적 관계가 생겨났다고 널리 믿어진다. 가령 이런 말들이 나온다. "베트남전 이후 대부분의 미국 지식인들은 미국의 권력 행사가 부도덕했다고 믿고 있다." "[새로운] 목적에 대한 합의가 생기고 있는데 전 세계에서 행사되고 있는 미국의 권력을 해체해야 한다는 것이다."[4] 이것은 순전히 헛소리다. 미디어가 국가에 대항하는 "새로운 권력의 원천"이 되었다[5]는 말처럼 우스꽝스럽다. 사실을 말하자면, 베트남전쟁 기간과 그 후에 전국적인 미디어는 국가 선전 체계의 기본 원칙에 충실하게 복종했다. 몇몇 예외가 있기는 했지만,[6] 그들은 합리적 제국주의자들이 베트남전을 축소하거나 청산해야 한다고 말한 시점에 비로소 비판적 목소리를 냈고, 또 특정 이익집단이 위협을 느끼자 워터게이트 사건에 대하여 목청을 높였다.[7]

지식인들에 한해서는(일부 학생들이 반전 입장을 분명하게 밝히기는 했지만), 반전운동이 결코 일정한 한도를 넘지 않았다. 이와는 정반대의 환상이 오히려 널리 조장되었는데, 이 환상을 조장하는 어떤 지식인들은 이데올로기의 통제가 완화되는 조짐을 보이자 공포심을 느낀 나머지 히스테리와 지나친 과장으로 반응했다. 새로운 전략 무기 개발에 대하여 비판하는 사람들은 "일방적 군축을 주장하는 자들"이라며 매도되었다. 따라서 과도한 개입을 거둬들이자는 '실용적' 주장마저도 "전 세계에서 행사되고 있는 미국의 권력을 해체해야 한다"는 주장으로 왜곡되었다.[8]

'실용적' 입장의 전형적인 경우가 칼럼니스트 조지프 크라프트Kraft, Joseph(1924~1986)인데, 그는 키신저 외교와 그에 대한 반응을 이렇게 논평했다.

세력 균형을 추구하는 접근 방법은 그것이 통하는 한 용납할 수 있다. 좀 더 구체적으로 말해서 베트남전이 지속되는 동안, 혹은 행복한 결말의 가능성이 열려 있는 것으로 보이는 동안, 키신저 외교는 대체로 인정받을 수 있다. 하지만 베트남 참사는 미국이 선량한 자들을 이타적으로 지원하던 정책적 전통에서 벗어났음을 보여주었다. 미국의 정책 입안자들은 나쁜 자들의 편에서 게임에 지저분한 술수를 사용해왔던 것이다.[9]

이 괴상한 논리를 한번 생각해보라. 우리의 피보호국이 패배하면 '나쁜 자'들이 되고 우리의 술수가 실패하면 '지저분한' 것이 되어버린다는 얘기다. 크라프트의 논평은 우리의 '정책적 전통'을 언급했다는 점이 특징적이고, 또 1973년 파리협정을 위반하면서까지 남베트남 정부를 지원한 키신저의 정책은 완전 실패로 판명이 날 때까지 상당한 지지를 받았다고 지적한 점에서 정확한 논평이라 할 수 있다.[10]

브루스 앤드루스Andrews, Bruce(1948~, 1975년까지 대학에서 정치학 교수로 활동하며 미국의 대외 정책과 활동을 신랄히 비판하다가 이후 시인이 되었다_옮긴이)는 베트남전에 대한 일반 대중의 태도를 연구한 저서에서 많은 증거를 제시하며 다음과 같은 사실을 논했다. "사회적 지위가 낮은 집단"은 다른 집단에 비해 정부 정책을 지지하려는 의사가 적었다.[11] 그 이유를 앤드루스는 이렇게 설명했다. "공교육을 덜 받았고 정치적 관심이 낮고 미디어에 많이 노출되지 않았기 때문에 그들은 1950년대에 냉전 여론의 세례를 덜 받았고, 그 결과 반공적인 세계관으로 적절히 사회화가 되지 않았다." 그의 견해는 타당하다. 미국의 선전 체계로부터 달아나는 데에는 두 가지 방법이 있을 뿐이다. 하나는 국가 선전 체계와 밀접하게 연결되어 있는 '공교육'과 '미디어 선전'으로부터 달아나는 것이다. 다른 하나는 선전의 홍수 속에 점점이 흩어져 있는 객관적 사실들을 뽑아내려고 애쓰는 것이다. 이렇게 하자면 일반 대중용이 아닌 '이국적인' 정보 제공처를 뒤져야 한다. 물론 이것은 극소수의 사람들만이 취할 수 있는 방법이다.

지식인들에 대하여 논의하는 데 삼각위원회*가 해놓은 '기술 관료 및 정책 지향적 지식인'과 '가치 지향적 지식인'의 구분을 원용해볼 수 있다.[12] 기술 관료와 정책 지향적 지식인은 국내에서 좋은 사람 취급을 받는데, 이들은 국가 체제를 지지하고 또 곤란한 질문들은 제기하지 않는 사람들이다. 만약 이들이 국가정책을 반대한다면 그것은 순전히 '실용적인' 이유 때문인데 상당수의 '미국 엘리트 지식인'이 이렇게 하고 있다. 이들의 전문적 반대 의견은 '객관적인 정치 분석' 대우를 받는 반면, 정부 정책의 원칙에 저항하는 자들의 반대는 순진한 '도덕주의' 혹은 '몽상적 유토피아주의' 정도로 폄하된다.[13] 가치 지향적 지식인들은 "미국 지도자들을 비난, 권위에 도전, 기존 제도의 불법을 폭로하는 일"에만 전념하는 자들로서, "민주 정부에 도전하는 자들"이다. 이들은 "과거 귀족 집단이나 파시스트 운동 혹은 공산당처럼 심각한 잠재적" 위험

---

* 삼각위원회Trilateral Commission는 미국·유럽·일본(나아가 아시아·태평양 지역), 3자의 협력 촉진을 내세우며 데이비드 록펠러가 1973년 결성한 민간단체로, 미국의 대외 정책에 막강한 영향력을 행사해왔다. 즈비그뉴 브레진스키가 결성을 주도했고, 미국·유럽·일본과 아시아에서 유망한 정치인, 기업인, 학자들이 회원으로 참여, 2011년에는 회원이 390명(유럽 170명, 북미 120명, 아시아 100명)에 이르렀다. _편집자(신은정, 《하버드, 그들만의 진실》, 시대의창, 2012, 202~204쪽 참조)

요소다. 이상이 삼각위원회 소속 학자들의 견해다. '혼란스러웠던 시절인' 1960년대를 다룬 최근의 저서들은 이 같은 주제의 변주에 지나지 않는다. 그리고 그 시대에 대한 환상적인 '역사'가 창조 중에 있는데 후대의 '수정주의 역사학자들'에 의해 폭로될지 모른다.

삼각위원회 주장의 흔해빠진 변주로는 이런 것이 있다. "민주주의에 대한 미국 정부의 확고한 태도가 진보파와 좌파의 분석에 의해서 훼손되고 있다. 이들은 미국의 대외 정책에서는 민주주의가 아무런 구실을 하지 못한다고 주장한다."[14] 실제로 그런 주장을 강력하게 펼 수가 있는데, 종종 좌파가 아닌 사람들도 거기에 동참한다. "사기업들의 이익과 동일시되는 미 정부의 민주주의 개념은 공산주의[가령 과테말라의 온건한 개혁 정책 등]에게서 위협을 받기 때문에 [미국은] 그것을 옹호하기 위한 집단행동을 요구하게 된다." 아니면 직접적인 개입에 나선다. "많은 우파 집단은 미국의 개입에 별로 반대하지 않았다. 그들은 일반적으로 말해서 [반공] 정책의 수혜자이기 때문이다."[15] 이런 분석들이, 혹은 분석하면서 정확히 기술한 사실들이 '민주주의에 대한 미국 정부의 확고한 태도'를 훼손한다는 말인가? 혹은 민주주의에 대한 미국의 태도를 천박하다고 폭로했다는 말인가? 어용 인텔리겐치아가 볼 때 이런 분석이 정확한지 여부는 중요하지 않다. 그저 위험할 따름이다. 그것은 "기존의 권위 구조에 도전하고" 또 "젊은이들의 세뇌에 중요한 역할을 하는 기관들"의 효율성을 저해하기 때문이다. 삼각위원회 소속의 이론가들에게 '진리'나 '정직' 따위는 논외의 범주일 뿐이다.[16]

우리는 국가에 봉사하는 '세속 사제'[17] 중에 두 가지 부류가 있음을 알 수 있다. 한 부류는 노골적인 선전꾼이고 다른 부류는 기술 관료 및 정책 지향적 지식인들이다. 이들은 정부 정책의 목적이나 이해관계는 따지지 아니하고 정책 추진을 위해 애쓰면서 자신들의 '실용주의'와,

'이데올로기'에 오염되지 않았음을 자랑스럽게 여긴다. 이들은 국가 종교의 교리로부터 벗어난 모든 신념을 이데올로기라고 매도한다. 이들 두 부류 중 후자가 대중의 복종과 '사회화'를 이끌어내는 데 더 효율적이다.

여기서 개인적 경험을 하나 들어보겠다. 정부 정책에 반대하는 행동을 하거나 저술을 하는 사람들이 그러하듯이, 나는 캐나다, 서유럽, 일본, 라틴아메리카, 오스트레일리아의 언론, 라디오, 텔레비전으로부터 시사 문제, 사회적·정치적 쟁점들에 대해 논평해달라는 요청을 받는다. 하지만 미국에서는 그런 요청을 받아본 적이 없다. 미국에서 정치 논평은 전문가들만 하는 것으로 되어 있고, 그들은 아주 협소한 이데올로기적 범위를 벗어나는 일이 없다. 헨리 키신저는 그것을 이렇게 설명한다. "이 전문가의 시대에, 전문가는 나름의 지지 기반을 가지고 있다. 어떤 공통적 의견에 이해관계가 걸려 있는 사람들 말이다. 그 지지 기반의 합의 사항을 좀 더 높은 차원에서 구체화하고 규정하는 일이 결국 그를 전문가로 만든다."[18] 학계는 직업적 전문가를 '책임 있게' 만드는 다양한 장치를 갖고 있다. 하지만 이런 통제 체계가 1960년대에는 부분적으로 위협을 받았다. 미국의 미디어는 무조건 전문가를 숭앙하기 때문에(여기에는 다소 세련되지 못한 까닭도 있다), 반체제적 분석이 언론에 표명될 위험은 거의 없다. 간혹 그런 분석이 소개되더라도 객관적 정치 논평이라기보다는 '반대 의견'이라는 딱지가 붙는다. 이것은 산업적 민주주의 국가들의 세계에 존재하는 '미국 예외주의'의 또 다른 사례다.

다시 본 주제로 돌아가자. 다른 나라들도 그렇지만 미국은 더 이상 국제적 선의의 프로그램에 참여하지 않는다. 더욱이 국제 문제에서 국가가 어떤 국가적 목적 아래 행동한다고 말하는 것은 신화神話일 뿐이다. 다른 나라도 그렇지만 미국의 대외 정책은 국내에 권력 기반을 둔 소수 집단에 의해 계획되고 실천된다. 미국과 같은 국가자본주의 체제에서는 그 집단이 군사 부문을 포함한 국가 경제를 통제한다. 많은 연구 결과들이 그러한 사실을 보여준다. 국제 문제와 관련된 고위 자문관 자리나 정책을 결정하는 자리는 대기업, 은행, 투자회사, 대기업에 봉사하는 법률 회사[19]의 대표자들, 그리고 국내 사회의 기본 제도권을 움직이는 사람들이 시키는 대로 하는 기술 관료와 정책 지향적 지식인들이 대부분 장악하고 있다. 이런 사적인 제국에서는 공적 책임감 없이 또 민주적 통제라는 절차는 흉내도 내지 않고 우리의 생활 상당 부분을 통제하고 있다.

민족국가에서 이른바 '국가적 목적'이라는 것은 중앙 경제 기관들을 통제하는 사람들에 의해서 표명된다. 이런 사실을 교묘한 수사로써 감추는 역할이 인텔리겐치아에게 맡겨진다. 아서 슐레진저 같은 사람은 당연히 이렇게 쓸 수 있다. "카터 행정부에 들어와 인권이 자결권을 제치고 미국 대외 정책의 주도적 가치가 되었다."[20] 우리는 이런 발언에서 정책 지향적인 지식인들이 이른바 (정신적 영향력보다 무력에 의해 복종하게 하는) 전체주의적 국가의 '사상 통제'에 기여하는 방식을 분명히 보게 된다. 미국의 통제 방식은 이보다 훨씬 교묘하다. 만약 독재자들이 똑똑한 사람이라면 미국의 방식을 채택할 것이다. 미국의 방식은 '열린' 사회라는 인상을 주면서 고도로 효과적인 세뇌 작업을 수행하는 것이다. 그 결과 국가 종교에 순응하는 발언들을 노골적인 선전 문구로 배척할 수가 없게 된다.

미국은 어떤 특정한 측면에서 '열린 사회'라고 **할 수 있다.** 가령 반체제 의견이 국가 폭력으로 분쇄되지도 않고(주석 7 참조), 탐구와 표현의 자유도 보장된다. 이것은 다른 산업적 민주주의 국가들, 가령 대영제국과 비교해보면 이례적이다. 미국에는 공공 비밀법이라는 것도 없고 다른 나라에서 발견되는 명예 훼손 관련법도 없다. 몇 년 전부터 정보 자유법이 시행되어 정보를 자유롭게 얻을 수도 있다. 하지만 이런 높은 수준의 자유는 지식인들의 배신을 더욱 선명하게 보여준다. 국가 종교에 대한 그들의 복종이 무력이나 정보 제한 때문이라고 변명할 수 없기 때문이다.

'국가이익'이라는 제목을 달고 나오는 많은 글들은 기본적인 사회적 사실들을 은폐한다. 가령 이 문제에 대하여 폭넓게 날카로운 글을 써온 한스 모겐소Morgenthau, Hans(1904~1980)의 저서를 살펴보자. 그는 최근의 글에서 이렇게 썼다. 합리적 대외 정책의 기반이 되는 국가이익은 "어느 한 개인이나 어느 당의 변덕에 의해 규정되지 않는다. 그것은 자신의 합리적 판단을 대외 정책에 적용하는 모든 사람에게 그 자체로 객관적 소여所與로서 주어진다." 이어 모겐소는 구체적 사례로써 남한에 대한 지원, 중국 봉쇄, 먼로 독트린의 준수 등을 들었다. "남북전쟁 이래 미국을 실제로 통치해온 개인 권력 집단은 자신들을 통제하고 제거하려는 온갖 시도를 성공적으로 물리치고 정책 결정의 칼자루를 쥐게 되었다"(《뉴리퍼블릭》, 1977년 1월 22일자). 틀림없이 맞는 말이다. 그렇다면 '국가이익'이란 어떤 사안에 대해서 객관적 자료에 근거해서 합리적인 과정을 거쳐 내려진 판단인가, 아니면 특정 계급의 이익을 표현한 것인가? 분명 후자가 정답이다. 모겐소가 제시한 사례들을 면밀히 검토해보면 충분히 알 수 있다. '중국을 봉쇄'한다고 해서(도대체 중국이 어디로 확장한다는 말인가?), 1940년대 후반 남한의 민중 세력을 분쇄하고 일련의 독재자들을 지지한다고 해서, 또 라틴아메리카를 미국 다국적기업들의 필요에 종속시킨다고 해서, 미국의 진정한 국익이 얻어지는 것은 아니다. 현대사에서 우리가 준수한 먼로 독트린의 실체가 바로 이것이다. 또 시오도어 루스벨트가 먼로 독트린을 이어받아 이른바 "상습적인 비행, 또는 문명 사회의 결속을 느슨하게 만드는 무능력"이 드러나는 경우에 미국을 "전 세계의 경찰국가"로 행세하게 만든 것도 국가이익과 관련되는 것은 아니었다(코넬스미스Connell-Smith, 위의 주석 15 참조). 소위 '국가이익'을 추구함으로써 실은 전 세계 자본주의 체제를 대부분 지배하고 있는 미국 내 '개인 권력 집단'의 이익을 추구했을 뿐이다. 따라서 계급 이익과 무관한 객관적 소여로서 혹은 물리적 법칙으로서 대외 정책이 수립된다는 얘기는 별로 신빙성이 없다.

또, 삼각위원회의 회지에 실린 정치학자 월터 딘 버넘Burnham, Walter Dean(1930~)의 최근 분석을 살펴보자.[21] 그는 국가의 "기본 기능"은 "지배적 생산양식의 기본적 이익을 대내외적으로 촉진하고 사회적 조화를 유지하는 것"이라고 말한다. 이런 규정은 오해를 불러일으키기 딱 좋다. 기본 기능은 형이상학적 필요의 문제가 아니라 특정한 사회적 원인들로부터 나오는 것이다. 더욱이 '지배적 생산양식'은 이익을 갖지 않는다. 그 양식에 참가하는 개인 혹은 집단이 이익(때때로 상충하는 이익)을 갖게 되는데, 이것은 결코 사소한 차이가 아니다. 이 체제를 관리하는 사람들이 국가기구를 통제하고 있기 때문에, 실제 추구된 '기본적 이익'은 그들의 것이 될 가능성이 높다. 이런 이익이 지배적 생산양식에서 생산을 소유하고 감독하는 이들에게 돈을 받고 자신을 빌려주는 이들(노동자들_옮긴이)의 이익과 일치한다고 보는 것은 역사적으로나 논리적으로나 근거가 없다.

이런 사회적 현실을 효과적으로 은폐하는 표준적 장치는 다음과 같은 주장이다. 사실들은 '가치 지향적' 비판가들의 '단순한 이론'에서 제시하는 것보다 훨씬 복잡하다. 이런 이야기는 일리가 있다. 사실들은 우리가 묘사하는 내용보다 늘 더 복잡하다. 이런 경험적 탐구의 비상사태에 직면하여 우리가 취할 수 있는 노선은 다음 세 가지다.

(1) 탐구 노력을 포기한다.

(2) 되도록 많은 세부 사항을 기록하지만 결국 (1)과 같은 입장이 되고 만다.

(3) 합리적 탐구를 계속하여 합당한 범위에서 설득력 있는 몇 가지 기본 원칙을 추출한다. 그리고 그 원칙의 주요 영향을 설명하려 애쓴다.

이 중 (3)의 방법을 추구하는 사람은 사실이란 훨씬 복잡하다는 비판을 대면하게 된다. 합리적 탐구를 계속하는 사람은 그런 비판이 일리가 있지만 문제의 핵심과는 상관없는 것이라고 일축한다. 하지만 공적公敵의 행동을 검토할 때에는 합리적 태도를 취하는 데 아무런 어려움이 없다. 가령 러시아의 아프가니스탄 침공은 현대 소련의 국제 행태를 분석하는 것 이상으로 복잡한 문제고, 또 미디어의 설명을 훌쩍 뛰어넘는 문제다. 아프간의 주요 게릴라 집단은 1973년 이래 파괴 행위를 일삼아왔는데, 아프간 체제를 흔들어 영토 분쟁에서 유리한 고지를 차지하려는 파키스탄이 이들 집단을 지원했다(한쪽 관점에서 본 '국제 테러'. 로렌스 리프슐츠Lawrence Lifschultz, 《파 이스턴 이코노믹 리뷰Far Eastern Economic Review》, 1981년 1월 30일자 참조). 하지만 이런 복잡한 사정에도 불구하고 우리는 핵심 주제인 러시아의 침공에 집중할 수 있다. 일부 코미사르(인민위원, 소련에서 각 부처 장관이나 군대의 정치교육 책임자를 지칭하던 말이지만 촘스키는 일반적으로 고위 관료 등 소수 권력자를 가리킬 때 사용한다_옮긴이)들은 강대국이 고상한 의도로 국제 질서를 유지하려 할 때 직면하게 되는 역사적 복잡성과 어려움을 사람들이 무시하고 있다고 불평할 테지만.

사회적 현실을 은폐하는 또 다른 장치는 거의 반사적 반응에 가까운 것인데, 합리적인 접근 방법을 추구하는 사람들에게 '음모론'을 뒤집어씌우는 것이다. 대외 정책에 이해관계가 있는 엘리트 집단(이를테면 다국적기업)이 정책을 좌지우지하려 들고, 국가의 고위 공직을 차지한다고 여겨지며, 특정 기업에 유리한 환경을 조성하는 프로그램과 지정학적 분석을 제공한다는 음모론 말이다. 그렇다면 동일한 논리로써, 기업의 이익을 극대화하려는 제너럴 모터스의 분석가도 음모론을 채택하고 있다고 주장할 수 있다(분석가가 대중의 필요에 부응하지 않고 기업의 이익만 극대화하려 하니 음모론자가 아니고 무엇인가). 실제로 기업 선전꾼은 이런 입장을 취한다. 일단 어떤 분석에 '음모론'이라는 딱지가 붙으면 그것은 지구가 평평하다고 믿는 괴짜 광신도의 소행 수준으로 격하되고 권력의 시스템, 의사 결정 방식, 세계적 계획 등은 안전하게 유지·보호되는 것이다.

이와 관련된 또 다른 주장은, 이데올로기적인 체제에 대한 비판적 분석은 일종의 편집증이라는 주장이다.[22] 앞에서 지적했듯이, 어떤 사회에서 해외 문제에 관한 편견이 조직적으로 널리 퍼져 있음을 발견하는 것은 그리 놀라운 일도 아니다. 국가의 범죄(멈추게 할 수 있는 것)는 무시되거나 과소평가되고, 반면에 공적의 범죄(구체적 대응 방안이 없는 것)에 대해서는 조명이 집중된다. 국가 범죄의 경우에는 증거의 기준이 물리학의 기준처럼 엄격하다. 하지만 공적의 범죄에 대해서는 막연한 상상으로 만들어내는 증거라도 무방하다. 극단적인 사례로, 소련은 자신들의 국가 범죄는 말소하는 한편, 미국이 한국에서 세균전을 벌였다는 '사실'을 날조했다. 미국이라면 그 양상이 어떠할까. 이것은 분명 편집증의 극단적 형태를 보여준다. 국가 범죄와 관련하여 미국 언론이 라오스 북부의 미군 폭격에 대하여 사실을 알아내 보도해주기를 기대하는 것은 우스꽝스러운 노릇이다(《르몽드》에는 사건 목격자의 증언이 실렸다). 또 1969년 3월 미국이 크메르 농민들을 폭격한 사실을 고발하는 캄보디아 국왕 시아누크Sihanouk(1922~)의 국제적 기자회견도 보도되지 않았다(게다가 그는 'B-52'를 콕 집어 말하지 않아 미국 언론의 보도 거부가 정당화되었다). 미국이 주도하여 중립 캄보디아를 공격한 사실에 대한 시아누크 정부의 백서, 리스본으로 간 티모르 난민, 라틴아메리카의 미국 개입 정책, 국가 테러, 기아, 노예노동 등도 모두 보도되지 않았다. 하지만 공적의 범죄에 대해서는 아주 흥미로운 태도를 보인다. 그런 범죄에 대하여 증거를 대라고 주장하는 사람은 "잔학 행위를 옹호하는 자", "하노이의 명예를 옹호하는 자"로 낙인 찍힌다. 객관적 사실이 중요하다는 얘기는 가볍게 왜곡되어 선전꾼에게 이용된다. 그들은 행진을 그냥 따라가는 것만으로는 자아를 만족시키지 못한다. 따라서 공적을 비난하는 일에 참가하는 사람은 공적을 옹호하는 막강한 세력을 상대로 용감한 투쟁을 벌여야한다. 그런 세력이 별로 존재하지 않기 때문에 일부러라도 만들어내야한다. 손에 잡히는 것이 없으면, 사실에 최소한의 관심을 표명하는 이들이 그런 세력이 된다. 강고하게 구축되어 있는 기존 체제 덕분에 공적의 범죄에 대하여 자유롭게 거짓말을 지어낼 수 있다. 반면에 자국이 잔학 행위, 탄압, 침략 등을 조직적으로 저지른 것에 대해서는 객관적 사실들은 순진하고 감상적인 비평가들이 생각하는 것보다 훨씬 복잡하다는 구실 아래 입을 다물어버린다(물론 예외가 있다. 사악한 의견을 피력한 개인일지라도 국가정책을 지지하면서 제도에 대한 비판을 하지 않는다면 용서가 될 수 있다). 표준적 가치관—즉 '미국 엘리트 지식인들의 가치관'—을 받아들이지 않는 사람들은 대중에게 널리 알려질 기회가 별로 없고, 가치관의 순수성을 준수하는 자들이 신빙성 있는 증거나 논증을 요구받는 경우도 별로 없기 때문에, 이런 소극笑劇은 아주 잘 통한다. 그것은 아주 우아하면서도 효과적인 방식이다.

그래도 합리적인 탐구를 시도하면서 2차 세계대전 이래 진행되어온 미국의 대외 정책을 생각해보자. 우리는 전쟁의 폐허에서 막 벗어난 세계에서 놀라운 특징을 발견했다. 그 특징 중 하나는 미국의 힘이 다른 산업국가들, 나아가 세계의 나머지 국가들에 비해 압도적으로 막강하다는 것이었다. 전쟁으로 세계의 산업 시설이 파괴되거나 큰 손상을 입은 반면, 미국의 산업 생산은 크게 늘어났다. 더욱이 그보다 훨씬 전부터 미국은 천연자원이 풍부하고 자연적 이점과 규모가 상당하며, 높은 수준의 사회적 응집력을 갖춘 주도적 산업사회였다. 이런 상황에서 미국이 그 막강한 힘을 앞세워 세계 체제를 조직하려는 것은 자연스러운 일이었다. 미국이 실제로 그렇게 했다는 것에 대해서는 이론의 여지가 없다. 하지만 "그런 행동을 뒷받침하는 원칙은 무엇인가?" 하는 질문에 대해서는 아직도 의견이 분분하다. 그럼 여기서 그 원칙을 살펴보자.

그 원칙을 발견하려면 어디를 먼저 둘러보아야 할까? 전체주의적 사회라면 이런 발견이 쉽지 않을 것이다. 하지만 미국은 이런 점에서 개방된 사회이고 전후의 세계관을 알려주는 문서 증거들이 상당히 있다. 전후의 구도를 전망한 사람들은 당연히 그 전망을 실천하는 데 주역을 맡았다.

그런 문서 증거들 가운데 하나가 전쟁 중에 미국 외교협의회Council on Foreign Relations(CFR)에서 내놓은 '전쟁과 평화 연구' 비망록이다. 여기에 참가한 사람들은 고위 정부 관리들과 정부, 대기업, 민간 재단 등과 관련이 있는 '대외 정책 엘리트들'이다.[23] 이 일련의 비망록은 "미국이 막강한 권력을 휘두르게 될 세상에서 미국이 해야 할 일"을 다루고 있는데, 그중 가장 주목할 만한 문서가 〈완전 재무장 프로그램의 신속한 완수〉(1940년)다. 전쟁 초창기에 세상의 일부분은 독일이 통제할 것으로 가정되었다. 따라서 주요 과제는 "비非독일 세상 내에서 미국의 군사적, 경제적 우위를 성취하기 위한 통합 정책"의 수립이었다. 여기에는 "미국과 서반구의 안보와 경제 번영에 필수적인 지역에 위협이 될 수 있는, 외국의 주권을 제한하는" 계획도 포함되었다('서반구의 번영'에 대한 관심은 전쟁 전과 후에 중앙아메리카와 카리브 해를 대하는 미국의 정책에서 잘 드러난다. 미국 자본을 방해하고 자원에 대한 접근을 어렵게 하는 제국주의적 특권에 반대하는 이런 정책은 학자들에 의해서 미국의 '반제국주의적' 입장을 보여주는 증거로 제시되기도 한다). 미국의 번영에 도움이 되는 지역은 서반구, 대영제국, 극동아시아 등을 아우르며, 정책 입안가들의 지정학적 분석에서 하나의 통합된 경제 단위로 묘사되었다.

비독일 세계 내에서 미국의 패권에 가장 큰 위협이 되는 것은 영국의 야망이었다. 전쟁이라는 비상사태 때문에 영국의 야망은 제약을 받고 있었고, 미국 정부는 영국의 곤경을 이용하여 패권의 신장을 노렸다. 영국에 대한 군수물자 대여법도 철저히 한도 내에서 시행되었다. 영국이 교전을 계속할 수 있을 정도로만 무기를 대여했을 뿐 제국의 유지에 필요한 수준으로는 주지 않았다.[24] 독일을 상대로 공동 전선을 펴면서도 미국과 영국 사이에는 작은 전쟁Mini-war이 있었다. 물론 전쟁의 제일선에 나가 있는 것은 영국군이었다. 하지만 나치 독일을 상대로 싸우는 역할의 부담은 대부분 소련이 맡고 있었다.[25] 아무튼 여기서는 영미 동맹만 살펴보기로 하자. 동맹 내에서 벌어진 이 작은 전쟁에서 미국 편이 우세를 거두어 전통적으로 영국의 시장이었던 라틴아메리카를 미국이 접수했고, 중동 지역에서도 영국을 대신하여 미국이 통제권을 행사하기 시작했다. 특히 사우디아라비아는 한 국무부 관리의 말에 의하면 "엄청난 전략적 요충지고, 세계 역사상 최대급 전리품 보고寶庫의 하나"였다.[26] 나는 뒤에서 이 문제를 다시 다룰 예정이니 현재는 CFR의 계획 문서만 검토하기로 하자.

미국이 주도하는 비독일 블록은 CFR 문서에서 '대영역Grand Area'이라고 명명되었다. 미국이 주도하는 대영역은 차선의 대안이었다. 그것은 1941년 6월 이렇게 설명되었다. "모임에서는 대영역이 단일한 세계 경제보다 더 바람직한 것이라고 생각하지 않았다. 또 완전히 만족스러운 대안도 아니었다." 대영역은 글로벌 경제로 확대되어야 할 중핵 혹은 방안 정도로 여겨졌다. 나치 독일의 패망이 임박하자 서유럽은 대영역 속으로 편입될 수 있었다. CFR 문서 작성에 참여한 사람들은 이렇게 인식했다. "과거에 존재한 대영제국은 다시는 나타나지 않을 것이고 …… 미국이 그 자리에 대신 들어서야 한다." 한 참여자는 솔직한 의견을 밝혔다. 미국은 "종전 후 세계에 대한 관념을 정립해야 하고, 그 세계관에 입각하여 우리의 조건을 관철하면서 팍스 아메리카나를 노려야 한다." 또 다른 참여자는 미국의 안보 권한 개념을 지금보다 확대하여 "세계 제패에 필요한 전략적 지역들"까지 포괄해야 한다고 말했다. 미국의 경제적 건실함이 국제무역 및 투자와 밀접하게 연관되어 있다는 것은 널리 알려진 얘기다. 그렇기에 대영역의 천연자원에 접근할 수 있어야 한다. 따라서 미국 경제의 내부 구조는 그대로 둔 채, 이 대영역을 잘 조직하여 미국 경제의 건실함과 구조에 기여하도록 해야 한다.

'자원 접근'이라는 개념은 미 국무부의 1944년 4월 각서 '미국의 석유 정책'에 잘 표현되어 있다.[27] 전 세계 어디에서나 미국 기업들은 공평한 접근을 보장받아야 하지만 다른 나라의 기업들은 그렇지 않다고 각서는 설명한다. 미국은 서반구의 생산을 이미 장악했고[28] 세계의 다른 지역에서 지분을 늘려가는 동안 이런 지위는 그대로 유지되어야 한다. "현재의 압도적 우위를 그대로 유지하고 미국 내의 기존 특혜는 잘 보존하면서 새로운 지역에서 미국 기업들이 공정한 기회를 보장받도록 **열린 문** 원칙을 고집해야 한다." 이것이 '열린 문' 원칙의 본질이다.[29]

이런 것들은 대영역 계획의 개념과 일치할 뿐만 아니라 역사적 과정의 진화와도 일치한다. 미국은 서반구의 석유를 계속 통제했고 그러면서도 중동 석유를 차지하는 몫을 급속히 늘려나갔다.[30] 영국은 1954년까지 이란 석유를 통제했으나 그 후 샤Shah(이란 왕의 칭호_옮긴이)가 CIA

지원을 받아 쿠데타로 복권하면서 미국이 국제 컨소시엄을 이란 정부에 강제 부과했다. 미국 회사는 이 컨소시엄의 석유 배당량 중 40퍼센트를 가져갔다.[31] 이와 마찬가지 맥락에서, "점령당한 일본에는 연합국 폭격으로 파괴된 정유 시설 재건을 허용하지 않았다. 일본 석유 업계는 이런 정책이 맥아더 사령부 석유국局의 조치라고 판단했다. 석유국에는 저지 스탠더드와 모빌 등 미국 석유 회사에서 일시 파견된 직원들이 근무했다." 그 후 미국계 회사들이 일본의 에너지 자원을 통제하는 주도적 위치를 차지했다. "연합국의 점령 하에 있었기 때문에 일본 정부는 이런 사업적 연계를 저지할 힘이 없었다."[32]

다른 곳에서도 이와 비슷한 상황이 벌어졌다. 가령 미국은 1947년에 법률적 완력을 발휘하여 프랑스 회사들을 사우디아라비아에서 축출했다. 프랑스 회사들은 히틀러가 프랑스를 점령한 결과 '적들'이 되었고 그래서 예전의 오스만제국 내에서 생산되는 석유를 공유하기로 했던 1928년의 **붉은 선** 합의Red Line agreement는 무효가 되었다는 강제적 논리를 내세웠다(《새로운 냉전을 향하여》 참조; 이 장의 주석 29 참조). 영국을 사우디아라비아에서 축출하는 데에는 다른 논리를 내세웠다. 미국 회사들은 이런 우려를 표시했다. "영국은 이븐 사우드Ibn Saud 국왕이나 그의 후계자들을 부추겨서 석유 특혜권을 미국 회사들의 손에서 빼앗아 영국으로 넘기게 할지 모른다"(해군차관보 윌리엄 벌릿Bullitt, William). 그래서 "사우드 국왕에게 무기를 직접 대여해주는 것만이 아라비아 특혜권이 영국의 손에 떨어지지 않게 하는 유일한 방안이라고 루스벨트 정부에 건의" 했다. 미국 기업들의 이런 건의를 받아들여 대통령은 무기 대여 담당 국장에게 다음과 같은 지시를 내렸다. "사우디아라비아 정부에 무기를 대여해줄 것을 지시하면서, 사우디아라비아의 방어가 미국의 방어에 아주 중요하다는 것을 첨언합니다." 대통령은 누구로부터 방어를 한다는 것인지 밝히지 않았다. 하지만 냉소주의자는 이렇게 말할 것이다. 미국의 아람코ARAMCO(사우디아라비아 국영 정유 회사) 특혜권은 곧 '국익'이라는 말과 동의어다. 군수물자 대여법은 나치를 상대로 싸우는 '민주적 동맹국들'을 지원하기 위해 의회가 승인한 법이었다. 입법 취지와 달리, 루스벨트 행정부는 영국 기업들을 상대로 싸우는 미국 기업들을 원조와 국가 개입 등으로 지원했다. 그리하여 사우디아라비아는 군수물자 대여법을 통해 건설 장비 등 거의 1억 달러어치를 지원받았다(MNOC, 36쪽 이하).

여담으로, 이란 사람들이 1950년대 초 그들의 석유를 독립적으로 통제하겠다는 발칙한 생각을 품었을 때 어떤 일이 벌어졌는지 살펴보자. 정유 회사의 거부 조치에 뒤이어, CIA를 등에 업은 쿠데타가 그런 생각에 종지부를 찍었고, 이후 샤 정부가 들어섰다. 샤 정부는 미국의 강력한 종속 정부가 되어 미국에서 무기를 다량으로 사들여 아라비아반도에서 반폭동 작전을 수행했으며, 이란 국민들은 샤의 변덕에 시달렸다.

쿠데타는 다른 유익한 결과를 가져왔다. 엑손모빌 사는 "이 문제를 해결하지 않는 한" 소련이 이란 석유를 상당 부분 가져갈지 모른다고 우려했다. 그럴 경우 엑손모빌은 이란 석유를 세계 시장에 덤핑 가격으로 내다 팔아 그 가격을 확 낮추려 했다(MNOC, 67쪽). 하지만 자유 기업 체제를 부정하는 그런 조치는 쿠데타가 성공하면서 필요 없게 되었다.

이란 민주주의를 끝장내고 영국의 지분을 더욱 낮춘 CIA 지원의 쿠데타는 미국 내에서 커다란 승리로 환영받았다. 이란과, 미국 정부가 조직한 새로운 석유 컨소시엄이 합의서에 서명하자 《뉴욕타임스》 사설(1954년 8월 6일자)은 "정말 반가운 소식"이라고 썼다. "이란 석유에 대한 논쟁은 관계 당사자들에게 값비싼 대가를 치르게 했으나, 그래도 어떤 교훈을 얻을 수 있었다면 이 사건은 가치 있는 것이라 할 만하다." 이어 핵심적 교훈을 아래와 같이 말했다.

풍부한 천연자원을 가진 저개발국들은 일부 세력이 광신적 민족주의로 광포해지면 어떤 대가를 치르게 되는지 객관적인 교훈을 얻게 되었다. 이란의 사례로 다른 나라에서도 모사데크Mosaddeq(1880~1967, 석유 국유화를 추진하려 했던 민족주의자로 국왕 축출을 기도했으나 실패했다_옮긴이) 총리 같은 인물이 생겨나지 않기를 바라는 것은 지나친 희망일지 모른다. 하지만 이 사건은 더 현명하고 더 멀리 내다보는 지도자들의 입장을 강화했다.

현명하고 멀리 내다보는 지도자는 곧 샤를 가리킨다. 《뉴욕타임스》는 지배층의 전형적인 냉소주의를 보이면서 이렇게 말한다. "서방도 이란의 교훈을 배워야 한다." 그리고 "유럽과 북아메리카 외의 지역에서 동반자 관계는, 과거보다 앞으로 더욱, 선진 서방국과 천원자원이 풍부한 개발도상국들 사이에 맺어져야 한다고 결론을 내리게 된다." 과거 서방과의 동방 관계에서 그다지 혜택을 보지 못했던 개발도상국들에게 이런 결론은 그다지 매력적이지 않을 것이다.

《뉴욕타임스》가 말하는 "대가"에 이란 국민들이 겪은 고통은 들어가지 않는다. 공산주의자들이 교활하게 선전선동에 이용할 빌미를 주었다거나 "영국이 미 '제국주의'—석유 컨소시엄이라는 형태로 나타난 제국주의—때문에 전통적인 지배 지역에서 더욱 밀려나게 되었다"는 비난이 영국 일부에서 제기되는 것 등이 《뉴욕타임스》가 말하는 "대가" 였다. 이런 비난이나 미 '제국주의'라는 개념 따위는 너무 황당하여 언급할 가치조차 없다는 뜻을 내포한 결론은, 사실에 대한 객관적 분석이 아니라 언제나처럼 국가 종교의 교리를 충실히 재천명한 것이다. CIA가 지원한 쿠데타를 "전시 효과"라고 하면서 열광하는 것은 이 신문의 전형적인 태도지만 그래도 정상적인 틀을 벗어난 것이라 할 수 있다. 이런 양상은 후일의 베트남전쟁 때에도 아주 빈번하게 등장한다.

하지만 여기서는 CFR의 세계 계획으로 다시 돌아가기로 하자. 이 계획은 대영역 혹은 세계 전체를 하나의 통합된 경제 체계로 조직하여 미국 경제에 '활동 공간'을 주기 위한 것이다. 이렇게 해야 미국 경제가 "큰 구조조정 없이 존속할 수 있다"는 것이다. 구조조정이 없다는 것은 기존의 권력, 부, 소유권, 통제권의 분포에 아무런 변화가 없는 것을 말한다.

대영역 계획을 상세히 밝힌 각서는 원칙과 선전 문구를 신중하게 구분한다. 1941년 중반의 각서는 이렇게 말한다. "선전용으로 전쟁 목적을 설정하는 것은 진정한 국가이익을 규정하며 전쟁 목적을 정의하는 것과는 아주 다르다." 다음은 더 자세한 세부 사항이다.

전쟁 목적이 오로지 영미권의 제국주의에 관련된 것이라고 규정하면, 전 세계 나머지 사람들에게 별 호소력이 없을 것이고 그리하여 나치의 반격을 받게 된다. 그러면 미국과 대영제국의 반동 세력만 강화시킬 것이다. 유럽, 아시아, 아프리카, 라틴아메리카 등 다른 지역 사람들의 이해관계도 강조되어야 한다. 이것이 훨씬 좋은 선전 효과를 가져올 것이다.

몇 달 뒤 애매모호하고 이상주의적인 대서양헌장이 발표되자 CFR 계획 참여자들은 안도의 한숨을 내쉬었다.

CFR 연구는 후에 작업 범위가 확대되어 세계 대부분 지역의 전망과 계획을 분석하게 되었다. 동남아시아 분석은 그 뒤에 그 지역에서 벌어진 상황에 비추어 보면 아주 흥미롭다. CFR 연구 결과는 국가안전보장회의의 각서나 펜타곤 문서에 들어 있는 기타 자료들과 아주 유사하다.[33] 제국주의적 계획과 실행을 보여주는 특기할 만한 문서 기록인 것이다. 이들 간의 유사성은 결코 우연의 소치가 아니다. 여기에는 동일한 이해관계, 동일한 사람들이 개입되었다. 기본 주제는 동남아시아가 미국이 지배하는 세계 체제의 일부로 편입되어야 한다는 것이다. 그렇게 하여 미국 경제의 수요를 충족하고, 나아가 일본의 수요도 충족해야 한다. 이렇게 해주지 않을 경우 일본은 또다시 독자 노선을 가려 하거나 서방 시장에 진출하려고 시선을 돌릴 것이다. 그러니 팍스 아메리카나, 곧 대영역의 넓은 틀 내에서, 일본이 동남아 시장과 자원에 어느 정도 접근할 수 있게 해주어야 한다. 이 원칙은 1950년대 초에 이미 확고하게 수립되었고 그 후 미국의 개입과 나아가 노골적인 침략 노선에 지침이 되었다. 베트남 사람들이 이란 사람들처럼 "광신적 민족주의로 광포해지면서" 미국의 세련된 대영역 개념을 이해하지 못하고 선진 서방국들과의 '동반 관계'가 가져다주는 혜택을 거부했을 때 바로 그러했다.

내가 지금껏 검토해온 자료는 미국의 대외 정책 수립 과정을 연구하는 1차 사료들이다. 정책 수립에 직접 참여했던 사람들이 편찬한 것이다. 그럼 이런 자료를 대학에서는 어떻게 다룰까? 그 대답은 간단하다. 일률적으로 무시해버린다. 쇼프Shoup, Laurence와 민터Minter, William가 펴낸 책(주석 22 참조)은 이런 자료를 검토한 최초의 것이다. 미국 학자들은 소련이 관련 자료의 공개를 거부하기 때문에 정책의 진전을 명확하게 연구하지 못한다고 불평한다. 그런가 하면 미국 학자들은 미국 정책의 형성을 깊숙이 들여다보게 해주는 문서 자료들을 회피한다. 왜 그럴까? 그 자료들이 국가 종교의 교리와 일치하지 않기 때문이고, 그 자료들의 역사적 가치 여부는 문제가 되지 않는다.

덧붙여 말하자면, 고위 정책 기획 과정을 아주 풍부하게 보여주는 펜타곤 문서 또한 똑같은 운명을 겪었다. 이 기록 또한 무시되었다. 심지어 잘못 인용되기도 했다. 미국의 베트남 정책을 연구한 학자들의 저서는 많이 있다. 그 저서들 중 일부는 펜타곤 문서의 자료를 광범위하게 활용했다. 하지만 대부분의 저서들은 1960년대에 초점을 맞춘다. 그리고 관료들의 싸움과 정치적 압력 등을 세부적으로 논하지만 그보다 오래전에 수립되었던 전반적 틀은 완전히 무시해버린다. 그리고 10~20년 전에 정교하게 다듬어진 제국주의적 신조를 그대로 따를 뿐 그 신조에 도전하는 법이 없다. 이것은 사회적 현실을 은폐하는 놀라운 방식이다. 국가정책의 기본 원칙에 관한 문서 기록들을 일부러 무시하거나 아니면 다른 쪽으로 시선을 돌리는 것이다.

지면이 충분치 못해 여기서 그런 사례들을 일일이 들지 못하나 하나만 들어도 충분한 예증이 되리라 본다. 가령 윌리엄 S. 털리Turley, William S.가 베트남 관련서 여러 권에 대해 쓴 서평을 살펴보자. 털리는 인도차이나 문제를 연구해온 비판적이고 독립적인 미국 학자다.[34] 그는 베트남 정책에 두 가지 "주요 이미지"가 있다고 말한다. 하나는 '수렁 가설quagmire hypothesis'인데 미국이 "벌어질 수 있는 결과에 대한 명확한 인식 없이 베트남 개입의 강도를 높였다"는 것이다. 다른 하나는 '발목 가설stalemate hypothesis'이다. "미국의 역대 행정부는 전쟁에서 지는 경우는 피하고 보자는 국내 정치적 이유에 발목을 잡혀서" 베트남 정책이 답보 상태에 빠졌다는 것이다. 털리가 논평한 로버트 갈루치Robert Galluci의 책[35]은 두 이미지가 너무 단순하다고 하면서 관료적 과정 모델을 적용함으로써 좀 더 복잡한 해석을 추구한다. 털리는 펜타곤 문서가 이 주제와 관련하여 중요한 증거를 제시한다고 지적한다.

사실 펜타곤 문서는 완전히 무시된 제3의 가설을 위한 방대한 증거를 제시한다. 학계에서 완전히 침묵으로 대응하고 있는 이 가설은 제국주의 가설이다. 미국의 베트남 정책은 제국주의적 계획의 원칙을 실천한 것이다. 그 계획은 1960년대보다 훨씬 이전에 수립되어 있었는데 다들 주목하지 않았을 뿐이다. 이 가설의 내용은 펜타곤 문서와 다른 문서들에 광범위하게 기록되어 있다. 하지만 이 문서 기록은 털리가 비평한 책에도, 털리의 서평에도 전혀 언급되지 않았고, 나아가 학자들의 다른 논평이나 논문에서도 거론되지 않는다. 그 문서가 무엇이라고 증언하든 제3의 가설이 점잖은 사회에서는 논의 대상도 될 수 없는 것이다. 그것은 거부해야 할 경쟁 상대조차 되지 못한다.[36]

나는 제3의 가설과 관련 문서를 거부한 학자들이 부정직하다고 얘기하려는 것이 아니다. 그들은 공부를 할 때나 참고 문헌을 뒤적일 때 이런 자료가 아예 등장하지 않았으므로 제3의 가설을 전혀 이해하지 못한다. 이것은 소위 '사회화'라는 교육제도의 성공을 생생하게 보여주는 것이다. 삼각위원회의 분석가들이 말한 것처럼, "사회 기관들이 젊은이의 세뇌 교육에 주도적 역할을 했다." 그리하여 어떤 생각은 아무리 자연스럽고 근거 있는 것이라 해도 납득이 되지 않으며, 설사 주목한다고 하더라도 조롱하면서 물리쳐버린다. 일반적 합의로부터 벗어나는 사람들은 미디어 분야에서든 학원에서든 출세할 전망이 어두워진다. 이렇게 해서 학문은 개별 단위가 아니라 조직적으로 전복된다. 이런 현상은 조직 종교의 역사에서 아주 낯익다. 대학에 몸담은 적이 있는 사람은 이것이 어떻게 이루어지는지 잘 안다. 일부 젊은 학자들은 "함께 어울리기가 어렵고" "너무 빡빡하고" "주제 선정이 신통치 않고" "적절한 방법론을 사용하지 않는다." 요컨대 학문을 불편한 도전으로부터 보호해주는 전문적 기준을 지키지 않는 것이다.[37] 이데올로기를 다루는 학문일수록 이런 경향이 강하다.

미국 정책의 진화에 대하여 어떤 진지한 이해에 도달하려면 CFR 연구서나 펜타곤 문서 같은 일차적 자료들을 비판적 안목으로 검토해야 하고 그 후 많은 추가 자료로 보충해야 한다. 위에서 인용한 분석들은,

그래도 일차 자료를 건드려보려는 소수의 기존 학자들이 볼 때 부적절할 뿐만 아니라 그 해석도 심각한 오류를 안고 있다. 정말로 주목해야 할 사실은 미국 학자들이 기존의 견해와 일치하지 않는 자료들은 무시해버리면서 전혀 엉뚱한 방향으로 나아가고 있다는 점이다.

대학 사회에서 핵심 문제가 어떻게 회피되고 있는지 마지막으로 한 가지 사례만 더 살펴보자. 대외 정책 결정의 주요 요인들을 분간해내기 위해 합리적인 접근 방법을 구사하는 관찰자가 아주 의미심장하다고 여길 만한 추가 사실들을 검토해보겠다.

첫째, 2차 세계대전 이후 대외 정책과 관련하여 정책 결정의 권한이 행정부에 집중되는 경향을 보여왔다.

둘째, 이 기간 동안 국내의 경제가 점점 특정 기업에 집중되는 경향을 보여왔다. 기업이 행정부에 미치는 영향이 커지면서 이 두 경향은 긴밀하게 연결되었다.

셋째, 종전 후 세계에서 해외 투자, 마케팅, 자원 추출이 크게 늘어났다. 이 때문에 대외 업무에서 기업 경제의 비중이 더욱 커졌다. 한 가지 수치를 살펴보면 이렇다. "1970년에 이르러 해외 사업이 미국 기업들의 세후稅後 이익 중 20~25퍼센트를 만들어냈는데, 이것은 상당히 큰 규모다."[38] 이런 기본적 사실들은 논쟁의 여지가 없다. 이것은 확실한 가설을 제시한다. 기업은 대외 정책 수립에 상당한 영향력을 행사한다. 하지만 미국의 학자들은 이 문제를 어떻게 다루는가?

거의 다루지 않지만 정치학자 데니스 M. 레이Ray, Dennis M.의 다국적 기업 관련 저서는 드물게도 이 주제를 언급했다.[39] 레이는 "우리는 미국의 대외 정책에 기업들이 어떤 역할을 하는지 사실상 전혀 알지 못한다"고 말한다. 그리고 학자들은 "의회, 언론, 과학자, 랜드RAND 연구소 같은 비엘리 기관이 대외 정책에 미치는 영향에 대해서는 알고 있지만,

기업이 미치는 영향은 신비 속에 가려져 있다."

언론이나 과학자의 엄청난 영향력은 잘 알려져 있지만, 기업의 역할은 이런 '신비' 속에 가려져 있어서 본래 알아내기가 어려운 것인가? 전혀 그렇지 않다. 레이가 지적했듯이, 그 문제를 조직적으로 회피했기 때문에 신비 속에 가려져 있는 것이다.

국제관계와 미국 대외 정책을 다룬, 신망 있는respectable 문헌들을 조사해본 결과는 이러하다. 문헌 200여 종 중 5퍼센트 이하가 미국의 대외 정책에 미치는 기업들의 역할을 지나가듯이 언급했다. 이런 문헌들을 보면 미국의 대외 정책은 사회적 진공 상태에서 이루어진 듯하다. 정부 정책을 세우는 정교한 제도에 의하여 국가이익이 외부의 위협으로부터 보호받는 모양이다. 국제정치학을 다룬 연구서에서 기업의 존재와 영향력을 언급하는 사례는 거의 없다.

위의 인용문에서 레이는 '신망 있는 문헌들'만을 얘기했다. 어떤 입장을 '옹호advocacy'하는 문헌들은 제외했다. 옹호 문헌에는 두 가지 흐름이 있는데, 하나는 기업 사장들과 경영학 교수들이 내놓은 것이고, 다른 하나는 '과격한 혹은 신마르크스주의적 문헌'이다. 이런 문헌들, 특히 후자의 문헌에서는 대외 정책에 기업이 차지하는 역할을 활발히 다루고 있다. 레이는 이 주제에 시선을 돌리면서 자신이 내린 결론이 정확하다는 것을 발견한다. 그는 신뢰도 있는 문헌들 중 하나를 인용하면서 이렇게 말했다. "기업 이외에는 대외 정책에 폭넓게 영향을 미치는 이익단체가 거의 없는 실정이다." 레이는 다른 학자들도 "이 주제를 살펴보기 시작하면" 이런 객관적 사실들을 발견할 것이라고 믿는다.

간단히 말해서 학자들이 마음만 먹는다면 '신뢰도 있는 문헌' 밖에서 지난 수년 동안 논의되고 기록되어온 자명한 사실들을 발견하리라는 이야기다. 그 과정에서 앞에서 지적한 미국 사회의 기본적이고 근본적인 사실들도 함께 발견할 것이다.

레이가 '신망 있는' 학자들이 이런 이상한 오류를 저지른 이유를 연구하지 않은 것은 기이한 일이다. 사실 그 대답은 그리 난해하지 않다. 우리가 모스크바 대학이나 레닌그라드 대학의 연구서에 시선을 돌리지 아니하고 소련 정치국politburo의 내밀한 움직임을 살펴본다면 그 이유를 정확하게 알 수 있다. 미국 내에서 동일한 현상이 벌어질 때 동일한 합리적 기준을 적용하지 못할 이유가 없다. 물론 미국 내에서는 적용 메커니즘이 다르기는 하다. 여기서는 학자들이 외부의 힘에 복종하는 것이 아니라 자발적으로 동조하는 것이다.

주류의 영역 안에서 연구하는 학자들을 대하는 레이의 태도를 살펴보아도 대답이 나온다. 그가 볼 때 '옹호'에 참여하는 학자들은 신망을 받을 만하지 않다. 주류 학자들은 이 문제를 교묘하게 비켜 가기 때문에 이런 문제로 '신망'을 잃지 않는다. 그리고 '옹호' 작업에 가담하지 않는 것처럼 보인다.

만약 인류학자가 지금까지 묘사해온 현상을 관찰한다면, 여기에 어떤 문제에 대한 금기 혹은 미신적 회피가 깊숙이 자리잡고 있음을 금방 알아볼 것이다. 그 금기는 미국 사회에서 사적인 경제 권력이 작동하는 방식을 언급해서는 안 된다는 것이다. 대학의 세속 사제들 사이에서 이 문제는 아주 숨죽인 어조로만 언급될 수 있다. 이 문제를 정색하면서 제기하는 사람들은 더 이상 '신망 있다'고 할 수 없다. 외교사학자 개디스 스미스Smith, Gaddis는 윌리엄 애플먼 윌리엄스Williams, William Appleman와 개브리얼 콜코Kolko, Gabriel의 최근 저서를 논평하면서 단언했다. 두 공저자는 정통파 역사학자라 할 수 없고 "본질적으로 선동가"에 지나지

않는다고.[40]

　우리는 자유 사회이기 때문에 문화적 금기를 위반한 사람을 투옥하
거나 화형에 처하지는 않는다. 하지만 그런 자들이 위험한 과격분자임
을 밝혀서 세속 사제가 되지 못하도록 한다. 이런 조치는 적절한 것이
다. 곤란한 질문을 제기하는 것은 '젊은이들의 세뇌'를 담당한 기관들과
기타 선전 기관에 위험한 전염병을 퍼뜨리겠다는 것이다. 그 전염병의
이름은 통찰과 이해다. 객관적 사실들에 대한 각성은 기존의 사회질서
를 위협한다. 다원적인 신비주의, 순수한 마음을 가진 정치 지도자의 자
비심에 대한 믿음, 기타 미신적 신념으로 보호되는 사회질서 말이다.

　일부 지배계급에 유익한 이데올로기 구조는 그 계급의 권력 행사를
감추어야 한다. 그런 권력 행사 사실을 부정하거나 아니면 모르는 척하
거나 아니면 그 계급의 특수한 이익이 곧 보편적 이익인 것처럼 둘러대
는 것이다. 그래서 이 계급의 대표자가 사회 전체의 이익을 위해 사회적
정책을 수립하는 것이 자연스럽다고 위장한다. 레이가 지적한 것처럼,
대외 정책 수립자가 기업가의 관점에서 세상을 인식하는 것은 아주 자
연스럽다. "이런 맥락에서 볼 때 우리는 단지 영향력 행사라는 현상만
다루고 있는 것이 아니다. 왜냐하면 국가의 목표라는 게 실은 기업의 목
표와 동의어이기 때문이다." '국가의 목표'라는 말을 그 전형적 신비주
·의 용법에서 빼내면 이 말은 곧 기업 목표로 대체할 수 있다.

　세속 사제들의 울타리를 넘어가 보면, '선동가들'이 내놓은 '옹호' 문
헌은 관련 문서들을 광범위하고 예리하게 분석해놓았다. 여기서 '국가
목표'라는 개념은 신비화 작업의 도구에 지나지 않으며, 다양한 사회 집
단의 상충하는 목표들은 사적인 경제 권력의 관점이 아닌 관점으로도
얼마든지 생각해볼 수 있음을 알게 된다. 하지만 대학, 학자들, 대중매
체, 일반 사회는 이런 위험한 이단설로부터 조심스럽게 격리되어 있다.

그리고 우스꽝스럽게도 그런 격리를 '실용적'이고 '비이데올로기적'인 조치라고 말하는 것이다. 미국 사회가 다른 나라들에 비해 전체주의적 통제 제도가 별로 없는 나라임을 감안할 때, 이런 현상은 더욱 우스꽝스럽게 보인다.

1차 세계대전 후 바이에른의 단명한 혁명 정부에 참여했던 칼 란다우어Landauer, Carl는 이런 말을 했다. 혁명 정부가 부르주아 언론을 검열하는 것은 "언론 자유의 시작"이다.[41] 여론·선전 기관이 지배 집단에 장악되면 표현 수단을 완전히 지배하여 언론 자유를 파괴한다는 뜻이다.[42] 하지만 국가 검열이 지배 집단의 왜곡과 기만에 대응하는 해결책이라는 견해는 받아들일 수 없다. 마찬가지로 사회적, 문화적 금기 때문에 일반 대중이 정책 수립의 과정을 전혀 모르게 되는 상황에서도 언론의 자유가 있다 할 수 없다.

때때로 재계 언론business press(한국에서는 흔히 '경제지'라고 하는 것_옮긴이)이 학술지보다 사회 현실을 더 정직하게 털어놓는다. 가령 베트남전 실패에 대한《비즈니스 위크Business Week》(1975년 4월 7일자)의 이런 반응을 보라. 이 신문의 편집자들은 이런 우려를 한다. "2차 세계대전 종전 이래 미국 기업들이 누렸던 국제 경제 구조가 현재 위험에 빠져 있다." 그들은 계속 설명한다.

> 마셜 플랜의 달러로 연료를 보충받은 미국 기업들은 냉전, 식민주의 종식, 호전적이고 반자본주의적인 신생 국가들의 등장에도 불구하고 해외 수주 덕분에 번성했다. 사태가 아무리 부정적으로 전개되더라도 미국 권력의 우산이 늘 그것을 억제해주었다……. 다국적기업의 출현은 이런 정치적 틀이 경제적으로 표현된 것이다.

하지만 "기업 경영을 위한 이 안정된 세계 질서가 〔인도차이나에서 패배함으로써〕 붕괴되었다." 편집자들은 미국 정부가 '선한 일'을 하고 '도덕적 이상을 진전시키려' 했다는 말은 하지 않는다. 그들은 의회가 고집을 부리는 바람에 유럽 동맹국들에게 "석유 최저 가격", "국제경제에 미치는 나쁜 영향" 등의 개념을 납득시키지 못한다고 설명한다. 특히 "일본이 생산품의 3분의 1을 동남아시아에 수출하지 못하면, 미국의 전 세계 정책이 붕괴"할 것이다. 새로운 "양당 합의 정책"(사실은 일당 국가다)이 수립되지 않는다면, "성공적인 국제경제의 틀을 유지하기가 불가능할 것이다."

1년 뒤 사정이 좀 나아졌고 그래서 "서방의 미래는 다시 미국과 (미국에 비해 기여도는 떨어지지만) 서독의 손에 달려 있게 되었다." 이렇게 된 데에는 미국의 석유 정책이 한 가지 이유다.[43] 《비즈니스 위크》의 편집자들은 이렇게 지적한다. "현재의 세계 추세는 미국 경제의 경쟁적 입장을 강화하고 있다." 그리하여 "워싱턴은 1960년대 초에 비해 대외경제정책을 자유롭게 수립할 여지가 커졌다."[44] 간단히 말해서 대영역이 성공적으로 재구축되었다는 이야기다. 하지만 이 경우 낙관론은 약간 시기상조인 듯하다.

때때로 진리의 빛이 관리들의 성명을 통해서도 터져나온다. 국제개발처AID의 부처장인 프랭크 M. 코핀Coffin, Frank M.은 'AID 프로그램의 목표'라는 성명을 발표했다.

우리의 기본 최대 목표는 장기적인 정치적 목표다. 이것은 명목적인 발전을 추구하지 않는다……. 중요한 목표는 국내 기업들에 최대한의 기회를 열어주고, 미국의 개인 투자가 환영받고 대우받도록 하는 것이다……. 미개발국들에 우리 민간 부문이 진출하도록 하는 것이 우리의 중요한 책임 사항 중 하나다. 국내 창업·경영과 해외 투자 둘 다 중요하다……. 정치적으로 볼 때, 강력하고 진보적인 민간 기업 사회는 안정되고 책임지는 정부의 강력한 우군이 될 뿐 아니라 공산주의 사조에 대한 내장된 견제책이 된다.[45]

또 다른 '내장된 견제책'은 반폭동 작전이라고 코핀은 말한다. "우리 AID는 물론 공공 안전 프로그램을 갖고 있다. 지나친 단순화가 될지 모르지만, 각국에서 폭동 예방 조치에 민간 경찰력을 이용하도록 권장하여 군부에 과도하게 의존하지 않게 하려는 것이다." 물론 지나친 단순화다. 라틴아메리카와 아시아에서 수만 명이 지난 여러 해 동안 그 특별한 혜택을 보았다.[46] 물론 우리의 원조 프로그램은 '동반관계'를 추구한다고 미화하고 소련과 중국의 그것은 '지배'라고 표현된다. 이런 주장을 뒷받침하기 위해 원조 프로그램을 비교 분석하지도 않고 말이다.

재계 언론에서 이런 솔직한 설명이 가끔 나오기는 하지만, 그렇다고 해서 기업가들이 학자들의 헛소리로부터 자유롭다고 말하지는 않겠다. 다음과 같은 기업가의 발언은 지난 여러 해 동안 무수히 복제되어온 것이다.

당신은 비난의 손가락질을 하면서 도전적인 질문을 할 것입니다. "아이티, 산 도밍고, 니카라과, 온두라스 등은 어떻게 된 겁니까?" 우리가 이들 나라에 군대를 보낸 것은 사실입니다. 유감스럽게 그곳에서 유혈극이 벌어졌습니다. 우리는 프로그램을 실행하면서 판단과 방법에 오류를 저질렀습니다. 어떤 때는 서투르고 어설프게 일을 진행했습니다. 정부와 그 대리인들은 가끔 이런 실수를 저지릅니다. 지금 거론한 경우들은 해야 할 일이 이례적이고 예기치 못한 것들이었습니다. 길잡이가 될 만한 전통도 없었고 그 일을 실행할 훈련된 인력도 없었습니다(이처럼 적절한 인력이 없다는 사실이 바로 우리 정부와 관리들의 생각이 제국주의와는 얼마나 거리가 먼가를 보여줍니다).

하지만 검증은 이제 내가 당신들에게 제기할 질문에 어떻게 답변하는가에 달려 있습니다. "우리의 목적은 무엇인가? 우리가 억압하고 착취하기 위해서 거기에 갔는가? 그 땅을 우리의 영토에 편입시키기 위해서인가? 아니면 고질적인 독재와 부정부패 그리고 소요 사태를 종식시키기 위해서 갔는가? 합리적이고 질서 정연한 정부와 법치를 세우고 진보를 촉진하고 안정된 여건을 조성하여 그곳 주민들에게 번영의 발판을 마련해주러 갔는가?"

우리의 목표가 후자였다는 데에는 의심의 여지가 없다고 생각합니다. 현지에서 과업을 어느 정도 수행하면 우리는 철수했고 또 철수할 것입니다. 우리는 특정한 수익을 회수하고 관리할 소수의 사람들만 현지에 남길 것입니다. 이런 조치는…… 착취나 억압이라고 할 수 없습니다. 재단의 이사를 임명하는 것이 착취나 억압이 되지 않는 것과 마찬가지 이치입니다.[47]

'우리의 전통적인 우방국이며 피보호국인' 아이티, 산 도밍고, 니카라과, 온두라스, 기타 라틴아메리카 지역에서 미국이 현지의 고질적인 독재와 부정부패 그리고 소요 사태를 종식시켜 질서 정연한 정부와 법치를 세우고 안정된 사회 조건을 수립한 과정을 논의한다는 것은 무의미한 일이다(220쪽 참조). 이러한 가설은 객관적 사실과 아무런 상관이 없다. 이것은 소위 공산주의 국가들과 비교해도 금방 알 수 있는 일이다. 위와 같은 말은 베트남전이 종전될 무렵 언론의 소위 전문가들이 지껄이던 헛소리와 유사하다. 가령, 미국의 개입은 "명예로운" 것이었으나

"실수와 오판이 있었다"는 둥, "좋은 동기가 뒤에 가서 나쁜 정책으로 변질되었다"는 둥, "미국이 동남아시아의 학살에 책임이 있는 것 같은 인상"을 남기는 것은 불공정하다는 둥, "좋은 일을 하려던 우리의 노력"이 "처참한 실수"가 되어버렸다는 둥.[48] 여기서 우리는 국가 종교는 사실적 증거와는 무관하다는 것을 다시 한 번 알 수 있다. 이 국가 종교는 국토 확장을 위한 유혈극에 뒤이어 제국주의적 확장이 거듭된 지난 80년 동안 계속 다져져온 것이다.

나는 미국 대외 정책의 가장 지속적인 주제, 즉 대영역(단일한 세계 경제)을 창조하려는 노력을 지적했다. 이 주제는 미국 정부의 정책을 입안하는 사람들과 정부가 대변하는 기업의 필요에 따라 적절히 변용되어왔다. 이 주제의 실천에 주로 수반되는 것이 군사력의 거듭된 사용이다. 이는 가장 눈에 잘 띄는 극적인 장치다. 1960년대 초 이래 아옌데 정권의 칠레나 브라질을 상대로 펴온 미국 정책은 전형적 사례다. 군사력은 대영역을 수호하는 마지막 수단이다. 이것은 미국 역사에서 그리 새로운 것도 아니다.

《포린어페어스Foreign Affairs》의 편집자인 제임스 체이스Chace, James는 최근의 기사에서 이 주제를 논평한다. 그는 1945년 이전에 미국이 국외에서 무력으로 개입한 건수가 159건이라고 말했다. 2차 세계대전 이후에 "우리는 한국, 인도차이나, 레바논, 도미니카공화국, 콩고에서 무력을 사용했다." 그는 이어 왜 미국이 이런 일을 계속하는지 여러 가지 이유를 들었다. 부족한 자원에 대한 우려, 카리브 해와 기타 '세력 균형 지역'의 영향권 유지, '인권에 대한 관심 및 자유주의적·다원적 민주주의 옹호' 등이 그런 이유였다.[49]

하지만 무력 개입을 한 다른 사례, 가령 이란, 쿠바, 과테말라, 칠레 등도 있다. 이런 사례들이 과연 '인권에 대한 관심 및 자유주의적·다원적 민주주의 옹호'를 위한 개입이었는가? 이런 헛소리를 언론과 학계에서 정색하고 심각하게 운운하는 것은 대단히 흥미롭고도 중요한 현상이다.

체이스는 미국 국민들이 개입주의 대외 정책 실행을 계속 지지해왔다고 말한다(부분적으로만 맞는 말이다). 체이스 자신이 말한 대로, 그 한 가지 이유는 미국의 박애 정신과 국제적 선의라는 이데올로기다. 나는 이런 신조의 틀이 어떻게 대학, 대중매체, 시사 평론지 등을 지배하고 있는지 몇 가지 사례를 들었다. 이런 사례들은 신조의 순수성을 위해 객관적 사실이 가볍게 무시된다는 것을 보여주었다. 하지만 세속 사제들에게는 직접적이고 노골적인 자기모순조차 문제가 되지 않는다. 이들은 국가 종교의 또 다른 한 축인 관료들의 세련미는 갖추지 못한 것이다. 구체적 사례로서, 체이스가 동일한 주제를 다룬 다른 기사를 살펴보자.[50] 이 기사에서 그는 "미국적 체험의 아이러니와 모호함"을 다루면서 "미국 정신의 전형적 표현"인 "도덕적 관심"을 언급한다. 하지만 "우리는 정의 추구가 때때로 우리가 의도했던 것과는 정반대 방향으로 나아가는 것을 발견했다. 또한 우리가 선언한 이상이 남들과 그보다 우리 자신에게 음습하고 복잡한 성격을 지닌 동기를 감추는 역할을 했다." 그는 이렇게 결론 내린다. "우리는 경험상 이런 것을 알았어야 했다. 우리가 늘 우리의 동기를 완벽하게 이해하고 있는 것은 아니다." 하지만 체이스는 이런 이해를 가로막기 위해 구축된 정교한 기만 체계는 다루지 않았다. 그러나 특기할 만한 것은 그가 구체적 사안을 다루었다는 것이다. 가령 닉슨-키신저 시대의 **현실 정치**를 언급했다. "미국은 안정을 추구한다"고 하고서 그 구체적 사례로 "자유선거로 선출된 칠레의 마르크스주의 정부를 무너뜨리기 위한 우리의 노력"을 들었다. 이런 직접적인 자기모순을 저지르고서도 체이스는 '우리의 동기'에 대해서는 의문을 제기하지 않는다.[51] 이 사례를 그냥 '아이러니'의 범주에 집어넣고 만다.

이 범주는 이데올로기 관련 학문 분야에서 현실을 위장하는 가장 탁월한 수단으로 사용된다. 다음은 그 최종 사례인데 그 출전出典 때문에 아주 시사적이다. 노먼 그래브너Graebner, Norman는 탁월한 역사학자이고 냉전의 어리석음을 비판해왔으며 조지 케넌Kennan, George Frost(1904 ~2005, 미국의 외교관으로 2차 세계대전 후 소련에 대한 봉쇄 정책을 옹호하다가 나중에 분쟁 지역에서 미·소 양측이 철수할 것을 주장했다_옮긴이) 부류의 '현실주의자'다. 내가 인용할 그래브너의 저서는 조지 케넌에게 헌정되었다.[52] 그래브너는 미국의 대외 정책이 "평화와 자결권을 강조하는 윌슨 대통령의 원칙들"을 길잡이로 삼는다는 전통적 견해를 수용한다. 미국은 20세기 들어와 "침략적 제국주의 국가"였던 적이 없다. 그 "외교 담론"에서 늘 "원칙"을 강조했고 진정으로 침략적이고 제국주의적인 나라들이 사용하는 수사를 구사한 적이 없었다. 미국의 "전통적 딜레마"는 다음과 같은 망상에 자리 잡고 있다. 즉 "적국의 힘과 결단력"이 아주 강인한데도 "적들이 언젠가는 붕괴할 것이고, 그리하여 미국이 정의롭고 자유로운 환상적인 세계를 창조하게 될 것이라고 믿는다." 그래브너는 단언한다. "1950년 이후 미국의 대소련, 대중국 관계는 언제나 이런 전제 조건을 바탕에 깔고 있었다." 바로 이런 "미국적 이상주의" 때문에 전후 시대에 많은 어려움을 겪게 되었다.

그래브너는 이런 기본 원칙을 미리 전제한 다음, 구체적으로 대외 정책의 사례를 분석한다. 이어 다음과 같은 논평을 한다. "미국이 자결주의 원칙을 성공시킬 수도 있었던 아시아와 아프리카에서 자결주의 원칙을 전반적으로 무시한 것, 또 자결주의 원칙을 전혀 성공시킬 수 없었던 철의 장막과 죽의 장막에서 그 원칙을 추진한 것 등은 정말 아이러니한 일이다."

이 말의 논리를 생각해보자. 일반 원칙이 전제되었다. 미국은 평화와 자결을 강조하는 윌슨 대통령의 원칙을 길잡이로 삼는다. 이어 구체적 사례들이 검토된다. 원칙이 적용될 수 있는 곳에서는 적용되지 않고, 적용될 수 없는 적의 지역에서는 옹호된다(이렇게 옹호하는 것을 보면 우리는 침략적이고 제국주의적인 국가가 아니다). 결론을 말하면, 이런 원칙을 검증해보니 실패했다는 아이러니가 나왔다. 하지만 일반 원칙은 여전히 유효하다. 그래브너는 이렇게 한탄한다. "세계 질서를 잡기 위한 미국의 이타적 노력은 도탄에 빠진 세계의 감사를 끌어내지 못했다."

이 논리를 물리학에 적용해보자. 어떤 물리학자가 일반 가설을 규정하여 그것을 검증해보니 구체적 사례에서 통하지 않는 것을 발견하고서, 구체적 사실들이 원칙과 위배되는 것을 아이러니로 규정했다. 그렇지만 그 가설은 여전히 유효하다. 이 사례는 역사학과 정치학 같은 이데올로기 관련 학문과, 엄정한 합리적 기준에 부응할 것이 요구되는 학문 사이의 차이점을 보여준다.

그래브너 사례가 흥미로운 것은 그가 일찍이 냉전 사조를 비판한 학자이기 때문이다. 그는 케넌의 노선을 따라서 미국 정책이 오류를 저질렀다고 주장한다. 그러나 '오류'는 사회적으로 중립적인 범주다. 이 용어를 동원하면 일차적 교리의 범위 안에 그대로 머무를 수 있다. 즉 미국은 외부의 도전에 반응한 것이고, 미국의 정책은 지배적 사회 집단의 구체적 이익과는 무관하다는 것이다.

나의 논의는 지금까지 다소 추상적이었다. 군사 개입 정책이 동남아시아의 힘없는 사람들에게 끼친 결과에 대해서는 다루지 않았다. 그리고 대영역의 안정화를 위해 취해졌던 다른 수단들도 다루지 않았다. 그런데 대영역의 안정화 조치들은 앞으로 계속될 것이 틀림없다. 왜냐하면 그런 정책을 뒷받침했던 제도들이 달라진 게 거의 없기 때문이다. 인도차이나전쟁 때 사회 일부에서 나왔던 비판은 그 후 많이 줄어들거나 억제되었다. 우리는 대외 정책을 일방적으로 강요당하는 사람의 입장에서 이 모든 것을 다시 한 번 살펴볼 수 있을 것이다. 지금으로부터 80년 전 한 필리핀 민족주의자는 이렇게 썼다. "필리핀은 이미 전쟁 중재를 받아들였다. 전쟁은 최악의 조건인데 특히 앵글로색슨족이 수행하는 전쟁은 극악하다. 그들은 적을 외계인이나 열등한 민족으로 여긴다. 하지만 필리핀 사람들은 그 끔찍함, 자신들이 감당해야 할 인명과 재산의 희생을 잘 알면서도 그 중재를 받아들였다."[53] 이 경우에도 우리의 정치 지도자들은 '하느님의 목적을 수행하는 일'을 하고 있었던 것이다. 심지어 제임스 체이스도 이 경우에는 '도덕적 목적' 외에 이기주의가 발휘되었다고 인정했다. "우리는 우리의 행동에 대하여 도덕적 옹호론을 펴기가 어렵게 되었다. 미국 군대가 그곳에서 자행한 잔학 행위는 정말 끔찍하다. 그들은 무차별 전쟁을 벌였고, 포로를 인정하지 않았으며, 마을을 불태우고, 종종 무고한 남녀노소 양민들을 학살했다."[54]

베트남전쟁을 겪고 난 후 앞으로는 이런 일을 되풀이하지 않으리라 추측하기 쉽다. 그러나 불행하게도 그런 추측은 틀렸다. 카터 대통령은 인권에 대한 설교를 하던 중에 우리가 베트남에 아무런 부채나 책임이 없다고 말했다. "왜냐하면 파괴는 상호적인 것이었으니까."[55] 미국 언론에서는 이에 대하여 아무런 논평이나 항의도 게재하지 않았다. 이제 그 '비극적 실수'의 역사는 다시 작성되어 인도차이나의 사람들을 문제의 장본인으로 만들고 있다. 1975년 5월 마야구에즈 호 사건이 터지자 포드와 키신저가 캄보디아에 폭격기를 보내 마지막 폭력과 살인을 저질렀다. 이미 베트남전 때 미국의 폭격으로 폐허가 되어버린 그 나라에 말이다. 이 사건 때, 미국의 인도차이나전쟁이 낳은 인간적 참상에 대하여 깊은 우려를 표시하던 케네디 상원의원조차도 이렇게 말했다. "대통령의 확고하고 성공적인 조치는 국가의 사기를 크게 진작했으며 우리의 진정한 지지를 받을 만한 자격이 있다."[56] 미국은 마치 그런 포고가 필요하기라도 한 듯이 온 세상을 향해 이렇게 포고했다. 이 세상에서 가장 폭력적인 권력은 인도차이나에서 패배했다고 해서 폭력의 사용을 포기하지 않고 있다. 전혀 방어할 능력이 없는 희생자들을 상대로 말이다.

이런 패턴은 그 후에도 계속되었다. 1976년 8월 남북한 사이의 비무장지대에서 벌어진 사건을 보라. 미군 병사 두 명이 명확하게 밝혀지지 않은 상황에서 나무 가지치기를 하다가 북한군 병사들에게 살해되었다. 논의의 편의를 위해 미국 측 상황 설명이 정확한 것이라고 가정하자. 북한군이 잔혹하게 두 미군 병사를 살해했다. 미군은 그 나무를 베어버리고 B-52 폭격기를 띄우는 등 엄청난 무력을 과시했다. 이 사건에 대하여 전 국방부 공보 담당 차관보였고 현재는 외교 담당 특파원인 윌리엄 비처Beecher, William는 중요한 증언을 했다. 당초 계획은 "B-52 폭격기들이 약 7만 톤의 폭탄을 판문점에서 10마일 떨어진 남한 측 포격장에 투하한다는 것이었다⋯⋯. 하지만 정확한 소식통에 따르면 11시에 폭탄 투하가 너무 도발적이어서 호전적인 북한의 군사적 대응을 야기할지 몰라 취소되었다."[57]

히로시마에 떨어진 것의 3배인 7만 톤이라는 수치가 잘못된 것이라고 가정하자. 하지만 왜 판문점 인근에 폭탄을 투하하는 것이 "너무 도발적이어서 호전적인 북한의 군사적 대응을 야기할 것"이라 우려했을까? 25년 전 미 공군이 북한 지역을 완전히 황폐하게 만들어버린 게 기억났기 때문일까? 미국 측 이야기를 그대로 믿어준다는 전제하에 미 공군 측에 이 사건이 어떻게 기록되어 있는지 살펴보자. 이것은 "공산권 전체에, 특히 북한 공산주의자들에게 객관적 교훈"을 보여주기 위한 작전이었다. 이 '교훈'은 정전 한 달 전에 실행되었다.

1953년 5월 13일, 미 공군 F-84 폭격기 20대가 북한의 독산 관개 댐을 세 차례에 걸쳐 파상 폭격하여 파괴했다. 300피트 높이에서 저공으로 댐의 토벽에 고성능 폭탄을 투하했다. 그로 인해 발생한 홍수는 계곡 아래쪽 27마일 지점까지 흘러갔다. 이 홍수로 전선으로 가는 통신과 보급로가 끊겼다. 독산 댐과 그와 유사한 폭격을 맞은 차산, 구원가, 구송, 독상 댐은 20개 이상의 폭격 대상 댐에 들어 있던 것이었다. 이들 댐은 모두 적 전선의 후방 보급선에 위치해 있었고 북한 쌀 생산에 필요한 용수의 75퍼센트를 제공했다. 언론, 군사 전문가, 시사평론가들은 다른 덜 중요한 사건에 신경이 팔려 이 작전을 무시해버렸으나, 이것은 한국전쟁 중에 벌어진 가장 중요한 공군 작전 중 하나다. 이 작전으로 인해 공산당의 군 간부들과 정치위원들은 신문과 라디오로 달려가 전 세계를 향해 증오에 찬 열변을 토했는데, 이는 전쟁 기간 3년 동안 나온 공산당의 선전 중에서 가장 강도가 센 것이었다.

관개댐을 폭파함으로써 미 공군은 적의 전투 능력 중 두 가지 민감한 연결고리를 파괴했다. 하나는 전방 부대로 가는 보급로이고 다른 하나는 군용 식량 생산 능력이다. 유엔군 입장에서 보면 관개댐 파괴는 적의 통신과 보급선을 끊은 것이다. 하지만 공산주의자들에게는 그들의 주된 양식인 쌀이 파괴된 것이다. 이 주식主食의 상실이 아시아인들에게 어떤 의미를 띠는지 서방 사람들은 모를 것이다. 그것은 기아와 서서히 진행되는 죽음을 의미했다. 지난 여러 세기 동안 동양의 고질적 시련인 '쌀 기근'은 어떤 무서운 전염병보다 더 공포스러운 것이었다. 그래서 다섯 군데 관개 댐에 폭탄을 투하하자 공산주의자들은 격노해서 분통을 터뜨리고, 복수를 다짐했던 것이다.[58]

이것이 공산주의자들의 흑색 선전에서 인용한 것이 아니라 공군 공식 연구 자료에서 나온 것임을 주목할 필요가 있다.

언제나 호전적인 북한 사람들은 이런 공군 작전을 멋진 것으로 보지 않을 것이고, 그리하여 오늘날에도 심한 폭격은 '도발적인' 것으로 생각할 수 있었다. 그래서 마지막 순간에 폭탄 투하가 취소되었다.

미 공군은 동북아시아에 기아와 서서히 진행되는 죽음을 가져다준 지 몇 년 지나지 않아서 그것을 동남아시아에서 다시 써먹었다. 대규모 파괴와 학살을 자행한 그 전쟁이 끝나자, 미국은 마야구에즈 호 사건 때 힘없는 캄보디아를 상대로 무력 사용을 고집했다. 시아누크빌에 폭격을 했고, 계획되었던 B-52 편대의 출격은 취소되었다. 《뉴리퍼블릭》은 그것을 현명한 조치라고 논평했다. "예측되는 국내외의 반응"과 마야구에즈 호 선원들의 안전에 미칠 악영향 때문이었다. 그것이 캄보디아인들을 또다시 학살하는 행위이기 때문은 아니었다.[59] 1년 뒤, 미국 비행기들은 호전적인 북한을 위협하기 위해 대규모 폭격을 할 뻔했다. 여론 조사에 의하면, 미국 국민은 적극적인 대외 정책을 계속 선호한다. 나서기 좋아하는 인텔리겐치아는 과거의 '실수'와 '판단 착오'를 잊어버리고, 사악하고 고마워할 줄 모르는 세상에 우리의 도덕적 이상주의를 심는 운동을 계속해나가자고 역설한다. 전후의 이런 군사적 행동을 뒷받침하는 제도적 구조, 대영역을 계획한 이데올로기의 커다란 틀 등은 여전히 변하지 않고 그대로 있다. 대중의 도전을 받지 않으며, 대중의 감시나 학자들의 분석을 벗어나 교묘히 감추어져 있다. 미국의 군사적 개입이 앞으로도 계속될 것이라고 내다본 《포린어페어스》편집자의 진단은 적절하다. '탈안정화'를 통하여 '안정'을 강요하는 시도나 대영역으로부터 탈퇴하려는 움직임을 억제하고 파괴하려는 시도도 계속될 것이다. 이런 탈퇴 노력을 '공산주의자'의 소행이라고 하면서, 미 정부는 억제하고 파괴하려 들 것이다. 필요하다면 무력을 사용할 것이고 가능하면 그보다 은밀한 방식을 사용할 것이다. 그리고 인텔리겐치아는 우리의 이타적 원칙과 도덕적 이상론을 떠벌리면서 우리를 호도할 것이다.

09

미국과 동티모르

이 글(원제 The United States and East Timor)은 《새로운 냉전을 향하여 : 베트남에서 레이건에 이르는 미국의 대외 정책*Towards a New Cold War : U.S. Foreign Policy from Vietnam to Reagan*》(New York : Pantheon Books, 1982: New York : The New Press, 2003), 358~369쪽에 처음 실렸다.

왜 우리가 동티모르에 신경을 써야 하는가? 대부분의 미국 사람들이 들어본 적이 없는 저 먼 곳에 있는 작은 섬나라에. 거기에는 두 가지 이유가 있는데 모두 합당한 사유들이다.

첫째, 동티모르는 과거부터 지금까지 엄청난 학살과 고통의 현장이라는 것이다. 이 세상에서 벌어지고 있는 많은 끔찍한 일들은 우리의 통제 밖에 있다. 우리는 그런 일들을 슬퍼할 뿐 그에 대하여 어떤 조치를 취하지 못한다. 하지만 동티모르는 약간 사정이 다르고 그 때문에 훨씬 더 중요하다. 지금까지 벌어진 일들과 앞으로 생겨날 일들은 우리의 통제하에 있으며 우리 손에 피가 묻어 있다.

둘째, 1975년 이후 동티모르에서 벌어진 일들을 생각해봄으로써 우리 자신, 우리 사회, 우리 제도에 관하여 중요한 교훈을 얻을 수 있다는 것이다. 우리가 사태를 면밀히 살펴보고 그게 마음에 들지 않는다면—만약 정직하게 사태를 들여다본다면 다들 경악할 것이다—이런 고통과 학살을 야기한 제도의 구조와 시행에 변화를 도모하게 될 것이다. 우리는 민주 공동체의 시민인 만큼 이런 목석에 기여할 책임이 있다. 죄근의 동티모르 역사는 미국 정부의 정책, 그 정책 결정에 감안되는 요소들, 이데올로기 체계가 작동하는 방식 등에 대하여 깊은 통찰을 제공한다.

객관적 사실은 다음과 같다.[1] 동티모르는 포르투갈의 식민지였다. 티모르 섬의 서쪽 부분은 네덜란드 식민지였는데 인도네시아가 독립하면서 인도네시아령이 되었다. 1974년의 포르투갈 혁명[*] 이후 동티모르에는 여러 정당이 생겨났는데 그중 UDT(União Democrática Timorense : 티모르 민주연합)와 프레틸린Fretilin(Frente Revolucionária de Timor-Leste Independente : 동티모르 독립혁명전선)이 상당한 대중적 지지를 얻었다. 1975년 8월, 인도네시아의 지원을 받은 것으로 보이는 UDT의 쿠데타로 짧은 내전에 돌입했는데 이때 2000~3000명이 희생되었다. 9월 초 프레틸린은 내전에서 승리했다. 이 나라에 국제적십자사와 오스트레일리아 원조 기관 파견인, 언론인, 기타 인사 등 외국인들이 참관인으로 초대되었다. 참관인들의 반응은 긍정적이었다. 그들은 현지에서 진행 중인 농지 개혁과 문자 학습 프로그램 등에 민중의 지지가 높은 것을 보고 깊은

---

[*] 1974년 4월 25일 포르투갈에서 일어난 무혈 혁명으로 일명 '카네이션 혁명'이라 불리며, 청년 장교들이 주도했기에 '대위들의 혁명'이라고도 한다. 1930대부터 이어진 살라자르의 장기 독재, 1970년 살라자르가 사망한 후에도 이어진 독재적 체제, 그리고 식민지 독립운동에 대한 지속적인 진압 전쟁에 반발하여 일어났다. 좌파 군인들의 조직인 'MFA(Movimento das Forças Armadas : 국군운동)'이 봉기하여 리스본 시내 요지와 방송사를 점령했고, 카에타누 총리와 토마스 대통령은 곧 투항하고 수도를 떠났다. 참모차장이었던 스피놀라 장군이 구국군사평의회 대표로서 임시 정부를 조직, 정치범 석방과 언론·결사의 자유를 선언했다. 혁명군은 주민들에게 외출을 삼가고 안전하게 집에 있으라고 거듭 방송했으나, 수천 명에 이르는 시민이 거리로 나와 혁명을 지지했다. 혁명군 점거 지역 중 한 곳인 리스본 꽃 시장에 쌓여 있던 카네이션을 혁명군 몇 명이 총신에 꽂았고, 이 모습이 텔레비전으로 전 세계에 송신되었다. 국외로 망명했던 사회당·공산당 지도자들이 귀국하고, 5월 1일 노동절 행사 참가자들은 카네이션을 가슴에 달고 혁명 지지를 표명했다. 이후 들어선 군·민 연합 정권에서는 마카오를 제외한 모든 해외 식민지에 대한 권리를 포기했다. 1976년 총선과 대통령 직접선거가 실시되어, 자국 민주화와 식민지 제국 해체를 달성한 포르투갈 혁명이 마무리되었다. _편집자(두산백과, 위키백과 참조)

인상을 받았다. 오스트레일리아의 동티모르 전문가인 제임스 던Dunn, James은 그 당시 프레틸린을 '인민주의 가톨릭 정당'이라고 불렀다. 이런 사실들은 우리가 이어서 검토하게 될 사태에 비추어 볼 때 중요하다.

인도네시아가 가끔 국경을 공격하고 해군 포격을 하기는 했지만 동티모르는 그런대로 평화를 유지했다. 9월에 프레틸린이 내전에서 승리를 거두자 인도네시아의 군사적 침략은 노골화되었다. 심지어 특공대 공격을 펼쳐서 오스트레일리아 언론인 5명을 살해하기도 했다. 인도네시아 군부가 그들의 계획을 누구에게도 감시당하지 않겠다는 분명한 경고였다. 프레틸린은 포르투갈에 탈식민지화 과정에 대한 책임을 지라고 요구했고, 또 다른 나라들에 참관인들을 보내라고 요청했으나 아무도 반응을 보이지 않았다. 국제 협조를 얻기가 어렵다고 판단한 프레틸린은 1975년 11월 28일 독립을 선언했다. 12월 7일 인도네시아는 대규모 침략을 감행하여 수도 딜리를 장악했다. 이 공격은 제럴드 포드 대통령과 헨리 키신저가 자카르타를 떠나고 몇 시간 후에 감행되었다. 미국은 이 침공 작전을 알았고 또 그것을 승인한 것이 틀림없다. 포드는 잭 앤더슨Anderson, Jack 기자와 인터뷰하면서 그런 사실을 시인했으나, 구체적 상황은 잘 모른다고 말했다.[2]

인도네시아 침공군은 90퍼센트가 미국 무기를 공급받고 있었다. 의회 청문회에서 정부 관리들은 그 침공에 대응하여 6개월간의 무기 금수禁輸를 부과했다고 증언했다. 하지만 이것은 비밀 사항이라서 인도네시아 정부는 그런 조치를 통보받지도 않았다. 무기는 계속 인도네시아로 흘러들었고 '무기 금수' 기간 중에도 반폭동 장비를 포함하여 새로운 무기들이 계속 제공되었다. 이런 사실을 인도네시아 전문가인 코넬 대학의 베네딕트 앤더슨Anderson, Benedict이 폭로했고, 미 행정부 대변인은 그것을 시인했다. 동티모르 침략은 무자비한 유혈극이었다. 인도네시아는 침략 지역을 확대해나갔고, 1977~1978년에 이르러서는 대대적인 파괴 작전에 돌입했다. 대규모 폭격, 주민 강제 이주, 마을과 농작물의 파괴 등 저항하는 주민들을 굴복시키기 위한 현대 군사 기술이 모두 동원되었다. 잔학 행위의 정확한 규모는 파악하기가 어렵다. 인도네시아가 뻔한 이유로 외국인 참관자들의 입국을 거부했기 때문이다. 심지어 국제적십자사도 1979년까지 이 지역에 들어가지 못했다. 그 후에도 제한적으로만 입국을 허용했다. 하지만 난민들, 밀반출된 편지들, 교회 자료, 간단한 안내 관광이 허용된 기자들의 보도, 인도네시아 당국자들 등 관련 증거는 많다. 관련 사실이 서방에 알려지지 않은 것은 그걸 알리지 않으려는 결정 때문이었다. 인도네시아 침략 전에 동티모르에는 주민이 약 70만 명 있었는데 그중 약 4분의 1이 인도네시아 침략의 결과로 살해되거나 굶어 죽었다. 나머지 생존 주민들은 군대가 운영하는 수용소에 강제 수용되었는데, 대규모 국제 지원이 조속히 이루어지지 않는다면 똑같은 운명에 처해질 것이다. 4년이나 발이 묶여 있다가 이 지역에 들어간 국제 구호 요원들은 현지 상황이 1979년 캄보디아와 비슷하다고 말했다. 두 경우에 대한 세계의 반응은 달랐다.

미 정부는 그동안 학살에 필요한 군사적, 외교적 지원을 계속했다. 1977년 후반에 이르러 인도네시아의 보급품은 바닥이 났다. 인권처 Human Rights Administration는 군사 장비의 유통을 증강하여 인도네시아가 동티모르를 캄보디아 수준으로 파괴하는 만행을 지원했다.[3] 미국의 동맹국들도 필요한 군사적, 외교적 지원을 했다.

유엔은 인도네시아의 침략을 거듭 비난하면서 동티모르의 자결권 행사를 요청했고 다른 비동맹 국가들도 이에 동참했다. 하지만 서방은 적절한 조치가 취해지지 못하도록 교묘히 방해했다. 그 결과 침략 직후 유엔 총회가 급히 열렸지만 적절한 대응을 할 수가 없었다. 그 이유는 유엔

대사를 지낸 대니얼 P. 모이니핸Moynihan, Daniel Patrick의 회고록에 잘 나와 있다. "미국은 사태가 되어가던 대로 진행되기를 바랐고 그렇게 되도록 노력했다. 국무부는 유엔이 무슨 조치를 취하든 효력이 없기를 바랐다. 이 일이 나에게 떨어졌고, 나는 열심히 추진하여 상당한 성공을 거두었다."[4]

모이니핸 대사는 자신의 성공이 무엇을 의미하는지 아마도 알았을 것이다. 그는 인도네시아 군대가 현지에 세운 임시정부의 부의장이 내놓은 1976년 2월 추정치를 인용했다. "내전이 터지고 나서 약 6만 명이 죽었다." 우리는 내전 당시에 2000∼3000명밖에 죽지 않았다는 것을 기억할 필요가 있다. "전체 주민의 10퍼센트 정도인데, 이는 2차 세계대전 중 소련의 사망자 비율과 거의 같다." 그는 나치 침공에 비교될 수 있는 학살을 지원하고서 그것을 '성공'이라고 말하는 것이다. 게다가 이 추정치에는 그 후에 죽은 사람들의 수는 들어가지 않았다.

모이니핸은 유엔에서 막강한 제3세계 적들에게 용감하게 맞선 것 때문에 널리 칭송을 받았다. 하지만 이 문제에 관한 그의 자화자찬은 사람들의 주목을 받지 못했다.[5]

모이니핸 대사는 인도네시아 침공이 1976년 3월까지 아주 성공적으로 수행되었다고 논평했다. "왜냐하면 이 문제는 그 후 언론과 유엔의 관심에서 사라졌기 때문이다." 미국의 언론에서 사라진 것은 맞지만 유엔은 아니었다. 유엔은 정기적으로 인도네시아의 침공을 비난했다. 4년 동안 미국과 서방의 언론이 침묵을 지킨 것은 인도네시아 군사작전의 성공을 증명하는 것이 아니다. 단지 서방 선전 체계의 놀라운 효율성을 보여줄 뿐이다.[6]

그 4년 동안 미 정부는 동티모르에서 벌어지는 일에 대하여 아는 게 별로 없다는 태도로 일관했는데, 이것은 새빨간 거짓말이다. 정부 관계자들은 각 단계마다 이렇게 주장했다. 즉 과거에는 불운한 잔학 행위가 있었으나 현재 상황은 진정되었으며, 합리적이고 인도적인 노선은 인도네시아의 통제권을 인정하는 것이라는 주장이다. 이것이 1977년 의회 청문회에서 정부가 취한 태도였다. 바로 이 시점에 인도네시아는 1977~1978년의 살인적 공세를 준비하고 있었고, 인권처는 이 군사작전에 사용될 무기 유통을 가속화했다. 국무부의 '인권' 보고서들에서는 대규모 잔학 행위의 방대한 증거가 검토되지 않았을 뿐만 아니라 그런 문제가 발생하지 않은 것처럼 꾸며졌다. 의회 조사국에서 작성한 보고서는 정부의 전형적인 태도를 보여준다.[7] 이 보고서는 인도네시아의 인권 기록이 개선되고 있다고 적었다. 우호적인 국가들을 다루는 정부 '인권' 보고서에, 인권 기록은 거의 언제나 '개선'으로 나와 있다. 과거에 어떤 불쾌한 사건들이 벌어졌는지는 따지지 않고서 말이다. 1979년 11월 보고서는 말한다.

1975년 12월, 구 포르투갈 식민지 동티모르를 인도네시아가 접수한 것은 이런 개선 흐름의 예외 사항이 될지 모른다. 하지만 서로 상반되는 주장이 있고, 인도네시아인이 아니면 동티모르 입국이 불가능하기 때문에 1975년 12월에서 1976년 3월에 벌어진 교전에서 인명 희생이 어느 정도 났는지는 알 수가 없다. 최근에 동티모르에서 온 보고서에 의하면 상황이 부분적으로 정상을 찾아가고 있다. 하지만 동티모르의 진정한 자결권은 아주 요원한 일이다.

맨 나중의 결론은 정확하다. 미국 정부가 인도네시아의 테러를 지원하면서 그것을 부인하는 정책을 계속 펴고 또 언론이 이런 사실에 대하여 침묵을 지킨다면 그렇게 될 수밖에 없다. 위에 인용한 보고서는 상황이 나아지고 있다고 거짓말한 점과, 1976년 3월 이후에도 테러가 계속되었다는 것을 지적하지 않은 점에서 미 정부의 전형적인 보고서다.

직접 목격한 사람의 증언에 귀를 기울이면 사정은 아주 다르다. 가령 가톨릭 신부인 레오네투 비에이라 두 레구do Rego, Leoneto Vieira(63세)는 동티모르의 산속에서 3년을 살면서 말라리아와 기아로 고생하다가 1979년 1월 인도네시아 군대에 항복했다. 신부는 강제 수용되어 심문을 당한 후 6월에 포르투갈로 돌아가는 것이 허락되었다. 그의 현지 목격담이 전 세계 언론에 실렸는데, 유독 미국만이 그것을 무시했다. 위에 인용한 보고서가 나온 직후 레오네투 신부는《뉴욕타임스》와 인터뷰를 했다.[8] 이 인터뷰의 사본이《보스턴글로브Boston Globe》에 흘러들었다.[9] 레오네투 신부의 증언에 의하면 1976년 내내 산간 생활은 정상적으로 운영되었으며, 딜리에서 도망친 사람들을 포함하여 대부분의 주민이 별 탈 없이 살았다.

주요 도시들을 빼고 내륙에 사는 사람들은 전쟁을 의식하지 못했다. 식량은 충분했으며, 비정상적인 상황이었지만 그래도 생활은 정상적으로 돌아갔다. 문제는 1977년 초에 시작되었다. 온 섬에 대한 전면적인 폭격이 시작되었다. 그때부터 죽음, 질병, 절망이 나타났다. 폭격의 두 번째 단계는 1977년 말부터 1979년 초까지 이어졌다. 현대적 비행기가 동원되었다. 화염탄(소이탄_옮긴이)을 사용하는 폭격의 단계였다. 그래도 그전에는 사람들이 살 수 있었다. 하지만 전면적인 화염탄 폭격의 결과는 인종 학살과 기아였다. …… 우리는 종말이 다가오는 것을 보았다. 사람들은 작물을 심을 수가 없었다. 나는 보호 지역을 찾아 이 부족 저 부족으로 떠돌아다니면서 몸소 현장을 목격했다. 폭격에 의한 대학살이 자행되었고, 사람들은 굶주림으로 죽어갔다. 1979년 사람들은 항복하기 시작했다. 다른 방도가 없었기 때문이다. 사람들이 죽는 것을 보고서 남은 사람들은 투항을 했다.

레오네투 신부는 4년간의 전쟁 기간에 20만 명이 죽었을 것으로 추산했다.

그의 증언 중 《뉴욕타임스》에 실린 것은 단 두 줄뿐이었다.

> 1978년 폭격과 조직적인 농지 파괴로 인해 굶주린 섬 주민들은 항복할 수밖에 없었다고 신부는 말했다.[10]

레오네투 신부와 기타 난민들이 증언한 1977~1979년의 대공세는, 인권처가 무기 공급을 급격히 증강하던 시기와 일치한다는 사실을 상기해야 한다.

난민들은 대규모 잔학 행위를 계속해서 보고했다. 1979년에 이르러 해외 원조가 동티모르에 도착했으나 그 분배는 대체로 인도네시아 군부의 통제 아래에 있었다. 런던의 《옵저버Observer》에 실린 포르투갈 측의 한 보고서는 이렇게 지적했다. "동티모르의 구호 작업은 외국인 현지 요원 단 네 명이 감독한다. 기근이 닥친 동티모르에 가는 식량과 의료품이 인도네시아 군대와 가게 주인들에게 빼돌려진다고 포르투갈에 도착한 난민들은 말했다."[11] 보고서는 계속해서 말한다.

> "우리는 인권에 최소한의 관심이 있는 세상 사람들에게 호소했습니다. 구호품이 우리에게 직접 오게 해달라고 말입니다." 가족이 아직 동티모르에 남아 있는 이 난민은 자신의 이름을 밝히지 않았다. …… 난민들은 동티모르에 아직도 굶어 죽는 사람들이 있다고 말했

다. 그리고 일부 보고와는 다르게, 인도네시아 군대와 동티모르 해방 운동 사이의 투쟁이 동쪽 산간 지대에서 계속되고 있다고 말했다. 인도네시아 군대가 체포, 고문, 즉결 처형으로 현지 주민들에게 테러를 가하고 있다는 말도 했다. 인도네시아 군 당국이 방문한 언론인들에게 안내 관광을 시켜주면서 사실을 날조하는 방법도 말했다. 현장에서 군대와 전쟁 장비를 치워버려 평온한 분위기를 연출한다는 것이다. 한 여성은 현지 군인 묘지에서 십자가들을 치우는 것을 보았다고 증언했다. 군 당국은 철저히 통제했다. 구호 캠프에 그들의 사람을 심어놓고, 사람들 사이에 무장 사복 장교를 배치했다. 동티모르에서 벌어지는 부패와 인권 침해에 대한 증거들이 점점 밖으로 흘러나와 이 문제가 외교적 공세의 중심 문제로 부상했다. 특히 포르투갈과 미국이 이 문제에 깊숙이 개입되어 있다.

두 나라의 개입은 아주 방식이 다르다. 포르투갈에 새로 들어선 보수 정부는 더 늦기 전에 동티모르 사람들을 구하고 인도네시아 군대를 철수시키기 위해 국제적인 지원을 호소하고 있다. 반면에 미국은 부패와 인권 침해의 증거들이 점점 밖으로 흘러나오는 것을 막으려고 애쓰면서 인도네시아가 동티모르를 완전히 장악하기를 바라고 있다.

1979년 12월 런던 《타임스》의 기자 데이비드 와츠Watts, David가 동티모르의 딜리에서 인도네시아 군부의 안내 관광을 받은 보고서를 보내왔다. 그는 적십자사가 "기아 직전에 있는" 수만 명을 살려내는 구호 작전을 성공리에 완수했다고 보도했다. "다른 사람들은 죽어가겠지만 적어도 군 당국의 사악한 아사 정책의 무고한 희생자들에게는 구호의 손길이 뻗치고 있다. 인도네시아 군 당국은 1975년부터 동티모르의 마르크스주의 무장 세력과 민간인들을 상대로 전쟁을 했는데, 이 전쟁은 온 세상의 무관심 속에서 벌어졌다." 여기서 암시된 (무고한 희생자가 아닌_옮긴이) "마르크스주의자"인 희생자의 존재는 별로 신빙성이 없는 것이다. 이것은 인도네시아 침공으로 프레틸린이 "저지대 동티모르인 약 10만 명을 데리고 산속으로 들어가 농사지으면서 마르크스 운동을 지원하게 했다"는 와츠의 다른 얘기만큼이나 황당무계한 것이다. 아마 이 모든 것은 인도네시아 군 당국의 안내 관광에서 들은 설명일 것이다. 와츠는 계속해서 이렇게 쓴다.

　　인도네시아 군 당국은 외부의 원조가 프레틸린 전사들에게 닿는 것을 봉쇄하기 위해 공군과 해군의 정찰대를 철저하게 운영함으로써 동티모르와 외부 세계의 연계를 차단했다. 민간인들은 계속해서 이곳 저곳으로 달아나야 했다. 저지대 사람들이 비옥한 강가의 계곡 지대로 돌아가거나, 고지대 사람들이 전통적인 화전 농사를 짓는 것도 불가능했다. 사람들은 식량을 훔쳐야 할 지경이 되었다. 인도네시아 적십자 직원에 의하면, 식량을 얻지 못할 때에는 잎사귀, 생쥐, 죽은 개 등을 먹고 살아야 했다. 동티모르 주민들은 애니미즘 때문에 개를 죽이지는 않고, 개가 저절로 죽은 다음에야 그 살을 먹었다.

　　하지만 산간 지방의 사람들은 1977~1978년에 커다란 위기를 맞았다. 결론이 나지 않는 군사작전에 피곤해진 인도네시아 군부는 프레틸린 세력의 잔당을 소탕하기 위하여 동쪽 섬 전체에 대한 일괄 소탕 작전을 전개했다. 공수부대를 투하하고 노스아메리칸록웰North American Rockwell 사의 반폭동용 정찰기 브롱코Bronco(야생마)를 사용하여 섬 전역을 압박, 프레틸린 세력의 대피소와 식량 보급을 차단했다……. 동티모르 여러 지역에서 브롱코가 투하한 네이팜탄 흔적들이 발견되었다. 산간 지방의 절망적인 상황 때문에 주민들은 식량과

도피처를 찾아 저지대로 내려왔다.[12]

　미국 기자들과 마찬가지로 와츠 또한 미국의 역할에 대해서는 침묵한다. 고작 미국이 1979년 원조에 기여했다는 얘기만 한다. 4년의 전쟁 기간 동안 '온 세상의 무관심' 속에 방치했던 언론의 역할에 대해서도 침묵했다. 만약 이 기간 동안에 언론이 여론을 환기했더라면 잔학 행위를 진작 끝낼 수도 있었을 것이다.

　4년 동안 미국의 언론들은(아주 희귀한 예외가 있기는 하지만) 미 정부의 선전 노선을 충실하게 따랐다. 1975년에는 동티모르에 대한 보도가 상당 건수 있었다. 이것은 예전에 포르투갈 제국의 식민지였던 동티모르가 탈식민화하는 과정에 대한 관심을 반영하는 것이었다. 1975년 후반 《뉴욕타임스》가 인도네시아의 "상당한 자제력 발휘"를 보도하는 그 시점에, 오스트레일리아 기자들은 인도네시아가 국경 인근의 동티모르 도시를 함포 사격하는 등 군사적으로 공격하는 것을 직접 목격한 사람들의 증언을 보도했다. 8~9월 내전 후에 처음으로 동티모르에 들어간 한 오스트레일리아 기자는 런던 《타임스》에 장문의 보도 기사를 송고했다. 이 기자는 프레틸린의 잔학 행위가 있었다는 주장을 부인하면서 그것을 인도네시아와 기타 세력의 선전으로 돌렸다. 이 기사는 《뉴욕타임스》에도 전재되었으나 프레틸린의 잔학 행위에 대한 비난이 정당하다는 쪽으로 편집되었고, 이것이 다시 《뉴스위크》에 실렸다. 인도네시아의 침략 이후 미국 내 보도는 급격히 줄어들어 거의 무無에 가까워졌다. 미 정부와 인도네시아 쪽 선전물만 가끔 실릴 뿐이었다. 그동안 미국이 지원하는 인도네시아 침공은 그 폭력성과 규모가 점점 늘어났다. 동티모르 난민 얘기는 다루지 않았으나, 이와는 대조적으로 공산주의 압박을 피해 나온 난민들은 아주 크게 다루었다. 퓰리처상을 수상한 《뉴욕타임스》의 동남아 담당 특파원 헨리 캄Kamm, Henry은 전쟁이 확대되던 시점에 동티모르 얘기를 다루기는 했으나 난민, 신부, 기타 다양한 정보원들의 보고에 의존하지 않았다. 그는 인도네시아 장군들을 인터뷰하여 그걸 바탕으로, 프레틸린이 주민들을 '강제로' 데려가 그들 치하에 살게 했으나 주민들이 인도네시아 장악 지역으로 도망쳐 오고 있다는 '사실'을 보도했다.[13] 캄은 1980년 동티모르에 나흘간 방문한 기사를 쓰면서 30만 동티모르 사람들이 "지속적인 내전과 침략자들에 대한 투쟁 때문에 강제 이주되었다"고 적었다. 1975년 9월 이후 내전은 없었다고 말해온 미국과 인도네시아의 선전물과 서방 언론들의 '뉴스 칼럼'과는 상반되는 기사였다. 캄 기자는 "현지 주민에 대한 프레틸린의 장악력"은 1978년 인도네시아 공세로 파괴되었지만, 프레틸린이 "적어도 1977년까지는 주민의 상당 부분을 장악했다"고 썼다. 프레틸린이 대중적 지지를 받았다는 언급은 어디에서도 찾아볼 수 없다. 프레틸린의 잔학 행위를 열거한 뒤에 이런 결론을 내린 것은 순전히 인도네시아 당국과 동티모르 협력자들의 증거에 의존했기 때문이다. 캄 기자도 적었듯이 동티모르 사람들은 인도네시아 군 당국의 심각한 위협을 받고 있었기 때문에 그들의 진술은 무의미하다.[14]

1979년 후반 심지어 미국 언론에서도 진실이 서서히 드러나기 시작했다. 다수의 하원의원들, 특히 아이오와의 톰 하킨Harkin, Tom은 언론이 은폐했던 동티모르 사건의 진상을 알게 되었다. 《뉴욕타임스》는 1979년 12월 24일 정직한 사설을 실었고(주석 10 참조), 제임스 마컴Markham, James은 처음으로 리스본에 와 있는 동티모르 난민들을 보도했다.[15] 언론은 이제 지난 4년 동안 거들떠보지도 않았던 정보를 일부 제시했다.[16] 하지만 아직 많은 왜곡이 남아 있고 미국의 결정적 역할은 묵과하거나 작게 취급했다.

4년 동안 대중매체와 시사 평론지의 행태가 얼마나 나쁜 영향을 미쳤는지는 아무리 강조해도 모자란다. 레오네투 신부와 기타 난민들이 증언했던 사건들, 그리고 그 끔찍한 결과는 미 정부의 직접적인 책임이다. 그리고 정도는 덜하지만 서방 동맹국들에게도 책임이 있다. 따라서 이 괴기한 행위는 미국이 그에 대한 직접적인 지원을 철수할 때에만 종식시킬 수 있다.

미 정부는 학살과 기아가 즐거워서 인도네시아 군부를 지원한 것은 아니다. 좀 더 높은 목표와 비교해 볼 때 동티모르 사람들의 운명은 그리 중요한 문제가 아니라고 판단한 것이다. 1965년 인도네시아 군부는 군사 쿠데타를 일으켜 50만에서 100만에 가까운 사람들(대부분 땅이 없는 농민들)을 학살하고 정권을 잡았다. 이 학살은 서방 사람들이 볼 때 확고한 반공 정신의 표시로 높이 평가되었다. 그때부터 인도네시아는 아주 귀중한 동맹국이었다.[17] 군부 통치자들은 나라를 서방의 약탈에 내맡겼고, 약탈은 자카르타 고위직의 부정부패와 호전성에 의해 가끔 방해를 받았을 뿐이었다. 이 천연자원이 풍부한 나라의 국민들은 대부분 고통을 받았고 나라는 점점 '투자자들의 천국'이 되어갔다.[18] 이런 상황을 감안할 때 인권처가 인도네시아에 많은 무기를 대주어 동티모르 장악을 지원하고 또 그런 사실을 숨기려 했다는 것은 그리 놀라운 일도 아니다.

세뇌 체계가 폭로되기 시작할 때 무슨 일이 일어나는지 지켜보면 기만의 중요성이 분명해진다. 정부 기관들이 어떻게 행동하든 간에 개인들은 인종 학살이나 다름없는 행위를 결코 지지하지 않는다. 진실이 점점 알려지기 시작하자 다수의 의회 의원들과 많은 국민이 당장 이런 잔학 행위를 그만두라고 요구하고 나섰다. 그 결과 동티모르에 원조를 보내게 되었다. 하지만 국제적 감시 기구가 없는 상황에서, 또 인도네시아 군부가 타락했다는 점을 감안할 때 그 원조가 얼마나 필요한 사람들 손으로 들어갔을지 의문이다. 인도네시아에 군수물자 보내는 일을 당장 그만두라는 압력이 미 정부에 가해지기 시작했다. 또 인도네시아의 철수를 요구하는 국제적인 노력도 조직되었다. 이렇게 도와주어야 그나마 동티모르에 남아 있는 주민들이 오랫동안 소망해왔던 자결권을 실현할 수 있는 것이다.

동티모르의 진상이 대중에게 알려지면서 일부 언론이 보인 행태는 흥미롭다. 1975년에서 1978년까지 동티모르를 진지하게 다룬 유일한 미국 언론[19]인 《네이션Nation》에서 A.J. 랭거스Langguth는 동티모르에 대한 관심을 다음과 같은 말로 폄하했다. "온 세상이 갑자기 동티모르에 보도를 집중하고 있지만 그것은 캄보디아 사람 단 한 명의 운명도 개선하지 못한다."[20] 이런 황당한 논평은 처음엔 놀랍지만 이런 전제 조건을 이해하면 납득이 된다. 우리는 다른 사람의 범죄에만 주의를 기울인다. 《워싱턴 저널리즘 리뷰Washington Journalism Review》에서, NBC의 리처드 발레리아니Valeriani, Richard와 아시아 전문가이며 전 해외 특파원이었던 스탠리 카노Karnow, Stanley는 1980년 1월 말 《뉴욕타임스》에 실린 동티모르 기사를 논의했다.[21] 발레리아니는 그 기사를 읽었지만 "별로 신경 쓰지 않는다"라고 말했다. 카노는 그 기사를 읽지도 않았다. "시간이 없었어요……. 아무런 연결고리도 없고. 나와는 상관없는 문제예요." 두 사람의 주장은 《뉴욕타임스》가 중요하지 않은 사실을 **너무 많이 보도한다**는 것이었다. 동티모르 학살이 태국-캄보디아 접경에서 미국이 개입하여 수많은 캄보디아 사람들을 죽인 사건과 유사하다는 내용은 터무니없다는 것이었다. 《뉴욕타임스》가 동티모르 사건을 이처럼 상세히 보도하는 것은 지면 낭비지만, 며칠 전의 일요판(1980년 1월 20일자) 1면 전체와 장장 25쪽에 걸쳐 캄보디아에서 사진기자 디스 프란Dith Pran(영화 〈킬링 필드〉의 실제 주인공_옮긴이)이 겪은 끔찍한 일을 보도한 것은 낭비가 아니라는 얘기였다. 디스 프란이 경험한 일은 이미 여러 차례 언론에 대서특필되었는데도 말이다.

두 사람의 반응은 특별한 게 아니다. 《뉴욕타임스》의 유엔 특파원인 버나드 노시터Nossiter, Bernard는 1979년 10월에 있었던 동티모르 관련 기자회견 참석 요청을 거부했다. "다소 소수에 편중된" 쟁점이라는 이유에서였다. 노시터는 동티모르 난민들이 학살 상황과 미국의 책임을 주장한 데 따른 유엔의 논의에 대해 한마디도 보도하지 않았다.[22] 노시터가 그 시기에 써 보낸 기사들을 보면 동티모르 사태는 《뉴욕타임스》의 높은 문턱을 지나가기에는 턱없이 시시한 사건임을 알 수 있다. 그래서 노시터는 피지 정부가 남레바논에 파병을 하고 임금을 받지 못한 사실이 온 세상을 놀라게 할 만한 사건이라는 내용의 전면 칼럼을 썼다. 또 그 직후에는 어떤 사소한 유엔 문서에 쉼표가 하나 빠진 데 따른 논란을 썼다.[23] 이 경우 그의 보도는 유엔을 조롱하기 위한 것으로 여겨진다. 특히 제3세계 국가들에 대한 경멸의 표시다. 유엔이 미국의 통제를 벗어나 "다수의 횡포"(다른 사람들의 의견에 의하면 "민주주의")에 빠진 데에는 이들 국가의 탓이 크다는 생각이다. 그리하여 사라진 쉼표에 관한 논란을 냉소적으로 보도하면서도, 미국의 지원 아래 동티모르에서 벌어진 학살을 폭로한 제3세계 국가들의 역할에 대해서는 완전히 침묵으로 일관하는 것이다.

최근의 보도 금지 해제에 따른 가장 흥미로운 반응은 동티모르 사태에 대하여 사설을 실은 《월스트리트저널Wall Street Journal》의 경우일 것이다.[24] 이 신문은 "지난 몇 주 동안 동티모르 문제에 대하여 전개되어 온 '흥미로운 움직임'을 주목했다. 사설은 전쟁 중에 10만 명이 죽었다는 사실을 말한 후 이렇게 덧붙였다. "어떤 사람들은 동티모르 사태가 캄보디아 사태와 비슷하다고 말한다. 인도네시아가 미국의 우방이고 석유 생산국이기 때문에 우리가 도와주었다는 것이다. 미국의 무기가 현지로 흘러들어 인도네시아의 잔학 행위를 지원했다는 이야기다." 하지만 이런 질책은 "동티모르에 대해 뭔가 말해준다기보다 미국 정치사상의 다양성을 더 잘 보여준다." 이 신문의 논조는 이렇게 이어진다. 즉 동티모르와 캄보디아를 구분해주는 두 가지 요인이 있다. 첫째, 미국은 동티모르에 원조를 보내주는데(비록 인도네시아가 "마지못해 불완전하게" 식량 반입을 허용하지만), "캄보디아 사람들은 소련이 이와 유사한 지원을 했더라면 더욱 좋은 상황에 놓이게 되었을 것이다." 이 신문의 편집자들은 사실을 무시하고 있다. 소련은 미국보다 먼저 캄보디아 사람들에게 상당량의 식량을 원조했다. 게다가 국제 원조 요원들의 보고에 따르면, 소련의 원조는 '마지못해 불완전하게' 반입되지도 않았다. 하지만 이 신문이 둘째로 내놓은 결정적 차이점은 이런 것이다.

미국이 동티모르 사태의 결과를 결정할 만한 힘을 가진 것처럼 말하는 것은 자기 망상이다. 현지에서 벌어지고 있는 폭력은 붕괴되는 세계 질서의 발현으로서 놀랄 것도 없는 현상이다. 미국 권력의 사악함에 대하여 말하는 것은 그런 붕괴를 멈추는 것이 아니라 재촉하는 행위다. 이런 혼란으로 인류가 치러야 할 희생을 걱정하는 사람들은 이런 연관을 잘 살펴보아야 한다.

참으로 해괴한 논리다. 미국이 공급한 비행기들이 마을을 폭파하고, 농작물을 파괴하고, 산간 주민들을 학살하고, 또 강제 수용소로 내모는 것은 "붕괴되는 세계 질서의 발현"일 뿐 미국이 의식적으로 저지른 일의 결과가 아니라고 편집자들은 말한다. 만약 미국이 인도네시아에 대한 군사적, 외교적 지원을 거두어들인다면 테러는 더욱 악화된다는 것이다. 소련이 에리트레아에서 에티오피아 전쟁을 지원한 것을 정당화하려 할 때, 심지어 《프라우다*Pravda*》지라도 이런 지적 농간은 부리지 않을 것이다.

《월스트리트저널》의 논리를 조롱하는 것은 쉬운 일이다. 하지만 더 중요한 지점을 놓쳐서는 안 된다. 지난 몇 달 동안 미국이 지원한 인도네시아의 잔학 행위가 일부 폭로되면서 인도네시아 군부, 미 정부, 《월스트리트저널》로 대표되는 미국 재계는 경악했다. 이들은 사람들의 생명을 가지고 벌이는 게임을 은밀히 지속하려 했던 것이다. 이제 의미는 분명하다. 미 정부에 가공할 지원 정책을 포기하라고 압력을 가하고, 객관적 사실을 더 많은 사람들에게 알림으로써 동티모르 사람들의 생존을 구체적으로 도울 수 있다. 비교적 작은 노력으로 수십만 인명을 구할 수 있는 드문 기회가 생겼다. 이 기회를 그냥 흘려보내는 것은 범죄행위가 될 것이다.

10

'특별한 관계'의 기원

– 외교, 물자, 이념의 차원에서 살펴본 이스라엘 지원

이 글(원제 The Origins of the "Special Relationship" — Level of Support : Diplomatic, Material, Ideological)은 《운명의 삼각지대 : 미국, 이스라엘, 팔레스타인*Fateful Triangle : The United States, Israel, and the Palestinians*》(Cambridge, MA : South End Press, 1983; Cambridge, MA : South End Press, 1999; 한국어판 : 최재훈 옮김, 《숙명의 트라이앵글》, 이후, 2008), 9~37쪽에 처음 실렸다.

세계사와 미국 문화라는 관점에서 볼 때, 미국과 이스라엘의 관계는 아주 흥미롭다. 근래에 실시된 유엔의 표결은 양국 관계의 독특한 성격을 잘 보여준다. 이를테면 1982년 6월 26일, 미국은 이스라엘과 팔레스타인 군대를 베이루트에서 동시 철수시키자는 유엔 안보이사회 결의를 단독으로 거부했다. 이 계획은 "PLO를 가시적인 정치 세력으로 인정하려는 속셈"으로서, 명백히 미국 정부가 받아들일 수 없는 사안이었기 때문이다.[1] 몇 시간 뒤, 미국과 이스라엘은 레바논 국내 및 이스라엘-레바논 국경에서 적대 행위를 종식시키라는 유엔 총회 결의안에 반대표를 던졌으나, 그 결의안은 미국과 이스라엘 2개국의 '반대표' 외에 다른 나라의 기권 없이 통과되었다. 그에 앞서 미국은 만장일치로 통과될 뻔했던 안보이사회 결의(이스라엘이 철군 요구를 무시했다고 비난하는 내용)를 거부한 바 있었다.[2] 사실, 이런 거부의 패턴은 끊임없이 되풀이되었다.

더 구체적으로 말하면, 이런 특별한 관계는 이스라엘에 대한 미국의 장기적 군사 및 경제 원조에서 잘 나타난다. 원조의 정확한 규모는, 갖가지 방법을 동원하여 숨긴 부분이 많아서 제대로 알려지지 않았다. '특별한 관계'가 무르익은 1967년 전까지, 이스라엘은 미국으로부터 다른 어떤 나라보다도 1인당 원조를 가장 많이 받았다. 그런 사실을 논평하면서, 하버드 대학의 중동 전문가인 나다브 사프란Safran, Nadav은 이 원조가 이스라엘로 유입되는 유례없이 많은 해외 자본 이전移轉의 상당한 부분을 차지한다고 지적했다. 사실상 이 원조는 이스라엘에 대한 투자 전체에 해당한다. 이 때문에 이스라엘의 경제 발전은 개발도상국들에 의미 있는 모델이 되지 못한다.[3] 모든 요소를 감안할 때, 최근의 원조 규모는 매년 1000달러 정도가 개개 이스라엘 시민에게 돌아가는 셈이라고 추측할 수 있다. 공식적인 수치조차 놀랄 정도다.*

1978년부터 1982년까지 이스라엘은 세계적으로 미국 군사원조의 48퍼센트, 미국 경제원조의 35퍼센트를 받았다. 1983년 회계연도 때, 레이건 정부는 무상 원조 5억 달러와 저리 차관 12억 달러를 포함하여 81억 달러의 원조 예산 중 이스라엘 몫으로 약 25억 달러를 요구했다.[4] 게다가 규칙적으로 차관을 탕감하고, 특별 할인 가격으로 무기를 제공하기도 한다. 또한 우리가 환급 받는, 세금 공제가 가능한 '기부금'(사실은 준조세)은 말할 것도 없고 기타 갖가지 지원 수단이 있다.[5] 미국 납세자가 이런 수준으로 지원하는 것으로도 성에 차지 않아, 상원에서 가장 저명한 자유주의 민주당원인 캘리포니아의 앨런 크랜스턴Cranston, Alan은 "대외 원조법에 대한 수정안을 제의했다. 그것은 이스라엘이 미국에 채무 원리금으로 상환하는 금액보다 미국의 대이스라엘 경제원조가 더 많

---

* 회계국General Accounting Office(GAO)이 의회에 보고한 바에 따르면, 미국 원조의 실제 수준은 공식 가용 수치보다 60퍼센트 더 높다. 이것은 GAO가 미국의 이스라엘 원조를 상세히 조사한 중간 결과다. "이듬해(1983년)에 GAO의 연구가 얼마나 많이 공개되느냐에 따라 더 큰 문제가 불거질 수 있다"(제임스 매카트니McCartney, James, 《필라델피아 인콰이어리Philadelphia Inquirer》, 1982년 8월 25일자).

아야 한다"는 내용이었다. 그것은 찰스 퍼시Percy, Charles 상원의원이 논평했듯이, "이스라엘의 모든 부채와 미래의 부채"를 부담하겠다고 약속하는 것이었다.[6]

이것은 레바논 전쟁이 발발하기 전의 일이었다. 이스라엘이 레바논을 침공하여 남부 레바논의 많은 지역을 파괴하고, 베이루트를 무자비하게 폭격하고, 9월 학살을 저지르고, 점령 지역에 정착촌을 급속도로 건설한 뒤, 해외 원조에 관한 실제 투표가 이루어졌다. 레이건이 평화 협상안에 따라 정착촌 건설을 중지해달라고 간청했지만 이스라엘은 거부했다. 이 일련의 사건에 연관되어 의회에서 대두된 유일한 문제는 이런 것이었다. 이미 굉장한 수준의 원조를 더욱 증액하자는 대통령의 제의를 받아들여 이스라엘을 '벌주거나'(이른바 '이스라엘을 강경하게 다루는 접근 방법'),[7] 아니면 상원의원과 대부분의 진보파가 주장한 대로 대통령이 요구한 것보다 훨씬 많은 액수를 얹어주는 온건 노선을 따를지, 둘 중 하나를 선택하는 것이었다. 다행히도 미국의 국내 언론은 잘 훈련되어 있어서 이런 희극적인 광경을 보도하지 않았다. 대통령과 의회가 이스라엘의 최근 행동을 용인하는 뜻이 담긴 이 상황은 물론 전혀 재미있는 일이 아니다.

이론적으로는, 미국의 원조 사용처에는 제한이 있다(이를테면 산탄형 폭탄은 자기방어를 할 때에만 사용할 수 있다. 그 개발 자금은 1967년 6월 이전 이스라엘 국경 밖에서 지출될 수 없다). 하지만 이런 규제는 별로 존중받지 못한다. 불법 무기 사용은 가끔 그것이 과도하게 노출될 때에만, 비판 혹은 질책을 받거나 일시적으로 무기 선적분이 줄어들 뿐이다. 미국은 공식적으로 불법적인, 평화에 대한 장벽(이를테면 1967년 6월 이전에 국경을 넘어가는 것)이라고 보는 정착촌 건설과 개발 프로그램에 미국 자금을 쓰지 말라고 금지했다. 하지만 이런 금지는 결코 단속된 적이 없었고 원조 프로그램은 원천적으로 단속이 불가능하다. "대부분의 대외 원조 관계와 달리, 우리가 이스라엘에 자금을 대는 프로젝트는 구체적으로 규정되어 있지 않다"고 중동 전문가인 이언 러스틱Lustick, Ian(1949~)은 말한다. 또 국무부나 원조 프로그램 담당자가 "이스라엘 정부가 우리 자금을 어떻게 사용하는지 실태를 감독해본 적이 없다."

비교를 위하여, 미국의 이집트 원조 프로그램(캠프데이비드 협정 이후 미국의 비非군사원조 최대 수혜국)을 살펴보자. 여기서는 125명에 이르는 원조 프로그램 직원이 사용 실태를 샅샅이 감독하고 있다. 이집트의 많은 지식인들은 원조 프로그램을 심하게 비판하며, 그것이 이집트보다 미국의 관심사를 반영하고, 이집트에서 적은 돈을 들여 훈련된 사람을 쓸 수 있는데도 미국 국적의 배를 이용해야 하고 미국의 컨설턴트를 고용해야 하는 등 미국 수출품을 사는 격이라고 주장한다. 그들은 또한 민간 부문을 강조하면서, "미국의 중서부 농부에게 자금을 대고 재배하는 밀은 이집트에서 반값으로 경작할 수 있는데"(전직 AID 감독관에 따르면), 이집트 국가 안보에 위협이 된다고 생각하는 사람들이 생길 정도로 수입 밀이 이집트 사회에 널리 침투했다고 지적한다.[8]

이 사례들은 미국이 이스라엘에 제공하는 외교적 지지와 물자 원조의 실체를 밝혀준다. 이념적 차원에서 생겨난 부수적 결과로는, 이스라엘 사회와 아랍-이스라엘 분쟁에 대하여 엄청난 환상이 끊임없이 지속되고 있다는 점이다. 1967년부터 미국에서는 기존의 원칙(미국과 이스라엘은 특별한 관계다)에 감히 시비 거는 자들을 비방하고, 중상하고, 때때로 그들을 거짓말쟁이로 몰아붙이는 대단히 효과적인 여론 작업 때문에 이 문제를 논의하기가 어렵거나 불가능해졌다.*

이스라엘 온건파는 늘 이런 사실을 한탄하는데, 그들도 미국에서 똑같은 대우를 받을 수밖에 없다. 그들은 자신들이 미국 내 지지를 얻지 못해 이스라엘 내부에서 고통을 겪고 있다고 생각한다. 퇴역 장군 마티야후 펠레드Peled, Mattityahu가 말했듯이, 미국 내의 "거의 히스테리에 가까운 상태"와 이스라엘 정책에 대한 "맹목적으로 호전적이고 편협한 지지" 때문에, "이스라엘은 더욱 냉담한 비타협의 자세로 쏠릴" 수밖에 없다.[10] 잘 알려진 이스라엘의 언론인이자 시온주의 역사가인 심하 플라판Flapan, Simha은 "미국 유대인의 편견"이 "미국-팔레스타인 대화, 나아가 이스라엘-팔레스타인 대화의 큰 장애물"이라고 설명하면서, "미국과 팔레스타인, 이스라엘과 팔레스타인 간의 대화가 없다면 힘들고 까다로운 평화 과정이 진전되지 않을 것"이라고 말했다.[11] 하지만 이스라엘 작가들은 미국 유대인의 역할에 집중한 나머지 지나치게 초점을 좁혔다고 생각된다.

마지막으로 사례를 하나 더 들어보면, 미국 유대 언론에 《하레츠*Ha'aretz*》(이스라엘의 《뉴욕타임스》 같은 신문) 편집 기자의 글이 인용되었다. 그 기자는 1981년 11월에 메나헴 밀슨Milson, Menachem 교수와 아리엘 샤론Sharon, Ariel 장군이 도입한 '시민 정부' 아래 점령 지역 내에서 벌어지는 억압적 사태를 거론했다. 그러면서 "당신네 미국 유대인, 당신네 자유주의자, 당신네 민주주의를 사랑하는 사람들이 이 정부의 행동을 비판하지 않음으로써 이곳의 파괴를 도와주고 있다"라고 말했다.[12] 그 기자는 계속하여 베긴Begin 이스라엘 총리와 샤론의 계획을 설명한다. 그것

---

* 이스라엘 정보기관은 분명히 이런 노력에 기여한다. CIA 연구에 따르면, 그 정보기관의 기능 중 일부는 "사보타주, 요인 암살과 흑색선전 같은 준군사적, 심리전 프로젝트" 수행을 비롯하여 "서구에서 반이스라엘 파벌을 침묵시키기 위해 활용할 자료"를 입수하는 것이다. "세계 거의 모든 국가의 유대 공동체에는 시온주의자와 그 동조자들이 있고, 그들은 이스라엘 정보기관의 노력을 강력하게 지지하고 있다. 이들 결탁 관계는 신중하게 양성되고 정보, 기만 자료, 선전과 그 외의 목적을 위한 소통 경로로서 활용된다." "그들은 또한 반대파를 무력화시키기 위해 반시온주의 운동에 침투하기도 한다."[9]

은 요르단 강 서안에서 수많은 아랍인, 특히 지도자와 지도자 재목들을 "온갖 불법 수단으로" 쫓아내자는 계획이다. 어떻게?

우선 선출된 시장의 자동차에 폭탄을 숨기도록 테러리스트를 교사하고, 정착민과 몇 명의 아랍 배반자를 무장시켜 아랍 지역에서 미친 듯이 날뛰면서 사람이 아니라 건물을 파괴하도록 한다. 아랍인 몇 명이 정착민들에게 살해되었다. 살인자들의 이름은 알려져 있지만 경찰은 사실상 무력한 상태다. 그들은 모처로부터 명령을 받는다. 이스라엘 법률과 유대인 도덕에 위배되는 이런 폭력 행위를 왜 묵살하는가? 그 핑계는 무엇인가?

그 기자는 덧붙인다. 점령 지역 내 정착촌의 주민들은 "더 높은 율법을 따르고, 랍비가 말하는 것은 뭐든지 행하는 경건한 유대인들이다. 그런데 구시 에무님Gush Emunim(1980년대에 활동했던 이스라엘의 테러 조직_옮긴이) 랍비 중 한 사람은 이런 황당한 글을 썼다. 여자와 어린이를 포함하여 아말렉〔Amalek, 비유대인 주민〕을 말살하는 것은 미츠바〔mitzvah, 종교적 의무〕다."[13] 기자는 덧붙였다. "우리 신문사에는 요르단 강 서안 점령지에서 돌아온 병사들이 말해준 무시무시한 이야기들을 기록한 서류철이 있다. 우리는 막연하게 그것들을 언급할 수 있지만—가령 우리 젊은이들의 도덕심과 자존심을 무너뜨린 점령 사업을 개괄적으로 비난할 수 있다—자세한 내용을 보도할 수는 없다. 군 검열 기관이 병사의 복무 중 활동을 검열하기 때문이다."[14] 이스라엘 언론에서 개괄적으로 보도되는 것으로 미루어 보면, 그 서류철이 어떤 내용을 담고 있을지 상상이 된다. 이와 관련하여 이스라엘의 히브리어 신문들이 자유롭게 논의하는 많은 중요한 문제들을 주목해야 한다. 그러나 안타깝게도 증거가 충분한 많은 문제들을 미국 언론들은 다루지 않는다. 그리하여 원조 비용을 부담하는 사람들(미국 납세자들)은 대부분 이 문제와 관련하여 무지하고, 특히 이스라엘 내부의 논쟁이나 자금 지원 내용을 모른다. 이에 대해서는 뒤에서 더 많은 사례를 제시할 것이다.

무작정 이스라엘을 지지하는 미국인들이 오히려 그 나라를 위태롭게 한다는 우려는 꾸준히 실현되어왔다. 이스라엘 지역의 많은 사람들이 고통을 겪고, 세계대전과 같은 대규모 전쟁이 터질 가능성이 되풀이되어 떠오르곤 한다.

인과관계의 요소

미국 내의 압력단체와 이해관계

'특별한 관계'는 국내의 정치적 압력, 특히 정치 생명과 여론에 미치는 미국 유대인 공동체의 영향력 때문이라고 여겨진다.[15] 일리 있는 생각이지만, 두 가지 점에서 전체적 맥락과 동떨어진다. 첫째, 그것은 '이스라엘에 대한 지원' 규모를 과소평가하고 둘째, 의사결정 과정에서 정치적 압력단체의 역할을 과대평가한다. 이 요소들을 차례로 살펴보자.

가장 먼저, 세스 틸먼Tillman, Seth이 말한 '이스라엘 로비'(주석 15 참조)는 미국 유대인 공동체보다 범위가 훨씬 더 넓다. 이스라엘 로비는 주요 자유주의 언론, 노동조합의 지도층,* 종교적 근본주의자,[17] '보수주의자'들을 아우른다. 여기서 보수주의자란 국내에서는 하이테크 낭비(이를테면 무기 생산), 대외적으로는 군사 위협과 모험주의, 그리고 온갖 유형의 열렬한 냉전 전사戰士를 생산하는 강력한 국가조직을 지지하는 부류의 보수주의자다. 이런 지지 네트워크는 이스라엘에서 높이 평가되고 있는데, 그런 평가가 우파의 전유물은 아니다. 가령 온건파에다 그 뒤 곧 노동당 총리가 된 이츠하크 라빈Rabin, Yitzhak은 1973년 전쟁 이후에는 정치적 해결 움직임에 반대했다. 그는 이렇게 주장했다. 이스라엘은 "나중에 더 좋은 상황을 조성하기 위해 시간을 벌어야 한다. 미국이 소련과 맞서 더 공격적인 입장을 취할 수도 있는 것이다……."[18]

미국의 많은 시온주의 지도자들은 이런 요소들을 알고 있었다. 1980년 12월, 그들 중 몇 명은 미국 내 유대 신문에서 이렇게 주장했다. "유대인과 전국교회협의회의 잠재적 공통점보다는 유대인과 도덕적 다수 사이의 잠재적 공통점이 훨씬 더 많다"(《유대인 주간Jewish Week》). 미국 시온주의 기구Zionist Organization of America의 전 의장이자 세계 시온주의 기구World Zionist Organization의 이사인 자크 토치너Torczyner, Jacques 는 이런 글을 썼다. "우리는 무엇보다도 우익 반동주의자가 시온주의의 자연스러운 동맹이라고 판단하며, 자유주의자는 동맹이 아니라는 결론을 내리게 되었다."[19] 하지만 자유주의자가 동맹이 아니라는 그의 주장은 틀렸다. 그들이 냉전 논리에 동참하지 않는다고 잘못 생각한 것인데, 실은 한결같이 냉전 논리를 촉진하고 지지해왔던 것이다. 몇몇 주변 세

---

* 레온 하다르Hadar, Leon는 이렇게 썼다. "조직된 미국-유대인 공동체와 병행하여 노동운동은 이스라엘을 지지하는 주요한 원천이다." 조합원이 무슨 생각을 하든 노동조합의 지도부는 친이스라엘 태도를 취한다. 하다르는 ILGWU(국제여성의류노동조합) 의장 솔 차이킨Chaikin, Sol의 말을 인용하는데, 의장은 레이건을 비난한다. 레이건이 "이스라엘과 폴란드의 연대노조 운동을 '팔아'…… 대기업 친구들을 만족시키려 한다"는 것이다. 빅토르 고트바움Gotbaum, Victor은 베긴 정부와 '적대적인' 대외정책 결정이 이스라엘 지지자들에게 제기한 문제를 논의했다. "우리는 〔골란Golan 고원 합병을〕 정당화할 수 없기에 침묵하기로 했다." 많은 노동조합 지도자들은 "이스라엘에 대한 사랑과 베긴과의 관계는 별도의 문제"라고 생각한다(고트바움).[16] 이런 수사법은 미국의 스탈린주의와 트로츠파의 '비판적 지지'가 성행하던 시절 이후로 들려온 적이 없었다. 하지만 이스라엘에 관한 한, 서구 지식인들 사이에서는 그런 수사법이 상당히 흔한 일이다. 구체적 사례들을 알아보려면 TNCW 10장을 참조하라. 아래에 더 많은 사례가 나온다.

력을 제외하고, 미국의 좌익과 평화 단체는 일반적으로 이스라엘을 (사실무근의 여러 주장과 달리) 아주 열정적으로 지지해왔다. 그리하여 다른 나라가 그랬더라면 가만히 놔두지 않았을 관행에 대해서도 이스라엘이 그렇게 했다고 하면 눈을 감아버린다. 이런 사례는 뒤에서도 거듭 나타날 것이다.

최근에 나온 〈미국에서의 진정한 반유대주의〉라는 연구 논문에서 흥미롭게도 라빈과 비슷한 견해가 등장했다. 이 연구는 네이선Nathan과 루스 펄머터Ruth Perlmutter 부부가 실시한 것으로서 남편 네이선은 브나이브리트 반反명예훼손연맹Anti-Defamation League of B'nai Brith의 전국 담당 이사고, 그 아내 루스는 열렬한 시온주의 지도자다. 미국에서 반명예훼손연맹은 자유주의 시민단체로 여겨졌고, 한때는 평판이 높았다. 지금 그 단체는 흔히 출처가 불분명한 소책자를 유포하는 등 의심스러운 '정보'를 퍼뜨리는 방법으로 충성도가 의심스러운 이스라엘 사람들과 그 밖의 비판자를 헐뜯음으로써 이스라엘 정책에 대한 비판을 사전 예방하는 일을 한다.[20] 이스라엘에서 그 단체는 때때로 미국 내 친이스라엘 선전의 '대들보 중 하나'라고 설명된다. 세스 틸먼은 브나이브리트를 "이스라엘 로비"의 일부라고 본다. 우리는 뒤에서 다시 이 단체가 벌이는 공식 활동의 일부를 다룰 것이다.[21] 저명한 군사 역사가이자 한때 이스라엘 방위군Israel Defense Forces(IDF)의 사관학교 학장을 지낸 온건파 메이어 페일Pail, Meir은 다음과 같은 글을 쓰면서 반명예훼손연맹을 생각했을 것이다. "골다 메이어Meir, Golda와 이스라엘 노동당은 옛 시온주의 틀 내에서 허용되었던 논쟁과 다원론을 없앴다." 그런 조치는 "공산당을 전 세계로 확장하면서" 세계의 관심사를 "소련의 국익에…… 복종시키는 이오시프 스탈린의 성향"을 모방한 것이었다. "논쟁과 탐사를 말살하는 이스라엘 정권의 성향"은 (페일의 설명에 의하면) 골다 메이어의 노동당 정부 때부터 시작되었다.[22] 반명예훼손연맹은 자발적 단체 이상의 존재인 셈이다.

펄머터 부부는 반유대주의가 "미국에서 한때 극렬했던" 반면, 오늘날은 유대인 차별이 별로 없음을 보여주는 연구들을 인용하고 있다. 유대인에 대한 혐오, 반유대주의 경향 등이 남아 있을지 모르지만 그것은 일반적으로 여타 소수 인종과 종교 집단에 관해서도 마찬가지다. 그렇다면 여전히 만연하고, 어쩌면 예전보다 더 위험하다는 '진정한 반유대주의'는 무엇일까? **진정한** 반유대주의는 "시대에 뒤진 베트남전쟁 반대론자, 칼을 갈아 보습으로 만들자는 사람, 테러리스트 PLO를 옹호하는 사람들……"의 행동을 가리킨다는 게 그들의 주장이다.*

펄머터 부부는 "전쟁이 나쁜 이름을 얻고 평화가 너무 좋은 이름을 얻는다"고 우려한다. 부부는 "좌파가 우리의 베트남전쟁을 중상모략하고 미국의 국방 예산을 삭감하려는 것을" 우려한다. "오늘날 유대인을 위태롭게 하는 것으로는 원유 외에도 자유주의자들의 이념이 있다. 그들은 전쟁보다는 다소 정의롭지 않더라도 평화로운 상태가 낫다고 생각한다." 마찬가지로, "좌파가 10여 년 동안 국내외에서 시위하면서 미국의 니카라과와 엘살바도르 개입을 비난할 때," 유대인의 이익 역시 위협을 받았다. 중남미의 독재자들이 이스라엘의 친구이기 때문에 유대인의 이익은 위협받고 있다는 것이다. 이 우정은 과거와 현재에 걸쳐 서로 이익을 주는 호혜적 관계다. 하지만 펄머터 부부는 다음과 같은 사실을 이야기하지 않는다. 소모사와 살바도르 및 과테말라 장군들의 희생자들

---

* 미국에서는 'PLO를 옹호하는 사람들'이 많고 그만큼 언론이 '친PLO'라는 주장이 널리 퍼져 있다(《운명의 삼각지대Fateful Triangle》 1쪽 참조). 하지만 객관적 사례들을 살펴보면, 이 '옹호자들'은 오히려 PLO를 (때로 엄혹하게) 비판하는 사람들이다. 그렇지만 팔레스타인 사람들도 유대인 못지않게 인권과 민족적 권리를 가지고 있다고 생각하는 사람들이다.

이 이스라엘의 친구가 아닌 것은 반유대주의 때문이 아니라 타당한 이유가 있다. 즉 농민들이 이스라엘 무기로 학살되고 이스라엘인들에게 훈련받은 군대에 고문을 당해, 이스라엘의 친구가 될 수 없는 것이다. 펄머터 부부에 따르면, 전국교회협의회와 같은 단체는 이스라엘에 "중동 평화 협상에 PLO를 포함시키자"고 요구함으로써 유대인의 이익을 위협하고 있다. "좌파를 옹호하는 사람들은, 우파 옹호자들도 마찬가지지만, 종종 반유대주의나 유대인의 이익에 대한 무관심을 단지 일시적인 현상이라고 합리화하는데" 유대인은 더 많은 것을 꿰뚫어보아야 한다고 펄머터 부부는 주장한다.

부부의 주장은 내내 그런 식이다. 이스라엘의 이익—팔레스타인의 권리를 부정하는 대大 이스라엘의 이익—은 '유대인의 이익'이다. 그리하여 팔레스타인의 권리를 인정하거나, 펄머터 부부가 보기에 '이스라엘의 이익'을 위협하는 정책을 옹호하는 사람들은 누구나 초기 스탈린주의자의 용어를 빌려 "객관적으로" 반유대주의자다. "고집불통의 얼간이들"은 지금 전통적인 반유대주의자보다 유대인을 "더 큰 위험"에 빠뜨리고 있다. 이 얼간이들은 평화를 옹호하고, 미국의 개입을 비판하고, 피에 굶주린 독재자와 고문자를 성토하고 있다. 이것이 '진정한 반유대주의'이고, 대단히 위험스러운 현상이다. 그러므로 반명예훼손 연맹은 그런 현상을 차단하기 위해 활동해왔다.[23]

이스라엘 비판을 침묵시키기 위해 '반유대주의'(혹은 유대인의 경우에는 '유대인의 자기혐오')를 비난하는 것은 상당히 일반적인 동시에 효과적인 수단이었다. 노동당의 존경을 받는 이스라엘 외교관(지도적인 온건파라고 생각되는)인 아바 에반Eban, Abba조차 이렇게 썼다. "이방인 세계와 대화할 때, 주된 임무는 반유대주의와 반시온주의(일반적으로 이스라엘의 국가 정책에 비판적인 것으로 이해되는 관점)의 구분이 무의미하다는 것을 증명하는 것이다." 그리고 유대 비판자(특별히 I.F. 스톤Stone, Isidor Feinstein 〔1907~1989, 미국의 진보적 언론인〕과 노엄 촘스키를 언급하면서)들은 "유대 생존에 관하여 복잡한…… 근본적인 죄책감"을 가지고 있다고 한다. 마찬가지로, 유대 옹호론자인 어빙 하우Howe, Irving(1920~1993, 미국의 문학·사회 평론가로 저명한 민주적 사회주의자_옮긴이)는 아무런 증거도 없이 무턱대고 이스라엘의 위험스러운 국제적 고립을 "산유 국가의 능숙한 조작" 탓으로 돌리면서 **아무리 따뜻한 마음씨의 소유자도 유대인에게는 차갑게 대한다**라는 괴이한 격언을 내걸었다. 그 때문에 하우는 노동당 정부 정책의 결과(점령 지역 내에서의 만행)*를 모른 체할 수 있었다. 하지만 하우가 그런 글을 쓸 때 이스라엘 내에서도 정부에 대한 비판의 소리가 높았다.[25]

펄머터 부부는 "이스라엘을 비판하면서 반유대주의의 반격에 환상을 품은" 사람들을 조롱하지만, 부부의 논평은 확실히 정직하지 못하다. 그들의 전술은 전형적인 시온주의 선전인 것이다. 이스라엘 창건 이전의 기간을 연구한 뛰어난 저서에서, 크리스토퍼 사이크스Sykes, Christopher는 1943년 마약 밀매로 시온주의자를 투옥한 영국 법정에서부터 다비드 벤구리온Ben-Gurion, David(1886~1973, 폴란드 태생 이스라엘 시온주의 정치가. 이스라엘 초대 수상_옮긴이)의 '맹렬한 반격'에 이르기까지, 이 수단('시온주의 선전의 새로운 국면')의 원천을 추적했다. "그리하여 반시온주의자가 된다는 것은 반유대주의자가 되었다."[26] 하지만 1967년부터, 옹호해야 할 이스라엘의 정책이 점점 더 옹호하기 어려운 정책이 되어가자, 방어 전술

---

* 객관적 사실을 따지는 사람들에게 "산유 국가의 능숙한 조작"은 손쉬운 평계에 지나지 않는다. 그리고 괴이한 격언은 논평할 가치조차 없다. 이와 관련해서는 시온주의 역사가 존 킴체Kimche, Jon의 글을 참조하라.[24] 킴체는 이스라엘 노동당 정부의 이중성과 평화 중재 거부가, "석유 무기"라는 용어가 나오기 훨씬 전에 이미 아프리카의 우방 국가들을 소원하게 만들었다고 말했다.

이 고도의 예술적 수준으로 격상되었다.

유대 공동체에서 '이스라엘을 지지하는 사람들'에게 요구하고 또 이룩한 단결심은 놀랄 만했다. 주지하는 대로, 이스라엘 온건파는 탄식하면서 이런 '지지 행위'가 궁극적으로 자멸적인 이스라엘 정부의 정책을 바로잡으려는 운동을 약화시킨다고 타당하게 주장한다. 미국의 유대 공동체 내에서는 이스라엘의 정책을 조금이라도 비판하는 것이 합당한지 격렬한 논쟁이 벌어진다. 어쩌면 훨씬 놀라운 일은, 이런 논쟁이 있음을 놀라운 현상으로 여기지 않는다는 것이다. 이를테면, 엘리 비젤Wiesel, Elie(1928~, 루마니아에서 태어난 유대계 소설가로, 홀로코스트 생존자이며 노벨 평화상 수상자_옮긴이)은 이스라엘에 대한 비판이 부당하다는 입장을 옹호하면서 이렇게 말한다.

나는 이스라엘을 지지한다. 이상 끝. 나는 이스라엘과 나 자신을 동일시한다. 이상 끝. 나는 이스라엘 내에 있지 않을 때, 이스라엘을 결코 공격하지 않고 비판도 하지 않는다.

비젤은 이스라엘의 점령 지역 정책에 대해 논평할 수 없는 이유를 이렇게 말한다.

무슨 일이 어떻게 이루어지는지 나는 정말로 알지 못한다. 내게는 정보와 지식이 부족하기 때문이다……. 모든 정보를 확보하기 위해서는 권력자의 위치에 있어야 한다……. 나는 정보가 없기 때문에 판단하지 못한다…….[27]

이런 국가 숭배는 스탈린주의와 나치즘 시대를 제외하면 찾아보기 어려울 것이다. 그런데도 비젤은 미국 내에서 파시즘 비판자로 평가되고 세속의 성인이라며 존경을 받고 있다.

이스라엘 밖에서는 이스라엘을 비판해서는 안 된다는 원칙을 뒷받침하는 일반적 논리는, 위험과 문제에 직면한 사람들만이 비판을 표현할 권리가 있고, 저 멀리 안전한 곳에서 지켜보기만 하는 사람들은 비판할 권리가 없다는 것이다. 마찬가지 논리로, 미국인이 PLO, 아랍 국가, 소련을 비판하는 것은 부당하다. 이 주장은 실제로 좀 더 폭넓게 응용된다. 막대한 보조금을 이스라엘에게 제공하고 하늘 높이 칭찬하면서 그 적대자, 특히 이스라엘에게 정복당한 사람들을 중상모략하는 것은 정당하─사실상 의무─지만, 우리가 제공하는 보조금 사용 내용에 대해 비판의 목소리를 높이는 것은 부당하다는 이야기다.

미국의 전략적 이해관계

다시 본 주제로 돌아가자. 정치와 여론에 대한 유대인의 영향력만 언급하는 것은 이른바 '이스라엘 지원'의 규모를 몹시 과소평가하는 것이다. 전략적 관점에서 볼 때, 그 주장은 미국 정치와 이념의 다원주의를 과대평가하는 것이기도 하다. 그 어떤 압력단체도 실권을 지닌 엘리트 집단을 추종하지 않는다면, 여론에 접근하지 못하고 정책 수립 과정에서 한결같은 영향력을 유지하지 못한다. 엘리트 집단은 이해관계가 통일되어 있지 않거나 (이해관계를 공유할 때에도) 전술적 판단이 통일되어 있지 않다. 그들은 이스라엘 지원 같은 문제에서 종종 의견이 분열된다. 하지만 자세히 살펴보면 다음과 같은 판단이 정확하다는 게 밝혀질 것이다. 즉 미국과 이스라엘의 특별한 관계는 "미국이 중동에 설정하는 정치적, 전략적 이해관계의 맥락에서 이스라엘이 차지하는 역할의 변동에 따라 주로 발전해왔다."[28] 이 문제를 명확히 밝히기 위해 관련된 역사적 배경 몇 가지를 살펴보자.

미국의 이스라엘 지원 규모가 상당하더라도, 이스라엘이 중동에서 미국의 이익을 대표한다고 생각한다면 오산이다. 오히려 주된 이해관계는 중동 산유 지역, 특히 아라비아반도의 에너지 매장 지역에 있다. 국무부의 1945년 분석은 사우디아라비아를 "전략적 힘의 엄청난 원천이고 세계 역사상 가장 귀중한 자원 지역"이라고 설명한다.[29] 미국은 이 목적물을 획득하고 유지하기 위해 전념했다. 이 에너지 매장 지역을 통제하려는 목적은 사실상 2차 세계대전 때부터 미국 대외정책의 기본 원칙이었다. 똑같은 주제의 최근 변주는 이렇다. 석유 달러의 흐름은 주로 군사장비 구매, 건설 프로젝트, 은행 예금, 미국 재무부 채권 투자 등을 통해 미국으로 집중되어야 한다. 갖가지 위협과 맞서 이 주요한 이익을 지키는 것이 무엇보다 필요하다고 보는 것이다.

미국이 중동 석유를 통제하는 데 대한 위협

수사학의 수준에서 보면, 중동을 위협으로부터 "지켜주어야 한다"고 할 때 그 위협을 가하는 주체는 소련이라고 상상된다. 중동 석유 생산이나 유통과 관련하여 중요한 역할을 맡겠다고 소련이 위협하고 나선다면 미국은 참지 못할 것이다. 하지만 이런 시나리오는 현실적인 우려가 될 수 없다. 이렇게 말한다고 해서 이데올로그들이 특정 목적을 위해 꾸며낸 환상을 스스로 믿지 않는다고 말하려는 것은 아니다.[30] 그들이 그런 환상을 스스로 믿든 말든 소련은 미국의 텃밭이라고 인정된 곳에 침입하는 것을 망설였다.

이런 선전 패턴은 일찍이 냉전 중에 확립되었다. 미국은 1947년 그리스에서 전후 최초로 큰 규모의 반폭동 작전을 벌였다. 나치가 철수한 뒤 그리스로 진군하면서, 영국은 왕당파와 나치 부역자에게 통치의 실권을 넘겨주면서 반나치 저항운동을 억압했다. 아테네에 진주한 영국군은 처칠의 명령에 따라 "마치 지방 반군이 활동하는 도시를 정복한 듯이 행동했다."[31] 그러나 영국이 밀어준 왕당파 정권의 억압과 부패 때문에 그리스 저항운동은 되살아났다. 전쟁으로 국력이 형편없이 약해진 영국은 이런 심각한 도전을 해결할 수 없었기 때문에 물러섰고, 그 자리에 미국이 들어섰다. 미국은 전쟁 중에 나치와 싸웠던 농민과 노동자들의 민족운동(공산주의자들이 주도하는)을 파괴하는 일을 떠맡았다. 한편, 파시스트 청년운동과 연결된 파울Paul 왕과 프레데리카Frederika 왕비, 미국 정보기관에서 나치 부역자로 파악된 국내 안보 책임자 마브로미칼리스Mavromichalis 내무장관 등 일부 총애받는 사람들은 미국의 도움으로 권력을 유지할 수 있었다. 일부 미국 상원의원들은 이 모든 상황이 트루먼 독트린의 문구에 위배된다고 생각했다. 본래 반폭동 작전의 근거였던 독트린은 "무장한 소수나 외부의 압력에 굴복하기 거부하는 자유민을 지원하는 것"이었다. 이처럼 항의하는 상원의원들에게, 헨리 캐벗 로지 상원의원은 "우리가 파시스트 정부와 함께 일하게 된 것은 우연한 일"이라고 둘러댔다.[32]

반폭동 작전은 작은 일이 아니었다. 뒤이은 내전에서 그리스인 16만 명이 사망했고 난민이 80만 명 발생했다. 미군의 특무대는 이런 사람들을 제거하는 것이 자신들의 임무라고 생각했다. 링컨 맥베어MacVeagh, Lincoln 대사는 반군을 경계해야 할 "계급의식과 무산주의의 새로운 성장"에 뿌리를 둔, "위험한 사회 세력"이라고 규정했다. 칼 랭킨Rankin, Karl 미국 대리대사는 그들을 "이질적이고 위험한 세력"이라고 하면서 "국가가 성공적으로 통제권을 확립하고" "무법 봉기를 진압할 때"까지 "관용"을 보여서는 절대 안 된다고 주장했다(대사의 이런 발언은 미국 측 문서'의 표준적 반응인데, 아프가니스탄 침공을 기술한 소련의 문서에서도 이와 유사한 발언이 등장한다). 계급의식으로 위험 분자가 된 그리스 농민과 노동자들의 '이질적인' 세력과 달리, 그리스의 '토박이' 집단을 대표하는 것은 미국 특무대와 파시스트 우호 세력(그리고 부자들과 나중에 진정한 수혜자가 된 미국 기업들) 등이었다.

미국 특무대가 계급의 적을 제거하면서 저지른 지독한 만행은 영국인이 봐도 좀 지나친 것이었다. 물론 영국인 자신도 이런 일을 할 때에는 그리 신사다운 매너를 지키지 않았지만 그래도 미국의 행동은 좀 심하다고 생각했다. 영국인들은 자신들의 또 다른 세력권에서 밀려날까봐 마음이 편치 않았다. 미국 특무대가 열심히 숙청을 승인하고 직접 참가하자, 수만 명이 추방당하고 그보다 더 많은 사람들이 고문당하거나 처형되는(혹은 운이 좋다면 '재교육'을 받는) 유배지 섬으로 끌려갔으며, 노동조합은 와해되고, 심지어 온건한 반공 사회주의자들도 억압을 당했다. 한편, 미국은 부끄러운 줄도 모르고 선거를 조작하여 확실히 우파가 승리하도록 만들었다. 사회와 경제 분야의 성과는 보잘것없었다. 10년이 지난 뒤, "1959년부터 1963년까지 그리스 노동계의 약 3분의 1은 일자리를 찾아 이민을 떠났다."[33] 미국이 지원한 1967년의 그리스 군사 쿠데타는 결국 똑같은 사건들에 뿌리를 둔 것이었다.

이 반폭동 작전은 중동 원유의 안전을 몹시 우려했기 때문에 벌어진 일이었다. 1947년 3월 12일, 트루먼 대통령은 트루먼 독트린을 알리면서 이렇게 연설했다. 만약 그리스가 반군에게 함락된다면 "혼란과 무질서가 당연히 중동 전체에 퍼질" 것이고, 그것은 "지도를 훑어보기만 하면 알 수 있는 일이다." 1948년 2월의 CIA 조사에서는 반군이 승리할 경우에 미국이 "중동의 원유 자원(세계 매장량의 40퍼센트를 차지하는)을 상실할 수도 있다"고 경고했다.[34] 러시아의 위협이란 미국의 개입을 정당화하기 위해 꾸며낸 사실무근의 이야기였다. 스탈린은 미국이 중동 기지 못지않게 그리스의 상실도 용납하지 않을 것임을 알고 있었기 때문에 그리스의 게릴라를 억누르려고 애썼다. 게다가 그는 발칸반도 공산주의 동맹이 티토주의의 영향력에 휩쓸리게 되는 것을 바라지 않았다. 거듭해서 말하지만 소련의 위협은 사실무근의 날조된 것이어서 일부 정책 집단은 믿지 않았다. 하지만 사람들은 믿기 편한 것을 쉽게 믿어버린다. 러시아의 위협에 대한 과장은 냉전 체제가 살아 움직이던 초기의 사례였다. 냉전 체제에 따라 강대국들은 적국(아야톨라 호메이니의 용어를 빌리면 "큰 악마")의 위협을 악용하여, 자신들의 영향권 내에서 벌이려는 활동을 뒷받침하는 수단으로 삼았다.

군사적·이념적 차원에서 그리스 반폭동 작전이 성공하자, 이것은 미국의 장래 정책 수립에 커다란 영향을 주었다. 그때부터 러시아가 중동 원유를 통제하려는 시도와 소련의 걸프 지역 진출 등이 잠재적 위협으로 반복하여 선전되었다. 하지만 소련이 이런 목적을 위해 감히 핵전쟁—그것이 예상되는 결과이기 때문에—을 일으킬 각오까지 하는 심각한 경우는 발생하지 않았다.

미국의 중동 지역 지배에 대한 더 현실적인 위협은 오히려 유럽에서 제기되었다.* 1940년대 미국은 세력권에서 프랑스를 밀어냈고, 크게 보면 영국까지 밀어냈는데 이렇게 된 것은 교묘한 계획 때문이기도 하지만 어느 정도는 세력 균형의 결과이기도 하다.[35] 1953년, CIA가 지원한 쿠데타가 이란 황제를 복위시키자, 이란 원유의 40퍼센트는 영국에서 미국의 손으로 넘어갔다. 그러자 《뉴욕타임스》 편집자는 영국의 지식인

---

* 좀 더 최근의 일로서, 1982년 미국을 제치고 사우디아라비아의 제1 교역국으로 등장한 일본은 다른 걸프 산유국들에게 제1 혹은 제2의 물자 공급자이기도 하다. 여전히 중동은 "지난 몇 년 동안 크게 성장한 미국 유일의 해외시장이다"(윌리엄 O. 비먼Beeman, William O.,《크리스천 사이언스 모니터》, 1983년 3월 30일자).

집단이 "미국의 '제국주의'가…… 다시 한 번 영국을 역사적 전초기지에서 밀어냈다"고 생각할지 모른다고 우려했다. 동시에 이 편집자는 "이제 자원이 풍부한 저개발 국가들이 광신적 민족주의에 따른 엄청난 대가에 대하여 객관적 교훈을 배울 것"이라고 크게 기뻐했다.[36] 객관적 교훈의 대가는 쿠데타 사건이 보여주듯이 무거웠고, 여전히 그들은 대가를 치르고 있다. 그때부터 다른 많은 국가들은 똑같은 교훈을 배울 수밖에 없었다.

유럽이 중동 지역에 개입할지 모른다는 우려가 끊이지 않았다. 미국은 1956년 수에즈 침공(영국과 프랑스가 이스라엘과 연합한 작전)으로 그 지역에 세력권을 다시 주장하려는 유럽의 시도를 적극 반대했다. 미국은 이집트 영토에서 3개국의 모든 영향력을 내쫓는 데 힘썼는데 '소련의 위협' 또한 제구실을 했을 것이다. 1973년 '유럽의 해〔年〕' 연설에서 헨리 키신저는 중동과 북아프리카에 미국이 배제되면서, 유럽이 지배하는 무역 블록이 생길지도 모른다는 위험을 경고했다. 그는 나중에 사석에서 1973년 이후 외교의 기본적 요소는 중동 관련 "외교에서 유럽과 일본의 개입을 확실히 막는" 것이라고 털어놓았다.[37] 뒤이어 미국이 '유럽-아랍 대화'를 반대한 것은 같은 우려에서 비롯되었다. 오늘날, 국가자본주의 사회들(이제 남한과 같은 몇몇 소小강국을 포함하여) 간에 원유 생산에서 생긴 부를 나눠 가지려 경쟁하는 것은 점점 중요한 일이 되었다.

지역 고유의 위협 : 전략적 자산으로서 이스라엘

중동 지역에서 '막아야 하는' 세 번째 위협은 그 지역에서 발생한 고유한 것으로서 인종적 민족주의의 위협을 말한다. 미국-이스라엘의 '특별한 관계'가 성숙한 것은 이 중동 민족주의의 맥락에서다. 1950년대 초, 미국-이스라엘 관계는 분명히 불편했으며, 워싱턴 당국은 CIA 지원을 받아들인 나세르 이집트 대통령과 밀접한 관계를 굳히는 듯했다. 이런 전망은 충분히 우려할 만했다. 그 결과, 이스라엘은 이집트 내부에 테러리스트 세포를 구축하고 이집트와 미국의 관계를 갈라놓기 위해 미국 기지(이집트의 공공시설까지)를 공격했다. 그런 다음 이스라엘은 책임을 이집트의 극단적 민족주의 광신자의 탓으로 돌리려 했다.*

하지만 1950년대 후반부터 미국 정부는 점점 이스라엘의 주장을 받아들였다. 즉 강력한 이스라엘은 미국에게 '전략적 자산'이고, 소련의 지원을 받으면서 미국의 이익을 위협하는, 과격한 아랍 토착 민족주의자들에 대한 방책의 역할을 해준다는 것이었다. 최근에 비밀 해제된 1958년의 국가안보위원회 비망록에 따르면, 과격한 아랍 민족주의를 반대하는 "논리적 결과"는 "근동에 남은 유일한 친서방 강국으로서 이스라엘을 지원하는 것이었다."[39] 한편, 이스라엘은 터키, 이란, 에티오피아와 비밀 조약을 맺었다. 다비드 벤구리온의 전기 작가에 따르면, 이 "주변 국가와의 조약"은 존 포스터 덜레스Dulles, John Foster 국무장관의 지지를 받으며 "오랫동안 지속되었다."[40] 1960년대 내내, 미국 정보기관은 이스라엘이 걸프 만의 산유국들에게 가해진 나세르의 압력(당시로서는 심각한 문제였다)과 러시아의 영향력을 막아줄 방책이라고 보았다. 이스라엘 유용론은 이스라엘의 1967년 대승리로 강화되었다. 당시 이스라엘은 전격적으로 시나이, 가자, 요르단 강 서안, 골란 고원을 정복했다. 골란 고원은 모셰 다얀Dayan, Moshe 국방장관이 총리나 참모총장에

---

* 이 작전을 담당한 핀하스 라본Lavon, Pinhas 국방장관은 히스타드루트Histadrut(사회주의 노동조합)의 사무총장이 되었다. 존경받는 이스라엘 언론인 나훔 바르네아Barnea, Nahum에 따르면, 라본은 "가자 지구와 비무장지대의 수원水源에 독을 뿌리려는" 시도를 비롯하여 이집트 테러 작전보다 "훨씬 심각한" 명령을 내렸다(《다바르Davar》, 1979년 1월 26일자). 그는 명령이 실행되었는지 여부에 대해서는 언급하지 않았다.[38]

게도 알리지 않고, 휴전을 어기면서까지 작전을 수행하여 점령한 곳이다.[41]

'전략적 자산'이라는 명제는 1970년 9월 요르단의 팔레스타인 난민 학살을 시리아가 지원하려 하자 그것을 봉쇄한 이스라엘의 움직임에서 거듭 확인되었다. 당시 미국은 아랍 세계에 있는 미국의 피보호국에 위협이 가해진다고 생각되더라도 직접 개입할 수 없었다. 이스라엘의 기여는 미국 원조의 상당한 증액으로 이어졌다. 1970년대 미국의 정세 분석가들은 이스라엘과 황제 치하의 이란이 중동의 산유 지역을 통제하려는 미국의 이익에 이바지한다고 주장했다. 이란의 샤 황제가 몰락한 뒤, 미국의 국력을 위해 중동의 스파르타 역할을 맡은 이스라엘은 미국의 지원을 더욱 많이 받게 되었다.

동시에 이스라엘은 CIA의 상당한 비밀 보조금을 받고 검은 아프리카에 진출하려는 미국을 도왔을 뿐만 아니라―에티오피아의 하일레 셀라시에Haile Selassie, 우간다의 이디 아민, 자이르(오늘날의 콩고민주공화국_옮긴이)의 모부투, 중앙아프리카공화국의 보카사Bokassa 등 독재자들을 여러 차례 지원하면서[42]―로디지아(현재의 짐바브웨와 잠비아 땅에 있던 백인 정권 국가로 인종 차별이 극심했다_옮긴이)와 남아프리카공화국에 대한 원조 금지를 우회하여 원조했다.* 그보다 더 최근에, 이스라엘은 군사 및 기

---

* 1982년 5월 16일자, UPI, 《보스턴글로브》. 기사 제목은 **전체적으로**intoto이다. "미국제 헬리콥터와 부품들이 금수 조치를 어기고 이스라엘에서 로디지아―지금의 짐바브웨―로 건너갔고, 상무부는 이 사실을 적발했다." 노동당 기관지는 남아프리카 군수업계 거물의 말을 인용하여 이렇게 썼다. 이스라엘의 "기술 지원 덕분에 남아프리카는 인종 정책에 따른 무기 금수 조치를 피해 갈 수 있다"(《다바르》, 1982년 12월 17일자). 《예디오트 아흐로노트Yediot Ahronot》지는 《런던타임스》를 인용하여 이렇게 보도했다. 이스라엘 수중의 프랑스제 무기를 운송, 수리하면서 "이스라엘 기술자들은 남아프리카공화국이 프랑스의 무기 금수 조치를 피해 가도록 돕는다"(1981년 10월 29일자). 남아프리카와 이스라엘의 밀접한 관계는 1970년대 중반 라빈 노동당 정부에서 형성되어 지금까지 유지되었

술 원조를 했고 게다가 미국의 중남미 우방국을 위해 많은 자문관을 파견했다. 이스라엘, 남아프리카, 타이완, 남미의 군사 독재 국가들 사이의 가시적인 동맹은 미국 내 권력자들에게는 매력적인 전망이었다.[44] 이제, 이스라엘은 중동의 원유 생산 지역을 둘러싼 긴급전개부대Rapid Deployment Force에 정교한 미군 기지 겸 지원 체계의 결정적인 부분이 되었다.[45] 이것들은 중요한 문제로서 내가 이 책에서 기울인 관심보다 더 많은 주목을 받아야 마땅하다.

이스라엘이 중동과 그 밖의 지역에서 맡은 지정학적 역할이 없었더라면, 미국에서 갖가지 친이스라엘 로비가 정책 수립에 커다란 영향을 줄 수 있었을지, 혹은 펠레드와 그 외의 이스라엘 온건파가 한탄했던 여론의 풍토가 형성되고 유지되었을지 의심스럽다. 따라서 만약 이스라엘이 중동 지역에서 미국의 우선적 이익을 지원하지 않고 위협했더라면, 이스라엘 로비의 힘은 약화되었을 것이다. 미국의 주된 관심은 에너지 매장량과 석유 달러의 흐름을 통제하는 것이었고, 이스라엘은 이를 위해 조력했다.

따라서 미국의 상당수 실력자들은 이스라엘을 '전략적 자산'으로 생각하여 지지했다. 이 입장은 국내의 정책 토론에서 우위를 차지했고, 이것은 얼마간 국내의 정치적 압력으로부터 도움을 얻었기 때문이다. 하지만 도전을 받지 않는 게 아니다. 오래전부터 가능했던 평화로운 정치

다. 산업상공부 장관 기돈 팟Pat, Gidon이 최근에 프리토리아에서 말했듯이, "이스라엘과 남아프리카공화국은 세계에 30개밖에 없는 민주국가 중 두 나라"이기 때문이다. 노동당의 가드 야코비Yaakobi, Gad가 이스라엘 "텔레비전 인터뷰에서 남아프리카와 이스라엘의 경제 및 '기타'〔즉 군사적〕 관계를 칭송했다"고 보도하면서 요아브 카르니Karni, Yoav는 덧붙였다. 만약 그가 영국, 네덜란드, 스웨덴에서 비슷한 발언을 했다면 사회민주당원 자격을 잃었을 테지만, 그의 논평은 이스라엘 노동당에서 아무런 문제도 일으키지 않았다고.[43]

적 타결을 지지하는 강력한 세력도 있는데 그것은 다음 장에서 살펴볼 것이다.

안보 전문가 마이클 클레어Klare, Michael는 문제 해결을 생각하는 집단을 두 집단으로 나누어보면 유용하다고 말했다. 한 집단은 정책 목표 달성을 위해 위협이나 폭력 사용을 옹호하는 '프러시아 사람' 집단이고, 다른 집단은 똑같은 목표를 두었지만 평화적 수단을 더 효과적으로 보는 '상인' 집단이다.[46] 이것은 전술적 판단에 따른 것이니만큼 전술이 달라지면 입장도 달라질 수 있다. '프러시아 사람'은 이스라엘을 '전략적 자산'으로 지원하지만 '상인'은 모종의 정치적 타협을 추구한다고 말하는 게 정확하다. 이런 구분은 다음 사례에서 볼 수 있다. 많은 친이스라엘 선전, 예를 들어 많은 저명인사들(다른 맥락의 온건파를 포함하여)이 서명한 《뉴욕타임스》의 "이스라엘에 대한 신뢰는 미국을 강화한다"라는 전면 광고에서 친이스라엘 정치 압력단체(전국 PAC)의 설립을 호소했다. 그들은 자신의 입장을 뒷받침하기 위해 이렇게 주장한다. "······ 만약 미국의 중동에 대한 이해관계가 위협을 받는다면, 현지 상황을 통제하는 데 몇 달이 걸릴 것이다. 그러나 이스라엘을 동맹으로 둔다면, 며칠밖에 걸리지 않을 것이다." 마찬가지 맥락에서 국제안보센터Center for International Security의 이사 조지프 처바Churba, Joseph는 이렇게 불평한다. 즉 "이스라엘 좌파"는 미국과 이스라엘의 이익을 제대로 알지 못하고, "그들 대부분이 미국 좌파와 마찬가지로 똑같은 목적을 위해 활동한다. 말하자면 어떤 국가도 엘살바도르에서나 레바논에서 국제경찰 역할을 해서는 안 된다고 주장한다." 그리하여 이스라엘 좌파와 미국 좌파는 반유대주의에 이바지하고 있다. 위에서 거론한 대로 반명예훼손연맹이 발전시킨 **진정한** 반유대주의" 원칙에 입각하여 "유대인의 이익을 위협"하는 것이다. 처바가 생각하듯이, 미국과 이스라엘의 이익을 이해하는 사람들은 "서방 강대국"을 "효과적으로 이용하여 소련과 과격한 모험주의를 완화해야 하고,"[47] 미국과 이스라엘은 엘살바도르, 레바논, 그 밖의 지역에서 국제경찰 구실을 해야 한다고 생각한다.

두 가지 경우 모두에서 우리는 '프러시아 사람'의 목소리를 들을 수 있다.

이스라엘의 레바논에 대한 '갈릴리 평화' 침공*이 중동의 미국 입장을 강화하고 일반적으로 미국의 목적에 도움이 된다는 주장에도 똑같은 프러시아 사람과 상인의 차이가 함축되어 있다. 《뉴리퍼블릭》은 이렇게 주장한다. 따라서 작전은 정당했다. 다른 사람들은 그 지역에서 미국의 이익이 피해를 입었다고 생각했다. 아랍 세계의 여론을 광범위하게 조사한 뒤, 토머스 프리드먼Friedman, Thomas(1953~, 미국 언론인_옮긴이)은 이런 결론을 내린다. "아랍의 많은 지도자들에 대한 존경이 레바논에서 시들었을 뿐만 아니라〔왜냐하면 그 지도자들은 레바논 정치학자가 설명한 대로 포위된 아랍의 수도를 '민중운동'이 지킬 때에도 이스라엘 공격의 희생자를 구하러 오지 않았기 때문이다〕 중동에서 미국에게 바친 지나친 존경도 죽어버렸다.""미국을 신뢰할 수 없고"(쿠웨이트의 아랍 경제개발기금 이사가 한 말), 미국은 "자국 정책의 도구로서" 이스라엘을 지원하기 때문이다. 쿠웨이

---

* 갈릴리 평화 작전Operation Peace for Galilee이란 1982년 6월 6일 이스라엘 방위군이 레바논 남서부를 침공해 들어가서 베이루트를 포위 공격한 작전을 말한다. 이 작전 수행 과정이 제5차 아랍-이스라엘 분쟁이자 이스라엘의 제1차 레바논 전쟁이다. 이스라엘은 영국 주재 이스라엘 대사를 암살하려 한 PLO의 테러에 보복한다는 명분을 내세웠다. 레바논인과 팔레스타인인 최소한 1만 7000명이 사망했고, 레바논에 주둔했던 시리아 군대가 레바논 북부의 동쪽의 베카 계곡으로 퇴각했다. PLO는 튀니지로 본부를 옮겼다. 이스라엘에 대한 국제적인 압력 행사로서 미국이 이끄는 다국적군이 투입되고, 이스라엘은 레바논에서 철수했으나 리타니Litani 강 유역은 점령 상태를 유지했다. 점령에 저항하는 레바논 국민저항전선과 헤즈볼라가 창설되고, 내전이 1990년까지 이어졌다. _편집자(두산백과, 위키백과, 《촘스키, 고뇌의 땅 레바논에 서다》〔노엄 촘스키 외 지음, 강주헌·유자화 옮김, 시대의창, 2012〕 참조)

트의 고위 공직자는 널리 퍼진 여론을 반영하면서 이렇게 말했다. "여러분은 가장 중요한 부문, 즉 인도주의적 차원에서 입지를 상실했습니다. 아랍 세계가 인정했던 미국의 도덕적 권위가 무엇이었든지 상관없이 그것은 모두 사라졌습니다."[48]

이 논쟁에서 누가 정당할까? 양쪽은 나름대로 옳다. '인도주의적 차원'과 '도덕적 권위'라는 개념을 비웃는 사람들은 이스라엘의 군사력이 무력과 폭력으로 중동 지역을 지배하려는 미국의 능력을 높였고, 레바논 침공이 이 목적에 단기적으로 이바지했다고 주장한다. 미국의 세계 내 역할에 대하여 다른 개념을 갖고 있는 사람들은 똑같은 증거에서 상이한 결론을 내린다.

부수적 서비스

레바논을 침공한 뒤, 이스라엘은 곧 '전략적 자산'의 이점을 강조하고, 아프리카와 라틴아메리카에서 동맹(당연히 미국의 동맹) 관계를 확대하여 자신의 지위를 강화했다. 1960년대 CIA의 주선 아래(위의 내용 참조) 형성된 관계를 재개하면서 이츠하크 샤미르Shamir, Yitzhak 외무장관은 자이르의 모부투 장군을 방문했다. 군사적, 기술적 지원 외에도, "이스라엘은 미국의 유대인 조직 영향력을 통해 자이르를 도울 것이고, 그것은 〔자이르의〕 이미지를 높여줄 것이다"라고 말했다.* 이 부패하고 야만

---

* 이런 생각의 적용을 받았거나 제안을 받았던 야만적 독재자는 모부투뿐이 아니다. 1981년 12월 29일자 좌파 언론《알-하미시마르Al-Hamishmar》(마팜Mapam : 좌익 시온주의 노동당)와 인터뷰하면서 이멜다 마르코스Marcos, Imelda는 남편의 '국제 변호인'으로서 이스라엘과 개선된 관계 및 미국 유대인의 영향력을 이용하여 "미국 언론에서 〔필리핀 독재자의〕 얼룩진 이미지를 개선하고 미국 의회에서 낮은 인기와 싸우려는" 뜻을 말했다. 언론인 레온 하다르는 이것을 논평하면서 이스라엘 공직자들의 여론을 보도했다. 즉 '부정적 이미지'를 지닌 제3세계의 독재자들은 미국에서 더 큰 정치적, 경제적, 군사적 원조

적인 독재자의 이미지는 아주 나빴기 때문에 이것은 상당히 심각한 문제다. 게다가 모부투가 불평했듯이, "미국에서 (자이르를) 적대시하는 거물들은 유대계 의원들이다." 샤미르가 그를 위로하며 한 대답은 이렇다. "유대인도 우리를 비판한다." 그는 계속해 말했다. "미국 유대인이 기여하는 자금과 이스라엘 단체의 협력으로" 자이르의 이미지를 개선하고, 군사적으로 그리고 물질적으로 "자이르를 도울 수 있다." 모부투 장군은 이스라엘 장교들이 프랑스인, 중국인 자문관과 함께 군사훈련 (특히 대통령 경호실에)을 제공해주어 기쁘다고 말했다. 1983년 1월, 아리엘 샤론 국방장관은 자이르를 방문하여 조약을 맺었고, 이스라엘 군사고문단은 자이르의 군대를 재편했다. UPI 보도에 따르면, 샤론은 "이스라엘과 자이르의 새 군사원조 협정은 오늘날 아프리카에서 이스라엘의 영향력을 증대하는 발판"이라고 옹호했다. 샤론은 다음과 같은 말을 덧붙였다. 이런 (비밀) 프로그램은 "이스라엘 무기와 장비 수출에 기여"할 것이고, 여러 아프리카 국가들은 이스라엘의 군사원조에 의존하게 될 것이다.[49]

그보다 몇 주 전에 샤론은 온두라스를 방문하여 "우리의 방어 시설에 대해 관심을 보인 국가와 우호적인 관계를 굳혔다." 이스라엘 라디오는 이스라엘이 온두라스를 도와 중앙아메리카에서 가장 강력한 공군 기지를 갖게 해주었다고 보도하면서, "샤론의 온두라스 여행은 이스라엘이 온두라스에서 미국의 대리인 역할을 할 것인가 하는 의문을 제기했다"고 언급했다. 또한 "이스라엘 자문관들이 온두라스 조종사 훈련을 도왔다고도 보도했다."[50] 온두라스의 '수뇌급 군사 소식통'이 말하기를, 새

를 받기 위해 이스라엘을 활용하는 데 관심이 있다. 또 이스라엘로서는 미국과 전략적으로 협력하면서 제3세계에서 입지가 강화되는 '이점'을 얻는다.

로운 이스라엘-온두라스 협정은 장교, 부대, 조종사에 대한 훈련을 비롯하여 어쩌면 미사일 발사까지 훈련 대상에 포함하고, 복잡한 제트 전투기, 탱크, 갈릴Galil 저격 소총(중앙아메리카에서 국가 테러리스트에게 기본적으로 지급되는 소총)을 두루 포괄했다. 샤론의 일행에는 이스라엘 공군 사령관과 국방부의 사무총장이 끼어 있었다. 그들은 "외국의 국가원수에게 적용하는 극진한 예우를 받았다." 어떤 공무원은 샤론의 방문이 레이건의 단기 방문보다 "더 긍정적"이었다고 말했다. 샤론은 "우리에게 무기를 팔지만" "레이건은 의회가 일을 하지 못하도록 가로막는다는 따분한 이야기를 늘어놓았기" 때문이다. 이스라엘 내부에는 이스라엘 정부가 "더 많은 일"을 하지 못하도록 말리는 유력한 세력이 없고, 이스라엘 온건파는 그런 사실을 한탄했다. "비공식 방문과 군사협정으로 이스라엘의 역할이 더욱 두드러진다. 위기에 시달리는 중앙아메리카에서 이스라엘은 미국 무기 중개상과 대리인이라는 위상을 갖고 있다." 한편 과테말라의 경우, 리오스 몬트Montt, Rios 대통령이 충분히 폭력적이지 못하다고 여기는 마리오 로페스 푸엔테스Fuentes, Mario Lopez 과테말라 합참 의장은 인권 문제를 제기하는 미국에게 불평을 털어놓았다. "우리가 원하는 것은 우리를 자유롭게 놔두라는 것입니다. 미국이 이스라엘과 같은 동맹국의 태도를 취한다면 좋을 텐데 말입니다."[51]

중앙아메리카에서 이스라엘의 서비스는 상당했으며, 니카라과(소모사 치하의), 과테말라, 엘살바도르, 온두라스 외에 지금은 코스타리카까지 서비스해주고 있다. 1982년 2월, 루이스 알베르토 몽헤Monge, Luis Alberto를 선출한 뒤 코스타리카 지역은 미국 정책과 가까워지기 시작했다. 이스라엘은 중앙아메리카 여러 나라를 지원했으나 특히 과테말라와 온두라스 군대에 크게 기여했다. 과테말라의 경우, 미국의 개입을 통해 권력을 잡은 군사정권은 점증하는 폭동을 억누르지 못해 어려움을 겪고

있었다. 하지만 인권 유린에 관한 미 의회의 규제 때문에 대량 학살자에
게는 미국의 직접적인 군사원조가 잘 들어오지 않았다. 온두라스의 경
우, 레이건은 점점 노골적으로 온두라스에 기지를 둔 소모사 국가방위
군을 지원하여 니카라과를 침략하게 함으로써 무질서와 분쟁을 부추겼
다. 소모사 군대는 여러 해 동안 미국인에게서 훈련받은 대로 고문하고
파괴했다.[52] 포클랜드 전쟁이 발발하기 전, 미국은 아르헨티나의 신나
치를 이런 목적에 사용할 것을 고려했을 뿐만 아니라 엘살바도르와 과
테말라에서 국가 테러리즘의 효율을 개선하려고 시도했다. 하지만 이런
일의 대리인 역할을 맡기려면 신뢰도가 높은 종속국이 필요했다.

찰스 매클링Maechling, Charles은 1961년부터 1966년까지 존슨과 케네
디 대통령의 반폭동 및 내전 계획을 이끌었고 지금은 국제평화카네기기
금의 준회원이다. 그는 미국이 훈련시킨 라틴아메리카 군인들을 "2차
세계대전이 끝난 뒤에 뉘른베르크에서 처형된 전범들과 다를 바 없다"*
고 설명하면서 이렇게 덧붙였다. "사악한 나치에 대항하여 십자군을 이
끌었던 미국이 하인리히 힘러Himmler, Heinrich(1900~1945, 독일 SS친위대
지도자. 유대인 학살의 책임자_옮긴이)의 총살대 수법을 지원한 것은 언어도
단이다."[53] 언어도단이든 아니든 그런 지원은 미 의회의 입법 때문에 어
려워졌다. 따라서 1970년대 내내 그리고 오늘날까지도 이스라엘은 힘러
의 총살대 수법을 구사하는 사람들을 지원하는 데 중요한 역할을 하고
있다.

---

* 매클링이 말한 대로, 미국은 케네디 정부 때부터 광범위하게 라틴아메리카의 국가 테러
리즘에 직접 개입하기 시작했다. 당시 라틴아메리카 군사작전의 구실은 '남반구 방어'에
서 '국내 보안', 바꿔 말해 남미 국가들의 국민들에 대한 전쟁으로 옮겨갔다. 라틴아메리
카를 통틀어 그 영향은 재난에 가까웠다. 영향력 면에서 살펴볼 때, 케네디 측 자유주의
자들의 이 1961년 결정은 현대사에서 가장 중요한 분기점 중 하나다. 이런 사실은 미국에
잘 알려지지 않았다.

미 의회의 인권 캠페인(흔히 미국 대통령의 작품으로 오해되는 것)은 '베트남 증후군'을 반영한 것이었다. 다시 말해 베트남전쟁 이후 많은 미국 사람들이 미국의 국력이 세계에서 악용된 방법을 들여다보고 그에 부수되는 고문, 살해, 침략, 압제를 비난하고 우려하게 된 끔찍한 증상이 곧 베트남 증후군이다. 과거의 쓰라린 경험을 발판으로 이런 증후군에서 탈출하기를 희망했지만, 케네디식 반폭동 작전을 복원한 레이건에 대한 사람들의 반응은 그런 희망이 시기상조임을 보여주었다. 그리하여 이스라엘의 기여는 어쩌면 예전보다 훨씬 더 환영받았다. 덧붙여 말하자면, 미국이 이스라엘의 라틴아메리카 사업(이를테면 카터는 이스라엘의 소모사 원조를 반대했다)을 반대했다고 주장하지만 이것은 별로 설득력 없는 이야기다. 미국은 스스로 승인하지 않은 개입은 얼마든지 막을 수 있었고 때때로 그렇게 했다. 하지만 니카라과에서는 개입을 막을 수도 있었는데 그렇게 하지 않았다. 미국의 인권처Human Rights Administration는 소모사의 유혈 통치를 지원했고, 미국의 자연스러운 동맹인 니카라과의 재계가 소모사에게 등을 돌린 후에도 그를 계속 지원했다.

이스라엘의 서비스는 중동, 아프리카, 라틴아메리카를 지나 아시아까지 뻗어나갔다. 이스라엘은 인도네시아 군대가 동티모르 사람들을 학살하다가 소진한 미국 제트 전투기를 추가로 공급했다. 인권처는 인도네시아 군부가 동티모르 파괴 임무를 완수하는 데 필요한 무기를 제공하면서도 너무 공개적으로 활동하기를 꺼렸다. 미국 언론이 갑자기 궤도에서 일탈하여 인권처가 학살의 공범자라고 비난할 것을 우려했던 것이다.[54] 타이완은 특히 돈독한 동맹이었다. 이스라엘의 언론은 이스라엘, 남아프리카공화국, 타이완 같은 '제5세계'를 새로운 기술 선진 국가 동맹이라고 불렀다. 이 국가들은 핵무기, 미사일 등을 비롯하여 최신 무기 개발에 참여했다.[55]

니카라과-온두라스 국경 분쟁을 심화시키려는 레이건의 노력과 샤론의 온두라스 방문이 맞물리자, 이스라엘의 연루 관계가 너무나 명확하게 드러났다. 미국 정부는 그 관계를 부인하려고 애썼지만, 《뉴욕타임스》는 그것을 사실로서 보도했다. 이스라엘이 "중앙아메리카에 군사 훈련을 해줄 뿐 아니라 무기를 공급하는 주요 국가로 역할을 확장했다"는 사실을 주목하면서 《뉴욕타임스》의 레슬리 겔브Gelb, Leslie는 이런 기사를 썼다. "모든 징후를 살펴볼 때, 이스라엘 사람들은 동서 대치나 혁명이나 반혁명 투쟁에 참여하는 자로서 그곳에 있는 것은 아니다. 대부분의 다른 사람들〔미국인들, PLO, 쿠바인, 동독인〕은 참여자로 현장에 있었지만 말이다." 이 '징후들'은 이스라엘과 미국의 관리들이 발표한 내용을 말하는 것이다. 그들은 "이스라엘이 중앙아메리카에서 워싱턴 당국의 지시를 수행하고, 민권 학대 때문에 미국 정부가 군사원조를 제공할 수 없는 과테말라와 같은 나라를 돕는다"라고 말하지 않았다. 당연히 이스라엘과 미국 공직자들은 공개적으로 정정 발표를 해야 하지만 그렇게 하지 않았다. 그렇게 하지 않았다는 사실 자체가 이게 다 헛소리임을 증명한다. 한 국무부 관리는 이렇게 논평했다. 과테말라와 온두라스와 같은 곳에서 "그들이 돕고 있다는 사실을 우리는 불쾌하게 생각하지 않는다. 하지만 우리와 이스라엘이 함께할 일을 구상했다고 말하지는 않겠다."[56] 군대 자체, 군수산업, 정보, 외교 등을 비롯하여 모든 차원에서 양국이 유지하는 극도의 밀접한 관계, 공통된 인식과 이익 등을 감안하면 "구상했다"는 표현도 장황해 보인다.

겔브는 놀랍게도 이스라엘이 국익(이스라엘이 미국의 힘을 위해 서비스를 제공하는 것은 국가이익과 맞아떨어지기 때문이다)을 추구하는 것은 당연하지만, 쿠바는 그렇게 볼 수 없다는 이야기를 펼친다. 쿠바는 위협을 느낄 이유가 없고, 따라서 우방 국가를 지원함으로써 '고립'(겔브의 보도에 의하면 이스라엘은 고립되어 있다)에서 벗어나려 할 이유가 없다는 말이다. 겔브가 이 문제에 이렇게 반응하는 것은 어쩌면 당연한 일이다. 그는 펜타곤 문서 연구 책임자인데 그 연구에는 놀라운 내용이 들어 있었다. 연구 기간인 20년 동안 미국 정보기관은 완전히 냉전 프로파간다에 세뇌되어 북베트남이 소련이나 중국의 하수인으로 활동하고 있다고 철석같이 믿었다. 북베트남이 그들 나름의 국가이익에 따라 움직인다는 생각은 조금도 하지 못했다.[57]

미국의 자유주의와 이스라엘에 대한 이념적 지원

위에서 말한 대로, '프러시아 사람'이라는 관점은 일반적으로 미국 내의 정치 논쟁에서 성공했다. 하지만 이야기는 더 복잡하다. 미국의 자유주의는 이스라엘 정책을 "맹신하여 편협하게" 지지했고, 펠레드 장군은 그런 사실에 한탄한다. 미국과 이스라엘 두 국가만이 유엔의 전 세계 국가들이 결의한 사항에 반대한 바로 그날(283쪽), 민주당 전국대회는 "이스라엘의 최근 레바논 공격에 크게 공감한다는 성명서를 채택했다." 성명서는 "레바논에서 빚어진 '양쪽의 모든 인명 손실'을 유감스럽게 생각한다는 표현만" 썼다. 대조적으로 유럽 공동체의 외무장관들은 "이스라엘의 이번 레바논 침공이 가장 기본적인 인도주의 원칙을 침해했을 뿐만 아니라 국제 법규를 극악무도하게 어겼다고 맹렬하게 비난"했으며 이 "부당한 행위"가 "전면전으로 이어질 위험"을 제기했다.[58] 이것은 결코 단발 사례가 아니다.

사실, 그날(6월 27일)의 《뉴욕타임스》 전면에는 미국-이스라엘의 '특별한 관계'가 간결하게 요약되어 실렸다. 세 칼럼이 있었다. 한 칼럼은 이스라엘이 당시에 폭격한 결과를 묘사한 윌리엄 파렐Farrell, William의 베이루트 기사다. 공동묘지는 미어터지고, 사람들은 집단 무덤에 묻히고, 병원은 구호품이 절실하게 필요하고, 쓰레기는 사방에 산더미처럼 쌓여 악취를 풍기고, 시체는 무거운 돌덩어리 밑에서 썩어가고, 건물은 산산이 부서진 폐선과 같고, 시체 냉동고는 가득 들어차고, 병원 마루에도 시체가 겹겹이 쌓여 있고, 몇몇 의사들은 필사적으로 산탄형 폭탄과 백린탄의 희생자를 치료하려 애쓰고, 이스라엘은 적십자의 의약품을 봉쇄하고, 병원을 폭격하고, 수술이 이스라엘 포격으로 중단되는 등을 보도한 기사다. 두 번째 칼럼은 뉴욕에서 쓴 버나드 노시터Nossiter, Bernard의 기사다. 그는 PLO를 "가시적인 정치 세력"으로 존속시킨다는 전제하에 학살을 멈추려는 유엔의 활동을 미국이 어떻게 가로막았는지 보도했다. 세 번째 칼럼은 이스라엘의 레바논 전쟁을 공감하여 지지하는 민주당 전국대회를 필라델피아에서 보도한 애덤 클라이머Clymer, Adam의 기사다. 1면에 실린 세 기사는 '특별한 관계'의 성격을 어느 정도 정확히 포착한다. 또한 이 신문의 사설에 이스라엘에 대한 논평이 없다는 것도 특별한 관계를 잘 보여준다.

미국의 자유주의 세력은 언제나 이스라엘과 깊이 동조해왔다. 그리고 이스라엘이 막강한 군사력을 보여준 1967년 이후 그들의 태도가 더욱 긍정적으로 바뀌었다. 이스라엘의 고위 군사령관들은 곧 이스라엘에 심각한 군사적 위협 따위는 없었고, 신속한 승리를 자신만만하게 예상했다는 것을 분명히 밝혔다. 그들이 늘 외쳐대는, 이스라엘의 생존이 위태롭다는 주장은 '엄포'였다.[59] 하지만 미국에서는 야만적인 아랍 골리앗과 대결하는 이스라엘 다윗이라는 날조된 이미지를 지키기 위해 이 사실이 숨겨졌다.[60] 자유주의 인도주의자들은 중동 지역의 군사 강대국(이스라엘)이 적을 분쇄하는 정도를 지나쳐서 점령지의 주민들을 억압하고 있는데도 이스라엘에 동조하고 지지했다. 한편 이스라엘의 고위 장군들은 필요하다면 일주일 만에 하르툼(수단의 수도_옮긴이)에서 바그다드를 거쳐 알제리까지 모든 지역을 정복할 수 있다고 말했다(아리엘 샤론).[61]

이스라엘이 이처럼 군사력을 과시하는데도 미국의 자유주의 지식인들 사이에서 이스라엘의 주가가 오른 것은 꽤 흥미로운 사실이다. 그것은 주로 미국 국내의 관심사, 특히 인도차이나 토착민의 저항을 분쇄하지 못한 미국의 무능 탓으로 돌리는 게 타당하다. 이스라엘이 전격적으로 승리하자, 국가의 목적을 달성하려면 폭력을 사용해야 한다는 주장을 옹호하는 편에 큰 힘이 실렸다. 그러나 이 문제에 관한 자유주의 지식인의 태도에는 환상이 많이 개입되어 있다. 요즘에는 다음의 사실이 가끔 잊혀버리곤 한다. 1967년, 지식인들은 압도적으로 미국의 인도차이나 개입(더 정확히 말해, 침략)을 지지했다. 하지만 많은 지식인들은 나중에 그 전쟁을 반대하게 되었는데, 기업계의 반전운동을 끌어낸 것과 같은 이유였다. 전쟁 비용이 거둬들이는 이익에 비해 터무니없이 높았던 것이다. 공적公敵의 강탈, 이를테면 소련의 체코슬로바키아 침공에 대하여 취한 입장과는 사뭇 다르게, 인도차이나전쟁에 반대한 것은 원칙보다는 '실용적인' 고려가 앞선 것이었다(대조적으로, 평화운동의 중심 세력은 원칙에 따라 두 침공을 모두 반대했다. 하지만 뒤이어 고쳐 쓰인 역사에서는 이런 사실들이 무시되었다). 이런 상황에서, 이스라엘의 효율적이고 성공적인 무력 사용은 상당히 폭넓은 매력으로 다가왔다. 사람들이 모셰 다얀을 베트남으로 보내, 전쟁 수행의 시범을 보이게 하라고 얘기할 정도였다.

동시에, 미국 내에서는 권위에 도전하는 세력을 아주 불안하게 쳐다보았다. 베트콩, 마오쩌둥 광신자, 수염을 기른 쿠바 혁명주의자, 미친 듯이 날뛰는 대학생들, 블랙 팬더Black Panthers*, 아랍 테러리스트 등—어쩌면 러시아의 사주를 받는—이라는 무시무시한 딱지가 그 세력에 붙여졌고, 기존의 특권과 지배의 세계를 기초부터 뒤흔들려는 불순 세력으로 매도되었다. 이스라엘은 제3세계 신흥국을 적절히 다루는 방법을 보여주었고, 제 분수를 모르는 자들을 불안하게 쳐다보던 많은 사람들의 지지를 받았다. 어떤 사람들은 이스라엘이 과시한 군사력에 공개적인 칭찬과 존경을 보냈고, 또 어떤 사람들은 이런 감정을 숨기며 이스라엘이 여전히 주변 국가들에게 취약한 입장이라고 호소했고(그 국가들을 이스라엘이 결정적으로 패배시켰는데도 말이다), 또 다른 사람들은 효과 만점인 '다윗과 골리앗 전설'을 노래 불렀다(주석 60 참조).

사람들이 어떤 언행을 할 때에는 나름대로 이유가 있다. 이스라엘이 철권을 휘두르는 힘을 보여주면서 터져나온 열광적인 '이스라엘 지지'에도 분명 이유가 있는데 그것은 쉽게 간파할 수 있다. 이스라엘 정책에 대한 문제 제기가 1967년부터 다소 수그러들었다. 반유대주의와 '유대인의 자기혐오'라는 도덕적 무기를 아주 효율적으로 사용한 덕분이었다. 유럽이나 이스라엘 자체에서 널리 논의되었던 주제들은 미국의 의제에서 아예 사라졌다. 이스라엘, 그들의 적과 희생자, 중동 지역에서 미국의 역할 등에 관하여 정립된 구도는 현실과 접점이 많지 않은 것이었다. 이스라엘이 밀슨-샤론 정권 아래에서 점령 지역을 점점 억압하기 시작하면서 (미국에서는 이런 사실이 부분적으로만 보도되었으나) 1970년대 후반부터 서서히 상황이 바뀌었다. 그리고 1982년의 레바논 침공에 이르러서는 아무리 선전꾼이 이스라엘을 좋게 선전하려고 애써도 한계가 있었다.

---

* 1965년에 결성된 미국의 급진적인 흑인운동 조직. 흑인 공동체의 자결권, 주거·교육·의료 보장, 공정한 재판 등을 주장했다. 맬컴 엑스의 무장 투쟁 노선을 추종하다가 나중에는 시장 선거에 입후보하는 등 온건한 노선으로 전환했다. _편집자(두산백과, 위키백과 참조)

이스라엘이 효율적인 군사력을 과시하여 얻은 엄청난 인기는 또한 미국 내의 반대 세력에게 유익하게 사용할 수 있는 무기가 되었다. 미국의 새로운 좌파는 아랍 테러리스트와 이스라엘 파괴를 지원한다. 이런 선전을 퍼뜨리기 위해 엄청난 노력이 바쳐졌다. 하지만 이것은 대개가 사실을 무시하는 선전이었다(새로운 좌파는 기록이 분명히 보여주듯이, 일반적으로 이스라엘 온건파를 지지하는 경향이 있었다).[62]

새로운 문제를 다루는 대응 책략은, 새로운 좌파에 대한 기만적 비판 방식을 언론에까지 확대하는 것이었다. 지금 이스라엘 지지자들의 지속적인 불평불만은 이런 것이다. 미국 언론은 이스라엘을 적대시하고 PLO의 사악한 영향력을 따르고, 서방 강대국과 싸우는 제3세계의 혁명 세력에 반사적으로 동조하여 움직인다. 명백한 사실을 감안하면 이것은 웃기는 이야기다. 하지만 그런 불평불만을 표출하는 노력과(《운명의 삼각지대》, 1쪽과 그 뒤에 등장하는 사례들을 참조하라), 그 노력이 거둔 어느 정도의 성공은 20세기의 선전 체계를 연구하는 사람들에게 그리 놀라운 일이 아니다. 이것은 새로운 좌파를 가리켜, PLO 테러리즘을 지원하고 이스라엘을 멸시하는 자들이라고 매도하여 어느 정도 성공을 거둔 것과 비슷한 노력이다. 어빙 하우는 이스라엘이 사회주의를 지향하는 민주주의 국가이기 때문이라고 했다.[63] 이런 상황을 종합해보면 우리는 지금 오웰Orwell의 시대에 살고 있다.

어쩌면 좀 더 동정적인 심리 해석도 나올 수 있다. 언론을 거의 완벽하게 장악한 사람들은 자신들의 통제가 위협을 받거나 조금이라도 약해지면 세상이 끝난다고 걱정한다. 이것은 응석받이 아이가 처음으로 꾸중을 듣고 내보이는 태도와 똑같다. 가령 병원 폭격이나 무방비의 죄수 구타에 관한 보도가 나면 언론이 PLO에 반사적으로 동정하고 이스라엘을 증오하는 태도를 보인다고 그들은 한탄한다. 그러면서 이런 현상은 전체주의적 경향을 드러낸 것이라고 한다. '이스라엘 지지'(허용되는 다양한 '비판적 지지'를 비롯하여)라는 정통 스펙트럼에서 조금이라도 이탈하는 것은 참을 수 없는 모욕이고, 따라서 조금만 삐끗해도 마치 전체가 어그러진 양 과장하는 것이다.

흔해빠진 실제 사례 중 하나로 **중동의 평화를 위한 미국 대학교수들** American Professors for Peace in the Middle East(APPME)을 들 수 있다. 이 조직은 공산당이 아프가니스탄의 평화를 우려하는 것과 같은 의미에서 중동의 평화를 우려하는 조직인데 자금이 풍부한 것으로 알려졌다. 이 APPME가 15군데의 지역 회장과 많은 대학 내 대표들에게 보낸 1983년 3월의 회보를 살펴보자. 이 회보는 '이스라엘 입장'을 지지하는 어떤 단체도 따라가지 못할 정도로 완벽하게 '조직적이고 중앙 통제적인 아랍의 정보 계획'을 경고한다. 그들은 "대학을 순회하면서…… 아랍의 관점을 대변하는 강연자들"을 우려하는데 그 강연자들은 "교육보다 선전의 분위기"를 강하게 풍긴다는 것이다. "강연의 빈도와 독설의 강도로 순위를 매기면, 그 순위는 다음과 같다. 하템 후사이니Hatem Hussaini, 에드워드 사이드Edward Said, 노엄 촘스키, 파와즈 투르키Fawaz Turki, 스토클리 카마이클Stokely Carmichael, 제임스 조그비James Zogby, 하산 라만 Hassan Rahman, 크리스 지아누Chris Giannou, 이스라엘 샤하크Israel Shahak, 게일 프레스버그Gail Pressberg." 미국 사정을 제대로 살펴보는 사람이라면 누구나 알듯이, 이 '악당들'은 미국에서 중동 문제 논의를 지배하는 인물들이다. '이스라엘 쪽 관점'은 사실상 무시된다면서 회보는 이렇게 덧붙인다. "틀림없이 이스라엘의 입장을 받아들이는 강연자들은 많다." 그들은 강연할 기회가 있다면 강연할 것이다. '조직적이고 중앙 통제적인 정보 계획'이라는 편집광적인 생각이나, 이들 강연자가 그 계획의 일부라는 믿음에 일말의 진실이 있더라도, 또 그들이 "아랍의 관점을 대변한다" 하더라도,* 이것은 미국에서 별로 중요하지 않은 현상이고 방대한 친이스라엘 선전 체계—APPME도 그 일부다—와 비교할 수 없다. "아랍의 편"에 있는 것은 뭐든지 깎아내리는 APPME의 소인배들은 아마 이 모든 것을 믿을 것이다. 하지만 그들은 이런 사실도 알고 있을 것이다. 아랍의 '정보 계획'과 그 실행 요원이 사실상 미국의 대형 언론이나 평론지에 전혀 접근하지 못한다는 것을 말이다. 하지만 그 실행 요원이 이런저런 대학의 초대에 응하여 연설하는 것까지는 막지 못한다는 것도 알고 있다. 미국 체제에 여전히 빈틈이 남아 있는 셈이다.

레바논 침공이 진행되는 사이, '사실을 일부러 왜곡하여 이스라엘을 불리하게 만드는 사람들의 명단'은 점점 길어졌다. 여기에는 유럽 언론, 미국의 많은 신문사와 텔레비전 방송국, 국제적십자사, 여러 구호단체, 미국 외교관들이 끼어 있다. 실제로 이스라엘 정부 대변인과 이스라엘의 안내 관광에서 귀국한 선택된 미국인을 제외하면 사실상 모든 사람이 그 명단에 들어 있다. 이에 대한 일반적인 반응은 이스라엘 의회의 외교위원회 위원장인 엘리아후 벤엘리사르Ben-Elissar, Eliahu의 말에서 잘 드러난다. 그는 브나이브리트 회의에서 다음과 같이 말했을 때 "가장 큰 박수"를 받았다. "우리는 공격받고, 비판당하고, 명성이 땅바닥에 떨어지고, 명예가 실추되었습니다……. 나는 반유대주의를 지지하는 세

---

* 그들 중에는 아랍의 모든 국가와 PLO를 엄중하게 비판한 사람도 있다. 위의 순위에서 세 번째를 차지한 사람(노엄 촘스키) 등등이 그러하다. 하지만 위의 명단에 오른 사람들은 그 누구도 이스라엘 정부 선전 체계에 굴복하지 않았다. 그리하여 이것을 '교육'과 '선전'을 구분하는 기준으로 여기는 사람들은 이 사람들을 '친아랍'이라고 생각할지 모른다. 기록을 남기기 위해, 내가 이 주제에 관해 이야기한 자리는 거의 다 어린 학생들이나 교수진이 마련한 모임이었다. 이런 사실은 미국 사정을 잘 아는 사람이라면 말해주지 않아도 이미 알 것이다.

상 사람들을 비난하는 게 아닙니다. 그보다는 이런 격렬한 감정의 폭발을 어떻게 설명해야 할지 막막한 것입니다."[64] 이스라엘 국방장관인 아리엘 샤론도 그와 유사한 의견을 표시하여 널리 공감을 받았다.

> 오늘날 우리는 전 세계와 반목하며 무대 위에 서 있습니다. 이스라엘 사람들은 전 세계와 맞서 고립되어 있는 소수민족입니다.[65]

이처럼 이스라엘을 일방적으로 지지하는 자들의 주장에 따르면, "지금 우리 주위의 세계에서 벌어지는 끔찍한 일"은 레바논 전쟁 또는 며칠 전의 베이루트 학살 때문이 아니라 "틀림없이" 반유대주의의 결과다. 이제 이 흥미로운 이야기를 더 자세히 들여다보기로 하자.

문제의 진실은 이러하다. 미국 언론계와 학계의 주류가 특이하게도 이스라엘에 대해서는 비판을 하지 않았는데, 그것은 갖가지 형태로 미국의 지원을 받는 이스라엘의 독특한 위상에 걸맞은 것이었다. 우리는 이미 많은 사례를 보았고 더 많은 사례가 앞으로 나타날 것이다. 이 장의 앞부분에 말한 두 가지 사례는 이런 면책 지위를 분명하게 보여준다. 하나는 이집트 내의 미국 시설과 그 외 공공장소를 이스라엘 테러리스트가 공격한 사건(라본 사건)이고, 다른 하나는 미국 선박 리버티 호로 확인된 선박을 명백하게 계획적으로, 로켓, 대공포, 네이팜탄, 어뢰, 기관포로 공격한 사건이다. 그 결과 승무원 34명이 사망하고 75명이 부상하여 "20세기에 들어와 해군이 가장 많은 피를 흘린 '평화 시'의 국제 사건이 되었다"*(주석 38, 41 참조). 두 사건에 대하여 미국 언론계와 학계는

---

* 리처드 스미스Smith, Richard(주석 41 참조). 그의 기록에 따르면, 이에 비교되는 사건은 일본이 1937년 미국 포함 퍼네이Panay호를 공격하여 세 명이 죽은 사건뿐이다. "이상하게도 냉담한" 이스라엘의 태도는 개인과 정부 차원에서 훨씬 더 솔직하게 나왔던 일본의

일반적으로 침묵이나 오해로 반응했다. 사건 발생 당시에도 그랬지만 그 후에도 두 사건은 개탄스러운 테러리즘과 폭력 행위로서 역사에 기록되지 않았다. 이집트 폭격의 경우, 이스라엘의 소설가 아모스 오즈Oz, Amos는 《뉴욕타임스》에 기고하면서 테러 행위를 완곡하게 "어떤 이스라엘 정보기관의 모험적 작전"—상투적인 면피성 설명—이라고 지나가듯 말하면서, 베긴 이전 시대의 "아름다운 이스라엘"을 목청 높여 찬양했다.[66] 리버티 호에 대한 공격의 진상은 미국 언론에서 전혀 다루어지지 않았고, 미 정부와 미 해군 조사위원회도 이 사건을 제대로 추적하지 않았다. 그렇지만 고위 인사들은 공식 보고서가 형식적임을 알고 있었다. 이를테면, 전 합참 의장 토머스 H. 무러Moorer, Thomas H. 제독은 공식 보고서에 선박의 정체를 잘못 알았다고 나와 있는데 그런 경우에는 "공격이 불가능하다"고 지적했다.[67]

이스라엘이 아닌 다른 나라라면 미군 기지에 테러 폭격을 하고 또 미군 군함을 공격하여 사상자 100여 명을 내고도 완전 면책이 될 수 있었을까? 그것은 미국의 주류 인사들에게 다음과 같은 생각을 한번 해보라고 요구하는 것처럼 불가능한 일이다. 미국이 아닌 어떤 나라가 '높은 도덕적 이상'을 따른다고 자부하면서, 적들을 비인간적이고 경멸스러운 자들로 생각하고, 그런 생각 혹은 환상을 계속 유지하기 위해서 역사를 고쳐 써도 괜찮을까?

반응과는 대조적이다. 스미스는 국가에 친구는 없고 오직 국익만이 있다는 결론을 내린다. 하지만 그는 한 가지 사실을 간과한다. 일본은 미국 정보부가 그 사건을 덮어주리라고 기대할 수 없었지만, 이스라엘은 그것을 당연시했던 것이다.

11

세계 패권을 잡으려는 계획

___
이 글(원제 Planning for Global Hegemony)은 《조류의 전환 : 미국의 중앙아메리카 개입과 평화를 위한 투쟁 *Turning the Tide : U. S. Intervention in Central America and the Struggle for Peace*》(Cambridge, MA : South End Press, 1985), 62~73쪽에 처음 실렸다.

2차 세계대전이 끝났을 때, 헨리 스팀슨Stimson, Henry 육군장관은 외국, 특히 영국이 지배하는 모든 지역 체제를 제거하고 해체하는 한편, 대신 미국 체제를 설정하고 확장하는 방법을 논의하면서 라틴아메리카에 관한 미국의 생각을 밝혔다(1945년 5월). 그는 라틴아메리카에 대해 이런 개인적 설명을 했다. "이곳의 작은 지역〔다시 말해, 라틴아메리카〕을 다른 나라들이 간섭하지 못하게 하려는 것은 결코 지나친 요구가 아닙니다."[1]

미국 공직자들이 미국의 통제와 다른 나라들의 통제를 구분할 때 미리 준비해놓은 설명이 있다는 사실은 주목할 만하다. 에이브 포터스 Fortas, Abe(1910~1982, 관료 출신 변호사로 1965~1969년 미 연방대법관 역임_ 옮긴이)가 미국의 태평양 신탁통치 계획을 설명하자, 처칠은 그것을 합병을 위한 핑계로 보았다. "마리아나제도를 접수하여 강화하는 일은 우리의 권리를 바탕으로 할 뿐만 아니라 세계 안보에 대한 우리 의무의 일부이기도 합니다……. 우리의 안보보다 오히려 세계 안보를 위해서 그들의 독립를 유보하는 겁니다……. 우리에게 좋은 것은 세계에도 좋은 것입니다."[2] 미국 공직자와 이데올로그들이 당연시하는 이런 전제 조건에 입각한다면, 상당히 광범위한 행동이 합법으로 분류된다.

스팀슨의 생각에 따라, 1945년부터 1946년 초까지 미 합참 의장은 미국 외의 군대가 서반구에 발을 들여놓을 수 없다고 주장했다. 그 지역은 "별개의 군사적 실체이고, 세계대전이 일어난다면 고스란히 우리의 안보 유지에 근본적인 선결 조건이 된다."[3] 1947년 1월, 패터슨Patterson 육군장관은 라틴아메리카의 자원이 미국에 필수적이라는 말을 덧붙였다. 왜냐하면 "국가의 긴급사태 때…… 전쟁 수행 능력을 높이는 것이 필수적이기 때문이다." 패터슨은 윌슨주의의 당연한 결론에 발맞추어 먼로 독트린을 광범위하게 해석했다. 그 해석은 이러하다. "우리는 서반구에 대한 외국의 식민화, 통제, 외국 정치 체제의 확장을 용납하지 않을 뿐만 아니라 외국의 이념, 상업적 개발, 카르텔 협정, 점증하는 비非서반구 세력의 증후가 나타나면 그것을 경계하게 될 것이다." 미국은 "적의 정치적, 경제적, 군사적 침투에도 혼란스러워하지 않는 튼튼하고 안정적이고 우호적인 측면을 남반구에 보장해야 한다." 주요 경계 대상은 소련이 아니라 유럽이었다. 당시 영국은 칠레와 에콰도르에, 스웨덴은 아르헨티나에, 프랑스는 아르헨티나와 브라질에 무기를 판매하고 있었다.

1945년 1월부터 육군과 해군의 장교 및 문민 공직자들은 광범위한 미군 기지 체계, 외국의 군사원조 및 무기 판매의 삭감, 미국의 종합적 군사원조 프로그램에 따라 라틴아메리카 장교를 훈련하고 무기를 공급할 것 등을 주장했다. "이곳의 작은 지역을 다른 나라들이 간섭하지 못하게 하려는" 계획을 추진하면서 미국은 비슷한 권리를 외국에는 허용하지 않았다. 특히 소련에는 허용할 생각이 없었다. 사실, 번스Bymes 국무장관은 라틴아메리카 계획을 반대했다. 그것은 그가 더 중시하는 지역, "우리의 전초기지"인 그리스와 터키에서 주도권을 해칠 것이기 때문이었다. 이 두 지역은 훨씬 더 심각한 안보 우려를 낳았던 소련의 국경에 위치해 있었다. 두 '전초기지'는 에너지 매장량이 엄청난 중동 지역의 석유를 수중에 넣으려는 미국의 야심을 뒷받침하는 지역이었다.

미국의 계획을 보여주는 이런 부류의 자료(많은 부분이 비밀로 분류되었다가 최근에 해제된)를 논평하면서 레플러Leffler, Melvyn P.(미국 외교사학자_옮긴이)는 이렇게 지적한다. 이런 조치들이 이루어진 시점에 미국 관리들은 "유엔에 입에 발린 말을 하며 서반구에서 지역 협정이 소련의 행동을 자극하고 미국의 유럽 내 영향력에 영향을 미치지 않을까 우려했다." 정말로 중요한 문제는 스팀슨이 깊은 관심을 갖고 있던 대大영역의 문제였다. 즉 미국의 지역 체제를 확대하는 한편, 다른 모든 국가들, 특히 영국과 소련의 체제를 해체하는 것이 중요했다. 이런 세력권 확대 문제는 유럽에서도 불거졌다. 소련은 미국과 영국이 이탈리아, 벨기에, 그 밖의 지역을 일방적으로 접수한 상황을 지켜보았으며, 나중에 동유럽을 야만적으로 접수하는 모델로 활용했다. 소련의 움직임은 서구에서는 몹시 난폭한 행동으로 보였다. 그것은 위선적인 측면이 있었지만 그래도 정당한 것이었다.[4]

케넌Kennan, George Frost이 입안한 미국 대외 정책을 지탱하는 지정학적 개념은 이미 2차 세계대전 중에 외교협의회의 전쟁과 평화 연구 프로젝트에 의해 더욱 정교하게 다듬어졌다. 전쟁 목적과 '자유재량의 범위'를 은폐하려는 그들의 생각은 이미 앞에서 언급한 바 있다. 고위층 회의는 1939년부터 1945년까지 이루어져, 종전 이후를 대비하여 광범위한 계획을 세웠다. 그들의 관심사는 "세계에서 의문의 여지 없는 힘을 보유하기 위해" 미국에 필요한 것이 무엇인지 정교하게 다듬는 일이었다. 1940년대 초부터 미국은 전쟁 덕분에 독보적으로 지배적인 위치가 되었다. 30년 뒤 엘리트 집단의 말을 빌리면, "세계 질서 체계의 헤게

모니 파워"가 되기 시작했다.[5] 이 집단은 미국 경제의 필요에 따른 지역이라고 이해되는 '대영역Grand Area'이라는 개념을 만들어냈다. 한 참여자가 말했듯이, 대大영역은 "세계 통제를 위해 전략적으로 필요한 지역"이었다. 지정학적 분석 결과에 따르면 대영역은 서반구, 극동, 예전의 대영제국을 두루 포함하는데, 이들 지역을 해체하여 개방하고 미국이 침투·통제해야 한다. 이런 해체, 개방, 침투, 통제는 미국 쪽 문헌에서 '반反제국주의'라고 일컬어졌다.

2차 세계대전이 진행되는 사이, 서유럽뿐만 아니라 중동의 원유 생산 지역까지 대영역으로 편입될 것은 분명해졌다. 중동 지역에서 미국의 통제력은 주요 경쟁 국가인 프랑스와 영국을 밀어내고 확장되어 전후 시기까지 이어졌다. 특정 지역을 위해서 특별한 계획이 세워지고, 대영역에 대한 제도적 조직이 제안되었다. 그것은 최선의 경우에 세계 체제로까지 확장할 수 있는 핵심적 모델이었다.[6] 케넌의 미국 대외 정책은 이런 맥락에서 이해되어야 한다.

그 후에 나온 국가안보위원회의 비망록과 그 밖의 정부 문서들은 전시 계획 입안자의 권고를 그대로 따랐다. 그들의 관심사는 동일하고, 일을 맡은 인물도 종종 동일하기 때문이었다. 그 문서들은 또한 케넌의 원칙과 일치한다. 예컨대, 1949년 12월의 국가안보위원회 문서(NSC 48/1)에 따르면 "아시아인의 생활 수준을 높일 책임을 용의주도하게 회피하면서도, 이 국가들이 정치적 안정에 불가결한 경제 상태를…… 유지할 수 있는 능력을 촉진하는 것이 미국에 이익이 된다." 이런 식으로 케넌의 가르침에 충실히 따르면서도 미국은 "생활 수준의 향상"이라는 "이상주의적 슬로건에 구애되지" 않는다. 그리고 경제원조는 미국이 반대급부를 얻을 수 있을 때만 해준다.

그것은 물론, 베트남의 민족주의 운동이 경제적 발전과 정치적 안정을 성취하도록 지원하거나 허용하려는 것은 아니었다. 오히려 1948년 9월의 국무부 정책 성명서는 이렇게 말한다. "공산주의자 호찌민이 인 도차이나에서 가장 강력하고 유능한 인물이라는 것과, 그를 배제하는 방안은 결과가 불확실한 임시방편"이라는 것은 "불쾌한 사실"이고 심각한 문제다. **제5의 자유**Fifth Freedom를 추구하려면 그를 배제하는 길을 찾아야 한다.[7] 그가 주도하는 정치적 안정은 생각해볼 여지도 없었다. '안정'은 복종을 가리키는 암호인 것이다. 미국의 이념적 담론에 쓰이는 전문 용어에 익숙한 사람들은 《포린어페어스》의 편집자 제임스 체이스가 닉슨-키신저의 '안정을 추구하는' **현실정치** 노력의 사례로서 "자유롭게 선출된 칠레의 마르크스주의 정부를 뒤흔들려는 우리의 노력"을 거론해도 아무런 모순을 발견하지 못할 것이다.[8] 안정을 위해 불안정을 추구한다는 정책은 조지 오웰의 소설 속에서나 있을 법한 일이다. 누군가가 이런 모순을 지적하면, 많은 학자들을 비롯하여 주류 평론계는 그것을 "아이러니"라며 얼버무려버린다.[9]

NSC 48/1 문서는 미국이 프랑스의 인도차이나전쟁에 참여하고 나중에 가서는 그 전쟁을 떠맡은 시기의 비밀문서에서 발견된 전통적 논리를 그대로 원용한다. 라틴아메리카까지 직접 확대 적용되는 그 논리는 주목할 만하다. 아이젠하워와 여러 사람들이 베트남의 천연자원에 대해서 언급했지만, 인도차이나 자체는 주요 관심사가 아니었다. 오히려 그 중요성은 도미노 이론의 맥락에서 찾아야 한다. 이 이론에는 두 가지 유형이 있다. 하나는 대중에게 겁을 줄 때 쓰이는 것이다. 만약 우리가 그들을 막지 못한다면 캘리포니아에 상륙하여 우리의 모든 것을 빼앗을 거라고 경고하는 식이다. 베트남 침공의 절정기에 린든 존슨 대통령은 다음과 같이 말했다.

세계 인구는 30억 명인데 우리나라의 인구는 2억 명뿐입니다. 우리는 15 대 1로 숫자가 적습니다. 능력이 된다면, 그들은 미국을 휩쓸어 우리가 가진 것을 빼앗을 것입니다. 우리가 그들이 원하는 것을 가지고 있기 때문입니다.

존슨은 알래스카 연설에서 말했다. "만약 어떤 적국이 우리를 침략한다면, 나는 그 침략이 이곳 앵커리지보다 1만 마일 떨어진 곳에서 발생하기를 바랍니다." 그것은 베트남에 주둔한 미군에 대한 베트남의 공격을 가리킨 말이었다. 따라서 그가 20년 전에 경고했던 대로, 우리는 군사력, 특히 공군력을 유지해야 한다. "공군력이 우월하지 않다면 미국은 손발이 묶이고 목을 졸리는 거인에 지나지 않습니다. 단도를 지닌 황색 난쟁이에게 손쉬운, 무능한 먹잇감이 될 것입니다."[10]

만약 우리가 제3세계 경쟁국들의 압도적인 힘에 정면으로 맞서지 않는다면 '가련하고 무력한 거인'으로 전락하게 된다는 말은, 나중에 캄보디아 침공을 발표하는 닉슨 대통령도 했고, 미국의 정치 담론에서 늘 되풀이되는 후렴구다. 이런 태도는 **모든 것**을 가지지 못했다고 칭얼거리는 부잣집의 버릇없는 아이를 연상시킨다. 그렇다면 우리는 공습 비행대대의 운영을 어린아이 손에 맡긴 꼴이다.

어떤 의식 수준에서는 틀림없이 이런 도미노 이론을 믿게 된다. 야만적인 방식으로 우려가 표명된다. 가령 린든 존슨은 '황색 난쟁이'가 두려워 목청을 높이고, 케넌은 '국력의 차이'를 유지해야 한다고 좀 더 세련되고 복잡한 용어로 주장한다. 그러나 일이 뒤틀리고 정책을 고쳐야 하는 상황이 발생하자, 이 조잡한 도미노 이론은 헌신짝처럼 버려지는 신세가 되었다. 도미노 이론의 두 번째 유형은 상당히 합리적이고 효과적인데, 이에 대해서는 의문을 표시하는 사람도 별로 없고 또 상당히 그럴듯하다는 평가를 받고 있다. 계획 입안자의 용어를 빌리면, 그것은 '썩은 사과 이론'이다. 1947년 2월, 그리스, 터키, 이란에 대한 소련의 압력 운운하면서 딘 애치슨이 일련의 인상적인 이야기를 날조해냈을 때, 썩은 사과 이론이 등장했다. 그는 망설이는 미 의회 지도자들을 설득하여 트루먼 독트린을 지지하도록 하는 데 성공했다. 이것은 그가 회고록에서 자신만만하게 인용하는 사건이기도 하다. "한 통 속에 담겨 하나씩 썩어가는 사과들처럼, 그리스의 부패는 이란과 동방의 모든 국가에 전염될 것이고," 이탈리아와 프랑스뿐만 아니라 소아시아, 이집트, 아프리카까지 "부패균을 옮길 것이다." 이 민주주의 국가들은 공산주의 활동으로 "위협을 받고 있다."[11] '세균'의 확산을 막기 위해 '러시아의 위협'을 날조해낸, 이 교묘하고 냉소적인 방법은 그때 이후 대단히 효율적으로 모방되었다.

주요 관심사는 만약 통 속에 썩은 사과가 하나 있어 '부패가 퍼지면', 곧 성공적인 사회적·경제적 발전 형태를 띠고서 제5의 자유를 억제할 '부패'가 퍼져나가면 어떻게 할 것인가이다. 이것은 전시 효과를 가져올지 모른다. 다른 경우를 예로 든다면, 키신저의 보좌관은 이렇게 회상한다. 그는 카스트로보다 칠레의 아옌데를 훨씬 더 우려했는데 "아옌데가 라틴아메리카에서 민주적 사회 개혁의 살아 있는 사례"이기 때문이었다. 민주적 절차를 거친 아옌데의 성공은 라틴아메리카의 다른 나라들은 물론이고 유럽까지 영향을 미칠 것이다. 유럽에서는 공산주의가 의회민주주의 체계 안에서 활동하면서 칠레 못지않게 "그(키신저의 보좌관_옮긴이)를 겁먹게 하고 있었다." 이렇게 된다면 아옌데의 성공은 이탈리아의 유권자에게 그릇된 의미로 전달될 수도 있다고 키신저는 우려했다. 칠레의 "전염 사례"는 라틴아메리카뿐만 아니라 남부 유럽을 병들게 한다고 키신저는 전통적인 상상력을 이용해 말했다.[12] 그러면 곧 우리의 대영역이 서서히 침식될지 모른다.

이런 우려는 집요한 것이었다. 1964년 CIA는 이렇게 경고했다. "서반구의 여러 국가들은 쿠바의 국가사회주의 실험을 면밀히 들여다보고 있다. 성공의 징후가 발견된다면, 〔제5의 자유가 희생되는 것은 물론이고〕 기타 지역의 국가 전체주의 흐름에 광범위한 영향이 미칠 것이다."[13] 따라서 미국은 카스트로 암살 시도, 석유화학 산업 단지 폭격, 어선 격침, 호텔 폭격, 농작물과 가축에 대한 독약 살포, 비행중인 민간 여객기의 파괴 등 주요 테러 행위를 저지르며 사회주의 성공의 징후를 미연에 방지하려고 애썼다.

미국이나 관련 당사국이 가해자이기 때문에, 위에 언급한 어떤 행위도 개념상 '테러리즘'으로 여겨지지 않는다. 사실, 공산권은 테러의 피해를 입지 않는 것이 서방 세계의 대표적 선전인데, 그것이 바로 공산권이 다른 지역의 테러 행위에 책임이 있다는 확실한 증거라고 한다. 이를테면 역사가 월터 라쿼어Laqueur, Walter는 이 개념을 개발하여 많은 갈채를 받았던 언론인 클레어 스털링Sterling, Claire에게서 테러리즘이 "거의 전적으로 민주주의 국가 혹은 비교적 민주주의 국가"에서 발생한다는 "증거를 풍부하게" 제공받았다고 쓴다. 그는 이런 "다국적 테러리즘"의 사례로서 서西사하라의 폴리사리오Polisario 게릴라 부대를 인용한다(그는 자국의 영토 방어를 테러리즘이라고 생각하는 셈이다. 폴리사리오는 미국의 동맹인 모로코의 점령에 맞서 싸우고 있기 때문이다). 또한 문맥상 '어떤 중앙아메리카 국가들'의 테러리즘은 게릴라 부대를 가리키고, 미국의 고객인 모로코와 같이 '비교적 민주주의 국가'인 엘살바도르와 과테말라의 국가 테러리즘은 논외로 쳐진다. 미국의 피보호국은 개념상 테러리즘과 연루될 수 없다. 마찬가지로 런던《이코노미스트》는 스털링의《테러 네트워크Terror Network》 서평에서, "어떤 테러리스트도 지금까지 소련이 통제하는 정권과 맞선 적이 없다"고 점잖게 논평한다. 다른 많은 사람들도 이런 주장에 동조해 이것은 이제 테러 담론에서 상투어가 되었다.[14] 현실 세계의 상황은 어떤가. 쿠바는 국제 테러의 주요 표적이 되었다. 하지만 아주 편협하게 해석되는 국제 테러의 분류에서 니카라과에 대한 미국의 대리전은 기이하게도 테러가 아니다.

썩은 사과 이론으로 되돌아가면, 국무부는 1959년에 "우리가 극동에서 직면하는 위험의 근본적인 출처는 공산국가인 중국의 경제성장률이다"라고 경고했다. 한편, 합참은 이런 의견을 덧붙였다. "지난 10년 동안 중국이 실현한 극적인 경제 발전은 그 지역의 국가들에 큰 영향을 미치며 자유 세계에 심각한 도전을 제기하고 있다." 북베트남과 북한에 대해서도 마찬가지 우려가 제기되었다. 미국은 아시아 공산국가의 경제 발전을 지연시킬 수 있다면 뭐든지 해야 한다는 결론을 내렸다.[15]

더 큰 관심사는 일본인데 이 나라는 일본 현대사 연구자인 존 다우어 Dower, John가 말했듯이 '슈퍼도미노'였다. 일본은 다시 '아시아의 공장'이 되려고 했지만, 원자재와 시장 접근이 필요했다. 따라서 일본이 산업 중심지로 떠오르고 미국은 배제될지도 모르는 '새로운 질서'의 등장을 허용하지 않으면서, 아시아 전체 지역을 대영역에 편입시키기 위해서는 일본의 접근을 보장해야만 했다. 이런 전망(일본을 중심으로 한 블록의 형성_옮긴이)에 대한 우려가 바로 일본-미국 전쟁으로 이어진 복잡한 상호작용의 한 가지 요인이었다. 그런데 인도차이나의 사회적·경제적 발전이 아시아의 빈국들에게 깊은 인상을 줌으로써 '부패'를 동남아로 퍼뜨릴 것이라는 우려가 제기되었다. 그러면 일본은 대영역에서 벗어난 블록 국가들과 연합하거나 훨씬 더 나쁘게는 소비에트 블록으로 편입될 수도 있었다. 국무부 정책 참모진의 1949년 보고서는 이렇게 주장했다. 워싱턴은 "원자재 공급원[인 동남아]과, 완제품 공급처인 일본,

서유럽, 인도의 경제적 상호 의존도를 심화시켜야 한다……." 이렇게 하면 아시아 지역은 "원자재 공급원 및 일본과 서유럽에 대한 시장으로서 제 기능을 다할 수 있다."[16] 바로 이런 맥락에서 베트남은 당초 미국 정책 입안자들이 생각하지 않았던 썩은 사과의 위상을 얻게 되었다.

이런 생각은 미국 정책 입안자들이 먼저 생각해낸 게 아니었다. 이를 테면 미국의 독립혁명은 유럽의 왕권 국가들에게 비슷한 우려를 갖게 했다. 먼로 독트린을 발표하기 며칠 전에 러시아 황제는 경고했다.

너무나 많은 사례들이 거리나 물리적 장벽으로는 혁명 사조의 전염을 막지 못한다는 것을 보여준다. 그것은 바다를 건너, 직접적으로 접촉하지 않아도 또는 이해의 토대가 생길 만큼 가까운 관계가 아니더라도, 특징적인 모든 파괴적 징후를 지닌 채 나타날 것이다. 프랑스는 혁명이 미국에서 유럽으로 얼마나 쉽고 빠르게 옮아갈 수 있는지 알고 있다.

메테르니히(1773~1859, 오스트리아 정치가_옮긴이)는 먼로 독트린이 "동란 선동의 주창자에게 힘을 빌려주고, 모든 음모자의 세력을 북돋아 줄"까 봐 두려워했다. "만약 사악한 독트린과 파괴적 사례의 홍수가 아메리카 전역에 흘러넘친다면 우리의 종교적·정치적 제도, 우리 정부의 도덕적 힘, 완전한 파멸에서 유럽을 구해준 보수적 체제는 어떻게 될까?" 러시아 황제의 외교관들 중에서 어느 누군가가 경고했다. "우리는 이 끔찍한 혁명을 막거나 늦추기 위해 진력해야 한다. 무엇보다도 (기독교 세계를) 저 사악한 사조(다시 말해, "공화주의와 인민 자치라는 파괴적 독트린")의 전염과 침공으로부터 굳건히 지켜야 한다."[17]

메테르니히와 러시아 황제를 계승한 현대의 권력자들은 비슷한 두려움으로 떨며 행동했고, 비슷한 표현법을 채택하기도 했다. 키신저는 이 것을 충분히 자각했을 것이다. 20세기의 미국은 19세기 차르의 역할을 떠맡았고, '국력의 차이'를 위협하는 황색 난쟁이들과 그 밖의 사람들을 물리치는 데 앞장서는 '문명'의 수호자가 되었다.

부수적으로, 미국이 인도차이나에서 주요 목적을 달성했다는 것에 주목할 필요가 있다. 흔히 그러하듯이 베트남전쟁을 단지 미국의 '패배'라고 설명한다면 잘못이다. 패배의 기미는 1960년대 후반, 침공의 절정기에 비로소 드러났을 뿐이다. 미국이 저지른 인도차이나 초토화 작전은 다른 나라가 미국에 거역하면 어떻게 될지를 두고두고 보여주는 본보기가 되었다. 그런 공격을 받고도 살아남는다면 다행일 것이다. 지난 10년 동안, 미국이 취했던 가혹하고 잔인한 조치는 이런 부분적 승리를 유지하기 위한 것이었다.[18] 한편, 남베트남과 인도차이나의 많은 곳이 파괴되어 생긴 '방패' 뒤에서 미국은 수십만 소작농을 없애버린 1965년 인도네시아 군사 쿠데타(베트남전쟁의 설욕이라고 서구 자유주의자들이 크게 칭찬한 사건)를 지원함으로써 제2의 방어선을 구축하려 했고, 라틴아메리카식 테러와 고문을 1972년 필리핀에 적용했다.

남베트남, 라오스, 캄보디아를 더욱더 공격한 결과, 북베트남의 지배적 위상은 확고해졌다. "폭력과 테러의 막대한 자원을 마음대로 사용함으로써" 미국이 남베트남의 NLF, 라오스와 캄보디아의 독립 세력을 파괴하려는 사실은 1970년에 이르러 분명해졌다. 그리하여 "북베트남이 불가피하게 인도차이나를 지배하는 상황이 만들어진다. 다른 사회는 남아 있지 못할 것이기 때문이다."[19] 미국이 저지른 만행은 늘 그렇듯이 옛날이야기처럼 정당화된다. 조지 오웰을 감동시켰을 법한 이념 조작의 또 다른 승리다. 이 성취는 앞에서 다룬 수단이 적용된 특별한 경우다. 어떤 나라에 대하여 정복이 실패하면, 그 나라가 소비에트 블록으로 넘어갈 거라고 떠들어대면서 추가 적대 행위를 정당화하고, 그 나라의 독립과 성공이 다른 나라에 '전염될' 위험을 줄이기 위해 그런 적대 행위를 한다고 둘러대는 것이다.

미국의 폭력이 가져온 또 다른 주목할 만한 성과는 현지의 가장 냉혹한 세력, 그러니까 몹시 야만적이고 파괴적인 공격에도 생존할 수 있는 사람들에게 정권이 돌아가도록 했다는 것이다. 잔인한 침략자에게 가정과 가족을 희생당한 사람들은 분노할 수 있고, 야만적인 행동을 할 수도 있다. 서구인들은 이런 야만적 반응을 이해하지 못하겠다고 공언했다. 하지만 서구인들은 그보다 훨씬 정도가 덜한 상황에서도 야만적으로 행동했던 과거의 기억을 편리한 대로 망각해버린 것이다.[20] 현지인들의 분노를 촉발해놓고서 현지인들의 야만 행위를 이유로 들어 자신들의 테러 공격이 정당한 것이었다고 둘러대는 것이다. 서구의 선동 기관은 유순한 지식인과 말 잘 듣는 이념 단체를 앞세워 상당한 선전 효과를 거두었다.

미국은 니카라과 전쟁에서도 마찬가지 방법으로 승리를 거두고자 했다. 제5의 자유를 깨뜨린 데 대하여 징벌할 목적으로 시작한 공격을 정당화하려면, 먼저 니카라과를 소련의 앞잡이로 규정해야 했다. 만약 이 공격이 그 나라를 아이티나 도미니카공화국이나 소모사 치하의 행복한 상태로 되돌리는 데 성공하지 못한다면, 적어도 어떤 사회적·경제적 발전이 이루어질 수 없도록 만들어야 한다. 썩은 사과가 바구니를 전염시키면 안 된다. 미국과 같은 힘을 가진 강대국이 이런 적수와 싸워 패배할 리가 없다. 그러나 무한한 야심과 목적을 가진 국가는 최대한의 목적을 달성하지 못하면 당연히 그것을 큰 패배라고 여긴다. 그렇게 되면 우리가 황색 난쟁이들에게 좌우되는 가련하고 무력한 거인이라는 증거가 되는 것이다.

흔히 자각적 의식의 결핍 지점에 내면화된, 원칙과 전제 조건의 불변 관계는 미국의 국제적 행동을 규정하는 이상한 특색이다. 그 구체적 사례로 라오스나 그레나다와 같이 미국과 경제적·전략적 이해관계가 없는 나라를 "안정시켜야 한다"고 생각하는 히스테리를 들 수 있다. 그레나다의 경우, 미국의 적개심은 비숍Bishop, Maurice Rupert(1944~1983, 무혈 쿠데타로 인민혁명정부를 수립해 총리가 되었으나, 1983년 극좌파의 유혈 쿠데타로 하야, 처형당했다_옮긴이)이 1979년에 권력을 잡은 직후부터 터져나왔다. 카리브해의 이 작은 섬나라가 미국에 안보 위협을 가한다고 진지하게 주장하기 시작한 것이다. 저명한 군사 평론가들은 소련이 서유럽을 공격할 경우에 그레나다가 아군의 항로를 위협할 것이라고 엄숙하게 발표했다. 만약 이것이 사실이라면 그 섬은 쑥대밭이 되어버리고, 전쟁은 며칠 끝지도 않을 것이다. 미국에서 세계의 절반을 돌아가야 나오는 라오스는 어쩌면 더 해괴한 경우다. 1958년, 미국이 방해하려고 무진 애를 썼지만 라오스는 비교적 자유로운 선거를 치렀다. 선거는 공산주의자들이 이끄는 반反프랑스 게릴라인 파테트 라오Pathet Lao가 주도하는 연립 정당이 승리했다. 미국은 '친서방 중립주의자'를 밀어넣기 위해 이 정부를 전복시키고, 곧 우익 군부가 대신 들어섰다. 그러나 군부가 너무 반동적이고 부패하여 친미 세력조차 파테트 라오의 편에 서게 되었고 소련과 중국의 지원을 받았다. 1961년까지 미국이 조직한 산악 부족(미국이 전복과 침공을 목적으로 동원하여, 결국은 전멸하다시피 한 부족)이 CIA의 통제를 받으면서 예전에 프랑스에 협력한 부역자의 지도 아래 싸웠다. 1960년대 내내, 파테트 라오가 지배하는 지역은 (상원 소위원회의 말을 빌리자면) "물질적, 사회적 기반 시설을 파괴하려는" 역사상 가장 맹렬한 폭격을 받았다(이어 캄보디아에서 이보다 더한 폭격이 실시되었다). 미국 정부는 이 폭격이 남베트남이나 캄보디아 전쟁과 아무 관련이 없다고 말했다. 이것은 미국의 선동 기관에서 말하는 "비밀 폭격"이다. 비밀 폭격이라는 것은 미국 언론들이 잘 알면서도 일부러 은폐한 미국의 침략을 가리키는 전문 용어다. 나중에 언론은 이런 만행을 미국적인 방식에서 벗어난, 미국 정부 내의 사악한 사람들 탓으로 돌렸다. 캄보디아 폭격의 진실도 이런 식으로 오늘날까지 은폐되고 있다. 마을이 드문드문 있는 나라, 라오스라는 국가의 개념조차 모르는 사람들을 왜 공격한 것이었을까? 그것은 북부 라오스에서 개혁을 도우며 사람들을 조직하려 했던 온건한 혁명적 민족주의 운동의 싹을 초기에 잘라버리기 위해서였다.[21]

어떻게 그레나다와 라오스와 같은 소국이 미국에 이런 히스테리를 불러일으킬 수 있었을까? 안보 운운하는 설명은 너무나 웃기는 이야기여서 거들떠볼 것도 없고, 제5의 자유 독트린에 따라 이 두 나라의 자원이 잃으면 안 될 만큼 너무 귀중했던 것도 아니다. 그럼 뭘까? 관심사는 도미노 효과다. 썩은 사과 이론에 따르면, 그 나라가 약소국이고 자원이 적을수록 위험의 파급 효과가 더 커진다. 만약 최빈국이 빈약한 인적 자원과 물질 자원을 활용하여 국내 인구의 수요에 맞춘 발전 프로그램을 추진하게 된다면, 다른 국가들은 이렇게 물을 것이다. 우리라고 안 될 이유가 있는가? 전염은 확산되어 다른 국가에 퍼지고, 머지않아 제5의 자유는 미국이 중요하게 여기는 지역에서 위협받게 되는 것이다.

적을 봉쇄하기

이 글(원제 Containing the Enemy)은 《필연적 환상 : 민주 사회에서의 사상 통제
Necessary Illusions : Thought Control in Democratic Societies》(Cambridge, MA : South End
Press, 1989), 21~43쪽에 처음 실렸다(한국어판: 황의방 옮김,《환상을 만드는 언론》, 두레,
2004).

《필연적 환상》의 첫 장에서 나는 세 가지 유형의 매체 조직을 언급했다. (1) 독점기업 형태의 매체, (2) 국가의 통제를 받는 매체, (3) 브라질 주교들이 내세운 민주적 의사소통 방침을 추진하는 매체가 그것이다.

첫 번째 유형은 다른 기업 조직들이 노동자들이나 공동체의 통제를 배제하는 것처럼 언론에 대한 민중의 참여를 인정하지 않는다. 국가 통제 매체의 경우, 민중의 참여도는 정치 체계의 기능 여하에 따라 다양하다. 실제로 국가 언론은 일반적으로 국가권력을 가진 세력, 그 세력이 정한 경계 내에 머무는 문화 관리자들의 통제를 받는다. 세 번째 유형은 대체로 보아 아직 시도되지 않은 것이다. 민중이 대거 참여하는 사회 정치 체계는 아직 미래의 일로 남아 있기 때문이다. 공적인 일을 결정하는 민중의 권리를 어떻게 평가하느냐에 따라 이 형태의 언론은 희망이 되기도 하고 두려움이 되기도 한다.

기업이 독점하는 매체 유형은 자본 민주주의에서 자연스러운 방식이다. 따라서 그 유형은 자본주의가 가장 발달한 사회인 미국에서 최고의 형태를 보여준다. 미국의 매체 집중도는 높고, 공영 라디오 및 텔레비전 방송은 규모가 제한적이고, 급진 민주주의적 매체를 이룰 만한 요소는 간신히 존재할 뿐이다. 따라서 청취자가 후원하는 공동체 라디오, 대안 언론, 지역 언론 같은 매체는 겨우 명맥을 유지한다. 이런 매체는 사회·정치 문화에 현저한 영향을 끼칠 수 있고 또 공동체의 의사를 대변하는 의미가 있는데도 말이다.[1] 이런 점에서 미국은 자본 민주주의가 빠지기 쉬운 형태를 보여준다. 자본 민주주의에서는 개인의 권력과 상충하는 노동조합과 그 밖의 대중 조직이 점진적으로 배제되고, 선거는 점점 홍보 산업의 손에서 놀아나게 되며, 특권층에 불리한 국민건강보험 같은 복지 정책은 기피된다. 이런 민주주의라는 의미에서, 국무장관 사이러스 밴스Vance, Cyrus와 헨리 키신저가 미국을 소위 '민주주의의 전형'이라고 설명하는 것은 타당하다. 그들이 말하는 민주주의란, 사기업들이 정치뿐만 아니라 여타의 주요 제도를 통제하는 체제인 것이다.

미국을 제외한 서구 민주주의 국가들은 자본 민주주의의 측면에서 일반적으로 몇 발짝 뒤처져 있다. 대부분의 유럽 국가들은 미국과 같이 기업계의 통제를 받는, 두 파벌로 나뉜 단일 정당 체제를 아직 갖추지 못했다. 그들은 여전히 노동자와 빈민을 기반으로 하는 정당을 유지하고 있고, 그 정당은 어느 정도 민중의 이해관계를 대변해왔다. 하지만 이런 성격이 쇠퇴하고 있다. 다양한 가치와 관심사를 유지하던 문화기구와, 개인 권력이 부여한 일정한 틀에서 벗어나 생각하고 행동하는 수단을 사람들에게 제공하던 조직들도 함께 쇠퇴하고 있다.

이것은 자본 민주주의에서 자연스러운 과정인데 그 이유는 조슈아 코언Cohen, Joshua과 조엘 로저스Rogers, Joel가 말한 "자원 제한"과 "수요 제한" 때문이다.[2] 전자는 직접적이다. 다시 말해, 자원 통제권은 소수에게 집중되어 있으며, 그 사실은 사회적·정치적으로 생활의 모든 면에 영향을 준다. 수요 제한은 더욱 미묘한 통제 수단이다. 이런 통제의 영향은 미국과 같이 제대로 기능하는 자본 민주주의에서는 직접적으로 보기 어렵지만, 라틴아메리카 지역에서는 분명하게 드러난다. 남반구의 정치 체제가 가끔 사회 개혁 프로그램을 포함하는 폭넓은 정책 선택을 허용할 때가 있다. 그런 나라들이 어떻게 되었는지 그 결과는 잘 알려져 있다. 즉 자본은 해외로 유출되고, 기업가와 투자자가 정부에 대한 신뢰를 잃어버리며, '국가를 소유한' 사람들이 통치할 능력을 잃게 되어 사회가 전반적으로 쇠퇴하거나, 아니면 질서와 예절의 수호자가 지원하는 군사 쿠데타가 발생한다. 개혁 프로그램에 대한 온건한 반응으로는 수요 제한이라는 것이 있다. 사회가 제대로 돌아가려면 실질적 권력을 가진 사람들의 이해관계를 만족시켜야 한다는 요구가 그것이다.

간단히 말해 국가를 소유한 사람들이 행복하도록 해줘야 한다는 말이다. 아니면 모두가 고통을 겪게 된다. 왜냐하면 그들이 투자를 통제하고, 어떤 것을 생산하여 유통시킬지, 그리고 주인을 위해 일하는 사람들에게 어떤 혜택이 돌아가도록 할지 결정하기 때문이다. 그렇다면 노숙자가 가장 우선시해야 할 것은 고급 주택가 주민들의 만족이다. 체제와 그것이 강조하는 문화적 가치에 유효한 선택을 하려면, 부자의 단기 이득 극대화와 굴복, 복종, 공공 분야 포기 등이 타당한 결론이다. 따라서 정치 활동의 범위가 그만큼 비좁아진다. 자본 민주주의의 형태들은 제자리를 잡기만 하면, 어떤 고통이 뒤따르든지 간에 대단히 안정적이다. 이것은 미국의 정책 입안자들이 이미 오래전부터 알았던 사실이다.

사회의 자원 분배와 의사결정권에서 비롯된 직접적 결과는 이런 것이다. 정치 계급과 문화 관리자들은 으레 개인 경제를 지배하는 분파와 한 패거리다. 그들은 직접 그 분파에서 나오거나 아니면 그 분파 속으로 합류하고 싶어한다. 17세기 영국혁명기에 과격한 민주주의자들은 이런 생각을 품었다. "두려움 속에서 선출되고 우리를 억압할 뿐이며 사람들의 고통을 알지 못하는 기사와 신사가 법을 제정하는 한, 좋은 세상은 결코 오지 않을 것이다. 우리의 소망을 알고 있는 우리와 같은 시골 사람들이 의회를 구성할 때까지 우리는 결코 만족하지 않을 것이다." 하지만 의회와 목사들은 시각이 달랐다. "사람들이라고 하면, 우리는 오합지졸을 뜻하지 않는다." 민주주의자들의 패배가 이어지고, 수평파水平派 팸플릿의 표현을 빌려 말하면 남은 문제는 "가난한 사람들은 국왕과 의회 중 누구의 노예인가?"라는 것이었다.[3]

　　미국혁명 초기에 똑같은 논쟁이 벌어졌다. 역사학자 에드워드 컨트리먼Countryman, Edward은 "헌법 입안자들은 의회가 국가의 전 국민을 엄밀히 반영해야 한다고 주장했다." 그들은 민중과 고립된 정치 지도자들로만 이루어진 '독자적 계급'을 반대했다. 하지만 연방 헌법은 "하원의원, 상원의원, 대통령 모두가 예외적인 존재"라는 것을 인정했다. 연방제하의 장인匠人, 농부, 그 밖의 보통 사람들은 혁명을 경험하면서 "생활의 어떤 부분이 잘못되었는지 알았고 또 뭔가 할 수 있도록 자신을 조직할 수 있다는 것"을 알게 되었다. 그리하여 "자신과 같은 사람들"이 의회에서 자신들을 대표해야 한다고 요구했다. 하지만 이런 요구 사항은 받아들여지지 않았다. "공동체와 협동 정신을 믿으면서 원래의 혁명 정신을 불태운 마지막 시도는, 〔1786년 셰이스Shays의 반란* 중〕 매사추세츠 농부들에게서 나왔다." "반란이 일어나기 1, 2년 전에 카운티 위

---

* 미국 독립 후 영국, 서인도 제도와 무역이 중단되어 미국 경제가 위축되었다. 그리고 독립전쟁 중에 전쟁 비용을 마련하기 위해 13개 주 정부와 대륙회의가 남발한 지폐와 채권이 경제 혼란을 부추겼다. 이에 각 주 정부는 통화량 감축 정책을 실시해 지폐 발행을 줄였고, 높은 세금을 매겼다. 농민들은 독립전쟁에 참여하여 싸웠으나 아무런 보수도 받지 못하고, 높은 세금과 현금 부족에 시달리다 빚더미에 올라앉아 세간을 압류당할 지경에 처하게 되었다. 마침내 1786년 8월, 매사추세츠 주 서부 지방의 농민들은 항의 집회를 열고, 압류를 집행하는 법원을 점거하기에 이르렀다. 대니얼 셰이스Shays, Daniel가 이끄는 농민 천여 명은 연방정부 무기고를 공격했다. 1787년 2월, 채권자인 보스턴 상인들이 돈

원회의 결의와 연설에서는 온갖 사람들이 1776년에 말했던 것이 고스란히 되풀이되었다." 그들의 실패는 "오래된 방법이 더 이상 통하지 않고," "말로는 인민의 하인이라고 주장하는 통치자들에게 실제로는 엎드려 용서를 빌어야 한다"는 쓰디쓴 교훈을 가르쳤다. 그 교훈은 오래 통용되었다. 극히 예외적인 경우를 제외하면, 의원들은 노동 현장 출신이 아니었고 의원을 그만둔 후에 노동 현장으로 돌아가지도 않았다. 오히려 기업의 이득에 영합하는 법률가, 경영자 계층, 갖가지 특권층에서 의원들이 나왔다.[4]

언론 매체에 관해 말하자면, 노동자 친화적이었던 한 영국 언론은 1960년대까지 많은 독자의 사랑을 받았으나 마침내 시장이 개입해오자 사라지고 말았다. 1964년에 폐간되던 당시 《데일리 헤럴드Daily Herald》의 독자는 《타임스》보다 5배나 많았고, "《타임스》, 《파이낸셜타임스》, 《가디언》을 합친 독자보다 거의 2배에 달했다." 영국의 언론학자 제임스 커런Curran, James은 독자들이 "이 신문에 유별나게 헌신적이었다"는 연구 조사를 인용했다. 하지만 커런은 부분적으로 노동조합이 이 신문을 소유한 데다 대체로 노동계급의 독자들에게 배포되면서 "엉뚱한 사람들에게 호소했다"고 말한다. 당시에 폐간된 사회민주주의 계통의 다른 신문들도 마찬가지다. 그 신문들은 "고급 신문"들이 받아낸 "보조금 수준의" 광고와 개인 자본이 없었기 때문에 시장에서 퇴출되었다. 고급 신문들은 "중산층 독자의 가치관과 이해관계를 반영할 뿐만 아니라"

을 대는 민병대에게 몰려 결국 반란은 진압되었고, 셰이스는 버몬트 주로 도망쳤다. 셰이스는 나중에 사면되었으나 12명이 사형을 선고받았다. 매사추세츠 주는 세금을 조금 경감하고 부채 상환 기간을 연장해주었다. _편집자(두산백과, 브리태니커 백과, 《하워드 진, 살아 있는 미국 역사(하워드 진·레베카 스테포프 지음, 김영진 옮김, 추수밭, 2008)》, 《있는 그대로의 미국사 1(앨런 브링클리 지음, 황혜성 외 옮김, 휴머니스트, 2011)》 참조)

"그들에게 힘, 명쾌함, 일관성을 가져다주고,""정계에 지배적인 여론을 증폭하며 쇄신하는 중요한 이념적 구실을 한다."[5]

그 결과는 주목할 만하다. 커런의 결론에 따르면, 언론 매체에서 "광고와 관련된 편집이 크게 발전하고" "전국적 신문 경영진이 광고주[와 기업계 일반]의 선택적 필요성과 타협하면서 편집 방향과 광고 내용이 점차 일맥상통했다." 뉴스 취재와 해석도 마찬가지다. 커런은 계속 말한다. 사회 전체를 놓고 볼 때, "광범위한 경제·정치 문제에 대해 상당히 급진적이었던" 노동계급을 비롯하여, "시사 문제에 진지한 관심을 기울인 독자층이 많았던 유일한 사회민주주의적 신문이 사라지자" "전후 영국에서는 민중 기반의 급진적인 전통이 무너지고," "노동운동에 적극적으로 참여하는 문화의 근간"이 붕괴했다. 노동운동은 "국가의 대부분 지역에서 대중운동으로 살아남지 못했다." 이 영향은 즉시 분명하게 나타난다. "뉴스를 취사 선택"하여 "노동계급 내의 사회민주주의적 하위 문화를 유지하도록 매일 도와주는 비교적 상세한 정치 논평과 분석"이 없어지자, "노동자의 복종을 당연시하고 불가피하게 받아들이는 세상"만 존재하게 되고 그에 맞서는 명료한 대안은 더 이상 존재하지 않게 되었다. 노동자들이 "스스로 만들어내는 부富를 더 많이 차지할 자격이 있고, 또 부의 분배에 대해 더 큰 발언권을 가져야 한다"는 견해는 더 이상 표명되지 않았다. 이런 경향이 산업자본주의 사회 곳곳에서 확연히 드러났다.

이런 식으로 국내에서 '적의 영역'을 통제하려는 작업이 자연스럽게 진행되었다. 2차 세계대전 당시와 종전 이후에 미국 엘리트가 추진한 세계 계획은 이런 전제 조건을 깔고 있었다. 자유 국제주의의 원칙은 "누구도 이의를 제기하지 못할 권력을 잡기로 마음먹은 미국이 세계를 상대로 내놓는 요구 사항"을 충족하는 데 이바지해야 한다.[6] 세계 정책은 '봉쇄'라는 미명 아래 이루어진다. 그것은 국내의 여론 조작과 짝을 이루는 정책이다. 사실, 두 가지 정책은 밀접하게 얽혀 있다. 미 국민들이 '봉쇄' 비용을 부담해야 하기 때문이다. 그 비용은 물질적으로나 정신적으로 엄청난 것이었다.

봉쇄라는 표현은 세계 경영 프로젝트에 방어적인 색채를 입히기 위한 것으로서, 국내 사상 통제 체계의 일환이다. 봉쇄라는 용어가 많은 의문을 불러일으키는 것인데도 미국 국민들이 쉽게 받아들인 사실은 주목할 만하다. 더 깊이 파고들면, 우리는 이 개념이 상당히 많은 것을 숨기고 있음을 알게 된다.[7]

우선 미국이 지켜야 하는 안정적인 국제 질서에 대한 가설이 그 밑에 깔려 있다. 이 국제 질서의 일반적인 윤곽은 2차 세계대전 당시와 전후에 미국 정책 입안자들이 개발해냈다. 미국 국력의 엄청난 규모를 생각하면서, 그들은 미국이 지배하고 미국 기업계의 이득에 기여하는 세계 체제를 이루겠다고 계획했다. 세계의 많은 지역은 이른바 대영역을 이룰 것이고, 미국 경제권에 속할 것이다. 대영역 내의 여러 자본주의 사회들은 발전하도록 격려를 받겠지만, 미국의 특권을 방해하는 장치는 인정되지 않는다.[8] 특히 미국만이 각 지역 체제를 지배할 수 있다. 미국은 세계 에너지 생산을 효과적으로 통제하는 쪽으로 움직였고 자국에 유리한 세계 체제를 수립하는 쪽으로 나아갔다. 그 체제 내에서 산업 중심지, 시장, 원자재 공급처 등 다양한 요소들은 제각각 기능을 수행해야 하고, '지역적 이해관계'를 추구하는 국가들은 미국이 관리하는 '질서의 전체 구조' 안에서 그 이익을 추구해야 한다(헨리 키신저가 나중에 설명한 대로).

소련은 계획된 국제 질서에 큰 위협으로 인식되었다. 여기에는 상당한 이유가 있다. 우선 소련은 대영역 내에 끌어들일 수 없는 제국 체제를 통제하던 강대국이었다. 가끔 소련은 아프가니스탄에서처럼 세력권을 넓히려는 노력을 기울였고, 서유럽을 침공하겠다며 으름장을 놓았다 (하지만 공식 문서와 내부 문서를 진지하게 분석한 전문가들은 그런 으름장을 허풍이라고 여겼다). 만약 우리가 소련의 범죄 여부를 평가할 생각이라면, '방어'라는 개념이 아주 폭넓게 사용된다는 것을 이해해야 한다. 가령 소련이 미국의 계획에 반대하는 사람들을 지지한다면, 그것은 세계 질서를 위협하는 꼴이 된다. 예컨대, 이타적인 수호자인 미국Selfless American defenders(케네디 행정부의 진보 인사들이 사용한 표현)과 맞서 '내부 공격'에 열중하는 남베트남 사람들이나, 미국이 지원하는 '민주주의적 저항군'의 약탈과 맞서 싸우는 니카라과 세력을 지지하면 그것은 방어가 아니라 공격이 되는 것이다. 정치가와 시사평론가들이 근엄하게 지적하듯이, 이런 소련의 행동은 소련 지도자들이 데탕트를 무시하고 또 신뢰할 수 없는 사람임을 증명한다. 《워싱턴포스트》의 편집자는 이렇게 썼다. "니카라과는 시험장이 될 것이다. [고르바초프가] 지금 제3세계의 열기를 식히고 있다는 낙관적 예상이 나오는데 니카라과의 결과에 따라 그 예상의 진위를 판단할 수 있을 것이다." 이 신문은 미국의 니카라과 공격 책임을 러시아에 돌리면서 이 소련 전초기지(니카라과_옮긴이)가 이웃 국가를 "압도적으로 공포에 짓눌리게" 위협한다고 경고했다.[9] 이런 관점에서 보자면 미국은 소련의 개입 없이 세계 여러 나라에서 자유롭게 미국의 의지를 행사할 때 비로소 "냉전에 이긴" 것이 된다.

미국은 2차 세계대전 이후에 진정한 세계적 강대국이 되었기 때문에 '소련 봉쇄'가 미국 외교의 주요 정책이었다. 하지만 이미 그전부터, 그러니까 볼셰비키 혁명 때부터 소련은 용납할 수 없는 위험 요인으로 간주되었다. 따라서 소련은 개별 언론사에도 큰 적이 되었다.

1920년, 월터 리프먼Lippmann, Walter과 찰스 머츠Merz, Charles는 《뉴욕타임스》 기자로서 볼셰비키 혁명을 취재하며 비판적으로 보도하고,

"전문적 언론관에서 보면…… 재난에 지나지 않는다"고 표현했다. 이 신문의 편집 방침은 소련에 아주 적대적이어서, "뉴스 칼럼에 심대한 영향을 끼쳤다." "주관적인 이유 때문에"《뉴욕타임스》기자들은 미국 정부와 "러시아 구체제의 대리인과 추종자들이 전하는 이야기를 대부분 받아들이고 믿었다." 그들은 소련의 평화 제의를, 볼셰비키가 "세계 혁명을 거듭 전하면서 적군赤軍의 임박한 유럽 침공에 힘을 집중하려는" 전술이라고 여겼다. 리프먼과 머츠는 이런 기사를 썼다. 볼셰비키는 "죽음의 사자인 동시에…… 세계적 위협"이다. 적군의 위협은 "고비마다 동유럽과 아시아에서 평화 회복을 방해하고 경제 복구를 좌절시킨다." 윌슨 대통령이 러시아 문제에 개입해야 한다고 호소했을 때,《뉴욕타임스》는 우리가 "페트로그라드와 모스크바에서 볼셰비키를 축출해야" 한다고 강조함으로써 응답했다.[10]

몇 가지 이름과 날짜를 바꾸면, 전국 규모의 미국 언론은 어제의 인도차이나와 오늘의 중앙아메리카에 대해서도 똑같은 말을 하고 있다. 현대 외교사 연구자들은 소련에 대해 비슷한 논평을 반복하고 있다. 이 연구자들은 대안 사회 모델의 발전 자체가 남의 나라 내정에 개입하는, 참을 수 없는 형태라고 본다. 따라서 서구는 이런 내정 개입을 막기 위해 무력으로 방어할 권리가 있으며, 볼셰비키 혁명 이후의 소련을 무력으로 견제하는 것도 서구의 방어라는 개념으로 보아야 한다고 주장했다.[11] 널리 인정받는 이런 가정에 입각하면, 공격이 순식간에 자기방어로 둔갑한다.

2차 세계대전 이후의 정책과 이념을 되돌아보면, 에티오피아의 군사 정부나 아르헨티나의 신나치 장군들 등 현대의 괴물들을 기꺼이 도와주면서 제국과 부속 국가들을 통치하던 소련 지도자들의 잔인성을 비난하는 데는 따로 이유를 꾸며낼 필요가 없다. 하지만 정직한 조사는 다음과 같은 사실을 밝혀준다. 으뜸가는 적은 대영역의 토착민들이었고, 그들은 엉뚱한 사상에 빠져들 자들로 여겨졌다. 그렇다면 경제 전쟁, 이념 전쟁, 군사 전쟁을 일으켜서라도 혹은 테러와 전복에 의해서라도 이런 일탈을 극복해야 한다. '공산주의'를 막기 위해, 국민을 반공이라는 대의명분으로 집결시켜야 하는 것이다.

이것은 해외와 국내에서 실행되는 봉쇄의 기본 요소다. 소련과 관련된 봉쇄의 개념은 지난 몇 년 동안 두 가지 형태로 나타났다. 비둘기파는 적군이 히틀러와 싸워 점령한 지역을 대충 소련이 지배하도록 두는 봉쇄 형태로 만족했다. 매파는 1950년 4월의 NSC 68호에서 개요를 설명한 "격퇴 전략"에서 표현한 대로, 한국전쟁 직전에 훨씬 더 폭넓은 지지를 받았다. 1975년에 공개된 이 결정적 문서는 봉쇄가 "소련 체제 내부에 파괴의 씨앗을 뿌릴" 의도로, "소련(이나 후계 국가 또는 국가들)과 해결책을 협상하는 것"이 가능하도록 하려는 것이라고 해석했다. 종전 후 냉전 초창기에, 미국은 라인하르트 겔렌Gehlen, Reinhard(1902~1979, 나치스 독일의 육군 장성이자 방첩부대 지휘관이었다_옮긴이) 같은 인물의 도움을 받아 우크라이나와 동유럽에 히틀러가 세운 군대를 지원했다. 겔렌은 유럽 전선에서 나치 정보부대를 지휘했고, CIA가 긴밀히 감독하는 서독 방첩부대를 책임졌으며, SS부대원 수천 명의 '비밀 부대'를 양성하여 소련 내에서 싸우게 하는 임무를 맡았다. 이런 사실들은 일반적인 상식과는 너무나 동떨어진 것이었다. 자유주의적 《보스턴글로브》의 저명한 대외 문제 전문가는 미국의 암묵적인 크메르 루주 지원을 극히 어리석은 일로 비난하면서 다음과 같은 비유를 사용했다. "그것은 마치 미국이 1945년에 소련을 괴롭혔던 나치 게릴라 운동의 존재를 짐짓 못 본 체한 것과 같다." 미국은 그냥 못 본 체만 한 것이 아니라, 1950년대 초까지 이런 일을 적극적으로 저질렀던 것이다.[12]

또한 터키에 경계 미사일을 배치하고, 나토NATO의 주요 군 기지들이 소련을 포위하는 것을 완전히 당연시한다. 반면, 만약 니카라과가 제트 기를 구입하여 미국의 규칙적인 침투에 맞서 영공을 지킨다면, 미국의 비둘기파와 매파는 어떻게 반응할까? 그들은 '봉쇄' 기조를 내세우며 미국의 안보가 엄중한 위험에 처했으므로 방어적인 군사작전을 펼쳐야 한다고 주장할 것이다.

해외에서 대영역의 원칙을 수립하고, 국내에서 그에 필요한 환상을 불러일으키는 일은 그저 시장의 보이지 않는 손을 기다려서는 되지 않는다. 자유주의적 국제주의는 강력한 무력 개입에 의해 주기적으로 보완되어야 한다.[13] 국내에서 국가는 반체제 인사들을 억누르기 위해 힘을 행사했다. 기업은 외부의 시선을 의식하며 규칙적으로 '여론'을 통제하는 활동을 벌이고, 암암리의 통제만으로 충분하지 않을 때는 개인 권력에 도전하는 사람들을 억압했다. '반공주의'라는 이념은(간헐적으로 예외가 있기는 하지만) 1차 세계대전부터 이런 억압의 목적에 이바지했다. 초기에 미국은 악의 세력으로부터 자신을 지켜왔다. 즉 훈족, 영국인, 에스파냐인, 멕시코인, 캐나다 가톨릭교도, 독립선언문의 "무자비한 인디언 야만인"들로부터 소위 자기방어를 했다. 하지만 볼셰비키 혁명이 일어난 뒤, 특히 2차 세계대전의 잿더미에서 등장한 양강 구도의 시대에 더욱 확실한 적은, 존 F. 케네디의 말을 빌리면, 우리의 숭고한 노력을 전복하려는 "획일적이고도 무자비한 음모"였고, 로널드 레이건의 표현으로는 "악의 제국"이었다.

냉전 초기, 국무장관 딘 애치슨과 폴 니츠Nitze, Paul Henry(1907~2004, 미 정부 고위 관료로서 1940년대부터 80년대까지 대소련 정책의 주요 기획자였다_옮긴이)는 "대중 심리의 '고급 관료화' 강제" 계획을 세웠다(애치슨이 NSC 68호와 관련하여 한 말). 그들은 "평화, 낮은 세금, '건전한' 재정 정책을 바라는 민중, 기업계, 의회를 극복하기 위해" 그리고 "공산주의 이념과 서구 경제의 취약성을 극복하는 데" 필요하다고 생각하는 전면적 재무장 쪽으로 민중의 지지를 끌어내기 위해 "공산주의의 위협을 경악할 정도로 과장했다." 윌리엄 보든Borden, William은 전후의 정책 수립 연구에서 이런 점을 지적했다. 한국전쟁은 이 목적에 감탄할 만큼 이바지했다. 전쟁으로 이어지기까지 모호하고 복잡한 상호작용이 있었지만 모두 무시되었고, 크렘린의 세계 정복 행동이라는 유익한 이미지가 일방적으로 과장되었다. 한편, 애치슨은 한국전쟁에서 "소련의 평화 공세를 분쇄하기에 딱 맞는 기회가 찾아왔다고 지적했다. 그것은…… 여론에 중대한 영향을 끼칠 것이다." 뒤이은 시대에 많은 것이 이렇게 조작되어서 훗날 정책 실천의 기준이 되었다.[14]

초창기 시절에, '빨갱이 공포'에 사로잡힌 우드로 윌슨은 노동조합과 그 외의 반대 세력을 파괴했다. 빨갱이 공포의 특징은, 국가는 부적절한 사상과 표현을 막을 자격이 있다는 원칙에 따라, 독립적인 정치 활동과 자유 언론을 억압한 것이었다. 일반적으로 평화를 선호하는 사람들에게 전쟁 열기를 불어넣기 위해 설립된 윌슨의 크릴 위원회Creel Commission는 충성스러운 언론과 지식인의 협력을 얻어 조직적인 선전 활동을 효율적으로 펼쳤다. 그들은 역사가 프레더릭 팩슨Paxson, Frederic Logan (1877~1948)이 만들어낸 용어인 "역사 공학historical engineering"의 임무에 열중했다. 팩슨은 '우리가 이길수록 더 좋다는 전쟁의 의의를 설명하는' 이른바 애국하는 미국 역사가들의 단체인 역사 봉사 전국위원회 National Board for Historial Service의 설립자 중 한 사람이었다. 이 교훈(전쟁은 이길수록 좋다_옮긴이)은 그것을 실천할 수 있는 지위에 있는 사람들 마음에 깊이 새겨졌다. 제도 면에서 볼 때, 두 가지 지속성 있는 결과가 생겼다. 홍보 산업의 번영과 FBI의 설립이었다. 선전의 지도적 인물인 에드워드 버나이스Bernays, Edward(1891~1995)는 전시 선전위원회에서 근무한 바 있었고, FBI는 사실상 전국 규모의 정치경찰이었다. FBI는 그 후 정치경찰이라는 본연의 임무를 충실히 수행했다. 1960년대의 민중 항쟁을 '민주주의의 위기'라며 탄압하는 데 범죄적 행위를 서슴지 않았고, 20년 후에는 미국의 중앙아메리카 개입을 반대하는 민중 운동을 감시하고 분쇄했다.[15]

국가-기업 선전 체계의 효율성은 메이데이의 운명으로 밝히 드러난다. 세계적으로 널리 지키고 있는 5월 1일 노동절은 원래 1886년 5월의 헤이마켓 사건*이 터진 뒤에 아나키스트들 몇 명이 사법 살해된 것을 기리면서, 미국 노동자들의 하루 8시간 노동제 쟁취 투쟁에 국제적인 연대 의사를 표명하고자 하는 운동에서 비롯되었다. 미국에서는 이런 기원이 모두 잊혔다. 메이데이는 '법의 날'이 되었다. 로널드 레이건은 1984년 5월 1일을 법의 날로 지정하면서 법이 없다면 "혼란과 무질서"를 낳을 뿐이라고 말했다. 그리하여 노동절은 맹목적 애국주의자가 "법과 자유의 200년 된 제휴 관계"를 축하하는 날이 되어버렸다. 그보다 하

---

* 1886년 5월 미국 곳곳에서 하루 8시간 노동제를 확보하고자 노동자들이 파업을 벌였다. 시카고에서만 4만 명이 파업에 동참했다. 5월 3일, 시카고의 매코믹수확기회사에서 파업 노동자와 비조합원들 사이에 싸움이 벌어졌고, 경찰이 총격을 가해 파업 노동자 4명이 사망했다. 이튿날인 5월 4일, 노동자들은 헤이마켓 광장에서 경찰의 폭력에 항의하는 집회를 열었고, 집회가 평화롭게 진행되던 중 경찰이 해산을 명령하자 신원이 밝혀지지 않은 누군가가 다이너마이트를 던져 경찰 7명이 죽고 60여 명이 다쳤다. 경찰은 권총을 발포하면서 응수했고, 시위 군중 200명가량이 죽거나 다쳤다. 대규모 유혈 충돌이 잦아든 뒤, 노동조합 지도자 오거스트 스파이스Spies, August를 비롯해 아나키스트 8명이 살인자와 공모했거나 살인을 도왔다는 혐의로 기소되었다. 그들 가운데 그날 헤이마켓에 있었던 사람은 단 한 명뿐이었으며 다른 사실관계도 명백히 입증되지 않았지만 5명은 사형, 3명은 금고형을 선고받았다. 1887년 11월 11일 오거스트 스파이스와 다른 3명이 교수형을 당했고, 1명은 전날 자살했다. 금고형을 받았던 3명은 1893년 사면되었다. _편집자(두산백과, 브리태니커 백과, 《하워드 진, 살아 있는 미국 역사(하워드 진·레베카 스테포프 지음, 김영진 옮김, 추수밭, 2008)》 참조)

루 전날, 레이건은 미국이 국제사법재판소의 절차를 무시할 것이라고 발표했는데, 국제사법재판소가 니카라과를 공격할 때의 "비합법적인 무력 사용"과 조약 위반을 문제 삼으며 미국을 비난했기 때문이다. 또한 레이건은 1985년 5월 1일, "니카라과 정부가 중앙아메리카에서 공격적인 행동으로 야기한 국가 긴급사태에 대응하여," 그 나라에 대한 금수 조치를 선언하는 기회로 법의 날을 활용했다. 이런 '국가 긴급사태'는 매년 새롭게 선언되었다. 왜냐하면 "니카라과 정부의 정책과 행동은 미국의 국가 안보와 대외 정책에 예외적이고 특수한 위협을 가하기" 때문이었다. 의회, 언론, 일반적인 지식 계층이 모두 이런 선언에 찬성했다. 다만 어떤 집단에서는 당혹스러워하며 침묵으로 일관했다.

윌슨의 빨갱이 공포에 따라 기업계가 굴복시켜 지배하던 사회는 대공황 때 무너지기 시작했다. 1938년, 전국제조업협회 이사회는 업계와 정부의 내부 문서에서 공통적으로 발견되는 마르크스주의 용어를 지적하며, "새로이 구현된 대중의 정치력에 직면한 생산업자의 위험"을 설명했다. "그들의 생각을 통제하지 않는다면", 이사회는 "우리가 확실히 역경으로 내몰릴 것"이라고 경고했다. 노동 조직의 등장은 부분적으로, 그것을 노동시장 규제 수단으로 생각한 생산업자의 지원을 받았지만, 적지 않은 위협이었다. 지나친 것은 용납되기 어려웠다. 1937년 존스타운 철강 파업에 대한 학문적 연구가 지적했듯이, 기업계는 곧 파업을 깨뜨리려는 "고용주들의 대중 동원"이라는 책략 아래 뭉쳤다. 기업계가 환호했던 이 "방식"은 "업계가 희망하고 꿈꾸었으며, 기도했던" 것이었다. 폭력을 쓰는 방법과 더불어 선전 활동은 훗날 노동운동을 억압하는 데 효과적으로 이용되었다. 선전 활동은 수백만 달러를 들여서, "현 상황에 잘못된 것은 전혀 없고 노동조합이 내놓은 개선책이야말로 커다란 위험이라고 대중에게 말하는 것"이었다. 이것은 상원 라폴레트La Follette

(1855~1925, 공화당 하원의원과 주지사, 상원의원을 역임하면서 혁신주의를 제창, 독점자본과 제국주의에 반대하고 정치개혁을 주장했다_옮긴이) 위원회가 기업 선전 활동을 조사한 책자에서 지적한 내용이다.[16]

종전 직후, 언론과 그 밖의 장치를 활용하여 이른바 자유 기업—경영의 특권을 잃지 않고 국가 보조금을 지원받는 사기업—을 '미국적 방식'이라고 못박으면서, 이 방식이 위험한 파괴 분자로부터 위협을 받는다고 선전하는 홍보 활동이 강화되었다. 1954년, 당시 《포춘Fortune》의 편집자였던 다니엘 벨Bell, Daniel은 이렇게 썼다.

> 전후 몇 년 동안, 대공황……이 가져온 여론의 풍토를 바꾸는 것은 기업계의 주요 관심사였다. 이 '자유 기업' 운동은 두 가지 중요한 목적을 가지고 있다. 하나는 노동조합으로 향하는 노동자의 충성심을 다시 얻는 것이고, 다른 하나는 야금야금 침투해 들어오는 사회주의를 막는 것이다.

말하자면 **뉴딜**이라는 온건 개혁적인 자본주의를 경계한다는 것이었다. 벨은 계속하여 기업의 홍보 활동 규모는 신문, 라디오, 기타 광고 수단을 동원하는 등 "엄청난 것이었다"고 썼다.[17] 효과는 금방 드러났다. 노동조합 활동을 규제하자는 입법 활동이 벌어졌고, 독립적 사상에 대한 공격(흔히 매카시즘이라는 잘못된 딱지를 붙이는)이 있었고, 기업계의 지배에 대한 노골적 도전을 제거하려는 활동이 벌어졌다. 언론계와 지식 계층은 이런 활동에 적극 협력했다. 특히 대학의 불온 인사들이 숙청되면서 대학 사회는 한동안 잠잠한 상태였으나, 이른바 '민주주의의 위기'가 찾아오자 대학생들과 젊은 교수진이 엉뚱한 질문을 제기하기 시작했다. 다시 불온 인사 숙청이 일어났지만 과거처럼 효과적이지는 못했다. 그렇게 되자 정부와 기업계는 '필요한 환상'에 호소하면서 대학이 사실상 좌익 전체주의자들에게 장악되었다고 주장했다. 이것은 바꾸어 말하면 정부와 기업계의 전통적인 장악력이 대학에서만큼은 조금 완화 되었다는 뜻이다.[18]

1947년에 이르러, 국무부 홍보 담당자는 "현명한 홍보가 예전에 성 과를 올렸고 앞으로도 거듭 성과를 올릴 것"이라고 말했다. 여론은 "가 만히 놔둬도 오른쪽으로 움직이는 게 아니라, 오른쪽으로 움직여야 그쪽 으로 움직이는 것이다." "세계의 나머지는 왼쪽으로 움직였고, 노동운동 을 인정하며 자유 법안을 통과시켰지만, 미국은 오른쪽으로 돌아서서 반 反사회적 변화, 반反경제적 변화, 반反노조 국가가 되었다."[19]

그 무렵 '세계의 나머지' 국가들은 이와 유사한 우향우 압력에 놓이 게 되었다. 왜냐하면 트루먼 행정부가 기업계의 우려에 동조하면서 유 럽, 일본, 그 밖의 지역에서 좌경화를 막으려고 맹렬하게 뛰었기 때문이 다. 극단적인 폭력을 비롯하여 당장 필요한 식량을 통제하고 외교적 압 력을 가하고 그 밖에 수단과 방법을 가리지 않았다.[20]

이런 모든 상황이 제대로 이해되지 않지만, 나는 여기서 그것을 다 다룰 수가 없다. 현대에 들어와 '자유 시장'의 자연스러운 압력을 높이 기 위해 '여론'을 통제하는 수단이 활용되었다. 이것은 세계 체제에서 무력 개입을 하는 것과 짝을 이루는 국내판 개입이라 할 수 있다.

자유무역 정책에 관하여 목청 높이 떠들면서도, 세계 무역에서 미국 이 경쟁력을 갖춘 두 가지 요소인 하이테크 산업과 자본 집약적인 농업 은 국가 보조금과 국가가 보장하는 시장에 크게 의존하고 있다.[21] 여러 산업국가들이 그랬듯이, 미국 경제는 초기에 보호주의 조치를 통해 발 전했다. 전후戰後, 미국은 어떤 경쟁에서든 미국 투자자들이 우세할 것 이라고 예상하고 자유주의 원칙을 당당하게 주장했다. 당시의 경제 현실에 비추어 그럴싸한 예상이었고, 그것은 몇 년 동안 예상대로 굴러갔다. 비슷한 이유로 영국은 해외에서 헤게모니를 잡고 있던 기간 중에는 자유 무역을 열렬히 옹호했으나, 전시에는 자유무역 기조와 그에 뒤따르는 고상한 수사를 포기했다. 당시, 영국은 일본에게 경쟁에서 밀리고 있었다. 오늘날 미국은 비슷한 도전에 직면하여 똑같은 과정을 밟고 있는데, 40년 전이나 베트남전쟁에 돌입하기 전까지도 예상하지 못했던 일이었다. 예기치 못한 전쟁 비용의 발생은 미국 경제를 약화시키는 한편 경쟁 산업국가들을 강화시켰으며, 그들은 인도차이나 파괴에 동참하면서 부를 축적했다. 남한은 그 기회를 틈타 경제적으로 도약했고, 이런 기회는 일본 경제에도 중요한 자극이 되었다. 이것은 한국전쟁이 일본 경제를 회복시키고 유럽 경제에 크게 기여했던 것과 비슷한 과정이다. 또 다른 사례는 캐나다다. 이 나라는 베트남전쟁 당시 1인당 세계 최대의 군수물자 수출국으로 그 전쟁을 적극 지원했으면서도, 겉으로는 베트남전쟁의 부도덕성을 개탄했다.

국내의 사상 통제는 전쟁과 위기의 와중에서 널리 시행되었다. 이런 혼란은 특권 계급이 끊임없이 두려워하는 이른바 '민주주의의 위기'를 부추기는 경향이 있었고, 기득권층을 위협하는 공격적인 민중 민주주의를 뒤엎을 조치가 필요해졌다. 윌슨의 빨갱이 공포는 1차 세계대전이 끝난 뒤 당시의 목적에 이바지했으며, 2차 세계대전이 끝난 뒤에도 같은 유형의 공작이 되풀이되었다. 대공황 중에 일어났던 민중의 저항을 극복할 뿐 아니라 "전쟁은 결코 끝나지 않는다는 인식을 사람들에게 심어주어야" 했다. 1947년 트루먼 독트린을 발표했을 때, 대통령 보좌관 클라크 클리포드Clifford, Clark는 "이것이 행동의 시작을 알리는 총성"이라고 말했다.

베트남전쟁과 1960년대의 민중운동은 비슷한 우려를 사아냈다. 국내의 '적지敵地' 주민들을 통제하고 억제해야만 했다. 그것은 미국 기업이 실질 임금과 복지 혜택을 줄이고 노동 조직을 약화시킴으로써 세계의 다양한 시장에서 경쟁력을 높이려는 것이었다. 특히 청년은 '나르시시즘 문화'에 몰두하여 자신에게만 관심을 가져야 한다고 세뇌해야 했다. 사람들은 개인적으로 자신은 해당되지 않는다고 생각할지 모른다. 하지만 청년이 개인의 정체성과 사회적 신분에 불안을 느끼는 인생의 시기에, 나르시시즘 문화는 너무 매력적이기 때문에 선전 체계의 주장에 그만 넘어가게 된다. "특수한 이익 단체"로 새로이 결집한 분자들도 억제되거나 해체되어야 했다. 이 일은 어느 정도 폭력, 위협, 박해를 동원해야 했다. 가령 소수 인종의 운동이나 반체제 문화의 일부 세력을 파괴하기 위해 FBI가 폭력, 위협, 박해의 프로그램을 가동한 것이 좋은 사례다. 또 다른 과제는 '베트남 증후군'의 공포를 극복하는 일이었다. 이 증후군은 불손한 주변 세력을 통제하기 위해 무력을 사용하는 데 커다란 장애가 되었다. 《코멘터리Commentary》의 편집자 노먼 포드호레츠 Podhoretz, Norman가 설명했듯이, 그것은 인도차이나전쟁의 경험에서 불거졌던 "군사력 사용에 대한 병약한 사람들의 반감"을 극복하는 일이었다.[22] 그는 명예로운 그레나다 침공으로 그런 증후군이 해결되기를 바랐다. 당시 6000명으로 이루어진 정예군이 쿠바인 수십 명과 그레나다 군인들의 저항을 물리치고 그 섬을 단기간에 점령한 무공武功을 세워 8000개에 이르는 명예 훈장을 받았다.

베트남 증후군을 극복하려면, 미국이 피해 당사자이고 베트남인들 침략자로 설정해야만 했다. 여론 통제에 익숙지 않은 사람들은 이것을 어려운 임무라고 생각할지 모른다. 베트남전쟁이 막바지로 치달을 즈음 일반인의 반전 감정은 통제하기 어려워졌고, 대다수의 민중은 당시 여론조사에서 밝혔듯이, 그 전쟁을 "실수"가 아니라 "근본적으로 잘못된 부도덕한" 전쟁이라고 여겼다. 이에 비해 교육받은 엘리트 계층은 심각한 문제 제기를 하지 않았다. 나중에 가서 "전쟁을 초기부터 반대했다"고 자처하는 사람들이 내놓은 환상적인 얘기와는 다르게, 현실에서는 베트남전 승리 가능성과 그에 따르는 치솟는 비용에 대한 우려가 표명되었을 뿐, 식자층에서 전쟁을 반대한 사람들은 사실상 별로 없었다. 주류 계층은 아무리 베트남전쟁을 심하게 비판하더라도 정부의 좋은 의도가 잘못되었을 뿐이라고 생각하는 정도였다. 그나마 미국의 기업계에서 베트남전쟁에 비용이 너무 많이 들어가 청산해야 한다고 결정한 뒤에야 그런 정도의 반대 표명이 나왔을 뿐이다. 이런 사실은 내가 다른 글에서 밝힌 바 있다.

더 만족스러운 형태로 베트남전쟁의 역사를 가공해낸 메커니즘은 내가 다른 글에서 이미 살펴보았다.[23] 하지만 그들의 탁월한 성공에 몇 마디 하지 않을 수 없다. 1977년에 이르러 카터 대통령은 기자회견에서 이렇게 말했다. 미국인은 "사과하거나 자기 자신을 혹평하거나 죄책감을 떠안을" 필요가 없고, "빚을 진 것도" 없다. 우리의 의도는 "남베트남의 자유를 지키는 것"이었고(말이 지키는 것이었지 실제로는 베트남인들의 국가를 파괴하고 주민을 학살하는 것이었다), "파괴는 피차일반이었기" 때문이다. 이 발표는 당시 합리적이라고 생각되어 아무런 논평 없이 받아들여졌다.[24] 덧붙여 말하자면, 이런 '균형 잡힌' 판단은 감동적인 인권 옹호자의 것만이 아니었다. 그런 발언은 그 어떤 부정적 논평도 끌어내지 않으면서 주기적으로 흘러나왔다. 최근의 경우를 예로 들자면, 미국 전함 빈센스Vincennes 호가 이란 영해를 지나는 이란 민항기를 격추한 뒤,《보스턴글로브》는 듀크 대학과 브루킹스 연구소의 정치학자 제리 휴Hough, Jerry의 칼럼을 실었다. 휴는 이렇게 설명했다.

만약 이란 항공기 격추 사건이 이 나라로 하여금 상징적인 핵무기 통제에 대한 집념에서 벗어나게 하고, 전투 수행 능력, 군부의 명령과 통제, 재래식 무기(확실히 함대를 포함하여) 제한 문제에 집중하게 만든다면, 290명의 죽음은 헛되지 않을 것이다.

이것은 KAL 007호가 격추당했을 때, 언론이 보여준 집중 공세와 약간 다른 평가다. 몇 달 뒤, 빈센스 호는 "해군 군악대가 활기차게 연주하고, 깃발과 풍선을 떠들썩하게 흔드는…… 환영"을 받으면서 항구로 되돌아왔다. 전함의 "확성기는 영화 〈불의 전차〉의 주제가를 울려대고, 이웃의 해군 함정들은 축포로 화답했다." 홍보 장교의 설명에 따르면, 해군 장교들은 함정이 "항구에 몰래 들어오기를" 원하지 않았다.[25] 목숨을 잃은 이란인 290명은 아랑곳하지 않고 말이다.

《뉴욕타임스》 논설은 카터 대통령의 흥미로운 도덕관에 대해 완곡하게 화를 냈다. 편집자는 "아직도 남아 있는 인도차이나 부채負債"라는 제목으로 이렇게 썼다. "동남아시아 개입의…… 참상을 은폐하기 위해 누가 누구에게 얼마나 빚을 졌는가 하는 논의를 어느 정도까지 허용할 수 있다고 하는 얘기는 있을 수 없다." 그 신문은 공산주의자 괴물들로부터 "도망친 수많은 사람들이 겪은 공포"를 언급하기도 했다. 아시아의 고향 집에서 피난을 떠난 수십만 명 중에는 1977년 필리핀에서 떠나온 10만 표류 난민, 미국이 지원한 테러에서 도망친 수천 동티모르 사람들도 포함되어 있다. 이들 말고도 미국의 지원을 받는 라틴아메리카의 테러 국가들로부터 도망친 수만 명이 있다. 그들은 베트남 난민 정도의 관심도 받지 못했고, 설사 관심을 받았더라도 뉴스 칼럼에서 피상적인 주목을 받는 데 그쳤다.[26] 그 밖에 인도차이나가 파멸하는 과정에서 발생한 또 다른 공포는 아예 언급되지도 않고, 그 어떤 미제未濟의 부채도 부과되지 않는다.

몇 년 뒤, "인도차이나전쟁의 패배에서" 발생한 "도덕적 부채"를 지적하면서 "인도차이나 부채가 재정적 고갈을 초래한다"는 《타임스》의 머리기사가 나왔고 그 부채에 대한 우려가 고조되었다. 똑같은 논리를 적용한다면, 러시아가 아프가니스탄 전쟁에서 승리했더라면 그들은 전혀 그 나라에 부채가 없을 것이다. 하지만 이제 우리는 부채를 완전히 "청산했다"고 국무부 관리는 설명했다. 우리가 파괴했던 땅에서 도망친 베트남 난민을 받아들임으로써 도덕적 계산을 끝냈고, 미국 난민위원회의 위원장 로저 윈터Winter, Roger에 따르면 "역사상 최대의 극적인 인도주의 노력"이 경주되었다. 그러나 "이런 자부심에도 불구하고,"《타임스》의 외교 통신원 버나드 그워츠먼Gwertzman, Bernard은 이런 글을 썼다. "레이건 정부와 의회의 어떤 목소리는 거듭하여 전쟁 부채를 완전히 치른 것인지 묻고 있다."[27]

책임 당사자들은, 우리가 과연 대량 학살과 파괴의 죄를 저질렀는지, 혹은 수백만 명의 불구자와 고아에게 또는 미군 공격 후 남겨진 병기가 폭발하여 아직도 죽어가는 농민들에게 어떤 빚을 졌는지 상상조차 못하고 있다. 한편, 라오스의 항아리 평야 같은 지역에서 오늘날 라오스 어린이들을 죽이는 수십만 개의 대인 지뢰를 제거할 방법이 있는지 질문을 받으면, 펜타곤은 이런 황당한 대답을 내놓는다. "사람들이 그곳에 살아서는 안 됩니다. 그곳 사람들은 그 문제를 잘 알고 있습니다." 미국은 인도차이나의 지뢰 지도를 민간 지뢰 제거 팀에 공개조차 하지 않았다. 1989년에 베트남을 방문하여 자신들이 묻었던 지뢰를 제거하도록 협력했던 예비역 해병대원들은 그 지역의 많은 사람들이 농사를 짓고 나무를 심으려 한다는 소식을 전했다. 그리고 1989년 1월 현재, 많은 사람들이 여전히 부상당하고 사망한다.[28] 그런데도 이런 사실은 논평하거나 우려할 대상이 아닌 것이다.

눈길을 아프가니스탄으로 돌리면 상황은 사뭇 다르다. 결론부터 말하면 소련이 세운 정권은 지뢰 지도를 **공개했다.** 이 경우에 대하여, 미국 신문들은 이런 제목들을 뽑았다. "소련이 아프간에 치명적인 유산을 남기다," "지뢰가 아프간에 다시 위기를 불러오다," "미국은 아프간의 지뢰 제거로 소련을 비난하다," "아프간 지뢰를 제거하려는 난민들의 훈련을 돕는 미국," "떠나간 소련이 남긴 지뢰가 아프간을 불구로 만들고 있다." 둘 사이에 차이가 있다면 아프간의 지뢰는 소련 것이라는 점뿐이다. 미국은 "지뢰를 파괴하거나 해체하는 훈련과 장비를 난민에게 제공하자는 국제적 협력"을 요구하는 게 당연하다고 주장한다. 그러면서 이런 가치 있는 일에 협조하지 않는 소련을 맹렬히 비난한다. "소련은 자신들이 만들어낸 문제를 인정하거나 해결하려 하지 않습니다." 국무부 차관 리처드 윌리엄슨Williamson, Richard은 애틋하게 말했다. "우리는 실망했습니다." 언론은 늘 그렇듯이 상대에 따라 달라지는 인도주의적 열성으로 화답했다.[29]

언론 매체는 대형 전쟁범죄에 대한 책임 의식을 없애주는 '상호 파괴'로 만족하지 않는다. 오히려 죄책감을 희생자에게 전가한다. "베트남, 친절해지기는 했지만 여전히 갈 길은 멀다"라는 제목에서, 《타임스》 아시아 특파원인 바버라 크로세트Crossette, Barbara는 국제인권옹호협회 Human Rights Advocates International의 찰스 프린츠Printz, Charlse의 다음과 같은 말을 인용한다. "베트남이 선의를 보일 때입니다". 프린츠는 미국의 인도차이나 침략에서 희생된 사람들의 극히 일부인 아메라지안 Amerasian, 즉 미국인과 아시아인 혼혈아에 관한 협상을 언급한 것이다. 크로세트는 베트남이 미군 유해에 관한 문제에서 충분히 적극적으로 나서지 않았지만 앞으로 개선될 것이라고 덧붙인다. "미군 실종자 문제는 더디지만 진전이 있었습니다." 하지만 베트남은 아직도 그들의 부채를 미국에 치르지 않았고, 전쟁으로 남겨진 인도주의적 문제는 여전히 미해결 상태다.[30]

똑같은 문제로 돌아가면서 크로세트는 이렇게 설명한다. 베트남은 여전히 미해결 중인 도덕적 문제와 별개로, 자신들의 대미對美 '무관심'을 제대로 이해하지 못하고 있다. 특히 '전쟁이 끝난 뒤에 실종된 미군 문제'를 베트남은 아주 다루기 싫어한다. 크로세트는 미국이 관계 개선에 미온적이라는 베트남의 '탄식'을 일축하면서 "만약 하노이 지도자들이 국가 건설을 진지하게 생각한다면, 베트남은 미국을 정당하게 대우해야 할 것"이라는 '아시아 공직자'의 말을 인용한다. 크로세트는 또한 펜타곤의 성명서를 인용한다. 국방부는 사악한 공산주의자가 북베트남에서 사살한 미군의 유해와 관련된, 이 "오래 끌어온 인도주의적 문제"를 해결하기 위해 하노이가 행동에 나서기를 기대한다고 말했다. 철저하게 3개국을 파괴하고 또 인도차이나에서 수백만 사상자를 낳았던 전쟁을 저지른 미국의 유산은 생각하지 않고, 오로지 그 인도주의적 문제만 거론하고 있는 것이다. 또 다른 보도는 "주된 인도주의적 분야에서" 베트남의 협력 거부를 한탄하며, "베트남전쟁에서 여전히 실종 중인" 미군의 문제에 대한 진보파 의원의 말을 인용해 하노이의 "두렵고도 끔찍한" 처사, 즉 하노이의 책임감이 부족하여 인도주의적 문제가 진전하지 못하는 상황을 개탄했다. 하노이의 비협조적 태도는 고통받고 있는 미국인들 사이에 "베트남이 여전히 불러일으키는 쓰디쓴 기억"을 가져왔다.[31]

복무 중에 실종된Missing in Action(MIA) 미군에 관한 '장기적 인도주의 문제를 해결하려는' 관심사의 본질은 역사가(베트남전 재향 군인이기도 한) 테리 앤더슨Anderson, Terry이 인용한 통계에서 밝혀진다.

프랑스는 여전히 인도차이나전쟁의 MIA 2만 명이 있고, 베트남인 MIA는 20만 명을 넘는다. 게다가 미국은 아직도 2차 세계대전에서 8만 명, 한국전쟁에서 8000명의 MIA가 있으며, 그 수는 각각 확인된 전사자의 20퍼센트와 15퍼센트에 달한다. 반면 베트남전쟁에서의 MIA 비율은 4퍼센트다.[32]

미국이 독일 및 일본과 외교 관계를 맺었듯이, 프랑스는 베트남과 국교를 수립했다고 앤더슨은 지적하면서 이런 글을 덧붙였다. "우리는 물론 1945년에 승리했다. 그리하여 MIA는 미국이 전쟁에 패배할 때만 중요할 뿐이다. 〔레이건〕 정부의 진정한 '대의명분'은 패배한 전쟁이 아니라 '되찾을 수 있는 모든 잔해'를 회수하려는 불가능한, 감정적 십자군 운동이다." 더 정확히 말해, 진정한 '대의명분'은 정치적 목적을 위해 개인의 비극을 이용하는 것이다. 더 구체적으로 말하자면, 국내에서 베트남 증후군을 극복하고, '베트남을 피 흘리게 하려는' 것이다.

영향력 있는 민주당 하원의원 리 해밀턴Hamilton, Lee은 이렇게 썼다. "베트남전이 끝난 지 약 15년 뒤, 동남아는 미국에게 인도주의, 전략, 경제 면에서 주요 관심 지역이 되었다." 인도주의적 관심사에는 두 가지 경우가 들어 있다.

(1) "인도차이나에서 미군 약 2400명이 실종 상태로 남아 있다."

(2) "캄보디아 사람은 100만 명 이상이 폴포트의 무자비한 크메르 루즈의 정권 아래에서 사망했다."

미군의 무자비한 공격에 죽은 훨씬 더 많은 인도차이나 사람들과, 여전히 죽어가는 사람들은 아예 관심조차 끌지 못한다. 해밀턴은 계속해서, 우리는 "베트남과의 관계를 재평가하여" "새로운 관계"를 추구하지만 우리의 인도주의적 관심사를 포기해서는 안 된다고 한다. "지금은 미군 실종자 발굴 문제와 캄보디아에 대한 외교적 양보를 두고서 지속적인 압력을 행사할 수 있는 좋은 때다." 정치적 스펙트럼으로는 좌파에 속하는 국제정책센터Center for International Policy의 기관지에서, 카네기 국제평화기금의 선임 연구자는 베트남과의 화해를 요구하면서 이렇게 주장했다. 우리는 "베트남에서의 경험으로 빚어진 고통"과 "과거의 상처"를 접고, 베트남이 우리에게 일으킨 증오, 분노, 좌절을 극복하면서도 "전쟁이 남긴 인도주의적 문제"를 잊어서는 안 된다는 것이다. MIA, 미국으로의 이주 자격자, 재교육장에 남아 있는 수감자들이 그런 인도주의적 문제의 구체적 면면이다. 미국이라는 도덕적 사회에서는 인도주의적 감정이 너무 깊기 때문에, 심지어 우익의 상원의원 존 매케인McCain, John조차 지금 베트남과의 외교 관계를 요구하고 있다. 그는 "본의 아니게 하노이 힐튼 호텔(하노이 포로수용소_옮긴이)의 손님으로서 5년 반을 지낸 해군 조종사 출신"이지만, 베트남에 "증오를 품지 않는다"고 말한다.《보스턴글로브》의 편집자 데이비드 그린웨이Greenway, David는 이런 글을 덧붙인다. "매케인조차 그런 사무치는 원한을 제쳐둘 수 있다면, 우리 모두 그렇게 할 수 있다."[33] 그린웨이는 베트남을 잘 알고 있으며, 현지 전쟁 특파원으로서 작성했던 뛰어난 기사들을 모아 책으로 출간했다. 하지만 현재의 만연된 도덕적 풍토에서, 우리는 베트남이 우리에게 저지른 소행 때문에 빚어진 원한을 먼저 극복해야 한다는 주장을, 그가 언급한 지식층은 엉뚱하다고 생각하지 않을 것이다.

프랜시스 제닝스Jennings, Francis(1918~2000, 미국의 역사가_옮긴이)는 이렇게 말한다. "유사 이래 주름 장식이 있는 셔츠와 황금 장식 조끼를 입은 남자는 손이 더러운 아랫사람들이 명령에 따라 흘린 피바다 위에 떠 있게 마련이다."[34]

이 사례들은 선전의 주요 대상이자 전파자인 지식층 사이에 필요한 환상을 만들어내는 시스템을 잘 보여준다. 미국을 베트남의 무고한 희생자라고 묘사하고 나아가 국가의 자기비하가 지나치다고 생각케 하는, 기막힌 세뇌 메커니즘의 요술이다.

이런 세뇌 메커니즘에 물들지 않은 언론인들은 약간 다른 그림을 보고 있다. 암논 카펠리우크Kapeliouk, Amnon(1930~2009, 이스라엘 언론인이자 작가_옮긴이)는 1988년 베트남을 방문하여 작성한 일련의 사려 깊은 동정적 기사를 이스라엘의 대중 일간지에 발표했다. 제목 중의 하나는 '미국 화학전의 영향으로 여전히 죽어가는 수천의 베트남 사람들'이다. 그는 남베트남의 희생자를 25만 명으로 추산하고 그 외에 불발탄으로 수천 명이 사망했다고 보도했다. 다낭 지역에서만 1975년 이후 3700명이 불발탄으로 죽었다고 한다. 카펠리우크는 남베트남의 병원들에서 어린이들이 암과 섬뜩한 기형으로 죽어가는 '무서운' 장면을 묘사한다. 화학전의 목표는 물론 북베트남이 아니라 남베트남이었다. 그의 보도에 따르면 북부에서는 이런 상황이 발견되지 않는다. 베트남 의사들은 앞으로 몇 년 동안 상황이 개선될 희망은 별로 없다고 우려한다. 이 "남겨진 국가"의 남부 지역 폐허에는 전쟁의 영향이 고스란히 남아 있어, 과부와 고아가 수백만 명에 이른다. 그는 "머리털이 곤두서는 이야기를 들으면, 나는 아이히만과 데먀뉴크의 재판*에서 들었던 만행을 떠올리

---

* 나치스의 친위대 중령이었던 아이히만Eichmann, Karl Adolf(1906~1962)은 2차 세계대전 중 유대인을 대량 학살한 책임자로서 독일 패전 후 아르헨티나로 도망쳤으나, 이스라엘 비밀경찰에 체포되어 예루살렘에서 재판을 받고 처형되었다. 데먀뉴크Demjanjuk, John(본명은 이반Ivan 데먀뉴크, 1920~2012)는 우크라이나 태생으로, 2차 세계대전 때 소련군에 복무하다가 1942년 독일군에게 체포되어 포로수용소로 보내졌고, 전쟁이 끝난 후에는 미국으로 이민을 갔다. 1970년대에 홀로코스트 생존자들이 데먀뉴크를 폴란드 트레블링카 수용소 독가스실에서 근무했던 나치 경비병 '폭군 이반(Ivan the Terrible)'이라고 고발하여 미국 시민권을 박탈당하고 이스라엘의 전범재판에 회부되었다. 1988년 유죄 판결을 받은 후 사형을 선고받았지만 폭군 이반이 다른 사람이라는 증거가 나왔고, 1993년 이스라엘

게 된다." 그런데 희생자들은 이상하게도 "미국인을 증오하지 않는다"고 말한다. 이 경우 범인은 물론 기소되지 않고, 오히려 서구 문명 세계에서 그 범죄 행위로 인해 칭송을 받는다.[35]

어떤 사람들은 수백만 갤런의 고엽제를 비롯한 유독 화학물질이 매사추세츠 주 규모의 남베트남 지역과 나아가 라오스와 캄보디아에 끼친 영향을 우려한다. 메릴랜드 의과대학에서 강의하는, 화학물질 감염과 질병 전문가인 그레이스 지엠Ziem, Grace 박사는 1960년대에 의사로 일했던 베트남을 최근에 2주 동안 방문한 뒤, 이 문제를 집중적으로 검토했다. 그녀도 남베트남의 병원을 방문한 일을 기록했다. 그녀는 끔찍하게 뒤틀린 아기가 들어 있는 투명한 밀봉 용기, 화학물질이 심하게 살포된 지역에서 온 수많은 환자들, 특히 희귀한 악성 종양에 걸린 여자들, 표준 체형에서 훨씬 벗어난 기형아들을 살펴보았다. 하지만 그녀의 설명은 주류 사회의 이해와는 아주 동떨어진 것이었다. 주류 사회에서는 이런 이야기가 별로 얘기되지도 않지만 설사 얘기된다고 하더라도, 전혀 다른 맥락과 초점을 띤다. 가령, 일본인들이 2차 세계대전 범죄를 숨기려고 했다는 기사에서 우리는 어떤 일본인이 헬리콥터로 독을 살포했던 미군을 들어 변명하는 이야기를 읽게 된다. 기자는 그 살포된 독은 고엽제를 가리킨다고 설명하면서 "추측컨대 베트남 사람들과 미국 군인 자녀들에게 선천성 결손을 일으켰다는 의심을 사고 있는 바로 그 고엽제다"라고 말한다. 이 맥락에서 반성은 전혀 없다. 그리고 우리는 "화

최고법원이 유죄 평결을 기각해 데먀뉴크는 미국으로 돌아가 시민권을 회복했다. 그러나 2002년에 미 연방법원에서 다시 그가 나치 수용소 경비병으로 근무했다는 판결을 내려 데먀뉴크는 다시 미국 시민권을 박탈당했다. 2009년 뮌헨 법정이 폴란드 소비보르 수용소에서 유대인 2만 9000여 명이 학살되는 것을 방조한 혐의로 데먀뉴크를 기소했고, 그는 독일로 인도되어 유죄 판결을 받았다. 데먀뉴크는 상고심을 기다리다가 2012년 3월 17일 노인 요양소에서 사망했다. _편집자(브리태니커 백과, 위키백과 참조)

학 기업들이 고엽제 희생자에게 1억 8000만 달러를 보상했다"는 글을 읽게 된다. 여기서 보상을 받은 사람은 미국 병사들이지, 훨씬 더 큰 고통을 겪은 베트남 사람들이 아니다. 아무튼 이 문제는 리비아가 화학무기를 개발한다고 전해져서 불같은 분노가 일어났던 1988년에도 별로 거론되지 않았다.[36]

엘리트층의 우향우는 카터 정부의 말년과 레이건 정부 기간에 정치적 형태를 취했다. 당시 제안된 정책들은 양당의 합의로 실행되고 또 확장되었다. 하지만 레이건 정부 관리자들은 '베트남 증후군'이 어려운 문제라는 것을 알았다. 그래서 비밀 작전이 대폭 증가했는데 이것은 국가가 국내의 적들 때문에 잠수를 타게 된 사정을 반영한다.

대규모 예산과 무역 적자와 대외 부채를 비롯하여 레이건 정부의 엄청난 군사 비용 및 케인스식式 정책 비용과 직면해야만 했던 1980년대 중반, '악의 제국(소련)'이 별로 위협적이지 않을 것이며 국제적 테러도 잠잠해지리란 것은 예측 가능했고 실제로 예측되었다. 세계 정세가 확달라졌기 때문이라기보다 오히려 국가 운영상 떠오른 새로운 문제들 때문이었다. 몇 년이 지난 뒤 결과는 분명해졌다. 소련 야만인과 그 앞잡이의 뿌리 깊은 악을 비난했던 바로 그 이데올로그들조차 정상회담, 군축 회담 같은 정치적 접근을 외면할 수 없었다. 장기적인 기본 문제는 여전히 남아 있지만, 수면으로 떠오르지 않을 것이다.

고상한 미사여구는 제쳐두고, 미국이 세계의 헤게모니를 쥐었던 이 기간 내내, 미 정부는 망설이지 않고 무력을 행사했다. 만약 비밀문서의 설명처럼, "민중의 생활수준 향상" 요구와 국내 생필품 수요에 부응하고자 하며 동시에 국내 자원을 통제하려는 "민족주의적 정권"이 어느 나라에 등장한다면 그것은 미국 엘리트의 복지를 위협하는 것이고 따라서 제재를 가해야 했다. 고위층의 정책 수립 문서는, 이런 위협에 반격하려면 다음과 같이 행동하라고 설명한다. 미국은 "돈을 벌 기회와, 합당한 수익을 본국에 송금하는 외국 자본"을 포함하여, "국내외 자본의 사적인 투자에 도움이 되는 정치·경제적 풍토"를 장려해야 한다.[37] 이런 의도를 관철하려면 그 궁극적 수단은 무력밖에 없다. 미국의 패권 정책은 해당국의 민중에게 별로 지지를 얻지 못하고, '공산주의자'라는 전복 세력의 위협을 끊임없이 받기 때문에 무력에 의존할 수밖에 없다.

제3세계에서 우리는 (조지 케넌이 말했듯이) "우리의 원자재를 보호하여" 국제 자유주의의 틀을 유지하면서 수출 위주 생산을 장려해야 한다. 제3세계 국가의 산업 생산은 미국 투자자들에게 유리한 방향으로 이루어져야 한다. 국내에서와 같이 국제적으로도 만약 자유 시장의 성과가 국내 특권 계층이 바라는 바와 일치한다면, 자유 시장은 이상적 가치로서 찬양받을 것이다. 만약 그렇지 않다면, 시장은 국가권력이 힘을 써서 조종해야 한다.

만약 언론과 존경받는 지식층이 '사회의 목적'에 이바지하려고 한다면, 이런 문제들은 민중이 알지 못하도록 멀리 치워두어야 했다. 문서 기록과 진화하는 역사가 제공하는 방대한 증거는 문서 보관소에 방치하여 먼지를 뒤집어쓰고 있게 하거나 아니면 독자가 극소수인 간행물에 실어야 한다. 미국 내에서 실수, 오해, 공산주의 위협에 대한 과장, 국가 안보에 관한 오판, 개인적 실패, 심지어 길을 잃고 헤매는 지도자들의 부패와 기만을 돌아볼 수는 있을 것이다. 그러나 제도와 그 기능에 관한 비판적 연구는 주변부 이름 없는 학술지에서나 다루어지게 대부분 무시되어야 한다. 이런 결과는 아주 만족스럽게 성취되었다.

제3세계의 자본 민주주의 국가들에서는 동일한 상황이 자주 벌어진다. 이를테면, 코스타리카는 당연히 라틴아메리카 민주주의의 한 모범이라고 여겨졌다. 언론은 극우파가 확실히 장악했기 때문에 코스타리카 언론의 자유를 우려할 필요는 전혀 없었다. 이런 결과는 무력에 의해 달성된 것이 아니라, 법적인 반공 조치와 1960년대 북아메리카 자본의 유입으로 조성된 자유 시장 덕분이었다.

이런 수단이 공인된 형태의 민주주의와 언론 자유를 강제하지 못하는 곳에서는 다른 수단들이 동원되었고, 성공을 거두는 한 그 수단들은 정당화되었다. 지난 10년 동안, 엘살바도르는 극적인 사례를 제공했다. 1970년대에 들어서자 농민회, 자조 자립 단체, 노동조합 등 교회의 후원을 받은 '민중 조직들'이 확산되었다. 그 결과 맹렬한 국가 테러가 발생했는데, 미국은 양당의 후원과 일반 언론의 지지를 받아가면서 테러를 조성했다. 국내의 전선戰線을 위해 '홍보용 선거'를 실시한 뒤에는 남아 있던 일말의 양심마저 사라졌다.[38] 하지만 레이건 정부는 국민들에게 충분한 정신적 충격을 주었다고 판단하고 고문, 살인, 신체 훼손, 실종에 관한 보도를 줄이라고 지시했다. 그런 끔찍한 만행에 대한 보도가 아직 대기 중인, 후순위 국가 테러에 들어가야 할 지원과 자금 공급을 위태롭게 할지 모른다는 우려도 있었다.

엘살바도르에는 당파에 좌우되지 않는 독립 언론이 있었다. 《라 크로니카 델 푸에블로La Crónica del Pueblo》와 《엘 인데펜디엔테 El Independiente》 두 소형 신문사는 1980년부터 1981년 사이에 보안부대에게 파괴당했다. 잇따라 폭격을 당한 뒤, 《라 크로니카》의 편집자와 사진기자는 산살바도르의 커피숍에서 끌려 나와 난자당해 살해되었다. 암살단이 신문사의 사무실을 급습하여 폭격을 하고 불을 질렀으며, 발행인은 미국으로 도망쳤다. 《엘 인데펜디엔테》는 발행인 호르헤 핀토Pinto, Jorge가 멕시코로 도망친 후 신문사 건물이 군대에 공격당해 모든 설비가 산산이 부서졌다. 미국에서는 이 문제를 일방적으로 무시하여 《뉴욕타임스》의 뉴스 칼럼에 단 한 줄도 실리지 않았고, 신문사 파괴에 관한 사설이나 논평도 나오지 않았다. 그 뒤 몇 년 동안 어떤 기사도 실리지 않았으며, 단지 핀토가 독자란에 성명서를 발표했을 뿐이었다. 그는 "반대 의견을 말살하는 데 성공한 두아르테Duarte 군사정권"을 비난하고, 이른바 암살단은 "사실상 군대 그 자체"라는 소신을 피력했다. 이것은 교회와 국제 인권 감시단이 모두 증명해준 의견이었다.

《엘 인데펜디엔테》가 완전히 끝장나기 앞서 바로 그해에 신문사 사무실은 두 번이나 폭격을 당했으며 사무실에서 심부름하던 소년이 총에 맞아 죽었다. 그들은 기관총으로 핀토의 자동차를 난사하여 불태웠으며, 그 밖에도 발행인을 노린 암살 시도가 두 번이나 있었다. 탱크와 무장 트럭을 타고 온 군대는 신문사를 파괴하기 이틀 전에 사무실에 들이닥쳐 발행인의 행방을 수색했다. 이 사건은 미국 언론에 언급조차 되지 않았다. 최종적으로 파괴되기 전까지 6개월 동안, 《라 크로니카》는 네 차례나 폭격을 당했다. 네 번째로 폭격당했을 때는 《뉴욕타임스》에 40자 단신으로 보도되었다.[39]

그렇다고 해서 미국 매체가 중앙아메리카의 언론 자유에 대해 전반적으로 무관심했던 것은 아니다. 엘살바도르의 두 신문사에 대한 침묵과는 극히 대조적으로, 니카라과의 《라 프렌사La Prensa》라는 신문은 엄청난 주목을 받았다. 언론 비평가 프랜시스코 골드먼Goldman, Francisco은 4년 동안 《뉴욕타임스》에 이 신문과 관련된 고뇌에 찬 기사가 263회나 실렸다고 지적했다.[40] 왜 이렇게 차별 대우를 했는지 그 기준은 분명하다. 엘살바도르 신문사들은 미국의 피보호국 정부가 억압하려 했던 독립의 목소리였다. 반면에 《라 프렌사》는 니카라과 정부를 전복하려는 미국의 하수인이었고 "보람 있는 희생자"였다. 따라서 이 신문사의 고통은 고뇌와 분노를 일으키는 반면 엘살바도르 신문사들은 별다른 반응을 일으키지 못하는 것이다. 이런 차별적 기준을 밝혀주는 추가 증거가 있다.

신문사가 파괴되기 몇 달 전, 《라 크로니카》의 발행인인 호르헤 나폴레온 곤살레스Jorge Napoleón Gonzales 박사는 뉴욕을 방문하여, "신문사를 파괴하려는 테러리스트를 막아달라"고 국제적으로 호소했다. 그가 우익의 위협과 "(그의 신문사가) 정부의 탄압이라고 하는" 사례를 거론했다고 《뉴욕타임스》는 신중하게 토를 달았다. 그의 호소에 따르면, 그는 "틀림없이 군대의 지원을 받고 있는" 암살단의 위협을 받았고, 그의 집에서 폭탄 두 개가 발견되었으며, 신문사 사무실은 기관총 세례를 받아 불탔고, 그의 집은 병사들에게 포위되었다. 왜 이런 테러가 발생했을까? 신문사가 "지주 계급"에 분노하면서 "토지 개혁을 요구하기 시작"하면서 문제가 불거졌다는 것이다. 하지만 국제적 압력은 동원되지 못했으며, 엘살바도르의 보안부대는 소기의 임무를 완수했다.[41]

같은 해, 엘살바도르의 교회 방송국은 거듭 폭격당했고 군대는 대주교관을 점령하여 라디오 방송국을 파괴하고 신문사 사무실을 샅샅이 뒤졌다. 이런 테러 역시 미국 언론의 반응을 끌어내지 못했다.

1982년과 1984년의 엘살바도르 '자유선거'가 열심히 보도되는 와중에도 이 사건들은 조명을 받지 못했다. 나중에 우리는 《뉴욕타임스》 중앙아메리카 특파원 제임스 르모인LeMoyne, James이 전하는 소식을 정기적으로 접하게 되었다. 엘살바도르는 적국인 니카라과보다 큰 자유를 누리고 있는데, 반면에 니카라과에서는 엘살바도르 같은 만행이 전혀 없었다고 한다. 또한 르모인 기자에 따르면, 니카라과 야당 지도자와 언론은 미국 정부의 자금 지원을 받았고, 니카라과 정부에 대한 미국의 공격을 공개적으로 지지하면서, 테러와 암살보다는 가벼운 탄압에 대해 불평했다. 하지만 《뉴욕타임스》의 중앙아메리카 특파원들은 다음과 같은 상황을 보도하지 않았다. 《뉴욕타임스》 특파원들도 잘 아는, 엘살바도르 교회의 뛰어난 인물들(암살된 로메로Romero 대주교의 동지들을 비롯하여), 저명한 엘살바도르 작가, 정치적 활동가라고 결코 확대 해석할 수 없는 그 밖의 사람들이 국외로 도피했다. 이들은 암살당할까 봐 암살단 민주주의(《뉴욕타임스》 특파원이 그토록 칭송하고 옹호한 민주주의)국가로 돌아갈 수 없는 것이다. 《뉴욕타임스》 편집자들은 레이건 정부에 "니카라과의 평화와 다원주의를 위해 압력을 가하라"고 요구했다. 니카라과 정부는 "용감하게 자유 언론을 실천하려는 사람들을 괴롭힌 지독한 정부"이고, 그 나라에서는 "자유로운 경쟁 선거"가 한 번도 없었다는 것이다.[42] 하지만 이런 비난은 엘살바도르에는 적용되지 않는다.

　자유 언론은 이렇게 환상을 심는 일에 열심이다. 그것은 국내의 적을 봉쇄하는 데 필요한 환상이다.

고의적인 무지와 그 용도

이 글(원제 Intenational Ignorance and Its Uses)은 《신세대는 선을 긋다 : 코소보, 동티모르와 서구의 기준 A New Generation Draws the Line : Kosovo, East Timor and the Standards of the West》(London : Verso, 2000), 1~47쪽에 처음 실렸다.

20세기는 끔찍한 범죄와 함께 마감되었다. 그래서 강대국들은 인간사에 주목할 만한 '새로운 시대'가 열린다고 홍보하고 나섰는데, 그 특징은 역사상 전례가 없는 인권과 고상한 원칙에 대한 헌신이었다. 규모와 질에서 유례가 없던 자화자찬의 분출은 그저 새 천년을 맞아 늘어놓는 현란한 말잔치다. 서구 지도자들과 지식인들은 청중에게 새로운 시대가 도래하는 것은 사실이며, 그것은 매우 중요하다고 힘주어 말했다.

그러나 인류 역사의 새로운 시대는 나토NATO가 1999년 3월 24일 세르비아를 폭격하는 것으로 개막되었다. 영국 총리 토니 블레어는 "새로운 세대는 선을 그었다"라고 선언하면서 "모든 인종 집단이 야만적으로 억압당하는 것을 더는 참을 수 없고", "이런 범죄의 책임자들은 숨을 곳이 없다는 새로운 국제주의"와 "가치를 위해" 싸우겠다고 말했다. 바츨라프 하벨Havel, Václav 체코 대통령은 나토가 "원칙과 가치의 이름을 건" 역사상 최초의 전쟁을 개시했다고 선언하며 "단일 민족국가의 종말"을 알렸다. 그것이 더는 "모든 민족 공동체의 최고 정점 혹은 지상의 가장 높은 가치"가 아니라고 신난했다. "대대로 이어진 계몽된 민주주의자들의 노력, 두 번의 세계대전에서 겪은 끔찍한 경험, …… 그리고 문명의 진화는 마침내 인간이 국가보다 더 중요하다는 인식을 인류에게 가져왔다."[1]

새로운 세대는 "잔학 행위를 끝장내려는 이상적인 신세계(미국_옮긴이)"와 그에 동조하는 영국의 지도 아래 선행을 완수할 것으로 예상되었다. 《포린어페어스》의 표제 기사를 보면, 인권 수호를 위해 활약한 한 법학자가 이렇게 설명했다. "제한적인 낡은 규칙"과 세계 질서라는 낡은 개념의 굴레에서 벗어난 "문명사회"는 그 사회가 "정당하다고 믿는" 일에는 무력을 행사할 수 있다. 그 근거는 이렇다. 그 목적의 숭고함이 아주 "명백하기" 때문에, "반항하는 자, 게으른 자, 이단자" 등 세상을 "어지럽히는" 요인들을 다스릴 때, 아무 증거가 없어도 그들 나름대로 "정의의 현대적 개념"을 따르면 된다는 것이다.[2] 문명국가 클럽, 즉 관습적으로 말하는, 소위 '국제 공동체'라 불리는 것의 회원국이 되는 근거 또한 자명하다. 과거와 현재의 관행은 얼마든지 무시할 수 있는 따분한 옛날이야기고, 최근 사례들이 보여주듯이, '과정의 변화'라는 미명을 들이대면 관행 정도는 얼마든지 무시할 수 있다.

밥 데이비스Davis, Bob는 클린턴 대통령이 새로운 시대라는 것을 개막한 마케도니아의 나토군을 칭찬하면서 "군사 개입에 관한 **클린턴 독트린**을 제의했다"고 《월스트리트저널》에 보도했다. 그 독트린은 "폭군에게 경각심을 일깨우는 것"이었다. 대통령 자신의 말을 빌려보면 이렇다. "만약 누군가가 무고한 시민을 뒤쫓아 종족·인종적 배경이나 종교를 이유로 대량 학살을 시도할 경우, 그것을 막을 힘이 있다면 우리는 그렇게 할 것이다." "영향력을 행사할 수 있다면 우리는 그렇게 해야 하고, 그 구체적 사례는 코소보 사건이다." 대통령은 국민에게 "그저 방관하는 것은 취할 만한 태도가 아닌 때가 있습니다"라고 설명했다. "우리가 세계 곳곳에서 일어나는 비극에 모두 쫓아가서 대응할 수는 없지만", 그렇다고 해서 "우리가 누구에게나 아무것도 아닌 존재"는 아니다.[3]

새로운 시대가 시작되기 훨씬 전, 클린턴의 '신윌슨주의'는 관측통에게 미국의 외교정책이 '숭고하게 빛나는' '고상한 국면'으로 진입했다고 확신시켰지만, 어떤 사람들은 처음부터 이런 정책의 위험을 간파하고, '외교 정책에서 이상주의를 너무 강조한 나머지' 미국이 다른 나라들의 이익에 봉사하다가 정작 미국 자신의 이익을 무시하게 될 것이라고 경고했다. 클린턴의 1999년 "인도주의적 개입의 개방적인 수용受容" 또한 "행정부 안팎의 외교 전문가들을 걱정시켰다"고 데이비스는 보도했다. 존 매케인 상원의원은 "외교 정책이 사회사업으로" 되어버렸다며 비웃었고, 다른 의원들도 동조했다. 이런 우려를 완화시키기 위해, 클린턴의 국가안보 담당 보좌관 샌디 버거Berger, Sandy는 인종 청소가 "세계의 수십 개국에서 발생하기" 때문에 사건 발생만으로는 개입할 근거가 되지 못한다고 강조했다. 반면 코소보는 미국의 국익이 걸린 문제였다. 즉 "나토의 신인도를 높이고 코소보 난민이 이웃 국가들로 몰려들지 못하게 하려는 개입"이었다. 나토가 폭격을 시작하자 예상대로 대대적인 인종 청소가 벌어졌다. 그렇다면 미국이 폭격의 정당성을 옹호하는 구실로 남은 것은 '나토의 신인도 제고'뿐이다.[4]

워싱턴의 공식적인 설명은 꽤 일관성을 유지했는데, 국방장관 윌리엄 코언Cohen, William과 합참 의장 헨리 셸턴Shelton, Henry이 2000년 1월에도 이를 반복해 전쟁에 대한 장문의 요점 정리 보고서를 의회에 제출했다. 그들에 따르면, 미국과 나토는 "동유럽의 안정 보장", "인종 청소 방지", "나토의 신인도 보장"이라는 세 가지 큰 이해관계를 가지고 있었다. 블레어 총리 역시 같은 태도를 취했다.[5]

결론은 우리가 패배할 수 없다는 것입니다. 만약 패배한다면, 우리가 전략적 목적을 달성하지 못하는 것으로 끝나지 않습니다. 그것은 도덕적 목적의 관점에서도 실패가 됩니다. 나토의 신인도에 치명타를 입히는 꼴이 되고, 그 결과 세계는 더욱더 불안정해질 것입니다.

나중에 이런 공식적 입장들을 자세하게 살펴볼 때까지 잠시 이 문제를 접고, '국제 공동체' 외의 세계가 나토의 안보 노력을 어떻게 이해하는지 살펴보자. 2000년 4월, 세계 인구의 80퍼센트에 해당하는 G-77의 남반구 정상회의는 이 문제에 관한 몇 가지 통찰력을 제공했다. 아바나 회의는 콜롬비아 카르타헤나의 외무장관 회담 직후에 열린 중요한 회의로, 국가원수급이 참가하는 최초의 G-77(지금은 133개국) 회의였다. 그들은 '남반구 정상회의 선언'을 발표했고, 새 옷으로 갈아입은 전통적인 제국주의의 갖가지 강압과 "이른바 '올바른' 인도주의적 간섭을 거부한다"고 선언했다. 여기에는 서구에서 '세계화globalization'라고 부르는, 기업이 주도하는 특수한 형태의 세계 통합이 포함된다.[6]

남반구에서 가장 존경받는 사람들이 다 함께 목소리를 높여 나토의 운영 원칙을 비난했다. 2000년 4월, 영국을 방문한 넬슨 만델라는 "다른 국가를 무시하면서 미국과 함께 '세계의 경찰국가' 역할을 맡아 국제 혼란을 부추기는 〔영국〕 정부를 질타했다." 그는 "유엔을 짓밟고 이라크와 코소보에 대한 군사작전을 시작하는 영국과 미국의 행동에 분개한다"고 했다. 또 "이렇게 국제 관습을 무시하는 행위는 현재 아프리카에서 벌어지는 것보다 더 세계 평화에 위험하다"고 말했다. 그의 말을 그대로 옮겨보자. "그들이 저지르는 행동은 아프리카에서 일어나는 사태보다 훨씬 더 위험하다. 특히 미국과 영국이 문제다. 이 점을 지적하지 않을 수 없다."[7]

1년 전 진행된 나토의 유고슬라비아 폭격은 세계 대부분의 민주 국가들이 비난했고, 워싱턴 정부에 맹종하는 가장 충실한 피보호국의 존경받는 전략 분석가들도 그 작전에 대해 상당한 의문을 제기했다. 아모스 길보아Gilboa, Amos는 "도덕적 정당성이라는 속보이는 핑계"를 대며 나토가 "식민지 시대"로 회귀한 것은 "세계의 위험"이라고 지적하면서, 그것이 전쟁 억지용 대량 살상 무기의 확산을 초래할 것이라고 경고했다. 다른 사람들은 그것이 순전히 강대국의 편의를 위해 무력을 사용하는 전례가 될 것이라고 여겼다. 만약 필요성이 제기된다면, "이스라엘은 나토가 코소보에게 저지른 일을 레바논에 저지를 것"이라고 군사 역사가인 제프 시프Schiff, Ze'ev(1932~2007, 이스라엘 언론인으로 군사 전문가_옮긴이)는 말했다. 이스라엘 군대는 특히 코소보 전례를 따르면서 파괴적이고 기습적인 공중전을 준비하고 있다. 미국 원조의 두 번째 수혜국(이집트_옮긴이) 관영 언론과 그 밖의 다른 곳에서도 비슷한 태도를 보였다.[8]

　동유럽 반체제 인사들 가운데 서구에서 가장 큰 주목을 끈 인물은 바츨라프 하벨이다. 그는 서구 지도자들의 도덕성을 높이 평가해 환영받았다. 오래전, 특히 1990년대에 하벨은 서구에서 인기가 아주 높은 인사의 반열에 올랐고, 논평가들로부터 열광적인 환호와 기립 박수를 받았다. 논평가들은 권력에서 "우러나온 책임감을 이해한" "자유의 수호자"라는 하벨의 서구 지도자 찬양에 깊이 감동했다. 하지만 그보다 몇 주전 서구 지도자들의 책임감이라는 것이 적나라하게 드러났다. 미국식 훈련을 받고 미국 무기로 무장한 국가 테러리스트들이 '자유의 수호자' 감독하에 테러를 벌이는 과정에서 라틴아메리카의 주요 반체제 지식인 여섯 명의 머리를 쏘아 죽인 것이다. 상황을 바꾸어 라틴아메리카 반체제 세력이 의회에서 이런 테러를 저질렀다면 반응이 어땠을지 한번 상상해보라. 이 경우, 서구의 반응은 유익하고 나름대로 의미가 있다.[9]

일찍이 알렉산드르 솔제니친이라는 반체제 지식인이 옳은 말을 자주 해 존경을 받았다. 하지만 1999년에는 그렇지 않았다. 그는 강대국들의 기대와는 다르게 남반구 정상회의, 만델라, 문명권 밖에 있는 사람들의 관점에서 새로운 시대를 바라보았다.

침략국들은 유엔을 무시하고, 힘이 정의인 새 시대를 열었다. 나토가 코소보를 지키려 한다는 환상은 품을 수도 없다. 탄압받는 사람들을 보호하는 게 그들의 진정한 관심사라면, 차라리 비참한 쿠르드족을 지키는 편이 나았으리라.

쿠르드족 사태는 특이한 사례로서 상당히 주목할 만하다.[10]

솔제니친은 "많은 사람들에게 러시아의 양심의 소리로 여겨지는" 인물로서 러시아 정부의 부패를 "고상하고 합리적인 방식"으로 고발해 존경받았다.[11] 하지만 그가 새로운 시대를 잘못 해석하자 더는 존경을 받을 수 없었다. 그래서 솔제니친은 광명의 빛을 보지 못하는 남반구 정상회의 및 다른 사람들과 똑같은 대우를 받았다.

귀찮은 세계 여론 따위는 별로 보도되지 않지만, 날카로운 분석가들은 우려의 눈길로 그것을 지켜본다. 시카고 대학의 정치학자 존 미어셰이머Mearsheimer, John는 1991년 걸프 전쟁과 1999년 코소보 전쟁 때문에 "미국 폭력에 대한 억지 수단으로서 인도가 핵무기를 보유하려는 결심을 굳혔다"고 평했다. 하버드의 친정부 교수인 새뮤얼 헌팅턴은 "많은 국가들의 눈에" 미국은 "초강대 악당이 되어가고" 있으며, "그들 사회의 가장 큰 외부적 위협"이라고 경고했다. 그는 다음과 같은 영국 외교관의 말을 인용한다. "미국이 세계에서 지도력을 발휘해주기를 바란다는 것은 미국에서나 통하는 얘기고" "미국을 제외한 다른 모든 나라가 미국의 오만과 일방주의에 염증을 느끼고 있으며" 그것은 대항 세력의 강화로 이어질 것이다. 5년 전, 북한의 핵무기 보유 가능성에 대한 얘기가 나온 직후 "일본은 러시아와 북한에 뒤이어 미국이 '세계 평화의 최대 위협'이라고 손꼽았다"라고 동아시아 전문가인 찰머스 존슨Johnson, Chalmers이 말했다. 전략 분석가이자 나토의 정책 입안자 출신인 마이클 맥과이어MccGwire, Michael는 코소보 전쟁 중 다음과 같이 썼다.

> 세계 전체는 재판관, 배심원, 집행인 구실을 홀로 자임하는 군사-정치 동맹을 보았다. …… 〔그 동맹은〕 말로는 국제 공동체를 위해 활동한다고 주장하면서 자신들의 판결을 집행하기 위해 유엔을 무시하고 아무렇지도 않게 국제법을 회피했다. 세계는 도덕적 수사를 번드레하게 구사하는 동맹, 그런 부류의 다른 조직 못지않게 진실을 우습게 여기는 동맹을 보았다. 기술적으로 비할 데 없이 뛰어난 살해, 손상, 파괴 능력을 갖춘 서구 국가들의 동맹, 그것은 오직 자신들의 '전사들'이 위험에 처할 만한 경우에만 조심했다.

현재 드러난 정보를 살펴보면, 이것은 공정한 평가다.[12]

세계 전체는 신세대의 공훈과 도덕성에도 별로 감동하지 않았고, 나토의 신인도를 확립함으로써 헌신적으로 세계를 안전하게 지키려는 노력도 신통치 않게 여겼다. 우리는 증거를 바탕으로, 새로운 시대를 평가하는 다음 두 가지 시각 중 어떤 것이 더 신뢰도가 높은지 물어볼 수 있다. 그것은 몽상적인 약속을 늘어놓는 자화자찬인가, 아니면 그 동맹 바깥에 있는 사람들이 회의적으로 바라보는 '이기적인 노래의 재탕'인가.

가까운 미래를 우려하는 사람들, 도덕적으로 자명한 이치를 지킨다고 생각하는 사람들은 이 문제를 신중하게 살펴야 한다. 특히 다음과 같은 세 가지 사항은 반드시 언급되어야 한다.

1. 사람들은 행동(혹은 방관)을 선택하면서 그에 따르는 예상 결과를 책임진다. 이런 책임은 한 국가의 정책 선택에도 그대로 적용된다. 정치 공동체가 그 정책 결정에 어느 정도 영향을 미쳤다면 말이다.
2. 별로 처벌을 받을 염려 없이, 어느 정도 효율적으로 행동할 수 있는 기회와 특권은 책임감을 높인다.
3. 고결한 원칙의 공언이 진지한 것이 되려면, 그 원칙을 공공의 적이나 주류 정치 문화에서 가치 없다고 여겨지는 다른 사람들에게 적용하기 전에 자기 자신에게 먼저 적용해야 한다.

이 뻔한 소리가 진리라고 치자. 하지만 역사상 그리고 사실상 모든 사회에서 이 진리는 지키기보다 위반하는 것이 더 일반적이다. 그렇다면 공정한 질문은 이런 것이다. 거의 전 세계가 믿듯이 20세기가 끝날 무렵 과거의 익숙한 이기주의적 패턴이 그대로 반복되었는가, 아니면 신세대와 찬양자들이 선언하듯이 새로운 시대가 정말로 개막되었는가. 어떤 것이 현실인가.

곧 마음에 떠오르는 것은 이런 문제에 대한 탐구가 얼마나 자주, 얼마나 신중하게 수행되었는가 하는 점이다. 내가 알기로는 별로 없었다. 결론은 자명하다. 아무도 그런 탐구가 필요하다고 생각하지 않았고, 그것을 수행해야 한다고 말하지 않았다. 아니, 그런 말을 꺼내는 것조차 불명예스럽게 여겼다.

이 문제에 대한 탐구를 어떻게 진전시킬지는 명확하다. 누가 새로운 시대를 강력하게 말하는지 혹은 누가 새로운 시대를 의심하는지 확실히 알려면, 우리는 클린턴 대통령이 클린턴 독트린이라는 것을 제안하면서 표현한 것과 같이, "우리가 변화를 만들 수 있고" 따라서 "시도해야 하는" 세계의 상황에 신세대가 어떻게 반응하는지를 살펴보아야 한다.

우리는 세계 문제에 개입한 미국의 다양한 조치들을 살펴볼 수 있다. 한 가지 기준은 해외 원조다. 세계에서 가장 부유하고 특권적인 국가는 확실히 궁핍한 나라들을 도와 '변화를 만들' 수 있을 것이다. 정계의 지도층은 이 난제를 다루면서 선진국 세계에서 가장 비참한 기록을 작성했다. 최대 원조 수혜국인 부자 나라(이스라엘)와, 이스라엘에 인접해 있어서 그다음으로 많은 원조를 받은 이집트를 모두 포함해도 원조 기록은 신통치 않다. 새로운 시대가 오면서 그 기록은 훨씬 더 나빠졌다. 2000년 6월 상원에서 통과된 대외원조법은 "세계에서 가장 가난한 나라들에 7500만 달러를 제공했는데 그것은 행정부가 요청한 2억 5200만 달러를 삭감한 액수"였으며 부끄러울 정도로 소액이었다.[13] 이와 대조적으로 같은 법은 콜롬비아 군대에 13억 달러를 제공했다. 이 문제는 뒤에서 더 살펴보자. 더 볼 것도 없이, 이 자료는 회의론자의 평가가 옳음을 확인해 준다.

이런 원조의 기준은 어떤 (불분명한) 이유에 따라 상관없는 것일지 모른다. 그렇다면 이것은 잠시 접어두고, 군사원조와 만행에 대한 반응이라는 자연스러운 또 다른 기준으로 돌아가자. 클린턴 정부 기간 내내 미국 군사원조의 최대 수혜국은 터키였으며,[14] 그곳은 솔제니친이 "비참한 쿠르드족"이라고 한 1500만 명의 고향이다. 이 나라부터 이야기해 보자.

원칙과 가치에 대한 열광이 절정에 달한 1999년 4월, 나토는 창설 50주년을 맞이했다. 그것은 순수한 축제는 되지 못했고, 오히려 코소보의 사악한 만행과 인종 청소의 그림자가 드리워진 음산한 행사였다. 문명 국가들이 꾸며낸 '정의의 현대적 개념'에 비추어 볼 때, 나토의 경계와 아주 가까운 곳에서는 공포스런 참사가 용납될 수 없다. 하지만 나토의 경계 **안**에서는 허용될 수 있다. 즉 이곳에서 벌어지는 대규모 만행과 인종 청소를 허용할 뿐만 아니라 교사하는 것은 문명국가들의 의무다. 우리는 '다른 나라 사람들에 대한 국가의 조직적인 살인을 방관'하는 데서 그치는 것이 아니라, 그 공포와 파괴가 절정에 달하도록 상당한 지원을 해야 한다는 것이다. 동시에, 공공의 적이 저지르는 사악한 일을 레이저와 같이 집중적으로 주시해야 한다.

나토 기념식에 참석한 사람들과 실황 중계 방송기자들은 1990년대 최악의 인종 청소가 나토 위수 지역에 있는 터키 동남부에서 자행되었다는 것을 '알아차리지 못했다'. 이것은 아마도 상당한 자제력이 필요했을 것이다. 게다가 엄청난 만행은 서구, 특히 미국 무기의 대대적인 수입에 의존했다. 만행이 절정에 이른 1990년대 중반에 미국은 터키 무기의 80퍼센트를 제공했다. 전략적 동맹과 군사의 전초기지인 터키는 2차 세계대전이 끝난 뒤에 상당히 많은 무기를 미국으로부터 받았다. 터키가 비참한 쿠르드 주민을 상대로 군사작전을 벌이던 1984년, 미국 무기의 반입이 급증했다. 1990년대 군인과 경찰의 준군사작전은 미국에서 무기와 군사훈련을 받으면서 더욱 폭력적으로 되었다. 특파원 조너선 랜들 Randal, Jonathan의 논평에 따르면 터키는 1994년에 두 가지 기록을 세웠다. 1994년은 "쿠르드 지방에서 최악의 탄압을 저지른 해"다. 그리고 그 해에 터키가 "미국 군사 장비의 최대 수입국이자 세계 최대 무기 구매자"가 되어, 그 모든 무기가 마침내 터키 군대와 군수산업의 광범위한 합작과 작전을 거쳐 쿠르드족을 탄압하는 데 쓰였다. 1997년에 클린턴 정부가 지원한 무기만도 1950년부터 1983년까지 공급한 무기의 분량을 넘었다.[15]

중무기의 지속적인 공급·군사훈련·외교적 지원 덕분에 터키는 쿠르드의 저항을 짓밟을 수 있었고, 3500군데 마을을 파괴하면서 수만 명을 죽이고 200만~300만 명에 이르는 난민을 양산했다(나토의 폭격을 받은 코소보보다 일곱 배 큰 피해 규모다).

이 경우, 책임을 결정하기가 쉽다. 쿠르드족과 정의를 요구하는 투르크족에 대한 탄압은 현대 터키가 건국된 때부터 잔악하기 짝이 없었다. 대단히 믿을 만한 소식통은 반폭동 전쟁의 만행을 상세하게 기록했다. '비인간적 행위의 종식에 열심인 이상적인 신세계'의 공헌에 대해서는 의문의 여지가 없다. 이런 만행을 막기 위해 워싱턴이 한 일은 사실상 없다. 어떤 구실을 했다고 변명을 둘러대는 것은 거의 불가능하다.[16]

이 문제가 침묵을 깨고 나오는 희귀한 경우도 있다. 그럴 때 전형적인 반응은 이런 것이다. 토머스 쿠시먼Cushman, Thomas(사회학자, 웰즐리 대학 교수_옮긴이)이 말했듯이, "미국이 터키의 쿠르드족을 보호하지 못한 것은 코소보 주민들을 지키겠다고 스스로 선언한 미국의 태도와는 일치하지 않는다." 또 아리예 나이어Neier, Aryeh(1937~, 인권운동 단체 ACLU의 회장_옮긴이)에 따르면, 미국은 쿠르드족에 대한 만행을 '허용했다'는 것이다.[17] 이 유감스러운 과실은 우리가 때때로 '일관성이 없고' '〔만행을〕 외면해버린다'는 것을 보여준다. 서구 문명국가의 지도자들은 이럴 경우 부당한 일을 막는 능력에 한계가 있다고 둘러댄다.

이런 반응은 앞에서 말한 도덕적 이치를 크게 벗어나는 것이다. 그런 태도는 직접 책임을 나눠 져야 하는 대규모 만행을 냉소적으로 옹호하는 태도와 다름없다. 터키와 쿠르드의 경우, '외면'은 없었다. 동맹국들과 마찬가지로 워싱턴 당국도 '현지를 살펴보고' 어떤 일이 벌어지는지 알았으며, 특히 클린턴 시절에는 만행을 결정적으로 지원했다. 러시아가 그로즈니(체첸자치공화국의 수도_옮긴이) 사람들을 '보호하지 않고' 그들의 고통을 '허용'한 것처럼, 미국도 '쿠르드족을 보호하지 않았고' 그들에 대한 만행을 '허용'했다. 신세대 정치가들은 의식적으로 되도록 많은 총기를 살인자와 고문자의 손에 넘겨줌으로써 획기적인 선을 그었다. 총기뿐만 아니라 제트 전투기, 탱크, 공격용 헬리콥터 등 최신 테러 장비들을 넘겨주었다. 때로는 비밀리에 넘겨주어야 했는데, 무기 공급이 미 의회의 법률을 어기는 것이었기 때문이다.

이런 행위는 방어적 목적이 전혀 없고, 냉전과 아무 상관도 없다. 냉전 기간에도 물론 어디서나 이런 일이 벌어졌다. 새삼 놀랄 일도 아니다. 우리가 역사적 사건과 내부의 정책 수립 기록을 샅샅이 살펴보면 그것을 알 수 있다. 강대국들의 대결이 늘 배경에 깔려 있고, 그런 대치 상황이 무력, 테러, 경제 전쟁에 유용한 핑계를 제공했다. 미국의 태도에 '일관성이 없다'고 비난하려면, 주장만 할 게 아니라 증거를 대야 한다. 역사적으로 기록되어 있는 여러 무력 사용에 대해서도 마찬가지다. 그 무력 행동이 인도주의적 의도와 일치하지 않는다고 단순히 주장해서는 안 되고 입증까지 해야 한다.

팀 주다Judah, Tim(영국의 자유 언론인_옮긴이)는 코소보 분쟁을 설명하면서 더 현실적인 해석을 내놓는다. "서방 국가들은 당연히 쿠르드족이나 티베트인의 곤경, 혹은 러시아의 체첸 폭격 희생자들을 동정하지만 **현실 정책**은 그들을 도울 의지 혹은 능력이 없다."[18] 티베트인과 체첸 사람들을 돕는다면 대규모 전쟁으로 이어질지 모른다. 쿠르드족의 경우, 그들을 도와주는 행위가 미국의 국익과 충돌할 것이다. 따라서 우리는 그들을 도울 수 없고 결국에는 그들에게 저지르는 만행에 동참해야 한다. 책임이 무거운 지식층은 침묵, 변명, 기만 등으로 진실을 가리면서도, '원칙과 가치'에 대한 지도자들의 특이한 헌신을 칭송한다.

미국-터키가 공격해 가장 황폐해진 지역이라 할 수 있는 곳은 쿠르드족 수도 디야르바키르 북쪽에 있는 툰젤리였다. 마을의 3분의 1은 파괴되었고, 방대한 지역이 미제 헬리콥터와 전투기의 폭격으로 화염에 휩싸였다. 터키의 장관은 1994년에 "툰젤리 테러는 국가 테러다"라고 마지못해 인정하면서, 마을을 불태운 테러 때문에 주민 200만 명이 고향에서 내쫓겼다고 말했다. 난민들은 그들을 가려줄 천막조차 없이 떠났다고 한다. 2000년 4월 1일에 1만 터키 군대가 그 지역을 소탕하는 한편, 무장 헬리콥터를 갖춘 5000~7000명의 부대는 이라크 국경을 넘어가 쿠르드족을 다시 공격했다. 그곳은 '비행 금지 지역'이었다. 미국 공군이 (일시적으로) 엇나간 압제자로부터 쿠르드족을 보호한다는 지역에서 그런 일이 벌어졌다.[19]

세르비아 사태를 떠올려보자. 바츨라프 하벨이 말했듯이, 나토는 '품위 있는 사람이라면 국가의 조직적인 살인 행위를 방관할 수 없기 때문'에 싸웠다. 토니 블레어에 따르면, '신세대' 지도자들은 '인종 전체를 야만적으로 억압하는 행위를 더는 용납하지 않으며' '이런 범죄를 저지르는 사람들은 숨을 곳이 없게 만든다는 새로운 국제주의'를 실천하고 있었다. 클린턴 대통령의 말에 따르면 "만약 누군가가 무고한 시민을 뒤쫓아 인종, 민족적 배경, 종교 때문에 대량 살인을 시도하는데 우리에게 그것을 막을 힘이 있다면, 우리는 막을 것이다." 하지만 '국가의 조직적인 살인'에 열정적으로 동참하는 일과, '인종 전체에 대한 야만적인 억압'을 막을 힘은 우리에게 없다. 게다가 이런 범죄를 저지른 사람들은 숨을 필요도 없다. 그들은 지식층의 칭송을 듣고 있다. 지식인들은 그 살인자들의 '숭고하게 빛나는' 행위와 고결한 이상에 경탄한다.

게다가 '품위 있는 사람들'은 나토 국가들이 우리의 아낌없는 원조로 자국의 주민을 억압하고 테러를 자행할 뿐만 아니라 마음대로 타국을 침공할 권리가 있다고 이해해준다. 똑같은 특권이 비非나토 우방국, 특히 이스라엘에까지 확대 적용된다. 이스라엘은 유엔 안보이사회의 명령을 어기고 남부 레바논을 22년 동안 점령했다. 그것도 미국의 공인과 원조를 받아가면서 말이다. 그동안 이스라엘은 수만 명을 죽이고 수십만 명을 고향에서 거듭 쫓아내고 2000년 초에 다시 민간의 사회기반시설을 파괴했다. 이런 만행을 미국의 지원과 무기는 늘 따라다녔다. 일부 이스라엘 사람들과 인권 단체가 인정하듯이 이런 행위는 자기방어와 전혀 상관이 없었지만, 미국의 정보 조직망은 사실과 다른 이야기를 흘려보냈다.[20]

2000년 6월, 이스라엘이 레바논에서 철수했는데, 정확히 말하자면 레바논의 저항에 밀려난 것이다. 유엔 총회는 남부 레바논의 안정을 다지고 황폐한 지역의 재건을 돕기 위해 유엔 레바논 평화유지군UNIFIL 감시단을 파견하는 데 1억 5000만 달러를 사용하기로 했다. 결의안은 110 대 2로 통과했다. 반대표 둘은 미국과 이스라엘의 것이었다. 이 반대표의 이유는 무엇일까? 이 결의안에서는 1996년 이스라엘이 레바논을 침공할 때 유엔 복합 시설을 공격해 그곳에 피신했던 민간인을 100명 이상 죽인 것에 대한 보상으로 약 128만 달러를 유엔에 지불하라고 이스라엘에게 요구했기 때문이다.[21]

서구 테러의 성과는 높은 평가를 받았다. 2000년 4월 1일, 터키가 남부 지역과 국경 너머에서 새로운 군사작전을 개시했을 때, 미 국방장관 윌리엄 코언은 미국-터키 협회American-Turkish Council 총회에서 연설을 해 웃음이 만발한 찬사를 받았다. 그는 터키가 세르비아에 대한 인도주의적 폭격에 참여한 행동을 칭찬하고, 터키가 펜타곤의 최신 합동타격전투기Joint Strick Fighter 개발에 참여할 것이라고 발표했다. 미국과 여러 나라가 F16을 공동 개발했던 것처럼 말이다. F16은 인종 청소와 야만 행위에 활용되었다. 나토의 경계 부근이 아니라 나토 위수 지역 안에서. "지금은 정말로 활기가 넘칠 뿐만 아니라 공익사업을 추진할 수 있는 흥분된 시간입니다"라고 코언이 말했다. "세기가 바뀌면서 우리는 용감한 신세계로 진입했습니다. 모두가 활용할 수 있는 창의적인 기회가 많은 신세계, 미국-터키 제트 전투기 프로젝트가 상징하는 신세계 말입니다." 그 프로젝트는 터키로 하여금 이스라엘과 밀접한 동맹을 누리면서, "중동의 안전과 안정을 구축하는 최전선에서 주도권을 쥐게" 할 것이다.

그 직후 국무부는 '테러리즘과 싸우는 행정부의 노력을 설명하는 최신 연례 보고서'를 배포했다고 주디스 밀러Miller, Judith《뉴욕타임스》기자가 보도했다. 보고서는 터키를 거명하면서 "긍정적인 경험"을 칭찬했다. 터키는 "비테러리스트 저항 집단과 정치적으로 대화하는 한편 강경한 대테러 조치"가 어떻게 만연한 폭력과 만행을 극복할 수 있는지를 보여주었다는 것이다. 망설이는 기색 하나 없는 천연덕스런 문체다.[22]

지금가지 살펴본 첫 번째 사례는 회의론자의 신세대 평가를 강력하게 확인해준다. 그들이 입만 열면 말하는 '도덕적 목적'에 관한 통찰력까지 얻을 수 있다. 토니 블레어의 말을 들어보자. "유럽 연합의 문턱 바로 앞에서 엄청난 불법 행위가 사람들에게 자행되었습니다. 우리는 그런 불법 행위를 예방하고 진압해야 할 위치에 있으며 반드시 그렇게 해야 합니다."[23] 블레어의 말은 그의 정부와 동맹이 나토 지역에서 저지른 '정당한' 테러와 인종 청소를 말하는 게 아니라, 나토의 폭격을 받은 공공의 적이 저지르는 만행을 가리킨다.

1999년 터키는 미국 군사원조의 최고 수혜국 자리에서 물러났고, 그 자리를 콜롬비아가 이어받았다.[24] 따라서 자연스레 콜롬비아는 신세대를 평가하고 탐구하는 데 두 번째 사례가 된다.

콜롬비아는 1990년대에 서반구에서 최악의 인권 사례를 기록했고 미국 군사원조와 훈련을 많이 받은, 거래한 지 오래된 국가다.[25] 콜롬비아는 1998~1999년 원조 규모가 세 배로 늘어, 라틴아메리카와 카리브 해의 나머지 국가들이 받은 원조를 합한 것보다 더 많은 원조를 받았다. 《월스트리트저널》이 보도한 대로 보고타에서 "미국의 강도 높은 지도 하에" 작성되었다는 75억 달러 '콜롬비아 계획Plan Colombia'이 건재하는 이상 원조 규모는 급증하게 되어 있었다. 미국인이 아닌 외교관에 따르면, 이 계획은 영어로 작성되어 있다. 콜롬비아 계획은 미국이 군사원조 10억 달러를 제공하는 한편, 사회·경제·인권 프로그램을 통해 나머지 자금을 조달하도록 되어 있다. 군사 분야는 초기의 프로그램을 연장하면서 1999년에 본궤도에 올랐고, 나머지 부문은 대기 상태다.[26]

이 순위의 변화는 터키의 인종 청소 작전과 그 밖의 만행이 1990년대에 엄청난 인명을 희생하며 대부분 성공했다는 사실을 반영한다. 한편, 워싱턴의 우방국인 콜롬비아의 국가 테러는 여전히 목표 달성을 못 하고 있다. 정치범 3000명을 죽이고 매년 30만 명을 난민으로 만들어 지금은 난민 합계가 수단과 앙골라에 뒤이어 세계에서 세 번째로 많은 200만 명에 달하는데도 말이다. 전통적인 엘리트 권력 분배를 누리지 못했던 한 정당이 1985년에 활동이 허용되었다. 하지만 그 정당은 곧 "말살되어" 3500명 이상이 "살해되거나 실종되었고"[27] 그중에는 대통령 후보, 시장 등도 있다. 이것은 콜롬비아의 민주주의에 대한 미국의 신뢰에 아무런 흠집도 내지 않고 이루어진 실적이다.

엄청나게 많은 만행이 준군사조직에 의해 저질러졌다. 그들은 미국의 원조와 훈련을 받는 군대와 밀접한 관련이 있을 뿐만 아니라 마약 밀매와도 깊숙이 관련되어 있다. 콜롬비아 정부와 주요한 인권 단체(콜롬비아 법학자회Colombian Commission of Jurists와 다른 단체들)에 따르면, 살인율은 1999년에 거의 20퍼센트 증가했고, 준군사조직의 활동 비율은 1995년의 46퍼센트에서 1998년에는 약 80퍼센트로 늘어났으며 1999년에도 계속 늘고 있다. 국무부는 연례 인권 보고서에서 이런 사실을 확인했다. 1999년의 보고서는 "보안 부대가 실제로 준군사 조직원들과 협력"하는 한편, "정부군이 탈법적인 살인을 포함하여 수많은 심각한 만행을 계속 저질렀고 그 규모는 대충 1998년과 비슷한 수준에 이르렀다"는 결론을 내렸다. 1998년 국무부는 동일한 소식통을 인용하면서 만행의 80퍼센트를 군대와 준군사조직 탓으로 돌렸다.

콜롬비아가 미국 무기 원조의 최대 수혜국인 터키의 자리를 물려받은 1999년 초, 대학살은 매일 한 건씩 발생했다. 콜롬비아 및 국제 인권 단체에 따르면, 1999년 6월부터 8월까지 20만 명 이상이 고향에서 쫓겨나 난민이 되었다.

미국 군사원조의 증가는, 소수 유능한 관측통이 나름대로 이유가 있어서 내놓은 마약 전쟁이라는 구실 아래 이루어졌다. 이 구실의 타당성은 차치하고라도, 그것이 아주 기이한 전제 조건을 바탕으로 한다는 사실은 주목할 만하다. 즉 미국은 마음에 들지 않는 작물을 뿌리 뽑기 위해 다른 나라에 들어가 군사작전과 생화학전을 수행할 권리가 있다는 것이다. 하지만 '정의의 현대적 개념'이라는 번드레한 구실은, 콜롬비아나 태국, 중국, 혹은 다른 많은 나라들이 미국의 노스캐롤라이나에서 훨씬 더 치명적인 마약을 근절하기 위해 똑같은 작전을 벌일 권리를 주지 않는다. 콜롬비아는 무역 제재 위협마저 받고 있었으므로 (일방적 통지에 따라) 수백만 명의 목숨을 걸고 마약 전쟁을 수용할 수밖에 없었다.

두 번째 사례 연구는 첫 번째와 같은 결론에 이른다. 새로운 시대는 '도덕적 정당성이라는 익숙한 핑계'를 내세우는 방식을 볼 때 전 시대와 별로 다를 바가 없다.

그러면 새로운 시대에 대한 상반된 해석을 평가하는 데 가장 분명한 기준이 될 법한 세 번째 사례를 살펴보자.

콜롬비아가 미국 군사원조의 최대 수혜국 자리로 올라섰을 때, 미국과 영국은 도덕적 목적을 추구하기 위해 세르비아 폭격을 준비하고 있었다. 이때 세계의 다른 지역에서는 20세기 후반 최악의 인권 재난인 중요한 사건이 벌어지고 있었다. 1999년 동티모르는 새로운 만행을 겪었다. 그 만행은 너무나 지독해 인권, 인도주의적 개입, 주권의 한계 등 새로운 시대의 관심사에서 코소보와 동급에 올랐다.

동티모르의 현대 비극은 1975년 12월부터 펼쳐졌다. 당시 인도네시아는 포르투갈 옛 식민지가 독립을 선포한 뒤 그곳을 침공해 점령하고 나중에 합병했다. 무력 침공으로 주민의 약 3분의 1인 20만 명 정도가 학살되었고 광범위한 파괴, 고문, 테러가 자행되었다. 같은 일이 1999년에 거듭 벌어졌다. 1999년의 두 번째 사례가 새로운 시대의 상반된 해석에 어떤 영향을 미칠지 알아보기 위해 동티모르에서 무슨 일이 벌어졌는지, 그리고 그 일이 어떻게 보도되었는지 살펴보자.

《미국 국제법학회지*American Journal of International Law*》 2000년 1월호는 1999년의 사건에 대한 서구의 모범적인 견해를 제공한다. 동티모르 만행은 코소보 사건이 터진 6개월 뒤, 동티모르가 독립에 대한 국민투표를 실시한 1999년 8월 30일 이후에 발생했다.

코소보 사태와 달리, 동티모르에서 6개월 동안 만행이 벌어지고 있는데도 (미국을 비롯해) 그 어떤 국가도 동티모르에 대해 강력한 무력 개입을 주장하지 않았다. 개입을 꺼리는 이유는 인도네시아가 강력한 군대를 보유하고 있는 데다, 인접한 중국이 강력하게 반발할 것 같기 때문이었다. 게다가 관련 국가들은 인도네시아가 곧 다국적군을 수용할 것이라 믿었다.[28]

정말 전형적인 설명이다. 또 다른 사례로서 언론인 윌리엄 쇼크로스

Shawcross, William의 최근 연구를 살펴보자. 쇼크로스는 세계에 작용하는 세 가지 "선량한 힘"인 유엔, NGO, 자유민주주의 사회와 "1990년대를 지배한 군벌들"의 "악한 힘" 사이에서 벌어지는 상호작용을 살폈다. 사담 후세인과 슬로보단 밀로세비치Milošević, Slobodan는 "눈에 띄는 두 인물"이다.[29] 어떤 곳, "보스니아와 코소보 같은 곳은 서구의 관심을 끌었지만" 다른 곳은 "관심이 없어서 시야에서 사라졌다." 쇼크로스의 책은 '코소보에서 동티모르까지'라는 제목의 장으로 끝나는데, 이 장에서는 코소보 사태와 동티모르 사태가 1999년의 양대 범죄 사건이라고 지적한다. "두 사건에서 국제 공동체는 인도주의적 재앙에 직면하지 않을 수 없었다. 재앙은 부분적으로 그들이 무심했던 탓에 생겼다. 그들은 그것을 바로잡기 위해 어떤 대가를 치러야 할지 결정해야 했다."

많은 시사평론가들은 코소보 개입이 동티모르 사태에 선례가 된다고 생각했다. 그래서 동티모르에 평화유지군이 파견될 것이라고 예상했다. 그리고 나토 폭격을 비판하던 사람들도 그것이 좋은 효과를 가져왔다고 동의한다. 다른 사람들은 "미국이 과거처럼 동티모르에서 미국의 자원과 생명을 희생하면서 '세계 경찰'이 되고 싶어하지는 않을 것"이라고 지적했다. 유엔 평화유지군이 미국의 주도로 "인도네시아에 진입해…… 살인을 막는 일"은 없을 것이다.[30]

하지만 이 두 가지 예상은 모두 빗나갔다. 바로 알아볼 수 있는 사건의 진실은, 실제로 적용된 행동의 기준에 대해 많은 것을 알려준다. 만약 이기적인 신조가 비판적 성찰을 하지 않고 도덕적 이치가 양심의 주변부로 내몰린다면, 그런 행동 기준이 득세하게 된다.

동티모르의 인도주의적 재앙은 자유민주주의 국가들이 '무심한 탓'에 생긴 게 아니었다. 그전의 사례가 그랬듯이, 동티모르 사태도 서구 민주주의 국가들이 만들어낸 것이다. 1975년에 동티노르를 침공한 인도네시아는 거의 전적으로 미국의 무기와 외교적 지원에 의존했으며, 1978년에 민족 말살에 가까운 만행을 거듭 저질렀다. 쇼크로스가 말한 '악한 힘'의 엘리트 사이에서 높은 자리를 차지하던 범죄자의 손은 난폭했지만, "마음이 자애로운" "온건한" 사람이라고 칭찬받았다. 클린턴 정부에서는 그를 "우리와 같은 사람"이라고 했다. 그러다가 그는 1997년에 권력을 잃고 버려졌다. 1978년, 수하르토의 동티모르 학살이 절정에 달했을 때 미국의 수하르토 지원 작전에 영국과 프랑스와 여러 나라가 참여했다. 8월 30일의 독립 투표 뒤 1999년 내내 인도네시아의 만행이 계속되는데도 미국과 영국은 인도네시아를 계속 지원했다. 자유민주주의 국가의 지도자들이 유엔 안보이사회의 지시와 국제사법재판소의 판결을 어기고 인도네시아의 동티모르 정복을 인정했기 때문에 동티모르는 어디까지나 '인도네시아 영토'였다.

전형적인 사건 설명에서는 실제 사건의 순서가 뒤바뀐다. 동티모르에서 벌어진 최근의 만행은 1998년 11월부터 진행되고 있었다. 1999년 들어서부터 독립 투표를 실시하기 전까지 진행된 사태만으로도 나토 폭격 이전의 코소보 피해 수준을 넘어섰다. 게다가 많은 공식적인 정보가 동티모르 주민이 인도네시아의 테러에 굴복하지 않는다면, 더 심한 재앙이 닥쳐올 것이라고 알려주었다. 오스트레일리아와 미국 정보기관은 훨씬 더 많은 것을 알고 있었다. 그런데도 '새로운 시대'를 강조하는 '새로운 세대'는 계속 군사원조를 제공하고, 독립 투표 전에 합동 군사훈련을 하기도 했다. 한편 그들은 사전에 알았던 추가 만행 억제 조치에 반대했다. 8월 30일 투표가 끝난 뒤에도, 미국은 인도네시아 군대가 불법 점령 지역을 통제하기 위해 남아 있어야 한다고 주장했다. 인도네시아 군대는 사실상 동티모르를 파괴하고 인구의 85퍼센트인 75만 명을 고향에서 쫓아내 난민으로 만들었다.

코소보를 어떻게 생각하든, 그것은 시기상 동티모르에 대한 인도주의적 개입의 선례가 될 수 없었다. 더 근본적으로, 인도주의적 개입은 한 번도 수행되지 않았다. 사실, 진지한 의미의 '개입'은 전혀 없었다. 주권 문제가 아니기 때문에 개입은 있을 수도 없었다. (주로 티모르 원유의 공동 개발 이익 때문에) 인도네시아의 합병이 **합법적**이라고 명확히 인정했던 유일한 서방 국가인 오스트레일리아조차 1999년 1월에는 그런 입장을 포기했다. 인도네시아의 주권 주장은 나치 독일이 유럽 국가들을 점령하고 그 국가들을 나치의 영토라고 주장한 것에 비길 만했다. 그 주권이라는 것은 유엔의 책임 아래 포르투갈이 관리한 영역에서 주로 강대국이 승인한 침략과 대학살에 의거해 주장되는 것이었다. 2차 세계대전 때 러시아의 서구 진출과 노르망디 상륙은 개입이 아니었다. **더구나** 인도네시아 군대가 철수한 뒤에 유엔 평화유지군을 이끈 오스트레일리아의 진출은 개입이 아니었다. 인도주의적 개입 문제는 제기되지도 않는데, 다만 오스트레일리아, 아니 더 정확히 말해 오스트레일리아 국민 쪽에서 인도주의적 의도를 진지하게 말한 희귀한 경우가 있었다. 그들은 1999년 초부터 희생자가 더욱 늘어나자 행동에 나서지 않은 오스트레일리아 정부를 신랄하게 비판했다.

전형적 설명의 한 가지 요소는 정확하다. 그 어떤 국가도 군사 개입을 지지하지 않았다. 이것은 충분히 합리적인 견해다. 1999년의 만행이든 그에 앞선 10년 동안의 공포 시대든, 만행을 끝내기 위해 어떤 형태의 '개입'이 필요하다고 생각할 이유가 없기 때문이다. 인도네시아에 제재를 가하거나 자카르타를 폭격할 필요가 없었다. 1999년 9월 중순에 지원을 중단하겠다고 암시만 해도, 인도네시아 장군들에게 게임이 끝났다는 것을 명확히 밝힐 수 있었다. 서구 강대국과 특권층의 이익에 대단히 훌륭하게 이바지했던 '악한 힘'의 착취를 처음부터 막을 의지가 있었다면, 그보다 훨씬 전에도 비슷한 방법으로 성과를 이룰 수 있었다. 하지만 그렇게 하지 않았다.

앞서 인용한, 코소보와 동티모르를 구별하는 전형적인 이유는 설득력이 떨어진다. 세르비아는 "강력한 군대를 보유"했기 때문에, 나토는 육상 침공을 배제한 채 폭격기가 안전거리를 유지하며 폭격만 했다. 더 중요한 것은, 클린턴이 그만하라는 신호를 보낸 1999년 9월 중순에 밝혀진 대로 인도네시아 군대는 세르비아와 달리 미국에 크게 의존했다. 러시아는 나토 폭격을 강력하게 반대했지만, 미국과 동맹국들의 행동을 막지 못했다. 9월 중순 이전에 '관련 국가들'이 결과에 진지한 관심을 보이지 않고, 인도네시아가 단호히 거부했기 때문에 사람들은 인도네시아가 "다국적군에 동의할 것"이라고 예상조차 못했다. 테러가 고조되던 초기 몇 달 동안 워싱턴 당국은 비무장 '개입'조차 반대했는데, 이런 반대 입장은 독립 투표가 끝난 뒤 만행이 절정에 달했을 때도 유지되었다.

워싱턴의 원칙은 존경받는 오스트레일리아 외교관 리처드 버틀러 Butler, Richard가 간결하게 요약했다. 그는 '원로 미국 분석가'한테 배운 것을 동료에게 전했다. 즉 미국은 자신이 생각하는 국익에 따라 행동하며, 이 이익을 충족하지 않는 다른 나라들은 그 부담을 짊어지고 대가를 치러야 한다는 것이다.[31] 이것은 문명과 고결한 원칙을 지닌 '새로운 시대'의 실제를 공정하게 표현한 것이다. 동티모르의 사례는 그것을 극적으로 보여주면서, 또 다른 연구 사례가 되었다.

새로운 시대에서 주요한 원칙 중 하나는, 이제 인권을 지키기 위해 주권을 무시한다는 것이다. 다시 말해, '문명국가들'이 남의 나라의 주권을 무시한다는 것이다. 미국과 영국은 무력 전쟁과 경제 전쟁을 수행할 권리를 스스로에게 부여하며 사담 후세인을 봉쇄하려 한다는 의도에 그 권리를 적용하지만, 폭군을 전복하려는 이란의 이라크 침공을 지지할 생각은 없다. 그러나 이란은 미국과 영국의 지원을 받은 이라크의 이란 침공 때문에 심한 고통을 겪었다. 정직한 사람들이 진정으로 받아들일 수 있는 방식으로 선언되는 원칙에는 장점이 있거나 장점이 있다고 인정될 수 있다. 그러나 제한된 행위자들이 이미 그런 가능성을 떨어뜨린다. 1999년에 생긴 주요 사례 두 가지는 '새 시대'의 환상을 깨기에 충분한 조건이다.

동티모르에 주권이 없다고 주장하는 인도네시아의 태도는 문명국가들의 유효한 원칙에 따라 가장 세심한 존중을 받았다. 그들은 인도네시아 군대가 치안을 책임져야 한다고 주장했고 그러는 동안 그 군대는 다시금 테러 통치를 수행했다. 코소보에 관해서, 미국과 동맹들은 어쩌면 '더 큰 알바니아'를 두려워하여 세르비아의 주권 아래에 남기를 바란다. 하지만 나토가 세르비아에서 주장하는 주권은 동티모르에서와 달리, 인권을 지킨다는 주장에 '밀려났다.' 반면, 동티모르에서 비주권 주장은 나토의 지도자들이 난폭하게 침해하는 인권이라는 주제를 '밀어냈다.'

사실, 새로운 시대란 사람을 현혹하는 시대일 뿐이다.

리처드 버틀러가 표현한 실제는 새로운 시대에 대한 열광이 절정에 달한 1999년 4월 동티모르의 현실에서 잘 드러난다. 당시 미국과 영국이 무장시키고 훈련시킨 군대가 자행하는 대학살이 일상사였기 때문에 오스트레일리아에서는 엄청난 몇몇 사건이 널리 보도되었다. 8월 6일, 즉 그렇게 할 "힘이 우리에게 있다면" "무고한 시민들"의 피살을 "막겠다"고 공약한 클린턴 독트린이 보도된 날과 우연히 같은 날, 동티모르 교회는 1999년까지 3000~5000명이 죽었다고 발표했다. 이는 나토가 폭격하기 전 코소보에서 죽은 양편의 희생자 수로 나토가 인정한 수의 두 배다. 코소보와 동티모르의 학살 상황은 서로 아주 다른 것이었다.

서방 국가들의 지원을 받은 인도네시아의 침략에 희생된 동티모르 사람들은 무장하지 않은 시민이었다. 적극적인 싸움도 없었고, 외부에 기지를 둔 게릴라가 상당한 영토를 점령하지도 않았으며, 서구 군대의 개입으로 이어질 난폭한 보복을 끌어낼 목적으로 경찰과 시민을 공격하는 일도 없었다. 소규모 저항 세력은 사실상 국제적 접촉 없이 고립된 산악지대에 갇혀 있었다. 만행은 거의 전적으로 인도네시아 점령 군대와 준군사 협력자와 당연히 미국과 영국이 주축인 외국 후원자들이 저질렀다. 이것은 과거 24년 동안 해오던 관례의 반복이었다. 코소보 상황과는 모든 면에서 달랐다.

1999년 동티모르에서 문명국가들의 원칙과 가치는 매일 한 건씩 학살이 벌어지던 터키와 콜롬비아에서 내린 것과 똑같은 결론을 내렸다. 즉 살인자를 후원하는 것이었다. 1월 15일, 코소보의 라착에서 벌어진 대학살로 45명이 피살된 것이 보도되었다. 소문에 따르면, 그 사건은 서구 인도주의자들에게 공포를 일으키기에 충분했다. 그래서 10주가 지난 뒤 유고슬라비아 폭격이 필요하다고 판단되어 곧 실행되었지만, 결과는 만행의 급증으로 이어졌다.[32]

이 사례들은 전체 상황의 부분적 모습만 보여줄 뿐이다. 그것은 새로운 시대를 그들끼리 자축하는 합창을 이끌어냈다. 서구 지도자들은 새로운 시대에 들어서면서 '국제 공동체'의 이름으로 '도덕적 목적'에 헌신한다고 열광적으로 말했다. 코소보에 관한 실제 사실을 제쳐둠으로써 실제로 밝혀져야 마땅했을 객관적 상황에 대한 침묵이나 기만이 환상을 부추겼다. 글머리에서 말한 도덕적 이치를 준수했다면 그러지 않았을 텐데.

새로운 시대에 대한 상반된 평가에 직접 관련된 시험 사례는 위에서 간략하게 살펴보았다. 그것은 직접적이고 결정적으로 참여하지 않기만 해도 쉽게 완화하거나 끝낼 수 있는, 현대의 대규모 만행이었다. 국가 폭력을 옹호하는 사람들이 좋아하는 표현으로 말하면, 미국이 '허용하고' 희생자를 '보호하지 못한' 만행들이었다. 하지만 흔히 선호하는 시험 사례는 체첸, 티베트, 그 밖의 나라들이고, 이 나라들의 일은 범죄의 현재 단계를 남의 탓으로 돌릴 수 있는 장점이 있다. 유일한 문제는 다른 사람들의 범죄에 대한 우리의 반응에 관한 것이다. 아주 편리한 입장이다.

이 범주의 극단적인 사례는 아프리카 전쟁이다. 아주 복잡한 아프리카의 역사를 잠시 제쳐두고 보면, 아프리카의 만행은 앞의 사례들과는 달리 신세대 정치가들이 직접 후원하지 않는다. 여기에서 워싱턴 당국의 태도는 안보 보좌관 샌디 버거와 외교관 리처드 버틀러가 설명한 것과 흡사하다. 테러 희생자를 돕는 과정에 이득이 없다고 생각하면, 아예 반응하지 않는다(분쟁을 부추기기 위해 무기를 보내는 경우는 예외다). 1999년 2월, 세르비아 폭격 계획이 마지막 단계에 접어들었을 때, 서구 외교관들은 클린턴의 아프리카 정책이 "아프리카가 위기를 스스로 해결하도록 방치하는 것"이라고 설명했다. 유럽과 유엔 외교관들은 "아프리카의 전쟁을 얼마간 막으려는 유엔의 평화유지 작전 노력을 미국이 적극적으로 방해했다"고 전했다. 유엔의 아프리카 특사에 따르면, 클린턴이 유엔 평화유지군의 얼마 안 되는 콩고 활동비도 제공하지 않음으로써 유엔의 제안을 '무력화'했다. 시에라리온은 두드러진 사례다. 1997년, "워싱턴은 평화유지군을 배치하자는 영국의 제안에 대한 논의를 질질 끌었고" 그곳에서 만행이 계속되는데도 결국 아무런 조치도 취하지 않았다. 2000년 5월, 유엔 사무총장 코피 아난Annan, Kofi은 만행을 제압하지 못하는 유엔 평화유지군을 군사적으로 지원하자고 호소했다. 하지만 미국 공직자는 "클린턴 정부가 병참과 기술을 제공하는 것 말고는 지원하지 않을 것"이라고 전했는데, 그 말마저 속임수였다. 클린턴은 엄청난 수수료를 받는 조건으로 미국 항공기를 제공하겠다고 했다. "워싱턴 당국이 다른 나라 군대를 수송하는 비행기 같은 장비를 제공할 때, 미국이 부르는 값은 상업 요금보다 세 배나 비쌉니다." 아난이 한 말이다. "워싱턴 당국은 미군 장교를 지상에 내려놓지 않을 것입니다." 미국이 밀린 유엔 분담금을 내지 않기 때문에 유엔은 상업 요금조차 감당하기 어렵다.[33]

우리는 매번 같은 결론에 이른다. 국제 문제에 관한 한 이렇게 분명한 결론은 아주 희귀한데, 아무튼 새로운 시대에 관한 회의론자의 평가가 일방적인 승리를 거두었다. 그러나 새로운 시대가 실은 거짓이요 기만이라는 평가는 별로 효과를 발휘하지 못한다. 책임져야 할 지식층이 꿰뚫을 수 없는 누에고치처럼 똘똘 뭉쳐 있기 때문이다. 가장 나쁜 것은, 다른 사람들의 범죄를 '허용'하고는 그런 만행에 적절히 대응하지 못한 우리 자신을 질책하는 것인데, 그렇게 함으로써 우리의 고결한 도덕적 원칙을 드러내면서 우리의 가장 심각한 결점조차 자발적으로 인정하는 것이다.

기본적인 사항들만 살펴보아도 세르비아 폭격에 따르는 의기양양함을 가볍게 잠재울 수 있다. 하지만 왜 전쟁을 일으키려고 했는지는 합법성의 문제 못지않게 미결로 남아 있다. 실제로 원칙과 행동의 '불일치'가 있을 수 있는데, 아마도 변명에 급급한 문헌에서 다루어진 것과는 다른 종류의 불일치가 있었는지도 모른다. 특히 코소보의 경우, 신세대는 모범적인 운영 절차를 어기고 그들이 주장하는 대로 '도덕적 목적'에 입각해 행동했는지도 모른다. 그것도 상당한 열정으로 그렇게 했을지도 모르지만 객관적 논거는 별로 없다.

앞에서 지적한 대로, 2000년 1월 상당히 오랫동안 일관성을 유지하던 공식적 합리화를 국방장관 윌리엄 코언과 합참 의장 헨리 셸턴

Shelton, Henry이 되풀이했다. 코소보 폭격의 주된 동기는 다음과 같았다.

1. '동유럽의 안정 보장'
2. '인종 청소 저지'
3. '나토의 신인도 확보'

두 번째 동기만으로는 충분하지 않았는지, 안보 보좌관 샌디 버거는 그것을 다시 정밀하게 가다듬으면서 '국익'은 첫 번째와 세 번째 동기와 관련이 있다고 말했다.

세 번째 동기는 가장 일관되게 제시된 것인데, 그럴 만한 이유가 있다. '나토의 신인도'는 곧 '미국 국력의 신인도'를 뜻한다. 세계를 '혼란케 하는' 세력들이 워싱턴에 거주하는 주인들의 명령을 존중하지 않는다면 대가를 치러야 한다.[34] 첫 번째 동기인 안정 보장도 그럴싸하지만 그 표현을 제대로 이해해야 한다. 문자 그대로가 아니라, 독트린의 의미에서 안정을 이해해야 한다. 다시 말해, 어떤 지역이 미국이 지배하는 세계 체제에 편입된다면 그게 곧 '안정'이다. 미국이 지배하는 세계 체제에는 승인된 이해관계가 있고 그것을 담당하는 적당한 권력 중추가 있다.

독트린의 의미가 아니라 문자 그대로의 의미를 볼 때, 동유럽은 크렘린의 통치 아래에서 안정을 누렸다. 독트린의 의미에서 볼 때, 자카르타가 지배한 지역은 안정을 이루었다. 1965년 인도네시아 군부가 민중에 기반을 둔 가난한 농민들의 정당인 PKI를 르완다식으로 학살해 파괴한 뒤 군사독재 정권이 들어섰다. PKI는 "혁명 정당으로서가 아니라, 기존 체제 안에서 가난한 사람들의 이익을 지키는 단체로서 폭넓은 지지를 얻었고," "빈민……의 이익을 적극적으로 지키며" "농민들 사이에서 대중적 기반"을 쌓아가던 당이다. 일상적 민주주의 수단으로는 PKI를 막지 못한다는 우려 때문에 워싱턴 당국은 1958년에 인도네시아를 해체하기 위한 비밀 전쟁을 벌이려고 했다. 그것이 실패하자 군부를 지원했는데, 그 주요 목표는 "PKI를 근절하는 것"이었다.[35] 친중국적인 태도를 취한 PKI는 아무래도 '불안'의 근원이었다. 1965년의 대학살에 미국과 영국이 참여한 사실은 '인도네시아가 이 지역에서 안정을 도모하는 데 중요한 구실을 한다'는 점에서 이해할 만한 일이다. 1999년 9월 동티모르에서 인도네시아의 만행이 절정에 달했을 때도 지역의 안정이라는 이유가 약방의 감초처럼 등장했다.

비슷한 이유로, 워싱턴은 과테말라에 흉악한 군사독재 정권을 세워야 했다. 국무부 공직자가 경고했듯이, 그 나라에 세워진 최초의 민주주의 정부는 "온두라스와 엘살바도르의 안정을 점점 더 위협했기" 때문이다. 독트린의 의미에서 볼 때, 과테말라의 "토지개혁이 강력한 선전 무기가 되어 안정은 위협을 받았다. 상층 계급 및 외국의 대기업과 싸우는 노동자와 농민을 도우려는 광범위한 사회 프로그램은, 비슷한 조건에 처한 중앙아메리카 인접국의 주민들에게 강력한 호소력을 발휘했다." 공포정치의 40년 동안 이런 프로그램은 사라졌기 때문에 이제 과테말라는 안정을 위협하지 않는다. 독트린의 의미에서 보자면 '안정'을 위해 '안정을 깨는 것'이 전혀 모순이 아니다. '자유선거에 따라 세워진 칠레의 마르크스주의 정부를 흔들어대려는 닉슨-키신저의 노력'은 행동에 옮겨졌다. 뛰어난 외교 문제 분석가가 지적했듯이, "우리가 안정을 추구하기로 결정했기" 때문이었다.[36]

독트린의 의미에서 보자면, 폭격의 목적은 '동유럽의 안정을 보장하는' 동시에 '나토의 신인도를 확보하는' 것이다.

두 번째 이유, 즉 '인종 청소 저지'는 전시戰時에 아무런 효과도 없었다. 미국과 서구 소식통이 당시 제공한 광범위한 증거에 비추어 보면, 인종 청소는 별로 줄어들지 않았다. 이 두 번째 사유의 논리를 정교하게 가다듬으면서 코언과 셸턴은 폭격하기 전에 "베오그라드 정권의 잔인한 코소보 탄압이 깜짝 놀랄 정도로 인도주의의 위기를 초래했다"고 주장한다. "밀로셰비치가 '말굽 작전Operation Horeseshoe'이라고 이름 붙인 학살 행위가 저지되지 않았다면 노숙자, 기아, 인명 손실의 규모가 훨씬 더 커졌을 것이다." 1999년 3월 24일 폭격하기 전, 밀로셰비치는 "이 야만적인 계획을 마무리하고" 있었다. 코소보 진상조사단Kosovo Verification Mission(KVM)이 철수한 뒤 3월 21일에 세르비아 군대는 "'말굽 작전'이라는 대대적인 공세를 시작했다." 몇 달 전 코언은 의회에서 이렇게 증언했다. "지금 돌아보면 알게 됩니다. 그는 목표를 이루기 위해 말굽 작전을 결정했습니다. 그는 일주일 정도의 단기간에 그 계획을 완수할 수 있다고 믿었습니다." 폭격으로 저지당하지 않았더라면 말이다.[37]

많은 시사평론가들이 '말굽 작전'을 폭격의 정당한 사유로 제시했다. 예를 하나만 든다면, 정부 내외의 직책을 수행하면서 발칸 관련 문제에 대해 풍부한 경력을 쌓은 브루킹스 연구소 선임 연구원 이보 달더르Ivo Daalder와 마이클 오핸론O'Hanlon, Michael이 이런 글을 썼다. "1998년 후반, 밀로셰비치는 말굽 작전을 재가했다. 주민들을 그 지역에서 영원히 쫓아내 코소보를 재편하려는 정말로 사악한 계획이었다." 따라서 현재의 "코소보 문제는, 나토가 개입하지 않았다면 벌어졌을 사태와는 아예 비교조차 할 수 없다."[38]

나토 폭격에 뒤이어 만행과 인종 청소가 급증했다는 사실은 의문의 여지가 없다. 하지만 그 사실은 폭격을 더욱 혐오스러운 것으로 만들 뿐 그것을 정당화하지 않는다. 나머지 문제에 관한 한, 사정은 여러 가지로 복잡하다.

한 가지 문제는 이런 것이다. 워싱턴, 나토, 그 밖의 서구 소식통이 제공한 방대한 문서에는 감시단이 철수한 뒤에 세르비아가 공격했음을 보여주는 의미 있는 증거가 없다. 하지만 폭격 직후에 세르비아 인종 청소 작전이 시작되었다는 풍부한 증거는 있다. 설혹 진상조사단이 철수한 뒤에 세르비아가 군사적 침략을 위한 준비로서 공세에 착수했더라도, (주류 언론에는 보도되지 않았지만 폭격하기 전날 공공연히 알려진 것처럼) 세르비아가 공식적으로 반대했는데도 진상조사단이 철수한 것은 정당화되지 않는다.[39] 또 진상조사단의 철수가 사실상 예고한 군사적 침략을 정당화하지도 않는다.

또 다른 문제는 계획과 실행을 구별하는 것과 관련이 있다. 알려진 바로는, 강대국들과 그들이 보호하는 국가들의 부수적인 계획들은 끔찍하다. 알려지지 않은 계획들은 의심할 여지 없이 그보다 더 심할 것이다.[40] 밀로셰비치가 '정말 사악한 수준의' 코소보 계획을 세웠다는 것은 내부 기록을 살펴보지 않더라도 의심의 여지가 없다. 이스라엘이 수많은 팔레스타인 주민을 추방할 계획을 세워놓고, 이란이나 시리아의 침공이나 폭격을 위협받으면 그 계획을 실행하리라는 사실만큼이나 확실하다. 1999년 3월, 초강대국과 그 군사 동맹에게서 실현 가능성이 높은 침공 폭격 위협을 시종일관 받으면서, 세르비아 군대는 틀림없이 계획을 실행할 준비를 했을 것이다. 하지만 계획을 세우고 준비를 갖추었다는 사실과, 계획 입안자가 군사적 공격을 받지 않는데도 그 계획을 실행할 것이라는 결론은 상당히 거리가 멀다. 계획의 실행을 들어 사후에 나토의 공격을 정당화하는 것은 궤변에 지나지 않는다.

"나토가 폭격하기 전에 세르비아가 인종 청소를 조직적으로 계획했던 게 확실하다"는 말은 타당하다. 이런 상황에서 그 이야기가 진실이 아니라면 오히려 놀라운 일이다. 하지만 "나토의 첫 번째 공습 전에 〔인종 청소가) 벌써 진행되고 있었다는 사실을 확인"하는 서방 정보기관의 성명을 뒷받침할 증거가 필요하다. 증거가 어떤 힘을 가지려면, 진상조사단이 철수하기 전에 그런 일이 벌어졌다고 확인할 수 있어야 한다.[41] 워싱턴 당국이 광범위한 문서를 공개하면서도 유독 이와 관련된 증거는 제시하지 못하는 이유도 설명되어야 한다.

말굽 작전에 대해서도 의문이 제기된다. 그 작전은 폭격이 시작된 지 2주 후에 독일 당국이 발견했고 국방장관 코언도 그 작전을 '사후에' 알았다. 그렇다면 말굽 작전은 폭격의 동기가 될 수 없다. 이상하게도 나토 사령관 웨슬리 클라크Clark, Wesley 장군은 그 작전을 모르고 있었다. 폭격을 시작하기 1개월 전에 말굽 작전에 관한 질문을 받았을 때, 그는 기자들에게 "그 계획을 공유한 적이 한 번도 없다"고 대답했다.[42] 유럽 안보협력기구the Organisation for Security and Co-operation in Europe(OSCE)에서 근무하는 독일의 퇴역 장군 하인츠 로콰이Loquai, Heinz는 새 책에서 "그 계획은 불가리아 정보부에서 날조한 것"으로, "이런 작전이 결코 없었다는 결론을 내린다"고 주장했다. 독일 시사 주간지 《디 보헤Die Woche》에 따르면, 그 작전이라는 것은 "불가리아 정보기관이 세르비아의 전시 행동을 일반적으로 분석한 내용"이었다. 주간지는 더 나아가 "독일 국방부 사무실에서 그려진 지도가 나토 정보의 증거로서 전 세계에 배포되었다"고 보도했다. 그리고 불가리아 보고서는 "세르비아 군대의 목표는 코소보 해방군을 궤멸하는 것이지 나중에 〔독일 국방장관 루돌프〕 샤르핑Scharping, Rudolf과 나토 수뇌부가 주장한 것처럼 알바니아 주민 전체를 추방하는 것이 아니었다는 결론"을 내렸다. 더욱이 로콰이는 독일 국방장관이 "심지어 '말굽'이라는 이름까지 지어냈다"라고 주장한다. 그는 '독일 측 설명에서 발견되는 기본적인 결점'을 지적했다. 즉 말굽을 세르비아어인 'Potkovica'라고 하지 않고, "크로아티아어를 써서

'Potkova' 작전이라고 명명했다." 로콰이의 책은 독일 언론의 호평을 받았다. 독일 언론은 또 샤르핑이 폭격 전 세르비아 군대의 규모를 2만 명에서 4만 명으로 부풀린 것 등 '선전용 거짓말'을 한 것과 책임 회피를 비판했다.[43]

또 다른 문제는 클라크 장군이 '인종 청소를 저지하려는' 어떤 계획이 있다고 생각하지 않았다는 사실이다. 폭격이 시작된 3월 24일, 그는 언론 발표를 통해 폭격의 결과 세르비아의 야만적인 만행이 벌어질 것을 "완전히 예측할 수 있다"고 되풀이 강조하면서 역설했다. 나중에는 더 가다듬어서 나토의 군사작전은 '세르비아의 인종 청소'를 봉쇄하거나 코소보의 세르비아 군대와 전쟁하는 것이 아니라고 말했다. 미국 정부와 당시의 유력 소식통이 보인 양상은 클라크의 판단을 상당히 뒷받침해준다. 그때부터 국무부, 나토, KVM, OSCE, 그 밖의 서구 정보기관과 독자적인 정보원에서 상당한 문서가 흘러나왔으며, 그들 자료 대부분은 나토 전쟁을 정당화했다. 이것은 놀라울 정도로 클라크 장군의 분석을 확고히 한다. 이보다 더 놀라운 사실은, 그 자료들이 3월 20일 KVM 진상조사단이 철수한 뒤에 만행이 크게 늘어났다는 판단을 뒷받침하지 않는다는 것이다. 이것은 당시의 자연스런 추측과는 정반대다.

나토 정책의 예상 효과에 대한 결론은, 나토가 공언한 숭고한 입장과 잘 어울리지 않는다. 따라서 폭격 당시에 선호했고 그 후에 계속 써먹는 설명은, 나토의 목표가 말굽 작전으로 '코소보에서 알바니아인을 추방하려는 베오그라드의 행동을 저지하는 것'이었다는 것이다. 하지만 폭격(이나 미 국방장관의 사실상 폭격 예고)은 (워싱턴의 공식 기록과는 반대로) 알바니아인의 추방을 재촉할 것이 뻔히 예상되었고, 알바니아인 추방을 저지한다는 나토의 목표를 군사령관은 알지 못하고 있었다. 게다가 군사령관은 말굽 작전의 존재조차 모르고 있었다. 비슷한 맥락으로, 공습이 비효과적이라고 비판하는 사람들은 "공군력으로는 당초 목표이자 서방 지도자들의 행동 동기인 인종 청소를 막지 못했다"고 결론 내렸다. 하지만 이것은 사건의 순서를 잘못 판단한 것이다. 사람들이 폭격에 대해 어떻게 판단하든지 간에, 사건 순서의 착오는 분명해 보인다. 역사가 데이비드 프롬킨Fromkin, David은 널리 칭송받는 전쟁 관련 저서에서 논증도 없이, 미국과 동맹국들이 "세계 정치의 역학을 이용하는 새로운 접근 방법"을 만들어내어 "이타주의"와 "도덕적 열정"만으로 행동한다고 주장했다. 그들은 "고통과 죽음의 공포에서" 코소보 주민들을 구출하기 위해 폭격했으나 오히려 "100만 이상의 코소보 주민들이 고향에서 추방당하게 만들었다." 이것은 폭격의 예상된 결과로 추방된 사람들을 가리키는 말이다. 국제 사건 및 안보 전문가 앨런 쿠퍼먼Kuperman, Alan은 동티모르와 코소보에서 "경제적 제재나 폭격 위협이 비극적 역효과를 촉발"했고, "서방의 개입은 널리 퍼진 만행을 막기에 너무 늦었다"고 썼다. 코소보의 폭격 위협이 너무 늦어서 만연된 만행을 막지 못한 것이 아니다. 공식 문서를 믿는다면, 나토의 폭격이 그런 만행보다 시간적으로 앞선 것이었다. 동티모르에서 서방의 행동은 '비극적 역효과를 초래하지 않았다.' 무력 사용 문제는 제기되지 않았고, 제재 위협조차 인도네시아 군부의 만행이 동티모르를 한바탕 휩쓸고 간 뒤까지 지연되었다. 어느 모로 보나 '서방의 개입'은 없었다.[44]

코소보 폭격에 대해 그럴싸한 변명이 두 가지 남아 있다. 하나는 '지역의 안정'이고 다른 하나는 '나토의 신인도 확보'인데, 둘 다 독트린의 의미에서 이해되는 변명이다.

살아남은 공식적 변명은 별로 맥이 없다. 그것은, 코소보의 경우 신세대 정치가들이 새로운 시대의 이상적 명제는커녕 '도덕적 목적'을 추구했다는 명제도 뒷받침해주지 못한다. 따라서 다른 변명을 찾아내야 했다. 그래서 나온 변명이 앞에서 언급했듯이, 코소보 폭격이 6개월 뒤 동티모르에 '인도주의적 개입'의 선례가 되었다는 것이다. 하지만 이런 변명은 그것이 설혹 정확한 것이라 해도, 코소보 폭격을 정당화하지 못한다. 게다가 근거가 없기 때문에, 탁상공론에 지나지 않는다.

1999년 세르비아 폭격 동기에 대해 요즘 널리 통용되는 설명은, 서방 국가들이 보스니아에서 행동하지 못한 것을 부끄럽게 여기는 보상 심리라는 것이다. 푸아드 아자미Ajami, Fouad(레바논 태생의 미국인 학자로 중동 문제 전문가_옮긴이)는 나토가 폭격을 선택한 것에 대해 이렇게 주장한다.

> '지리경제학'을 우선시하는 여론 조사자·현실주의자·신봉자의 조언에 맞서, 그들은 정당한 전쟁을 수행하고 싶은 욕망에서 코소보에 들어갔다. 일찍이 발칸반도의 거울에서 본 자신의 모습을 부끄러워하면서 보스니아에 들어갔던 것처럼 코소보에 들어간 것이다.

아리예 나이어에 따르면, 코소보에 대한 "인도주의적 개입을 옹호하도록 만든" 이유는 "정부 안팎의 많은 사람들이 〔보스니아에서 발생한 사태를〕 코소보에서 되풀이하지 않겠다고 결심했기" 때문이었다.[45]

국가 폭력을 정당화할 때 그런 것처럼, 이런 주장은 아무 논증 없이 자명한 진실로 제시되었다. 이런 주장은 당시나 그 뒤에 제시된 공식 사유를 거부한다. 게다가 이런 주장은 코소보에 대한 '인도주의적 개입을 옹호하는 사람들'을 정당화하기 위해 제시되었지만, 도리어 그 옹호자들을 비난하는 것일 뿐만 아니라 서구의 정치 문화와 도덕 문화를 심각하게 고발하는 것이다. 이 설명에 따르면, 도덕적 이치를 근본적으로 어긴 서방 국가들은 '발칸반도의 거울'에 비친 자신의 모습을 부끄러워했다. 하지만 서방 국가들은 다른 사람들의 범죄에 적절하게 대응하지 못해 죄책감을 느낄 뿐, 다른 거울에 비친 그들 자신의 범죄에 대해서는 죄의식을 느끼지 않는다. 예를 들어 앞에서 제시한 터키, 콜롬비아, 동티모르에서, 서방은 나이어 같은 사람들이 생각하는 대로 단지 만행을 '허용'한 것이 아니라, 적극적으로 참여해 확대했다. 게다가 지도 원칙과 가치에 입각해 공공의 적이 저지른 범죄가 반복되지 않게 하겠다는 결심을 강조하는 이들은, 서방 국가들의 유사한 혹은 더 심한 범죄의 반복에 대해 아무 말도 하지 않는다. 따라서 '인도주의적 개입'의 행위자들과, 이런 무력 개입을 반성도 염려도 없이 지지하는 '많은 사람들'은 거리낌이 없다.

1999년의 공식 담론에서는 코소보와 동티모르가 함께 다루어지기 때문에, 후자는 이런 결론을 두드러지게 예증해준다. 동티모르 초기의 대학살은 유고슬로비아 초기 전쟁에서 벌어진, 그럴싸하게 밀로셰비치의 탓으로 돌릴 수 있는 끔찍한 만행과 (적어도) 비교될 수 있고, 복잡한 문제가 전혀 없이 책임 소재를 결정하기가 훨씬 더 쉽다. 만약 '보스니아 재현' 논리를 지지하는 사람들이 그것을 진지하게 추구할 생각이라면, 인도네시아·미국·영국이 과거 25년 동안 저지른 범죄를 '동티모르에서 재현하지 않도록' 1999년 초에 자카르타, 사실은 워싱턴과 런던을 폭격하라고 요구했어야 한다. 신세대 지도자들이 이런 명예로운 노선을 추구하지 않는다면, 그들 자신이 선량한 시민으로서 직접 그 일에 나서야 한다. 아니면 빈 라덴의 조직에 참여하기라도 해야 할 것이다. 이 논리에 국가 폭력을 사과하는 것 이상의 의도가 있다면, 이런 결론이 자동적으로 나온다.

놀랄 만한 자기 고발과 증거 부족은 차치하더라도, 이런 주장은 국가 폭력의 가장 주목할 만한 변명이라 할 수 있다. 이 논리의 기조에 따르면, 어떤 경우에는 군사력의 사용이 합법적이다. 이를테면 공격 대상이 공격을 받지 않을 경우 만행을 저지를 것으로 예상된다면 무력 사용이 정당하다(만행이 공격당한 후에 저질러져도 그 공격은 정당하다). 이런 기준에 따라 폭력 국가들은 제멋대로 행동하며, 지식인층의 환호까지 받는다.

코소보에 대한 '인도주의적 개입 옹호'가 빚을 결과를 피하는 또 다른 방법은 나토가 폭격으로 그칠 게 아니라 노골적으로 침공해야 한다고 주장하는 것이다. 이렇게 말하기는 쉽다. 당시나 그 뒤에도, 침공에 따르는 예상 결과를(특히 미군의 기조에 비추어) 설명하면서 중요한 병참과 여러 문제를 포함해 합리적인 대안을 내놓는다면 진지하게 고려해볼 수도 있는 주장이다.[46] 사람들은 그런 대안을 찾아보려고 했지만 실패했다. 그 의도가 무엇이든 무력 옹호자가 언제나 부담해야 하는 증거의 무거운 짐을 감당할 대안은 없었던 것이다.

정당화에 유용한 또 다른 방법은 폭격에 대한 엉뚱한 주장을 꾸며내 반박하는 한편, 실제로 벌어진 일을 무시하는 것이다. 미국이 불명예스러운 기록 때문에 남의 나라 일에 개입할 권리가 없다는, 어느 이름 모를 '좌파'나 '수정주의자들'이 내놓았다는 이야기가 걸핏하면 동네 북이된다. 개입의 권리를 생각하면 이 나라가 그동안 어떻게 해왔는지 기록을 살펴봐야 한다는 것은 또 다른 자명한 이치로, 진지한 체하는 사람들도 이를 받아들인다. 하지만 불명예스러운 전적 때문에 자동으로 개입권리가 폐기된다는 주장은 전적으로 비합리적이며, 그 때문에 반박을 당하기가 쉽다. 이런 주장은 폭력을 정당화하는 부담을 질 수 없다는 암묵적 인식의 한 형태로서만 이해될 수 있다. 평화주의자들은 어쩔지 모르지만, 폭력을 정당화하는 것이 원칙적으로 불가능하지는 않다.

우리가 정보의 실제 출처를 찾아내려고 노력할 때 결론은 훨씬 더 명확해진다. 여기에는 흔치 않지만 몇 가지 사례가 있다. 다른 문제에 관해 뛰어난 기록을 쌓은 특파원 아이언 윌리엄스Williams, Ian는 이런 글을 썼다. 에드워드 사이드와 내가 "서방이 팔레스타인, 동티모르, 쿠르디스탄 등에서 행동하지 않은 기록을 살펴보고 나서, 코소보에 대한 행동이 선의에서 우러나올 리 없기 때문에 반대해야 한다"고 한다는 것이다. 윌리엄스는 "좌파에 공통적인" "지나치게 이론적인 태도"와 "도덕주의적 요소"를 조롱하면서, 자신의 비판을 정당화하기 위해 사이드의 말은 언급하지 않고 맥락상 전혀 상관없는 내 말을 인용한다.[47] 내가 쓴 글을 대충 읽더라도 그 내용은 의혹 한 점 없이 명확하다. 내 입장은 윌리엄스가 인용한 것과는 정반대였다. 심지어 군사적 개입이 좋은 결과를 가져온 사례를 들면서, 행위자들의 더러운 전적에도 불구하고 개입이 합법적일 수 있다고 주장한 것이다. 더욱 놀랄 일은, 윌리엄스가 국가 폭력을 옹호하는 사람들이 공통적인 양태에 너무 쉽게 빠져든다는 것이다. 사이드와 나는 그가 언급한 글에서 서방이 '행동하지 않은 기록'을 살펴본 게 아니라 결정적으로 **행동한** 기록, 많은 서구 지식인들이 있는 그대로 받아들이지 못하는 사실을 살펴보았다. 다시 말하지만, 유일한 합리적 결론은 무력 사용자의 변명이 정당화의 기준을 충족시키지 못한다는 것이다.

체코의 반체제 인사였고 현재는 구 유고슬라비아에 대한 유엔 특별 조사관인 쥐리 디엔스트비에르Jiri Dienstbier가 2000년 3월에 작성한 유엔 인권위원회의 정확한 보고서는 그대로 인정해야 한다. 그는 "폭격은 어떤 문제도 해결하지 못했다"고 보고했다. "그것은 기존 문제를 증폭하고 새로운 문제를 낳았다." 또한 마이클 맥과이어는 이런 평가를 내렸다. "세르비아 군대가 분명히 '인도주의적 재앙'을 퍼뜨리는 수단이 된 데는 나토가 오래 품어온 전쟁 충동이 틀림없이 일차적 원인이었다." "나토의 폭격을 '인도주의적 개입'"이라고 부르는 것은 "정말로 말도 안 되는 이야기다."

아무도 바탕에 깔려 있는 선의善意를 문제 삼지 않는다. 하지만 많은 도덕적 수사, 악마라는 비난, 가치뿐 아니라 국익에도 입각한 외교 정책 개발 등은 그 선의를 부정하는 한 형태일 것이라고 의심한다. 지도자와 국민이 '뜻밖의 결과'에 대해 부끄러운 책임의 몫을 받아들여야 한다는 불쾌한 사실은 감춰졌다. 이 경우, 세르비아에서 일어난 인도주의의 재앙과 민간인 사상자들이 그런 불쾌한 사실이다.

사실, 그것은 재앙의 일부에 지나지 않는다.[48]

맥과이어의 논평은 '의도' 문제에 대해 유보적인 태도를 취하면서 현실적인 것으로 보인다. "뜻밖의 결과"라는 구절은 그런 결과가 예상되었다는 사실을 흐릿하게 만들어버린다. 비록 사람들이 처음에는 나토 사령관처럼 그런 사태를 "완전히 예측"할 수 없었지만 말이다(마이클 맥과이어는 사령관의 말을 인용했다). 게다가 "아무도 바탕에 깔려 있는 선의를 문제 삼지 않는다"는 것은 진실과 거리가 멀다. 맥과이어가 강조하듯이, '세계의 대부분(미국과 그 동맹국을 제외한 나머지 나라들_옮긴이)'은 그 선량한 의도에 대해 명확히 문제를 제기했다(304쪽을 참고하라). 선의에 대한 확신은 특히 의심스럽다. 과거와 현재의 관행을 살펴볼 때, 또 새로운 시대에 대한 상충하는 해석을 평가하기 위해 앞에서 살펴본 결정적인 시험 사례들을 감안할 때, 그런 확신은 의심스러운 것이다.

일반적으로 강대국의 관행이나 실제 정책의 원칙과 가치에서 중요한 모순점을 발견하는 것은 쉽지 않다. 때때로 '고의적인 무지'라고 불리는 것을 별로 좋아하지 않는 사람들은 이런 사실을 전혀 놀랍게 여기지 않을 것이다.[49]

THE ESSENTIAL CHOMSKY

전쟁 없는 세상

이 글(원제 A World Without War)은 2002년 1월 31일 브라질 포르투알레그리에서 열린 세계사회포럼World Social Forum 개막 연설문으로, 2002년 5월 29일 ZNet에 처음 게재되었다. C.P. 오테로Otero 편집,《근본적인 우선순위*Radical Priorities*》3판(Oakland : AK Press, 2003), 319~332쪽에도 실려 있다.

몇 가지 당연한 말로 서론을 꾸려도 양해해주기를 바란다. 우리가 대결과 투쟁의 세계에 살고 있다는 것은 놀랄 일이 아니다. 다양한 차원에서 복잡한 일이 많지만, 최근 경계선이 상당히 선명하게 그어졌다. 단순하게 말하면, 갈등의 당사자 중 한쪽은 서로 밀접히 연결되어 있는, 국가 권력과 민간 권력의 중추 세력이다. 그리고 다른 한쪽은 전 세계의 민중이다. 구식 용어로 말하자면, 이것은 '계급투쟁'이다.

집중된 권력은 가차 없이 그리고 의식적으로 투쟁을 추구한다. 정부 문서와 기업계의 출판물에 따르면, 그들은 대부분 가치의 우선순위가 뒤바뀐 천박한 마르크스주의자다. 그들도 17세기 영국으로 거슬러 올라가보면 깜짝 놀란다. 그들은 지배 체제가 취약하다는 것과 이런저런 수단으로 민중을 훈육하는 것이 곧 지배의 핵심임을 깨닫는다. 그들은 지배의 수단을 필사적으로 찾는다. 근년에는 공산주의, 범죄, 마약, 테러리즘 등을 구실로 내세워 민중을 지배하려고 했다. 그들의 구실은 변해도 정책은 상당히 일정하다. 지속적인 정책에 따른 구실의 변화는 때때로 너무나 극적이어서 눈치채지 않을 수 없다. 소련의 붕괴 직후가 그런 경우다. 그들은 자신들의 주장을 펴기 위해 어떤 기회도 소홀히 하지 않았다. 9·11 사태가 그 전형적인 예다. 위기에는 사람들의 공포와 우려를 이용하기가 좋다. 권력자들은 그런 위기를 틈타 경쟁자가 복종하고 순종하고 당황하며 침묵을 지키도록 몰아붙이는 한편, 그 기회의 창을 이용해 자신들이 좋아하는 프로그램들을 집중적으로 추구한다. 이 프로그램은 사회에 따라 다르다. 다시 말해, 더 야만적인 국가에서는 억압과 테러가 늘어난다. 주민이 더 많은 자유를 누리는 사회에서는 부와 힘의 쏠림 현상이 심해지는 데 사람들이 길들여질 수밖에 없도록 만든다. 지난 몇 달 동안 세계 곳곳에서 이런 일들이 쉽게 벌어졌다.

그들의 희생자는 그런 식으로 위기를 이용하는 데 저항하고, 과거와 별반 달라진 것이 없는 우선적 문제들에 대해 끈질긴 노력을 기울여야 한다. 즉 늘어나는 군국주의, 환경 파괴, 민주주의와 자유에 대한 광범위한 공격, '신자유주의'의 핵심 프로그램 등에 저항해야 하는 것이다.

지속적인 투쟁은 지금 세계사회포럼World Social Forum(WSF)과 뉴욕의 세계경제포럼World Economic Forum(WEF)이 주도하고 있다. 전국 일간지의 기사를 인용하면 WEF는 '유력자' '부유한 저명인사' '세계 각국의 천재' '정부 지도자, 기업 임원, 장관, 종교 지도자, 정치가, 학자'의 모임인데, 그들은 '심오한 사상을 깊이 생각하면서' '인류가 직면한 큰 문제'에 대응하려 한다. 몇 가지 예가 있다. '도덕적 가치를 어떻게 행동에 도입하는가' 혹은 '당신이 먹은 것을 말해다오'라는 제목의 토론회는 '뉴욕 요리업계에서 군림하는 왕자'가 이끄는데, 그의 우아한 식당들은 '포럼 참석자들로 들끓을 것'이다. 5만 명을 예상하는 브라질의 '반대 포럼'에 대한 언급도 있다. 이들은 '세계무역기구의 회의에 항의하려고 모여든 괴짜들'이다. 사람들은 얼굴을 가린 초라한 행색의 남자가 벽에 '세계 살인자들'이라고 쓰는 모습을 찍은 사진에서 이 괴짜들에 대해 더 많은 것을 배울 수 있다.

그들의 '축제'에서, 괴물로 표현된 이들은 미국에서는 언급조차 되지 않는 따분한 주제들에 대해 돌을 던지고 낙서하고 춤추고 노래한다. 그 주제란 투자, 무역, 재무 구조, 인권, 민주주의, 지속 가능한 개발, 브라질과 아프리카의 관계, GATS, 극한의 여러 문제들이다. 이 변태들은 '큰 문제'에 대한 '사상을 깊이 생각하지' 않는다. 그것은 뉴욕 다보스 (다보스는 세계경제포럼 연차총회가 열리는 스위스의 휴양도시_옮긴이) 천재들의 몫이다.

나는 이런 유치한 수사가 그것에 상응하는 불안의 신호라고 생각한다.

'반대 포럼'의 괴짜들은 바로 '세계화globalization에 반대하는' 존재라고 규정할 수 있는데, 우리는 세계화를 경멸하면서 거부해야 하는 선전 도구라고 생각한다. '세계화'는 말 그대로 국제적 통합을 의미한다. 제정신인 사람치고 '반세계화'를 부르짖는 사람은 없다. 노동운동과 좌파에 가담한 사람들은 그 점을 분명히 한다. '국제(인터내셔널)'라는 말은 좌파의 역사에 뚜렷이 새겨져 있다. 사실, WSF는 좌파가 가장 흥분하면서 전도유망하게 실현한 희망이고, 진정한 '국제화'의 현대적 기원에서 비롯된 민중운동이다. 이 운동은 권력의 불법적인 집중보다는 민중의 필요성과 이익에 관한 세계화 프로그램을 추구한다. 하지만 불법적으로 권력을 가진 자들은 '세계화'라는 용어를 독점해 그것을 **그들의** 특별한 세계 통합에 국한하려고 한다. 또 그들 자신의 이익을 중시하고 민중의 이익은 부수적인 것으로 여긴다. '세계화'라는 말을 이런 식으로 우스꽝스럽게 고정해놓고서는, 건전하고 정당한 형태의 세계화를 추구하는 사람들에게 '반세계화'라는 딱지를 붙이고 석기시대로 돌아가고 싶어하는 원시인, 가난한 사람들을 해치는 자, 또는 그 밖의 여러 가지 친숙한 표현을 남발하며 소통한다.

다보스의 천재들은 품위 있게 자신들을 '국제 공동체'라고 부르지만 나는 개인적으로 세계 일류의 기업 언론, 《파이낸셜타임스》가 사용하는 '세상의 주인들the masters of the universe'이라는 말을 선호한다. 세상의 주인들이 애덤 스미스를 찬양한다고 고백하기 때문에, 우리는 그들이 애덤 스미스가 권장한 행동을 할 것이라고 기대한다(스미스는 그들을 '인류의 주인들'이라고 불렀다). 애덤 스미스가 이런 주장을 편 것은 우주 시대가 시작되기 훨씬 전이었다.

스미스가 말한 '정책의 주요 설계자'는 영국의 상인과 제조업자를 가리키는 것이었다. 그들은 영국인을 포함해 다른 사람들에게 아무리 나쁜 영향이 미쳐도 자기 이익을 더 챙기는 자들이었다. 그들은 나라 안팎에서 '인류의 주인들의 사악한 원칙'을 추구했다. 그 원칙은 "우리 자신을 위해서는 모든 것을 얻고, 남들을 위해서는 아무것도 주지 마라"였다. 오늘날의 주인들이 똑같이 '사악한 원칙'을 존중한다는 것은 그리 놀라운 일이 아니다. 그들은 그 원칙을 준수하는 과정에서 이따금 괴짜들의 제지를 받았다. '괴짜들'이란 그들이 민중을 가리키는 말인데, 미국 건국의 아버지들은 그들을 가리켜 '거대한 짐승'이라고 했다. 이 난폭한 민중은 정부의 주요 목표가 '대다수 민중으로부터 소수의 부자를 보호하는 것'임을 이해하지 못했다. 선도적인 헌법 입안자들이 헌법 제정 회의에서 논쟁을 벌일 때 아주 분명하게 설명했는데도 말이다.

이 문제는 뒤에서 다시 거론하겠지만, 먼저 이 회의의 긴급하면서도 중요한 주제에 대해 몇 마디 하고자 한다. 그 주제는 '전쟁 없는 세상'이다. 인간의 문제에 대해 확신을 가지고 자신 있게 말하기가 어렵지만 이따금 그것이 가능할 때가 있다. 이를테면 우리가 전쟁 없는 세상을 맞이하거나 아예 세상이 없거나, 둘 중 하나가 될 것이라고 확신할 수 있다. 세상이라는 게 없다는 말은 박테리아와 풍뎅이 따위의 생물만 사는 세상을 가리키는 것이다. 이렇게 확신하는 이유가 있다. 인류는 자신과 그 밖의 많은 것을 파괴하는 수단을 개발했으며, 위험하게도 지난 50년 동안 그것을 사용하기 일보 직전까지 갔다. 더욱이 문명 세계의 지도자들은 지금 생존의 위험도를 높이는 일에 몰두하고 있다. 적어도 그들 자신의 정보기관과 신망 있는 전략 분석가의 보고서를 읽는다면, 이런 사실을 알고 있을 것이다. '신망 있는' 전략 분석가 중에는 파멸의 경쟁을 강력하게 선호하는 사람들도 여럿 있다. 더욱더 불길한 것은, 지배적인 이념과 가치의 틀 안에서 합리성의 토대를 깔고 파괴의 계획을 세워 실행하려 한다는 점이다. 그 계획에서는, 그 옹호자들이 과감히 주장하는 대로, '헤게모니' 추구가 생존보다 우위에 선다.

물, 에너지, 그 밖의 자원과 관련된 전쟁이 미래에 벌어질 수도 있는데, 만약 그렇게 된다면 결과는 참혹할 것이다. 하지만 대부분의 경우 전쟁은 폭력으로 세워진 지극히 부자연스러운 사회 형태인 민족-국가 체제와 관련이 있다. 그렇기 때문에 수많은 국가들이 난립한 유럽은 수 세기 동안 분쟁을 겪으면서 세계에서 가장 야만적이고 잔인한 지역이 되었고, 그들의 다툼은 세계의 대부분 지역을 정복하는 동안 계속되었다. 정복한 지역에 국가 체제를 강요하려는 유럽의 노력은 예전의 식민 체제가 붕괴한 뒤에도 계속되었고, 지금까지 남아 있는 분쟁의 원천이다. 다음에 전쟁 게임을 벌인다면 마지막이 될 것임을 깨달은 1945년, 유럽이 좋아하는 상호 학살 경기는 중지되었다. 우리가 확실하게 말할 수 있는 예언은, 강대국들 사이에서는 이제 전쟁이 벌어지지 않으리라는 것이다. 만약 이 예언이 빗나간다면, 우리 주위에 그 전쟁의 결과를 말해줄 사람이 남지 않으리라.

더군다나 부유하고 강력한 사회에서는 민중의 행동주의가 문명화 효과를 가져왔다. 이제 '유력자들'은 예전의 수법인 장기적인 침략을 수행할 수가 없다. 미국이 40년 전에 남베트남을 공격한 것이 그런 침략의 사례인데, 그것은 민중의 항의가 불거지기 전까지 남베트남의 많은 지역을 산산조각 낸 끔찍한 전쟁이다. 대규모 침략과 학살에 대한 광범위한 반대 여론은 1960년대의 민중운동에서 비롯된 많은 문명화 효과 중 하나다. 이 운동은 군대에서 사상자의 발생을 두려워하게끔 이념적 체계 재편을 가져왔다('베트남 증후군'). 그래서 레이건주의자는 케네디-존슨 방식으로 중앙아메리카를 직접 침략하지 않고, 국제 테러리즘에 호소했다. 아메리카 군사학교*가 자랑스러워하며 성과를 설명하는 것처럼, 해방신학을 물리치기 위한 전쟁에서도 직접 침략보다는 테러에 의존했다. 이런 변화는 1989년에 들어선 아버지 부시 행정부에 대한 미국 정보기관의 보고서에서도 드러난다. 그 보고서는 '훨씬 더 약한 적국', 즉 대결해도 괜찮은 유일한 부류와 싸울 때 미국은 '상대국에 신속하게 결정타를 먹여야' 하고 그렇지 않다면 전쟁은 원래 냄비 근성이 있는 '정치적 지지'를 얻지 못하게 된다고 경고했다. 그때부터 전쟁은 이런 유형을 답습했고, 항의와 반대의 규모는 점차 늘어났다. 변화는 좋은 것과 나쁜 것이 뒤섞여 있는 상태다.

민중 지배를 위해 내세웠던 핑계가 사라지면, 기존 정책을 달라진 상황에 맞춰 유지하기 위해서 거대한 짐승을 통제하는 데 필요한 새로운 핑계를 대야 했다. 그것은 벌써 20년 전부터 명확해지고 있었다. 적국 소련이 내부 문제에 직면해 더는 위협적인 존재가 아니라는 것이 분명

---

* 1946년에 창설된 아메리카군사학교The School of the Americas(SOA, 미국 조지아 주 콜럼버스 시 포트베닝 소재)는 미 육군이 운영하는 학교로, 주로 중남미의 장교와 경찰을 상대로 반란 진압 기술 등을 훈련해왔다. SOA 졸업생들이 중남미 전역에서 고문과 살인, 정치적 탄압을 자행한 사실이 널리 보도된 후, 2001년에 서반구안보협력연구소Western Hemisphere Institute for Security Cooperation(WHINSEC)로 공식 명칭을 바꾸었다. _편집자 (레슬리 질 지음, 이광조 옮김, 《아메리카 군사학교》, 삼인, 2010 참조)

해졌다. 따라서 레이건 정부는 20년 전에 '대테러 전쟁'이 중앙아메리카와 중동에서 미국 외교정책의 중심이 될 것이라고 선언했다. 정부의 온건주의자 조지 슐츠Shultz, George가 설명했듯이, 그곳은 '문명 자체를 적대시해' '현대의 야만으로 되돌아가자고 주장하는 타락한 사람들'이 살고 있는 재앙의 근원지였다. 그는 또한 그들의 해결책이 '외부 중재, 국제사법재판소, 유엔과 같은 이상적이고 합법적인 수단'을 기피하면서 폭력에 의존하는 것이라고 말했다. 두 지역과 그 밖의 지역에서 대리 국가와 용병의 특별한 네트워크, 최신 용어로는 '악의 축'이 어떻게 전쟁을 벌였는지는 주지의 사실이라는 것이다.

9·11 사태 이후 똑같은 말을 하면서 전쟁을 다시 선언했고, 몇 달 뒤 다음과 같은 사실들이 철저히 지워졌다. 국제사법재판소와 유엔 안보이사회가 국제 테러리즘 때문에 미국을 비난하면서 그런 행위를 끝내라고 명령했는데 오히려 미국은 테러 공격을 급증시켰다. 다시 선언한 대테러 전쟁의 군사, 외교 부문을 지휘하는 사람들이 바로 중앙아메리카와 중동의 테러 만행을 교사한 주도적 인물이었다. 이런 사건들에 대한 침묵은 자유민주주의 사회에서 지식층이 얼마나 규율을 잘 따르고 또 순종적인지를 보여주는 구체적 사례다.

'대테러 전쟁'은 미국뿐만 아니라 여러 나라가 앞으로 개입과 만행의 핑계로 써먹을 것이다. 체첸은 많은 사례들 중 하나에 지나지 않는다. 라틴아메리카에서는 대테러 전쟁이 무엇을 의미하는지 금방 알 수 있다. 케네디 정부 이후에 역사적으로 중요하다고 판단되어 라틴아메리카를 밀물같이 휩쓸던 탄압의 첫걸음은 브라질을 제외한 라틴아메리카 군대의 임무를 '서반구 방어'에서 '내부 안보'로 바꾸는 것이었다. 이것은 내국인에 대해 국가 테러를 사용해도 좋다는 완곡어법이다. 이런 테러는 특히 콜롬비아에서 대규모로 여전히 이어지고 있는데, 이 나라는

1990년대에 서반구에서 인권 침해의 선두를 달렸다. 콜롬비아는 미국의 무기와 군사훈련을 가장 많이 받아 간 나라이기도 했다. 이것은 주류 학계에서도 한결같이 인정한다.

당연한 일이지만 방대한 문헌에서 '대테러 전쟁'에 초점을 맞추었다. 1980년대의 첫 번째 단계에서 그랬고, 지난 몇 달 동안 그 전쟁을 다시 선언한 이후 다시 관심이 몰렸다. 그때나 지금이나, 홍수처럼 쏟아지는 논평의 흥미로운 특징은 '테러'가 무엇인지 우리에게 말하지 않는다는 점이다. 오히려 이것이 성가시고 복잡한 문제라는 소리가 들려올 뿐이다. 이상한 일이다. 미국의 공식 문서에는 단도직입적인 정의가 있다. 간단한 예는 테러가 '정치적, 종교적, 이념적인 목표를 달성하려고 폭력을 사용하거나 사용하겠다고 위협하는 것'이라는 것이다. 이 정의는 충분히 적절해 보이지만, 다음 두 가지 사유 때문에 쓸 수가 없다. 하나는 이 정의가 공식적 정책, 이른바 '반폭동 활동'이나 '저강도의 분쟁'에도 해당한다는 것이다. 다른 하나는 그것이 엉뚱한 답변을 유도할 수 있다는 점이다. 아주 효율적으로 은폐해놓은 사실들을 폭로할 수 있다는 것이다.

가장 두드러진 폭력 행사의 경우를 배제하고 '테러'를 정의하는 일은 사실 성가시고 복잡한 문제다. 하지만 다행히도 쉬운 해결책이 있다. **그들이 우리에게** 저지르는 테러를 '테러'로 정의하는 것이다. 테러에 관한 학계의 문헌·언론 매체·평론지를 살펴보면 이런 용법이 정상적이고, 그런 입장을 벗어나면 엄청난 분노를 일으킨다. 더군다나 이 테러 규정은 보편적이다. 남미 장군들은 일본군이 만주에서, 나치가 점령지 유럽에서 그런 것처럼, '외부에서 사주하는 테러'로부터 주민을 보호하고 있는 것이다. 예외가 있는지 몰라도, 나는 그것을 발견하지 못했다.

이제 화제를 다시 '세계화', 그리고 그것과 어쩌면 마지막이 될 전쟁의 관계로 돌려보자.

　세상의 주인들이 계획한 '세계화'는 당연하게도 엘리트의 폭넓은 지지를 얻고 있다. '자유무역협정', 즉 《월스트리트저널》이 더 솔직하게 '자유투자협정'이라고 한 것이 폭넓은 지지를 받은 것처럼 말이다. 이 문제에 대해서는 미 언론에 보도된 것이 별로 없고, 핵심 정보는 간단히 숨겨졌다. 이를테면 체결 10년이 지난 뒤 NAFTA에 대한 미국 노동운동의 입장과 일치하는 의회 조사국(기술평가국Office of Technology Assessment, OTA)의 결론이 아직 주류 언론에는 보도되지 않고 있다. 선거 정치에서는 이 문제가 의제 사항이 아니다. 그리고 여기에는 정당한 이유가 있다. 세상의 주인들은 만약 민중이 그 정보를 입수하게 된다면 세계화에 반대할 것을 잘 알고 있다. 하지만 그들은 자기들끼리 알릴 때는 상당히 개방적이다. 그래서 몇 년 전 민중의 엄청난 압력에 밀린 미 의회는 '무수정 일괄 승인' 입법을 거부했다. 이 법안은 의회에서 토론 없이, 일반에 그 내용을 알리지도 않고, '찬성'(혹은 이론적으로 '반대'도 가능) 투표로 대통령에게 국제 경제 협정을 맺을 권한을 주는 것이었다. 이 법안이 부결되자 다른 분야의 엘리트 여론처럼 《월스트리트저널》은 민주주의의 토대를 파괴하지 못한 것에 대해 심란해했다. 하지만 이 신문은 문제의 핵심을 설명했다. 이 스탈린식 조치를 반대하는 사람들은 '궁극적인 무기'인 일반 대중을 등에 업고 있으므로, 되도록 아는 것이 없어야 하는 것이다. 이렇게 하는 것은 더 민주적인 사회에서 특히 대단히 중요하다. (이스라엘-이집트는 별도로 치고) 엘살바도르, 터키, 콜롬비아 등 최근 미국의 군사원조를 가장 많이 받는 나라들과는 달리 민주 사회는 반대자를 투옥하거나 암살할 수 없기 때문이다.

　사람들은 지난 몇 해 동안 '세계화'에 대한 민중의 반대 여론이 어째서 그렇게 높았는지 묻고 싶을 것이다. 전례 없이 번영의 길로 접어들고, 특히 미국에서 '동화 같은 경제'가 계속되는 시대에 그런 반대 여론은 이상하게 보일지 모른다. 미국은 1990년대를 통해 '미국 및 세계 역사상 최고의 호경기'를 누렸다고 앤서니 루이스Lewis, Anthony(미국의 진보적 언론인_옮긴이)가 1년 전《뉴욕타임스》에 썼다. 이것은 허용 가능한 정치 스펙트럼의 왼쪽에 있는 사람들의 전형적인 후렴구를 되풀이한 것이다. 그는 이런 호경기에 결함이 있다는 것도 시인했다. 경제 기적에서 뒤처진 사람들에 대하여 마음씨 고운 우리는 어떤 조치를 취해야 한다. 그 결함은 깊고도 괴로운 딜레마를 반영한다. '세계화'는 분명 놀라운 급성장과 번영을 가져왔다. 하지만 놀라운 선물과 기회를 즐기는 기술이 부족한 사람들에게는 부수적으로 불평등이 커진다.

이런 설명은 너무나 관습적이어서 현실과 동떨어진 것임을 깨닫기가 쉽지 않다. 하지만 '현실'은 경제 기적의 기간 내내 잘 알려져 있었다. 1990년대 후반의 짧은 호경기, 즉 대부분의 사람들에게 초기의 침체나 불경기를 별로 보상해주지 못한 시기에 이르기까지 '광란의 1990년대'의 1인당 성장률은 세계의 다른 산업국가들과 비슷했으며, '세계화' 이전의 전후戰後 첫 25년보다 상당히 낮았다. 그리고 준準통제경제 아래 미국 역사상 최고의 호경기였던 전시보다 훨씬 낮았다. 그렇다면 앤서니 루이스 등의 관습적 설명은 객관적 사실과 왜 그렇게 다른가? 대답은 단순하기 짝이 없다. 이 사회의 작은 일부분에는 1990년대가 정말로 엄청난 호경기였다. 그 부분은 다른 사람들에게 기쁜 소식을 알리는 사람들(언론계_옮긴이)을 포함한다. 따라서 언론계가 정직하지 않다고 비난할 수는 없다. 그들은 자신의 이야기를 의심할 이유가 없다. 그들은 항상 자신들이 기고하는 언론에서 기사를 읽는데, 기사의 내용은 그들의 개인적 경험과 일치한다. 그들이 편집실, 교수 클럽, 천재가 참석하는 엘리트 회의, 함께 식사하는 우아한 레스토랑 등에서 만나는 사람들은 모두 호경기 이야기를 진실이라고 생각한다. 하지만 이들을 제외한 나머지 세상은 전혀 호경기가 아니다.

좀 더 긴 기간의 기록을 한번 살펴보자. 세계 경제 통합, 중립적 의미에서 '세계화'의 한 단면은 1차 세계대전 전에 급증하고 전시에 침체하거나 내리막길을 걸었으며, 2차 세계대전이 끝난 뒤에 되살아나 지금은 대충 100년 전 수준으로 올라섰다. 자세한 구조는 더 복잡하다. 어떤 잣대로 보면, 세계화는 1차 세계대전 이전에 비해 규모가 커졌다. 한 가지 예증은 이러하다. 애덤 스미스에게 자유무역의 기초는 '노동의 자유 이동'이지만, 오늘날 그의 찬양자들은 노동의 자유로운 이동에 반대한다. 다른 기준에서 볼 때, 세계화는 지금 훨씬 규모가 크다. 유일하지는 않지만 극적인 사례는, 전례 없이 빠른 단기 투기자본의 흐름이다. 이런 구별은 세상의 주인들이 선호하는 세계화 해석의 중요한 특징을 반영한다. 자본의 중요성은 지나칠 정도로 높고, 노동력은 그에 따르는 개념 정도로 치부된다.

이와 관련해 멕시코 국경은 흥미로운 사례다. 정복의 결과인 그 국경은 대부분의 국경들처럼 인위적이고, 다양한 사회경제적 이유 때문에 양쪽 방향에서 구멍투성이다. 클린턴이 NAFTA를 체결한 뒤 국경은 '노동의 자유 이동'을 봉쇄하기 위해 수비대가 엄격하게 지키고 있다. 멕시코에서는 NAFTA의 예상 효과 때문에 그것이 필요했다. 즉 '경제 기적'은 대다수 사람들에게 재앙이 되어 도피처를 찾아나서게 했다. 같은 기간에, 이미 아주 자유로운 자본 이동은 '무역'이라는 것과 더불어 가속되었고, NAFTA 이전의 절반에 해당했던 재벌의 과독점 비중이 3분의 2까지 올라섰다. 이것이 자유무역이 교조적으로 결정한 '무역'의 실상이다. 내가 알기로는, 실제 무역에 대한 NAFTA의 효과는 검증되지 않았다.

세계화의 더 기술적인 잣대는 단일 가격과 임금으로 이루어지는 세계 시장으로 통합되는 정도다. 하지만 그런 일은 분명히 일어나지 않았다. 적어도 소득에 관해 말하면, 오히려 정반대일 가능성이 높다. 정확히 어떻게 재느냐에 따라 달라지겠지만, 불평등은 국가 안팎에서 늘어났다고 보는 게 타당하다. 그 추세는 앞으로도 계속되리라고 예상된다. 최근 미국 정보기관들은 학계와 민간 부문 전문가들의 자문을 받아 2015년에 대한 예상 보고서를 발간했다. 그들은 '세계화'가 진행될 것이라고 예상했다. "세계화의 앞길은 험난할 것이다. 재정의 만성적인 불안정과 폭넓은 경제 격차가 드러나게 될 것이다." 그러니까 기술적 의미의 통합과 세계화로부터는 멀어지지만, 교조적 의미에서는 오히려 세계화가 늘어난다는 뜻이다. 재정 불안정은 여전히 느린 성장과 늘어나는 위기와 빈곤을 암시하는 것이다.

바로 이 시점에서 세상의 주인들이 추구하는 '세계화'와 높아지는 전쟁 가능성의 상관관계가 확립된다. 군사 정책 입안자는 비슷한 생각에 입각해, 군사력의 엄청난 확장에는 전쟁 가능성이 높아지리라는 예상이 깔려있다고 단도직입적으로 설명했다. 9·11 전에도 미국 국방비는 동맹국과 경쟁국 모두의 국방비 지출을 합친 것보다 많았다. 테러 공격은 민간 경제의 핵심 분자들을 기쁘게 하면서 예산을 급증하는 빌미를 가져다주었다. 가장 불길한 프로그램은 우주의 군사화인데, '테러와 싸운다'는 평계로 더욱 확대되었다.

클린턴 시대의 기록은 공공연히 이런 프로그램의 배경을 설명한다. 프로그램의 주된 근거는 '가진 자'와 '못 가진 자'의 격차가 커진다는 점인데, 이런 사태가 계속 심화되리라는 것이다. 이것은 경제 이론과는 상반되지만 현실과는 정확하게 일치한다. '못 가진 자', 즉 세상의 '거대한 짐승'은 분열을 일으키기 때문에 전문 용어로 말하자면 '안정'을 위해 통제되어야 한다. 다시 말해 세상의 주인들의 명령에 복종해야 한다. 이렇게 하자면 폭력 수단이 필요하다. 미국은 '자국의 이익 때문에 세계 자본주의 체제의 번영을 위해 책임을 맡았으므로' 당연히 앞장서야 한다. 나는 외교사학자이며 CIA의 선임 역사 연구원인 제럴드 헤인스 Haines, Gerald의 글을 인용해, 학문 연구에서 드러난 1940년대 미국의 정책 수립을 설명하고자 한다. 압도적으로 우월한 재래식 무기와 대량 살상 무기만으로는 이 정책을 수행하는 데 충분하지 않다. 새로운 전선으로 옮아가야 한다. 그래서 그때까지 준수되었던 1967년의 외기권外氣圈 우주조약을 뒤흔드는 우주 군사화가 나오게 되었다. 미국의 이런 의도를 간파한 유엔 총회는 기존 외기권 우주조약을 여러 번 재확인하고 나섰고, 이에 미국은 참여를 거부해 사실상 고립되었다. 지난해 워싱턴은 유엔의 군축회의에서 이 문제가 협상 대상이 되는 것을 막았다. 하지만 속 보이는 이유로, 이 모든 과정은 거의 보도되지 않았다. 시민들이 '더 높은 지능'에 대한 생물학의 유일한 실험(생명의 진화_옮긴이)을 끝장낼지도 모르는 계획을 알아서는 안 된다는 것이었다.

넓리 관찰된 바와 같이 이 프로그램들은 군수산업에 유리한 것이지만, 그 용어에 오해의 소지가 있음을 명심해야 한다. 현대사에서 2차 세계대전이 끝난 뒤에 군수산업의 규모가 극적으로 증가했다. 군수산업은 비용과 위험을 사회에 돌리는 한편, 이익은 개인이 가져가는 수단으로 이용되어왔다. '신경제'는 미국 경제의 국가 부문이 활발하게 그리고 혁신적으로 움직인 결과다. 생물학에 대한 공공 지출이 급증한 주된 이유는 최첨단 경제가 공공 계획Public Initiatives에 달려 있음을 우익 지성계가 잘 알기 때문이다. 군수산업의 대대적 규모 증가는 '생화학 테러'라는 평계로 예정된 것이었다. 과거에는 소련이 공격해 올지 모른다는 위협에 넘어가 내중이 신경제의 비용을 부담했다. 소련이 붕괴한 뒤에는,

1990년 사실상 변화 없는 강령의 변화에 따라 제3세계의 '기술 발달'이라는 위협을 내세우면서 또다시 신경제의 부담을 대중에게 요구했다. 그래서 국가 안보를 위한 예외 사항들도 국제 경제 협정의 일부가 되어야 하는 것이다. 이런 정책은 아이티에 전혀 도움을 주지 못하지만, 시장이 가난한 사람들을 가혹하게 다루고 부자를 많이 돌봐주는 전통적 원칙 아래서 미국 경제가 성장하는 데는 도움을 준다. 바로 '신자유주의'라는 것인데, 그리 훌륭한 용어는 못 된다. 그 교리는 몇백 년 되었는데, 오래 전에도 고전적 자유주의자를 분개하게 만들던 것이다.

사람들은 공공 지출이 종종 쓸모 있다고 주장할지 모른다. 어쩌면 그럴 수도 있고 아닐 수도 있다. 하지만 세상의 주인들은 민주적 선택이 허용되는 것을 정말 두려워한다. 이 모든 것이 일반 대중에게는 숨겨져 있지만, 관계자들은 잘 알고 있다.

우주 군사화로 폭력의 마지막 한계선을 넘으려는 계획은 '미사일 방어'로 변장하지만, 역사에 관심을 기울인 사람들은 '방어'라는 낱말이 실은 '공격'을 의미한다는 것을 잘 안다. 현재도 예외는 아니다. 그 계획의 목표는 '세계적 지배' 혹은 '헤게모니'를 확보하려는 것이라고 상당히 솔직하게 진술되어 있다. 공식 문서는 그 목표가 '미국의 국익과 투자를 보호하고' '못 가진 자'를 통제하는 것이라고 힘주어 강조하고 있다. 최강국들은 과거에 '상업적 이익을 보호하고 촉진하기 위해' 육군과 해군을 창설한 것처럼, 오늘날에는 우주를 지배하려 한다. 미국이 선두를 달리고 있는 이 새로운 계획이 생존에 심각한 위험을 제기한다는 것은 공인된 사실이다. 국제조약이 그것을 막을 수 있다는 것도 알려져 있다. 하지만 이미 지적했듯이 헤게모니는 생존보다 더 높은 가치이고 역사상 강자를 지배한 도덕 논리다. 달라진 것은 게임의 판돈을 무시무시할 만큼 높여놓았다는 점이다.

요점은 이렇다. 즉각적인 대량 살상용 공격 무기를 개발하는 우주 프로그램을 밀어붙이자면 교조적인 의미의 '세계화' 성공이 필요하다.

이제 '세계화'와 1990년대에 맞이한 '미국 및 세계 역사상 최고의 호경기'로 돌아가보자.

2차 세계대전 이후 국제 경제는 두 단계를 거쳤다. 1970년대 초의 브레튼우즈Bretton Woods 단계, 그 뒤에 환율을 규제하고 자본 이동을 통제하는 브레튼우즈 체제를 해체한 단계다. '워싱턴 합의'의 신자유주의 정책과 관련 있는 '세계화'는 두 번째 단계에 해당한다. 두 단계는 사뭇 다르다. 첫 단계는 흔히 (국가) 자본주의의 '황금시대'라고 불린다. 두 번째 단계에는 거시 경제상의 지표 수치가 두드러지게 하락했다. 경제성장률, 생산성, 자본 투자, 세계무역 부진, (경제에 해로운) 훨씬 높아진 이자율, 통화를 보호하기 위한 막대한 현금의 비생산적 적립, 재정 변동의 증가, 그 밖의 해로운 결과 등이 그런 거시적 결과다. 예외적으로 동아시아 국가들은 이런 게임의 규칙을 따르지 않았다. 나중에 노벨상을 타고 자리에서 물러난 조지프 스티글리츠Stiglitz, Joseph가 세계은행의 수석 경제학자로 임명되기 직전에 세계은행 보고서에 기고한 것처럼, 동아시아 국가들은 '시장이 가장 잘 알고 있다'는 '신조'를 존중하지 않았다. 반면에 라틴아메리카와 같이 시장의 규칙을 엄격하게 지킨 곳에서는 오히려 가장 나쁜 결과가 나왔다. 라틴아메리카·카리브 경제위원회 ECLAC의 사무총장인 호세 안토니오 오캄포Ocampo, José Antonio는 1년 전 미국경제협의회에서 연설할 때 이런 사실을 밝혔다. "약속의 땅은 신기루다"라는 것이 그의 평가였다. 1990년대의 성장은 1단계(브레튼우즈 단계)의 30년 동안 '국가가 주도한 발전'에 훨씬 못 미쳤다. 오캄포는 게임의 규칙을 따르는 것과 경제적 성과의 상관관계가 세계적으로 지켜진 것을 지적했다.

그렇다면 깊고도 괴로운 딜레마로 돌아가 보자. 세계화가 이끈 급성장과 엄청난 번영은 불평등을 초래했다. 어떤 사람들은 기술이 없었기 때문이다. 여기에 딜레마는 없다. 급성장과 번영은 허구이기 때문이다.

많은 국제경제학자들은 자본 자유화를 2단계의 형편없는 결과의 실질적 요소라고 본다. 하지만 경제는 복잡한 문제고 이해하기 어렵기 때문에 인과관계를 따지는 데 신중을 기해야 한다. 자본 자유화의 결과는 상당히 명백한 것으로서, 민주주의의 기반을 잠식한다. 브레튼우즈 입안자들은 그 결함을 알았다. 그렇기 때문에 브레튼우즈 협정은 정부가 사회민주주의 정책을 수행할 수 있는 자본 규제 방침에 입각하여 세워졌고, 엄청난 민중의 지지를 받았다. 자본의 자유 이동은 정부 결정에 대해 '거부권'을 가진 '가상의 상원'이라는 것을 만들어냈으며, 정책의 선택권을 대단히 제한했다. 정부는 유권자와 투기꾼이라는 '이중 선거구민'과 직면한다. 투기꾼은 정부 정책에 대해 (재정 체계를 기술적으로 연구한 자료를 인용하면서) '매순간 국민투표를 실시한다.' 부유한 국가에서도 사경제 선거구민이 판을 치고 있다.

투자자를 우선시하는 '세계화'의 또 다른 내용도 비슷한 결과를 보여준다. 사회경제적 결정이 점점 책임을 지지 않는 권력 집중으로 이어졌고, 이것은 신자유주의적 '개혁'(이 말은 사실 선전용어다)의 본질적 특징이다. 민주주의에 대한 공격의 확대는 공개적 논의도 없이, '서비스 교역에 관한 일반 협정GATS'을 협상할 때 계획되었다. 다 알다시피 서비스라는 용어는 민주적 선택의 범위 안에 들어오는 모든 것, 즉 건강·교육·복지·우편과 그 밖의 통신·물·여러 자원 등을 가리킨다. 이런 서비스를 개인의 손에 넘기면서 그것을 '교역'이라고 하는 것이다. 그리하여 이 용어는 본래의 의미를 상실하고 아주 웃기는 용어가 되었다.

아메리카 정상회담이 열린 지난 4월 퀘벡에서 벌어진 대규모 민중 시위는 1년 전 포르투 알레그리의 괴짜들이 행동에 나선 것으로서, GATS 원칙을 비밀리에 계획된 미주자유무역지대FTAA에 부과하려는 시도에 대항하려는 것이었다. 이 시위는 남반구와 북반구를 광대한 선거구로 결합시켜, 무역 관련 장관들과 기업 사장들이 밀실에서 계획한 것을 적극 반대하는 운동이었다.

이 항의는 평소와 마찬가지로 성의 없는 취재의 대상이 되었다. 괴짜들이 돌을 던지며 항의하자 거대한 문제를 깊이 사색하는 천재들은 당황했다. 대중의 실제 관심사가 아예 보도되지 않는다는 것은 놀라운 일이다.《뉴욕타임스》의 경제 통신원인 앤서니 드팔마De Palma, Anthony의 기고에 따르면 GATS 협정은 시애틀 회담이 지난 뒤에도 "상품 거래를 촉진하려는 시도(WTO)를 소용돌이에 빠뜨렸던 것과 같은 공개적인 논쟁을 전혀 일으키지 않았다." 다른 경우와 마찬가지로 이 보도는 사기가 아니다. 드팔마가 괴짜들에 대해 아는 지식은 언론 매체를 통해 걸러진 것에 한정되어 있다. 시민 행동가의 심각한 관심사에 대한 보도를 엄격히 금지하는 것은 언론의 철칙이다. 그래서 언론은 차라리 돌을 던지며 경찰에 저항하는 자들을 더 잘 다루어주는 것이다.

정보를 일반에 공개하지 않는 조치의 중요성은 4월 정상회담에서 극적으로 밝혀졌다. 미국의 모든 언론 편집실은 정상회담에 맞추어 적절하게 발간된 중요한 연구 자료 두 편을 책상 위에 놓고 깔아뭉갰다. 하나는 휴먼라이츠워치Human Rights Watch(HRW)에서 나온 것이고, 다른 하나는 워싱턴의 경제정책연구소Economic Policy Institute(EPI)에서 나온 것이었다. 두 단체는 자신들의 주장을 명확하게 밝혔다. 두 연구서는 NAFTA의 효과를 자세히 조사했다. NAFTA는 정상회담에서 FTAA의 대승리이자 모범이라고 환영받았고, 언론들의 머리기사는 조지 부시와 여러 지도자들의 찬사를 소란스레 알리며 그 모든 것을 절대적 진실로 받아들였다. 따라서 NAFTA를 부정적으로 진단한 두 연구는 거의 만장일치로 무시되었다. HRW는 노동권 측면에서 NAFTA를 분석하면서 3개국 전체에 해를 끼친다고 진단했다. EPI 보고서는 더 포괄적인 것으로서 3개국의 전문가들이 노동자에 대한 NAFTA의 효과를 상세하게 분석한 글이었다. 결론만 말하자면, 이것은 참가국 사람들의 대다수를 해치는 희귀한 협정이라는 것이다.

멕시코에 끼친 부정적 효과는 특히 심했고, 그것이 남아메리카에 의미심장한 파급 효과를 가져왔다. 임금은 1980년대 신자유주의 프로그램의 강요 때문에 급락했다. 그런 경향은 NAFTA 이후에 계속되어 봉급자의 소득은 24퍼센트, 자영업자의 소득은 40퍼센트 감소했으며, 이런 효과는 비정규직 노동자의 급증 때문에 더욱 확대되었다. 외국 투자가 증가했지만, 전체 투자는 경제가 다국적기업의 손에 넘어간 탓에 하락했다. 최저 임금은 구매력의 50퍼센트를 잃었다. 제조업은 사양길로 접어들고, 성장은 정체하거나 역전되었다. 소수의 사람들만 지나치게 부유해졌고, 외국 투자가들은 번영을 누렸다.

이 연구들은 경제지와 학계의 연구에서 보고된 것을 확인해준다. 《월스트리트저널》은, 멕시코 경제가 NAFTA 직후에 하강하고 1990년 후반부터 급성장했지만 소비자는 구매력의 40퍼센트를 잃었고, 극빈자로 살고 있는 사람들의 수는 인구 증가율보다 두 배나 빠르게 늘어났고, 외국소유의 조립 공장에서 일하는 사람들도 구매력을 상실했다고 보도했다. 우드로 윌슨 센터의 라틴아메리카 담당 부서에서도 비슷한 연구 결과를 내놓았다. 그들은 또한 소규모 멕시코 기업들이 재정 능력을 확보하지 못하고, 전통적 농업 노동자들이 일자리를 잃고 있으며, 노동 집약적인 부문인 농업과 경공업이 이른바 '자유기업'을 상대로 국제적으로 경쟁할 여건이 안 되고, 따라서 경제력이 소수의 손에 집중된다는 사실을 밝혀냈다. 농업은 통상에 관한 이유 때문에 고통을 겪었다. 다시 말해, 멕시코 농민들은 국가로부터 보조금을 받고 있는 미국 농업 재벌과 경쟁할 수 없다. 이런 효과는 이미 온 세상에 알려져 있다.

이 효과들은 대부분 NAFTA의 비판자들, 즉 발표하지 못하도록 압력을 받은 OTA와 노동운동 단체의 연구에서 정확하게 예언했다. 하지만 비판자들의 판단은 한 가지 점에서 빗나갔다. 그들은 농민 수십만 명이 농지로부터 쫓겨나기 때문에, 도시-농촌의 인구 비율이 급격히 달라질 것이라고 예상했다. 하지만 그런 일은 발생하지 않았다. 도시의 여건이 극심하게 나빠져서 멕시코의 도시로 나가는 게 아니라 미국으로 도피하는 경우가 엄청나게 많았기 때문이다. 밀입국 과정에서 살아남은 소수의 사람들은 아무런 혜택도 없이 지독히 나쁜 노동조건 아래 최저임금에 시달렸다. 그 효과는 멕시코의 삶과 공동체를 파괴하지만, 동시에 미국 경제를 개선한다. 우드로 윌슨 센터의 연구는 "미국 도시 중산층의 소비는 미국과 멕시코 양쪽 농업 노동자들의 빈곤으로 지탱된다"라고 지적했다.

이것들은 일반적으로 경제학자들이 따지려 하지 않는 NAFTA와 신자유주의 세계화가 가져온 피해다. 하지만 이념적 기준으로 보아도 그 대가는 심각했다.

이런 피해 상황은 정상회담에서 나온 NAFTA와 FTAA에 대한 찬사를 훼손하지 못했다. 행동가들의 조직에 소속되지 않더라도 대부분의 사람들은 피해 상황을 자신의 삶에서 직접 겪어 알고 있다. 하지만 자유 언론의 기만으로 현실을 제대로 파악하지 못한 많은 사람들은, 역사상 최대의 호황을 찬양하는 대열에서 제외된 자신을 실패자로 여기게 된다.

세계 최대의 부국에서 나온 자료는 뭔가를 밝혀주지만, 나는 세부 사항은 건너뛰겠다. 상황의 전반적인 구도는 벌써 일반화되었다. 앞에서 지적한 대로 약간의 변화와 예외가 있기는 하지만 말이다. 표준적 경제 잣대에서 벗어나면, 그 구도는 훨씬 더 나쁘다. 엄청난 피해 중 하나는 앞에서 설명했듯이, 군사정책 입안자의 논거에 함축되어 있는 생존에 대한 위협이다. 그 밖에 다른 피해들도 많다. 한 가지를 든다면, 국제노 동기구International Labor Organization(ILO)는 흔히 직장 스트레스와 관련 이 있는 '세계적으로 널리 퍼진' 심각한 정신 질환의 증가를 보고했고, 이에 관한 산업국가들의 재정 부담이 상당히 늘어났다고 했다. ILO의 결론에 따르면 이런 스트레스의 주된 요인은 '세계화'로, 이는 특히 미 국에서 '직업 안정성의 상실', 노동자가 느끼는 압력, 더 높아진 노동 강 도를 불러왔다. 이것이 '세계화'의 대가인가? 어떤 관점에서 보면, 그것 은 가장 매력적인 특징이라고 할 수 있다. 우리가 미국의 경제 성과를 '엄청나다'고 찬양할 때, 앨런 그린스펀Greenspan, Alan(1926~, 1987년부 터 2006년 1월까지 미국 연방준비제도 이사회 의장을 역임했다_옮긴이)은 고용 주에게 부담을 덜어주는 직업 불안정성의 의미를 특히 강조했다. 세계 은행은 그린스펀의 의견에 동조한다. '노동시장의 유연성'은 '임금을 깎 고 노동자를 내쫓는 행위를 에둘러 말한다…… 나쁜 명성'을 얻기는 했지만, '그 유연성은 세계의 모든 지역에서 꼭 필요하다. …… 가장 중 요한 개혁에는 사회적 서비스와 노동 계약이 연계되지 않도록 고리를 끊는 것뿐만 아니라 노동과 임금 유연성에 대한 규제를 제거하는 조치 도 들어 있어야 한다.'

요컨대 널리 퍼져 있는 이념에 따르면, 노동자 해고·임금 인하·혜 택 감소 등이 경제적 건강에 결정적으로 기여한다.

무역 규제 철폐는 기업에 덤으로 주는 혜택이다. 무역은 대부분 다양 한 장치를 통해 중앙 집중적으로 관리되고 있다. 기업 내부 거래, 전략 적 동맹, 아웃소싱 등을 통해 관리하는 것이다. 광범위한 무역 영역은 지역 및 국가 공동체에 책임을 지우지 않기 때문에 기업에 일방적으로 유리하다. 이것이 신자유주의 프로그램의 효과를 높이고, 노동 소득의 분배를 주기적으로 줄였다. 미국의 1990년대는 전후 최초로 소득 분배가 노동에서 분리되어 자본 소유주에게 쏠린 시대였다.

무역에는 측정할 수 없는 다양한 비용이 소요된다. 보조금을 받는 에너지, 자원 고갈, 감안되지 않는 여러 외부 조건들이 그것이다. 무역은 이점을 가져오기도 하지만 조심해야 한다. 무역이 전문성을 높인다는 주장은 가장 널리 환영받는 얘기다. 하지만 그것은 '개발'이라고 하는, 비교 우위를 바꾸려는 노력 등 여러 가지 선택의 여지를 줄인다. 선택과 개발은 그 자체가 가치다. 그것들을 해치는 것은 상당한 손해다. 만약 아메리카 식민지가 200년 전에 WTO 체제를 받아들여야 했다면, 뉴잉글랜드는 직물을 생산하지 못하고 그 대신 생선을 수출하는 비교 우위를 추구해야 했을 것이다. 영국 생산물에 엄청난 관세를 부과해 수입을 막았기 때문에 뉴잉글랜드의 직물 산업이 살아남을 수 있었다(이것은 인도산 직물 수입을 막아버린 영국의 사례를 그대로 흉내 낸 것이었다). 철강과 그 밖의 업계도 사정은 마찬가지고, 현재까지도 그런 식으로 보호되고 있다. 특히 보호주의가 높던 레이건 시대에는 경제의 국가 부문을 포기하면서까지 보호해주었다. 이 모든 사항에 대해서 정말 할 말이 많다. 많은 이야기들이 편파적인 경제 평가 방식에 가려져 알려지지 않았지만 경제사학자, 기술사학자들은 잘 알고 있다.

오늘 이 자리에 온 모두가 다 알듯이, 게임의 규칙은 가난한 사람들에게 해로운 효과를 강화할 가능성이 높다. WTO 규칙은 모든 부유한 국가들이 현재 상태로 발전하기 위해 사용했던 수법을 금지하는 한편, 사상 전례 없는 보호주의를 부자에게 제공했다. WTO 규칙은 참신한 혁신과 성장을 가로막는 특허 체제를 허용하면서, 기업이 민중의 상당한 헌신으로 개발된 제품 가격을 독점해 엄청난 이득을 올리도록 해준다.

현대 경제 구조에서 세계 인구의 절반은 워싱턴 전문가들이 조종하는 경제정책에 무방비 상태로 장악되어 있다. 하지만 부유한 국가에서도 민주주의가 공격을 받고 있다. 민중을 어느 정도 의식하는 정부에서 그런 책임 의식이 전혀 없는 민간 재벌로 의사 결정권이 넘어갔기 때문이다. '사람들을 신뢰하라' 혹은 '국가의 힘을 최소화하라'와 같은 냉소적인 구호들은 현재 상황에서 민중의 사회 통제력을 높이자고 요구하는 게 아니다. 그런 구호들은 의사 결정권을 정부로부터 다른 손으로 넘기라는 것이지 '민중'에게 넘기자고 하는 것이 아니다. 오히려 내부 구조가 전체주의적이고, 민중에게 전혀 책임을 지지 않는, 합법적 집단주의의 실체인 기업 경영진에 의사 결정권을 넘기라는 것이다. 이것에 반대하는 상황은 100년 전 보수주의자들이 '아메리카의 기업화'에 반대하던 때와 비슷하다.

라틴아메리카 전문가와 여론조사 기관은 지난 몇 년 동안 라틴아메리카의 형식적 민주주의 확산이 민주주의에 대한 실망으로 이어진 현상을 관찰하면서 '놀랄 만한 추세'라고 했다. 분석가들은 '경제력의 쇠퇴'와 민주적 제도에 대한 '신뢰 상실' 사이의 상관관계를 주목한다(《파이낸셜타임스》). 아틸리오 보론Borón, Atilio(아르헨티나의 사회·정치학자로, 다양한 사회 프로그램을 이끌며 국제적 활동을 펼치고 있다_옮긴이)이 몇 년 전에 지적했듯이, 라틴아메리카 민주화의 새로운 흐름은 신자유주의적 경제 '개혁'과 일치했는데, 그것이 실제적 민주주의를 해치고 있다. 이 현상은 다양한 형태로 전 세계에 퍼져나가고 있다.

이것은 미국에도 그대로 적용된다. 2000년 11월의 '도둑맞은 선거'에 대한 공식적 항의가 드높았지만 민중은 그것을 별로 신경 쓰지 않는 듯했다. 여론조사가 밝혀낸 이유에서 보듯이, 선거 전야에 인구의 4분의 3

은 그 선거 과정을 웃음거리로 여겼다. 대통령 선거가 선거 자금 기부자, 당 지도자, 홍보 산업이 펼치는 그들만의 게임이라는 것이다. 홍보 산업은 후보자들을 당선시키기 위해 '무슨 말이든 다 하도록' 사주했고, 그래서 유권자들은 후보의 분명한 공약조차 믿을 수가 없었다. 시민들은 대부분의 중요 사안에 대해 후보들의 입장을 명확하게 알 수가 없었다. 유권자들이 어리석거나 알아보려고 하지 않아서가 아니라 홍보 업계가 그렇게 유도한 것이었다. 정치적 태도를 살펴보는 하버드 대학의 한 프로젝트는 이런 사실을 발견했다. 유권자들의 '무력감이 놀랄 정도로 높고', 유권자들의 절반 이상이 자신들은 정부의 조치에 별로 혹은 아예 영향을 주지 못한다고 믿었다. 이런 정치적 무기력이 신자유주의 시기에 급증했다.

민중과 경제적, 정치적, 학문적 엘리트의 의견이 다른 문제들은 의제로 다루어지지 않는다. 특히 경제정책의 문제는 아예 논외로 친다. 기업계는 당연히 기업이 주도하는 '세계화', 자유무역협정이라고 불리는 '자유투자협정', NAFTA, FTAA, GATS 등 민중에게 책임지지 않는 사람들의 손에 부와 권력을 집중시키는 갖가지 수단을 좋아한다. 당연히 거대한 짐승은 경원시된다. 핵심적 사실들은 일부러 알려주지 않아 잘 모르는데도 본능적으로 경계하는 것이다. 그래서 이런 경제 문제들은 정치 행동의 적절한 화두가 되지 못했고, 2000년 11월 선거의 큰 흐름에서 제외되었다. 이를테면 유권자들은 다가오는 아메리카 정상회담과 FTAA, 그리고 민중에게 주요 관심사인 문제를 포함하는 여러 주제를 논의하는 장면을 텔레비전에서 보지 못했다. 유권자는 홍보 산업이 '쟁점'이 아니라 '개인적 자질'이라고 부르는 문제로 시선을 돌렸다. 유권자의 절반 정도가 부자에게 몹시 기울어진 계층이었고, 그들은 자신의 위태로운 계급적 이익을 고려해 투표했다. 이 표는 당연히 양당의 보수

반동적인 후보들에게 돌아갔다. 하지만 일반 대중은 다른 방식으로 표가 갈렸기 때문에 통계적으로 무승부가 되었다. 노동자들 사이에서는 총기 소유와 '종교' 같은 비경제적 주제가 주된 관심사였기 때문에 사람들은 흔히 자신의 이익과 반대되는 투표를 했다. 분명, 자신들에게는 사태에 대한 선택권이 없다고 생각하면서.

민주주의에서 남은 것이라고는 상품을 선택할 수 있는 권리뿐이라고 해석되기에 이르렀다. 기업계 지도자들은 오래전부터 '유행에 따라 많은 소비로 이루어지는 더 피상적인 삶에 관심을 집중하도록' '풍요의 철학'과 '목적 없는 인생'을 사람들에게 부여할 필요성을 설명해왔다. 어릴 때부터 이런 선전에 넘어간 사람들은 무의미하고도 종속적인 삶을 받아들이고 자신의 문제를 직접 해결하려고 하는 적극적 사상을 우스꽝스러운 것으로 치부해버린다. 그들은 자신의 운명을 천재에게 맡기고, 정치적 영역에서는 권력에 봉사하는 자칭 '소수 지식인들'을 따른다.

지난 세기를 엘리트의 관습적인 의견이라는 시각에서 보면, 2000년 11월 선거는 미국 민주주의의 결함이 아니라 오히려 승리를 보여준다. 많은 사람들의 시각이 다르지만, 서반구와 그 밖의 지역에서 민주주의의 승리를 환영하고 있다. 일반적으로는 그것이 정당한 평가다.

형식적 민주주의 체제를 강요하려는 투쟁은 다양한 형태를 띠면서, 앞으로도 끝나지 않을 것이다. 아주 효율적인 의사 결정권이 소수의 손에 집중되어 있다면 말이다. 세상의 주인들이 자신들 앞에 나타난 기회를 적절히 활용하리라고 예측하는 것이 합리적이다. 현재로서는 테러 공격에 직면한 주민들의 공포와 고통이 서방의 심각한 문제다. 이제 새로운 기술들이 나와서, 사실상 폭력의 독점권은 잃었고, 다만 상당한 우위를 유지할 뿐이다.

하지만 이런 규칙을 반드시 받아들여야 할 필요는 없다. 세계와 인류의 운명에 관심이 많은 사람들은 확실히 다른 노선을 따라갈 것이다. 투자자를 우선시하는 '세계화'에 맞서는 민중의 투쟁, 주로 남반구의 투쟁은 세상의 주인들의 수사修辭와 실천에 어느 정도 영향을 주었다. 그래서 세상의 주인들은 주목하면서 관심을 기울이고 수세적 입장으로 돌아섰다. 이 민중운동은 규모, 범위, 국제적 연대의 측면에서 볼 때 유례가 없는 것이다. 이곳의 회의는 그것을 보여주는 중요한 사례다. 미래는 민중운동의 손에 달려 있다. 그리고 당면한 문제는 대단히 중요하다.

15

9·11에 대한 숙고

이 글(원제 Reflections on 9-11)은 2002년 8월 스웨덴의 《아프톤블라데트 *Aftonbladet*》
지에 처음 실렸고, 《9-11》(2판, New York : Seven Stories Press, 2002), 119~128쪽에 다
시 실렸다.

9월 11일의 테러리스트 공격이 극적으로 세계를 변화시켰고, '테러의 시대'로 접어든 세계가 전과 똑같지는 않을 것이라고 널리 주장되고 있다. '테러의 시대'는 탄저균 공격이 훨씬 더 불길하다고 본 예일 대학 학자들과 그 밖의 사람들이 집필한 학문적 소논문들을 모은 책의 제목이기도 하다.

의심할 나위 없이 9·11 만행은 역사적으로 중요한 사건이었다. 유감스럽게도, 그 규모 때문이 아니라 무고한 사람들을 선택했다는 점 때문이다. 신기술이 널리 퍼짐에 따라 산업 강국들이 엄청난 우월적 지위를 유지할 뿐, 폭력의 실제적 독점권은 잃게 되리라고 예상되었다. 아무도 그런 예상이 어떻게 실현될 것인지 구체적인 방법을 몰랐지만 그것은 실현되고 말았다. 현대 역사상 처음으로, 유럽과 그 파생 국가가 자국 영토에서 테러를 겪었다. 그전에는 그들이 으레 다른 곳에서 자행했던 만행이 그들의 땅에서 벌어진 것이다. 그들이 다른 곳에서 저지른 테러의 역사는 너무 익숙해서 살펴볼 필요도 없다. 서방은 그런 사실을 무시하려 들었지만, 희생자들은 그렇지 않았다. 전통적 양식과는 아주 다른 사건인 9·11은 역사적 사건으로 자리 잡을 것이고, 그 파급 효과는 틀림없이 심대할 것이다.

이와 관련해 결정적 질문을 제기해볼 수 있다.

1. 누구의 책임인가?
2. 이유는 무엇인가?
3. 적절한 반응은 무엇인가?
4. 장기적인 결과는 무엇인가?

질문 1에 관해, 범죄 당사자는 빈 라덴과 그의 알카에다Al-Qaeda 조직이라고 생각되었다. 알카에다에 대해서 그 누구도 CIA보다 더 많은 것을 알지 못한다. CIA는 일찍이 동맹국들의 정보기관과 함께 여러 나라에서 이슬람 근본주의자를 모집해 테러 군사 조직을 만들었다. CIA는 이 조직으로 러시아 침공에 저항하는 아프가니스탄을 돕는다는 합법적인 목적이 아니라 국익에 봉사했고, 그것이 무자헤딘Mujahidin(아프가니스탄의 무장 게릴라 조직. 소련 침공에 저항했고, 반탈레반 동맹에 참여해 2001년 정권을 잡았다_옮긴이)이 정권을 장악한 뒤 아프가니스탄에 끔찍한 결과를 초래했다. 미국 정보기관은 이 조직이 20년 전 이집트의 사다트 대통령을 암살하고 1993년 대단히 야심찬 테러 작전을 수립해 미국의 세계무역센터와 여러 목표물을 폭파하려고 할 때부터 이 조직의 활동을 면밀하게 추적해왔다. 역사상 가장 집중적인 국제 조사를 벌였는데도 9·11 사태의 범인에 대한 증거는 찾아내기가 어려웠다. 9·11 사태가 발생한 지 8개월이 지나 FBI 국장 로버트 멀러Muller, Robert는 의회에서, 미국 정보기관은 9·11 음모가 아프가니스탄에서 구상되었지만 계획과 실천 방안은 다른 곳에서 수립되었다고 '믿는다'고 증언했다. 그러면서 탄저균 공격의 출처가 미국 정부 산하 무기 연구실로 밝혀진 지 오래되었는데도 범인들의 배후는 여전히 확인되지 않았다고 했다. 이것들은 앞으로 부자와 권력자를 목표로 한 테러에 맞서기가 얼마나 어려울지를 보여주는 징후다. 증거가 희박하지만, 9·11 사태의 책임에 관한 잠정적 결론은 정확한 것으로 보인다.

질문 2를 두고 학계는 테러리스트의 말을 사실상 만장일치로 받아들이는데, 테러리스트의 말은 지난 20년 동안 보인 행동과 일치한다. 그들의 말에 따르면 최종 목표는 이슬람 땅에서 이교도를 추방하고, 이교도가 세워서 유지하는 부패한 정부를 전복한 다음 극단적인 이슬람 근본주의를 수립하는 것이다.

테러의 재발을 막으려는 사람들에게 더 중요한 사항은 테러 조직이 생겨나는 배후 조건이다. 이런 배후 조건이 있기 때문에 그들의 주장을 일부나마 이해하고 공감하는 거대한 원천이 생겨나고, 심지어 테러리스트들을 경멸하고 두려워하는 사람들 사이에서도 일말의 동정심이 생겨난다. 조지 부시가 고통스럽게 내뱉은 말을 빌려 얘기해보자면 이렇다. "어째서 그들은 우리를 미워하는가?" 이 질문은 새로운 게 아니고, 대답을 찾아내기도 어렵지 않다. 45년 전, 아이젠하워 대통령과 참모들은 아랍 세계에서 벌어지고 있는 '정부가 아니라 민중이 펼치는' '반미 운동'을 논의했다. 국가안전보장회의가 조언했듯이, 근본적 이유는 미국이 민주주의와 경제 발전을 가로막는 야만적 부패 정부를 지원한다는 사실 때문이다. 미국이 그런 지원을 하게 된 것은, '근동 원유에 관한 이해관계를 지키려' 함이라고 중동 사람들은 인식했다. 《월스트리트저널》은 9·11 사태가 터진 뒤에, 서구화된 무슬림 부자들 사이에서도 그런 인식을 발견했다. 중동 사람들의 반미 감정은 이스라엘-팔레스타인과 이라크에 대한 미국의 정책 때문에 더욱 악화되었다.

시사평론가들은 일반적으로 더 편리한 해답을 선호한다. 중동 사람들의 분노는 미국의 자유와 민주주의에 대한 적개심, 몇 세기를 거슬러 올라가는 그들의 문화적 후진성, '세계화'에 참여하지 못하는 상황(그들은 실제로 참여하고 있다), 그 밖의 결핍에 기인한다는 것이다. 이런 답이 위로가 될지 모르나 현명하지는 않다.

질문 3은 적절한 반응은 무엇인가다. 이에 대한 답변은 의심할 바 없이 논쟁을 불러일으키겠지만, 그래도 가장 기본적인 도덕적 기준을 충족하는 반응이어야 한다. 만약 어떤 행동이 우리에게 옳다면, 다른 사람들에게도 옳아야 한다. 반대로 다른 사람들에게 옳지 못하다면, 우리에게도 옳지 못한 것이다. 그런 기준을 거부하는 사람들은 권력이 행동을 정당화한다고 생각한다. 따라서 그들은 옳든 그르든 행동의 타당성을 논의할 때 도덕적 차원을 간단히 무시해버린다. 이제 질문 3에 대해 홍수처럼 쏟아진 논평, 예컨대 '정의로운 전쟁' 논의 같은 것 중 무엇이 남겠는지 물어보자.

논쟁의 여지가 없는 몇 가지 사건으로 예증해보자. 40년 전 케네디 대통령은 쿠바가 미국의 침략에 성공적으로 저항함으로써 체면이 깎이게 되자, 쿠바 지도부를 제거할 때까지 '지상의 테러'를 퍼부으라고 명령했다. 테러는 심각했고, 1990년대까지 이어졌다. 레이건 대통령이 니카라과와 테러 전쟁을 시작해 야만적인 잔혹 행위와 광범위한 파괴를 저지르면서 수만 명의 사망자와 복구할 수 없는 폐허를 남긴 지 20년이 지났다. 이 때문에 국제사법재판소와 유엔 안보이사회는 미국이 거부권을 행사한 결의안에서 미국의 국제적 테러를 비난했다. 하지만 아무도 쿠바나 니카라과가 워싱턴 혹은 뉴욕에 폭탄을 떨어뜨리거나 미국 정치 지도자를 암살할 권리가 있다고 생각하지 않았다. 이와 비슷한 사례는 얼마든지 있다.

그래서 기본적인 도덕률을 받아들이는 사람들은 다음과 같은 사실을 정당화하려면 꽤나 공을 들여야 한다. 예컨대 미국과 영국이 아프간에 폭격을 한 것은, 미국 대통령이 폭격 시작 전에 선포한 바와 같이 범죄적 만행을 저질렀다고 의심되는 자들의 신병을 넘겨받기 위해서였다고 했다. 하지만 그보다 몇 주 뒤에는 아프간의 통치자를 전복하는 것이 전쟁의 목적이라고 노골적으로 선언했다.

테러리스트 만행에 어떻게 대응할 것인지 제안하는, 묘하게 차별적인 견해들에도 동일한 도덕적 기준이 적용될 수 있다. 존경받는 영미 군사軍史학자 마이클 하워드Howard, Michael는 이렇게 제안했다. "유엔의 후원 아래 경찰 작전을 실시해…… 범죄 공모자 일당을 추적해 국제 법정에 세우고, 그들이 공정한 재판을 받게 해 죄가 드러난다면 적절한 형량을 선고하면 된다"(《가디언》, 《포린어페어스》). 이것은 타당한 제안이지만, 이것을 보편적으로 적용하자고 제안한다면 어떤 반응이 나올까. 그것은 생각조차 할 수 없다. 만약 이런 제안을 누가 한다면 엄청난 분노와 공포를 일으킬 것이다.

비슷한 질문은 수상한 위협에 대해 '선제공격한다'는 '부시 독트린'에 대해서도 제기될 수 있다. 이런 독트린은 그리 새로운 것도 아니다. 고위층의 정책 입안자들은 대부분이 레이건 정부부터 자리를 지켜온 사람들이고, 리비아 폭격이 유엔헌장의 '미래의 공격에 대한 자기방어'로 정당화된다고 주장했다. 클린턴 정부의 입안자들은 (핵 선제공격을 포함해) '선제 대응'을 조언했다. 이 독트린은 선례가 있다. 그러나 이런 권리의 대담한 주장은 새로운 것이고, 그게 누구를 위협하는 것인지는 너무나 분명하다. 정부와 시사평론가들은 목소리를 높여 이 독트린을 이라크에 적용하겠다고 강조했다. 따라서 보편성의 기준에 입각하면, 이라크가 미국을 상대로 선제 테러를 가하는 것도 정당화될 수 있다. 물론 아무도 이런 결론을 받아들이지 않는다. 만약 우리가 기본적인 도덕률을 받아들일 생각이 있다면, 명백한 질문들이 제기된다. 세계가 무슨 생각을 하든 개의치 않고 강국들이 마음대로 행동하도록 허용하는 '선제 대응' 기조를 옹호하는 사람들은 그 질문들에 직면해야 할 것이다. 위협이나 폭력 사용을 옹호하거나 허용할 때는 언제나 그렇듯이, 입증의 부담은 가볍지 않다.

물론 이런 간단한 논증을 가볍게 반격할 수 있는 수단이 있다. **우리**는 선이고 **그들**은 악이라고 말하는 것이다. 이 유용한 원칙은 사실상 어떤 주장이든 눌러버린다. 시사평론가들과 학자들의 많은 논평을 분석해보면, 그 근원에는 이 유용한 원칙이 있다. 이 유용한 원칙은 객관적으로 논증되는 것이 아니라 일방적으로 주장되는 것이다. 드물긴 하지만 가끔, 화가 난 어떤 사람들은 최근 현대사의 기록을 가지고 이 유용한 원칙과 대결하려 한다. 우리는 그 원칙을 지키는 자들의 반응을 지켜보면서 현재 통용되는 문화적 규범에 대해서 많이 알게 되고, 이단적 주장을 막기 위해 세워놓은 흥미로운 방어벽들을 보게 된다. 이것은 물론 현대의 권력 중추와 지배적인 지식 문화가 갑자기 만들어낸 것은 아니고 예전부터 있던 것이다. 그러나 적어도 우리가 어디에 서 있으며 앞에 무엇이 놓여 있는지 알고 싶다면 이것은 살펴볼 만한 가치가 있다.

마지막 질문 4를 간략하게 살펴보자.

장기적으로 볼 때, 나는 9·11 범죄가 벌써 진행 중인 보복적 경향을 가속화할 것이라고 생각한다. 방금 언급한 부시 독트린이 그 예다. 예측한 바와 같이, 세계 각국은 9·11 사건을 가혹하고 억압적인 프로그램을 만들거나 확대하는 계기로 삼았다. 러시아는 체첸에서 저지른 끔찍한 만행을 인정받을 것이라고 기대하면서 '대테러 제휴'에 열렬히 동참했고, 그 기대는 충족되었다. 중국도 비슷한 이유로 기꺼이 합류했다. 터키는 미국의 '대테러 전쟁' 초기 단계에서 군대를 파견한 첫 번째 국가다. 터키 총리가 설명했듯이, 엄청난 미제 무기에 결정적으로 의존해 지독히 야만적으로 수행한 쿠르드 주민 탄압 작전에 대한 보답이었다. 터키는 모골이 송연한 1990년대 최악의 만행을 비롯해 국가 테러의 감행에 따른 거둔 성과로 크게 칭찬을 받았고, 테러로부터 카불을 지키라는 권한을 받아 보상을 얻었다. 군사적 수단을 제공한 초강대국은 최근에 저지른 만행에 대해 자금을 지원했고, 외교와 이념적 측면에서 지지했다. 이스라엘은 한층 더 공고해진 미국의 지원으로 훨씬 더 지독하게 팔레스타인을 짓밟을 수 있게 되었다. 세계 곳곳에서 이런 보복의 경향이 지속되고 있다.

미국을 포함해 더 민주적인 사회는 내국인을 길들이는 조치를 취했고, '테러와 싸운다'는 핑계로 '애국심'을 요구하는 공포 분위기를 조성했다. 이런 조치의 실제적 의미는 이것이다. "너는 입을 다물어라. 나는 가차 없이 나 자신의 의제를 추구할 것이다." 부시 정부는 이 기회를 활용해 많은 사람들과 미래 세대를 계속 공격했다. 그것은 비정상적일 정도로 정부를 장악한 소수 기업들에 봉사하기 위한 조치였다.

요컨대, 처음에 예견한 것들이 널리 확인되었다.

중요한 성과는 미국이 처음으로 중앙아시아에 대규모 군사기지를 두게 되었다는 점이다. 이 기지들은 지역의 상당한 자원을 통제하는 현재의 '큰 게임'에서 미국 다국적기업이 유리한 위치를 차지하게 해줄 뿐만 아니라, 걸프 지역에서 세계의 주요 에너지 매장 지역을 완전히 에워싸는 효과를 가져다주었다. 걸프를 겨냥한 미군 기지 체계는 태평양에서 포르투갈 아조레스 제도까지 뻗어 있지만, 아프간 전쟁 전에 가장 가까운 믿을 만한 기지는 인도양의 디에고가르시아 섬이었다. 상황이 개선된 지금은 적절하다고만 생각된다면, 강력한 무력 개입이 대단히 쉬울 것이다.

부시 정부는 많은 점에서 20년 전 레이건 정부가 선언한 '대테러 전쟁'의 재탕인 '대테러 전쟁'의 새로운 국면을 세계의 나머지 국가에 대해 압도적으로 군사력을 확대할 기회로 생각하고, 세계 지배를 공고히 하는 여러 가지 방법으로 옮아갔다. 사우디아라비아의 압둘라Abdullah 왕자가 4월에 미국을 방문해 이스라엘의 테러와 탄압에 대한 미국의 강력한 지원을 아랍 세계가 반발하고 있으니 더 많은 주의를 기울여달라고 했을 때, 고위 공직자들은 미국 정부의 생각을 분명히 표명했다. 압둘라 왕자는 왕자를 포함해 아랍 사람들이 무슨 생각을 하든 미국은 신경 쓰지 않는다는 이야기를 들었다. 《뉴욕타임스》가 보도한 대로 미국의 어떤 고위 공직자는 이렇게 말했다. "만약 압둘라 왕자가 사막의 폭풍 작전(1990~1991년의 걸프전 때 이라크군이 침공한 쿠웨이트와 이라크에 대해 미군이 펼친 공습 작전_옮긴이)에서 우리가 강하다고 생각했다면, 오늘날 우리는 그보다 열 배나 더 강하다. 아프가니스탄에서 우리의 능력을 보여주었다는 생각을 그에게 전하고 싶다." 권위 있는 국방 문제 분석가는 간단한 해설을 덧붙였다. 다른 사람들은 "우리의 강인함을 존경할 것이고, 따라서 우리에게 무모한 짓을 하지 않을 것이다." 이런 입장은 역사적 선례가 많지만, 9·11 이후의 세계에서 새로운 힘을 얻고 있다.

우리에게는 정부 내부 문서가 없지만, 이런 결과가 아프가니스탄 폭격의 주요 목표라고 생각한다. 즉 어떤 국가가 지켜야 할 노선에서 벗어나 제멋대로 논다면 미국이 어떻게 행동할지 세계에 경고한 것이다. 세르비아 폭격은 비슷한 이유에서 시도되었다. 그 폭격의 주된 목표는 블레어와 클린턴이 설명했듯이 나토의 신인도를 확보하는 것이었는데, 그 신인도는 노르웨이나 이탈리아가 아니라 미국과 주요 군사 우방국의 신인도를 가리키는 것이다. 그것은 국정 운영과 국제 관계 문헌의 공통적 주제다. 역사가 충분히 밝혔듯이 여기에는 몇 가지 이유가 있었다.

내가 보기에 국제사회의 근본 문제는 예전과 다름없이 그대로 남아 있다. 그런데 9·11 사태가 몇몇 경우에서 변화를 일으킴으로써 중대하지만 별로 매력적이지 못한 파급효과를 가져왔다.

16

미국-이스라엘-팔레스타인

이 글(원제 United States-Israel-Palestine)은 《중동 환상 *Middle East Illusions*》(Lanham, MD : Rowman & Littlefield Publishers, 2003), 227~232쪽에 처음 실렸다.

2001년, 히브리 대학의 사회학자 바루크 키멀링Kimmerling, Baruch은 "우리가 두려워하던 것이 실현되었다"고 논평했다. 유대인과 팔레스타인 주민은 "미신에 사로잡힌 종족주의로 후퇴하는 과정에 있다……. 전쟁은 불가피한 운명으로 보인다." 그것은 "사악한 식민" 전쟁이다.[1] 2002년 봄, 이스라엘이 팔레스타인 난민 수용소를 침공한 뒤, 키멀링의 동료 제브 스턴헬Sternhell, Ze'ev은 "이스라엘의 식민지에서…… 인간의 생명은 파리 목숨"이라고 썼다. 이스라엘 집권층은 "실제로 식민지 단속 정책을 펴면서 전쟁에 대해 언급하는 것을 더는 부끄러워하지 않는다. 그것은 남아프리카공화국의 인종격리정책 시대에 백인 경찰이 이웃의 가난한 흑인들 위에 군림하던 사례를 떠올리게 한다."[2] 두 논평은 명백한 사항을 강조하고 있다. 종족주의로 후퇴하는 '민족 집단들' 사이에는 균형이 없다. 이스라엘-팔레스타인 분쟁은 35년 동안 무력으로 가혹하게 점령했던 영토에 집중되어 있다. 정복자는 대규모 군사 집단이고, 세계적 초강대국의 대대적인 군사·경제·외교적 지원을 받으면서 활동하고 있다. 식민지 주민들은 고립된 무방비 상태에 있고, 많은 사람들이 비참한 수용소에서 힘들게 생활하면서 사악한 식민 전쟁의 야만적인 테러를 겪고 있으며, 현재는 복수의 일념으로 그들 자신도 끔찍한 보복 만행을 저지르고 있다.

오슬로 '평화 과정'이 점령의 형식은 바꿨지만, 근본적 개념은 바꾸지 못했다. 에후드 바라크Barak, Ehud 정부에 입각하기 직전, 역사가 슐로모 벤아미Ben-Ami, Shlomo는 "오슬로협정이 한 민족이 다른 민족에게 영원히 종속되는, 신식민지 기준 위에 이루어졌다"고 썼다.[3] 그는 곧 2000년 여름 캠프데이비드에서 미국-이스라엘 제안을 작성하게 되었고, 그 제안은 이런 종속 조건을 더욱 굳혔다. 미국의 논단에서는 이 제안을 높이 평가했다. 팔레스타인 사람들과 그들의 사악한 지도자는 협상 실패와 뒤이은 폭력 때문에 비난을 받았다. 하지만 키멀링이 보고하고 진지한 평론가들이 모두 말했듯이, 그것은 완전히 '기만적인' 행위다.[4]

사실, 클린턴-바라크 제안은 반투스탄Bantustan(남아공의 인종격리정책에 따라 설정되었던 흑인 자치구)식 협정을 향해 몇 발 내디딘 것이었다. 캠프데이비드 회담이 열리기 직전, 요르단 강 서안에 거주하는 팔레스타인인인들은 200개 이상 되는 지역에 흩어져 있었는데, 클린턴-바라크가 개선안을 제의했다. 이스라엘의 통제 아래, 팔레스타인 지역을 세 구역으로 통합하기로 한 것이다. 이 세 구역은 사실상 네 번째 고립 구역인 동예루살렘의 작은 지역, 팔레스타인 생활의 중심이며 통신의 중심인 곳과 분리되어 있다. 다섯 번째 구역인 가자는 불명확한 상태로 남게 되었다. 그리고 가자의 팔레스타인 주민들은 사실상 수감된 것이나 마찬가지였다. 이 제안의 구체적인 일정표나 세부 사항을 미국의 주류 언론에서 다루지 않은 것은 별로 놀랍지 않다.

미국이 앞으로도 결정적 구실을 하리라는 점에 아무도 의문을 품지 않는다. 따라서 지금까지 미국의 구실이 무엇이었는지, 그리고 내부적으로 그것이 어떻게 인식되고 있는지를 이해하는 것은 아주 중요하다. 온건파의 견해는 《뉴욕타임스》 편집자들이 제시하는데, 그들은 대통령의 "파격적인 연설"과 그가 천명한 "신선한 전망Vision"을 칭찬했다. 그 전망의 첫 번째 요소는 즉시 "팔레스타인의 테러"를 끝내는 것이다. 그리고 잠시 뒤 점령을 끝내고 팔레스타인 건국을 허용하기 위해 "유대인 점령촌을 더 늘리지 않고서, 원상 복구하고, 새로운 국경을 협상하자"는 문구가 따라 나온다. 만약 팔레스타인의 테러가 끝난다면, 이스라엘은 기꺼이 "전면적 평화와 인정이라는 아랍 연맹의 역사적 제안과 이스라엘 철수를 서로 교환하는 문제를 더 진지하게 생각할" 것이다. 하지만 먼저 팔레스타인 지도자들은 자신들이 "합법적 외교 상대"임을 스스로 증명해야 한다.[5]

현실 세계는 이런 이기적인 그림과 별로 닮지 않았다. 이것은 사실상 1980년대부터 있던 구도를 그대로 베낀 것이다. 당시 미국과 이스라엘은 팔레스타인해방기구PLO의 협상 제안과 정치적 중재안을 극도로 기피하면서, PLO와 협상하지 않을 것이고 (요르단은 이미 팔레스타인 국가이기 때문에) "추가적인 팔레스타인 국가"도 없으며 "유대, 사마리아, 가자에서 〔이스라엘〕 정부의 기본 지침과 일치하지 않는 상황 변화는 없을 것"이라고 강력하게 말했다.[6] 과거에 그랬듯이, 이 모든 것이 미국의 주류 언론에서 보도되지 않았다. 미국 주류 언론의 논평은 팔레스타인 비판 일색이다. 그들은 팔레스타인이 미국과 그 동맹국들의 인간주의적 노력을 방해하면서 오로지 테러에 열중한다고 비난했다.

현실 세계에서 '신선한 전망'을 가로막는 주된 장벽은 과거나 현재나 미국의 일방적인 거부다. 2002년 3월의 '역사적 제안'에는 새로운 것이 별로 없었다. 사실상 전 세계가 지지했던 1976년 1월의 안보이사회 결의안의 기본 조건을 반복한 것이다. 여기에는 아랍 국가, PLO, 유럽, 소련 공산권 국가 등 사실상 모든 관계 당사국이 동의했다. 그러나 이스라엘이 반대하고 미국이 거부권을 행사해 역사의 무대에서 사라졌다. 유엔 결의안은 "주권, 영토의 단일성, 안정적이며 공인된 국경 안에서 평화롭게 살 권리와 지역 내 모든 국가의 정치적 독립을…… 보장하는 적절한 조치와 함께"…… 국제적으로 인정된 국경을 설정하는 정치적 해결을 요구했다. 이것은 팔레스타인의 국가 건설을 인정하자는 것으로, 미국도 공식적으로 이해한 유엔 결의안 242호의 수정안이었다. 아랍 국가, PLO, 유럽의 비슷한 제안들은 미국이 봉쇄했고, 대부분 공식적 논의 선상에서 배제되거나 거부되었다.

이스라엘의 팔레스타인 점령 지침은 고문, 테러, 자산 손괴를 자행하며 이주와 정착(팔레스타인 땅에 유대인들이 몰려 들어가 눌러앉는 것_옮긴이)에 이어 기본 자원, 결정적으로는 물을 빼앗아 가면서 끊임없이 도를 넘어 모욕하는 것이었다. 물론 그런 행동에는 미국의 결정적 지원이 필요했고, 그것이 클린턴–바라크 시대까지 연장되었다. 이스라엘 언론은 정부가 바뀔 때 "바라크 정부가 샤론 정부에 놀랄 만한 유산을 줄 것"이라고 보도했다. "아리엘 샤론이 오슬로협정 전인 1992년에 건설 및 정착 장관이었을 때부터 점령 지역의 주택 착공 건수가 최고로 치솟았다." 이 점령촌을 지원하는 자금은 미국 납세자들이 내준 것이었다. 미국 납세자들은 미국 지도층의 '전망'과 '아량'이라는 기발한 이야기에 속았고, '우리의 신뢰'를 잃은 아라파트와 같은 테러분자에게 좌절당했고, 팔레스타인 사람들의 범죄에 심하게 반응하는 일부 이스라엘 극단주의자들에게 당혹감을 느꼈다.

아라파트는 우리의 신뢰를 다시 얻기 위해 어떻게 행동해야 할까? 이에 대해서는 클린턴 정부에서 중동 지역을 담당했던 국무부 직원 에드워드 워커Walker, Edward가 간결하게 설명했다. 음흉한 아라파트는 먼저

"우리 팔레스타인의 미래와 운명을 모두 미국의 손에 맡기겠다"고 명확하게 선언해야 한다는 것이다. 하지만 미국은 지난 30년 동안 팔레스타인의 권리를 해치는 행동을 주도해온 나라다.[7]

더 진지한 논평에서는 '역사적 제안'이 주로 1981년 사우디아라비아 국왕 파드Fahd의 계획안을 되풀이한 것이라고 인정했다. 하지만 파드안案은 이스라엘의 존재를 아랍 국가들이 거부하는 것이므로 받아들일 수 없다는 주장이 주기적으로 나왔다. 하지만 사실은 이런 주장과는 사뭇 다르다. 1981년의 파드안은 이스라엘 주류 언론조차 '히스테리'라고 비난했던 이스라엘의 지나친 반응 때문에 와해되었다. 시몬 페레스Peres, Shimon(1923~, 1984~1986년 이스라엘 총리, 이후 외무장관, 재무장관 직을 역임하며 오슬로협정으로 중동 평화에 기여한 공으로 1994년 아라파트와 노벨 평화상을 공동 수상했다_옮긴이)는 파드안이 "이스라엘의 존재를 위협한다"고 경고했다. 하임 헤르조그Herzog, Haim(이스라엘 제6대 대통령, 재임 1983~1993년_옮긴이) 대통령은 파드안의 "진정한 입안자"가 PLO이고, 그가 이스라엘의 유엔 대사였을 때 PLO가 "준비한" 1976년 1월의 안보이사회 결의안보다 훨씬 더 극단적인 계획이라고 비난했다.[8] PLO가 공식적으로 두 계획안을 지지하긴 했지만, 이런 주장은 사실이 아니다. 이런 주장은 이스라엘 온건파가 정치적 해결을 몹시 두려워한다는 징후다. 게다가 미국의 끊임없는 결정적 지지가 이런 태도를 한몫 거든다.

그렇다면 근본적 문제는 워싱턴으로 돌아간다. 미국은 본질적으로 '아랍 연맹의 역사적 제안'에서 반복된, 국제적으로 폭넓게 합의된 정치적 해결을 거부하던 이스라엘을 한결같이 지지했다.

미국의 정치적 해결 거부주의에서 나온 현재의 수정안은 무척이나 사소한 전술적인 차이를 보여준다. 이라크 공격 계획이 위태롭게 되자, 미국은 이스라엘이 새로 침공한 영토에서 "시제 없이" 철수하라고 요구하는 유엔 결의안을 허용했다. 콜린 파월 국무장관은 "지체 없이"가 "되도록 빨리"라는 뜻이라고 설명했다. 팔레스타인의 테러는 '즉시' 끝나야 마땅하지만, 35년 전부터 이어져 내려온 훨씬 더 심각한 이스라엘의 테러는 천천히 끝내도 상관없다는 얘기였다. 이스라엘은 오히려 공격을 더욱 확대했다. 그러자 파월은 이렇게 말했다. "나는 이스라엘 총리가 작전을 빨리 해치울 것이라고 말하는 것을 기쁘게 들었습니다."[9] 그 공격 작전을 더욱 '촉진'하기 위해 파월이 이스라엘 방문을 일부러 늦췄다는 말도 나왔다.

미국은 또한 팔레스타인 건국의 '전망'을 세울 것을 요구하는 유엔 결의안을 받아들였다.[10] 많은 찬사를 받았던, 이 전진적인 태도는 40년 전의 남아프리카 수준에는 미치지 못한다. 당시 남아프리카의 인종차별 정권은 흑인이 통치하는 국가 '전망'을 실제로 내놓았는데, 그것은 적어도 미국과 이스라엘이 팔레스타인 점령지에 계획해왔던 새로운 식민지의 종속성만큼이나 실행 가능하고 합법적인 전망이었다.

한편 미국은 조지 W. 부시 대통령의 말을 빌리자면 계속 '테러를 촉진'했다. 미국 무기고에 있던 최신 헬리콥터를 새로 선적하는 것을 포함해 이스라엘에 테러와 파괴 수단을 제공했다.[11]

2001년 12월, 테러를 촉진하려는 워싱턴의 열성이 또다시 드러났다. 그달에 미첼 계획Mitchell Plan의 이행을 촉구하고 폭력 행사가 줄어들도록 감독하는 국제 감시단 파견을 요구하는 안보이사회의 결의안에 미국이 거부권을 행사한 것이다. 그것은 일반적으로 인정된 가장 효과적인 폭력 감시 수단이었지만, 이스라엘이 반대하고 워싱턴이 봉쇄하는 바람에 무산되었다.[12] 거부권은 '조용한' 21일 동안 발동되었다. 그 기간에 이스라엘은 팔레스타인 자치 지역을 16회나 침입했는데, 어린이 열한 명을 비롯해 팔레스타인 주민 스물한 명이 죽었고 이스라엘 병사는 단한 명이 죽었다.[13] 거부권을 행사하기 10일 전, 미국은 제네바 국제회담 참가를 거부하며 훼방을 놓았다. 그러나 제네바 국제회담은 제4차 제네바협정을 점령지에 적용해야 한다는 결론을 거듭 내렸다. 그래서 미국과 이스라엘이 현지에서 저지르는 사실상 모든 행위는 '중대한 위반' 행위가 되었다. 간단히 말하면, 그것은 '전쟁범죄'였다. 회담에서는 특히 미국이 자금을 댄 이스라엘 점령촌 건설을 불법이라고 선언하면서 이렇게 비난했다. "고의적인 살인, 고문, 불법 추방, 정당하고도 정기적인 재판권의 고의적 박탈, 광범위한 자산 손괴와 무단 점용 등이 …… 불법적으로 무자비하게 자행되었다."[14] 국제법 체약 당사자로서 미국은 지엄한 조약에 따라 자국의 지도층이 포함된, 이런 범죄의 책임자를 기소하지 않을 수 없다. 이를 알기 때문에 회담에 불참하면서 모든 것이 조용히 사라지도록 한 것이다.

미국은 제네바협정을 점령지에 적용할 수 있다고 인정한 것과 이스라엘이 '점령국' 자격으로 협정을 위반했다는 비난을 공식적으로 철회하지는 않았다. 조지 부시 1세가 유엔 대사였을 때 그것을 확인하기도 했다. 2000년 10월, 안보이사회는 이 문제에 관한 합의를 재확인하고, "점령국인 이스라엘에 제4차 제네바협정에 입각해 법적 의무와 책임을 성실하게 준수하라고 요구"했다.[15] 이 요구안은 14 대 0으로 통과했다. 클린턴은 국제 인도주의 법률이 시행된 배경을 감안하면 그 핵심 원칙을 거부할 수는 없기 때문에 기권했다. 1차 제네바협정은 나치 만행을 공식적으로 범죄로 만든 협정이다. 이 모든 것도 곧 기억의 구멍 속으로 흘러 들어가고 '테러 촉진'이 또다시 이어졌을 뿐이다.

이런 문제가 공식적으로 논의되고 그 파급효과가 널리 이해되기 전에는, "미국이 평화 과정에 참여하라"고 외쳐대는 것은 무의미할 뿐만 아니라 건설적인 움직임이 나올 전망도 여전히 어두울 것이다.

제국주의의 거대한 전략

이 글(원제 Imperial Grand Strategy)은 《패권이냐 생존이냐 : 미국의 세계 지배 추구 *Hegemony or Survival : America's Quest for Global Dominance*》(New York : Metropolitan Books, 2003; New York : Owl Books, 2004; 한국어판 : 오성환·황의방 옮김, 《패권인가 생존 인가》, 까치글방, 2004), 11~49쪽에 처음 실렸다.

2002년 가을 세계적인 차원의 의제로 수위를 차지한 사항은 역사상 최강국인 미국이 군사력의 위협이나 사용으로 패권을 유지하겠다는 뜻을 선언한 것이었다. 미국의 군사력은 현재 세계 최고인데 국가 안보 전략의 공식적 수사가 이렇다. "우리 미국의 힘은 잠재적 경쟁국이 우리의 힘을 추월하거나 맞먹으려는 군사력을 쌓지 못하도록 설득하기에 충분히 강할 것이다."[1]

국제 문제 전문가로 널리 알려진 존 아이켄베리Ikenberry, John는 그 선언이 '거대한 전략'이라고 설명한다. 그것은 "미국에 동급의 경쟁국이 없는, 단극單極의 세계를 유지하려는 근간에서 출발한" 것이며, "어떤 국가나 연합 조직이 결코 세계적 지도자·보호자·집행자로서 〔미국에〕 도전할 수 없도록 하는 항구적인" 조건이다. 이렇게 선언된 "접근 방법은 정당방위의 국제적 기준, 즉 유엔헌장 51조의 내용을 거의 무의미하게 만든다." 더 일반적으로 말해, 이러한 정책 기조는 국제법과 그 제도를 '하찮은' 것으로 치부한다. 아이켄베리는 계속 설명한다. "새로운 제국주의의 거대한 전략이 미국을 수정주의 국가로 제시한다. 미국은 현재의 이점을 활용해, 자기 마음대로 운영할 수 있는 세계 질서를 추구하는 나라다." 이에 다른 나라들은 자극을 받아 "그런 질서를 우회하고, 위태롭게 하고, 억제하고, 미국의 힘에 대응해 복수하는" 길을 찾아나서고 있다. 외교 정책 엘리트 사이에 널리 공유된 관점에 따르면, 그 전략은 "세계를 더 큰 위험에 빠뜨리고 분열시킨다. 그 결과, 미국은 더욱더 불안정해질 것이다."[2]

패권의 행사

이 거대한 제국주의 전략은 '예방 전쟁'을 마음대로 수행할 수 있는 미국의 권리를 주장한다. 여기서 주의할 점은, **예방**전쟁이지 선제공격은 아니라는 점이다.[3] 선제공격은 국제법 틀 내에서 이루어지는 공격이다. 만약 러시아 폭격기가 명백히 폭격할 의도로 그레나다의 군사기지(1983년 레이건 정부가 꾸며낸 이야기이지 실재하는 기지는 아니다)에서 출발해 미국으로 접근하다가 탐지되었다면, 유엔헌장의 합리적인 해석에 따라 그 폭격기를 격추하고 그레나다 기지를 선제공격하는 것은 정당한 행위다. 쿠바, 니카라과, 다른 많은 국가들이 오랫동안 미국의 공격을 받았으니 똑같은 반격의 권리를 행사할 수 있는데, 약소국은 미치지 않고서야 그런 권리를 행사할 수가 없다. 선제공격을 어떻게 정의하든 간에, 그 공격의 열렬한 지지자들이 내놓는 정당화는 예방전쟁과 무관하다. 그들은 상상하거나 꾸며낸 위협을 제거하기 위해 군사력을 사용하고는 거기에 **예방**이라는 관대한 용어를 갖다 붙인다.

예방 전쟁은 전쟁범죄의 범주에 해당한다. 만약 예방 전쟁이라는 것이 실제로 "닥친다면,"[4] 세계는 큰 재난에 빠지고 말 것이다.

이라크 침공이 시작되었을 때, 케네디 정부의 보좌관이었던 저명한 역사가 아서 슐레진저는 다음과 같이 썼다.

> 부시 대통령은 '선수 치는 정당방위' 정책을 채택했다. 이 정책은 일본 제국이 진주만에 썼던 정책과 놀랄 만큼 흡사하다. 그 기습 공격의 날 선대 미국 대통령은, 일본은 앞으로 치욕 속에 살리라고 말했다. 프랭클린 D. 루스벨트의 말은 옳았다. 하지만 오늘날 우리 미국인들이 치욕 속에 살게 되었다.[5]

그는 "9·11 사태 이후에 미국으로 쏠린 전 세계 동정의 물결이 곧바로 미국의 만행과 군국주의에 대한 전 세계 증오의 물결에 밀려났고," 우방국의 민중조차도 부시를 "사담 후세인보다 훨씬 더 평화를 위협하는" 인간으로 본다고 덧붙였다. 국제법 전문가 리처드 포크Falk, Richard는 이라크 전쟁이 "생존한 독일 지도자들을 뉘른베르크 법정에 불러내고, 기소하고, 처벌을 받게 했던 것과 같은 종류의 반평화 범죄"라고 지적한다.[6]

침공 전략의 옹호자들은, 그 전략이 국제법을 짓밟았다는 것을 인정면서도 문제가 없다고 생각한다. 법학자 마이클 글레논Glennon, Michael은 국제법의 전체적 구조는 '헛소리'에 지나지 않는다고 썼다. 그는 "힘의 원칙을 법의 원칙에 복종시키려는 엄청난 시도"는 역사의 쓰레기통에 던져야 한다고도 했다. 이것은 어떤 국가가 국가의 목적을 위해 새로운 비非규칙을 만들 수도 있다고 보는, 제멋대로 편리한 자세다. 미국은 폭력 수단에 전 세계 다른 국가들이 지출하는 비용을 모두 합친 것보다 더 많이 지출하고, 세계가 거의 만장일치로 반대하는데도 파괴 수단을 개발하기 위해 위험한 새 길을 닦고 있다. 국제법 체제를 모두 '헛소리'

로 보는 증거는 아주 명백하다. 워싱턴은 "탁월한 지위를 유지할 수 있도록 어떤 일이든 하겠다는 뜻을 분명히 밝혔고", 이라크에 대한 유엔 안보이사회 결의를 "무시할 것이라고 발표"했고, "힘의 사용에 관한 [유엔] 헌장의 규칙에 더는 얽매이지 않겠다"고 폭넓게 선언했다. 그 선언은 그대로 증명되었다. 따라서 글레논은, 규칙은 "망가지고" "규칙의 체계는 무너졌다"고 결론을 내린다. 이것은 좋은 일이다. 미국은 "문명국가들"의 지도자이기 때문에 어떤 형태로든 자국의 "힘 사용을 제한하는 것을 거부"한다.[7]

또한 문명국가의 계몽된 지도자는 규칙을 마음대로 바꿀 수 있다. 이라크 침공의 구실이었던 대량 살상 무기weapons of mass destruction(WMD)를 발견하지 못했을 때, 즉각적인 군사행동을 요구했을 정도로 이라크의 WMD 보유를 '절대적으로 확신했다'던 정부의 입장이 다소 바뀌었다. 정부는 "잠재적으로 무기를 생산하는 데 사용할 수 있는 설비를 발견했으므로 미국의 침공이 정당성을 얻었다"고 주장했다. 고위 공직자들은 넌지시 말했다. "'예방 전쟁'의 개념을 다듬어서 치명적인 무기를 대량으로 보유한 국가에 [워싱턴이 군사작전을] 집행할 수 있도록 하겠다." 이것은 "적성국이 [WMD를] 개발할 의도와 능력만 지녀도 미 정부는 대응할 수 있다는 뜻"이다.[8]

거의 모든 나라가 WMD를 생산할 잠재적 가능성과 능력을 갖고 있다고 할 수 있고, 그 의도는 보는 사람에 따라 다르게 해석된다. 따라서 정밀하게 다듬은 거대한 전략은 사실상 워싱턴에 남의 나라를 자의적으로 침략할 권리를 부여한다. 무력 사용의 기준을 낮춘 것은 당초 이라크 침공의 공개적 구실이 그저 구실에 지나지 않았음을 보여주는 것이다.

제국주의의 거대한 전략 목표는 "미국의 힘, 지위, 위신"에 도전하는 세력을 막는 것이다. 인용한 말은 2002년 9월의 국가 안보 전략을 공식화한 딕 체니Cheney, Dick나 도널드 럼스펠드나 그 밖의 국가 반동주의자들의 말이 아니다. 그것은 존경받는 원로 자유주의 정치가 딘 애치슨이 1963년에 한 발언이다. 그는 다음과 같은 사실을 다 알면서도 미국의 대쿠바 작전의 정당성을 옹호했다. 즉 '체제 변화'를 목표로 삼았던 워싱턴의 국제적 테러 작전이 몇 달 전 세계를 핵전쟁으로 몰아넣을 뻔했으며, 쿠바 미사일 위기가 해결된 직후에 다시 가동되었다. 사정이 이런데도 애치슨은 미국이 자신의 '힘, 지위, 위신'에 도전하는 세력에 무력으로 대응할 때, 아무런 '법적 문제'가 제기되지 않는다고 미국 국제법학회에서 말했다.

그 후 정치적 스펙트럼의 다른 끝에서 레이건 정부가 애치슨의 선언을 불러냈다. 레이건 정부는 미국의 니카라과 공격에 대한 국제사법재판소의 재판권을 거부했으며, 전쟁범죄를 끝내라는 재판소의 명령을 무시했다. 그뿐인가. 국제 법정의 판결을 확인하면서 모든 국가가 국제법을 준수할 것을 요구하는 두 차례의 안보이사회 결의안에 거부권을 행사했다. 국무부 법무 보좌관 에이브러햄 소페어Sofaer, Abraham는 세계의 대부분 국가들이 "우리 생각에 동조한다고 볼 수 없고, 이 대다수 국가들이 종종 중요한 국제 문제에서 미국의 입장에 반대한다"고 설명했다. 따라서 우리는 어떤 문제가 본질적으로 미국의 국내 사법권에 해당하는지 "결정하는 권리를 우리 자신에게 넘겨야 한다." 하지만 국제 법정은 니카라과에 대한 미국의 작전을 "무력의 불법 사용"이라고 선고했다. 일반적인 말로 하자면, 국제 테러라고 판단한 것이다.[9]

국제법과 국제기구에 대한 멸시는 특히 레이건-(아버지)부시 시절에 악명 높았고 그들의 후계자들은 계속 미국이 "필요에 따라 일방적으로" 행동할 권리가 있음을 명백히 밝혔다. 그 권리에는 "핵심 시장, 에너지 공급, 전략적 자원에 대한 자유로운 접근" 등 결정적 이해관계를 위한

"군사력의 일방적 사용"이 포함된다.[10] 이런 태도는 전혀 새로운 것이 아니다.

2002년 9월에 수립된 거대한 제국주의 전략의 기본 원칙은 2차 세계 대전 초기로 거슬러 올라간다. 미국이 참전하기 전에도 고위층의 입안 자와 분석가들은 전후戰後 세계에서 미국이 "의심할 여지가 없는 힘을 추구해야 한다"고 결론지었다. 그 힘은 미국의 세계 구상을 방해하는 국 가들의 "주권 행사를 제한"하려는 것이었다. 그들은 더 나아가 이런 목 적을 확보하기 위한 "첫 번째 요구 사항"이 "완전한 재무장 프로그램의 신속한 완수"라고 보았다. 그때나 지금이나 "미국의 군사적, 경제적 패 권을 달성하기 위한 통합 정책"이 핵심 내용이다. 당시 이런 야심은 '비 독일 세계'로 국한되어, 미국의 보호 아래 서반구, 옛 대영 제국, 극동을 아울러 '대大영역'으로 재편하고자 했다. 독일의 패배가 분명해지자 그 계획은 가능한 한 유라시아의 많은 지역을 포함하는 것으로 확대, 수정 되었다.[11]

여기서 사례가 제시되지 않은 그 이전의 원칙들은 좁은 범위의 재편 스펙트럼을 보여준다. 미국의 국가정책은 상당히 안정적인 국내 권력의 구조적 틀에서 흘러나온다. 경제정책의 결정권은 고도로 집중되어 있 다. 그리고 존 듀이는 정치란 "대기업이 사회에 던진 그림자"라고 규정 했는데, 이는 과장된 말이 아니었다. 미국의 국가정책은 다른 나라의 경 쟁이나 위협을 억제하면서 미국의 경제적, 정치적 통제에 개방적인 세 계 체제를 이룩하려는 것이다.[12] 따라서 입안자들의 용어로 '다른 나라 를 전염시키는 바이러스'(독자적 개발 조치)를 봉쇄하려는 것은 당연한 결 과다. 미국의 제국주의 전략 원칙은 전후 역사를 이끌어가는 주제가 되 었으며, 종종 냉전의 구실 아래로 숨어들기도 했다. 경쟁 관계에 있던 초강대국(소련_옮긴이)도 더 좁은 범위에서나마 같은 구실을 활용했다.

세계 관리의 기본 과제는 전후 시대의 초기부터 이어져왔다. 즉 세계 권력의 중심지들을 미국이 관리하는 '전반적인 질서 틀' 안으로 재편하는 것, 세계의 에너지 공급을 통제하는 것, 미국이 받아들일 수 없는 독자적 민족주의를 금지하는 것, 국내의 적대적 영역에서 '민주주의의 위기'를 극복하는 것 등이 그것이다. 이들 과제는 상당히 급격한 과도기에 다른 형태를 취하기도 한다. 그런 과도적 상황은, 1970년대부터 벌어진 국제 경제 질서의 변화, 20년 후 라이벌 초강대국이 전통적인 유사 식민 상태와 같은 것으로 복귀한 것, 1990년대 초부터 미국 자체를 목표로 삼아 충격적이게도 9·11 사태에서 절정을 이룬 국제 테러리즘의 위협이 점점 커진 것 등을 들 수 있다. 국제 전술은 이 과도기적 변화를 다루기 위해 지난 세월 동안 세련되게 수정되면서 폭력의 수단을 점점 단계적으로 증대했고, 위험에 빠진 인류를 더욱 벼랑으로 몰고 갔다.

그런데도 2002년 9월에 거대한 제국주의 전략을 노골적으로 밝힌 것은 경계의 종을 울리기 위해서였다. 애치슨과 소페어와 엘리트층은 정책의 지침을 **서술했다**. 그들의 입장은 전문가 또는 반체제 문헌을 읽는 사람들에게만 알려졌다. 다른 경우들은 투키디데스의 금언이 세속적으로 현명하게 반복된 것이었다. 즉 "강대국은 원하는 대로 행동하고, 약소국은 하기 싫은 일을 받아들인다". 체니, 럼스펠드, 파월과 동료들은 훨씬 더 극단적인 정책, 필요하다면 무력에 의존하는 영구적 세계 패권을 목표로 삼은 정책을 공식적으로 **선언하고** 있다. 그들은 노골적으로 그들의 의도를 알렸고, 그것이 진심임을 온 세상에 알리기 위해 조치를 취했다. 이렇게 노골적으로 의도를 표시하는 것은 과거와는 전혀 다른 모습이다.

국제법의 새 기준

거대한 전략을 선언한 것은 세계 문제에 대한 불길한 조치로 이해되었다. 하지만 강대국이 공식 정책을 선언하는 것으로는 충분하지 않다. 시범 행동을 계속 보임으로써 그 정책을 국제법의 새로운 기준으로 세워야 하는 것이다. 저명한 전문가와 대중 지식인들은 거기에 발맞추어, 법이란 생물과 같아서 언제라도 변할 수 있는 유연한 수단이라고 하면서, 그 새로운 기준을 행동 지침으로 삼아야 한다고 선전한다. 따라서 제국주의의 거대한 전략을 발표했을 때, 전쟁의 북은 이라크 공격에 대한 민중의 열망을 부추기기 위해 울려퍼지기 시작했다. 동시에 중간선거 운동이 시작되었다. 앞에서 지적한 대로, 이 둘의 연결 관계를 명심해야 한다.

예방 전쟁의 목표는 여러 가지 특징이 있다.

1. 사실상 적의 방어가 불가능해야 한다.
2. 분쟁을 일으킬 가치가 있을 만큼 중요해야 한다.
3. 적이 궁극적인 악으로서 우리 생존을 즉각적으로 위협한다고 선전할 수 있어야 한다.

이라크는 모든 점에서 이 기준에 들어맞았다. 첫 두 조건은 명백하다. 세 번째 조건은 입증하기가 쉽다. 부시, 블레어, 그 동료들의 열렬한 연설을 되풀이하면 된다. 독재자는 "지배하고 협박하거나 공격하기 위해 세계에서 가장 위험한 무기를 비축하고 있다." 그는 "벌써 무기를 온 나라에 사용했다. 그 자신의 수많은 시민을 죽이고, 눈을 멀게 하고, 사지를 뒤틀리게 했다. …… 만약 이것이 악이 아니라면, 무엇이 악인가."[13]

2003년 1월 연두 교서에서 부시 대통령의 감동적인 고발은 진실처럼 들렸다. 나쁜 짓을 강행하는 사람들은 처벌을 좋아하지 않게 마련이다. 그들 중에서, 고상한 어휘를 쓰며 연설하는 사람과 그 동료들이 오랫동안 후원했던 사악한 인간이 있는데, 그들은 그가 저지르는 범죄를 잘 알면서도 그를 후원했다. 그 괴물 같은 인간의 극악무도한 악행을 일일이 열거하기는 쉽다. 하지만 "우리가 돕고 방치했기 때문에 그런 악행이 계속 자행되었다"라는 결정적 표현은 쏙 빼버리는 것이다. 그 괴물이 1990년 쿠웨이트를 침공함으로써 명령 불복종 혹은 명령 오해라는 진짜 범죄를 저지르자, 칭찬과 후원은 곧 비난으로 바뀌었다. 징벌은 가혹했다. 하지만 그 피해는 이라크 국민이 고스란히 떠안았다. 독재자는 피해를 입지 않은 채 빠져나갔고, 그의 권력은 예전의 우방국들이 부과한 제재 탓에 더욱 강화되었다.

2002년 9월, 예방 전쟁의 새로운 기준을 증명할 시기가 다가오자 안보 보좌관 콘돌리자 라이스Rice, Condoleezza는 사담 후세인의 의도를 보여주는 다음 증거는 버섯구름일지도 모른다고 경고했다. 뉴욕 시내에 원자폭탄이 터질지 모른다는 얘기였다. 이스라엘 정보기관을 비롯해 후세인의 이웃 국가들은 그런 주장을 일축했고, 나중에 유엔 사찰단이 부정했지만 워싱턴 당국은 계속 다른 주장을 내놓았다. 선전 공세를 처음 시작할 때부터 미국의 발표는 신빙성이 없었다. "이 정부는 이라크 전쟁의 목표를 추구하기 위해…… 어떤 거짓말이든 할 수 있습니다." 20년 동안 정보계에서 경험을 쌓은, 워싱턴 정부의 한 소식통이 한 말이다. 그는 워싱턴이 조사를 반대하는 이유는 발견될 것이 많지 않을까 봐 염려해서라고 했다. 이라크의 위협에 대한 부시 대통령의 주장은 "미국인을 겁주어 전쟁을 지지하도록 만들려는 속보이는 시도"라고 저명한 국제관계 학자 두 명이 덧붙였다. 전쟁 위협은 표준 운영 절차다. 워싱턴은 이라크가 사우디 국경에 거대한 무기를 비축했다는 1990년의 주장에 대한 증거를 여전히 제시하지 못하고 있다. 1991년 전쟁에서 등장한 첫 번째 명분은 곧 그것을 조사한 기자가 거짓임을 밝혔지만 아무런 영향도 미치지 못했다.[14]

증거가 있건 없건, 부시 대통령과 동료들은 사담이 미국과 이웃 국가들에게 가하는 끔찍한 위협 및 국제 테러리스트와의 연계를 단호하게 경고했으며 그가 9·11 공격에 관련되어 있다고 폭넓게 암시했다. 정부와 매체의 선전 공세는 위력을 발휘했다. 몇 주 만에 미국인의 약 60퍼센트는 사담 후세인을 미국이 정당방어를 위해 곧 제거해야 할 '즉각적인 위협'이라고 보게 되었다. 3월 즈음 미국 국민의 절반은 사담 후세인이 개인적으로 9·11 공격에 관련되었고 비행기 납치범들 중에 이라크 사람들이 끼어 있다고 믿었다. 이라크 전쟁에 대한 여론의 지지는 이런 믿음과 크게 관련이 있다.[15]

해외에서 "여론 외교는 큰 실패작"이었다고 국제 언론이 보도했지만 "미국 내에서 이라크 전쟁을 9·11의 충격과 연결한 작전은 눈부신 성공을 거두었다. …… 거의 90퍼센트는 〔사담〕 정권이 미국을 향해 미래의 타격을 계획하는 테러리스트를 도와주고 선동한다고 믿었다." 정치 분석가 아나톨 리벤Lieven, Anatol은 미국인들이 대부분 "평화 시기의 민주주의 국가에서 유례가 없는 체계적 거짓말 때문에 선전에 속아 넘어갔다"고 평했다.[16] 2002년 9월 선전 활동은 중간선거에서 정부에 근소한 차이의 과반수를 안겨주기에 충분했다. 유권자들은 당면한 관심사를 도외시하고, 흉악한 적을 두려워하며 권력의 우산 아래로 몰려들었다.

여론 외교는 즉시 의회에 마법을 걸었다. 10월, 의회는 대통령에게 '이라크가 제기한 지속적인 위협에 대항해 미국의 안보를 위해' 참전할 권리를 부여했다. 이런 각본은 아주 낯익은 것이다. 레이건 대통령이

1985년에 국가비상사태를 선언하고, 그것을 해마다 다시 선언했다. '니카라과 정부의 정책과 행동은 미국의 안보와 대외 정책에 예외적이고 비상한 위협을 주고 있기' 때문이었다. 2002년, 미국인은 다시 두려움에 떨어야 했다. 이번에는 이라크의 위협 때문이었다.

국내에서 여론 외교의 눈부신 성공은 다시 한 번 모습을 드러냈다. 2003년 5월 1일, 부시 대통령은 항공모함 에이브러햄 링컨 호의 갑판에서 "6주 전쟁에 강력한 레이건식 피날레를 선보였다." 그는 국내의 회의적인 논평 따위는 아랑곳하지 않고 자유롭게 "알카에다의 동맹을 제거해" "테러 전쟁에서 승리했다"고 선언했다.[17] 사담 후세인과 오사마 빈 라덴의 연계설은 비현실적인 것이었고, 유능한 관측통들은 그 설을 대체로 무시했다는 사실은 중요하지 않았다. 이라크 침공과 테러 위협의 연결고리로 유일하게 알려진 것 또한 하찮은 것이었다. 널리 예측된 대로, 이라크 침공은 오히려 위협을 가중했다. 알카에다가 신병의 수를 급격히 늘림으로써 "'테러와의 전쟁'에 큰 차질"이 빚어진 것이다.[18]

선전의 영향은 전쟁이 끝난 뒤에도 이어졌다. WMD를 찾으려고 열심히 노력했으나 찾지 못했는데도 미국 국민 중 3분의 1은 미군이 WMD를 발견했다고 믿었고, 20퍼센트 이상의 사람들은 이라크가 전시에 그런 무기를 사용했다고 생각했다.[19] 여러 해 동안 공포심을 유발해 '거대한 짐승'을 길들인 강력한 선전 효과 탓일 것이다.

'강력한 레이건식 피날레'라는 표현은 아마 미국이 그레나다가 일으킨 끔찍한 위협을 극복한 뒤 "우뚝 서게 되었다"고 한 레이건의 의기양양한 연설문과 관련이 있다. 관찰력이 날카로운 시사평론가는 부시가 신중하게 연출한 에이브러햄 링컨 호의 행사가 2004년 연임 선거운동의 서막을 알린다고 지적했다. 백악관은 "선거운동이 국가 안보 주제에 가능한 한 많이 집중되기를 바랐고, 주요 공약 중 하나가 후세인 제거였다." 그리고 이런 의중을 더 널리 알리기 위해, 공식적인 선거운동의 개막은 2004년 9월 중순까지 연기되었다. 이라크에서 했던 것처럼 9·11 사태가 재현될 위기에서 미국인을 구할 수 있는 전시戰時 지도자로서 칭송받는 장면을 뉴욕에서 열릴 공화당 전당대회에서 연출하기 위해서였다. 선거운동은 "전쟁이 아니라 이라크의 **전투**"에 집중할 것이라고 공화당 정치전략팀장 칼 로브Rove, Karl가 설명했다. 이것은 "[로브가] 2004년 선거일까지 이어간다고 예상한, 훨씬 더 규모가 크고 장기적인 대테러 전쟁"의 일부다.[20] 이들은 확실히 그 주제를 선거 이후까지 끌고 갔다.

  2002년 9월에 이르러 국제법의 새로운 기준을 세우는 데 필요한 세 가지 요소가 정립되었다. 이라크는 무방비 상태였고 지극히 중요했으며 우리의 생존을 절박하게 위협했다. 상황이 잘못될 가능성은 늘 있었다. 하지만 이라크 침공을 계획하는 자들은 다르게 생각했다. 힘의 불균형이 너무 심했기 때문에 압도적인 승리는 보장되어 있었고, 인도주의적인 결과에 대한 책임은 언제나 사담 후세인에게 뒤집어씌울 수가 있었다. 만약 인도주의적으로 문제 있는 것들은 조사를 기피하면 되고, 불미스러운 일들의 흔적은 시야에서 사라질 것이다. 과거에 그랬던 것처럼 말이다. 승전국들은 자신의 범죄를 조사하지 않기 때문에 그런 범죄에 관해 알려진 게 별로 없고, 이것은 예외를 허용하지 않는 원칙이다. 예를 들어, 미국이 침공한 인도차이나전쟁에서 전사자의 수가 수백만일 것으로 추산되나 구체적인 것은 알려지지 않았다. 똑같은 원칙이 2차 세계대전 뒤의 전범 재판에서도 적용되었다. **전쟁범죄**와 **반인도적 범죄**를 규정하는 기준은 아주 노골적이다. 동맹국이 저지르면 범죄가 아니지만, 적국이 저지른다면 범죄에 해당한다. 예컨대, 민간인이 몰려 있는 도시 지역을 승전국이 파괴한 경우 형사소추에서 제외되었다. 이 원칙들은 뒤이은 법정에서도 준용되어, 패전한 적국 혹은 안전하게 모욕할 수 있는 국가들에게만 적용되었다.

이라크 침공에 승리했다고 선언한 뒤, 거대한 제국주의 전략을 새 기준으로 확립하고자 한 것이 전쟁의 한 동기였음이 널리 인정되었다. 《뉴욕타임스》는 "〔국가 안보 전략의〕 공표는 이라크가 마지막 시험이 아니라 첫 번째 시험이라는 신호였다"라고 보도했다. "이라크는 선제 정책을 배양하는 실험에서 페트리 접시(뚜껑 있는 둥글납작한 유리 또는 플라스틱 투명 용기로 세균 배양에 쓰인다_옮긴이)가 되었다." 그리고 한 고위 공직자는 이런 말을 덧붙였다. "우리는 필요하다면 망설이지 않고 먼저 행동해 우리의 정당방어권을 행사할 것입니다." 이제 기준을 확립했다는 말이다. "세계의 여러 국가들은 이라크에서 벌어진 군사작전이 좋은 예라는 것을 잘 알고 있습니다"라고 하버드 대학의 중동 역사학자 로저 오언Owen, Roger이 평가했다. 세계의 사람들과 정권들은 "유엔과 국제법에 바탕을 두었던 관점에서 〔워싱턴의 의제와〕 동일하게 맞추는 관점"으로 세계관을 바꿔야 할 것이다. 그들은 "미국의 목표"를 반영하기 위해 "국익에 관한 진지한 고려 사항"을 도외시하면서 힘의 과시를 추종해야 한다.[21]

세계적으로 "신인도를 유지"하기 위한 무력 과시의 필요성 때문에 미 정부는 이라크 전쟁을 감행하는 쪽으로 기울어졌다. 《파이낸셜타임스》는 이라크가 유엔에 무기 보유 실태 보고서를 제출한 후인 2002년 12월 중순에 이라크 전쟁을 결정하게 된 과정을 추적했다. "'이라크가 백악관을 조롱한다는 느낌이 있었습니다.' 12월 8일 이라크가 유엔에 무기 보유 실태 보고서를 제출한 후 며칠 동안 국가안전보장회의와 가까이 일했던 한 사람이 말했다. '보잘것없는 독재자가 미국 대통령을 비웃었습니다. 그래서 백악관에 분노의 감정이 드높았어요. 그 뒤 외교적으로 해결될 가망이 없어졌습니다.'"[22] 뒤이어 외교 무대에서는 속셈을 감추는 둔사가 난무했고, 이면에서는 침공을 위한 군사적 준비가 착착 진행되었다.

거대한 전략을 공식적으로 선언·수행하면서, 예방 전쟁의 새로운 기준이 규범으로 자리 잡았다. 미국은 이제 그 기준을 더 까다로운 경우에도 적용할 수 있다고 생각했다. 이란, 시리아, 안데스 지역, 그 밖의 많은 나라 등 손봐야 할 지역은 많다. 예방 전쟁의 가능성은 주로 '제2의 강력한 힘(국내외 여론_옮긴이)'을 위협해 봉쇄할 수 있는지에 달려 있다.

기준을 수립하는 방식은 좀 더 자세히 살펴볼 가치가 있다. 가장 중요한 내용은, 무기와 신념을 가진 자들만이 세계에 자신들의 요구 사항을 강요할 수 있다는 것이다. 힘의 특권은 예컨대 밀레니엄의 막바지에 등장해 널리 칭송받은 '규범 혁명normative revolution'* 같은 것이다. 몇 가지 엉성한 시작 뒤에 1990년대는 '인도주의적 개입의 10년'이 되었다. 인도주의적 차원에서 개입한다는 새로운 권리는 미국과 동맹국들의 용기와 이타주의로 확립되었고, 왕관에 박힌 두 보석인 코소보와 동티모르에서 특히 잘 드러났다. 코소보 폭격은 유엔 안보이사회의 승인 없이 무력에 호소한다는 기준을 세운 그 잘난 당국자들에게 널리 양해된 사례다.

여기서 간단한 질문이 떠오른다. 어째서 1970년대가 아니라 1990년대가 '인도주의적 개입의 10년'이라고 생각되었을까? 2차 세계대전 이후 무력으로 끔찍한 범죄를 끝낸 중요한 사례 두 가지가 있다. 두 가지 경우는 정당방어라고 주장할 수 있다. 하나는 인도가 1971년 동파키스탄을 침공해 대량 학살과 그 밖의 참사를 종식시킨 것이고, 나머지 하나

---

* 촘스키는 서방의 저명한 법학자들이 1999년 나토의 세르비아 폭격에 대해 '불법이지만 정당하다'고 규정했던 것을, '규범 혁명'이라는 말로 설명했다. _편집자(노엄 촘스키 지음, 강주헌 옮김, 《촘스키, 실패한 국가, 미국을 말하다》, 황금나침반, 2006 참조)

는 베트남이 1978년 12월 캄보디아를 침공해 폴 포트가 1978년 내내 저지른 만행을 끝낸 것이다. 1990년대에는 서구의 주도로 이와 유사한 일이 벌어진 사례가 전혀 없다. 따라서 관습을 이해하지 못하는 사람들은 왜 1990년대의 '새로운 기준'이 20년 전인 1970년대에는 인정되지 않았는지 묻고 싶어지는 것이다.

새로운 기준이 1970년대에도 적용될 수 있다는 발상은 주류 엘리트들에겐 생각조차 할 수 없는 것인데, 그 이유는 명백하다. 엄청난 만행을 종식시킨 인도주의적 개입의 진정한 사례를 엉뚱한 사람들이 완수했기 때문이다. 설상가상으로 두 가지 경우 모두 미국은 단호하게 개입을 반대했고, 특히 베트남을 응징하려고 행동에 나섰다. 미국은 중국의 베트남 침공을 배후 지원해 전보다 더 심한 제재를 가했다. 또한 미국과 영국은 축출된 크메르루주를 직접 지원했다. 따라서 1970년대는 인도주의적 개입의 10년이 될 수 없고, 당시 새로운 기준은 확립될 수 없었다.

1949년, 설립된 지 얼마 안 된 국제사법재판소가 어떤 사안을 만장일치로 판결했는데, 이것이 아주 깊은 통찰을 보여준다.

재판소는 이른바 개입할 권리를 권리로 인정하지 않고 무력 정책의 표현으로 볼 뿐이다. 개입에 대한 권리 주장은 과거에 아주 심각하게 오용되었고, 국제기구의 결함이 무엇이든 국제법에서는 용인될 수 없는 것이었……. 사태의 현황을 살펴볼 때, 〔개입은〕 강대국들이나 할 수 있는 일이고, 그것은 정의의 시행을 쉽게 왜곡한다.[23]

서방 강대국과 지식층이 1990년대 후반에 인도주의적 개입의 새로운 기준을 확립했다고 자화자찬할 때, 세계의 나머지 국가들은 이 문제에 대해 다르게 생각하고 있었다. 토니 블레어가 1999년 세르비아 폭격의 공식적인 이유를 반복적으로 말했을 때, 그들이 어떻게 반응했는지 살펴보면 그것을 알 수 있다. 블레어는 만약 폭격하지 않는다면 "나토의 신인도에 치명타가 될" 것이고 "그 결과, 세계가 더욱 불안해질 것"이라고 말했다. 나토가 걱정해 주는 세계의 나머지 사람들은 과거 수세기 동안 자신들을 짓밟은 사람들의 신인도 따위에 별 관심이 없었다. 예를 들면, 넬슨 만델라는 블레어와는 전혀 다른 생각을 하고 있었고, 블레어가 "미국과 함께 국제적인 혼란을 부추기면서 다른 나라를 무시하고 〔1998년의 이라크 공격과 이듬해의 세르비아 공격처럼〕'세계 경찰' 노릇을 한다"고 비난했다. 영국으로부터 독립한 뒤, 수세기 동안 이어진 영국 통치의 음울한 그늘에서 벗어나기 시작한 세계 최대의 민주주의 국가 인도는 클린턴-부시 정부가 나토의 신인도를 떠받치고 세계를 안전하게 지키려는 노력을 그다지 높게 평가하지 않았다. 인도의 영미권에 대한 비난은 두 나라 언론에서 아예 다루지 않았다. 그런데 미국이 보호하는 국가인 이스라엘까지 그런 비난에 합류했다. 이스라엘의 지도급 군사 정치 분석가들은 클린턴-블레어의 주장과 양국의 많은 찬미자들의 허세를 조롱했다. 겉으로는 "도덕적 정당성의 핑계"를 대면서 실은 구식 "포함砲艦 외교"로 복귀한 것이며 "세계에 위험을 안겨준 것"이라고 비난했다.[24]

또 다른 정보의 출처는 비동맹 운동이다. 2000년 4월 남반구 정상회담이 열렸을 때 세계 인구의 약 80퍼센트를 차지하는 국가들의 정상이 참석했다. 회담은 그들의 역사상 가장 중요했고, 국가수반의 수준에서는 처음 열린 것이었다. 그들은 서방의 이데올로그들이 "세계화"라고 부르는 신자유주의 사회경제 프로그램을 세밀하게 분석, 비판하는 글을 발표했을 뿐만 아니라 "인도주의적 개입의 '권리'"라는 것을 단호하게 거부했다. 이런 입장은 2003년 2월에 열린 말레이시아 비동맹 국가의 정상회담에서 똑같은 어휘로 다시 표출되었다.[25] 그들은 역경을 헤치면서 역사를 배웠기 때문에 과장된 수사에 현혹되지 않았고, 지난 수백 년 동안 "인도주의적 개입"이라는 얘기를 충분히 들었기 때문에 그 속뜻을 잘 알고 있었다.

강대국만이 적절한 행동, 실은 그 나라의 이익을 위한 행동의 기준을 확립할 권위가 있다고 하면 과장일 것이다. 권위는 때때로 믿을 만한 우방국에게 위임되기도 한다. 그래서 이스라엘의 범죄는 기준을 세우는 것이 허용되었다. 같은 만행이라도 이스라엘이 저질렀을 때는 용의자를 '제거하기 위한' 정당한 행위인 반면, 엉뚱한 측이 그런 짓을 저지르면 '테러리스트 만행'이 되는 것이다. 2003년 5월, 이스라엘의 저명한 인권 변호사 두 명이 '이스라엘 보안 부대가 2000년 11월부터 2003년 4월까지 알아크사 인티파다al-Aqsa Intifada 중에 자행한 모든 숙청과 암살 사건의 상세한 목록'을 내놓았다. 공식 기록과 기타 기록을 통해 그들은 이스라엘이 닷새에 한 건꼴인 175건 이상의 숙청 시도를 완수해 235명을 죽였고 그중 156명이 범죄 용의자임을 발견했다. 그 변호사들은 이렇게 썼다. "다음과 같이 말하는 것은 우리에게 큰 고통을 안겨준다. 하지만 특정 대상을 숙청하는 지속적이고 광범위한 정책은 반인도적 범죄다."[26]

두 변호사의 판단은 그리 정확한 게 아니다. 숙청은 엉뚱한 측이 저지를 때 범죄가 된다. 미국이 보호하는 국가가 수행하면 유감스러운 행위이기는 하지만 정당방어 행위로 인정받는다. 이 행위는 심지어 '동반자'라고 불리는 '두목'[27]을 위해 기준을 세워주고, 두목은 그 기준에 권위를 제공한다. '두목' 자신은 이스라엘이 미사일로 예멘의 용의자 한 명과, 우연히 부근에 있었던 다섯 명을 암살한 전례를 논평하면서 크게 칭찬했다. 공격은 "편리하게도 10월의 깜짝쇼로 계획"되었는데, 시기가 "적절하게 중간선거 전야"였고 "앞으로 다가올 일을 미리 맛보기로" 보여주었다.[28]

기준을 세워주는 더 포괄적인 사례는 이스라엘이 1981년 6월에 이라크의 오시라크Osirak 원자로 시설을 폭격한 것이다. 처음에는 이스라엘의 공격이 국제법을 어겼다는 비판을 받았다. 그러나 사담 후세인이 1990년 8월에 미국에 순종하는 좋은 친구에서 극악무도한 악마로 바뀌자 미국의 반응도 변했다. 그전에는 (작은) 범죄라고 하더니 이제는 명예로운 기준에 따라 사담 후세인의 핵무기 개발 프로그램을 막았다고 칭송했다.

　하지만 그 기준은 몇 가지 불편한 사실을 억눌러야 했다. 1981년 폭격 직후, 당시 하버드 대학의 물리학과장이었고 저명한 핵물리학자인 리처드 윌슨Wilson, Richard이 오시라크 현장을 조사했다. 그는 폭격 받은 시설이 이스라엘의 비난과는 다르게 플루토늄 생산에 부적절하다는 결론을 내렸다. 반면에 이스라엘의 디모나Dimona 원자로는 수백 기에 달하는 핵무기를 생산한 것으로 전해졌다. 윌슨의 결론은 이라크 핵물리학자 이마드 카두리Imad Khadduri의 말로써 뒷받침되었다. 카두리는 폭격을 당하기 전에 오시라크 원자로의 실험 작업을 맡았으나 나중에는 국외로 피신했다. 그리고 오시라크 원자로가 플루토늄 생산에 부적합하다고 보고했다. 그러나 이스라엘이 1981년 오시라크 원자로를 폭격한 뒤부터, 이라크는 핵무기 개발을 적극 추진하기로 굳게 결심했다. 카두리는 폭격의 결과로 핵 개발 프로그램에 박차가 가해지지 않았다면, 이라크가 핵무기 제조에 필요한 물질을 얻는 데 수십 년이 걸렸을 것이라고 추정했다. "이스라엘의 행동은 핵무기를 생산해야겠다는 아랍 국가의 결의를 높였다"라고 국제정치학자인 케네스 월츠Waltz, Kenneth는 결론지었다. "이스라엘의 공격은 이라크의 핵 발전을 막기는커녕 오히려 그것을 추진하도록 밀어주는 아랍 국가들의 지지를 끌어냈다."[29]

　사실이 어떻든, 10년이 지나자 이라크의 쿠웨이트 침공 덕분에 이스라엘이 1981년에 확립한 기준은 단단히 자리를 잡았다. 만약 1981년 폭격이 WMD 확산을 촉진했다 해도, 그것이 폭격의 정당함을 훼손하지 못한다. 또 무력 사용이 구식의 국제법 개념을 어긴 것이라는 교훈을 주지도 못한다. 두목 자신이 일종의 '헛소리'라며 국제법을 경멸하기 때문이다. 장차 미국과 그 보호를 받는 이스라엘과 나머지 미국 추종 국가들은 자기들 마음대로 이 기준을 활용할 것이다.

법의 통치

거대한 전략은 미국의 국내법에까지 위력을 미치고 있다. 다른 많은 국가들과 같이, 미국 정부는 9·11이라는 테러리스트 만행을 이용해 자국민을 길들이려 했다. 9·11 사태 이후 부시 정부는 흔히 의심스러운 테러 혐의를 내세우며, 미국 시민을 포함해 많은 사람을 '적국의 전투원'이나 '테러리스트 용의자'라고 부르면서 잡아갔다. 백악관이 '대테러 전쟁'을 성공적으로 완수했다고 정할 때까지, 정식 기소도 하지 않고 변호사나 가족을 접견시키지도 않은 채 그들을 무한정 가둬둘 수 있다고 정부는 주장했고, 실제로 그렇게 했다. 애슈크로프트Ashcroft, John 법무장관은 "적국의 전투원을 잡으면, 그의 가족이나 변호사를 접견시키지 않은 채 구류하는 것이 기본이다"라고 말한다. 행정 당국의 이런 주장을 법원이 부분적으로 지지했다. 그들은 "전시 대통령은 전장에서 적국의 전투원으로 체포된 미국 시민을 무한히 구류하고 그 사람의 변호사 접견권을 거부할 수 있다"고 판결했다.[30]

쿠바 섬의 미국 점령지에 있는 관타나모 포로수용소에서 '적국의 전투원' 처우는 많은 비난의 대상이 되었다. 인권 단체와 그 밖의 기구, 심지어 법무부의 감찰관도 비인간적 대우를 지적했는데, 법무부는 그 감찰관의 보고서를 무시했다. 이라크를 정복한 뒤, 이라크 포로들을 비인간적으로 취급했다는 증거가 곧 나타났다. 그들은 "쿠바의 관타나모에 수감된 아프간 사람들과 그 밖의 사람들에게 그랬듯이," 이라크 인들을 재갈 물리고, 포승을 묶고, 두건을 씌운 채 구타했다. 그런 "행위 자체가 국제법에서 문제 삼는 사안"이다. 적십자는 미국이 제네바협정을 어기고 전쟁 포로와 체포된 민간인의 접견을 불허한 조치에 적극 항의했다.[31] 게다가 적국의 전투원이라는 딱지는 변덕스럽게 제멋대로 붙여진다. 미국이 공격하기로 선택한 대상은 누구나 적국의 전투원이 될 수 있는데 믿을 만한 증거는 없다. 이것은 워싱턴 당국도 시인했다.[32]

법무부의 사고방식은 '2003년 국내안보촉진법Domestic Security Enhancement Act'이라는 제목으로 공직청렴센터Center for Public Integrity(권력의 부패와 남용, 임무 태만 등을 감시하는 미국의 독립적 조사·언론 기관_옮긴이)로 흘러나온 비밀 법안이 잘 보여준다. 예일 대학 법학 교수 잭 볼킨Balkin, Jack은 "시민의 자유에 대한 이 새로운 공격"이 광범위하게 국가 권력을 확장하고 있다고 썼다. 그것은 헌법에 보장된 권리를 침해하고 있다. 어떤 사람이 법무부의 블랙리스트에 오른 단체를 "물질적으로 지원"한 경우, 그 단체가 블랙리스트에 오른 사실을 그가 몰랐다 하더라도, 국가는 그 사람을 기소해 시민권을 박탈할 수 있다. 볼킨은 "애슈크로프트가 테러리스트 단체라고 생각하는 무슬림 자선단체에 몇 달러를 기부하기만 해도, 당신은 바로 다음 비행기로 이 나라에서 추방당할 수 있다"고 썼다. '국내안보촉진법안'은 이렇게 되어 있다. "국적 포기 의사는 말로 표현하지 않아도 행동으로 미루어 판단할 수 있다." 그러니까 법무장관이 어떤 개인의 행동으로부터 그가 국적을 포기할 의사가 있다고 추측하면, 우리는 그런 추측을 정당한 것으로 존중해야 한다. 이와 유사한 사태가 매카시즘의 가장 암울한 시절에도 있었지만, 이 새로운 법안은 더 극단적이다. 이 비밀 법안은 법원의 영장 없이 감찰할 권리를 확장해 비밀 체포를 허용하는 데다 국가를 시민의 감시로부터 보호해준다. 이것은 부시 2세 정권의 반동적인 국가통제주의자들에게 무척 중요한 계획이다. 볼킨은 "이 정부는 미국인의 생활을 더욱 폭넓게 통제하기 위해 시민권, 가장 귀중한 시민의 권리조차 서슴지 않고 무시해버린다"라고 결론짓는다.[33]

부시 대통령은 자기 책상에 그의 친구 토니 블레어가 준 선물인 윈스턴 처칠의 흉상을 올려놓았다고 한다. 처칠은 인권 문제에 대해 이런 말을 남겼다.

> 법 절차에 따른 기소를 하지 않고, 특히 피의자에 대한 배심원들의 판단을 거부하고 그를 감옥에 보내는 정부는 가장 추악한 권력이다. 그것은 나치 또는 공산주의 등 모든 전체주의 정부의 기초다.[34]

부시 정부가 요구하는 권력은 이 추악한 행동을 훨씬 뛰어넘는다. 1943년, 처칠은 정보와 예방을 목적으로 한 정부 권력의 남용을 경고했다. 당시 영국은 인류 역사상 최악의 대량 살상 무기로 파괴될 가능성에 직면해 있었다. 어쩌면 법무부 사람들은 부시 대통령이 매일 쳐다본다는 처칠 흉상으로부터 처칠의 사상을 배워야 하지 않을까.

국제법과 국제기구들

거대한 제국주의 전략은 "무엇보다 중요한 정책 목표인 국제적 법치"를 효과적으로 배제한다. 미국예술과학아카데미는 비판적인 논평에서, 국제법이나 유엔헌장이 '국가 안보 전략'에 언급조차 되지 않았음을 지적했다. "2차 세계대전이 끝난 때부터 미국 외교의 근간이었던 무력보다 법이 우선한다는 사상"은 새로운 전략에서 사라졌다. 게다가 "법이 미치는 범위를 확장하고 약자에게 목소리를 허용하면서 강자를 억제하는" 국제기구도 "거의 사라져버렸다." 이제 무력이 군림하고, 미국은 그 힘을 마음대로 행사하려 한다. 정세 분석가들은 이런 결론을 내렸다. 거대한 제국주의 전략이 "미국의 적들에게 위압감에 따른 분노 표출"을 더욱 촉발할 것이다. 그들은 "미국의 약점들을 노리는 값싸고 쉬운 방법"을 찾아낼 것이다. 부시 정책 입안자들은 이런 반발에 대해 별로 우려하지 않는다. 이것은 '국가 안보 전략' 중 군축 협상 노력에 대한 문장이 단 한 줄밖에 없다는 사실로 예증되는데, 미국 정부는 군축 노력을 내심 경멸하고 있는 것이다.[35] 미국예술과학 아카데미 회지에 기고한 글에서, 국제 문제 전문가 두 명은 새 전략이 "본래 도발적인 것"으로서 "정치적 화해가 아니라 대결을 키웠다"고 설명한다. 그들은 "미국이 결정적인 국가 우위를 확보하기 위해 적극적인 군사 대결에 전념"하면 엄청난 위기를 초래할 것이라고 경고했다.[36] 국익이라는 편협한 입장에 바탕을 둔 사람들도 이 경고에 동의한다.

미국의 정책이 본디 힘보다 법을 중시해왔다는 아카데미의 판단은 크게 에누리해서 들어야 한다. 2차 세계대전이 끝난 때부터 미국 정부는 강대국의 일반적인 관행을 받아들여, '국익'의 편의를 내세우면서 법에 대한 무력의 우위를 선택했다. '국익'은 국가 전체의 이익이라기보다는 정책을 결정하는 국내 특정 계층의 특별한 이익을 가리키는 전문 용어다. 앵글로아메리카 세계에서 그 이치는 애덤 스미스만큼 오래된 것이다. 스미스는 영국의 "상인과 제조업자들"을 신랄하게 비난했다. 그들은 정책의 "가장 중요한 설계자들"이었고, 남들에게 얼마나 "가혹한" 영향을 끼치든 자신의 이익이 "가장 잘 보호되도록" 조치했으며, 그들의 야만적인 불법 행위의 희생자에는 다른 나라 사람들뿐 아니라 영국 국민도 포함되어 있었다.[37] 그들이 내세우는 뻔한 소리가 진실이 되어 버렸다.

유엔에 대한 지배 엘리트 계층의 생각은 레이건-부시 정권의 국무부에서 근무했던 프랜시스 후쿠야마Fukuyama, Francis가 1992년에 잘 표현했다. 즉 유엔은 "미국 일방주의의 도구로서 완벽하게 유용하고, 장차 미국 일방주의를 행사하는 데 쓰일 최우선 메커니즘이다." 그의 예측은 정확했다. 유엔의 초창기부터 그런 관행이 지속적으로 지켜졌기 때문이다. 당시 세계의 국가들은 유엔이 사실상 미국의 이익을 대변하는 도구가 되는 것을 허용할 수밖에 없었다. 유엔은 크게 존경받았지만 엘리트 계층의 유엔 혐오는 나중에 두드러지게 증가했다. 이런 태도 변화는 탈식민지화의 과정과 궤적을 같이하는데, 미국 엘리트들이 보기에 탈식민지화는 유엔 내 "다수의 독재"를 위한 작은 창을 열었다. 그래서 "세상의 주인"이고 "사실상 세계 정부"인 권력의 중심과는 상관없는 곳에서 반발의 목소리가 흘러나온다는 것이다.[38]

엘리트 계층의 관심사에 대해 유엔이 '미국 일방주의의 도구' 구실을 제대로 하지 못하자, 유엔은 무시되기 시작했다. 그것을 보여주는 많은 사례 중 하나가 거부권 행사 기록이다. 미국은 1960년대부터 광범위한 문제에서, 심지어 회원 국가들에 국제법을 준수하라고 요구하는 안보이사회의 결의안에 대해서도 거부권 행사의 선두를 달렸다. 거부권 행사 기록에서 영국은 두 번째고, 프랑스와 러시아는 훨씬 뒤처진다. 그런 기록은 다음과 같은 사실에 비해 보면 또 아무것도 아니다. 워싱턴의 거대한 힘은 미국이 반대하는 결의안이나 빼버리고 싶은 의제를 철저히 봉쇄해 버린다. 예를 든다면, 세계 여러 나라들이 큰 관심을 갖고 있었던 미국의 인도차이나전쟁은 의제에서 아예 제외되었다.

사담 후세인은 안보이사회 결의안을 제대로 따르지 않아 비난을 받았지만, 미국이 똑같은 결의안을 거부한 사실은 그냥 넘어간다. 가장 중요한 결의안 687호는, 만약 이라크가 안보이사회의 결정에 순응하면 이라크에 대한 제재를 해제하고 WMD와 발사 장치를 중동에서 제거할 것을 요구했다. 이 결의안의 14조는 이스라엘을 완곡하게 가리켰다. 미국이 14조를 받아들일 가능성은 전혀 없었기 때문에 결의안은 논의에서 제외되었다.

부시 1세 대통령과 제임스 베이커Baker, James 국무장관은 미국이 687호의 주요 조건을 당연히 거부하며, "사담 후세인이 집권하는 한, 제재의 해제"를 금지한다고 발표했다. 클린턴도 이 의견에 동의했다. 1994년, 부시 1세의 국무장관인 워런 크리스토퍼Christopher, Warren는 이렇게 썼다. 이라크의 순응은 "경제 제재의 해제를 정당화하기에는 충분하지" 못하다. 하지만 딜립 히로Dilip Hiro는 미국이 "규칙을 일방적으로 바꾸었다"고 지적한다.[39] 미국이 유엔 사찰단UNSCOM을 활용해 이라크에 대해 첩보 활동을 벌인 것도 사찰을 방해했고, 클린턴과 블레어가 유엔을 무시하고 1998년 12월 이라크를 폭격한 뒤에는 이라크가 사찰을 중단시켰다. 이 사찰의 결과는 온 사방의 이데올로그들에게만 알려졌다. 하지만 국제 사찰단을 통한 무장 해제가 미국과 영국의 목표는 아니고, 두 전사戰士 국가들이 관련 유엔 결의안을 따르지 않으리라는 사실도 분명해졌다.

어떤 시사평론가들은 이스라엘이 결의안을 어기는 데 선두를 달린다고 지적한다. 미국이 지지하는 터키와 모로코 또한 이라크보다 안보리 결의안을 더 많이 위반했다. 이 결의안들은 침략, 가혹 행위, 몇십 년 동안의 군사작전에서 범한 야만적 관행, 제네바협정의 심각한 위반(미국 법에서 볼 때, 전쟁범죄), 그 밖에 불완전한 무장 해제보다 더 긴급한 아주 중요한 문제들과 관련된 것들이었다. 이라크와 관련된 결의안에서는 이라크 국내의 억압 상황을 지적하는데, 이런 점에서 사담 후세인의 기록은 끔찍하지만 그것은 (유감스럽게도) 지엽적인 문제에 지나지 않는다. 당시 워싱턴 고위 공직자들은 후세인 최악의 범죄와 이란과의 전쟁을 모두 지지했다. 이스라엘과 관련된 결의안은 무력 위협 실행을 결정하는 유엔헌장 제7조의 적용을 받지도 않는다. 만약 이런 제안이 있었다면, 미국은 곧바로 거부권을 행사해 부결시키고 말았을 것이다.

거부권은 안보이사회 결의안에 대한 이라크의 불완전한 이행을 논의하는 과정에서 빠뜨린 또 다른 중요한 문제를 제기한다. 간결하게 말해, 만약 이라크가 거부권을 가졌다 해도, 유엔 결의안에 도전하지 않았을 것이다. 안보이사회에 진지하게 도전하려면 거부권을 고려하지 않을 수 없는데, 이것은 불복종의 가장 극단적인 형태다. 하지만 거부권 행사는 곧 뒤따라 나올 결론들 때문에 배제될 수밖에 없다.

거부권 문제는 미국이 이라크 침공을 준비할 때 완전히 무시된 게 아니다. 프랑스가 유엔의 전쟁 선포에 거부권을 행사하겠다고 위협한 것은 신랄한 비판을 받았다. "그들은 사담에게 책임을 돌리는 것은 무엇이든 거부권을 행사하겠다고 말했습니다." 부시가 2003년 3월 16일에 안보이사회에 최후통첩을 전할 때 한 말이다. 프랑스의 부당 행위에 대해 미국에서는 분노의 목소리가 높았고, 텍사스 크로포드 목장의 명령을 따르지 않는 국가를 징벌하자는 이야기까지 나왔다. 일반적으로 다른 나라의 거부권 위협은 추문이고, '외교의 실패'이며, 유엔의 신통치 못한 처사를 보여주는 것이었다. 이에 대한 사례를 무작위로 골라보자. 컬럼비아 대학 국제기구센터Center on International Organization 소장인 에드워드 러크Luck, Edward에 따르면, "만약 약소국들이 유엔 안보이사회를 투표·토의·공개적인 호소로써 미국의 힘을 견제하는 회의장으로 바꾸려 한다면, 그들은 안보이사회의 합법성과 신뢰성을 더욱 망치게 될 것이다."[40] 세계 챔피언의 일상적인 거부권 행사는 일반적으로 언론에서 다루지 않거나 경시했고, 때때로 원칙을 지키는 투쟁적인 워싱턴의 입장을 보여준다고 환영받기도 했다. 하지만 아무도 이것이 유엔 안보이사회의 합법성과 신뢰성을 망친다고 우려하지 않는다.

따라서 놀랄 이유는 별로 없다. 2002년 10월, 부시 정부의 고위 공직자가 이렇게 말했다. "우리는 안보이사회가 필요 없습니다." 만약 안보리가 "우리와 관계를 유지하고 싶다면, 〔미국 의회가 허용하는 것과〕 비슷한 권한을 우리에게 주어야 합니다." 그 권한은 무력을 마음대로 사용할 수 있는 권한을 말한다. 그 입장은 대통령과 콜린 파월 국무장관이 지지했다. 고위 공직자는 이런 말을 덧붙였다. "물론 안보이사회는 회의도 하고 그 밖의 토론을 할 수 있겠지요. 하지만 우리는 필요하다고 생각하는 것을 할 수 있는 권한이 있습니다." 워싱턴은 안보이사회에 결의안(유엔 1441호)을 제출하는 데 동의하지만, 그것이 무의미하다는 것을 노골적으로 주위에 알린다. "외교적인 세부 표현으로는 무엇이라 하든, 부시는 후세인이 방해한다면 유엔 결의안을, 이라크에 대해 조치를 취할 수 있게 하는 권한 위임장으로 생각한다는 점을 분명히 했다"고 외교 통신원이 논평했다. "워싱턴은 안보이사회의 다른 이사국들과 상의는 하겠지만, 그들의 동의를 얻어야 한다고 생각하지는 않는다." 파월의 생각을 대변하면서 백악관 비서실장 앤드루 카드Card, Andrew는 이렇게 설명했다. "유엔은 회의를 열어 논의할 수 있지만, 우리는 그들의 허락이 필요 없습니다."[41]

미국 정부는 행동을 "재촉하는 대의명분을 〔선포하는 과정에서〕 전 세계 여론을 존중한다"고 다시 강조되었다. 몇 달 후 워싱턴의 개전 의사를 발표하면서 파월이 안보이사회에서 연설할 때였다. "미국 공직자들은 파월의 브리핑이 무력 사용 결의안을 얻어내려고 질질 끄는 노력으로 해석되지 않도록 단호한 태도를 보였다"고 한 국제 언론이 보도했다. 어느 미국 공직자는 이렇게 말했다. "우리는 그럴 필요가 없기 때문에 두 번째 결의안에 타협하지 않을 것입니다……. 만약 이사회의 다른 국가들이 우리를 따라준다면 결의안에 서명할 것입니다." 하지만 그 이상의 조치는 없다.[42] 세계는 워싱턴이 자기 마음대로 무력을 행사할 것이라는 일방적 통보를 받았다. 토론하는 국가들은 미국의 계획을 '따라와서' 전쟁에 참여하거나 '미국과 한편'이 아니므로 '테러리스트와 한편'이라는 결과를 받아들여야 했다. 대통령은 그런 식으로 선택안을 제시했다.

부시와 블레어는 아조레스 제도의 미군 기지에서 열린 정상회담에서 국제법과 국제기구를 무시한다는 뜻을 표시했는데, 에스파냐 총리 호세 마리아 아스나르Aznar, José Maria도 그 회담에 동석했다. 영미 지도자들은 유엔 안보이사회에 "최후통첩을 전했다." 24시간 이내에 무조건 숭복하지 않으면 우리는 유엔의 무의미한 승인의 증표가 없어도 이라크를 침공해 사담 후세인과 그의 가족이 그 나라를 떠나든 말든 우리가 선택한 정권을 세울 것이다. 부시는 이렇게 선언했다. "우리의 침공은 합법적이다. 미국은 〔사담이 있든 없든 이라크에게 위협받는〕 국가 안보를 지키기 위해 무력을 행사할 수 있는 주권을 가지고 있기" 때문이다. 유엔은 상관없다. 유엔은 "그 책임을 다하는 행동을 하지 않았기" 때문이다. 다시 말하자면, 워싱턴의 명령을 따르지 않았기 때문이다. 미국은 세계가 압도적으로 반대해도 "세계를 향해 정당한 요구 사항을 관철"할 것이다.[43]

워싱턴은 수고스럽게도 미국의 공식적인 전쟁 선언의 공허함을 전 세계 모든 사람들이 볼 수 있도록 했다. 3월 6일의 기자회견에서 대통령이 이렇게 말했다. "한 가지 문제만이 있다. 이라크 정권이 유엔 결의안 1441호가 요구하는 대로 완전히 그리고 무조건적으로 무장 해제를 했는지, 안 했는지." 그는 계속해서 "우리의 안보와 관계 있을 때, 우리는 진정 누구의 허락도 필요 없다"고 함으로써 '한 가지 문제'에 대한 해답이 중요하지 않음을 분명히 밝혔다. 따라서 유엔 사찰과 안보이사회 토의는 웃음거리였고, 완전히 검증된 사찰 이행 여부조차 무관한 문제였다. 미국은 아조레스 정상회담에서 강조했듯이, 사담이 무장 해제를 완수하고 그와 그의 무리가 사라져도 자국이 선택한 정권을 세우겠다는 얘기였다.[44]

대통령이 한 가지 문제를 소홀히 여긴 것은 벌써 기록에 올라 있었다. 몇 달 전, 백악관 대변인 애리 플레이셔Fleischer, Ari는 언론에 "미국의 정책은 사찰단이 있든 없든 이라크 정권의 교체"임을 알려주었다. '정권 교체'에서 정권은 이라크 사람들이 선호하는 정권을 의미하지 않고, 정복자가 임의로 세우는 이른바 '민주' 정권을 말한다. 러시아조차 '인민민주주의국가'를 세웠다. 나중에 전쟁에서 한숨 돌리자, 플레이셔는 '한 가지 문제'를 제1순위로 올려놓았다. 이라크의 WMD 보유 문제는 "과거에도 현재에도 이라크 전쟁의 관건"이었다. 부시가 기자회견에서 자기모순적인 태도를 보이자 영국 외무장관 잭 스트로Straw, Jack는, 만약 사담 후세인이 무장을 해제한다면 "우리는 이라크 정부가 그대로 존속하는 것을 용납할 것"이며, '한 가지 문제'는 무장 해제로 귀결된다고 발표했다. '해방'이니 '민주주의'니 하는 이야기는 시시한 대사에 지나지 않고, 영국은 부시가 마음 편하게 전쟁에 돌입하는 것을 지지하지 않을 것이라는 말이다. 영국은 말은 이렇게 했지만 결국 미국이 시키는 대로 하겠다는 것이었다.[45]

한편 콜린 파월은 미국이 이라크를 어떻게 해서라도 통제할 것이라는 대통령의 선언을 부인했다. "간단히 말해 문제는 이렇습니다. 사담 후세인은 유엔 결의안을 따르겠다는 전략적, 정치적 결정을 내리고 대량 살상 무기를 제거할 의사가 있는가, 그게 본질입니다……. 그것이 문제입니다. 다른 문제는 없습니다." '한 가지 문제'로 되돌아가면, 그보다 5일 전에 그리고 다시 다음 날에 대통령이 거부했던 문제다. 이라크 침공을 시작했을 때 파월은 '한 가지 문제'로 되돌아갔다. 이라크는 "위험한 무기의 무장 해제와 공개를 요구한 1991년 항복 협정의 '국제적 의무'를 위반했기 때문에 공격을 받았다."[46] 따라서 미국이 주장하던 그 밖의 모든 것은 상관없는 문제였다. 미국은 사찰단이 원활한 활동을 보장받지 못했다고 일방적으로 판정할 게 분명했다. 게다가 1991년 협정 문구와는 상반되게, 미국은 그 협정으로 무력을 사용할 자격을 부여받았다고 주장했다.

그러다가 또 다른 날은 이라크뿐만 아니라 그 일대 지역에 '해방'과 '민주주의'와 '고상한 꿈'을 가져다주는 것이 목표라고 말했다. 그 함의는 명백하다. 우리 미국은 그때그때 적절한 평계를 대면서 선택한 행동을 할 것이다. 너희는 '따라오지 않으면' 혼날 줄 알아라.

왜 2002년 9월 이후에 WMD의 위협이 그토록 심각해졌는지는 설명되지 않았다. 안보 보좌관 라이스는 다음과 같은 합의를 받아들였다. "만약 그들이 WMD를 보유했다고 해도 그 무기는 전혀 쓸모없을 것이다. 그것을 사용하려 했다가는 이라크라는 국가가 아예 없어져버릴 테니까."[47]

'미국을 적대시하기' 때문에 받는 징벌은 심각하지만 미국을 따를 경우 그에 '관련되는' 이점 또한 상당하다. 미국의 고위 공직자들은 안보이사회 이사국들에 파견되어 "그 나라의 지도자들에게 이라크 문제에 대해 미국에 지지표를 던지지 않으면 '심각한 대가를 치를 것'이라고 위협했다." 유엔 "이사회에 한자리를 얻기 전에는 별 볼 일 없던" 취약한 나라에 미국의 위협은 작은 일이 아니었다. 멕시코 외교관은 워싱턴 사절에게 자국민이 "압도적으로 전쟁을 반대한다"고 설명하려 했지만, 그런 간청은 웃음거리로 치부되었다.[48]

특별한 문제는 '민중의 압력에 넘어가 민주주의를 받아들이고 이제 민중에게 책임을 져야 하는 국가들'에서 생겼다. 그런 나라들이 민주주의적 형식을 진지하게 받아들이면, 그것이 곧 경제적 압박으로 이어질 수도 있었다. 이와 관련해 "파월 씨는 미국의 정치적, 군사적 동맹국들은 거저 주는 원조로 이득을 볼 것임을 분명히 밝혔다." 반면, 애리 플레이서는 부시가 "언론 단체에서 떠들썩한 웃음소리를 일으키면서" 지지표에 대해 보상을 제공할 것이라고 했다는 얘기를 "적극 부인했다"고 《월스트리트저널》이 보도했다.[49]

명령에 따르는 보상은 재정적 보상뿐만 아니라 테러적 만행을 확대할 권한까지 포함한다. 부시와 특히 관계가 좋다는 블라디미르 푸틴 러시아 대통령은 "러시아의 체첸 분리주의자 탄압에 대한 외교적 지지"를 얻어냈다. "미국과 중동의 몇몇 분석가들은 그것이 장기적으로 미국의 이해관계를 해칠 수 있다고 강력히 주장했다." 사람들은 워싱턴이 국가 테러리즘을 지지하는 데는 다른 이유가 있다고 상상할 수 있다. 이런 반응이 '부적절한' 것임을 분명히 밝히기 위해, 한 이슬람 자선단체의 책임자는 사악한 러시아 군사 점령에 저항하는 체첸 반군에게 자금을 전용했다고 기소당하여 연방법원에서 유죄 선고를 받았다. 이것은 푸틴이 청신호를 받은 것과 같다. 그 자선단체의 책임자는 보스니아 구급차에 지원금을 보냈다는 이유로도 기소당했다. 그 경우, 범죄는 클린턴이 알카에다와 헤즈볼라 요원들을 보스니아로 공수해 보스니아 내전에서 미

국 측을 지원하게 했던 바로 그 시기에 벌어졌다.[50]

터키는 비슷한 권유를 받았다. 엄청난 일괄적 재정 원조와 쿠르드족이 사는 북부 이라크를 침공할 권리가 당근으로 제시되었다. 하지만 터키는 완벽하게 순종하지 않고 서구에 민주주의의 교훈을 가르쳐 큰 분노를 일으켰고, 파월 국무장관이 곧 단호하게 발표했듯이 잘못된 행동에 대해 즉시 벌을 받았다.[51]

'외교적 아량'은 미국이 주도하는 결의안 1441호에 지지표를 던진 국가들에 돌아간다. 여기서 말하는 지지는 사실상 굴복이다. 서명국들은 대안이 있다는 것도 알았다. 진지한 법 체계에서, 강요된 동의는 무효다. 하지만 국제 문제에서는 그것이 외교 행위로 존중되고 있다.

이라크 전쟁 뒤, 유엔은 '무의미한' 존재임이 다시 증명되었다. '이라크에 대한 유엔의 복잡한 무역 체계'가 미군정 아래에서 계약을 따낸 미국 기업에 문제를 일으켰기 때문이다. 그 복잡한 무역 체계는 사실 미국이 경제 제재의 일부로 부과한 것으로서, 영국 이외의 국가들은 지지하지 않았다. 하지만 이제는 그것이 방해가 되었다. 따라서 '동맹 외교관'의 말을 빌려 미국이 이런 '메시지'를 전했다. "우리는 의무 때문이 아니라, 원해서 [안보이사회에] 왔습니다." 온 사방의 외교관들이 동의하듯이 배경에 놓인 문제는 "미국이 이라크 원유를 통제하고 후임 정부를 세우기 위해 얼마나 많은 자유를 누려야 하는가"였다. 워싱턴은 행동의 자유가 필요하다. 다른 국가들과 유엔 인구의 대다수와, (우리가 갖고 있는 정보에 따르면) 이라크 사람들은 "유엔의 현지 감시를 확대하고" 그 감시의 틀 안에서 국내 문제뿐만 아니라 "이라크의 외교 및 경제 관계를 정상화할 것"을 선호하고 있다.[52]

변명과 핑계가 어떻게 바뀌든 다음과 같은 원칙은 불변이다. 미국은 효과적으로 이라크를 통제해야 한다. 그 과정에서 가능하다면 민주주의의 외양을 차리고, 불가능하다면 그런 외양이 없어도 상관없다.

'미국의 제국주의적 야심'이, 하나뿐이던 경쟁국이 몰락한 뒤에도 온 세계로 뻗어나가야 한다는 것은 놀랄 일이 아니다. 말할 필요도 없이, 그런 야심의 선례들은 별로 기억하고 싶지 않은 나쁜 결과를 가져오기도 했다. 하지만 현재의 상황은 다르다. 한 나라가 이렇게 대규모 폭력 수단을 거의 독점적으로 손에 쥔 적은 역사상 결코 없었다. 그렇기 때문에 그 나라의 실천과 운용 기조는 더욱 엄격하게 감시되어야 한다.

엘리트의 우려

기득권층 내부에서는 '미국의 제국주의적 야심'이 자국민에게 심각한 위협이 된다고 몹시 우려했다. 부시 정부가 세계를 영원히 통치하려는 "수정주의 국가"가 되겠다고 선언했을 때, 그들은 다시 크게 놀랐다. 어떤 사람들은 "절대적인 군사력 우위를 통해 일방적인 세계 지배"를 노리는 "과격한 국가주의"적 통솔권(리더십)이 "미국과 인류에 위협"이 될 것이라고 생각했다.[53] 주류 사회의 스펙트럼 내부에서 많은 사람들은 오만하고 과격한 국가주의자들의 모험주의에 아연실색했다. 국가주의자들은 1980년대에 휘둘렀던 힘을 되찾고서, 이제는 외부의 제약을 거의 받지 않고 활동한다.

이런 우려는 새로운 게 아니다. 클린턴 정부 때, 저명한 정치 분석가 새뮤얼 헌팅턴은 이렇게 평가했다. 세계의 많은 국가 "사회를 위협하는 가장 큰 외부 세력〔을 꼽는다면〕, 최강의 악당"은 미국이 될 것이다. 당시 미국정치학회American Political Science Association 회장이던 로버트 저비스 Jervis, Robert는 "세계의 많은 국가들이 볼 때, 사실 오늘날의 최고 불량

국가는 미국"이라고 경고했다. 다른 이들과 마찬가지로 그들은 서로 협력하면 위협적인 불량 초강대국에 맞서 균형을 이룰 수 있을 것이라고 기대했다.[54]

대외 정책 엘리트 가운데 뛰어난 몇몇 인물들은 미국 제국주의의 표적 국가들이 가만히 손 놓고 앉아 파멸을 기다리지는 않는다고 지적했다. 표적 국가들은 "억제책을 써야 미국의 위협을 어느 정도 물리칠 수 있음을 알고 있다"고 케네스 월츠가 썼다. "대량 살상 무기는 미국을 막을 수 있는 유일한 수단이다." 따라서 워싱턴의 정책은 WMD의 확산을 불러왔다. 미국이 폭력 수단을 통제하려는 국제적 메커니즘을 열심히 뒤흔든 결과 그런 경향을 가속화했다는 것이 케네스 월츠의 결론이다. 부시가 이라크 공격을 준비할 때 이런 경고가 거듭 나왔다. 스티븐 밀러 Miller, Steven에 따르면, 그 결과, 다른 국가들은 "미국의 개입을 막으려면 대량 살상 무기가 필요하다는 결론을 내리게 되었다." 또 다른 저명한 전문가는 "예방 전쟁의 일반적인 전략"이 다른 여러 나라에 "고삐 풀린 미국의 국력 행사"에 대한 억지력으로 "테러와 대량 살상 무기를 사용하려는 매우 강력한 동기"를 부여했다고 경고했다. 많은 사람들은 미국의 고압적 태도가 이란에 핵무기 개발의 충동을 안겨주었다고 지적했다. 셀리그 해리슨Harrison, Selig은 "틀림없이, 북한이 이라크에게서 배운 교훈은 핵무기를 통한 억지력이 필요하다는 것이었다"고 평가했다.[55]

2002년이 저물 무렵, 워싱턴은 불쾌한 교훈을 세계에 가르치고 있었다. 만약 당신들이 우리 미국으로부터 스스로를 지키고 싶다면, 북한을 모방해 확실한 군사적 위협(이 경우에 재래전의 위협)을 가하는 게 낫다. DMZ 부근의 서울과 미군 부대를 겨냥한 포병 부대를 설치하는 것이다. 미국은 열심히 전진해 이라크를 공격할 것이다. 그곳이 폐허가 되어 무방비 상태나 다름없다는 것을 잘 알기 때문이다. 그런데 북한은 훨씬 더 심한 독재를 하고 엄청나게 더 위험하지만 적절한 공격 목표는 아니다. 북한이 우리에게 큰 피해를 입힐 수 있기 때문이다. 미국은 이런 생생한 교훈을 세계를 향해 가르치고 있다.

또 다른 우려는 '제2의 강력한 힘', 즉 여론이다. 정계의 '수정주의'는 전례가 없을 뿐만 아니라, 그에 대한 저항 역시 그렇다. 이와 관련해 흔히 베트남과 비교되기도 한다. "저항과 불복종의 전통에 무슨 일이 있었는가?" 하는 세간의 의문은 역사적 기록이 얼마나 효과적으로 삭제되었는지, 지난 40년에 걸친 대중의 의식 변화가 많은 집단에서 얼마나 무의미한지를 알려준다. 정확한 비교를 통해 알 수 있는 것을 보자. 1962년 케네디 정부는 미 공군을 파견해 남베트남을 폭격할 뿐만 아니라, 수백만 명을 강제수용소에 몰아넣고, 곡물 수확과 지상 은폐물을 파괴하기 위한 화학전 프로그램을 시작한다고 발표했다. 하지만 미국 민중의 항의는 없었다. 나중에 미군 수십만 명을 파병하고, 인구 밀집 지역이 융단 폭격에 초토화되고, 침공이 인도차이나의 나머지 지역으로 확산될 때까지 민중의 항의는 의미 있는 수준에 미치지 못했다. 민중의 항의가 상당한 규모로 커질 무렵, 신랄한 반공주의 군사가軍史家이며 인도차이나 전문가인 버나드 폴은 이렇게 경고했다. "지금까지 이 지역을 강타한 최대 군사 개입의 치명타에 베트남의 농촌이 글자 그대로 죽어가면서, 문화적·역사적 실체로서 베트남은…… 소멸될 위기에 처해 있다."[56]

40년이 지난 2002년, 40년 전과는 아주 대조적으로, 전쟁을 공식적으로 개시하기 전에 헌신적이고 체계적인, 대규모 민중의 항의가 있었다. 미국에서만 볼 수 있는 두려움과 환상 따위는 전혀 없는 다른 나라들에서도 이라크 전쟁에 대한 사전 반대 운동이 미국과 같은 수준에 도달했다. 그것은 지난 세월 동안 침공과 만행을 참지 않겠다는 의지가 꾸준히 늘어난 것을 반영하는, 커다란 변화다.

지도층은 이런 변화 발전을 잘 알고 있다. 1968년, 민중의 두려움이 아주 심각해서 합동참모본부는 더 많은 군대를 베트남으로 보낸다면 "시민의 혼란을 통제하기에 충분한 군사력을 동원할 여력이 남지 않을지도 모른다"고 걱정했다. 국방부는 추가 파병이 "전례 없는 국내의 위기를 초래할지 모른다"고 우려했다.[57] 레이건 정부는 처음에 케네디 행정부의 남베트남 침공 모델에 기초한 중앙아메리카 직접 침공을 계획했지만, 의제의 중요한 요소들을 저지하려 나선 뜻밖의 민중 저항에 직면해 후퇴하고 은밀한 테러로 방향을 전환했다. 여기서 '은밀하다'는 것은 어느 정도 대중의 눈에서 그것을 감출 수 있다는 뜻이다. 부시 1세가 취임한 1989년, 민중의 반응은 다시 정책 의제에 많은 영향을 주었다. 새로운 정부는 전형적으로 정보기관의 눈을 통해 세계 상황을 살펴보았다. 이것은 비밀 조사였지만, 1989년 "미국이 더 취약한 적들과 직면한 경우"와 관련된 대목이 누설되었다. 분석가들은 미국이 "그들을 결정적으로 신속하게 물리쳐야" 한다고 조언했다. 승리가 아닌 결과는 "난처하고," 허약한 "정치적 기반을 약화할 것"이다.[58]

우리는 이제 1960년대에 있지 않다. 당시 사람들은 몇 년 동안 파괴적인 전쟁을 견디면서도 가시적인 항의를 하지 않았다. 지난 40년 동안 시민운동은 여러 분야에서 중요한 영향을 민간인들에게 끼쳤다. 지금까지 취약한 적을 공격하는 방법은 그 적들이 엄청난 위협 또는 어쩌면 인종 학살에 관련되어 있는 것처럼 선전 공세를 펼치고, 이제부터 펼치려는 군사행동이 실제 전쟁과 같지 않다고 확신시키는 것이었다.

미국 엘리트들은 부시 정부의 과격한 국가주의적 태도가 세계 여론에 악영향을 주지 않을까 걱정했다. 세계 여론은 이라크 전쟁 계획과 군사 방침에 압도적으로 반대했다. 이것들은 2003년 1월에 발표된 세계경제포럼의 여론조사가 밝힌 지도층에 대한 전반적 신뢰 하락의 요인이었다. 여론조사에 따르면, NGO 지도자들이 가장 많은 신뢰를 얻었고, 그다음이 유엔과 정신적·종교적 지도자, 그다음이 서구와 경제기구의 지도자, 그다음이 기업 경영자들이었다. 가장 밑바닥에는 미국의 지도자들이 있었다.[59]

여론조사를 발표하고 일주일 뒤 세계경제포럼의 연차 총회가 스위스의 다보스에서 열렸는데, 예전의 넘칠 듯한 생기가 보이지 않았다. 언론은 "분위기가 암울했다"고 전했다. '세상을 쥐고 흔드는 자들'에게 다보스 회의가 더는 '세계적인 연회장'이 아니었다. 포럼 창설자인 클라우스 슈바프Schwab, Klaus는 가장 긴급한 이유를 알아냈다. "이라크 전쟁은 모든 토의의 압도적인 주제가 될 것입니다." 《월스트리트저널》은 파월의 보좌관이 회의에 참석하려는 파월에게, 다보스의 분위기가 '험악하다'고 경고했다고 보도했다. "미국이 이라크 전쟁으로 치닫는 데 대해 국제 사회에서 터져나온 불만의 합창은 2000여 기업 경영자, 정치가, 학자들이 모이는 다보스 회의에서 더욱 소리가 커졌다." 그들은 파월의 '예리한 새 메시지'에 압도당하지 않았다. 파월 자신의 말을 빌리면, 아무도 우리를 따르지 않아도, "우리는 현재 우리가 앞장서야 할 일이 있다고 강하게 느끼고 있다." "우리 미국은 다른 사람들이 우리와 동참할 준비를 갖추지 않아도 행동에 나설 것이다."[60]

세계경제포럼의 주제는 '신뢰 구축'이었는데, 거기에는 타당한 이유가 있었다.

파월은 연설하면서 미국이 시기와 방법을 선택해 "군사적 행동을 취할 주권"을 보유하고 있다고 강조했다. 그는 더 나아가 아무도 "사담 후세인과 그의 정권을 신뢰하지 않는다"고 말했다. 그 이야기는 확실히 옳지만, 그는 신뢰받지 않는 다른 지도자들을 언급하지 않았다. 파월은 또한 청중에게 사담 후세인의 무기가 "이라크의 이웃 나라들을 위협할 의도"를 나타낸다고 장담했지만, 그 이웃 나라들이 이라크의 위협을 별로 느끼지 못하는 이유를 설명하지 않았다.[61] 많은 국가들이 잔인한 독재자를 경멸했지만, 이라크의 이웃 나라들은 "국제적인 제재로 국부와 국력을 소진한 약소국 이라크를 워싱턴 당국이 어째서 집요하게 두려워하는지 당혹스러워한 미국 이외의 많은 국가들"과 뜻을 같이했다. 이라크 일반 대중에 가해진 제재의 끔찍한 영향을 인식하면서, 그들은 이라크가 지역에서 아주 무기력한 약소국 중의 하나임을 알았다. 이라크 경제와 군비 지출 규모는 이라크 인구의 10분의 1인 쿠웨이트에 훨씬 미치지 못했고, 다른 많은 분야는 인접 국가들보다 훨씬 뒤처졌다.[62] 이런저런 이유 때문에 이웃 나라들은 미국의 강력한 반대를 무릅쓰고 몇 년 동안 이라크와 관계 개선을 시도해왔다. 미 국방부와 CIA도 잘 아는 바와 같이, 그들은 "오늘날의 이라크가 미국은커녕 중동 지역의 어떤 국가에도 위협을 주지 않는다고 보고, 이와 다른 주장을 한다면 거짓이라고 생각했다."[63]

다보스에서 '쥐고 흔드는 자들'은 '신뢰 구축'에 관해 훨씬 더 불쾌한 뉴스를 들었다. 캐나다의 여론조사에 따르면 "캐나다 사람들의 36퍼센트 이상이 미국을 세계 평화의 최대 위협이라고 보는 반면, 겨우 21퍼센트의 사람들이 알카에다를 지목하고, 17퍼센트는 이라크를, 14퍼센트는 북한을 꼽았다." 미국의 일반적인 이미지가 캐나다에서 72퍼센트까지 개선되었는데도 이런 결과가 나왔고, 서유럽에서는 미국의 이미지가 급락했다. 《타임》지가 실시한 여론조사는 유럽 응답자의 80퍼센트 이상이 미국을 세계 평화의 최대 위협으로 본다고 밝혔다. 이 숫자가 다른 기준에 비추어보면 틀렸을지 몰라도, 극적이기는 마찬가지다. 이 수치의 의미는 동시에 실시된 미국-영국의 이라크 전쟁에 대한 국제 여론조사로 더욱 증폭되었다.[64]

"세계 각국의 미국 대사관에서 보내온 전문은 긴박하고 심란했다." 《워싱턴포스트》가 머리기사에서 보도했다. "세계의 많은 사람들은 점점 부시 대통령이 이라크의 사담 후세인 대통령보다 세계 평화에 더 큰 위협이라고 생각한다." 미 국무부의 한 공직자가 한 말이 인용되었다. "논쟁은 이라크에 관한 게 아니었습니다. 세계의 국가들은 우리 힘을 진정 불안해하고, 우리 정부의 행동을 노골적이고 오만하고 일방적이라고 생각합니다." 표제는 이렇게 되어 있다. "닥쳐올 위험? 세계는 부시 대통령을 위협으로 본다." 3주가 지난 뒤 외교 문제 전문 편집자가 작성한 《뉴스위크》 표지 기사에서, 세계의 논제는 사담 후세인에 관한 게 아니라고 경고했다. "논제는 미국과 새로운 세계에서 미국이 맡은 구실에 관한 것이다……. 이라크 전쟁이 만약 성공한다면 이라크 문제는 해결될 것이다. 하지만 그것이 미국의 문제를 해결하지는 못한다. 전 세계의 사람들이 다른 무엇보다도 우려하는 것은 한 나라, 미국이 형성하고 지배하는 세계에 살고 있다는 사실이다. 그들은 미국을 깊이 의심하고 두려워하기에 이르렀다."[65]

9·11 사태가 벌어진 뒤 세계적으로 미국에 엄청난 동정과 연대감이 몰려들었을 때 조지 부시는 질문했다. "왜 그들은 우리를 증오하는가?" 이 질문은 잘못된 것이었고, 올바른 질문은 제기된 적이 별로 없다. 하지만 1년이 지나자, 정부는 해답을 내놓는 데 성공했다. "부시 씨, 세계인들의 증오는 당신과 당신 친구들, 그리고 당신이 저지른 짓 때문이오. 만약 당신이 계속한다면, 당신이 불어넣었던 두려움과 증오는 당신이 굴복시킨 그 나라에까지 퍼질 것입니다." 이에 대한 증거는 아주 많다. 오사마 빈 라덴이 볼 때 이것은 꿈에도 생각하지 못하던 승리일 것이다.

고의적 무지

거대한 제국주의 전략에 깔려 있는 기본 가정은 명료하게 설명할 필요가 없다고 생각되었다. 아주 명백한 진실로 여겨지며, 워싱턴의 이상주의를 이끌어가는 원칙이기 때문이다. '지도자들을 만들고 그들에게 조언하는 우리 집단은 선량하고 고상하기까지 하다. 따라서 우리의 개입은 가끔 실행이 서툴러도, 그 의도는 정당하다.' 윌슨의 말을 빌리면, 우리는 "이상을 드높이고" "안정과 정의"에 헌신한다. 윌슨은 필리핀 정복을 정당화하면서 이렇게 썼다. "우리는 애타주의자지만 우리의 국익 또한 지켜나가야 한다. 다른 국가들은 멀찍이 떨어져서 우리의 행동을 지켜보기만 하고, 우리를 제지하려 해서는 안 된다."[66]

현대적으로 해석하면, '정책 논쟁이 벌어지는 매개변수를 규정하는' 확고한 지침이 있다. 우익과 좌익의 '극단주의자들'만 배제할 정도로 광범위하고, '사실상 도전을 허용하지 않을 정도로 위압적인' 합의에 따른 것이다. 그 원칙은 '**미국은 역사의 선봉**'이라는 것이다. "역사는 식별할 수 있는 방향과 목적지가 있다. 세계의 모든 국가 중에서도 독특하게 미국은 역사의 목적을 이해하고 그것을 실현한다." 따라서 미국의 패권은 역사의 목적을 실현하는 것이고, 그 실현은 자명한 이치인 공동선을 위한 것이다. 이에 대한 경험적 평가는 불필요하다. 윌슨의 이상주의에 뿌리를 두고 클린턴과 부시 2세까지 이어져온 대외 정책의 주요 원칙은 이렇다. "**역사의 선봉인 미국에게 부여된 지상 명령은 세계 질서를 바꾸고, 그 과정에서 미국의 지배를 영속화하는 것이다. 미국의 군사적 우위는 지배를 영속화하며 전 세계로 확대한다.**"[67]

역사의 목적을 독특하게 이해하고 표현하면서 미국은 다른 나라들이 이해하든 말든 모두를 위해 무엇이 최선인지 결정하는 지도국으로서 행동할 자격과 의무를 스스로에게 부여했다. 고귀한 선배이자 현재의 하급 동반자인 영국과 같이, 미국은 주저하지 않고 역사의 초월적인 목적을 실현해야 한다. 어리석고 화난 자들이 그 목적을 "지탄할지라도" 세계 지배의 선구자이던 영국이 그랬듯이 말이다.[68]

혹시 생겨날지 모르는 양심의 가책을 가라앉히려면, "신의 섭리가 미국인에게 〔세계 질서를 재편하도록〕 요구한다"는 주장을 떠올리는 것으로 충분하다. "최근 대통령 집무실의 모든 주인이 정당에 상관없이 윌슨주의 전통을 고수했다." 그들의 선배 대통령, 상대국 지도자들, 가장 심한 비방을 퍼붓는 적들도 무력 사용을 그런 이상론으로 위장했다.[69] 하지만 '안정과 정의'를 추구하는 '드높은 이상'과 '애타주의'가 강대국의 행동 동기임을 확신하려면, 우리는 '고의적인 무지'라는 입장을 받아들여야 한다. 그것은 1980년대 중앙아메리카의 끔찍한 만행을 비판한 사람이 붙인 표현이다. 그 만행의 배후는 다시 워싱턴의 실권을 잡은 정치가들이었다.[70] 고의적 무지라는 입장을 받아들이면, 우리는 최선의 의도에 따를 수밖에 없는 결함을 인정하면서 과거를 말끔히 정리할 수 있다. 뿐만 아니라, 더 최근에 인도주의적 개입의 새로운 기준이 수립된 만큼 심지어 미국의 대외 정책이 '거룩하게 빛나는 고상한 단계'로 진입했다고 둘러댈 수도 있다. 워싱턴의 "냉전 이후 개입은 모두, 고상하지만 마지못해 이루어진 것이었다. 고상하기 **때문에** 마지못해 한 것이었다"고 역사가 마이클 맨들바움Mandelbaum, Michael이 우리에게 확인해준다. 어쩌면 우리는 지나치게 거룩한지도 모른다. 즉 우리는 "대외 정책을 수립할 때 이상주의에 거의 배타적인 지위를 부여한다." 그래서 다른 나라들의 일에 헌신적으로 봉사하다 보니 우리의 정당한 이익도 챙기지 못했다고 여러 사람들이 경고한다.[71]

아무튼 유럽인들은 미국 지도자들의 독특한 이상주의를 이해하지 못했다. 자명한 이치인데, 어떻게 이럴 수 있을까? 외교 문제 전문가인 맥스 부트Boot, Max는 해답을 생각해냈다. 유럽은 "종종 탐욕에 빠졌고," "냉소적인 유럽인"은 미국의 대외 정책을 움직이는 "이상주의 경향"을 이해할 수 없다. "200년이 지나도 유럽은 여전히 미국을 움직이는 동인 動因이 무엇인지 간파하지 못한다." 고질병인 냉소주의를 앓고 있는 유럽인들은 워싱턴의 동기를 저열한 것으로 지레짐작하면서 고상한 모험에 열심히 동참하지 않는다. 존경받는 역사가이자 정치평론가인 로버트 케이건Kagan, Robert은 달리 설명한다. 유럽의 문제는 그들이 "편집광적이고 음모론적인 반미주의"에 "열병에 이를 정도"로 열중한다는 것인데, 하지만 다행히도 이탈리아의 베를루스코니 총리와 에스파냐의 아스나르 같은 몇몇 인물이 이런 광풍과 맞서 싸웠다.[72]

부트와 케이건은 자신들도 모르는 사이에 인도주의적 개입에 관한 존 스튜어트 밀의 고전적 에세이를 표절한다. 이 에세이에서 밀은 영국 정부에 기존의 계획, 특히 인도의 더 많은 지역에 대한 정복을 적극적으로 밀고 나가자고 주장했다. 밀의 설명에 따르면, 영국은 대륙에서 "지탄의 대상이 되겠지만" 이 고상한 임무를 추구해야 한다. 그렇게 함으로써 영국은 독점에 가까울 정도로 아편 생산을 늘렸고 인도에 치명타를 날렸다. 또한 폭력으로 중국 시장을 개방하고 엄청난 마약 밀매 사업으로 대영제국 체제를 더 광범위하게 유지하려 한 사실을 당시 영국에서는 누구나 알고 있었다. 하지만 이런 문제는 '지탄'의 사유가 될 수 없었다. 밀은 이렇게 썼다. 오히려 유럽인은 "우리에 대한 증오를 부추기고 있다." 그들은 영국이 진정으로 '세계의 참신한 존재', "남을 위해서"만 행동하는 주목할 만한 민족임을 이해하지 못하기 때문이다. 영국은 평화에 헌신적이지만, 만약 전쟁을 해야 할 필요가 있어서 "야만인에 대한 침략 전쟁을 성공시킨다면," 그것은 이기심 없이 대가를 치르면서, "승전의 열매를 형제처럼 동등하게 온 인류와 나누려는 것이다." 이런 나눔의 혜택은 정복당하고 파괴당한 야만인도 누리게 되는데, 이들이 당한 정복과 파괴도 다 이들을 위해서 이루어진 일이다. 밀의 생각에 따르면, 영국은 비길 데가 없을 정도로 완벽한 나라로서 "다른 나라를 희생해 자신의 이익을 추구하지 않을 뿐만 아니라" "침략적인 의도"가 없다. 영국의 정책은 "비난할 점이 없고 칭찬받을 만하다." 영국은 "반인도적 행위를 없애기 위해 힘을 쏟는 이상주의적인 신세계"의 19세기 판이었고, 순수한 애타주의에 의해 움직이고 오로지 최고의 "원칙과 가치"에 헌신했다. 하지만 유감스럽게도 냉정하고 편집광적인 유럽인들은 이런 정책을 크게 오해했다.[73] 영국이 제국의 통치 과정에서 최악의 범죄에 열중하던 바로 그 시점에, 영국을 이렇게 극도로 칭송하는 존 스튜어트 밀의 에세이가 집필되었다. 밀은 진정으로 명예로운 지식인인가, 아니면 영국의 끔찍한 범죄를 변호하는 후안무치한 자인가. 부트와 케이건이 마르크스의 말마따나 비극을 희극으로 재연하는 것을 보고 있노라면, 이런 사실들이 많은 생각을 불러일으킨다. 영국만 그런 것이 아니다. 유럽 대륙의 식민주의 기록은 훨씬 더 심하다는 것을 생각할 필요가 있고, 그런 식민 사업에 따르게 마련인 미사여구 역시 명예롭지 못하다. 프랑스가 알제리를 문명화하고 있다는 존 스튜어트 밀의 인정을 받았을 때도 그렇다. 프랑스 전쟁장관은 "원주민을 섬멸하겠다"고 선언했다.[74]

케이건의 '반미주의' 개념은 널리 퍼져 있는 것이지만 깊이 생각해볼 가치가 있다. 통상적인 개념으로 **반미주의**라는 용어와 그 변종인 '미국 혐오' 등은 국가정책을 비판하는 자들에게 붙이는 딱지다. 그들은 미국이라는 나라, 문화, 업적 등이 대단하다고 생각하고 지상에서 최고의 나라라고 존경하면서도 그런 비판을 해댄다는 것이다. 그들은 국가권력이 사회와 민중의 것이 되어야 한다는 암묵적 가정을 따르는 '반미주의자'

이고 '미국 혐오자'다. 이런 개념은 전체주의에서 빌려온 것이다. 옛 러시아제국에서, 반정부 인사들은 '반소련주의'라는 죄를 범한 것으로 인정되었다. 브라질 군사독재 정권을 비판한 사람들은 '반브라질주의자'라는 딱지가 붙을지도 모른다. 하지만 자유와 민주주의에 헌신하는 사람들 사이에서 이런 태도는 생각할 수 없다. 베를루스코니의 정책을 비판했다고 해서 '반이탈리아주의'로 기소된다면 로마나 밀라노에서는 웃음거리가 되지만, 어쩌면 무솔리니의 시대에는 통했던 얘기일 것이다.

어느 곳을 둘러보아도 폭력 행사와 드높은 이상주의가 짝을 짓지 않는 경우가 거의 없다는 사실을 기억해두는 것이 좋다. '윌슨주의 전통' 운운하는 이야기들은 고상함이 흘러넘치지만 그 수사적 의미가 아니라 실제 상황을 살펴보아야 한다. 그 예인 윌슨의 필리핀 정복 요구는 벌써 앞에서 언급했다. 윌슨은 대통령 재직 시절 아이티와 도미니카공화국에 개입해 두 나라를 폐허로 만들었다. 또는 수정주의 역사가 월터 레이피버LaFeber, Walter가 먼로 독트린에 대한 '윌슨의 결론'이라고 말한 것은 이렇게 번역될 수 있다. "미국의 국력을 등에 업고 미국 석유 회사만이 석유 개발권을 따내야 한다."[75]

자신의 악행을 미사여구로 장식하는 것은 최악의 독재자들도 마찬가지다. 1990년, 사담 후세인은 이라크-이란 전쟁에서 쿠웨이트를 보호한 뒤, 이라크의 망가진 경제를 위태롭게 하는 행동을 하면 보복할 수 있다고 쿠웨이트에 경고했다. 하지만 그는 세계를 상대로 "영구적인 전투가 아니라 영구적인 평화와…… 고귀한 삶"을 원한다고 다짐했다.[76] 1938년, 루스벨트 대통령의 절친한 친구 섬너 웰스Welles, Sumner는 영국이 나치와 맺은 뮌헨 협정을 칭찬하면서 "정의와 법에 입각한 새로운 세계 질서"를 가져올 것이라고 말했다. 그런데 나치는 회담 직후 체코슬로바키아의 일부를 점령함으로써 평화협정 따위는 아랑곳하지 않고 군사 프로젝트를 추진했다. 이때 히틀러는 이런 미사여구로 둘러댔다. 우리 나치는 "이 지역에 거주하는 여러 민족의 진정한 이익에 봉사하고, 독일인과 체코인의 민족성을 보호하고, 나아가 모든 사람의 평화와 사회복지를 도모하려는 열의가 가득하다." 실제로는 점령인데도 에티오피아의 "주민을 해방하겠다"는 무솔리니의 미사여구도 찬양을 받았다. 만주와 북부 중국을 정복하고 공산주의 "도당"에게서 합법적 정부를 지켜 고통받는 사람들을 위한 "지상 낙원"을 만들겠다는 일본의 목표도 마찬가지였다. "정치, 경제, 문화 분야에서" 일본, 만주, 중국의 "상호 협력"에 바탕을 둔 "동아시아의 영구적 안정," "공산주의에 대한 공동 방어," 그리고 삼국의 문화적·경제적·사회적 진보를 이룩하고자 1938년의 "신질서"를 확립하려는 일본의 "고귀한 책임감"보다 더 감동적인 미사여구는 찾아보기 어려울 것이다.[77]

전쟁이 끝나면 군사적 개입은 으레 '인도주의적' 행동이거나 정당방위라고 선언되고, 따라서 유엔헌장과 일치하는 것이라고 주장되었다. 예를 들어, 러시아의 잔인한 1956년 헝가리 침공에 대해 소련 법률가들은 정당한 군사 조치라고 변명했다. "민주적으로 선출된 정부를 전복할 목적으로 헝가리 내부에서 벌어지는 불온 활동과 무장 도당에 자금을 대주는 외부 세력을 막기 위해" 헝가리 정부가 초청해서 침공했기 때문이다. 몇 년 뒤 벌어진 미국의 남베트남 침공도 그와 유사한 경우다. 미국은 남베트남 사람들의 "내부 침략"과 "내부 공격"에 맞서 "집단 방어" 차원에서 침공했다. 이것은 애들라이 스티븐슨과 존 F. 케네디의 논평이다.[78]

우리는 이런 주장이 아무리 황당해도 부정직하다고 가정해서는 안 된다. 우리는 진상을 감추어야 할 이유가 없는 내부 문서에서도 이와 똑같은 수사修辭를 발견한다. 예를 들어, 스탈린 정부 외교관들의 다음 주장이 그렇다. "진정한 민주주의를 만들려면, 외부의 압력이 필요하다……. 우리는 망설이지 말고 다른 국가의 '국내 문제에 이런 개입'을 해야 한다……. 민주주의 정부는 지속적인 평화를 보장하는 주된 요인 중 하나이기 때문이다."[79]

다른 사람들도 이런 주장에 진정으로 동의하면서 이렇게 말한다.

> 우리는 현지 정부의 경찰 탄압을 망설여서는 안 된다. 이것은 부끄러운 일이 아니다. 공산주의자들은 본질적으로 독재자이기 때문이다……. 공산주의자들이 마음대로 침투하는 상황이 된다면, 자유 정부보다는 권력이 강한 정권이 들어서는 게 더 낫다.

이 경우, 조지 케넌은 라틴아메리카의 미국 대사들에게 "우리의 원자재를 보호하려는" 실용적 관심사를 따라야 한다고 요약 보고한다. 그것을 어디에서 찾아내든지 간에, 필요하다면 정복해서라도 국가의 오래된 법에 따라 우리의 고유한 "접근권"을 유지해야 한다는 것이다.[80] '강력한 정권'을 수립하고 유지하는 데 따르는 인간적 희생을 기억에서 지우려면, 대단한 고의적 무지와 권력에 대한 충성심이 반드시 필요하다. 같은 재능이 무력 사용을 정당화하기 위해 국가 안보에 호소하는 데도 필요하다. 하지만 역사적 문서 기록을 살펴보면 이런 평계는 어떤 국가에서도 지탱하기가 어려웠다.

몇 가지 사례에서 보듯이, 고상한 의도 뒤에는 가장 가혹하고 부끄러운 조치가 그림자처럼 따라다녔다. 정직하게 사태를 읽는 사람들은, 자기 시대의 세계를 종합한 토머스 제퍼슨의 세계관이 일반적인 원론이라는 것을 알아볼 것이다.

우리는 영국이 인류의 자유를 위해 싸운다는 것을 믿지 않는 것처럼 보나파르트가 해상 자유를 위해 싸운다는 것을 믿지 않는다. 싸움의 목적은 언제나 같다. 권력, 부, 다른 나라의 자원을 그들 자신에게 끌어들이려는 것이다.[81]

한 세기가 지난 뒤 우드로 윌슨의 국무장관이면서도 윌슨의 이상주의에 대한 환상을 지니고 있지 않았던 인물인 로버트 랜싱Lansing, Robert은 "수지맞는 사업을 약속하는 광산, 유전, 풍부한 곡창지대, 철도"가 있는데 "영국, 프랑스, 이탈리아가 어떻게 〔식민지에 대한 국제연맹의〕 위임 통치를 기꺼이 받아들일지" 의심하는 논평을 했다. '이타적인 정부'는 말로는 '인류를 위해' 위임 통치를 받아들여야 한다고 선언했다. 하지만 "그들은 메소포타미아, 시리아 등 자원이 풍부한 지역을 관리함으로써 제 몫을 챙길 것이다." 랜싱은 이런 허세의 바닥을 꿰뚫어보았기 때문에 "그것을 입 밖에 꺼내어 말하면 모욕이 되었다."[82]

다른 국가들이 고상한 의도를 선언할 때 미국은 그 뒤의 뻔한 속셈을 꿰뚫어보고 그 의도를 경멸했다. 하지만 정작 자기 자신이 고상한 의도를 말할 때는 다른 기준을 적용한다.

현대 국제 관계 이론의 창시자인 한스 모겐소는 역사상 지식인의 일반적인 자세가 "권력자에게 복종하는 순응주의"라고 비난했다. 모겐소의 주장을 받아들이면 국내의 정계 지도층을 선택적으로 믿게 된다.[83] 고상한 의도의 선언을 예측할 수 있고, 그들이 사용하는 전문 용어가 쓰이는 겉모양만 봐서는 아무런 정보도 얻을 수 없다는 사실을 인식하는 것은 중요하다. 세계를 이해하는 데 진지한 관심을 기울이는 사람들은 자기 나라의 정치적, 지적 엘리트에 대해서든 적국의 엘리트에 대해서든 똑같은 기준을 적용하려고 할 것이다. 하지만 실제로 이런 기본적인 합리성과 정직성이 얼마나 적용될 수 있을지 의심스럽다.

　일부 지식층은 권력에 굴복하는 일반적 태도에서 벗어나기도 한다. 현재 가장 중요한 사례는 미국의 군사원조로 가혹하고 억압적인 정권을 유지했던 두 나라에서 발견된다. 터키와 콜롬비아다. 터키에서는 저명한 작가, 언론인, 학자, 출판사 등등이 만행과 가혹한 법률에 대해 항의할 뿐만 아니라, 처벌을 받을 위험을 무릅쓰고 때때로 고초를 겪으면서도 지속적으로 시민 불복종운동을 벌인다. 콜롬비아에서는 용감한 사제, 학자, 인권 단체, 노조 활동가, 그 밖의 여러 사람들이 세계의 가장 폭력적인 국가에서 줄곧 암살의 위협을 받으면서도 시민운동을 벌이고 있다.[84] 그들의 행동 앞에서 서구 지식인들은 겸손히 부끄러워함이 마땅하다. 현행 범죄에 크게 기여하는 고의적 무지가 진실을 은폐하지 않는다면, 마땅히 그렇게 될 것이다.

18

《실패한 국가》의 후기

이 글(원제 Afterword to Failed States)은 《실패한 국가: 권력 남용과 민주주의 유린 *Failed States: The Abuse of Power and the Assault on Democracy*》(New York : Metropolitan Books, 2006; New York : Owl Books, 2007; 한국어판 : 강주헌 옮김, 《촘스키, 실패한 국가, 미국을 말하다》, 황금나침반, 2007), 251∼263쪽에 처음 실렸다.

역사를 아는 사람이라면 다음과 같은 사실에 별로 놀라워하지 않는다. 미국에서, 고통받는 세계에 민주주의를 전하겠다는 구세주적 사명의 선언은 민주주의의 결함이 점점 늘어나는 것과 함께 나온다. 권력 체계에서 선언한 고상한 의도가 100퍼센트 날조라고는 할 수 없는데, 이 경우에도 마찬가지다. 어떤 조건에서는, 민주주의의 형태들이 실제로 허용될 수 있다. '민주주의 촉진'을 옹호하는 뛰어난 학자가 결론짓듯이, 우리는 '강력한 연속선'을 발견한다. 다시 말해, 토머스 캐러더스 Carothers, Thomas(변호사 출신으로, 국제적으로 민주주의를 전파한다는 미국의 대외 정책 수행을 지지해온 국제 문제 전문가. 카네기 국제평화기금의 연구 부이사장이다_옮긴이)의 말대로 어떤 나라의 민주주의가 미국의 전략적·경제적 이해관계와 **일치할 때만** 그 민주주의를 인정할 수 있다는 것이다. 이 원리는 약간 수정된 형태로 미국 국내에서도 유효하다.

정책 입안자가 직면하는 근본적 딜레마는 때때로 정치 스펙트럼 중 자유주의 온건파가 솔직하게 인식한다. 카터 대통령의 라틴아메리카 담당 국가 안보 보좌관이었던 로버트 패스터Pastor, Robert가 그런 경우다.

패스터는 미국 정부가 니카라과의 잔인한 소모사 부패 정권을 지지해야 했던 이유, 그리고 미국이 훈련시킨 니카라과의 국가 방위군이 "으레 적에게 저지르는 만행으로" 약 4만 명에 이르는 국민을 학살했는데도 그 군대를 계속 유지하려고 했던 이유를 해명했다. 그 이유는 익숙한 것이었다. "미국은 니카라과나 그 지역의 다른 국가를 통제하고 싶지 않지만 동시에 통제할 수 없는 상황도 원하지 않았다. 우리는 니카라과 사람들이 미국의 이해관계를 거스르지 않는 **한에서만** 독자적으로 행동하기를 원했다."[1]

비슷한 딜레마가 이라크를 침공한 뒤에도 발생했다. 부시 정부의 정책 입안자들은 이라크 사람들이 "미국의 이해관계를 거스르지 않는 한에서만 독자적으로 행동하기를 원했다." 따라서 이라크는 일정한 한계 내에서만 민주적 주권국이 될 수 있었다. 이라크는 중앙아메리카의 전통적인 방식에 따라, 순종적인 피보호 국가로 세워져야 마땅했다. 일반적으로 이런 패턴은 아주 낯익은 것이고, 극단적인 제도적 구조로까지 발전했다. 크렘린은 철권을 휘두르면서 동유럽 현지의 정치·군사 집단이 운영하는 위성국가를 유지할 수 있었다. 독일은 전시에 점령지 유럽에서 그런 행동을 했고, 파시스트 일본은 만주에서 그랬다. 파시스트 이탈리아는 북아프리카에서 대학살을 저지르면서도 서구에 좋은 인상을 심고 히틀러에게 영감을 불어넣었다. 전통적이고 제국주의적이고 신식민주의적인 체제들은 비슷한 주제를 약간씩 변주한 것에 지나지 않는다.[2]

이라크에서 전통적인 목표를 달성하는 것은 여러 면에서 유리한 상황임에도 놀라울 정도로 어려웠다. 침공한 지 얼마 안 되어, 이라크 독립과 미국의 철저한 통제를 조합해야 하는 문제가 노골적으로 드러났다. 침략자들은 이라크 대중의 비폭력 저항 때문에 예상했던 것보다 훨썬 더 큰 이라크의 주도권을 인정할 수밖에 없었다. 그런 결과는 민주적 주권국인 이라크가 이란, 시아파 이라크, 어쩌면 사우디아라비아 인근의 시아파들로 구성된 느슨한 시아파 동맹에 참여할지도 모른다는 걱정스러운 전망을 자아냈다. 그들은 세계 원유의 대부분을 통제할 뿐만 아니라 워싱턴으로부터 독립되어 있었다.

상황은 더 악화될 수 있다. 이란은 유럽이 미국으로부터 독립할 수 있다는 희망을 접고 동쪽으로 방향을 틀지도 모른다. 이 주제의 전문가인 셀리그 해리슨은 그 배경을 다음과 같이 말한다. "이란과 유럽 연맹 사이의 핵 협상은 어떤 조건에 바탕을 둔 것인데, EU가 미국에 눌려서 그 조건을 지키지 못하고 있다." 그 조건은 이란이 우라늄 농축을 보류하면 EU가 이란의 안전을 보장해준다는 것이었다. 공동 선언의 문구는 명확했다. 그 발표에 따르면, "'상호 수용 가능한 협정'에서는 이란의 핵 계획이 '오로지 평화적 목적'을 위한 것임을 '객관적으로 보증'하고, '마찬가지로 안보 문제에 관해 확고한 약속을 제공'하기로 되어 있다."[3]

'안보 문제'라는 문구는 미국과 이스라엘이 이란을 폭격하거나 그럴 태세가 되어 있는 상황을 간접적으로 가리키는 표현이다. 이란이 제시하는 선례는 이스라엘이 1981년 이라크의 오시라크 원자로를 폭격한 사실이다. 그것은 사담의 핵무기 개발 계획을 촉발한 사건으로서, 폭력은 폭력을 낳는다는 것을 보여주는 또 다른 사례다. 이란에 대해 비슷한 계획을 실행하려는 어떤 시도도 곧 폭력으로 이어질 수 있고, 이것은 워싱턴에서도 잘 알고 있다. 영향력 있는 시아파 성직자 무끄타다 알사드르al-Sadr, Muqtada는 테헤란을 방문하던 중 만약 이란이 공격당할 경우에는 자신의 민병대가 이란을 지킬 것이라고 경고했다. 《워싱턴포스트》는 다음과 같이 보도했다. "서구와 이란의 분쟁에서 이라크는 전쟁터로 바뀌고, 이라크 시아파 민병대, 어쩌면 미국이 훈련시킨 시아파가 지배하는 군대의 망령이 일어나 이란에 동조해서 미군을 상대로 싸울 수도 있다." 2005년 12월 선거에서 상당한 성과를 거둔 알사드르 진영은 곧 이라크 최대의 단일 정치 세력이 되었다. 팔레스타인의 하마스Hamas와 같이 성공적인 이슬람 집단이 되기를 의식적으로 추구하면서, 군사적 점령에 대한 강력한 저항 의지와 풀뿌리 사회단체, 그리고 가난한 사람들에 대한 봉사를 한데 통합했다.[4]

지역 안보 문제를 무시하려는 워싱턴의 의지는 새로운 게 아니다. 그런 의지는 이라크와 대결하는 국면에서 거듭 천명되었다. 갈등의 배경에는 이스라엘의 핵무기 문제가 깔려 있는데, 이 문제는 워싱턴이 국제적 고려 사항으로 금지하는 주제다. 그 밖에도 해리슨이 "세계적 핵 확산 방지 체제가 직면한 핵심 문제"라고 설명하는 사항이 숨어 있다. 핵무기 보유 국가들이 자국의 핵무기를 단계적으로 감축해야 하는 NPT (핵확산방지조약)를 준수하지 않는 것이다. 그리고 워싱턴은 의무 사항을 공식 거부했다.[5]

유럽과 달리 중국은 워싱턴의 위협에 겁먹지 않는다. 이것은 미국의 정책 입안자 쪽에서 점점 중국을 두려워하게 된 주된 이유다. 이란 원유는 대량으로 중국에 건너가고 중국은 이란에 무기를 공급하는데, 아마 이런 관계가 미국의 위협에 대한 억지력으로 여겨진다. 워싱턴에 더욱더 불편한 것은 "중국-사우디 관계가 극적으로 발전한" 사실이다. 이들의 관계 개선 내용에는 중국의 사우디아라비아 군사원조와 가스 개발권이 포함되어 있다. 2005년 무렵 사우디아라비아는 중국의 원유 수입량 중 약 17퍼센트를 공급했다. 중국과 사우디 회사들은 엑손모빌이 합작에 참여한 대규모 정유 공장 건설과 시추 계약에 서명했다. 압둘라 사우디 국왕이 2006년 1월 베이징에 방문했을 때는 "양국이 원유, 천연가스, 광물에 대한 투자와 협력을 늘리기로" 하는 중-사우디 양해각서의 체

결이 예정되어 있었다.[6]

인도의 시사 분석가 아이자즈 아마드Ahmad, Aijaz는 이렇게 평했다. "앞으로 10년쯤 지나 중국과 러시아가 서구의 세계 에너지 공급 통제를 막고 아시아의 대대적인 산업 발전을 확보하기 위해 절대적으로 필요한 아시아 에너지 안보망을 추진할 때, 이란이 사실상의 핵심 국가로 등장할 수 있다." 남한과 동남아 국가들이 여기에 동참할 것이고, 아마 일본도 마찬가지일 것이다. 결정적인 의문은 인도가 어떻게 할 것인가다. 인도는 이란과 송유관 거래를 그만두라는 미국의 압력을 거부했다. 한편 인도는 미국, 유럽과 함께 IAEA의 반이란 결의안에 투표함으로써 그들의 위선적 행위에 동참했다. 인도는 이란이 지금까지 대체로 순응해온 NPT 체제를 거부하기 때문이다. 아마드는 인도가 200억 달러 상당의 가스 거래를 중지하겠다는 이란의 위협을 받고서 은밀하게 태도를 바꾸었다고 전했다. 워싱턴은 만약 인도가 미국의 요구를 따르지 않는다면 "미국과 핵 거래가 끊어질 수 있다"고 경고했다. 그러자 인도 외무부는 날카로운 응수를 했고 미국 대사관은 경고를 완화하는 회피적인 태도를 취했다.[7]

인도에도 선택권이 있다. 미국의 우방국이 되거나, 점차 구체화되고 있는 독자적인 아시아권에 합류해 중동의 원유 생산국과 유대를 강화할수도 있다. 《힌두Hindu》의 부편집장은 일련의 시사 정보 논평에서 이렇게 평가한다. "만약 21세기가 '아시아의 세기'가 된다면, 에너지 분야에서 아시아의 수동성은 끝나야 한다." 아시아는 "세계 최대의 에너지 생산자인 동시에 가장 빨리 성장하는 소비자 노릇을 하고 있지만" 여전히 "거래를 위해서는 〔제국주의 시대의 나쁜 유산인〕 외부의 기구, 무역 구조, 군사력"에 의존하고 있다. 문제 해결의 열쇠는 인도-중국의 협력에 달려 있다. 그는 이렇게 시적한다. 2005년에 인도와 중국은 "제3국에서 원유와 가스 자원을 확보하기 위해 호언장담하던 경쟁 관계를 끝내고, 세계 에너지 시장의 기본적 역학 구도를 바꿀 수 있는 초기 협력 관계로 전환했다. 이 변화는 세계 각국의 분석가들을 당황케 했다." 2006년 1월 베이징에서 체결한 협정은 "인도와 중국이 기술 협력뿐만 아니라 탄화수소 개발과 생산, 궁극적으로는 세계의 원유 및 천연가스 분야에서 기본 등식을 바꿀 수 있는 제휴 관계로 나아가는 협력의 길을 닦았다." 몇 달 전 인도는 뉴델리에서 열린 아시아 에너지 생산국과 소비국 회담에서 "224억 달러 규모의 야심적인 범아시아 가스 및 원유 안전 송유관 설비망 계획을 밝혔다." 이 설비망은 시베리아 벌판에서 중앙아시아를 거쳐 중동의 에너지 대국까지 이어지며, 소비 국가들까지 통합하는 것이다. 게다가 아시아 국가들은 "2조 달러 이상 엄청난 외환 보유고가 있"지만 달러가 대부분이기 때문에 통화의 다양화를 꾀해야 한다. 벌써 구상에 들어간 첫 번째 단계는 아시아 원유 시장에서 유로화로 거래하는 것이다. 유로화 거래가 국제 금융 체계와 세계 권력 균형에 미치는 영향이 클 수 있다. 《힌두》의 부편집장은 계속 논평한다. 미국은 "인도를 떠오르는 아시아권의 가장 취약한 고리로 보고," "세계 최강대국의 우방국 지위와 핵무기 당근을 흔들어대면서, 새로운 지역 구도 창설 움직임으로부터 뉴델리를 멀리 떼어놓으려고 한다." 그는 이렇게 경고한다. 만약 아시아 프로젝트가 성공하려면, "인도가 이런 유혹에 넘어가지 않도록 저항해야 할 것이다." 과거 소련에 속했던 중앙아시아로 진출하려는 미국의 세력 확장을 견제하기 위해 러시아-중국에 기반을 둔 조직으로서 2001년에 결성된 상하이 협력기구에 대해서도 비슷한 의문이 제기된다. 지금 그것은 "신속하게 지역 안보 집단으로 발전해 곧 인도·파키스탄·이란과 같은 새로운 회원국을 가입시킬 수 있고", 모스크바 특파원 프레드 위어Weir, Fred가 보도하듯이, 어쩌면 "나토와 경쟁하는 유라시

아 군사동맹"이 될 수도 있다.[8]

2차 세계대전 이후 미국 정책 입안자들은 유럽과 아시아가 훨씬 더 독자적으로 움직일지 모른다는 전망 때문에 몹시 고민했다. 새로운 남-남 상호작용(남반구 국가들 간의 협력과 상호 영향력 증진_옮긴이)과 더불어 EU와 중국의 협력이 급속히 강화되면서 삼각 질서가 계속 발전하자 그들의 우려가 더 커졌다.[9]

미국 정보부는 미국이 전통적인 이유 때문에 중동 원유를 통제하면서도 앞으로 더 안정적인 서아프리카, 서반구 등 대서양 분지 자원에 주로 의존하게 될 것이라고 내다보았다. 이제 중동 원유 통제는 확고하지 않고, 서반구 의존 계획은 서반구의 독자적 발전으로 위협받고 있다. 미국을 세계 무대에서 상당히 고립시킨 부시 정부의 정책은 그런 추세를 가속화했다. 부시 정부는 심지어 캐나다와도 멀어졌다. 조엘 브린클리 Brinkley, Joel의 보도에 따르면, 캐나다와 미국의 관계는 워싱턴이 캐나다에 유리한 NAFTA 체결을 거부한 결과, 예전보다 '긴장과 대립'이 고조되었다. "그 결과의 일부로 캐나다는 중국과의 관계를 열심히 구축하고 있으며, 어떤 공직자는 캐나다가 무역의 중요한 부분, 특히 원유를 미국에서 중국으로 옮긴다고 얘기한다." 캐나다의 천연자원부 장관은 몇 년이 지나면 캐나다가 지금 미국으로 보내는 원유의 4분의 1이 중국으로 갈 것이라고 말했다. 워싱턴의 에너지 정책을 더욱더 강타하는 사례로 서반구의 주요 원유 수출국인 베네수엘라가 있다. 이 나라는 라틴아메리카 국가 중에서 중국과 가장 가까운 관계를 맺었고, 내놓고 적대적인 미국 정부에 대한 의존도를 줄이려는 노력의 일환으로 중국에 판매하는 원유의 양을 늘릴 계획이다. 전체 라틴아메리카와 중국의 무역 및 여러 관계는 어느 정도 후퇴한 부분도 있지만 대개 확대되는 추세이며, 특히 브라질과 칠레 등 원자재 수출국과 중국의 관계가 그렇다.[10]

한편 쿠바–베네수엘라 관계는 양국이 비교 우위에 의존하면서 대단히 밀접해지고 있다. 베네수엘라가 저가의 원유를 공급하는 대가로 쿠바는 문맹 퇴치 및 보건 프로그램을 제공하며 수천 명에 이르는 숙련된 교사·의사·전문가를 보냈으며, 그들은 제3세계에서 그랬듯이, 가장 소외된 극빈 지역에서 근무했다. 쿠바–베네수엘라 프로젝트가 카리브 해의 국가들로 확대되어 쿠바 의사들은 베네수엘라 자금으로 수많은 사람들의 건강을 돌보고 있다. 쿠바 주재 자메이카 대사는 이른바 '기적의 작전'이 '통합과 남–남 협력의 사례'로서, 대다수 빈민들에게 큰 열광을 일으키고 있다고 설명한다. 쿠바 의사들의 협조는 다른 곳에서도 환영받고 있다. 최근의 가장 끔찍한 비극은 2005년 10월 파키스탄의 지진이었다. 엄청난 수의 사망자가 있었고 몇 명인지조차 알 수 없는 생존자들은 피신처, 음식, 의학적 도움도 없이 가혹한 겨울 날씨를 맞이해야 했다. 사람들은 동남아 신문을 펼쳐들고 이런 기사를 읽을 수 있었다. "쿠바는 〔어쩌면 베네수엘라의 자금으로〕 모든 비용을 부담하면서 최대 규모의 의료진과 구급 요원들을 파키스탄으로 보냈고," 무샤라프Musharraf 대통령은 쿠바 의료진의 "의로운 선의"에 "깊은 감사"를 표시했다. 의료단은 훈련된 인원 1000여 명으로 이루어졌고 그들 중 44퍼센트는 여성이라고 보도되었다. 그들은 오지의 산악 마을에 남아 서구의 응급 구조팀이 철수한 뒤에도 "얼어붙는 추운 날씨와 낯선 문화 속에서 천막을 치고 지내며," 열아홉 곳에 야전병원을 세우고 열두 시간 교대로 일했다.[11]

어떤 분석가들은 쿠바와 베네수엘라가 통합해 미국으로부터 독립된 라틴아메리카 통합으로 나아갈지 모른다고 생각했다. 베네수엘라는 메르코수르Mercosur, 즉 남미 공동 시장에 가입했는데, 네스토르 키르치네르Kirchner, Néstor 아르헨티나 대통령은 그것이 이 무역 블록의 발전에 한 '이정표'가 된다고 설명했다. 루이스 이나시우 룰라 다 시우바da

Silva, Luiz Inácio Lula 브라질 대통령은 베네수엘라의 가입이 '통합의 새로운 장'을 열었다고 환영했다. 독립적으로 활동하는 전문가들은 "베네수엘라의 블록 가입이 결과적으로 메르코수르를 그 지역의 나머지 국가로 확산하는 지정학적 전망을 촉진할 것"이라고 말한다. 베네수엘라의 메르코수르 가입을 기념하는 회담에서 차베스Chávez 베네수엘라 대통령은 이렇게 말했다. "우리는 이것을 단지 경제적인 프로젝트로 만들어서는 안 됩니다. 엘리트와 다국적기업을 위한 프로젝트라면 사양합니다." 그것은 미국이 후원하는 '미국을 위한 자유무역협정FTA'을 노골적으로 가리킨 것이었다. 그동안 FTA는 남아메리카 민중의 강력한 반발을 샀다. 또한 베네수엘라는 아르헨티나가 에너지 위기를 넘기도록 연료 기름을 공급했고, 2005년에 발행된 아르헨티나 국채의 약 3분의 1을 매입했다. 그것은 20년 동안 IMF의 통치에 따라 비참한 결과를 겪은 뒤에 미국이 지배하는 IMF에서 벗어나려는 지역 공동의 노력 중 하나였다. 키르치네르 대통령은 IMF에서 영원히 벗어나기 위해 약 1조 달러를 상환한다는 결정을 발표하면서 이렇게 말했다. "IMF는 아르헨티나 사람들에게 빈곤과 고통을 가져다준 정책들의 전달자이자 판촉업자였습니다." 아르헨티나는 과감하게 IMF의 규정을 어김으로써 IMF 정책이 남긴 재난에서 상당히 회복했다.[12]

독자적인 지역 통합은 2005년 12월 볼리비아 대선에서 에보 모랄레스Morales, Evo 선출로 한 단계 더 진전했는데, 그는 원주민의 과반수 투표로 뽑힌 최초의 대통령이었다. 모랄레스는 곧 베네수엘라와 에너지 협력을 위해 움직였다. 《파이낸셜타임스》의 보도에 따르면, 이런 조치는 가스 매장량이 엄청난 "볼리비아의 경제 및 에너지 분야에서 곧 착수될 근본적 개혁을 떠받칠 것"이다. 현재 볼리비아의 매장량은 남아메리카에서 베네수엘라 다음이다. 또한 모랄레스는 볼리비아가 지난 25년 동안 적극적으로 추구한 신자유주의 정책을 바꾸기 위해 애썼다. 신자유주의 정책은 볼리비아의 1인당 국민소득을 25년 전보다 낮춰놓았다. 그동안 고수되어온 신자유주의 정책이 중단된 것은 세계은행이 물 공급을 민영화해 "가격을 정상화하라"고 조언했을 때, 다시 말해 빈민의 물 접근을 막았을 때였다. 민중의 불만이 폭발해 정부가 계획을 중단할 수밖에 없었다.[13]

워싱턴의 표현을 빌리면 베네수엘라의 '전복' 계획은 미국에까지 확대되었다. 이에 맞서 부시는 2005년 3월 베네수엘라 '봉쇄' 정책을 확대하자고 요구했다. 2005년 11월 《워싱턴포스트》는 일단의 상원의원들이 "9대 정유회사에 편지를 보냈다"고 보도했다. 그 편지의 내용은 이랬다. "겨울 난방비가 큰 폭으로 늘어날 것으로 예상되기 때문에 우리는 저소득층이 그 비용을 감당할 수 있도록 여러분이 정유회사의 기록적인 이익 중 일부를 기부하기를 바랍니다." 그들은 한 정유회사로부터 답을 받았다. 베네수엘라가 통제하는 회사인 CITGO였다. CITGO는 저렴한 기름을 보스턴의 저소득층 주민에게 공급하고, 나중에는 다른 지역에도 공급하겠다고 제안했다. 국무부는 차베스가 '정치적 이득'을 위해 그런 것이라고 논평했다. 그것은 "쿠바 정부가 쿠바 의과 대학에 다니는 미국의 불우한 청년에게 장학금을 주는 것과 약간 비슷하다." 하지만 이것은 미국과 여러 나라의 조건부 원조와는 사뭇 다르게 순수한 애타주의에서 우러나온 것이다. "[CITGO가 보낸] 지역 봉사단체와 매사추세츠의 저소득층 4만 5000가구에 공급된 1200만 갤런의 할인된 가정용 난방유"를 공급받은 사람들이 그 미묘한 차이를 알아챘는지는 불분명하다. 기름을 "노숙자 쉼터, 푸드뱅크, 저소득 가정"에 나눠준 비영리단체의 책임자에 따르면, 기름 값이 30~50퍼센트까지 급등한 상황에서 연료 보조도 "한심할 정도로 적게 받기에, [빈민에게 분배된 기름은] 이런 도움이 없었다면 겨울을 지내지 못했을 사람들에게 대단한 활력소였다." 그는 또한 "이번 일이 최근에 기록적인 분기 이익을 올렸다는 미국 정유회사들에게, 초과 이윤을 나누어 가난한 가정들이 겨울을 나는 것을 돕도록 자극하는 '선의의 도전'이 될 것으로 기대한다고 말했"지만 그런 기대는 분명히 허사로 돌아갔다.[14]

중앙아메리카는 주로 레이건식 폭력과 테러에 길들여졌다. 하지만 서반구의 나머지 국가들, 특히 베네수엘라에서 아르헨티나에 이르기까지 여러 나라들은 미국의 통제에서 탈출하고 있다. 이들은 IMF와 미 재무부가 부과한 정책 아래 자기네 경제가 붕괴할 때까지 두 기관의 홍보 모델 노릇을 했다. 이제 많은 지역에 중도 좌파 정부가 들어섰다. 원주민들은 주요 에너지 생산국인 볼리비아와 에콰도르에서 훨씬 더 강력한 영향력을 발휘하기 시작했고, 원유와 가스를 국내에서 통제하기를 원했으며, 어떤 경우에는 아예 생산을 반대하기도 했다. 수많은 중남미 원주민들은 뉴욕 시민들이 SUV를 타고서 교통 체증을 일으키는 것을 돕기 위해 서반구의 생활, 사회, 문화를 망가뜨리거나 파괴해야 하는 이유를 알지 못한다. 어떤 사람들은 심지어 남아메리카에 '인디언 국가'를 세우자고 한다. 한편 서반구에서 진행 중인 경제 통합은 에스파냐 정복 시대까지 거슬러 올라가는 지배의 유형을 바꾸고 있다. 에스파냐 통치 당시 라틴아메리카 엘리트와 경제는 에스파냐 제국의 힘에 연결되어 있었지만, 각 식민지의 엘리트와 경제는 서로 연관되지 않았다. 더 넓은 규모로 남-남 상호작용이 자라나 익살맞게 '반反세계화'라고 부르는, 전례 없이 국제적으로 세계 정의를 추구하는 운동이 등장했고 그에 발맞추어 민중 조직들이 사태 진전에 강력한 영향력을 발휘했다. 그들은 투자자와 경제기구가 아니라 민중의 이해관계를 우선시하는 세계화를 선호했다. 이런 여러 가지 이유 때문에 미국의 세계 지배 체제는 취약한 상태에 놓여 있다. 부시의 정책 입안자들이 입힌 피해를 별도로 치더라도 말이다.

한 가지 결과는, 민주주의를 막으려는 부시 정부의 전통적 정책이 새로운 장애에 부딪치게 되었다는 것이다. 부시 정책 입안자들이 2002년 베네수엘라 사태로 알게 되었듯이, 민주적으로 선출된 정부를 전복하기 위해 군사 쿠데타와 국제 테러를 구사하는 일이 예전처럼 쉽지는 않다. '강력한 연속선'은 이제 달리 추구되어야 한다. 우리가 이미 보았듯이, 워싱턴과 런던은 이라크에서 그토록 피하고 싶어 했던 선거를 대규모 비폭력 저항 때문에 허용할 수밖에 없었다. 미 행정부가 선호하는 후보가 유리하게 선거 결과를 조작하고, 독립 언론을 폐쇄하려는 추가 노력은 실패로 돌아갔다. 워싱턴은 추가적인 문제에 직면했다. 미 점령 당국의 반대에도 이라크의 노동운동은 상당히 발전하고 있다. 2차 세계대전 후 유럽 및 일본의 상황과 비슷하다. 당시 미국과 영국의 주요 목표는 국내에서와 마찬가지로 해외에서도 독자적인 노동운동을 막는 것이었다. 조직된 노동은 본질적으로 민중이 참여하는 민주주의를 활성화하는 데 이바지하기 때문이다. 당시 채택된 많은 조치들, 즉 식량 배급을 통제하고 파시스트 경찰을 후원하는 방법은 이제 써먹을 수가 없다. 오늘날 노동조합의 기반을 무너뜨리기 위해 AIFLD*의 노동 관료제에 의존할 수도 없다. 현재 미국의 일부 노동조합은 콜롬비아와 이라크의 노동

---

* AIFLD는 미국자유노동발전연구소American Institute for Free Labor Development의 약자다. 미국 최대의 노동자 조직인 미국노동총동맹·산업별조합회의(AFL-CIO)가 미 정부의 지원을 받아 1962년 설립했다. 주로 미국국제개발처United States Agency for International Development(USAID : 미국의 이른바 대외 원조 기구) 예산을 받아, 라틴아메리카의 노조 지도자들을 교육, 훈련하여 노동운동에 대한 좌파(공산주의, 카스트로주의)의 영향력을 꺾고 사실상 독립적인 노동운동을 저해하려는 활동을 했다. _편집자(위키백과, 소스워치www.sourcewatch.org 참조)

자들을 지원하고 있다. 콜롬비아는 세계 어느 곳보다 많은 노조 활동가들이 살해되는 나라다. 적어도 이라크의 노동조합은 이제 미국철강노동조합과 여러 노조의 후원을 받고 있다. 그러나 워싱턴은 계속 엄청난 자금을 이라크 정부에 제공하며 노조 탄압을 지원하고 있다.[15]

팔레스타인의 선거는 이라크 못지않게 심각한 문제다. 앞에서 논의했듯이, 부시 정부는 엉뚱한 사람이 뽑힐 것을 예상해 야세르 아라파트가 사망할 때까지 선거를 허용하지 않았다. 그가 세상을 떠난 뒤, 미 행정부는 자신들이 선호하는 팔레스타인 당국의 후보가 승리할 것으로 기대하고 선거에 동의했다. 자신들이 원하는 결과를 얻기 위해 워싱턴은 이라크에서 한 것과 똑같은 형태의 선거 조작에 의존했는데 이런 행태는 전에도 흔히 있었다. 워싱턴은 미국국제개발처(USAID)를 '보이지 않는 도관導管'으로 사용해 "중대한 선거 전야에 팔레스타인 당국의 인기를 높이려고" 애썼다. "팔레스타인 여당은 과격한 이슬람 집단 하마스의 심각한 도전을 맞이해, 집권당인 파타Fattah당의 이미지를 높이기 위해 투표 일주일 전 10여 건의 긴급 공사비로" 약 200만 달러를 지출했다. 미국이나 서방 국가에서라면 이런 외국의 간섭을 조금만 인정해도 그 후보가 탈락하겠지만, 제국주의 지배가 내면에 뿌리 깊이 박힌 지역의 사람들은 이런 조치를 예사롭게 본다. 그러나 선거를 조작하려는 시도는 거듭 크게 실패했다.[16]

미국과 이스라엘 정부는 이제 이슬람 급진파 정당과 협상하는 데 적응해야 하는데, 이 당은 전통적인 거부 입장에 가까워도 철저히 거부하는 입장은 아니다. 하마스가 정말로 그 지도자들이 말하는 대로 국제적 국경에 대해 무제한 휴전에 동의할 생각이라면 말이다. 오히려 미국과 이스라엘은 이스라엘이 요르단 강 서안의 상당한 지역과 잊힌 골란 고원을 가져야 한다고 주장하고 있다. 하마스가 이스라엘의 '생존권'을 받아들이지 않는 것은 워싱턴과 예루살렘이 팔레스타인의 '생존권'을 거부하는 것과 마찬가지다. 이런 인식은 국제 관계에서 좀 생소하다. 멕시코는 미국의 생존권을 받아들이지만, 미국이 힘으로 정복해 획득한 멕시코 절반 땅에서의 추상적인 '생존권'까지 인정하지는 않는다. "이스라엘을 파괴하겠다"는 하마스의 공식적인 입장은 미국과 이스라엘의 입장과 같은 것이다. 앞에서 살펴본 것처럼 미국과 이스라엘은 지난 몇 년 동안 극단적인 거부 입장을 일부 완화하기 전까지 '추가적인 팔레스타인 국가'는 있을 수 없다고 공식적으로 선언했다. 하마스가 유대인들을 향해 현재 이스라엘의 여기저기에 뿔뿔이 흩어져 살아가라고 요구한다 해도 그리 놀랄 만한 일은 못 된다(그러나 하마스는 그렇게 요구하지 않는다). 만약 팔레스타인이 효과적으로 이스라엘을 패주시켜 발전하지 못하는 지역으로 만들고, 유대인들이 예루살렘의 작은 지역 및 서로 떨어져 있는 지역에서 흩어져 살아가게 해놓고는, 다른 한편으로는 이스라엘의 귀중한 땅과 자원을 점령해 거대한 정착촌과 사회기반시설을 건설한다면 유대인들은 어떤 심정일까? 또 유대인들에게 그런 조각난 지역들을 '국가'라고 부르게 한다면, 유대인들이 과연 동의할까? 이런 제안은 사실상 나치 체제를 재탕하는 것으로 많은 생각을 하게 만든다. 만약 하마스가 이런 제안을 내놓는다면, 그것은 지난 5년 동안 미국과 이스라엘이 취한 입장과 같은 것이 된다. 두 나라는 팔레스타인에 엉성한 형태의 '국가'를 설정해놓고는 그것을 실제로 팔레스타인에 강요한 것이다. 하마스를 과격한 극단주의자, 평화와 정치적 안정을 심각하게 위협하는 폭력 조직이라고 말하는 것은 타당하다. 하지만 지금 같은 상황에 그렇게 행동하지 않을 조직은 거의 없다.

민주주의의 기반을 무너뜨리려는 전통적인 수단은 그 밖의 어디서나 성공했다. 부시 정부가 총애하던 '민주주의 구축 집단, 국제공화주의연구소International Republican Institute'는 원조가 절실한 아이티에 대한 원조를 이상한 핑계를 들이대며 억제하면서 아리스티드Aristide 대통령에 대한 반대를 부추기는 활동을 벌였다. 하지만 아리스티드가 민의가 충실하게 반영되는 진정한 선거에서 승리할 것으로 보이자, 적대자들과 워싱턴은 선거를 취소하기로 결정했다. 이것은 엉뚱한 방향으로 진행되는 선거를 방해하는 전형적 수법이다. 1984년의 니카라과와 2005년 12월의 베네수엘라 대표적 사례다. 선출된 정부를 거꾸러뜨리는 군사 쿠데타, 대통령 추방, 테러와 폭력의 통치가 뒤따랐다.[17]

강력한 연속선은 거듭 미국이 다른 강대국들과 비슷하다는 사실을 밝혀준다. 미국은 국내 주요 부문의 전략적·경제적 이해관계를 집요하게 추구하면서, 그 부문이 고귀한 가치에 헌신한다는 미사여구를 쏟아냈다. 속으로는 자기 이익에 몰두하면서 겉으로는 고상한 의도를 내세우는 것은 역사에서 보편적 현상이다. 그래서 양식 있는 사람들은 지도자들이 내세우는 고상한 의도와 그 추종자들의 칭송에 별로 주의를 기울이지 않는다.

이에 대해, 트집 잡기 좋아하는 비판자들이 뭔가 틀렸다고 불평만 늘어놓고 필요한 해결책은 제시하지 않는다는 비난이 자주 들려온다. 이 비난은 정확하게 이렇게 번역할 수 있다. "그들이 내놓는 해결책을 나는 좋아하지 않는다." 생존이 달린 수준에 다다른 위기 상황을 논할 때으레 나오기 마련인 제안들 외에 미국을 위한 몇 가지 간단한 제안을 추가로 이미 언급했다.

(1) 국제형사재판소와 국제사법재판소의 판결을 받아들인다.
(2) 교토의정서에 서명하고 준수한다.
(3) 국제적 위기에 유엔에 지도적 위치를 부여한다.

(4) 테러와 대결할 때 군사 조치보다 외교 및 경제 조치를 이용한다.

(5) 유엔헌장에 대한 전통적 해석을 지킨다.

(6) 안보이사회의 거부권을 포기하고, 권력 중추가 동의하지 않아도 독립선언서가 조언하는 대로 "인류의 여론을 제대로 존중한다."

(7) 군비 지출을 대대적으로 삭감하고 사회보장비를 대폭 증액한다.

이것들은 민주주의를 신봉하는 사람들에게 대단히 보수적인 제안이고, 미국 인구의 대다수, 대부분의 경우에 압도적 다수의 의견이라고 할 수 있다. 이·제안들은 근본적으로 미국의 공식 정책과는 정반대다. 확실히, 우리는 민주주의적 결함의 특성 때문에 이런 문제에 대한 여론의 상태를 확신할 수 없다. 이런 주제가 대중적으로 논의되는 경우가 드물고, 기본적 사실들이 잘 알려져 있지 않기 때문이다. 따라서 극도로 원자화된 사회에서 민중은 심사숙고해서 여론을 형성할 기회가 별로 없다.

또 다른 보수적인 논제는 객관적 사실, 논리, 기본적인 도덕 원칙이 중요하다는 것이다. 이런 원칙에 충실하고자 애쓰는 사람들은, 이기적인 상투어를 읊는 편이 훨씬 더 쉬운데도, 곧 익숙한 지배 이데올로기 신조의 상당한 부분을 포기할 것이다. 이런 단순한 진실들이 더 특별하고 상세한 해결책으로 나아가도록 우리를 밀어준다. 더 중요한 것은, 우리가 지배 사조와 주입된 환상의 족쇄에서 벗어날 수 있다면, 이런 단순한 진실들이 해결책을 즉시 붙잡을 수 있는 기회와 실천하는 길을 열어준다는 것이다.

지배 이데올로기의 교조적 체계는 비관주의·절망·좌절을 추구하게 되지만, 현실은 그런 길과 엄연히 다르다. 최근에 정의와 자유를 추구하려는 노력이 상당히 진보했고, 전보다 더 나은 곳에서 출발할 수 있는 유산을 남겼다. 교육과 조직의 기회는 풍부하다. 과거와 마찬가지로, 권리는 자비로운 당국이 주거나 간헐적인 행동으로 얻어지지 않는다. 시위에 몇 번 참여하거나 4년마다 만화경의 지렛대를 당기는 것, 즉 '민주주의 정치'라고 설명되는 선거만으로는 승리할 수 없다. 과거에 늘 그랬듯이, 민중이 정책을 결정하는 데 참여하는 민주적 문화의 토대를 만들어내기 위해, 부분적으로는 다시 만들어내기 위해 매일 헌신적으로 운동해야 한다. 민중이 대개 배제되는 정치 분야에서뿐만 아니라 아예 배제되어버리는 경제 분야에서도 민중이 강력한 발언권을 행사해야 한다. 국내의 민주주의를 새로운 차원으로 승화시키는 데는 많은 방법이 있고 기회가 풍부하다. 우리가 그 기회를 붙잡지 못한다면 이 나라에, 세계에, 미래의 세대에 불길한 반향을 오래 남길 것이다.

촘스키 언어학의 파노라마

스키너의 《언어 행동》에 대한 서평

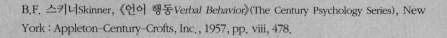

B.F. 스키너Skinner, 《언어 행동*Verbal Behavior*》(The Century Psychology Series), New York : Appleton-Century-Crofts, Inc., 1957, pp. viii, 478.

이 글(원제 A Review of B.F. Skinner's *Verbal Behavior*)은 학술 전문지인 《언어*Language*》 35, no.1(1959년 1~3월), 26~58쪽에 처음 실렸다.

1_

언어를 연구하는 많은 언어학자와 철학자들은, 자신들의 연구가 행동주의 심리학에서 제시하는 틀에 궁극적으로 포함되기를 바라는 뜻을 피력했다. 그리하여 언어 연구의 어려운 측면들, 특히 의미와 관련된 부분이 유익하게 탐구될 수 있기를 바랐다. 스키너의 책은 행동주의의 틀 안에서 언어 행동의 주요 측면을 전면적으로 다룬, 첫 대형 저작이기 때문에 면밀하게 살펴볼 가치가 있다. 스키너는 동물행동 연구에 큰 기여를 한 학자로 널리 알려져 있다. 여기에서 검토할 책은 20년 이상 언어 행동을 연구해온 노고의 결실이다. 이 책의 초기 판본은 이미 널리 유포되었으며, 심리학 문헌에서는 이 책에서 제시한 주요 개념들이 널리 인용되고 있다.

스키너의 책은 언어 행동의 '기능적 분석functional analysis'을 목적으로 한다. 스키너가 말하는 기능 분석이란 언어 행동을 통제하는 변수들을 밝힌 다음, 그 변수들이 상호작용하여 특정 언어 반응을 일으키는 과정을 살피는 것이다. 그 통제 변수들은 자극stimulus, 강화reinforcement, 박탈deprivation 같은 개념으로 일컬어지는데, 이들 개념은 동물 실험을 통해 비교적 명확한 의미가 부여되었다. 달리 말해서 스키너 책의 목표는 '말하는 이[話者]'를 둘러싼 물리적 상황을 관찰하고 조작함으로써 언어 행동을 예측하고 통제하는 방법을 제시하려는 것이다.

스키너는 실험실에서 동물 행동을 연구했기 때문에 이러한 과제에 적절히 접근할 수 있다고 확신한다.

"언어 행동에 특성을 부여하는 기본적 과정과 관계가 이제 충분히 밝혀졌다. ……〔이러한 실험의〕 결과는 놀라울 정도로 종種들 간에 별 차이가 없다. 최근의 연구 결과는, 이러한 방법들이 큰 수정 없이 인간 행동에도 확대 적용될 수 있음을 보여주었다."(스키너의 책, 원서 3쪽)[1]

스키너의 프로그램과 주장에 무엇이 들어 있기에 이렇게 과감하고 획기적인 주장을 할 수 있는지 분명하게 이해하는 것이 중요하다. 그가 기능 분석을 문제의 중심으로 삼았다든지, '관찰 가능한 사항들', 곧 투입(입력, input)-산출(출력, output)의 관계에만 집중했다든지 하는 것은 중요한 부분이 아니다. 정말로 놀라운 측면은 스키너가 관찰 가능한 행동을 연구하는 방식에 특정한 제약을 가했다는 사실이다. 그의 주장에 따르면 행동의 인과관계를 설명해준다는 그 '기능'의 간단한 특성에 놀라지 않을 수 없다. 복잡한 유기체(혹은 기계)의 행동을 예측하려면, 외부 자극에 대한 정보는 물론이고 유기체의 내부 구조에 대한 지식도 갖추어야 한다. 유기체의 이러한 특징(유기체가 정보를 받아들여 행동을 조직하는 방식)은 타고난 구조, 유전적으로 결정되는 성숙 과정, 과거 체험이 종합된 복잡한 결과다. 현재 신경생리학적 증거가 확보되지 않았기 때문에, 유기체의 구조에 대한 추론은 그 유기체의 행동과 외부 사건들에 바탕을 둘 수밖에 없다. 그런데 행동을 결정하는 데 외부 요인과 내부 구조가 각각 어떤 상대적인 중요성을 지니는가 하는 추정은, 언어 행동(이나 여타 행동)의 연구 방향에 중요한 영향을 미칠 테고 동물행동 연구에서 유추되는 연관 분야에도 영향을 줄 것이다.

달리 말해서, 행동의 인과관계 분석이라는 문제를 다루는 사람은 (별도의 신경생리학적인 증거 없이) 활용 가능한 자료, 곧 어떤 유기체에 (어떤 자극이_옮긴이) 투입된 기록과 유기체의 현재 반응만을 바탕으로, 특정한 반응에 관련된 기능을 그 투입 내력으로써 설명하려 할 것이다. 그런데 이는 그가 다루고 있는 문제를 정의定義한 것에 지나지 않는다. 이러한 문제의 정의를 타당한 것으로 받아들인다면 논쟁의 여지가 없다. 스키너는 다른 연구자들이 그것을 거부하기라도 하는 듯이 문제의 정의를 옹호하고 전개해나갔다. 학습과 수행에 대한 '유기체의 기여'를 인정하는 사람과 부정하는 사람의 차이라면, 그 기능의 특성과 복잡성에 대하여 다르게 생각하고, 기능을 정확히 설명하는 데 필요한 관찰과 연구의 종류에 대해서도 생각을 달리한다는 점이다. 유기체의 기여가 복합적일 경우에 유기체의 행동을 대략이나마 예측하려면, 행동 그 자체의 특성을 연구하고 해당 유기체의 특별한 능력을 연구하는 우회적인 방법을 써야 한다.

스키너는 외부 요인, 곧 현재의 자극과 강화의 내력(특히 빈도, 배치, 강화 자극의 유보 등)이 압도적으로 중요하다고 본다. 또한 실험실에서 자극과 강화를 연구한 결과가 언어 행동의 복잡성을 이해하는 기반이 된다고 본다. 스키너는 거듭하여, '말하는 이'의 기여는 사소하고 초보적인 것에 지나지 않는다고 주장했다. 또 그가 실험실에서 하등 동물을 상대로 한 실험에서 뽑아낸 몇 가지 외부적 요인들만 제대로 밝히면 언어 행동을 정확하게 예측할 수 있다는 주장도 했다.

스키너의 책(과 책의 근거가 되는 연구)을 면밀히 검토해보면 이런 놀라운 주장이 정당화될 수 없다. 강화 이론가의 실험실에서 얻어진 통찰은 상당히 합리적이지만, 복잡한 인간 행동에 대해서는 아주 조잡하고 피상적인 형태로만 적용될 수 있음이 확인된다. 또한 이런 행동주의 방식으로 언어 행동을 추론하면 과학 연구의 대상인 근본적으로 중요한 요소들을 연구에서 배제하게 된다는 것도 확인된다. 아쉽게도 그 근본적으로 중요한 요소들의 구체적 특징을 현재로서는 정확하게 규정하지 못하지만 말이다. 하지만 스키너의 책은 많은 언어학자, 철학자, 심리학자들의 관심을 끌어온 행동주의 구도 내에서 고도의 정신 능력을 수반하는 인간의 행동을 설명하려는 엄청난 시도이기 때문에, 그 속에 들어 있는 세부 자료들은 흥미를 끈다. 스키너의 책이 언어 행동을 제대로 설명하지 못한다는 사실은 이 책에서 제외된 요소들이 얼마나 중요한지를 잘 보여준다. 또한 언어 행동이라는 아주 복잡한 현상에 대해 알려진 사실이 매우 적음을 보여준다.

스키너의 주장이 지닌 강점은 기능 분석을 위해 그가 제시한 사례의 방대한 양과 범위에 있다. 따라서 언어 행동에 대한 스키너의 프로그램과 그 기본 전제들의 정확성을 평가하는 유일한 방법은 이들 사례를 꼼꼼히 뜯어보면서 기능 분석에 원용된 개념들의 정확한 특성을 알아보는 것이다. 이 글의 2절에서는 이들 개념이 규정되는 실험적 맥락을 제시하고, 3절과 4절에서는 '자극' '반응' '강화' 같은 기본 개념을 다루고, 6절부터 10절까지는 언어 행동을 설명하기 위해 개발된 새로운 장치machinery를 다루겠다. 5절에서는 스키너의 책에서 말하는 기본 주장을 살핀다. 이 주장은 실험실 자료에서 나온 것인데 많은 심리학자들이 제안한, 인간 행동에 대한 유추에 근거를 제공한다. 11절에서는 앞으로 언어학 연구가 이런 문제들을 해명하는 데 어떤 역할을 할 수 있을지 살핀다.

2_

스키너는 책에서 실험 작업을 직접 언급하지 않았지만, 이 책을 이해하려면 그가 행동을 설명하기 위해 개발한 전반적인 틀을 알아야 한다. 스키너는 동물의 행동을 두 가지 범주로 나눈다. 하나는 **반사적 반응** respondents으로서, 특정한 자극이 일으키는 순전히 반사적인 행동이다. 그리고 **조작행동**operants은 특정한 자극이 없는데도 일어나는 반응을 가리킨다. 스키너는 주로 조작행동에 주목한다. 그가 고안한 실험은 다음과 같다. 한쪽에 지렛대가 달린 상자를 준비한다. 지렛대를 누르면 먹이가 그릇 안으로 떨어진다(지렛대를 누르는 횟수는 기록된다). 상자 안에 있는 쥐는 곧 지렛대를 눌러 먹이를 그릇 안에 떨어뜨린다. 이 경우 지렛대를 누르는 행위에서 비롯된 결과는 지렛대를 누르는 조작행동의 **강도** strength를 높인다. 이때 먹이를 **강화인**reinforcer이라고 한다. 강화인이란 조작행동을 강화시키는 사건이다. 스키너에 의하면 조작행동의 강도는 정지 기간(곧 마지막 강화가 일어난 때로부터 또 다른 사전 조건이 제기되기까지 사이) 동안 반응하는 빈도에 따라서 측정된다.

예를 들어 먹이를 떨어뜨릴 때 불빛을 번쩍거리기로 하자. 그러면 쥐는 빛이 번쩍거릴 때에만 지렛대를 누를 것이다. 이것을 **자극 차별화** stimulus discrimination라고 한다. 이때의 반응을 **차별화된 반응**discriminated operant이라 하고, 그 빛은 그런 반응을 일으킨 **계기**occasion라고 한다. 이것은 어떤 자극에 무조건 반응하는 반사적 반응과는 구분되어야 한다.[2] 여기서 한 걸음 더 나아가 어떤 특정한 방식으로(가령 몇 초간 지속해서) 지렛대를 눌러야 먹이가 떨어진다고 하자. 그러면 쥐는 필요한 만큼 몇 초간 지렛대를 누를 것이다. 이 과정을 **반응 차별화**response differentiation라고 한다. 반응을 강화시키는 조건들을 지속적으로 약간씩 바꿈으로써, 쥐나 비둘기에게서 아주 짧은 시간에 놀라운 반응을 끌어낼 수 있다. 비슷한 과정을 연속하면 다소 복잡한 행동도 유도할 수 있다.

어떤 자극은 기존의 강화 자극과 되풀이 결부되면 강화인이 될 수 있다. 이러한 자극을 **2차 강화인**secondary reinforcer이라고 한다. 오늘날의 여러 행동주의자들과 마찬가지로 스키너는 돈, 인정認定 같은 것을 2차 강화인으로 본다. 이런 것들이 먹을 것 등과 결부되기 때문이다.[3] 2차 강화인은 다양한 1차 강화인과 결부됨으로써 **보편화**할 수 있다.

지렛대를 누르는 조작행동의 빈도에 영향을 미칠 수 있는 또 다른 변수는 충동drive이다. 스키너는 충동을 박탈의 시간이라는 관점에서 규정한다. 그의 주요한 연구서인 《유기체의 행동Behavior of organisms》은 건강하고 성숙한 쥐를 대상으로, 지렛대를 누르는 반응의 강도에 먹이 박탈이 미치는 효과를 연구한 것이다. 동물행동 연구 분야에서 스키너의 주요 업적은 아마 간헐적 강화의 효과에 관한 다양한 연구일 것이다. 이들 연구는 《유기체의 행동》에 자세히 소개되었고, 최근에 퍼스터Ferster와 스키너가 공저한 《강화의 시간표Schedules of Reinforcement》(1957)에도 (비둘기의 강화 사례와 함께) 상세히 소개되었다. 스키너가 동물행동 연구에서 이루어진 최근의 성과를 말할 때는 아마 자신의 이런 작업을 생각했을 것이다.[4]

'자극', '반응', '강화' 같은 개념들은 지렛대를 누르는 실험이나 기타 유사한 실험에 의해 비교적 잘 정립되어 있다. 그러나 우리가 이런 개념들을 실제 생활의 행동에 적용하려고 하면 어려움에 직면하게 된다. 무엇보다도 어떤 유기체가 반응할 수 있는 물리적 사건이 어떤 특정 계기occasion에 의한 자극인지, 유기체라면 으레 반응하는 자극인지를 구분해야 한다. 또 행동의 어떤 부분을 반응이라 해야 할지, 그것이 적절한 방식으로 주어진 자극에 따르는 유일한 반응인지 분간해야 한다.

이런 질문은 실험심리학자를 궁지에 빠뜨린다. 만약 실험심리학자가 유기체에게 영향을 미치는 온갖 물리적 사건을 자극으로, 유기체의 모든 행동을 반응으로 규정하는 광범위한 정의를 받아들인다면, 그는 행동이 타당한 것으로 입증되지 않았다고 결론 내려야 한다. 현재 우리의 지식 수준으로는 주의注意, 성향, 의지, 변덕 같은 막연한 요소들이 실제 행동에 막대한 영향을 미치는 것으로 여겨지기 때문이다. 우리가 좁은 뜻의 정의를 받아들인다면 행동은 그 정의에 부합할 것이다(그 행동이 반응들로만 이루어질 경우에 한하여). 하지만 이러한 사실은 별로 중요하지 않다. 동물의 행동 대부분은 행동으로 간주되지 않을 테니까. 따라서 심리학자는 다음 둘 중 하나를 선택해야 한다. 행동이 타당하지 않음(혹은 현재로서는 행동의 타당성을 증명할 수 없음)을 시인(현재 발전 중인 학문에서 이러한 시인은 그리 해롭지 않다)하거나, 아니면 타당하다고 할 수 있는 매우 한정된 범위의 행동에만 집중하는 것이다(가령 쥐의 지렛대 누르기 같은 적절한 통제하의 행동. 스키너에게는 관찰된 행동의 타당성이 좋은 실험의 절대적인 기준이다).

스키너는 두 노선 중 어느 하나를 일관되게 지키지 않는다. 그는 실험 결과를 자신이 주장하는 행동 체계나 (실험실의 전문 용어를 비유적으로 확대 적용한) 유추의 과학적 근거로 제시한다. 이것은 아주 폭넓은 범위를 지닌 엄정한 과학 이론이란 환상을 불러일으킨다. 하지만 실생활의 행동과 실험실의 행동을 설명하는 데 사용된 용어들은 동음이의어同音異意語, homonyms일 뿐이다. 기껏해야 의미상 아주 막연한 유사성밖에 없다. 이러한 평가를 증명하려면 스키너의 책을 글자 그대로의 뜻으로 읽었을 때(그 서술 체계는 스키너의 개념 정의에 제시된 전문 용어 같은 낱말들로 이루어져 있다) 이 책이 언어 행동에 관해 알려주는 것이 거의 없음을 입증해야 하고, 비유적 의미로 읽었을 때는 언어 행농에 대한 전통적인 접

근 방식보다 전혀 과학적이지 않고 명료하지도 치밀하지도 못하다는 점을 드러내야 한다.[5]

3_

먼저 스키너의 용어인 '자극'과 '반응'을 살펴보자.《유기체의 행동》(9쪽)에서 그는 이 용어를 좁은 뜻으로 정의했다. 환경의 일부와 행동의 일부만 자극(유발하는, 차별적인, 강화하는)이라 일컫고, 반응 또한 타당하게 관련된 것만을 가리켜 반응이라 했다. 그러니까 자극과 반응에 관련되는 '역학적 법칙dynamic laws'이 고르고 재현 가능한 곡선을 그릴 때에만 각각 자극 혹은 반응이라고 불렀다. 이렇게 규정된 자극과 반응은 인간의 일상 행동에서는 그리 광범위하게 포착되지 않는다.[6] 현재 입수할 수 있는 증거만을 놓고 볼 때, 그 객관적 특성을 배제할 때에만 자극과 반응의 관계가 타당성을 잃지 않는다. 스키너가 제시하는 "자극 통제"의 전형적 사례는 어떤 음악을 틀었을 때 **모차르트**라고 말하는 것, 혹은 어떤 그림을 제시했을 때 **네덜란드 화가의 작품**이라고 말하는 것이다. 이런 반응들이 물리적 대상이나 사건에 속한 "미묘한 특질의 통제 아래" 있다고 주장된다(108쪽). 가령 우리가 어떤 그림을 보고서 **네덜란드 화가**라고 말하지 않고 다음과 같이 말했다고 하자. "벽지와 어울리지 않아" "나는 네가 추상화를 좋아한다고 생각했는데" "전에는 못 보던 그림이군" "약간 기울었는데" "너무 낮게 걸렸어" "아름다워" "소름이 돋는군" "지난여름 같이 캠핑 갔던 거 기억나?" 등등(스키너의 구도에서는 이런 식의 반응이 얼마든지 존재한다). 스키너는 이런 말들도 특정한 물리적 대상에 속한 자극 특질들의 통제 아래 있다고 주장할 것이다. 만약 우리가 붉은 의자를 보고서 **붉다**고 말한다면, 그 반응은 '붉음' 자극의 통제에 따른 것이다. **의자**라고 말한다면 '의자'라는 특질 집합의 통제에 따른 것이다(110쪽). 다른 반응도 마찬가지다. 이러한 주장은 단순하면서도 공허하다. 특질(또는 속성_옮긴이)이라는 것은 얼마든지 제시할 수 있으므로(우리 언어에는 서로 다른 표현이 얼마든지 있다. 그것이 정확히 무엇을 의미하든), 스키너의 기능 분석 차원에서 '자극 통제'라는 명명하에 아주 다양한 반응을 예상할 수 있다. 이때 '자극'이라는 용어는 객관성을 완전히 상실한다. 자극은 더 이상 물리적 외부 세계의 한 부분이 아닌 것이다. 자극은 유기체에 내재된 것이 된다. 반응을 들으면 그 자극을 알 수 있다. 이런 예를 볼 때, '자극 통제'라는 말은 유심론唯心論(심리/정신 우선주의_옮긴이)적 심리학mentalistic psychology으로의 후퇴를 위장한 것에 지나지 않는다. 우리는 말하는 이의 환경에 존재하는 자극의 차원에서는 언어 행동을 예측하지 못한다. 왜냐하면 말하는 이가 반응할 때까지 현재의 자극이 무엇인지 알지 못하기 때문이다. 더욱이 아주 인위적인 경우를 제외하면 어떤 개인이 반응하게 되는 물리적 대상의 속성을 통제할 수 없기 때문에, 자신의 설명 체계가 전통적 체계와 달리 언어 행동에 대한 실제적 통제를 가능하게 해준다는 스키너의 주장[7]은 아주 잘못된 것이다.

'자극 통제'의 다른 사례들도 아리송하기는 마찬가지다. 가령 고유명사는 "특정 인물이나 사물의 통제 아래에서" 벌어지는 반응이라고 주장된다(통제하는 자극, 113쪽). 나는 일상생활에서 **아이젠하워**나 **모스크바**라는 단어를 종종 사용한다. 하지만 이런 고유명사를 사용할 때 그에 상응하는 대상에게서 '자극'을 받은 적은 없다. 이런 사실이 위의 주장과 어떻게 양립할 수 있는가? 가령 내가 현재 여기에 없는 친구의 이름을 말한다고 하자. 이것은 자극하는 친구의 통제 아래에 벌어진 고유명사의 사용인가? 한편으로는 자극의 존재가 반응의 개연성을 높인다는 의미에서 자극이 반응을 통제한다고 주장한다. 어떤 사람이 말하는 이 앞에 있을 때 말하는 이가 그 사람의 이름을 내놓을 개연성이 높아진다는 얘기는 진실이 아니다. 어떻게 사람의 이름이 이런 의미에서 고유명사가 될 수 있는가? 이와 유사한 많은 의문이 생겨난다. 여기서 사용된 '통제'라는 용어는 전통적으로 사용되어온 '외연' 혹은 '지시'를 잘못 풀어쓴 것에 불과하다. 말하는 이에게 지시 관계란 "말하는 이가 특정한 속성을 지닌 자극의 존재 앞에서 특정 형태의 반응을 보일 개연성이다"(115쪽)라는 주장은, 만약 우리가 '존재', '자극', '개연성' 같은 낱말을 글자 그대로 받아들인다면, 부정확한 주장이다. 이런 낱말들이 글자 그대로 쓰이지 않았다는 사실이 여러 사례에서 암시된다. 가령 다음이 그런 사례다. "반응은 자극이라고 할 수 있는 일련의 상황이나 상태에 의해 통제된다." 그래서 **건초 더미에서 바늘 찾기**needle in a haystack라는 표현은 "특정한 유형의 상황에 의해 한 단위로 통제된다"(116쪽). 품사 하나로 이루어진 낱말(가령 형용사들)은 일련의 미묘한 속성을 지닌 자극들에 의해 통제된다(121쪽). "**그 소년이 가게를 운영한다**The boy runs a store는 문장은 아주 복잡한 자극 상황의 통제를 받는다"(335쪽). "**그는 조금도 건강하지 않다**He is not at all well는 **그는 병을 앓고 있다**He is ailing라는 반응도 통제하는 상황의 통제 아래에서 나오는 표준 반응이다"(325쪽). 국가의 외교사절이 외국에서 사건들을 관찰하고 본국으로 돌아와 보고할 때, 그의 보고서는 "멀리 떨어진 자극의 통제" 아래에 있다(416쪽). **전쟁이다** This is war라는 문장은 "혼란스러운 국제 정세"에 대한 반응이다(441쪽). 과거형 접미사 -ed는 "과거에 일어난 행동으로서 언급되는 자극의 미묘한 속성"으로부터 통제를 받는다(121쪽). **The boy runs**(소년이 달린다)에서 -s(주어가 3인칭 단수, 예를 들어 '한 소년'일 때 동사 끝에 붙어 시제가 현재임을, 곧 그 동작이 현재 일어나고 있음을 나타내는 접미사_옮긴이)는 "현재" 벌어지고 있는 상황의 통제를 받는다(332쪽). 지렛대를 누르는 실험과 멀찍이 연결되는 (혹은 어렴풋하게나마 객관성을 유지하는) '자극 통제' 개념이 이들 사례에는 해당되지 않는다. '통제하는 자극'은 반응하는 유기체에 작용할 필요조차 없다.

이제 스키너의 '반응' 개념을 살펴보자. 물론, 언어 행동의 단위를 밝혀내는 문제는 언어학자들의 일차적 관심사다. 체계적으로 단위를 밝혀내기에 이르기까지 남아 있는 많은 문제들을 해결하는 데 실험심리학자들이 획기적인 도움을 주리라 예상된다. 스키너는 언어 행동의 단위를 밝혀내는 문제의 근본적 성질을 알고 있다(20쪽). 하지만 너무나 막연하고 주관적인 답변에 만족하고 말았기에, 문제 해결에 실질적인 도움을 주지 못한다. 언어 행동—언어적인 조작행동verbal operant—의 단위는 통제하는 변수 한 가지 이상과 관련해서 기능적으로 형태가 동일하다고 볼 수 있는 반응 부류class of responses로 정의된다. 구체적인 사례에서 통제하는 변수가 무엇이고, 이런 단위는 얼마나 되며, 전체 반응에서 각 단위의 경계가 어디까지인지 등을 정하는 방법론은 제시되지 않는다. 또 두 가지 물리적 사건을 동일한 조작행동 사례로 판정하려면 형태나 '통제' 면에서 무엇이 얼마나 유사해야 하는지 설명하려는 시도도 없다. 다시 말해서, 행동을 설명하는 방법을 제안하는 사람에게 당연히 묻게 되는 가장 기본적인 질문에 대한 답변이 없다. 스키너는 실험실에서 얻은 조작행동 개념에 대한 '추론extrapolation'을 언어 분야로 끌어오는 데 그친다. 스키너의 실험에서 행동의 단위를 밝혀내는 문제는 그다지 중요한 것이 아니다. 그것은 쥐의 지렛대 누르기나 비둘기의 쪼아 먹기 등으로 정의된다. 조작행동과 정지에 대한 저항의 빈도 변화 체계는 박탈과 강화(먹이 낙하) 시간의 함수로 연구된다. 이렇게 하여 조작행동은 특정한 실험 절차와 관련된 것으로 정의된다. 물론 이것 자체로는 충분히 합리적이고, 흥미로운 많은 결과를 가져왔다. 하지만 그 조작행동 개념을 일상적 언어 행동에 끌어다가 추론해서 말하는 것은 전혀 무의미한 일이다. 이러한 '추론'은 '어휘 목록'의 단위에 대해 아무것도 밝혀주지 못한다.

스키너는 '반응 강도'를 기본 소여所與, 곧 기능 분석의 기본적인 종속변수로 삼았다. 지렛대를 누르는 실험에서, 반응 강도는 정지 기간 중의 행위 발생 빈도rate of emission로 규정된다. 스키너는 이것이 "'학습 과정'에 상응하는 조건들 아래에서 예상되는 방향으로 의미 있게 변하는 유일한 자료"라고 주장했다.[8] 스키너의 책에서 반응 강도는 "행위의 개연성probability of emission"으로 정의된다(22쪽). 이러한 정의는 객관성을 확보한 인상을 주지만, 면밀히 살펴보면 그런 인상은 금방 사라진다. '개연성probability'이라는 용어는 스키너의 이 책에서 다소 모호한 의미로 쓰였다.[9] 스키너는 이런 말도 했다. "각 변수의 〔반응 강도에 대한〕 영향력을 입증하는 근거는 오로지 그 빈도를 관찰하는 데 있다"(28쪽). 하지만 빈도는 강도를 측정하는 기준으로는 적절하지 않다. 왜냐하면 반응의 빈도는 "일차적으로 통제 변수들의 발생 빈도에 좌우되기" 때문이다(27쪽). 특정 상황에서 일어나는 행동이 관련 통제 변수들에 의해 "전적으로 결정된다"는 스키너의 견해(175쪽, 228쪽)를 받아들일 경우, 어째서 반응 빈도가 통제 변수들의 발생 빈도 아닌 것에 좌우될 수 있는지 이해하기 어렵다. 더욱이 각 변수가 반응 강도에 영향을 미친다는 증거는 오로지 관찰되는 빈도에 근거하더라도 "강도라는 개념은 다양한 유형의 증거에 근거한 것"(22쪽)이 분명하다. 반응의 발화(색다른 상황에서는 특히), 에너지 수준(강세), 음의 높이, 발화의 속도와 지체, 글의 경우에 글자의 크기, 즉각적인 반복 등이 있고, 마지막으로 적절하지만 오해의 소지가 있는 변수인 전반적 빈도가 있다(22~28쪽).

스키너는 이런 요소들이 함께 변동하지는 않는다는 것을 안다. (다른 이유 중에서도) 음높이pitch, 강세stress, 음길이quantity, 음절 중복 reduplication 등에는 내면적 언어 기능이 있기 때문이다.[10] 하지만 스키너는 이런 모순을 별로 중요하게 여기지 않는다. 반응 강도를 보여준다는 이런 요소들은 같은 문화권에 속한 "모든 사람이 다 잘 이해하기" 때문이다(27쪽). 이를테면 "우리가 높이 평가되는 예술 작품을 보면서 '아름답다!'라고 감탄할 때, 그 반응의 속도와 힘을 작품의 소유주는 무시하지 않을 것이다." 하지만 말하는 이가 크고 높은 목소리로, 지체 없이, 되풀이해서(높은 반응 강도) '아름답다!'라고 말해야 소유주에게 깊은 인상을 주는지는 확실하지 않다. 그림을 조용히 응시하다가(오랜 지체), 나지막하고 부드러운 목소리(정의에 따르면 낮은 반응 강도)로 '아름답다!'라고 중얼거릴 때 같은 효과를 거둘 수도 있는 것이다.

따라서 기능 분석의 '기본 소여'라는 반응 강도를 다룬 스키너의 논의로부터 다음과 같은 결론을 끌어내는 데는 문제가 없다. 개연성 개념에 대한 스키너의 '추론'은 기껏해야 '흥미', '의도', '믿음' 따위 저급한 낱말들을 대신해서, 객관성을 갖춘 듯 보이는 '개연성'이란 낱말을 사용하겠다고 결정한 것에 지나지 않는다. 이런 해석은 스키너가 '개연성'이나 '강도'라는 낱말을 사용하는 방식으로써 정당화된다. 한 가지 사례를 들면, 스키너는 과학적인 주장을 검증하는 과정을 "그 개연성을 높이기 위해 추가 변수들을 만들어내는"(425쪽) 것으로서 정의한다. 더 일반적으로는, 그 강도(425~429쪽)를 높이기 위한 과정이라고 한다. 이러한 정의를 글자 그대로 받아들인다면, 과학적 주장이 확인되는 것은 그 주장을 크고 높은 목소리로 자주 외치는 데 달려 있다는 뜻이 된다. 검증의 진도를 높이려면 수많은 군중에게 기관총을 겨누고 그 주장을 떠들어대라고 명령하면 되겠다. 스키너의 의중을 더 잘 보여주는 부분은 진화론이 검증된 과정에 대한 서술이다. "이런 부류에 속하는 언어 반응은…… 지질학, 고생물학, 유전학 등의 언어 반응에 바탕을 둔 다양한 구축물에 의해 더욱 설득력을 얻었다(강화되었다)"(427쪽). 여기서 '강도'나 '개연성'이라는 용어는 "정당화된 믿음"이나 "가능성이 보증된 주장" 같은 더 친숙한 표현으로 바뀌 쓸 수 있다. 이처럼 느슨한 해석의 사례는 다음 문장에서도 볼 수가 있다. "유효한 행동의 빈도가 이번에는 이른바 듣는 이의 '믿음'을 설명해준다"(88쪽). "누군가의 말에 대한 우리의 믿음은 그 사람이 제공한 언어적 자극에 대한 우리의 행동 성향 tendency to act에 달려 있다"(160쪽).[11]

스키너가 '자극', '통제', '반응', '강도'라는 용어를 사용하는 방식은 2절의 마지막 문단에서 제시한 일반적 결론을 정당화한다. 이들 용어가 실제 자료와 관련해서 사용된 방식을 살펴볼 때, 이 용어들은 일반적으로 행동을 가리켜 말할 때 쓰이는 대중적 어휘로 해석해야 하며, 연구 실험을 설명하는 데 쓰이는 동음이의어 표현과는 무관하다고 볼 수 있다. 따라서 이런 용어 수정은 유심론적 설명 양식mentalistic mode of description에 아무런 객관성도 보태주지 않는다.

4_

지렛대 누르기 실험을 설명하는 근본 개념 중에 '강화reinforcement'가 있다. 이 용어도 위에서 살펴본 것과 비슷한, 아니 더 심각한 문제를 제기한다. 《유기체의 행동》에서 강화는 이렇게 정의되어 있다. "강화 작용은 한 가지 자극이나 반응과 시간적으로 관련되는 특정 종류의 자극이 출현하는 것을 말한다. 강화하는 자극은 결과적으로 [강도의] 변화를 야기하는 힘으로서 정의된다. 이것은 순환되지 않는다. 어떤 자극은 변화를 유발하고 어떤 자극은 유발하지 않으므로, 강화하는 자극과 강화하지 않는 자극으로 분류된다."(62쪽) 이것은 강화 시간표를 연구하는 데에는 아주 타당한 정의다.[12] 하지만 실제 생활의 행동을 논하는 데에는 완벽하게 무의미한 정의다. 강화하는 자극의 특성(과 상황과 조건)을 어떻게든 명시적으로 제시하지 않는다면 말이다. 먼저 스키너가 말하는 "조건 형성 법칙"(효과의 법칙)의 기본 원칙을 살펴보자. "만약 조작행동이 강화 자극의 존재에 따라 일어난다면, 그 강도가 높아진다"(《유기체의 행동》, 21쪽). '강화'가 이미 정의되었으므로 이 법칙은 동어 반복에 지나지 않는다.[13] 스키너가 볼 때, 학습이란 그저 반응 강도의 변화다.[14] 강화의 존재가 행동을 배우고 유지하는 데 충분한 조건이라는 말은 공허하지만, 강화가 필요조건이라는 주장은 강화인에 속하는 것들(과 적절한 상황)에 어떤 성격을 부여하느냐에 따라 일리가 있다. 스키너는 강화가 언어 학습의 필요조건이며 또 성인의 언어 반응 능력이 유지되는 데도 필요한 조건이라고 분명하게 밝혔다.[15] 그러나 스키너의 책에서는 '강화'라는 용어가 아주 느슨하게 사용되기 때문에 이 주장의 진위를 따지는 것은 전혀 무의미한 일이다. 스키너가 제시한 '강화'의 사례들을 살펴보면 강화인은 자극과 동일한 것이어야 한다는 요건조차 철저하게 지켜지지 않는다. 용어를 이처럼 느슨하게 사용하기 때문에, 강화가 학습의 필요조건이며 행동의 유용성을 지속하는 데도 필요하다는 주장은 공허해진다.

이와 관련하여 몇 가지 '강화' 사례를 검토해보자. 먼저 자동적인 자기강화self-reinforcement에 지나치게 의존하는 것이 눈에 띈다. "어떤 사람은 자신이 받은 강화 때문에 자기 자신에게 말을 건다"(163쪽). "어린아이는 비행기와 전차…… 소리를 흉내 내면서 저절로 강화를 받는다"(164쪽). "유아 방에 혼자 있는 아이는 자기가 들었던 다른 사람들의 말소리를 그대로 내면서 자신의 탐구적인 언어 행동을 저절로 강화한다"(58쪽). "잘 들을 줄도 아는 말하는 이는 '어떤 반응을 정확하게 따라할 때를 알고' 그로써 강화를 받는다"(68쪽). 생각한다는 것은 "행위자에게 스스로 영향을 미치는 행동이고, 그렇기 때문에 강화가 된다"(438쪽, 손가락을 베이는 일도 생각하는 일처럼 강화인 구실을 한다). "명시적이든 암시적이든 언어적 상상은 듣는 이뿐 아니라 말하는 이도 함께 강화한다. 음악가는 들음으로써 강화받은 것을 연주하거나 작곡한다. 화가는 시각적으로 자신에게 강화된 것을 그린다. 언어적 상상에 빠진, 말하는 이는 자신이 들어서 강화된 것을 말하거나, 읽어서 강화된 것을 쓴다"(439쪽). 마찬가지로 문제 해결과 합리화를 돌아보는 일은 저절로 자기강화 기능을 발휘한다(442~443쪽). 우리는 언어 행동을 하거나(이 규칙은 혐오 자극을 배제한다, 167쪽), 하지 않거나(침묵을 지키거나 주목함으로써, 199쪽) 해서 누군가를 강화할 수 있다. 또 장차 다가올 상황에 적절한 행동을 함으로써 강화할 수도 있다(152쪽, 말하는 이의 "행동 강도는 주로 듣는 이가 주어진 상황에 보여주는 행동에 따라 결정된다." 이것을 스키너는 일반적인 '의사소통'이나 '듣는 이에게 알려주는' 상황이라고 본다). 이런 대부분의 경우 말하는 이는 강화가 발생할 때 당연히 현장에 존재하지 않는다. 예컨대 "화가는…… 자신의 작품이 남들에게…… 미치는 영향에 의해 강화된다"(224쪽). 작가는 자신의 "언어 행동이 수세기 동안 전해지거나 동시에 수천에 이르는 독자나 청자聽者에게 전달될 수도 있다"는 사실에 의해 강화된다. "작가는 자주 혹은 즉시 강화되지 않을 수도 있으나 그의 순수한 강화는 매우 클 것이다"(206쪽, 이로써 그의 행동이 큰 '강도'를 지녔음이 설명된다). 어떤 사람은 비판이나 나쁜 소식을 전달함으로써 누군가의 마음을 상하게 하는 것, 혹은 경쟁자의 이론을 뒤집는 실험 결과를 발표하는 것 등에 강화 효과가 있음을 알게 된다(154쪽). 실제로 일어난다면 강화 효과가 있을 법한 상황을 묘사하는 것(165쪽), 반복을 피하는 것(222쪽), 실제로 언급되지 않았지만 자신의 이름을 '듣는' 것이나 어린 자녀의 옹알이에서 실제로는 존재하지 않는 단어를 듣는 것(259쪽), 중요한 차별화 기능이 있는 자극의 효과를 더 뚜렷하거나 세게 하는 것(416쪽) 등도 마찬가지다.

그렇다면 강화라는 개념은 객관적 의미가 전혀 없어 보인다. 사례를 훑어보면 사람은 전혀 반응하지 않아도 강화된다는 것을 알 수 있다. 강화하는 '자극'은 '강화받는 사람'과 직접 관계가 없고 심지어 자극이 존재할 필요도 없다(상상하거나 희망하는 것으로 충분하다). 어떤 사람이 자기가 좋아하는 음악을 연주하고(165쪽), 자신이 하고 싶은 말을 하고(165쪽), 자신이 좋아하는 것을 생각하고(438~439쪽), 좋아하는 책을 읽으면(163쪽) 강화를 받을 수 있기 **때문에** 그렇게 한다거나, 또 책을 쓰거나 다른 사람들에게 정보를 알리는 사람은 자신이 궁극적으로 기대하는 독자나 듣는 이의 행동에 강화를 받기 때문에 그렇게 한다는 얘기를 읽으면, '강화'라는 용어는 순전히 의례적인 기능밖에 없다는 결론을 내리게 된다. 다시 말해 "X가 Y(자극, 상태, 사건 등)에 의해 강화를 받는다"라는 표현은 "X가 Y를 원한다" "X가 Y를 좋아한다" "X는 Y가 사실이기를 바란다" 등으로 바꿔도 무방하다. 이처럼 '강화'라는 개념은 설명력이 없기 때문에, 이 말이 원한다, 좋아한다 같은 서술어에 명료함이나 객관성을 부여한다는 생각은 심각한 망상이다. 도입된 개념들 사이의 변별이 모호해질 뿐이다. 이렇게 '강화'라는 용어가 느슨하게 사용된다는 점을 알아차리면, 인상적인 많은 설명의 빛이 바래고 만다. 가령 화가의 창조적 행동은 "전적으로 우발적인 강화에 의해 통제된다"(150쪽)는 설명이 그러하다. 우리가 심리학자에게 바라는 것은, 일상적인 행동에 대한 격식 없는 대중적 어휘 표현을 어떻게 해서 면밀한 실험과 관찰에 따른,

좀 더 체계적인 개념으로 설명할 수 있는지 보여주는 것이다. 실질적인 의미는 전혀 없이 실험실에서 빌려온 용어를 가지고 단순히 말 바꾸기 하는 것은 아무런 의미가 없다.

모든 언어 행동이 강화를 통한 '강도强度'에 따라 획득되고 유지된다는 스키너의 주장은 아주 공허해 보인다. 왜냐하면 그가 사용하는 강화라는 개념은 명확한 내용이 없고, 언어 행동의 획득이나 유지에 관련된 모든 요소들을 두루뭉술하게 가리키는 용어이기 때문이다.[16] 스키너가 '조건 형성conditioning'이라는 개념을 사용한 방식에도 비슷한 난점이 있다. 파블로프의 조건반사나 조작적 조건 형성operant conditioning은 심리학자들이 동물을 통해 실제로 알게 된 작용이다. 하지만 인간을 상대로 한 조건화는 사정이 그렇지 못하다. 정보 제공과 훈육을 단순히 조건 형성의 문제로 보는 견해(357~366쪽)는 무의미하다. '조건 형성'이라는 용어의 범위를 넓혀서 그런 것들까지 포괄하게끔 한다면 그 견해도 타당할 것이다. 하지만 이렇게 용어에서 비교적 명확하고 객관적인 성격을 제거하고 그 뜻을 바꿔버리면, 더 이상 알 수 있는 것이 없다. 우리가 아는 한, '조건 형성'이란 말을 글자 그대로 사용하는 것은 아주 잘못된 일이다. 마찬가지로 "이 용어에서 저 용어로, 혹은 이 대상에서 저 대상으로 반응이 옮아가는 것을 용이하게 하는 것이 서술predication의 기능이다"(361쪽)라는 말은 아무런 의미도 없다. 가령 '고래는 포유동물이다'라는 문장에 그런 서술의 기능이 있는가? 스키너는 '이 전화기는 고장 났다'라는 말이 듣는 이에게 미치는 영향에 대해, 간단한 조건 형성 과정에 따라 '고장'이란 자극에 의해 이미 통제된 행동이 '전화기'라는 자극(혹은 전화기 자체)의 통제하에 들어간다고 말한다(362쪽). 이 말이 무슨 뜻인가? 여기에 무슨 조건 형성 법칙이 작용한다는 말인가? 게다가 '고장'이라는 추상적 자극에 의해 어떤 행동이 '통제된다'는 것인가? 서술되는 대상에 따라, 듣는 이의 현재 상태 등등에 따라, 듣는 이는 분노할 수도 즐거워할 수도 있고, 대상을 수리하거나 던져버릴 수도 있고, 단지 사용하지 않거나 (정말 고장 났는지 보려고) 한번 사용해보려고 할 수도 있다. 이 경우에 '새 자극의 통제 아래 예전 행동을 불러오기'나 '조건 형성'이라고 말하는 것은 그저 과학을 흉내 내는 일일 뿐이다. 주석 43 참조.

5_

'언어 공동체가 우발적인 강화들을 면밀히 배열하는 것이 언어 학습의 필요조건'이라는 주장이 스키너의 책 여기저기에서 형태를 바꿔가며 자주 등장한다.[17] 이것은 실제 관찰에 바탕을 둔 주장이 아니라 실험실에서 하등 동물을 관찰한 결과에서 유추한 것이다. 따라서 실험심리학 내에서 주장의 본새를 적절히 한정할 필요가 있다. 강화의 가장 일반적 특징(하지만 스키너는 이 특징을 명백히 거부한다)은 추동 감소drive reduction 와 관련이 있다. 이 특징은 실제로 학습된 것과 별개로 동인動因이 정해질 때 실질적인 의미를 얻는다. 학습이 이루어지는 데 동인이 전제된다면, 학습에 강화가 필요하다는 스키너의 이론 틀은 공허한 것이 되어버린다. 추동 감소(잠재 학습latent learning) 없이도 학습이 이루어질 수 있을까 하는 문제를 다룬 많은 문헌이 있다. 블로젯Blodgett의 '고전적' 실험을 보면, 아무런 보상을 받지 못한 채 미로를 탐험하던 쥐들에게 먹이를 보상으로 주자 오류 횟수가 급격히 떨어졌다(미로에 들어가지 않은 비교 집단과 견주어 볼 때). 이것은 쥐가 배고픔이란 동인의 감소 없이 미로의 구조를 학습했다는 뜻이다. 추동 감소 이론가들은 보상이 주어지기 전의 학습 기간에 탐구 동인이 감소했다고 반격하면서, 먹이 보상 전에 오류가 약간 줄었다고 주장했다. 비슷하게 설계된 아주 다양한 실험이 이루어졌고, 서로 상반되는 결과들을 낳았다.[18] 이제 잠재 학습 현상을 의문시하는 연구자는 거의 없다. 힐가드Hilgard는 학습 이론을 개관하면서 이런 결론을 내렸다. "적절한 상황에서 잠재 학습을 입증해 보일 수 있다는 데는 이제 의문의 여지가 없다."[19]

최근의 연구 결과는, 새롭고 다양한 자극이 쥐에게 흥미를 유발하여 (겉보기에는) 탐험하려는 동기를 일으키지만, 사실은 학습 동기를 일으킨다(쥐에게 새로운 자극과 거듭된 자극을 각각 제시하면 쥐는 새로운 자극을 좇는다)는 점을 보여주었다.[20] 쥐는 복잡한 미로를 달리면서 미로를 관통하는 단 한 가지 길을 익히게 되는데, 쥐에게는 그것이 바로 유일한 '보상'이다.[21] 원숭이가 30초 동안 창밖을 내다보면서 매우 능률적으로 시각적 탐험을 수행하여 사물을 구분할 줄 알게 되면, 그것 자체가 유일한 보상이 된다.[22] 원숭이와 유인원 들에게는 우리 안에 가만히 있으니 복잡한 조작 문제를 풀고, 탐구와 조작이 필요한 판별 문제를 푸는 것 자체가 자극이 된다는 점은 무엇보다 놀랍다.[23] 이들 사례에서는 문제를 푸는 것, 그 자체가 보상이다. 강화 이론가들은 호기심, 탐구, 조작 동인을 설정하거나 획득된 동인(학습이 이루어졌다는 것 외에 다른 증거가 없는 동인)을 추론하는 경우에 한해 이러한 실험 결과를 받아들인다.[24]

추동 감소가 학습의 필요조건이라는 견해를 반박하는 갖가지 증거가 제시되었다. 감각 대 감각조건 형성sensory-sensory conditioning에 대한 연구 결과는 추동 감소 없는 학습의 예로 받아들여졌다.[25] 올즈Olds, James(1922~1976, 미국의 심리학자, 신경과학자_옮긴이)는 뇌를 직접 자극하여 강화하는 사례를 보고했다. 그는 이로부터 보상은 생리적 욕구를 충족하거나 추동 자극을 사그라뜨릴 필요도 없다고 결론지었다.[26] 이와 관련하여 동물학자들이 오래전부터 관찰해왔던 각인imprinting 현상이 특별한 관심을 불러일으킨다. 가령 새들의 행동 중 가장 복잡한 패턴은 새들이 어린 시절의 특정한 시기에 겪었던 대상이나 동물 유형과 직접 관련이 있다는 것이다.[27] 각인은 동물이 특정 방향으로 학습하도록 이끄는 생래적 기질의 현격한 증거다. 각인 덕분에 동물이 제한된 유형의 대상이나 행동 패턴에 적절하게 반응할 수 있는데, 종종 각인은 최초의 학습이 있고 나서 한참 지난 뒤에야 발현된다. 따라서 각인은 보상 없는 학습이다. 비록 그 결과로 획득된 행동 패턴이 강화로 인해 가다듬어지기는 하지만 말이다. 노래하는 새들이 지저귀는 전형적인 노래는 각인의 결과 획득된다. 소프Thorpe, William Homan(1902~1986, 영국의 동물행동학자_옮긴이)는 이런 연구 결과를 내놓았다. "통상적인 노래의 몇 가지 특징은 아주 어릴 적에 학습된다. 새가 온전한 노래를 부를 수 있기도 전에 학습하는 것이다."[28] 각인 현상은 최근 실험실의 통제하에 연구되었고 긍정적인 결과를 내놓았다.[29]

이런 일반적 유형의 현상은 일상에서 체험할 수 있는 낯익은 것이다. 우리는 별로 신경을 쓰지 않았던 사람과 장소도 잘 알아본다. 우리는 특별한 동기 없이도 책에서 어떤 사항을 찾아보고 그것을 잘 배울 수 있다. 강화 이론을 논박하기 위해서라기보다 지루함을 벗어나기 위해 혹은 호기심이 발동해서 그렇게 하기도 하는 것이다. 연구에 종사해본 사람들은 경험해보았겠지만, 사람들은 아무도 읽어주지 않을 논문을 쓰기 위해 맹렬히 연구에 매진하고, 아무도 중요하게 생각하지 않고 보상도 별로 없는 문제를 풀려고 애를 쓴다. 이 경우 보통 사람들은 연구자가 쓸데없는 일에 시간을 낭비하고 있다고 생각할 것이다. 쥐와 원숭이도 이런 행동을 한다는 것이 흥미로운데, 정밀한 실험에서 증명된 사실이라는 점이 중요하다. 사실 이런 행동에 대한 연구는, 추동 감소 없이는 학습이 불가능하다는 주장을 의문시하는 것 이상의 중요한 의미가 있다. 동물행동 연구에서 폭넓게 얻어진 통찰은 언어 행동 같은 복잡한 행동(강화 이론이 여태 밝혀내지 못한 행동)과 상당한 관련이 있을지 모른다. 아무튼 현재 나와 있는 증거들만 놓고 볼 때, 강화가 결과적인 행동 변화와는 별개인 어떤 것이라면, 강화가 학습의 필요조건이라는 주장은 수긍하기 어렵다.

어린아이가 우연한 관찰과 다른 아이들이나 어른에 대한 모방을 거쳐 상당한 언어적, 비언어적 행동을 획득한다는 것은 의심의 여지가 없다.[30] 하지만 아이가 어른들의 '꼼꼼한 배려', 곧 어른들이 주의 깊은 차별적 강화를 통해 형성해준 어휘 목록으로만 언어를 배운다는 주장은 사실이 아니다. 이런 꼼꼼한 배려가 학문적 가정의 풍습이기는 하지만 말이다. 흔히 볼 수 있듯이 이민자 가정의 어린 자녀는 거리에서, 그리고 다른 아이들에게서 놀랄 만큼 빠르게 제2 언어를 배우며, 새로 배운 언어를 마지막 음절까지 유창하고 정확하게 말한다. 그 부모는 언어를 배우려는 동기가 강하고 열심히 노력하는데도 어린이가 제2의 천성처럼 자연스럽게 획득하는 언어의 미묘한 뉘앙스를 잘 배우지 못한다. 아이는 텔레비전, 책, 어른들의 말 등으로부터 어휘 대부분을 습득하고 문장 구조의 '감'을 잡는다. 새로운 문장을 구성할 만큼 어휘 목록을 획득하지 못한 아주 어린 아이도, 부모가 가르쳐주지 않은 낱말까지 금세 모방한다. 좀 더 시간이 지나면 아이는 완전히 새롭고도 합당한 문장을 지어내고 또 이해한다. 성인은 신문을 읽을 때마다 전에 들어본 것과 전혀 다른 완전히 새로운 문장을 만나고, 그것을 문장으로 인식할 뿐만 아니라 이해한다. 이런 경우 '자극 일반화'를 말하는 것은 새로운 수수께끼를 만들어내는 일일 뿐이다. 이러한 능력은 외부로부터 오는 '반향 feedback'과 무관한 근본적인 작용이 있음을 보여준다. 이렇게 볼 때, 차별적 강화를 통해 언어 행동을 서서히 면밀하게 구축하는 것이 절대적으로 필요하다는 스키너와 기타 학자들의 이론은 지지하기 어렵다. 만약 강화 이론이 이런 꼼꼼한 배려를 전제 조건으로 두어야 한다면, 그것은 귀류법歸謬法, reductio ad absurdum(어떤 주장을 논리적으로 따라가다 보면 이치에 닿지 않는 결론에 이르게 된다는 것을 보여서, 그 주장이 잘못된 것임을 드러내는 증명 방법_옮긴이)으로 대하는 것이 최선이다. 또한 언어 공동체가 만들어내는 우발적인 강화들이 언어 행동의 강도를 지속시키는 한 요인이라는 주장도 근거나 내용을 찾기 어렵다. 언어 행동의 '강도'를 일으키는 원천은 현재로서는 거의 수수께끼다. 강화가 상당한 영향을 미치는 것은 틀림없으나, 인간의 다양한 동기動機 요소에 대해서는 알려진 바가 별로 없다.

언어 습득에 관한 한 강화, 우연한 관찰, 자연스러운 탐구심(과 강한 모방 경향) 등이 중요한 요소임은 분명해 보인다. 또한 아이의 놀라운 일반화 능력, 가설 구성 능력과 다양하고 독특하며 분명히 아주 복합적인 방식으로 이루어지는 '정보 처리process information' 능력도 감안해야 할 요소다. 우리는 이 정보 처리 능력에 대하여 아직 정확하게 설명하거나 이해하지 못하고 있으나, 생득적인 것으로 보이며 특정한 학습을 거치거나 신경 체계가 성숙하면서 발달하는 것으로 보인다. 이러한 요소들이 언어 획득을 위해 작동하고 상호작용하는 방식은 현재 미지의 영역이다. 이 문제에 대해 필요한 것은 철저한 연구 수행이지, 흥미로운 실험 자료 일부에서 빌려온 추론에 바탕을 둔 자의적이고 교조적인 주장이 아니다.

타고난 구조, 성숙, 학습 등이 구체적 형태의 세련된 혹은 복잡한 언어 행위에 각각 기여하는 범위를 판별하기가 얼마나 어려운지 생각하면 추론에 바탕을 둔 교조적 주장은 더욱 무의미해진다.[31] 한 가지 사례를 보자.[32] 둥우리 안의 새끼 지빠귀가 입을 벌리는 반응은 둥우리가 흔들릴 때 처음 나온다. 그리고 나중 단계에 가면, 특정한 크기와 형태를 갖추고 둥우리에 대해 상대적으로 일정한 위치에서 움직이는 물체에 대해 입을 벌린다. 이 단계에서 새끼는 부모의 머리에 해당하는 자극 대상을 향해 반응하며, 이 반응은 정확하게 기술記述할 수 있는 복합적인 자극 배열에 따른 것이다. 이러한 사실을 알면, 차별적 강화의 과정을 통해 이런 행동 패턴이 발달한다는 학습 이론적인 추론이 가능하다. 또 쥐들을 훈련해 이와 비슷한 반응을 보이게 할 수도 있을 것이다. 하지만 이런 복합적인 '신호 자극'에 대한 반응이 유전적으로 결정되며 학습 없이 성숙된다는 증거가 있다. 그 가능성은 간단히 무시할 수 없다. 이와 유사한 사례인, 아이가 새로운 낱말을 모방하는 경우를 보자. 초기 단계에서 오히려 대체로 더 비슷하다. 나중 단계에 가면 정확히 따라하지는 못하지만(다시 말해 이것은 흉내가 아니라, 그 자체가 흥미로운 사실이다), 해당 언어의 음운 구조를 구성하는 소리 특성들의 아주 복잡한 통합 형태를 재생해낸다. 이런 결과가 우발적 강화의 정교한 배합을 통해 획득되었다고 추론할 수도 있다. 하지만 무수한 소리 중에서 음운적으로 적절한 특성만을 골라내는 능력은 강화와 별개로 유전적으로 결정된 성숙 과정을 통하여 발달한다고 볼 수 있다. 이렇게 볼 때, 유기체의 구조를 고려하지 않은 행동 발달 및 인과관계 이론은 그 실제 작용을 제대로 설명한다고 할 수 없다.

언어 습득의 구체적 특성을 결정하는 데 타고난 정보 처리 능력보다는 경험이 압도적으로 중요한 요소라는 주장이 종종 들린다. 어린아이는 자신이 소속된 집단의 언어를 사용하는 까닭이다. 하지만 이것은 피상적인 주장이다. 우리는 인간의 두뇌가 다음과 같은 정도로 진화했을 가능성을 생각해볼 수 있다. 중국어 문장이 입력되면 인간의 두뇌는 (눈

깜짝할 사이에 복잡다단한 '귀납'을 거쳐) 중국어 문법의 '규칙'을 생성해낸다. 마찬가지로 영어 문장이 입력되면 (아마 마찬가지 귀납 과정을 통해) 영어 문법의 규칙을 생성한다. 어떤 용어가 특정한 상황에 이용되는 것을 관찰하면 두뇌는 관계된 여러 복합적인 상황에 응용할 준비를 한다. 이것은 비합리적인 추론이나 환상이 아닐 수도 있다. 이 문제는 가능한 연구 범위 밖에 있는 것도 아니다. 물론 이러한 작용을 하는 뇌신경 구조에 대해서는 알려진 바가 없다. 결과적 행동을 관찰하는 방법으로 그 구조의 작동 방식이 알려진 것도 아니다. 아주 간단한 학습을 담당하는 뇌 구조조차 아직 파악되지 못했다.[33]

지금까지 논의해온 것을 요약하면 이러하다. 언어 습득 과정에서 주위 환경의 '반향feedback'과 '유기체의 독자적인 기여' 어느 쪽이 상대적으로 중요하다는 **특정한** 주장을 뒷받침하는 경험적 증거나 기존의 논거는 없는 것으로 보인다.

6_

이제 스키너가 언어 행동을 설명하기 위해 개발한 체계로 시선을 돌려보자. 이 체계는 '자극', '반응', '강화' 개념에 바탕을 두고 있으므로, 앞절의 논의로 미루어 막연하고 임의적인 체계일 것이라고 단정할 수 있다. 그러나 1절에서 밝힌 이유로 인해, 이들 개념에 바탕을 둔 분석이 표적을 빗나갔다는 것과, 스키너의 체계가 언어 행동을 제대로 설명하지 못한다는 것을 상세히 밝히는 것이 중요하다.

먼저 '언어 행동'이라는 용어 자체를 생각해보자. 이것은 "다른 사람들을 매개로 하여 강화된 행동"으로 정의되어 있다(2쪽). 이 정의는 분명 너무 광범위하다. 이에 따르면 스키너 상자 안에서 쥐가 지렛대를 누르는 행동, 아이의 칫솔질, 상대 선수에게서 물러나는 권투 선수의 뒷걸음질, 자동차 정비공의 수리까지 언어 행동에 포함된다. 이렇게 정의하면 일상적으로 '말하는' 행동이 얼마나 '언어' 행동에 포함될지 의문이다. 위에서 지적했듯이 '강화'에 실질적인 의미를 부여한다면, 아마 일상적 언어 행위의 아주 작은 부분만 포함될 것이다. 이 정의에 다음과 같은 부가 조항이 더해진다. 강화하는 사람('듣는 이')의 매개 반응은 "말하는 이의 행동을 **강화하기 위해 정확히** 조건 지어져 있다"(225쪽, 강조 표시는 스키너가 한 것이다). 위 예의 심리학자, 부모, 상대 권투 선수, 돈을 내는 고객의 '강화하는' 행동이 적절한 훈련의 결과라고 가정한다면, 이는 그리 불합리한 주장은 아니다. 그러나 이 부가 조항으로 말미암아 애초의 정의가 아우르는 언어 행동의 상당 부분이 제외되어버린다. 가령 내가 길을 걸어가다가 누군가가 "차 조심"이라고 외치는 소리를 듣고 길에서 비켜섰다고 하자. 이때 나의 비켜선 행위(스키너 식으로 말하면 매개하는 강화 반응)가 말하는 이의 행동을 강화하기 위해 정확히 조건 지어졌다(곧 내가 비켜서도록 훈련을 받았다)고는 할 수 없다. 비슷한 예는 얼마든지 있다. 이 부가 조항 덕분에 "주제를 전통적으로 언어 분야로 인식되는 범위로 국한할 수 있다"(225쪽)라는 스키너의 주장은 엄청난 오류다.

7_

스키너에 따르면, 언어적인 조작행동verbal operant은 차별화된 자극, 강화, 그 밖의 언어 반응들에 대한 '기능적인' 관계에 따라 분류된다. 요**구(맨드)**mand는 "언어적인 조작행동으로서, 특징적 결과에 따라 그 반응이 강화를 받고, 따라서 박탈이나 혐오 자극 등 상응하는 조건 아래서 기능적 통제를 받는다"(35쪽)고 정의된다. '요구'에는 질문이나 명령 등이 포함된다. 그러나 이 정의에 사용된 용어들은 많은 의문을 불러일으킨다. "소금을 건네주세요" 같은 '요구'는 일종의 반응이다. 우리는 반응의 형태를 관찰해서는 이 말이 '요구'에 속하는지 알 수 없고(스키너는 이 점을 아주 분명히 한다), 통제 변수들을 알아야만 한다. 이것은 일반적으로 불가능한 일이다. '박탈'은 지렛대를 누르는 실험에서 쥐에게 먹이나 마실 것이 주어지지 않는 시간을 말한다. 하지만 '요구'의 맥락에서는 아주 신비한 개념이 되어버린다. 여기서는 '통제된' 반응과 무관한 '박탈에 상응하는 조건'을 판별하는 방법에 대한 설명이 없다. 실험의 운용 차원에서 특징지어질 수 있다는 말(32쪽)은 전혀 도움이 되지 않는다. 만약 박탈을 경과 시간으로 정의한다면, 그 어느 때든 사람은 무수한 박탈 상태에 놓이게 된다.[34] 우리는 말하는 이가 소금을 요청했다는 사실을 바탕으로, 박탈의 조건이 (말하자면) 소금 없는 상태라고 규정할 수 있다('요구'를 '설정'하는 강화 공동체도 비슷한 곤경에 빠져 있다). 이 경우 '요구'가 관련 박탈의 통제 아래 있다는 주장은 공허하다. 우리는 (스키너의 의도와는 달리) 순전히 형태에 따라 그 반응을 '요구'로 인식한다. 위의 정의에서 "상응하는"이라는 낱말은 심각한 복잡성을 은폐한다.

　"소금을 건네주세요"라는 '요구'에 대해 '박탈'이라는 말은 어색하지 않다. 하지만 이 말은 기능적 분석에 별 도움이 되지 않는다. 가령 말하는 이가 "내게 그 책을 달라", "나를 드라이브시켜줘", "내가 고칠게"라고 했을 때, 이들 '요구'에서 어떤 박탈을 연상할 수 있는가? 우리는 상응하는 박탈을 어떻게 판단하고 결정하는가? 이 경우, '박탈'이라는 개념은 기껏해야 언어 행동의 작은 부분에만 적용될 뿐이라고 결론지을 수밖에 없다. "X는 Y박탈 아래 있다"는 명제는 "X는 Y를 원한다"는 말을 어색하게 바꿔 쓴 것에 지나지 않는다. 알쏭달쏭하고 얼토당토않은 객관성의 외피를 뒤집어쓰고서.

'혐오 통제'라는 개념도 헷갈리기는 마찬가지다. 이것은 협박, 구타 등을 가리키는 용어다(33쪽). 혐오 자극이 기능을 발휘하는 방식은 단순하게 설명된다. 말하는 이에게 연관된 강화의 내력이 있다면(이를테면 "과거에 상해 위협을 받다가 그것이 멈췄을 때 특정한 반응이 뒤따랐다면, 곧 상해가 뒤따르고 그것이 혐오 자극으로 조건화했다면), 말하는 이는 비슷한 협박을 받았을 때 그에 합당한 반응을 보이는 경향이 있다. 이 주장대로라면 말하는 이는 "돈을 내놓지 않으면 죽을 것이다"(38쪽)라는 '요구'에 적절히 반응하지 않을 것이다. 전에 죽어본 적이 없기 때문이다. 혐오 통제의 메커니즘을 설명하는 데 따르는 난점이 면밀한 분석으로 제거된다 하더라도, 위에서 말한 박탈의 경우와 비슷한 까닭으로 말미암아 조작적 행동을 밝히는 데에는 별 도움이 되지 않는다.

스키너의 관점에서 보자면, 우리는 대개의 경우 어떤 반응이 특정한 '요구'에 따른 것인지 분간할 수가 없다. 따라서 스키너의 체계 안에서, 어떤 '요구'의 **특징적** 결과가 어떻다고 말하는 것은 무의미하다. 설령 우리가 체계를 넓혀 '요구'를 인식할 수 있게 된다 하더라도, 우리 대부분은 불운하게도 각자의 요청, 명령, 조언 등이 특징적으로 강화되지 않는다는 명백한 사실에 맞닥뜨리게 된다(상당한 '강도强度'로 존재할 수는 있다). 따라서 이런 반응은 스키너에게 '요구'로 간주되지 않을 것이다. 실제로 스키너는 "마법적 맨드"(48~49쪽)라는 범주를 설정하여 "비슷한 상황에서 특정한 효과나 비슷한 효력 발휘를 보여왔음을 들어 설명할 수 없는 맨드들"(이 문장은 '……효력 발휘를 특징적으로 보였음을 들어……'로 고쳐 써야 한다)을 포괄하려 한다. 이런 유사 '요구'의 경우, 말하는 이는 "박탈 상태나 혐오 자극에 적합한 강화를 진술하기만 하면 된다." 달리 말해서 지금껏 '강화'와 '박탈'에 부여된 의미에 비추어, 말하는 이는 자기가 원하는 것을 '요구'하기만 하면 된다. 이에 대해 "말하는 이는 과거의 '요구'들에서 유추하여 새 '요구'들을 창출하는 듯하다"라고 하는 것은 그다지 도움이 되지 않는다.

스키너는 자신의 설명 체계가 전통적인 것보다 우수하다면서 "그 용어들이 실험 운용의 맥락에서 정의되었기 때문"(45쪽)이라고 말했다. 하지만 이러한 주장도 역시 환상이다. "X는 Y를 원한다"라는 진술은 지렛대를 누르는 횟수와 먹이 박탈 시간의 관계를 지적한다고 해서 해명되는 것이 아니다. "X는 Y를 원한다"를 "X는 Y의 박탈을 당했다"로 바꾼다고 해서 설명의 객관성이 돋아나지는 않는다. 나아가 그는 '요구'에 대한 새로운 분석이 우수하다고 주장하면서 요청, 명령 등의 전통적 분류에 객관적 근거를 제공하기 때문이라고 말했다(38~41쪽). 전통적인 분류는 말하는 이의 의도에 따른 것이다. 하지만 스키너의 주장에 따르면, 의도는 우발적 강화로 환원될 수 있고, 동시에 듣는 이에 대한 강화 행동이라는 관점으로 전통적 분류를 설명할 수 있다. 따라서 문제는 '요구'인데, '요구'는 "언어 행위를 구체화하고, 듣는 이의 행동은 그것을 요청, 명령, 기도 등으로 분류할 수 있게 한다"(39쪽). "듣는 이에게 말하는 이를 강화하려는 독자적인 동기가 있다면," 그것은 요청이다. "듣는 이의 행동이 위협 감소로써 강화되었다면," 그것은 명령이다. '요구'가 "정서적 기질을 일으켜 강화를 촉진했다면," 그것은 기도다. 듣는 이가 말하는 이의 강화를 매개하는 결과에 의해 긍정적으로 강화되었다면 그 '요구'는 조언이다. "말하는 이가 지시한 행동을 수행함으로써 듣는 이가 혐오 자극을 모면했다면", 그것은 경고다. 하지만 스키너가 '요청 request', '명령command' 같은 영어 낱말을 일상적 의미로 사용하고 있다면, 이들 정의는 모두 잘못된 것이다. '질문'이라는 낱말은 명령을 포함하지 않는다. "소금 좀 주세요"는 요청이지 질문이 아니다. 그런데 여기서 듣는 이가 그것을 수행할 동기가 있는지 여부는 문제되지 않는다. 요청을 받는 사람이 모두 호의적인 태도를 보이는 것도 아니다. 반응이 없다고 해서 명령이 명령 아닌 것이 되지는 않는다. 말하는 이가 암시된 혹은 상상된 위협 때문에 대답을 했다고 해서 질문이 명령이 되지도 않는다. 모든 조언이 훌륭한 조언은 아니다. 그리고 그에 따르지 않는다고 해서 조언이 조언 아닌 것으로 되지 않는다. 마찬가지로 경고가 오도된 것일 수도 있다. 그 경고에 유의하는 바람에 혐오 자극을 불러올 수도 있고, 그것을 무시하여 긍정적인 강화를 불러올 수도 있다. 간단히 말해서 스키너의 분류법은 요령부득이다. 특정한 듣는 이의 행동이나 기질을 바탕으로 요청, 명령, 조언을 구분하기란 불가능하다는 것은 잠깐만 생각해봐도 쉽게 알 수 있다. 모든 듣는 이의 전형적 행동을 바탕으로 할 수 있는 일도 아니다. 어떤 조언은 아예 받아들여지지 않을 수 있고, 틀림없이 나쁜 것일 수도 있다. 다른 '요구'들도 마찬가지다. 스키너가 전통적 분류를 이렇게 분석하는 데 만족한 것은 참으로 알 수 없는 일이다.

8_

'요구'는 이전의 자극과는 특별한 관계가 없는 조작행동이다. 이에 비해 **접촉 반응(택트)**tact은 "특정 대상, 특정 사건, 대상이나 사건의 특정한 속성 등이 불러일으키는(또는 강화하는) 일정한 형태의 반응을 가리키는 언어적 조작행동"(81쪽)으로 정의된다. 자극 통제에 관한 3절에서 다룬 사례는 모두 '접촉 반응'이다. '자극 통제'라는 개념이 다소 모호하기 때문에 '접촉 반응' 개념도 따라서 알 듯 모를 듯하다. 하지만 '접촉 반응'은 "가장 중요한 언어적 조작행동"이기 때문에 이 개념을 더 자세히 살펴볼 필요가 있다.

우리는 먼저 왜 언어 공동체가 어린아이에게 '접촉 반응'을 '부과'하는지 물어야 한다. 다시 말해 부모는 '접촉 반응'을 부과함으로써 어떤 강화를 받는지 살펴야 한다. 기본적으로 부모의 이런 행동은 아이가 접촉하는 환경을 넓힘으로써 얻게 되는 강화 때문으로 설명된다(85~86쪽). 스키너가 든 예를 옮겨 오자면, 아이는 나중에 부모를 전화기로 불러낼 수 있다(하지만 부모가 적합한 강화의 내력을 갖고 있지 않은데, 처음에 아이가 어떻게 '접촉 반응'을 획득하게 되는지 이해하기 어렵다). 이런 논리대로라면, 부모가 아이에게 걸음마를 배우게 하는 것은 아이가 신문 배달을 하여 돈을 벌게 하기 위해서라는 얘기도 가능해진다. 마찬가지로 부모가 아이에게 '모방 소리 목록echoic repertoire'(예를 들어 음소 체계)을 제공하는 것은, 이 덕분에 아이에게 새 낱말을 가르치기 쉬워져서 아이의 어휘가 늘면 부모가 아주 편리해지기 때문이다. "이 모든 경우에, 우리는 듣는 이의 강화 행동을 다음과 같이 설명할 수 있다. 듣는 이의 강화 행동은 말하는 이를 통제할 가능성을 높인다"(56쪽). 이 설명을 아이에게 걸음마를 배우게 하는 부모의 행동에도 적용할 수 있다. 아이의 기동성이 좋아질수록 부모가 아이를 더 잘 통제할 수 있다는 사실 때문에 부모는 강화를 받는다. 이런 설명은 다음과 같은 판단을 전제로 하는 우스꽝스러운 것이다. 부모는 아이의 능력이 잘 자라서 뻗어나가기를 보고 싶은 욕망이 아니라, 아이를 통제하고 부모가 시키는 것을 더 잘하게 하려는 욕망을 갖고 있다고 보는 것이 더 과학적이라고 말이다. 말할 것도 없이 이런 주장을 뒷받침하는 증거는 없다.

이제 '접촉 반응'에 대한 듣는 이의 반응을 설명하는 문제로 넘어가자. 가령 A가 "여우"라고 말하는 것을 B가 듣고서 석설한 반응을 일으켜 주위를 둘러보거나, 달아나거나, 총을 겨눈다고 하자. 우리는 B의 행동을 어떻게 설명할 수 있을까? 스키너는 이에 관한 왓슨Watson, John B.(1878~1958, 미국의 심리학자로 행동주의 심리학의 선구자_옮긴이)과 버트런드 러셀의 분석을 거부한다. 그의 불충분한 분석은 다음과 같이 전개된다(87~88쪽). 다음 두 가지를 가정할 수 있다. (1) "B의 내력에 '여우'라는 자극은 여우를 보기 전에 주위를 둘러보는 계기가 되었다." (2) "듣는 이는 현재 '여우를 보는 것에 신경을 쏟고' 있다. 여우가 보이느냐에 따라 어떤 강력한 행동의 실행 여부가 좌우된다. 그러므로 여우가 제공한 자극은 강화다." B는 적절한 행동을 했는데, "'여우' 소리라는 자극에 주위를 둘러보면 여우를 보는 강화를 받게 마련"이기 때문이다. 이렇게 하여 B의 행동은 차별화된 조작행동이 된다. 그러나 이 설명은 설득력이 없다. B는 전에 여우를 본 적이 없을 수도 있고 또 여우를 보는 데 현재 관심이 없을 수도 있다. 그렇지만 '여우'라는 자극에 적절히 반응할 수는 있다.[35] 과거의 경험이나 현재의 관심이 없더라도 동일한 반응이 발생할 수 있다. 다른 메커니즘이 얼마든지 작용할 수 있는 것이다.

스키너는 자극 통제의 관점에서 '접촉 반응'을 분석한 것이 지시와 의미를 바탕으로 한 전통적 공식화를 개선한 것이라고 여러 번 말했다. 그러나 이것은 사실이 아니다. 근본적으로 그의 분석은 전통적인 것과 별 차이가 없고, 도리어 훨씬 느슨하다. 차이라면 용어를 바꿔 썼을 뿐이다. 가령 외연(지시)과 내포(의미)는 전통적인 분석에서 엄격하게 구분되는 것인데 스키너는 '자극 통제'라는 막연한 용어로 뭉뚱그린다. 전통적인 분석에서 설명 용어는 한 범주의 실체들을 표시하고(곧 일정한 개념의 외연을 가리키고_옮긴이) 동시에 그 실체가 보유하거나 성취해야 할 속성이나 요건을 내포하거나 의미한다.[36] 가령 '척추동물'이라는 용어는 척추동물(이라는 외연)을 가리키고 또 '척추가 있다'는 속성을 내포한다.

이 내포된 속성이 곧 그 용어의 의미로 여겨진다. 다른 의미를 지닌 두 용어가 같은 것을 가리키기도 한다. 예를 들어 심장을 가진 생물이 모두 척추동물이라는 것은 분명 참이다. 그렇다면 '심장이 있는 생물'이라는 말은 척추동물을 가리키면서 '심장이 있다'는 속성을 의미한다. 하지만 심장이 있다는 것은 척추가 있다는 것과는 다른 속성이다. 따라서 '척추동물'이라는 용어와 '심장이 있는 생물'이라는 용어는 다른 의미를 지닌다고 할 수 있다. 이 분석이 부정확한 것은 아니지만(적어도 한 가지 의미에서는), 많은 한계점이 빈번히 지적되어왔다.[37] 주요한 문제는 두 용어가 동일한 대상을 의미하는지 판가름할 수 있는 좋은 방법이 없다는 것이다.[38] 방금 살펴본 바와 같이 두 용어가 동일한 대상을 가리킨다는 충분한 증거가 없다. **척추동물**과 **척추가 있는 생물**은 동일한 속성을 의미한다고 말할 수 있다(**심장이 있는 생물**이 의미하는 바와는 뚜렷이 다르다). 이것은 왜 그런가 하고 물으면 두 용어가 동의어라고밖에 답할 수 없다. '속성'이라는 개념은 어쨌든 언어에 연계되어 있는 듯하고, '정의하는 속성'에 매달려봐도 의미와 동의성同意性, synonymy에 아무런 빛을 던져주지 않는다.

　스키너는 '접촉 반응'을 어떤 물리적인 대상이나 사건의 속성(자극)의 통제 아래에 있는 반응이라고 정의했는데, 이것은 전통적 설명을 그대로 받아들인 것이다. 우리는 '통제'라는 개념에 실체가 없다는 것을 발견했고, 따라서 통제란 '외연'이나 '내포', 혹은 그 둘을 뭉뚱그린 것으로 이해하는 것이 최선인 듯하다. '자극 통제'라는 새로운 용어를 채택한 결과는 지시와 의미의 중대한 차이가 흐릿해졌다는 것뿐이다. 그것은 새로운 객관성을 제공하지 않는다. 반응을 통제하는 자극은 반응 그 자체에 따라 정해진다. 따로 객관적으로 자극을 알아볼 수 있는 방법은 없다(3절 참조). 따라서, 스키너가 '동의성'이란 "동일한 자극이 아주 다른 반응을 불러일으키는 경우"(118쪽)라고 정의한 데 대해 반대할 수는 없다. '의자'라는 반응과 '붉은색'이라는 반응은 같은 대상을 향한 것일 수 있지만, 이 둘이 동의어는 아니다. 왜냐하면 자극이 다른 것으로 여겨지기 때문이다. '척추동물'과 '척추가 있는 생물'은 동의어로 간주할 수 있다. 왜냐하면 목하 대상의 동일한 속성에 통제되기 때문이다. 전통적이지만 좀 덜 과학적인 관점에서 이 둘은 동일한 개념을 떠올리게 한다. 마찬가지로 스키너는 비유적 확장이 "강화의 순간, 언어 공동체에 의해 지켜지는 우연성 밖에 존재하는 자극의 속성에 따라 이루어지는 통제"(92쪽, 전통적인 표현으로는 부수적인 속성들accidental properties)에 기인한다고 설명한다. 이것은 전통적 설명을 반박한 것이 결코 아니기 때문에 반론이 있을 수 없다. 통제 자극의 미묘한 속성 차원에서 어떤 음악을 '모차르트의 작품'이라고 하는 반응에 대해 '설명할' 수 있는 것처럼, 실제 태양의 존재와 상관없이 "줄리엣은 태양이다/태양과 같다"와 같이 나타나는 반응에 대해서도 쉽게 설명할 수 있다. "이 경우 줄리엣과 태양이 동일한 속성을 지닌다거나, 적어도 말하는 이에게는 동일한 효과를 미친다는 근거는 없지만, 우리는 그렇게 한다"(93쪽). 어느 두 대상에게 공통된 속성이 많다면, 우리는 임의의 A와 B에 대해 'A는 B와 같다'는 형식의 반응에 대해 주저 없이 설명할 수 있다. 그러나 스키너의 분석이 전통적인 것보다 더 단순하고 과학적이라는 주장은 근거가 없다.

개인적 자극의 통제 아래 있는 '접촉 반응'(블룸필드Bloomfield의 '전치된 언설displaced speech')은 크고 중요한 부류를 형성하는데(130~146쪽), '친밀하다familiar'나 '아름답다beautiful' 같은 반응을 포함할 뿐 아니라 과거나 미래의, 혹은 잠재적인 사건이나 행동에 대한 언어 반응까지 아우른다. 가령 '동물원에 코끼리가 있었다'라는 반응은 "말하는 이의 내면에 있는 사건들을 포함하는 현재의 자극에 대한 반응으로 이해되어야 한다"(143쪽).[39] 실생활에서 '접촉 반응'이 어느 만큼이나 현재의 실제적인 외부 자극(에 대한 서술)에 대한 반응인지를 묻는다면, 개인적 자극에 얼마나 많은 역할이 부여되어 있는지 곧 알 수 있다. 아기를 돌보는 방이 아니라면 "이것은 빨갛다" "사람이 있다" 같은 문장으로 언어 행동이 이루어지는 경우는 별로 없다. '기능적 분석'이 모호한 내부 자극에 이처럼 크게 기댄다는 것은 전통적 분석으로부터 별반 나아가지 못했다는 증거다.

9_

예전의 언어 자극으로부터 통제를 받는 반응은 '접촉 반응'과는 다른 이름, **반향적 모방 행동**echoic operant이라는 용어로 설명된다. 이것은 "자극의 소리와 유사한 소리 패턴을 만들어내는"(55쪽) 반응이다. 즉각적 모방의 사례들이 이에 해당한다.[40] 그러나 아이의 '반향적 모방행동'이 아버지의 굵직한 목소리로 표현된 자극과 '유사한' 점에 대해서는 설명이 없다. 분명한 논평은 없지만 스키너는 음운학자들의 설명을 받아들이지 않으면서 대안도 제시하지 않는다. 모방 목록 개발은 완전히 다른 강화의 몫으로 돌린다. 스키너에 따르면 말하는 이는 언어 공동체가 요구하는 것 이상을 하지 못하므로, 공동체가 요구하는 정확성의 정도가 목록의 구성 요소를 결정한다. 그 요소가 무엇이든(꼭 음소音素, phoneme일 필요는 없다) 말이다. "정확한 일치를 요구하지 않는 언어 공동체에서는 모방 목록이 느슨해질 수 있고 새로운 패턴에 잘 적용하지 못할 수 있다." 어린아이가 다른 아이들과 놀면서 제2 언어나 방언의 정확한 발음을 체득하는, 익히 알려진 현상에 대해서는 아무런 논의가 없다. 이 현상은 스키너의 주장과 정면으로 배치된다. 정확성을 강요하지 않는 공동체에서는 효과적인 음소 체계가 발달하지 않는다는 주장(이것이 위에 인용한 주장의 요체다)은 인류학적 증거가 없는 것이다.

글로 된 자극에 대한 언어 반응(읽기)은 "텍스트적 행동textual behavior"이라고 한다.

언어 자극에 대한 다른 반응으로 "언어 내 조작intraverbal operant"이라는 것이 있다. 전형적인 예가 '2 더하기 2'라는 자극에 '4'라고 반응하는 것이나 '프랑스의 수도는'이라는 자극에 '파리'라고 반응하는 것이다. '2 더하기 2'에 대한 반응 '4'를 설명하는 것은 간단한 조건 형성으로 충분하다.[41] 하지만 이것을 역사적 사실이나 과학적 사실(72, 129쪽), 모든 언어 연상과 "사상의 비약"(73~76쪽), 모든 번역과 해설(77쪽), 보거나 들었거나 기억된 것들에 대한 보고(315쪽), 과학·수학·문학 담론의 상당 부분까지 확대하자, 언어 내 조작 개념은 의미를 잃어버린다. 프랑스의 수도는 "파리"라고 반응하는 학생의 능력에 대해 제시된 설명은, 다음과 같은 질문에 대답하는 능력에 대한 설명이 될 수 없다. '프랑스 정부가 있는 곳은 어딘가?' '문학적 방언의 근원은 무엇인가?' '독일군이 기습 공격한 주요 표적은 어디인가?' 등등. 또한 새 정리를 증명하고, 처음 보는 문장을 번역하고, 의견을 새로운 방식으로 표현하는 능력에 대해서도 마찬가지다.

자신의 견해를 "상대방에게 조리 있게 전달"하고, 또 복잡한 사건(가령 정치 상황이나 수학적 증명)을 이해하는 과정은, 스키너가 볼 때, 듣는 이의 기존 행동을 강화하는 것에 지나지 않는다.[42] "이 과정은 지적인 과학·철학 담론에 의해 예증"된 만큼, 스키너는 "그것이 반향적, 텍스트적, 언어 내적 보완으로 돌아올 수 있다는 것은 더욱 놀라운 일이다"(269쪽)라고 말한다. 이런 주장이 어리석다는 평가를 간신히 면한 것은 '강도', '언어 내적 반응' 같은 개념을 막연하고 느슨하게 사용하기 때문이다. 만약 우리가 이들 개념을 글자 그대로 사용한다면, 어떤 명제를 이해한다는 것은 높은 목소리로(높은 반응 강도로) 자주 그 명제를 크게 외치는 것과 같지 않음이 분명하다. 현명하고 설득력 있는 논증은 언어 반응의 짝짓기 내력에 근거하는 것일 리 없다.[43]

10 _

마지막으로 **기능 요소(오토클리틱스)**autoclitics라는 개념이 있다. 이것은 강력한 주장, 부인, 제한, 반응 계측, 문장 구성, "언어적 사고思考의 복잡한 조작" 등에 관련된 개념이다. 이 모든 행동은 "말하는 이의 다른 행동에 따라 촉발되는 행동"이다(313쪽). '문법 기능 요소'는 이미 주어진 반응에 대한 반응, 혹은 스키너의 책에서 본 바에 따르면 암암리에 나타나는 언어 행동이나 잠재적인 언어 행동이나 그 낌새에 대한 반응이다. 구체적인 사례로는 I recall(내가 기억하기로는), I imagine(내가 상상하기로는), for example(예를 들면), assume(가정하면), let X equal…(X를 ……와 같다고 하자) 같은 표현들, 부정을 뜻하는 낱말, 서술과 주장을 뜻하는 평서문의 be동사, 또 all(모든), some(얼마간의), if(……다면), then(그러고 나서), 그리고 명사·동사·형용사를 제외한 모든 형태소, 뿐만 아니라 문법적인 어순과 배치 과정 등이 있다. 스키너의 책에서 이 부분에 대한 설명은 세심하게 제한하지 않으면 거의 받아들일 수 없다. 한 가지 사례를 보자. 스키너의 설명에 따르면, "All swans are white"(모든 백조가 하얗다, 329쪽)에서 all(모든)은 '기능 요소'다. 이것은 모든 백조에게 자극이 되는 '접촉 반응'(택트)이라고 볼 수 없다. 따라서 all은 swans are white(백조들이 하얗다)라는 문장 전체를 한정하는 '기능 요소'다. All은 always(항상)나 always it is possible to say(항상 그렇다고 말할 수 있다)와 같은 것으로 간주할 수 있다. 그런데 한정을 받는 Swans are white(백조들이 하얗다)라는 문장은 All swans are white(모든 백조가 하얗다)라는 문장과 마찬가지로 총체적이다. 더욱이, 글자 그대로 본다면 all에 대해 제시된 해석은 부정확하다. Swans are white 못지않게 Swans are green(백조들이 활기차다)이라고도 말할 수 있는 것이다. 그리고 항상 말할 수 있는 것도 아니다(가령 다른 말을 하거나 잠을 잘 때는 그 말을 할 수 없다). 스키너는 아마 이 문장을 "각각의 백조 X에 대해 'X가 하얗다'는 참이다"로 바꿔 쓸 수 있다고 말하려 했을 것이다. 하지만 그의 설명 체계로는 이런 치환이 가능하지 않다. 그의 체계에는 참의 자리가 없으니까.

스키너는 문법과 구문을 '기능 요소'의 작용으로 설명한다(13장). 그의 설명이 전통적인 설명과 다른 점은 전통적인 '지시refer'라는 용어 대신에 유사과학pseudo-scientific 용어인 '통제control'와 '촉발하다(불러오다)evoke'를 사용한다는 점이다. 가령 The boy runs(소년이 달린다)에서 마지막의 s는 '미묘한 상황의 속성 아래' 있는 택트다. "달리기의 본질은 대상 그 자체 혹은 대상의 속성이라기보다 '행동'인 것이다."[44] 〔그렇다면 The attempt fails(그 시도는 실패다)라는 문장의 s는 '그 시도'라고 표현된 대상이 실패라는 활동을 수행하고 있음을 표시한다고 봐야 할 것이다. The difficulty remains(그런 어려움이 남아 있다), His anxiety increases(그의 불안감이 커진다) 같은 문장도 마찬가지다.〕 그러나 the boy's gun(그 소년의 총)에서 s는 소유를 나타내고〔the boy's arrival(그 소년의 도착), the boy's story(그 소년의 이야기), the boy's age(그 소년의 나이) 등에서 그렇듯이〕, '상황의 관계적 측면'(336쪽)의 통제 아래 있다. The boy runs the store(그 소년이 그 가게를 운영한다)라는 말에서 "순서order의 관계적 오토클리틱"(일련의 반응 체계를 그것들에 대한 한 가지 반응이라고 한다는 것이 무슨 뜻이든 간에)은 "아주 복잡한 자극 상황", "곧 그 소년이 그 가게를 운영하고 있다"(335쪽)는 상황의 통제 아래 있다. And in the hat and the shoe(그리고 모자와 구두 안에)라는 문장은 '짝pair'이라는 속성의 통제 아래 있다. Through in the dog went through the hedge('울타리를 뚫고 지나간 개'라는 말에서 부사어 '뚫고')는 "지나가는 개와 울타리의 관계"(342쪽)가 통제한다. 일반적으로 명사는 대상objects이 불러오고, 동사는 행위actions가 불러온다.

스키너는 핵심 골조 위에 일련의 핵심 반응들(명사, 동사, 형용사 등)이 놓여서 문장이 이루어진다고 본다(346쪽). Sam rented a leaky boat(샘은 구멍 난 보트를 빌렸다)라는 사실을 놓고 볼 때, 이 상황에 대한 애초의 반응은 rent(빌리다), boat(보트), leak(구멍 난), Sam(샘)이다. 이런 반응을 한정하는 '기능 요소'들(순서 포함)이 이들 반응의 관계를 표현하고, 이어서 '구성'이라는 과정이 추가된다. 그 결과가 문법적 문장이다. 이 문장은 임의적이라 할 수 있는 수많은 조합 중 하나다. 문장이 문법 틀 안에 배치된 어휘 항목들로 이루어진다는 생각은 물론 전통적 철학과 언어학의 견해다. 스키너는 여기에 받아들이기 어려운 추론을 덧붙인다. 구성의 내부 절차로서 명사, 동사, 형용사가 먼저 선택되고, 그 다음에 이들 내부 활동에 대한 '기능 요소'의 반응들에 따라 (명사, 동사, 형용사가_옮긴이) 배열되든지 한정되든지 한다는 것이다.[45]

'기능 요소'로 설명하든, 공의적共義的, syncategorematic(독립적인 뜻이 없고 다른 표현과 연관해서 문맥 안에서만 뜻을 가지는_옮긴이) 표현으로 설명하든, 문법적·어휘적 형태소로 설명하든, 이런 구문론은 부적절한 것이다. 문장 Sheep provide wool(양은 털을 제공한다)에는 (형체를 갖춘) 틀이 없지만, 여기 쓰인 세 낱말을 다르게 배열하면 영어 문장으로 성립되지 않는다. furiously sleep ideas green colorless(맹렬하게 잠 생각들 푸른 무색인)라는 낱말 조합과 friendly young dogs seem harmless(사근사근한 강아지들은 무해한 듯 보인다)라는 낱말 조합은 같은 틀을 갖추었지만, 이 중 하나만이 영어 문장으로 성립된다(마찬가지로 두 조합 중 하나만이 거꾸로 읽었을 때 문장으로 성립한다).* Struggling artists can be a nuisance(투쟁하는 예술가들은 성가신 존재가 될 수 있다)와 marking papers can be a nuisance(답안지 채점은 성가신 일이 될 수 있다)는 동일한 틀을 갖추었으나, 문장 구조는 아주 다르다. 두 문장의 can be를 is나 are로 바꿔보면 알 수 있다〔Struggling artists can be a nuisance에서는 복수명사인 artists(예술가들)가 주어이므로 can be 대신 is가 올 수 없고 복수형 be동사인 are가 와야 한다. 반면 marking papers can be a nuisance에서는 단수명사인 marking(채점)이 주어이므로 단수형 be동사인 is가 와야 한다_옮긴이〕. 이 정도로 단순한, 비슷한 사례가 많다. 문장 구조는 문법의 틀에 어휘 항목을 채우는 것 이상의 것이다. 이런 심층 과정을 고려하지 않는 언어 연구는 실제로 일어나는 언어 행동을 설명하는 데 성공을 거둘 수 없다.

11_

지금까지 스키너의 설명 체계에 도입된 주요 개념을 다 살펴보았다. 이렇게 개념을 하나하나 살펴본 목적은 다음과 같은 점을 입증해 보이고자 한 것이다. 만약 스키너의 용어들을 글자 그대로 받아들인다면 그의 설명 체계로는 언어 행동의 양상을 거의 설명하지 못하며, 비유적 의

---

* furiously sleep ideas green colorless를 거꾸로 읽으면 '무색의 푸른 생각들이 맹렬하게 잠든다'라는, 의미상 비문이지만 문법에는 들어맞는 문장이 된다._편집자

미로 받아들이더라도 스키너의 설명은 다양한 전통적 설명 방법보다 별로 나은 게 없다. 실험심리학에서 빌려온 용어들은 이처럼 확대 적용됨으로써 그 객관적 의미를 잃었고, 일반 언어의 모호함을 그대로 답습하게 되었다. 스키너가 몇 가지 용어만 바꿔 썼기 때문에 중요한 구분점이 많이 흐리멍덩해졌다. 이런 분석은 이 글의 1절에서 밝힌 견해를 뒷받침한다. 말하는 이와 배우는 이의 독립적인 기여를 배제하면(스키너가 아주 중요하게 생각한 일이다. 스키너의 책 원서 311~312쪽 참조), 설명 체계의 중요한 사항들을 모두 배제하게 된다. 따라서 설명 체계가 너무나 조잡하고 천박한 수준으로 전개되어 가장 기초적인 의문에 대한 답변도 내놓지 못한다.[46] 스키너가 다루었던 질문들은 거의 절망적으로 시기상조였다. 언어 행동의 특성이 더 많이 알려지기 전에는, 언어 행동의 인과 관계를 파고들려는 작업은 무의미하다. 습득되는 것에 대해 더 잘 알지 못하면 언어 습득 과정에 대하여 추론하는 것도 별로 의미가 없다.

언어 행동을 진지하게 연구하고자 할 때 언어학자든, 심리학자든, 철학자든 연구 분야를 적절히 설정하는 것이 엄청나게 어렵다는 문제에 곧장 마주치게 된다. 설정할 연구 분야가 하찮아도 안 되고 오늘날의 지식과 기술 수준을 완전히 넘어선 것이어도 안 된다. 기능적 분석을 과제로 설정한 스키너는 후자의 경우에 해당한다. K.S. 래슐리Lashley, Karl Spencer(1890~1958, 미국의 심리학자_옮긴이)는 스키너의 작업에 앞서 아주 흥미롭고 통찰력 있는 논문을 발표하여[47] 언어학자나 심리학자가 유익하게 접근할 수 있는 한계선을 제시했다. 래슐리는 자료를 진지하게 고찰하고서, 발화發話, utterance의 구성이나 생성이란 외부 자극과 언어 내 연상의 통제 아래 일련의 반응을 한데 엮는 단순한 일이 아님을 인식했다. 그리고 발화의 구문 조직은 발화 그 자체의 물리적 구조 안에 단순 명료하게 드러나는 것이 아니다. 다양한 관찰을 통해 래슐리는 구문

구조가 "구체적으로 일어나는 행위에 부과되는 일반화한 패턴"이라는 결론을 내렸다. 그리고 "문장 구조와, 다른 운동의 순서motor sequences를 깊이 생각해보면 다음과 같은 사실을 알 수 있다……. 밖으로 표출된 순서sequences 뒤에는 복잡한 통합 작용이 존재하는데, 이 작용은 행동의 최종 결과들로부터 추론할 수 있다." 래슐리는 특정 발화의 실제 구성에 사용되는 '선별적 메커니즘'을 결정하는 것도 대단히 어려운 문제라고 논평했다.

오늘날의 언어학은 이러한 통합 작용, 부과된 패턴, 선별적 메커니즘에 대해 정밀한 설명을 내놓지 못하지만, 이런 것들의 특징을 파악하는 문제는 풀 수 있다. L이라는 언어의 문법은 이론적으로 말해서 L의 문장들이 나올 수 있게 해주는 메커니즘이라고 보는 게 합리적이다. 이것은 연역 이론이 특정한 정리定理, theorem들을 가능케 해주는 것과 마찬가지 이치다. (이런 의미에서 '문법'에는 음운론도 포함된다.) 언어 이론은 이런 문법의 형식적 속성을 탐구하는 것이라 할 수 있고, 좀 더 정밀하게 구축한다면 이런 일반 이론이 일정한 판별법을 제공해줄 수 있다. 곧 어떤 주어진 문장의 생성 과정으로부터, 이 문장이 어떻게 쓰이고 받아들여지는지를 상당히 파악할 수 있는 구조적 설명을 끌어내는 것이다. 간단히 말해 적절히 구축된 문법으로부터, 어떤 발화 행위를 이루는 구체적 동작들에 작동하는 통합 작용과 일반 패턴을 끌어낼 수 있을 것이다. 적절한 형태를 갖춘 문법 규칙에는 두 가지 유형이 있는데, 하나는 선택 유형이고 다른 하나는 필수 유형이다. 발화를 생성하는 데는 후자만 적용된다. 선택적 문법 규칙은 특정 발화의 생산에 기여하는 선별적 메커니즘이라고 볼 수 있다. 이런 통합 작용과 선별적 메커니즘을 규정하는 문제는 하찮지도 않고 연구 가능한 범위를 벗어나지도 않는다. 이런 연구의 결과는 래슐리가 말한 것처럼, 심리학과 신경학 분야에도 별도 관심사가 될 것이다(그리고 그 역逆도 성립한다). 이런 연구가 성공을 거둔다 할지라도 행동의 의미와 인과관계에 관한 주요 문제에 답을 내놓지는 못하겠지만, 그래도 그들 문제와 무관하다고 할 수는 없다. 적어도, 실용 언어에 대한 모든 연구 방법에 강한 영향을 미치는 '의미론적 일반화' 같은 개념들은, 구문론 연구에서와 크게 다르지 않을 추론의 특징적 구조와 복잡성을 가려줄 것이다. 따라서 구문론적인 탐구 결과 일반의 특성이 의미 이론의 지나친 단순화를 보정해줄 수도 있을 것이다.

물론 말하는 이, 듣는 이, 언어 학습자의 행동이 언어 연구의 실제 데이터를 형성한다. 의미 있는 문장을 만들어내는 문법을 구축하는 것 자체가 실제 언어 행동을 설명해주지는 못한다. 그것은 문장과 비非문장을 구분할 줄 알고, 새로운 문장을 이해하고, 애매한 차이를 감지할 수 있는 등 한 언어를 능숙하게 구사할 줄 아는 능력의 특성을 추상적으로 규정한 것에 지나지 않는다. 이런 능력들은 매우 놀라운 것이다. 우리는 꾸준히 일련의 새 낱말을 읽고 들으며, 그것들을 문장으로 인식하고, 그 뜻을 이해한다. 우리가 문장으로 받아들이고 이해하는 새로운 사건들이 익숙한 사건들과는 관련이 없다는 것을, 문법적 틀의 형식적(이거나 의미론적이거나 통계적)인 유사성이나 동일성이라는 간단한 개념을 통해 쉽게 보여줄 수 있다. 이 경우 일반화를 이야기하는 것은 전혀 무의미하고 공허하다. 우리가 어떤 새로운 사항을 문장으로 인정하는 것은, 그것이 단순히 이미 친숙한 어떤 사항과 일치하기 때문이 아니라, 각 개인이 어떤 식으로든 내면화하고 있는 문법에 의해서 생성되었기 때문이다. 우리가 새로운 문장을 이해하는 것은 부분적으로, 내면화한 문법에 따라 그 문장이 파생되는 과정을 우리가 어느 정도 판별할 수 있기 때문이다.

가령 위에서 제시한 속성을 지닌 문법을 구축했다고 하자. 그러면 우리는 말하는 이, 듣는 이, 학습자가 이루어낸 것을 기록하고 연구할 수 있다. 말하는 이와 듣는 이는 문법에 따른 추상적인 특성이 있는 능력을 이미 획득했다고 봐야 한다. 말하는 이의 과제는 선택적 규칙들이 서로 부딪치지 않도록 잘 고르는 것이다. 문법 연구를 통해 말하는 이가 무엇무엇을 선택할 수 있고, 어떤 조건을 따라야 선택에 모순이 없게 되는지 알아낸다면, 말하는 이의 선택을 끌어내는 요인을 밝혀내는 데 의미 있는 진전이 이루어질 수 있다. 듣는 이(나 읽는 이)는 자기 앞에 제시된 발화를 구성하는 데 어떤 규칙이 선택되었는지 판별해야 한다. 이러한 인간의 능력이 우리의 현재 지식수준을 훨씬 뛰어넘는다는 사실은 인정해야 한다. 언어를 배우는 어린아이는 문장과 비문非文을 관찰하면서(곧 언어 공동체의 교정을 받으면서) 그 스스로 문법을 구축한다. 문장과 비문을 구분하고 모호한 차이를 간파하는, 말하는 이의 능력을 실제로 관찰, 연구하다 보면 이런 결론을 내리게 된다. 이 문법(말하는 이가 내면화한 문법_옮긴이)은 아주 복잡하고 추상적인 특성이 있고, 어린아이는 적어도 형식적인 차원에서는 뛰어난 이론 구축 능력을 성공적으로 발휘한다. 더욱이 어린아이의 이 능력은 놀라우리만큼 짧은 시간에 성취되며, 대체로 지능과 무관하게 거의 모든 아이에게서 발견된다. 학습 이론은 반드시 이러한 사실을 다루어야 한다.

어린아이가 일련의 문장을 생성하는 아주 복잡한 메커니즘을 구축할 수 있다는 견해를 받아들이기란 쉽지 않다. 문장의 일부는 아이가 남들에게 들은 것이다. 또 추상적 연역 이론의 속성이 많은 그 메커니즘에 따라, (그렇다면 어떻게) 문장이 생성되었는지 어른은 곧바로 판단할 수 있다. 그러나 이러한 견해는 말하는 이, 듣는 이, 학습자의 행위를 적절히 설명한 것으로 보인다. 만약 이 견해가 옳다면 다음과 같이 예측할 수 있다. 곧 문법 구조를 먼저 이해하지 않고서 말하는 이, 듣는 이, 학습자의 실제 행동을 직접 설명하고자 하는 시도는 아주 제한적인 성공을 거둘 수밖에 없을 것이다. 문법은 말하는 행동과 듣는 행동 각각의 한 요소로 간주되어야 하고, 래슐리가 말했듯이 오로지 물리적인 구체적 행위들만이 이러한 추론의 근거가 될 수 있다. 보통의 어린아이들이 아주 빠르게 굉장히 복잡한 문법을 거의 정확히 습득한다는 것은 다음과 같은 사실을 암시한다. 인간은 특별히 이런 능력을 획득하는 재주를 갖고 태어났으며, 데이터를 가공하는 능력, 또는 '가설을 수립하는' 미지의 복잡한 능력을 지닌다.[48] 언어 구조에 관한 연구가 궁극적으로 이 문제에 관해 의미 있는 통찰을 마련해줄지 모른다. 현재로서는 이 문제를 본격적으로 제기하지 못한다. 하지만 원칙적으로, 정보 처리(가설 수립) 체계에 내재된 구조로 말미암아 한정된 시간에 한정된 데이터를 바탕으로 언어의 문법에 도달할 수 있는가 하는 문제를 연구할 수는 있다. 아무튼, 말하는 이의 역할을 배제했더니 '유심론적' 설명 체계(중요한 전통적 구분을 흐려놓기만 한)에 도달한 것처럼, 어린아이가 언어 학습에 기여하는 능력을 연구 밖으로 제쳐두면, 아직 분석되지 않은 엄청난 기여를 '일반화'라는 단계로 미뤄버린 채 언어 획득에 대해 피상적인 설명만 하게 된다. 사실 정말 흥미로운 문제는 거기에 다 들어 있는데 말이다. 만약 언어 연구를 이런 식으로 제한하면 언어 행동의 주요 측면들은 필연적으로 미지의 영역을 벗어나지 못할 것이다.

02

《통사론의 양상》 서문

─────
이 글(원제 Preface to *Aspects of the Theory of Syntax*)은 《통사론의 양상*Aspects of the Theory of Syntax*》(Cambridge, MA : MIT Press, 1965), v–vii에 처음 실렸다.

언어는 무한히 많은 문장의 해석을 결정하는 규칙 체계에 바탕을 두고 있다. 이런 생각은 결코 새로운 것이 아니다. 이미 1세기 전에 빌헬름 폰 훔볼트von Freiherr Humboldt, Karl Wilhelm(1767~1835, 독일의 철학자·언어학자_옮긴이)는 일반 언어학을 논한 서문(훔볼트, 1836)[*]에서 이런 생각을 명쾌하게 표명했다. 하지만 이 유명한 서문은 그 후 제대로 연구되지 않았다. 그의 견해에 따르면 언어는 "유한한 수단을 무한히 사용하는 것"이며, 언어의 문법은 이런 작용을 가능하게 하는 과정을 설명할 수 있어야 한다. 훔볼트의 견해는 합리적인 언어철학과 심리철학의 범위 안에서 언어 사용의 '창조적인' 양상에 지속적으로 관심을 기울여온 결과다(촘스키, 《데카르트 언어학Cartesian Linguistics》, 1964 참조). 더욱이 '생성

---

[*] 훔볼트는 자바 섬의 고대 카위어에 대한 연구를 하다가 완성하지 못하고 세상을 떠났는데, 미완성인 상태의 연구 단편들을 그의 동생과 J. 부슈만이 1836년 책으로 엮어 내놓았다. 여기에 〈인간 언어 구조의 차이에 관하여Ueber die Verschiedenheit des menschlichen Sprachbaues……〉라는 제목으로, 언어의 차이와 그것이 인간의 발전에 미치는 영향을 논한 서문이 들어 있다. 이 서문은 언어 철학의 교과서로 불린다. _편집자(브리태니커백과사전 참조)

문법'의 현대적인 의미에 비추어보면 파니니Panini Daksiputra(서기전 4세기의 인도 문법학자로 전래 문법을 4000가지 규칙으로 정리했다_옮긴이)의 문법도 생성문법의 한 부분으로 해석할 수 있는 듯하다.

현대 언어학에서는 지난 몇 년 동안 특정 언어의 구체적인 생성문법을 구축하고, 그 결과를 탐구하려는 상당한 노력을 기울여왔다. 생성문법 이론을 적절하게 체계화하고, 집약적으로 연구된 언어들을 정확히 설명하기 위해 폭넓은 논의와 토론이 이루어졌다는 사실은 그다지 놀라운 일이 아니다. 언어 이론, 특히 영어 문법에 관해 현재 제시되고 있는 결론들이 불확실하다는 점은 이 분야 연구자라면 누구나 아는 사실일 것이다(어떤 식으로도 명확하게 공식화되지 않는 광범위한 언어 현상을 생각해보는 것으로 충분하다). 그렇지만 요즘 들어 상당히 내실 있는 결론들이 나와서 꾸준히 지지 기반을 넓히고 있다. 특히 경험적으로 타당한 생성문법에서 문법적 변형의 중요한 역할은 상당히 확고히 자리 잡은 듯하지만, 변형문법 이론의 적절한 형태에 대해서는 아직 많은 의문이 남아 있다.

이 논문은 변형문법 연구 과정에서 제기된 다양한 문제에 대한 시험적인 연구로, 제반 논의를 위한 전반적인 틀로서 변형문법을 전제로 삼았다. 논의의 주제는 변형문법 이론이 어떤 형식을 갖추어야 하느냐에 맞춰져 있다. 그리고 변형문법 연구의 경계선상에 있는 문제들도 다룬다. 일부 문제에 대해서는 확정적인 답변을 제시하지만, 대개의 경우에는 쟁점을 제기하고 그 쟁점에 접근할 수 있는 방법들을 생각해볼 뿐 어떤 확정적인 결론도 내리지 않을 것이다.

03

방법론적 예비 사항들

이 글은 《통사론의 양상》(Cambridge, MA : MIT Press, 1965), 3~9쪽 '방법론적 예비 사항들(원제 Methodological Preliminaries)'의 1절로 처음 소개되었다.

언어능력 이론으로서 생성문법

이 연구는 구문론과 영어 구문에 대하여 다양한 주제를 다룬다. 자세히 다룬 것도 있고 피상적으로 다룬 것도 있는데, 어떤 경우에도 철저하게 다루지는 못했다. 이 연구는 생성문법의 구문 요소에 관한 것인데, 다시 말해 구문 형성 기능을 하는 최소 단위(구성 요소formative)로 이루어진 문법적인 문장을 특징짓는 규칙들, 그리고 이런 문법적인 문장뿐 아니라 어떤 면에서 문법에서 벗어난 문장에도 다양한 유형의 구조적 정보를 부여하는 규칙들을 살핀다.

연구 수행의 일반적 틀은 이미 다른 곳에서 많이 제시되었다. 또 참고문헌으로 제시된 이론서와 설명서에 대한 지식을 얼마간 독자들이 갖추고 있으리라 생각한다. 이 장에서 나는 몇몇 주요 바탕 전제를 간단히 살펴볼 것이다. 하지만 그 전제 조건들을 정당화하려고 애쓰기보다는 그것들을 명확하게 기술하는 데 그치려 한다.

우선 언어 이론은 동질적인 언어 공동체에 살고 있는, 이상적인 '말하는 이 겸 듣는 이'를 상정한다. 이 사람은 공동체의 언어를 완벽하게 알며, 언어 지식을 실제로 활용하는 데 기억의 한계, 주의 산만, 주의와 관심의 이동, 실수(무작위적이거나 습관적인) 같은 비문법적 조건들로부터 방해받지 않는다. 이것이 현대 일반언어학 창시자들의 입장이었고, 입장을 바꿀 만한 타당한 이유는 제시되지 않았다. 실제로 이루어지는 언어행위를 연구할 때는 다양한 요소들의 상호작용을 고려해야 하는데, '말하는 이 겸 듣는 이'에게 내재된 언어능력도 그 요소 중 하나다. 이런 점에서 언어 연구는 다른 복잡한 현상들에 대한 경험적 탐구라고 할 수 있다.

이리하여 우리는 언어능력competence('말하는 이 겸 듣는 이'의 언어 지식)과 언어행위performance(구체적 상황에서 실제로 언어를 사용하는 것)를 근본적으로 구분한다. 앞에서 말한 이상적 조건에서만 언어행위는 언어능력을 고스란히 반영한다. 하지만 실제 생활에서 언어행위는 언어능력을 온전히 반영하지 못한다. 자연 언어를 기록해보면 말을 잘못 시작하거나, 규칙에서 어긋난 경우, 말하는 중간에 문장 형식이 바뀌는 경우가 수없이 많다. 언어학자에게나 언어를 배우는 어린아이에게나 문제는, 이상적인 '말하는 이 겸 듣는 이'가 통달해서 실제 언어행위에 적용할 규칙 체계를 언어행위 데이터에서 뽑아내야 한다는 것이다. 그러므로 엄밀히 말해 언어 이론은 유심론唯心論적mentalistic이다. 실제 행동에 내재된 정신적 실재mental reality를 발견하려고 하기 때문이다.[1] 관찰된 언어 용례나 가정된 반응 경향, 습관 등은 이 정신적 실재의 속성을 입증할 수는 있지만 언어학의 본격적인 연구 주제가 될 수는 없다. 내가 여기서 제시하는 구분은 소쉬르가 구분한 랑그langue, 파롤parole과 관련이 있다. 하지만 소쉬르의 랑그 개념은 항목들의 체계적 명세에 지나지 않기 때문에 제쳐두고, 대신 생성 과정의 체계인, '내재된 언어능력'이라

는 훔볼트의 개념으로 돌아갈 필요가 있다.[2]

한 언어의 문법은 이상적인 '말하는 이 겸 듣는 이'에게 내재된 언어 능력에 대한 서술이라 할 수 있다. 그 문법이 명명백백하다면, 달리 말해서 이해력 높은 독자의 지능에 의존하는 문법이 아니라 그 독자의 능동적인 기여를 명백하게 분석해내는 문법이라면, 그것을 가리켜 (조금 넘치게 표현해서) **생성문법**의 하나라고 할 수 있다.

완전히 타당한 문법이라면, 무한한 문장 하나하나에 대하여 이상적인 '말하는 이 겸 듣는 이'가 그 문장을 어떻게 이해하는지 구조적으로 설명할 수 있어야 한다. 이것이 언어를 설명하는 학문이 전통적으로 다뤄온 문제이며, 전통 문법은 문장의 구조 이해를 위한 풍부한 정보를 제공한다. 그러나 분명 가치가 있음에도 전통 문법은 언어의 기본적 규칙성을 많은 부분 규명해주지 못한다는 점에서 불완전한 문법이다. 이 사실은 구문론의 차원에서 더욱 명확하다. 구문론의 차원에서 전통 문법이나 구조주의 문법은 특정 사례들을 분류하기만 할 뿐, 생성 규칙들을 의미 있는 수준으로 규정하지 못하기 때문이다. 기존의 훌륭한 문법들을 분석해보면 이것이 단지 세부 경험이나 논리적 정확성의 문제가 아니라 원칙의 결핍 때문이라는 것을 곧 알 수 있다. 하지만 이 미지未知의 영역을 탐구하려면 전통 문법이 제시하는 구조 정보와 언어 작용을 연구하는 데서 시작하는 것이 틀림없이 유익하리라 생각된다.[3]

전통 문법과 구조주의 문법의 한계는 분명하게 인식되어야 한다. 이들 문법은 예외와 불규칙 사항을 한 아름 안은 채, 규칙적이고 생산적인 구문 작용에 접근할 수 있는 사례와 실마리만 제시한다. 전통적인 언어 이론을 탐구한 사람들도 이 사실을 모르지는 않았다. 가령 제임스 비티 Beattie, James(1735~1803, 스코틀랜드의 상식철학자_옮긴이)는 이렇게 말했다.

언어는 이 점에서 인간을 닮았다. 각 인간은 저마다 지닌 특성으로 구별되지만, 모든 인간에게는 공통점이 있다. 개별 언어의 특성은 그 나름의 문법과 사전으로 설명된다. 모든 언어가 공통으로 가진 것들, 혹은 모든 언어에 필요한 것들은 학문의 한 분야로 다루어지는데, 이것을 보편 문법universal grammar 혹은 철학적 문법philosophical grammar이라고 한다.[4]

제임스 비티보다 앞서 뒤마르세Du Marsais, César Chesneau(1676~1756, 프랑스의 계몽사상가이자 문법학자_옮긴이)는 보편 문법과 개별 문법을 다음과 같이 정의했다.

문법에는 모든 언어에 공통으로 발견되는 현상들이 있다. 이 현상들이 이른바 일반 문법을 형성한다. 말하자면 사람은 소리 내어 말을 하고, 문자를 가지고 그 소리를 표시한다. 또 의미를 만들어내기 위해 각각 다른 방법으로 낱말을 배열하고, 끝낸다. 이런 일반적 현상 외에 특정 언어에만 해당하는 것들이 있다. 이런 것들이 각 언어의 개별 문법을 형성한다.[5]

게다가 전통적 언어 이론에서는 모든 언어가 공통적으로 '창조적' 양상을 띠는 것으로 이해되었다. 따라서 언어의 본질적 속성은, 무한히 다양한 생각을 표현하고 또 무한히 새로운 상황에 적절히 반응하게 해주는 수단이라는 점이다.[6] 따라서 개별 언어의 문법은 보편 문법으로 보완되어야 한다. 보편 문법은 언어 사용의 창조적 양상을 받아안고, 보편적이기 때문에 개별 문법에서는 빠져 있으나 깊숙한 곳에 자리 잡고 있는 규칙성들을 표현해준다. 보편 문법으로 보완될 때 비로소 개별 언어의 문법은 '말하는 이 겸 듣는 이'의 언어능력을 온전하게 설명할 수 있다.

　그러나 현대 언어학은 '특정 언어의 문법'을 보편 문법으로 보완할 필요성을 명시적으로 인정하지 않았다. 그래야만 타당한 설명을 확보할 수 있는데도 말이다. 오히려 보편 문법을 잘못된 사상으로 배척했다. 그리하여 앞에서 지적했듯이 현대 언어학은 언어 사용의 창조적 양상을 다루려 하지 않았다. 따라서 구조주의 문법이 안고 있는 근본적인 결함을 극복하지 못했다.

　보편 문법이든 개별 문법이든 전통 문법이 문장 형성과 문장 해석의 규칙적 작용을 규명하지 못한 데에는 다음과 같은 다른 이유가 도사리고 있었다. 곧 낱말의 순서에 반영되는 '생각의 본연적 순서'가 있다는 폭넓은 믿음이 그것이다. 그래서 문장 형성 규칙은 문법이 아니라, '생각의 순서'가 학습되는 어떤 다른 영역에 속하는 것이라고 믿어졌다. 《합리적인 일반 문법*Grammaire générale et raisonnée*》(포르루아얄 학파의 아르노Arnauld, Antoine와 랑슬로Lancelot, Claude 편집, 1660, 약칭 포르루아얄 문법 Grammaire de Port-Royal_옮긴이)에서는 다음과 같은 주장이 펼쳐졌다. 비유적인 표현을 제외하고, 낱말의 연결은 "자연의 질서"를 따라가는데 이것은 "우리 생각의 자연스러운 표현"과 일치한다.[7] 따라서 언어의 비유적 사용을 위한 생략, 도치 등의 규칙을 제외하고는 문법 규칙을 공식화할 필요가 별로 없다. 이 같은 견해는 다양한 형태로 나타나고 또 변주된다. 예를 하나 더 들어보자. 동시에 꼬리를 물고 일어나는 생각의 순서가 낱말의 순서에 어떻게 반영되는가 하는 문제를 다룬 흥미로운 논문에서, 디드로Diderot, Denis(1713~1784, 프랑스의 철학자_옮긴이)는 이런 결론을 내렸다. 곧 낱말의 순서가 사유와 발상의 자연적인 순서를 따라간다는 점에서 프랑스어는 상당히 독특한 언어라는 것이다.[8] "고대어와 현대어 낱말들의 순서가 어떻게 되어 있든 간에, 작가의 정신은 프랑스어 구문에서 가르치는 순서를 따라간다."[9] "인간의 정신이 사용하는 언어로 생각할 수밖에 없듯이, 우리는 프랑스어로 그것들(생각한 것들_옮긴이)을 말한다."[10] 디드로의 결론은 탄복할 만큼 일관적이다. "우리의 일상 언어는 다른 언어에 비해 아주 실용적이다."[11] 그래서 프랑스어는 과학에 적당한 반면 그리스어, 라틴어, 이탈리아어, 영어는 "문학에 더 유리하다." 또 이렇게도 말한다.

> 양식 있는 사람들은 프랑스어를 선택할 것이다. 하지만······ 상상력과 열정은 고대어와 우리 이웃의 언어들을 더 선호할 것이다. ······ 사회에서나 철학계에서는 프랑스어로 말해야 한다. 그리스어, 라틴어, 영어는 설교단과 연극에서 사용해야 한다. 진리가 지상에 내려온다면 우리 언어는 그의 것이다. 그리고······ 그리스어, 라틴어와 다른 언어들은 설화와 허구의 언어가 될 것이다. 프랑스어는 가르치고, 계몽하고, 입증하는 데 쓰인다. 그리스어, 라틴어, 이탈리아어, 영어는 권유하고 감동케 하고 속이는 데 적당하다. 대중에게 그리스어, 라틴어, 이탈리아어로 말하라. 하지만 현자에게는 프랑스어로 말하라.[12]

아무튼 낱말의 순서가 언어 밖의 독립적인 요소들에 의해 결정된다고 본다면, 언어를 개별 문법이나 보편 문법으로 설명할 필요조차 없다. 그래서 구문 작용의 명료한 공식화가 문법에서 제외되어버렸던 것이다. 언어 구조에 대한 이런 순진한 견해가 현대까지 다양한 형태로 이어져왔다. 가령 소쉬르는 표현의 순서가 관념의 무정형한 순서와 일치한다고 보았고, 낱말과 어구 사용에 관련된 것만을 (인간의_옮긴이) 언어 사용에 공통되는 특징으로 보았다.[13]

하지만 전통 문법이 불완전한 근본적 이유는 더 기술적인 데 있다.

언어 작용이 어떤 의미에서 '창조적'이라는 것은 널리 알려져 있었지만, 순환 작용 체계를 나타내는 기술적 장치는 아주 최근까지만 해도 찾아볼 수가 없었다. 어떻게 언어가 (훔볼트의 말에 따르면) "유한한 수단의 무한한 사용"으로 이루어지는지 진정으로 이해하기 시작한 것은 최근 30년 사이에 이루어진 일이었다. 주로 수학의 토대를 연구하는 과정에서 이 작업이 이루어졌다. 이제 이러한 통찰을 획득했으므로, 전통 언어 이론이 제기했지만 해결되지는 못한 문제들로 돌아갈 수 있고, 또 언어의 '창조적' 작용을 규명하려는 시도도 가능해졌다. 간단히 말해서 생성문법에 대한 전면적인 연구를 가로막는 기술적 장애는 이제 존재하지 않는다.

다시 본 주제로 돌아가서, 나는 생성문법이라는 말을 단순한 의미로 사용한다. 내가 말하는 생성문법이란, 잘 규정된 방식으로 어느 정도 명료하게 문장에 구조적 설명을 부여하는 규칙들의 체계다. 분명히, 어떤 언어를 말하는 모든 사람은 자신의 언어 지식을 발현케 하는 생성문법을 다 익히고 내면화했다. 물론 그렇다고 해서 말하는 이들이 다 문법 규칙을 잘 안다거나 그들이 직관적인 언어 지식으로 하는 말이 반드시 정확하다는 뜻은 아니다. 본격적인 생성문법은 대체로 실제적이거나 잠재적인 의식 수준을 넘어서는 정신 작용을 다루어야 할 것이다. 또한 말하는 이가 스스로의 언어 행동이나 언어능력에 대해 내놓는 보고나 관점은 잘못된 것일 수도 있다. 그래서 생성문법은 말하는 이가 실제로 아는 것을 규정하려 하지, 그 스스로가 안다고 말하는 것을 다루지 않는다. 마찬가지로 시각적 지각visual perception 이론은 어떤 사람이 실제로 본 것과 그 보는 일에 동원된 메커니즘을 설명하려고 하지, 자신이 무엇을 왜 보았는가 하는 그 사람의 소견을 다루지 않는다. 그 소견이 이론을 뒷받침하는 유용하고 강력한 증거가 된다고 할지라도.

지금까지 꾸준히 제기된 오해를 피하기 위해, 생성문법은 말하는 이나 듣는 이를 위한 방안model이 아님을 거듭 강조하고 싶다. 생성문법은 가장 중립적인 관점에서, '말하는 이 겸 듣는 이'의 실제 언어 사용에 바탕이 되는 언어 지식을 규명하려는 시도다. 문법이 어떤 구조적 설명과 함께 문장을 생성한다는 말은, 문법이 그 문장에 구조적 설명을 부여한다는 뜻일 뿐이다. 어떤 문장이 특정한 생성문법에 의해서 유도된다고 말한다면, 말하는 이나 듣는 이가 그 문장이 유도되는 과정에서 실질적으로 어떤 역할을 했는지는 고려하지 않는 것이다. 이러한 질문은 언어 사용의 이론, 곧 언어행위 이론에 속하는 것이다. 물론 합리적 언어 사용 방안model에서는 '말하는 이 겸 듣는 이'의 언어 지식을 발현케 하는 생성문법을 기본 요소의 하나로 받아들일 것이다. 하지만 생성문법 자체가 개별적인 인지 방식perceptual model이나 언설을 만들어내는 방식의 특징이나 기능을 규정해주지는 않는다.[14]

이 문제에 대한 오해가 널리 퍼져서, 용어를 바꾸는 것이 좋지 않겠느냐는 의견이 줄기차게 제기되었다. 하지만 나는 '생성문법'이라는 용어가 아주 적절하다고 생각하며, 따라서 계속 이 용어를 사용해왔다. '생성하다generate'라는 말은 논리적인 의미로 친숙한 용어이며, 포스트 Post, Emil Leon(1879~1954, 미국의 논리학자_옮긴이)의 조합 체계 이론에서 더욱 그렇다. 게다가 '생성하다'는 훔볼트의 용어 erzeugen('만들다, 생산하다, 제작하다, 발생시키다'를 뜻하는 독일어_옮긴이)의 가장 적절한 번역어로 보인다. 훔볼트는 이 글에서 말하는 바로 그 의미로 이 용어를 자주 사용했다. '생성하다'라는 용어의 용법은 논리학과 언어 이론의 전통적 맥락에 잘 확립되어 있으므로 나는 이 용어를 수정할 필요를 느끼지 못한다.

04

저 너머의 광경
: 정신에 관한 연구 전망

이 글(원제 The View Beyond : Prospects for the Study of Mind)은 《지식의 문제와 언어 : 마나과 강연*Language and Problems of Knowledge : The Managua Lectures*》(Cambridge, MA : MIT Press, 1988), 133~170쪽에 처음 실렸다.

나는 언어 연구에서 생기는 다음 네 가지 주요 문제를 제기하면서 이 강연을 시작했다.

1. 언어를 말하고 이해할 수 있을 때, 우리는 무엇을 아는 것인가?
2. 이 지식은 어떻게 얻어지는가?
3. 우리는 이 지식을 어떻게 사용하는가?
4. 이 지식의 표현, 습득, 이용에 관여하는 물리적 메커니즘은 무엇인가?

첫 번째 문제는 논리적으로 다른 문제들보다 앞선다. 우리는 1번 문제를 이해하는 정도에 맞춰 2번, 3번, 4번 문제로 나아갈 수 있다.

1번 문제에 답하는 일은 우선 서술하는 작업이다. 문법을 구성하려고 시도하는 것이다. 곧 개별 언어가 어떻게 특정한 의사 표현에 해당하는 각각의 언어 표현을 지정하고, 그 형태와 의미를 정하는지 설명하는 언어 이론을 정립하려는 것이다. 훨씬 어려운 두 번째 단계는 그 너머, 진정한 해석의 수준으로 나아간다. 이것은 보편 문법의 이론을 구성하려는 시도다. 다시 말해 인간의 언어 능력human language faculty(정신적/신체적 기능으로서의 능력_옮긴이)을 구성하는 고정불변의 원리와 연관 매개변수들을 밝히는 이론을 수립해야 한다. 사실상 매개변수를 이런저런 방식으로 설정함으로써 특정 언어를 추론할 수 있다. 나아가서, 보편 문법의 법칙에 맞는 어휘들과 특정한 방식으로 설정된 매개변수가 주어지면, 보편 문법의 법칙에서 나온 구조적 표현을 추론함으로써 특정 언어의 문장이 왜 그 의미와 형태를 지니는지 설명할 수 있다.

2번 문제는 언어 연구에서 제기되는 플라톤의 문제다.* 보편문법 이론을 얼마나 잘 구성하느냐에 따라 문제 해결에 접근할 수 있다. 하지만 다른 요소들, 이를테면 매개변수 설정의 메커니즘이 관여하기도 한다. 다른 학문 분야에서 제기되는 플라톤의 문제에도 이와 똑같은 방식으로 대응해야 할 것이다.

그렇다면 언어 학습은 보편 문법이 특별히 지정하지 않은 매개변수의 값을 결정하는 과정이다. 말하자면 네트워크를 작동하는 스위치를 설정하는 것이다. 뿐만 아니라 언어 학습자는 해당 언어의 어휘 항목과 속성을 찾아내야 한다. 주로 이것은 선험적으로 존재하는 개념들에 붙은 표시를 찾아내는 문제인 것 같다. 이런 결론은 너무 놀라워서 터무니없어 보이지만 그렇다 하더라도 본질적으로 옳다.

정확하게 말해서 언어 학습은 어린이가 능동적으로 하는 일이 아니다. 그것은 적절한 영양과 환경의 자극이 주어졌을 때 어린이의 몸이 이미 정해진 방식대로 성장하고 성숙하는 것처럼, 적절한 환경에 처한 어

---

* 플라톤의 문제란 주어진 증거가 턱없이 부족한데도 사람이 어떻게 주어진 증거 이상의 것을 알아내는가 하는 것이다. 예를 들어 어린아이는 제한된 범위의 사람들에게서 제한된 범위의 말만 듣는데도, 어른이 가르쳐준 적이 없는 풍부한 언어 표현을 해낸다._편집자

린이에게 자연히 일어나는 일이다. 그렇다고 해서 환경이 언어 학습과 관계없다고 말하는 게 아니다. 환경은 보편 문법의 매개변수 설정을 결정하여 여러 가지 다른 언어를 만들어낸다. 비슷한 방식으로 초기의 시각적 환경이 수직선과 수평선을 감지하는 감각 기관의 밀도를 결정하는데, 이는 실험으로 증명되었다. 게다가 풍요롭고 자극적인 환경과 빈약한 환경의 차이는 언어 습득이나 신체 성장에 엄청난 영향을 미친다. 더 정확히 말해, 언어 습득은 신체 성장의 여러 측면 중 하나다. 인간의 공통된 자질에 속하는 여러 능력들은 어린이의 성장에 부여된 조건에 따라 활짝 꽃피기도 하고, 제한되거나 억압당할 수도 있다.

추측건대 이 점은 보편적인 것에 가깝다. 전통적인 통찰에 따르면 교육은 병에 물을 채우는 것이 아니라, 꽃이 스스로 피어나도록 돕는 과정이라 할 수 있다. 교육에 대한 전통적인 통찰에 지금보다 더 많은 관심을 기울여야 한다. 뛰어난 교사라면 알고 있듯이, 학생의 자연스러운 호기심을 자아내고 나름의 탐구심을 자극하는 일에 비하면 교수 방법과 교재의 범위는 부차적인 문제다. 학생은 수동적으로 배운 것은 쉽사리 잊어버린다. 자연스러운 호기심과 창조적인 충동이 일어나서 스스로 발견한 것을 학생들은 더 잘 기억할 뿐만 아니라, 이를 발판으로 더 깊은 탐구와 조사, 어쩌면 중요한 지적 공헌까지 나아가기도 한다. 또한 일반 대중이 정책 형성에 의미 있게 건설적으로 참여할 수 있어야 진정으로 민주적인 공동체다. 가족이나 이웃 공동체, 일터, 사회 전체도 마찬가지다. 중대한 의사 결정 과정에서 민중을 배제하는 사회, 또는 민간 사회와 국가를 지배하는 엘리트 집단의 결정을 일반 대중이 인정해주는 정도의 통치 체제는 '민주주의'라는 말을 들을 자격이 없다.

3번 문제에는 인지와 생성production, 두 가지 측면이 있다. 우리는 언어를 습득한 사람들이 어떻게 언어 지식을 사용하여 귀로 듣는 것을 이해하고 자신의 생각을 표현하는지 알고 싶다. 나는 이 강연에서 인지 측면을 다루면서 지금까지 생성 측면에 대해 한마디도 하지 않았다. 내가 데카르트의 문제라고 부르는 것, 언어 사용의 창조적 측면이 제기하는 문제, 정상적이고 평범하지만 상당히 주목할 만한 현상이 바로 이 생성의 측면이다. 사람이 언어 표현을 이해하려면, 정신/두뇌는 발음 형태와 낱말을 판별하고, 보편 문법의 법칙과 매개변수 값을 이용하여 이 표현을 구조적으로 묘파하고, 각 부분들이 서로 어떻게 연관되는지 파악해야 한다. 나는 이 과정이 어떻게 이루어지는지 밝히기 위해 많은 사례를 들었다. 하지만 데카르트의 문제는 우리가 논의했던 것을 넘어서는 많은 논점을 제기한다.

4번 문제에 관해, 나는 아무 말도 하지 않았다. 이 문제에 대한 연구는 대체로 장래의 과제다. 이 분야의 연구 수행에 어려운 점은, 윤리적이유 때문에 인간을 대상으로 한 실험이 허용되지 않는다는 것이다. 동물을 대상으로 한 경우에는 합법적(옳든 그르든)이라고 여겨지는 실험 연구 방법을 인간에게는 적용하지 못한다. 다양한 실험 조건에서 어떤 언어가 발달하는지 알아보기 위해 어린이들을 통제된 환경에서 키울 수는 없는 일이다. 뇌의 내부 작용을 알아보기 위해 인간의 뇌에 전극을 심거나, 어떤 효과가 일어나는지 관측하기 위해 뇌의 일부를 외과적으로 제거하는 일도 허용되지 않는다. 인간 외의 대상에 대해서는 흔하게 벌어지는 일이지만 말이다. 따라서 언어 연구는 부상, 질병 등으로 나타나는 '자연의 실험'에 한정되어 있다. 하지만 이런 조건에서 뇌의 메커니즘을 발견하려 하는 일은 무척 어렵다.

정신/두뇌의 또 다른 체계, 예컨대 인간의 시각 체계에 관한 연구를 보면, 다른 생물(고양이, 원숭이 등)에 대한 실험 연구 자료는 매우 유익한 정보가 된다. 여러 동물의 시각 체계가 서로 상당히 비슷하기 때문이다.

하지만 우리가 아는 한, 언어 능력은 인간에게 고유한 특성이다. 다른 동물의 두뇌 메커니즘 연구에는 정신/두뇌의 언어 기능에 대해 알려주는 정보가 별로 없다.

이 네 가지 질문에 대해 오늘날 우리가 내놓을(혹은 내가 볼 때 오늘날 **반드시** 내놓아야 하는) 대답은 한 세대 전에 모순 없이 받아들였던 대답과 사뭇 다르다. 이들 질문에 대한 기존의 대답은 다음과 같았다. 곧 언어는 훈련과 조절을 통해 얻은 습관 체계, 행동의 체계적인 경향이다. 이 행동의 혁신적 측면은 '유추'의 결과다. 물리적 메커니즘은 공을 잡는 것과 같은 숙련된 행동의 메커니즘과 본질적으로 같다. 기존의 관점에서, 플라톤의 문제는 인식되지 않거나 사소한 것으로 간주되었다. 숙달된 언어를 '계속 공부한다'는 생각이 일반적으로 통용되었다. 곧 단순한 언어 기술을 확립하기 위해 그렇게 많은 경험과 훈련이 필요하다는 뜻이다. 데카르트의 문제 역시 학계, 교육계, 일반 지식인 사회에서 인식되지 못했다.

사실에 관심을 기울인 사람들은 기존의 생각이 잘못일 뿐만 아니라 보완할 여지도 없이 심각한 오류라는 것을 발견했다. 마땅히 버려야 하고 본질적으로 가치 없는 생각이었다. 어떤 생각이 현실과 아예 동떨어져 있는데도 그처럼 널리 받아들여지고 또 별 의문도 제기되지 않았다는 사실을 설명하려면, 이데올로기의 영역으로 시선을 돌려야 한다. 사실 그것이 우리가 나아가야 할 방향이다. 신화가 어째서 그 정도로 존중되고, 지성계와 담론을 상당 부분 지배하게 되었는지 알고 싶다면, 이데올로기에 주목해야 하는 것이다. 그것은 흥미로운 주제이고 추구할 가치가 있지만 여기서는 자세히 다루지 않겠다. 나중에 몇 마디 할 수는 있겠지만.

데카르트의 문제, 다시 말해 언어가 어떻게 해서 일상적으로 창의적인 형태로 사용되는가 하는 문제로 돌아가자. 내가 여기서 말하는 창의성은 뛰어난 시인이나 소설가, 탁월한 문장가의 작품 같은, 진정으로 미학적 가치를 띠는 언어 용례와는 무관하다. 내가 말하는 것은 그보다 더 세속적인 것, 일상생활에서 매일같이 하는 말, 그 속의 참신함, 외부 자극과 내면 상태의 통제에서 벗어난 자유로움, 상황에 맞는 일관성, 듣는 이에게 적절한 생각을 떠올리게 하는 능력 등을 가리키는 것이다. 데카르트의 문제에 얽힌 내력은 상당히 흥미롭다.

쟁점은 물체와 정신이라는 문제의 맥락에서 나온다. 더 정확히 말해 이른바 '다른 사람들의 정신 문제'에서 불거진다. 데카르트는 우주의 기계론적 역사를 발전시킴으로써 당시의 물리학에 크게 기여했다. 그는 우리의 경험 세계에서 일어나는 사실상 모든 것을 기계론적 개념으로, 다시 말해 물체가 직접적 접촉을 통해 상호작용하는 이른바 '접촉역학contact mechanics'의 관점에서 설명할 수 있다고 확신했다. 그는 이 관점으로 천체의 움직임, 동물의 행동, 인간의 많은 행동과 인식 등 모든 것을 설명하려 했다. 데카르트는 이 분야에서 스스로 큰 성공을 거두었고, 자신의 포괄적 개념들을 세세하게 보완할 일만 남았다고 생각했다. 하지만 우리의 모든 경험을 그 틀 안에서 설명할 수는 없다. 그가 제시한 가장 두드러진 예외는 앞서 말한 언어 사용의 창조적 측면이었다. 이것은 접촉역학의 개념을 완전히 벗어난다고 데카르트는 주장했다.

자기 성찰을 통해 사람은 물질세계를 구성하는 몸과 사뭇 속성이 다른 정신이 있음을 알 수 있다. 이제 다른 생물에게도 정신이 있는지를 알아보고 싶다고 하자. 데카르트 학파는 이렇게 제안했다. 어떤 유기체가 인간 행동의 독특한 특질이자 가장 놀라운 예이며 가장 쉽게 조사할 수 있는 대상인 언어 사용의 창조적 측면을 보여주는지 알아보려면, 특정하게 설계한 실험 프로그램을 실시해야 한다. 데카르트의 주장에 따르면, 만약 앵무새의 어떤 기관이 자극을 받는 상태에 놓였을 때 앵무새가 '말하는' 것은 필요한 조건이 딱 맞아떨어졌기 때문이다(혹은 무작위적인 것일 수도 있다). 하지만 이것은 인간의 정신과 같은 유기적인 작동이 아니며, 실험으로 이 사실을 밝힐 수 있어야 한다. 그리하여 많은 구체적 실험이 제안되었다. 만약 그 같은 실험을 통해 어떤 유기체가 언어 사용의 창조적 측면을 보여준다면, 그 유기체는 인간과 동일한 정신을 가졌다고 보는 것이 합리적일 것이다.

앞에서 잠깐 말했지만 좀 더 포괄적으로는 이 문제를 다음과 같이 설명할 수 있다. 곧 '기계'는 고정된 환경 조건에서 일정하게 장착된 부품의 작용으로 일정하게 움직이는 데 비해, 같은 상황에서 인간은 '자극을 받고 마음이 내켜야만' 행동에 나선다. 인간은 거의 항상 자극을 받고 마음이 내켜야 행동하며, 또한 우리 각자는 다양한 범위에 걸쳐 선택권이 있음을 자기 성찰을 통해 알고 있다. 다른 사람들도 그렇다는 것을 실험을 통해 증명할 수 있다. **강요되는 것**과 **자극을 받고 마음이 내키는** 것의 차이는 결정적이라고 데카르트 학파는 결론을 내렸다. 이것은 상당히 정확한 결론이다. 실제 행동에서 드러나지 않더라도 그 차이는 결정적인 것이다. 만약 결정적인 차이가 아니라면 인간의 행동을 기계론적으로 정확히 설명할 수 있을 것이다. 하지만 기계론적인 설명은 인간 존재의 본질적 특성과 인간 행동의 원천을 제대로 규명하지 못한다.

기계론적 설명을 벗어나려면 어떤 초超기계적 원리, 이른바 창조적 원리를 발견해야 한다. 데카르트 학파의 주장에 따르면 이 원리는 정신, 곧 물체와 완전히 다른 '제2의 실체'에 속하며, 몸은 기계론적으로 설명할 수 있는 대상이다. 데카르트 자신이 기계적 세계의 법칙을 개진하는 긴 논문을 썼다. 그 논문의 마지막 권은 정신을 다루기로 되어 있었지만, 데카르트가 종교재판소에 출두한 갈릴레오의 운명을 알았을 때 이 부분을 찢어버렸다는 이야기가 전해진다. 갈릴레오는 물질세계에 관한 자신의 신념을 포기할 수밖에 없었다. 자신이 간직했던 글에서 데카르트는 이렇게 말했다. 우리는 정신의 본성을 발견할 만한 "충분한 지능"이 없지만, "자유와 방임indifference〔엄격한 사전 결정의 부재〕을 대단히 의식한다. 자유와 방임은 우리 안에 존재하기 때문에 우리는 그것을 무엇보다 또렷하고 완전하게 이해한다." 그리고 "우리가 그 본성을 제대로 이해하지 못한다는 이유만으로, 이처럼 우리 안에 있다고 우리 스스로 체험하고 인식하는 것을 의심하는 일은 터무니없다."

데카르트 학파에게 정신은 육체와 구분되는 별개의 실체다. 이 두 가지 실체가 어떻게 상호작용하느냐를 놓고 당시 많은 사유와 논쟁이 이루어졌다. 예컨대, 정신의 결정이 어떻게 육체의 행동을 끌어내는가? 동물은 기계론적인 설명이 가능한 기계에 지나지 않기 때문에, '동물의 정신'이라는 것은 없다. 다른 종류의 정신과 구분되는 **인간 정신**human mind이라는 개념이나 인간 정신을 달리 구성한 개념은 가능하지 않다. 생물은 인간이냐 아니냐 둘 중 하나일 뿐이다. '인간다움의 정도'라는 것도 없고, 신체적인 외면상의 차이를 제외하고 인간 사이에 본질적 차이는 없다. 철학자 해리 브래컨Bracken, Harry이 지적했듯이, 정신-육체 이원론 아래에서는 인종주의나 성차별주의가 논리적으로 불가능하다.

데카르트는 정신을 "모든 우발적 사건에 대응할 수 있는 보편적 도구"로 생각했다. 이 주장은 우리에게 정신의 본성을 발견할 만한 지능이 없다는 그의 신념과 불일치한다. 정신에 고유한 한계가 있다는 결론은 확실히 옳다. 정신이 '보편적 도구'라는 생각은, 온갖 지적인 작용에 적용되는 '일반적 학습 메커니즘'의 범위에 인간의 언어 능력과 그 밖의 모든 인지 체계가 들어간다는 통념의 시초가 되는 발상이다.

인간의 것이 아닌 정신의 존재 여부를 찾으려 한 데카르트의 실험이 지난 몇 년 사이에 새로운 모습으로 되살아났다. 가장 유명한 실험은 영국 수학자 앨런 튜링Turing, Alan Mathison(1912~1954)이 한 것이다. 그는 이른바 튜링 시험Turing test을 고안해서, 기계(이를테면 프로그램된 컴퓨터)가 지적 행동을 보이는지 알아보려 했다. 튜링 시험은 일련의 질문을 컴퓨터에게 던지고, 그 반응이 다른 인간에게서 나온 것이라고 결론을 내릴 정도로 인간 관찰자를 속일 수 있는지 여부를 알아보는 실험이다. 데카르트의 관점에서 보면 이것은 기계에게 우리와 같은 정신이 있는지 알아보는 시험이다.

오늘날 우리는 이 생각에 어떻게 반응해야 할까? 데카르트의 주장은 결코 불합리한 것이 아니며 따라서 간단히 물리칠 수가 없다. 만약 역학의 법칙이 어떤 현상을 설명하는 데 충분하지 않다면, 그 법칙을 넘어서는 것을 찾아야 한다. 그것이 우리가 아는 과학이다. 우리가 데카르트 학파의 형이상학을 반드시 받아들일 필요는 없다. 데카르트 형이상학은 '제2의 실체,' '생각하는 실체'(레스 코기탄스res cogitans), 분화되지 않고 구성 요소나 상호작용하는 부품이 없는, '의식의 단일성'과 영혼의 불멸을 설명하는 의식의 자리를 가정한다. 이 모든 것은 완전히 만족스럽지 못하고 제기된 어떤 문제에도 실질적인 해답을 주지 못한다. 하지만 제기된 문제 자체는 상당히 진지한 것이다. 데카르트가 견지했던 것처럼, 해결할 방법이 없다는 이유로 우리에게 분명한 사실(정신의 존재_옮긴이)을 부정하는 것은 불합리하다.

정신-물체의 문제와 인간의 것이 아닌 정신이 존재하는가 하는 문제에 관한 데카르트 학파의 설명이 어떤 운명을 맞이했는지 지켜보는 것도 흥미롭다. 물체body에 대한 명확한 개념이 있어야만 정신mind-물체body 문제를 합리적으로 제기할 수 있다. 만약 명확하게 고정된 물체 개념이 없다면, 어떤 현상이 물체의 범위를 벗어나는지 물을 수 없다. 데카르트 학파는 접촉역학의 차원에서 상당히 명확한 물체 개념을 제공했고, 이것은 많은 면에서 상식적인 이해를 반영한다. 따라서 데카르트 학파는 정신-물체 문제와 인간의 것이 아닌 정신 문제를 상당히 체계화할 수 있었다. 그 후 정신의 개념을 더 발전시키려는 중요한 시도가 있었으며, 여기에는 지각과 인식의 범주와 원리를 탐구했던 17세기 영국 신플라톤주의자들의 연구가 포함된다. 그 연장선상에 칸트의 연구가 뒤따랐고, 독립적으로 20세기의 게슈탈트Gestalt 심리학이 개념을 재발견했다.

또 다른 발전 노선은 17세기, 18세기, 19세기 초의 '일반적이고 철학적인 문법'(우리의 용어로는 과학적인 문법)이었는데, 데카르트, 특히 초기 데카르트 학파의 개념에 큰 영향을 받았다. 이 노선의 연구들은 보편 문법을 탐구하여 언어의 일반 법칙을 밝히려 했다. 언어의 일반 법칙은 본질적으로 생각의 일반 법칙과 다르지 않다고 여겨졌고, 그리하여 언어는 관습적 의미에서 '정신의 거울'로 인식되었다. 일리가 있거나 없는 여러 가지 이유 때문에 이 노선은 한 세기 동안 경시되고 방기되다가, 독립적인 경로를 통해 한 세대 전에 되살아났다. 아주 다른 용어를 사용하고 정신-물체 이원론에 전혀 기대지 않으면서 말이다.

데카르트 학파의 물체와 정신 개념이 어떻게 사회사상에 들어왔는지 알아보는 것도 흥미롭다. 가장 두드러진 사례는 장 자크 루소의 자유주의 사상이다. 루소의 사상은 엄밀히 말해 데카르트 학파의 물체와 정신 개념에 바탕을 두었다. 루소는 인간에게 정신이 있기 때문에 결정적으로 기계(동물 포함)와 구분되며, 또 결정적으로 정신의 속성이 기계적인 기정사실mechanical determinacy을 뛰어넘기 때문에 인간의 자유에 대한 어떤 침해도 정당하지 않고, 따라서 인간의 자유에 대한 침해는 맞서서 극복해야만 한다고 주장했다. 후대의 사상은 데카르트의 이론 틀을 폐기했지만, 그 뿌리는 상당 부분 이 고전적 사상에서 나온 것이다.

데카르트 학파의 제2의 실체 개념은 후대에 대체로 포기되었다. 하지만 정신 이론이 논박당한 것은 아님을 인정하는 것이 중요하다(그것은 논박하거나 확인할 정도로 분명한 개념도 아니라는 반박도 가능하다). 오히려, 정신이 아니라 데카르트 학파의 물체 개념이 17세기 물리학, 특히 현대 과학의 초석을 놓은 아이작 뉴턴의 저서에 의해 논박당했다. 뉴턴은 천체의 움직임을 데카르트의 접촉역학 법칙으로 설명할 수 없음을 밝혔고, 그리하여 데카르트 학파의 물체 개념은 포기되었다. 뉴턴의 이론 틀에는 한 물체가 다른 물체에 접촉하지 않고도 '먼 거리에서 동작을 일으키도록' 발휘하는 '힘'이 있다. 이 힘이 무엇이든 간에, 그것은 데카르트 학파의 접촉역학 틀에 포함되지 않는다. 뉴턴 자신은 이 결론을 불만스럽게 생각했다. 그는 때때로 중력을 "불가사의하다"고 했고, 자신의 이론이 물리 세계의 사건을 수학적으로 설명했을 뿐, 참된 '철학적'(현대적 용어로는 '과학적') 풀이는 아니라고 생각했다. 19세기 후반까지, 참된 풀이는 기계론적이거나 유사기계론적 관점에서 이루어져야 한다는 생각이 널리 퍼져 있었다. 다른 사람들, 특히 화학자이자 철학자인 조지프 프리스틀리Priestley, Joseph(1733~1804)는 물체 그 자체에 접촉역학의 한계를 초월하는 능력, 특히 다른 물체를 끌어당기는 속성과 어쩌면 그보다 더한 능력이 있다고 주장했다. 프리스틀리 이후에 진전된 논의를 따지지 않더라도, 일반적인 결론은 데카르트 학파의 물체 개념을 옹호할 수 없다는 것이다.

마지막으로 등장한 물체 개념은 무엇일까? 그 대답은 명확하게 규정할 수 있는 물체에 대한 개념이 없다는 것이다. 우리가 이룰 수 있는, 물질세계에 관한 최고 이론은 여러 가지 힘, 덩어리가 없는 미립자, 데카르트 학파의 '과학적 상식'에 배치되는 갖가지 실재 등을 포괄한다. 우리는 이것들이 물체의 세계, 물리적인 세계의 속성이라는 결론을 내린다. 이것은 경험적 가설에 적합한 임시적 결론이지만 기존의 물체 개념을 초월하기 때문에 비판받지 않는다. 물체에 대한 명확한 개념은 더 이상 없다. 물질세계는 물질세계가 그러하다고 우리가 발견하는 어떤 것, 풀이를 위한 이론적인 목적으로 가정된 어떤 속성들의 묶음이다. 제대로 된 풀이를 제공하는 이론, 물리학의 핵심 개념으로 흡수될 수 있는 명료한 이론은, 물질세계 이론의 일부, 물체에 대한 설명의 일부가 된다. 만약 어떤 영역에 이런 이론이 있다면 우리는 그것을 물리학의 핵심 개념으로 흡수하려 하고, 그 과정에서 개념을 수정하기도 한다. 인간의 심리를 연구할 때, 어떤 인식 기능(이를테면 언어 능력)에 관한 이론을 개발하고 이 기능이 어떤 속성을 가지고 있음을 발견한다면, 우리는 그 속성과 관련된 뇌의 메커니즘을 발견하려 애쓰고, 자연과학의 관점으로 그것들을 설명할 수 있는 방법을 찾고자 한다. 동시에 자연과학의 개념을 수정할 가능성을 열어둔다. 천체의 움직임을 설명하기 위해 데카르트의 접촉역학 개념을 수정한 것이나, 뉴턴 이후의 시대에 자연과학이 진화하면서 자주 이전의 이론을 수정해온 것과 마찬가지다.

요컨대, 물체에 대한 명확한 개념은 없다. 물질세계만 있을 뿐이다. 그 세계의 속성은 '물체'로 규정되는 선험적 경계 없이, 하나하나 발견해나가야 할 대상이다. 따라서 정신-물체 문제는 명료하게 규정할 수가 없다. 문제 자체를 설명할 분명한 방법이 없기 때문에 해결이 불가능하다. 누군가 명확한 물체 개념을 제시하지 않는 한, 어떤 현상이 물체의 한계를 벗어나는지 여부를 따질 수 없다. 마찬가지로 우리는 인간의 것이 아닌 정신 문제도 제기할 수 없다. 하지만 정신적 표출과 작용이 형성되고 조정되는 정신적 연산 과정을 논하면서 내가 내내 사용했던 유심론mentalism(정신주의_옮긴이)적인 용어는 앞으로도 쓸 수 있고, 내 생각에는 그래야 한다. 그렇다고 해도 육체와 따로 떨어져 있으면서 신비로운 방식으로, 어쩌면 신의 섭리에 따라 육체와 상호작용하는 '제2의 실체'의 속성을 조사할 수는 없다. 오히려 우리는 옳든 그르든 제대로 된 풀이 이론을 구성할 수 있는 추상의 수준에서 물질세계의 속성을 연구해야 한다. 제대로 된 풀이 이론이란 우리와 관련된 현상들의 본질에 대해 제대로 된 통찰을 제공하는 이론을 말한다. 우리와 관련된 현상들은 그 자체로 지적 관심사가 된다기보다는, 정신의 더 깊은 작용을 들여다보는 통로가 된다는 점에 의의가 있다. 유전자나 원잣값原子價, valence, 화학 분자의 속성에 대한 연구가 기초과학에 흡수된 것처럼, 궁극적으로 이 연구 또한 자연과학의 본류에 흡수되기를 바란다. 과거에 그랬던 것처럼, 인간 정신과 같이 복잡한 체계를 추상하는 이론에 토대를 제공할 정도로 기초과학이 어떻게든 발전하고 확장될 것이라고 생각한다.

그렇다면 우리의 임무는 제대로 된 풀이 이론을 발견하고, 나아가 그 이론에서 대략 제시된 속성을 지닌 물리적 메커니즘을 탐사하는 것이다. 이 탐사가 어디로 흘러가든지, 그것은 '물체'의 영역에 머물 것이다. 더 정확히 말하면, 다른 것과 구별되는 온전한 물체 개념을 아예 포기하고, 합리적인 연구 방법을 이용해 우리가 물질세계라고 부르는 것에 대해 알아낼 수 있는 만큼 알아내자는 것이다. 물질세계의 별난 속성이 무엇이든 상관하지 않고 말이다.

정신-물체 문제는 많은 논란, 논쟁, 추측의 주제이고, 이런 점에서 여전히 생생히 살아 있다. 하지만 이러한 논의는 근본적인 면에서 일관성이 없는 것 같다. 데카르트 학파와 달리, 우리에게는 명확한 물체 개념이 없다. 따라서 어떤 현상이 물체 연구의 범위를 벗어나, 별개의 정신 연구에 해당하는지 물을 수 있는지조차 상당히 불명확하다.

제2의 실체, 레스 코기탄스res cogitans(생각하는 것, 곧 정신_옮긴이)가 존재한다는 데카르트의 논리를 되싶어보자. 접촉역학의 용어로 '물체'를 규정한 뒤, 그는 물체의 영역을 벗어나는 어떤 현상들이 있다고 주장했고, 그것을 설명하려면 새로운 법칙이 필요하다고 했다. 데카르트 형이상학에서 제2의 실체는 당연한 것으로 여겨진다. 이러한 논리는 본질적으로 건전하며 뉴턴의 법칙과도 많이 닮았다. 뉴턴은 데카르트의 접촉역학이 천체의 움직임을 풀이하지 못한다는 것을 증명했고, 그리하여 새 법칙, 곧 중력의 법칙을 제시했다. 데카르트와 뉴턴의 도전이 보인 결정적 차이는 후자가 물체의 행동에 관해 제대로 된 풀이 이론을 제공한 반면, 데카르트 이론은 기계론적 풀이를 벗어나는 언어 사용의 창조적 측면을 만족스럽게 설명하지 못했다는 것이다. 따라서 뉴턴의 개념은 후대의 과학자들에게 '과학적 상식'이 되었지만, 데카르트 이론은 폐기되었다.

이제 데카르트의 문제로 돌아가면, 그 문제는 자연과학이 발전했음에도 여전히 풀리지 않은 채 남아 있다. 우리는 여전히 사실로 보이는 것, 심지어 명백한 사실에 대해서도 설명할 방법이 없다. 굳이 할 필요가 없는 일도 '자극을 받고 마음이 내키면' 한다는 점에서 우리의 행동은 자유롭고 사전에 결정되어 있지 않다. 그리고 우리가 자극을 받아 마음이 내키는 행동을 할 때도 자유로운 선택이라는 요소가 작용한다. 많은 사유와 종종 예리한 분석이 이루어졌지만, 내가 보기에 이 문제는 데카르트가 정리했던 수준에서 그다지 나아가지 못한 채 여전히 미해결 상태다. 왜 그럴까?

이 물음에 대해 가능한 한 가지 설명은 그 누구도 이 문제의 해답을 끌어내는 데 필요한 적절한 생각을 해내지 못했다는 것이다. 이것은 한 가지 가능한 설명일 뿐, 유일한 가능성은 아니다. 데카르트가 제안한 또 다른 설명은 이 문제가 우리의 지적 이해력을 벗어난다는 것이다.

다른 유기체를 살펴보면, 우리는 그들의 능력에 어떤 규모와 한계가 있음을 알게 된다. 가령 쥐는 어떤 일을 아주 잘할 수 있다. 실험을 위해 바퀴살과 같이 중심에 이르는 직선 통로가 많은 방사형 미로를 만들었다고 생각하자. 각 통로의 끝에는 먹이가 담긴 그릇이 놓여 있다. 미로의 중심에 놓인 쥐는 가장 효율적으로 먹이를 얻는 방법을 곧바로 알아차리고는 단숨에 통로를 달려간다. 먹이 그릇을 고정한 채 미로 장치를 회전해서 쥐가 똑같은 통로를 한 번 이상 오락가락하게 만들더라도 쥐는 여전히 먹이를 잘 찾아낸다. 이것은 결코 하찮은 성취가 아니다. 복잡한 공간 개념이 있어야 할 수 있는 일이다. 그러나 쥐는 연속 개념(이를테면 오른쪽으로 두 번 돌고 왼쪽으로 두 번 돈다든가)이 필요한 미로 학습은 해낼 수 없다. 확실히 어떤 쥐도 소수(자기 자신과 1로써만 나누어지는 수. 2, 3, 5, 7 등_옮긴이)에 해당하는 차례, 곧 두 번째, 세 번째, 다섯 번째, 일곱 번째, 열한 번째 갈림길에서만 오른쪽으로 돌고 나머지 경우에는 왼쪽으로 돌아야 하는 미로 학습은 익히지 못한다. 인간은 이 문제를 풀 수 있지만, 어려움이 없지 않고 산수 지식이 있어야 한다. 특별한 사례를 제외하면, 쥐(비둘기, 원숭이 등)의 능력은 명확한 규모와 한계 안에 정해져 있음이 분명하다.

이것은 논리적이다. 만약 어떤 생물이 어떤 일을 잘 해내는 능력을 가졌다면, 바로 그 능력 때문에 다른 일은 잘하지 못한다. 만약 그 능력이 무엇인지 알 수 있다면, 그 능력의 한계를 넘어서야 풀 수 있기 때문에 그 생물이 풀 수 없는 문제를 만들 수 있다. 그 생물에게는 자신이 풀 수 없는 문제가 있다는 것이 다행이다. 왜냐하면 그것은 다른 문제를 잘 풀 수 있는 능력이 있다는 뜻이기 때문이다. 풀 수 있느냐 없느냐를 가르는 것은 어렵고 쉬운 정도일 수도 있고, 글자 그대로 가능과 불가능의 경계일 수도 있다. 능력의 영역과 무능력의 영역을 가르는 분기점은 논리의 문제이시만, 그 본실은 사실의 문제다. 다시 말해 그 분기점이 존재한다는 것은 의심할 여지가 없다.

게다가 어느 한 유기체가 쉽사리 해결하는 문제는 다른 유기체에게는 어렵거나 불가능하다. 이를테면 우리는 '소수 미로'를 해결하는 장치를 쉽게 구상할 수 있다. 별 노력이나 시험을 거치지 않고 단번에 메커니즘 자체의 해답을 찾아내서 문제를 풀어버린다. 하지만 이 장치는 훨씬 더 간단하다고 여겨지는 미로를 해결하지 못한다. 어떤 유기체가 더 복잡한 문제를 풀 수 있다고 해서, 생물의 스펙트럼에서 다른 유기체들보다 '더 지적인' 존재의 자리를 차지할 수 있는 것은 아니다. 그 생물들이 서로 다르다는 것은, 해결 가능한 문제들이 다를 뿐인 것이다. 어떤 종의 말벌이나 비둘기는 집으로 돌아가는 길을 쉽게 찾아낸다. 인간은 이러한 소질이 없을뿐더러 그 비슷한 일을 잘하지 못하거나 아예 할 수 없다. 그렇다고 해서 말벌이나 비둘기가 인간보다 '더 지적인' 것은 아니다. 단지 생물학적으로 정해진 능력이 다른 것뿐이다. 문제가 단순한지 어려운지 가늠하는 '절대적인 기준'도 없다. 수학적 연산 이론에 입각해, 어떤 목표의 어려움을 '절대적 개념화'할 수는 있다. 하지만 그 개념이, 적어도 현재의 흐름에서 심리학이나 생물학 연구자들의 많은 관심을 불러일으킬지는 모르겠다. 유기체의 행동에서 중요한 것은 그 종 특유의 소질과 그 소질에 따라 정해지는 '어려운' 문제들의 묶음인 것이다.

우리는 인간이 자연 세계의 일부라고 생각한다. 인간은 분명히 어떤 문제를 해결하는 능력이 있다. 그리고 그 능력 때문에 다른 문제를 해결하는 능력은 갖추지 못했다. 시간과 기억 등의 한계 때문에 다루기가 너무 어려운 문제도 있고 아니면 글자 그대로 인간의 지능을 훌쩍 넘어서는 문제도 있다. 인간의 정신은 데카르트가 말한 것처럼 '모든 우발적 사건에 대응할 수 있는 보편적 도구'일 수 없다. 이것은 다행이다. 인간의 정신이 이런 보편적 도구라면, 모든 우발적 사건에 나쁘게 대응할 수도 있기 때문이다. 그렇게 되면 그 어떤 문제도 성공적으로 해결할 수가 없다.

언어의 경우를 살펴보자. 언어 능력은 이미 설명한 바 있는 물리적 메커니즘으로서 명확한 속성을 지닌다. 보편문법 이론에서는 그 속성을 체계적으로 설명하고자 한다. 이 속성 덕분에 인간의 정신은 별스럽고 놀라운 특색을 띠는 특정한 유형의 언어를 습득할 수 있다. 또 바로 그 속성 때문에 다른 언어를 '배울 수 없는' 언어로 배제한다. 어쩌면 인간은 정신의 다른 기능을 사용해서 특정한 비인간적 언어를 이해할 수 있을지도 모른다. 누대에 걸쳐 확장된 탐구와 실험의 지난한 과정, 그리고 천재들의 활약 덕분에 인간이 물질세계의 본질에 관해 많은 것을 이해할 수 있었던 것과 마찬가지로 말이다. 그 밖의 언어는 인간이 생각할 수 있는 한계를 벗어나 있다. 우리가 알아낼 수 있는 언어 능력의 속성 한도 안에서, '배울 수 없는 언어'를 구축할 수도 있다. 배울 수 없는 언어란, 언어 능력이 모든 단계에서 잘못된 선택을 하고 언어의 본성을 잘못 추측하기 때문에 언어 능력으로 습득할 수 없는 언어다. 우리가 알아낼 수 있는 다른 정신 기능들의 속성 한도 안에서, 우리는 과학적 탐구를 통해 대단히 어렵게, 혹은 전혀 어렵지 않게 습득할 수 있는 언어를 구축할 수 있다. 동시에 (인간의 지능으로는) 너무 어렵거나 완수하지 못할 일도 고안할 수 있다.

이 모든 것에는 딱히 신비한 점이 없다. 방금 말한 것의 대부분은 논리의 문제다. 인간 정신의 다양한 기능에 특정한 규모와 한계가 있다는 것은 사실의 문제이고, 인간 정신의 한계를 벗어나지 않는 범위에서 인간이 탐구하기에 달린 법칙상의 문제다. 미래의 언젠가, 인간 정신의 구조로 미루어 볼 때 어떤 문제는 인간의 지능으로 해결할 수 없음을 발견할지 모른다. 인간의 지능으로 해결할 수 없는 문세가 우리 인간과 나르게 구성된 지능에는 너무나 '단순한' 문제일지도 모른다. 소수 미로가 그것을 풀 수 있게 설계된 지능에는 아주 쉬운 문제이듯이.

신체의 성장에 관한 연구를 보면 이 모든 것이 분명해진다. 사람은 날개가 아니라 팔과 다리가 자라나도록 설계되었다. 태아에게 주어진 영양이 모자라거나 환경이 열악하다면 팔다리가 제대로 자라지 못하겠지만, 아무리 환경이 바뀌더라도 날개가 돋지는 않을 것이다. 만약 신체의 성장이 환경의 속성을 반영한다면, 우리는 서로가 닮지 않은, 형체와 모양이 없는 생물이 될 것이고, 신체적 능력은 극히 한정될 것이다. 우리의 생물학적 바탕이 복잡하고 대단히 특수하기 때문에, 우리 신체는 환경의 속성이 아니라 본질적 특성에 따라 성장한다. 따라서 상당히 특수한 신체적 속성을 지닌 복잡한 유기체로 성장하여, 기본 속성이 서로 매우 비슷하며, 어떤 일은 잘 해내고 또 어떤 일은 하지 못한다. 예컨대 우리는 걸을 수 있지만 날지는 못한다. 환경은 성장과 무관하지 않다. 오히려 환경은 여러 방면으로 성장을 촉발하고, 자극한다. 필요한 환경 요소가 결핍되면 성장이 지체되거나 왜곡된다. 하지만 대부분 미리 정해져 있는 방식을 따라간다. 우리는 다행히도 새가 될 만한 자질이 없다. 왜냐하면 우리에게는 인간이 되는 자질이 있기 때문이다.

정신의 발달도 거의 같다고 생각할 만한 이유는 충분하다. 사실, 우리가 참으로 물질세계의 일부라면 그럴 수밖에 없다. 우리는 어떤 문제—이를테면 인간의 언어 배우기—를 쉽게 감당할 수 있다. 하지만 어떤 절대적인 기준에서 '더 어렵지도' '더 쉽지도' 않은 어떤 문제는 우리의 능력 밖에 있고, 그중 어떤 문제는 영원히 그러하다. 그것이 우리에게는 다행이다.

다시 데카르트의 문제로 돌아가자. 이 문제를 풀지 못하고 실마리조차 제시할 수 없는 이유는 그것이 인간의 지적 능력을 벗어난 문제이기 때문이라는 설명이 가능하다. 인간의 본디 능력이 감당하기에 '너무 어려운' 문제이거나 아예 능력 밖의 문제다. 이렇게 생각하는 데에는 그럴 만한 이유가 있다. 우리는 인간의 지능이나 문제의 속성에 대해서 충분히 알지 못하지만, 엄격한 확정성과 무작위성에 관한 이론을 구축할 수 있다. 하지만 이 개념은 데카르트의 문제에 맞아떨어지지 않는 듯하고, 우리가 접근할 수 있는 관련 개념도 아직 없는 것 같다. 정신의 구조가 우리와 다른 화성의 과학자는 이 문제를 하찮게 여기고, 어째서 인간이 명백한 해결책을 생각해내지 못하는지 의아해할지 모른다. 또 화성의 관찰자는 모든 인간 어린이가 언어 습득 능력을 갖추었다는 사실에 깜짝 놀랄지도 모른다. 언어 능력의 요소들은 그가 지닌 개념의 범위를 벗어난 것이어서, 그에게 인간 어린이의 언어 습득 능력은 신의 섭리로밖에 이해할 수 없는 현상일 수도 있다.

예술도 마찬가지다. 진정으로 미적 가치를 지닌 작품은 한편으로 인간이 선택하는 규범과 법칙을 따르고, 한편으로는 우리의 근본적 본성을 반영한다. 그 결과, 우리는 어떤 창조적 작품에서 기쁨, 고통, 흥분 등 깊은 감동을 체험하지만 그 이유와 과정은 대체로 알려져 있지 않다. 그러나 우리에게 감동할 가능성을 열어주는 바로 그 정신 능력이 또 다른 가능성은 배제하고, 어떤 것은 영원히 배제하고 만다. 예술적 창조성의 한계 역시 슬퍼할 문제가 아니라 기뻐할 일이다. 그것은 우리가 다가갈 수 있는 풍부한 미학적 경험의 영역이 있다는 사실에서 비롯된 일이기 때문이다.

도덕적 판단도 마찬가지다. 우리는 도덕적 판단의 토대가 무엇인지 잘 모르지만, 인간의 근본적인 본성에 근원이 있다고 믿는다. 그것은 무엇이 옳고 그른지 알아내는 관습의 문제에 그치지 않는다. 어린이는 특정한 사회에서 성장하면서 도덕적 판단의 기준과 원칙을 습득한다. 배움을 얻을 근거(누군가, 혹은 무언가가 직간접적으로 어린이에게 도덕적 판단의 기준과 원칙을 가르쳐주는 경우_옮긴이)는 제한되어 있지만, 어린이들은 폭넓고 때로는 상당히 정확한 적응력을 갖는다. 늘 그렇지는 않지만, 사람들은 특정 사건에 대한 자신의 판단이 내면의 원칙과 일치하지 않기 때문에 틀렸다는 것을 가끔 발견한다. 도덕적 판단이 늘 요령부득으로 "나는 이렇게 주장하는데 당신은 그렇게 주장한다" 하는 경우에 그치지는 않는다. 폭넓고 정밀한 결과를 예측하는, 특정한 도덕 윤리 체계의 습득을 단순히 사회 환경이 '형성'하고 '통제'한 결과로 볼 수는 없다. 언어 습득의 경우, 환경은 아이에게 그토록 풍부하고 응용력 강한 언어 체계를 부여하기에는 너무나 빈약하고 막연하다. 잘 알지 못하는 일은 추측할 수밖에 없다. 하지만 어린이가 습득한 도덕 윤리 체계는 대부분 인간이 타고난 기능에서 비롯되었다고 추측하는 것은 확실히 합리적이다. 환경은 언어나 전망vision 등에 영향을 미치는 것과 같이 도덕 윤리 체계에도 영향을 미치고, 그 때문에 우리는 다양한 개인과 문화를 볼 수 있다. 하지만 우리의 본성에 뿌리를 둔, 공통적 토대는 분명히 있다.

인간 문명이 걸어온 길을 보면 이 문제를 어느 정도 통찰할 수 있다. 바로 얼마 전까지 노예 제도는 합법적일뿐더러 존중받을 만한 제도로 여겨졌다. 노예주들은 자신들이 하는 일이 잘못이기는커녕 도리어 자신들의 높은 도덕적 가치를 입증해주는 것으로 보았다. 게다가 그들의 주장은 합리적인 구석도 있었다. 오늘날 우리에게는 도덕적으로 괴이하게 여겨지지만 말이다. 산업자본주의 초기에 노예주들은 기계 한 대를 소유하면 그 기계를 빌렸을 때보다 더 세심하게 다룰 것이라고 주장할 수 있었고 실제로 그렇게 주장했다. 같은 이치로 노예주는 단지 일시적으로 사람들(노동자들_옮긴이)을 빌린 자본가보다 더 많은 주의와 정성을 기울여 자신의 소유물을 다루게 된다는 논리였다. 그렇다면 노예제도는

'임금노예'보다 더 높은 도덕적 기준을 나타낸다. 지금, 제정신인 사람이라면 아무도 이 주장을 받아들이지 않겠지만 결코 엉터리없기만 한 주장은 아닌 것이다. 문명이 진보하면서, 사람들은 노예제도가 본질적인 인권 침해임을 이해하게 되었다. 인간의 타고난 본성에 뿌리를 둔 도덕적 가치를 우리가 더 잘 이해하게 되면서, 생존을 위해 자기 자신을 임대하는 일과 임금노예 문제도 같은 관점으로 조명할 날이 오기를 고대한다.

많은 사람이 평생 동안 비슷한 경험을 겪는다. 얼마 전까지만 해도 성차별주의 문제는 논의할 대상으로 떠오르지 못했다. 이 문제가 극복되려면 아직 멀었지만 적어도 문제점은 인식되었고, 그 문제를 해결해야 한다는 공감대는 널리 퍼져 있다. 이것은 노예제도가 인간의 존엄성에 대한 견딜 수 없는 모욕이라는 깨달음과 같은, 아마 돌이킬 수 없는 윤리 의식의 변화다. 그것은 변화일 뿐 아니라 발전이다. 곧 우리 자신의 본성과 그것에서 비롯되는 도덕 윤리 원칙을 더 잘 이해하게 해주는 발전이다.

문명이 존속하는 한, 이런 발견은 끝이 없을 것이다. 진정으로 정직하고 예의를 아는 사람이라면 인권을 근본적으로 유린하는 학대, 계급제도, 지배, 권위의 형태를 가려내고자 애쓸 것이다. 어떤 문제가 극복되면, 전에는 문제로 의식되지 않았던 다른 문제가 등장한다. 이렇게 해서 우리는 스스로의 존재와 본성을 더 잘 이해하게 되고, 일상생활에서 어떤 사람이 되어 어떤 행동을 해야 하는지 더 잘 알게 된다.

이것은 낙관적인 견해다. 낙관을 반박하는 역사적 증거를 제시하기는 어렵지 않지만, 지나온 역사와 우리 앞에 놓인 길을 생각할 때, 아마 낙관적인 견해가 비현실적인 전망은 아닐 것이다. 도덕 사상과 담론은 이런저런 고려만 하다가 끝나지 않을 것이다. 그리고 이런저런 고려는 도덕적 사상을 고양하고 더욱 풍요롭게 한다.

나는 루소가 데카르트의 물체와 정신 이원론에서 자유주의 사상을 끌어냈다고 했다. 이 사상은 프랑스와 독일의 낭만주의 운동에서 더욱 발전했는데, 그 틀의 전제가 되는 것은 여전히 본질적인 인간 본성이 있다는 것이었다. 존 스튜어트 밀(그는 언어학 분야에서도 중요한 인물인데 최근 들어 비로소 그 업적을 인정받고 있다)에게 큰 영향을 끼친 빌헬름 폰 훔볼트의 자유주의 사회 이론에서는, 타인과 연대하여 스스로 조절하면서 생산적이고 창조적인 작업을 하는 것은 '인간의 본질'에 뿌리를 둔 필수적인 인권에 속한 일이다. 만약 어떤 사람이 외부의 지시와 통제에 따라 아름다운 작품을 만들어낸다면, 우리는 그가 한 일을 우러르겠지만, 그의 존재는 멸시할 것이라고 훔볼트는 주장했다. 그는 온전한 인간이 아니라 기계에 지나지 않기 때문이다. 마르크스 사회사상의 바탕인 소외노동 이론이 이 같은 근거에서 발전했다. 초기 저작에서 마르크스는 근본적 인권을 결정하는 '종의 속성'이라는 관점에서 이 개념을 체계화했다. 가장 중요한 것은 노동자에게 생산, 생산의 성격과 조건을 통제할 권리가 있어야 한다는 것이다. 바쿠닌은 인간에게 '자유 본능'이 있고, 인간의 이 본질적 특성을 침해하는 것은 전부 부당하다고 주장했다. 자유주의 사상의 전통은 이들 전제 조건에 바탕을 두고 크게 발전했다. 자유주의 사상의 인권 개념은 극히 제한된 경우를 제외하면 아직 실현되지 않았다. 하지만 내가 볼 때, 적어도 그것들은 본질적으로 옳고, 본질적인 인간 본성과 그 본성에 따라 깨우쳐져야 하는 도덕규범의 결정적 요건을 포착했다.

관찰해보면 사회생활에 참여하는 갖가지 형태는 대개 은연중에 인간의 본성을 전제한 데서 출발한다. 애덤 스미스는 인간이 '교환하고 거래하도록' 타고났다고 보았고, 이 같은 전제를 토대로 자유시장 자본주의가 정당하다는 논리를 전개했다. 내가 위에서 간략하게 정리한 사상의 노선은 인간의 본성에 대한 사뭇 다른 개념에 근거를 두었다. 일상생활에서도 마찬가지 상황이 벌어진다. 어떤 사람이 현재 상태가 그대로 유지되는 편이 좋다고 생각하거나, 아니면 정반대로 개혁이나 혁명으로 변화를 시도한다고 생각하자. 공포, 탐욕, 그 밖에 도덕적 책임감을 포기한 상태로 내린 결정이 아니라면, 그는 나름대로 인간이란 존재에게 이롭고 옳은 것을 믿는 신념—명시적이든 암묵적이든—에 입각해서 판단하고 결정한 것이다. 그의 결정은 궁극적으로 인간의 근본적인 본성을 전제로 한다. 그 밖에는 달리 방법이 없다. 그렇다면 우리가 찾아내야 할 진실은 지적으로 어려운 문제다. 이것은 인간성의 진실을 알아내는 아주 심오한 문제다.

여전히 추측의 영역에 머물러 있지만, 과학적 탐구가 가능해 보이는 분야인 인지認知 연구로 돌아가 보자. 지성사가 보여주듯이, 어떤 분야에서는 과학자들이 오랜 시간에 걸쳐 대단히 깊이 있는 이론 체계를 세울 수 있었던 반면, 어떤 문제들은 1000년 전에 제기되었던 상태 그대로 남아 있다. 어째서 그럴까? 언어 습득에 대한 설명 도식을 따라 이 문제에 접근하는 방법이 쓸모 있을지 모른다. 요점만 추려서 말하자면, 언어 능력을 타고난 어린이는 어떤 자료가 주어지면, 그 자료를 이용하여 언어 능력의 매개변수 값을 정하면서 언어를 구축한다. 구축된 언어는 무한한 언어적 표현에 대한 특정한 해석을 제공한다.

비슷한 방식으로 이론 구성에 대해 생각해보기로 하자. 인간의 생물학적 자질의 일환으로, 과학자에게는 어떤 개념적 장치, 문제를 체계화하는 방식, 이해와 풀이 개념 등이 장착되어 있다. 이것을 과학 형성 능력science-forming capacity이라고 부르자. 다른 경우와 같이, 이 능력은 삶과 우발적인 경험이 허용하는 범위 안에서 인식되고 사용되는 자원을 품고 있으며, 시간의 흐름에 따라 이 능력을 이용하는 방식이 바뀔 수 있다. 하지만 과학 형성 능력을 언어 능력처럼 고정되어 있는 것으로 가정하자. 현재의 과학적 이해 수준에 따른 바탕 전제들이 과학 형성 능력을 보완한다. 그렇게 보완된 과학 형성 능력은 접근 가능한 차원으로 제기된 의문에 대응하거나, 자신의 자원을 활용하여 의문을 체계화하는데, 이것은 하찮은 일이 아니다. 그렇게 해서 과학 형성 능력이 의문에 부응하여 이론적 풀이를 구축하려 하는 것이다. 임무 완수의 성공 여부를 결정하는 것은 과학 형성 능력에 내재된 기준이다. 만약 성공으로 판단되면 바탕 전제가 바뀌고, 과학 형성 능력은 이제 또 다른 의문을 맞이할 준비를 하고 그 의문을 체계화한다. 문제를 해결하고 이론을 구축하는 실제 상황을 들여다보면 훨씬 더 많은 이야기가 있지만 여기서는 도식적 설명으로 만족하기로 하자.

언어의 경우, 인간 정신의 중심 요소인 특별한 기능이 있다. 그 기능은 이른 시기부터 정해진 방식대로, 무의식적으로 자각의 범위를 넘어서 작동한다. 인류라는 종種에 공통된 방식으로 작동하면서 개별 언어의 풍성하고도 복잡한 체계를 만들어낸다. 문제 해결과 이론 구성 과정에 특별한 것은 없다. 우리가 직면하는 문제는 너무 다양하고, 그들 문제에 직면한 사람들 간의 차이는 훨씬 더 크지만, 보편적으로 사람들은 똑같은 바탕 전제를 공유하고 주어진 이론(원리 체계_옮긴이)을 이해한다. 그 이론을 직접 구축하지 않았더라도, 또 이론 구축에 필요한 특별한 능력이 부족하더라도 그 이론을 적용할 수 있다.

대부분의 경우, 과학 형성 능력은 의문에 대처해서 쓸 만한 응답을 전혀 내놓지 못한다. 대부분 의문은 불가해한 것들이다. 가끔 명쾌한 이론이 만들어질 때도 있다. 과학 형성 능력은 자원을 이용하여 일련의 실험을 거쳐 결과를 도출한다. 그렇게 만들어진 이론이 때로 진실에 가까워서, 이로써 우리가 잠재적 지식을 얻고, 꾸준히 노력하면 실험으로 이론을 정교하게 다듬을 수 있다. 세계의 진리와, 어떤 특정 시점에 인간의 과학 형성 능력이 만들어낸 것이 부분적으로 일치하면 과학이 된다. 하지만 인간의 생물학적 자질을 구성하는 한 요소인 과학 형성 능력이 세계의 진리에 다소 합치하는 결과를 낸 것은 순전히 행운에 의한 결과임을 주목해야 한다.

어떤 이들은 이것이 행운의 결과가 아니라 다윈주의적 진화의 산물이라고 주장했다. 저명한 미국 철학자 찰스 샌더스 퍼스Peirce, Charles Sanders(1839~1914)는 위에서 설명한 것과 비슷한 관점에서 과학 구축 과정을 설명하면서 다음과 같은 주장을 폈다. 곧 우리의 정신 능력은 자연선택이라는 정상적 과정을 통해 경험의 영역에서 제기된 문제에 대응하는 방향으로 진화했다는 것이다. 하지만 이 주장은 별로 설득력이 없다. 만약 침팬지에게 뱀을 무서워하는 유전자가 없다면 살아남아 번식할 수 없기 때문에 침팬지가 뱀을 태생적으로 두려워한다고 생각할 수는 있다. 하지만 이와 비슷한 유전적 이유 때문에 인간에게 양자 이론을 발견하는 능력이 생겨났다고 주장할 근거는 없다. 진화 과정에서 형성되는 경험은 과학이 직면하는 문제에 대해 그 어떤 실마리도 주지 않는다. 그리고 과학적인 문제를 해결하는 능력은 거의 진화의 요소가 못 된다. 세계의 진리와 우리 생각이 어떻게 합치되는지 설명하기 위해 **데우스 엑스 마키나**deus ex machina*를 불러올 수는 없다. 진리와 과학 형성 능력의 (부분적) 합치는 대개 우연한 행운의 결과로 보이고, 실제로도 그렇다.

인간의 과학 형성 능력은 다른 생물학적 체계와 마찬가지로 나름의

---

* 고대 그리스 연극에 등장하는 신으로, 가망 없어 보이는 상황에서 기계 장치를 타고 공중에서 내려와 사건을 해결한다._편집자

규모와 한계가 있으며, 그것은 필요한 일이다. 우리는 어떤 문제가 과학 형성 능력의 한계를 벗어난다고 확신할 수 있다. 하지만 과학 형성 능력은 적절한 바탕 정보로써 보완된다. 데카르트의 문제는 한계 밖에 있을지 모른다. 이것은 그리 놀랄 일도 아니고 현재로서는 달리 생각할 이유가 별로 없다.

과학의 역사를 연구하고 인간을 실험하다 보면 과학 형성 능력의 본질에 관해 뭔가 알아낼지도 모른다. 그렇다면 우리가 과학 형성 능력의 수단을 가지고 과학적 방법으로 접근할 수 있거나 없거나 하는 문제들에 관해 뭔가 알아낼 수도 있다.

덧붙여 말하자면, 우리가 직면한 모든 문제에 이런 관점으로 접근해야 가장 잘 접근했다고 생각할 이유는 없다. 심리과학보다 소설에서 인생과 인간성을 더 많이 배울 가능성이 언제나 높다. 아마 압도적으로 높다고 여겨질 것이다. 과학 형성 능력은 정신적 자질의 일면에 지나지 않는다. 우리는 가능하다면 어디에서나 그것을 사용하지만 다행히도 그것에만 매달리지 않는다.

우리가 살펴본 노선에 따라 이루어진 언어 연구가 인지 연구에 유익한 방안model을 제공할 수 있을까? 보편적인 접근 노선이라면 언어뿐만 아니라 다른 분야에도 적합해야 한다. 만약 언어 능력을 구성하는 요소가 다른 분야에도 요긴하게 들어맞는 것을 알게 된다면, 아주 놀라운 일이 되리라. 언어 분야 외에, 최근에 상당히 발전한 인지심리학의 한 분야가 시각 분야다. 여기에서도, 우리는 인간의 시각 기능이 어떤 속성을 지니는지 물을 수 있다. 이 경우, 비슷한 능력을 지닌 다른 생물을 놓고 실험할 수 있기 때문에 우리는 관련된 신체 메커니즘에 대해 뭔가를 알 수 있다. 여기에서도 우리는 기능이라는 것이 명확하게 특정한 속성을 가지고, 또 경험에 따라 변화 가능성이 결정된다는 것을 발견한다. 이를테면 수평 감각과 수직 감각의 민감도가 달라질 수 있다. 이 경우, 기능이 성숙한 상태에 다다르기까지 성장하는 데는 **결정적 시기**가 있다는 것이 실험을 통해 밝혀졌다. 기능의 어떤 측면들은 일반적으로 정해진 특정한 시간 틀에 맞춰 발달해야 하고, 그렇지 않으면 제대로 발달하지 못하거나 아예 발육을 못 한다. 적절한 발육 촉진을 위해 어떤 시각적 경험은 유아 시기 초기에 제공될 필요가 있다. 시각 체계는 여러 가지 중요한 면에서 언어 능력과는 다른 기능이다. 예컨대, 시각 체계는 지식 체계를 이끌어내지 않고 직접 작동하는 체계다. 하지만 문제에 접근하는 방식에는 비슷한 점이 있다.

언어 능력이 그렇듯이, 인간의 시각 체계는 어떤 법칙을 준수한다. 최근에 발견된 한 가지가 '견고성 법칙rigidity principle'이다. 광범위한 조건에서, 시각을 담당하는 뇌는 나타난 현상을 움직이는 단단한 물체로 해석한다. 그리하여 만약 내가 평면 도형, 그러니까 둥그런 도형을 들고서 그것을 시선의 수직 방향으로 여러분에게 보여준다면, 여러분은 그것을 둥근 고리로 보게 된다. 그것을 90도로 회전해서 마침내 안 보이게 한다면, 여러분은 고리가 회전하는 모습을 본다. 여러분의 눈에 다다른 시각적 정보는, 평면 도형이 오그라들며 형태가 변하다가 선이 되어 사라지는 모습을 보았다는 결론과 일치한다. 하지만 광범위한 조건에서 여러분이 '보는' 것은 단단한 평면 도형의 회전이다. 시각을 담당하는 뇌는 눈으로 본 것을 그렇게 해석하도록 만들어져 있다. 이 경우, 시지각視知覺의 생리학은 어느 정도 알려졌다고 할 수 있다.

또 다른 경우를 예로 들면, 한쪽 끝에 큰 점이 있는 텔레비전 화면을 본다고 생각하자. 점이 사라지고 화면의 반대쪽에 크기, 모양, 색깔이 똑같은 점이 나타났다고 하자. 시간과 거리가 잘 맞을 경우, 여러분은 한쪽에서 다른 쪽으로 움직이는 점, 이른바 가현운동假現運動, apparent motion(실제로는 움직이지 않는 물체가 어떤 조건에 따라 움직이는 것처럼 보이는 현상_편집자)이라는 현상을 '보게' 된다. 가현운동의 속성은 상당히 주목할 만하다. 두 점이 화면 중간 높이에서 수평으로 나타났다가 사라질 경우에는, 여러분은 화면의 한쪽 끝에서 다른 쪽 끝으로 움직이는 점을 '보게' 된다. 직선이 아니라 양 끝으로 움직이는 점이다. 사라지는 점이 붉고 나타나는 점이 파랗다면, 붉은 점이 화면을 가로지르다가 어느 지점에서 파랗게 되어 마지막 지점까지 파란 상태를 지속하는 장면을 보게 된다. 이런 현상은 시각 메커니즘의 구조를 보여준다.

다른 생물의 시각 메커니즘은 사뭇 다르다. 약 25년 전, 일련의 고전적 실험을 통해 개구리의 눈은 움직이는 파리를 '보도록' 설계되어 있다는 사실이 밝혀졌다. 만약 파리와 비슷하게 움직이는 것이 있으면 개구리의 시각 담당 뇌는 그것을 감지한다. 하지만 눈앞에 파리가 죽어 있을 경우, 개구리의 시각 메커니즘은 작동하지 않아 그것을 보지 못한다. 이런 측면에서도 시지각의 생리학적 메커니즘이 어느 정도 알려졌다고 할 수 있다.

이들 원리를 어떤 의미에서 언어 능력의 원리와 견주어 볼 수 있다. 물론 서로 완전히 다른 원리들이다. 언어 능력에는 가현운동을 지배하는 원리나 견고성 법칙이 포함되지 않는다. 시각 기능에는 결속 이론, 격 이론, 구조 의존 따위가 포함되지 않는다. 언어와 시각 체계는 사뭇 다르게 작용하지만 놀랄 정도는 아니다.

다른 인지 영역에 관해 알려진 것들을 보면 다른 영역도 마찬가지인 것 같지만, 알려진 것이 너무 적어서 확신할 수 없다. 전문 용어로 말하면, 정신은 각각의 속성을 지닌 별개의 체계들로 이루어진 모듈 방식 modular[*]으로 존재한다. 물론, 각 체계는 상호작용한다. 우리는 보고, 듣고, 냄새 맡고, 맛보고, 상상하는 등등의 것을 묘사할 수 있다…… 때때로. 또한 모종의 중앙 체계가 있지만 이것에 대해서는 알려진 것이 별로 없다.

언어를 비롯하여 정신적, 사회적 생활의 근본적 측면이 생물학적 자질에 결정적인 영향을 받는다는 증거는 무척이나, 정말 압도적으로 많다. 정신적, 사회적 생활의 근본적 측면은 경험의 과정에 비추어 볼 때 학습이나 훈련으로 얻어지는 게 아니다. 많은 사람들이 이런 결론을 불쾌하게 여긴다. 그들은 인간이 환경에 의해 형성되는 것이지, 본질적으로 미리 결정된 데 따라 성장하는 게 아니라고 믿고 싶어한다. 나는 앞에서 경험에 따라 언어, 그리고 신념과 지식의 다른 양상, 그리고 일반적인 문화가 결정된다는 행동주의 개념이 득세했던 상황을 언급했다. 전통적인 마르크스주의도 인간은 역사와 사회의 산물이며 생물학적 본성으로 결정되지 않는다는 사상을 갖고 있었다. 물론 인간이 날개가 아니라 팔을 가진다든지, 일정한 나이에 사춘기를 겪는 등의 신체적 속성은 당연히 그렇지 않지만, 지적·사회적·문화적 생활의 측면에서는 그렇다는 것이다. 나는 이미 간략하게 지적한 이유 때문에, 마르크스 사상의 골자는 대체로 말도 안 된다고 생각한다. 하지만 이 문제는 제쳐두자. 아무튼 마르크스주의자라고 자처하는 많은 사람들은 환경이 인간을 만들어낸다는 주장을 핵심 사상으로 공언한다. 몇 세기에 걸쳐 영미 사상의 주요 전통에서도 이와 비슷한 경험론을 받아들였다. 경험주의 전통에서는 접근성, 현상적 유사성 등의 몇 가지 단순한 연합 작용의 결과 정신이 형성된다고 보았다. 말하자면 제한된 경험에서 추출한 결론을 똑같은 유형의 더 큰 범위로 확대하는 귀납적인 능력이 작용한다는 것이다. 그렇다면 이러한 수단이 언어 학습과 그 밖의 모든 지적 성취를

---

* 여러 가지 부품을 일괄하여 한 부품처럼 취급하는 방식. _편집자(네이버지식백과 참조)

이끌어내야 할 것이다.

이들 경험주의 학파 사이에도 얼마간 차이가 있지만, 그 유사성이 훨씬 더 주목할 만하다. 한 가지 주목할 만한 특징은, 경험론이 널리 진리처럼 믿어지고 있지만, 그것을 뒷받침하는 결정적 증거가 없다는 점이다. 사실, 이 강연 중에 지적한 대로, 가장 간단한 사실에 주목하는 것만으로도 충분하다. 만약 경험주의가 진리라면, 인간은 우연한 경험의 산물로서 생김새도 각각이고 극히 제한적인 능력을 갖춘 비참한 생물이 되고 말았을 것이다. 나는 신체의 성장에 관해 바로 그 점을 지적했으며, 이것은 지적·사회적·문화적 생활의 영역에서도 마찬가지다.

지적인 상상력을 폭넓게 장악하고 있는 학파의 경험적 토대가 미약할뿐더러 도리어 갖가지 증거와 상충하는데도, 어째서 그 신념이 굳건히 유지되는지 궁금한 것이 당연하다. 왜 지식인들은 인간이 본성이 아닌 환경에 따라 형성된다는 신념에 집착할까?

초기에 환경론은 '진보적인' 학설로 여겨졌다. 그것은 각 사람이 천부적으로 신분을 타고났다는, 곧 날 때부터 누구는 군주, 누구는 하인, 누구는 노예라는 신념을 무너뜨렸다. 사람들은 타고난 자질이 동등하고, 불행과 불운도 마찬가지로 평등하다. 이런 생각이 과거에 어떤 호소력이 있었든 간에, 오늘날 그것을 진지하게 받아들이기는 어렵다. 사실, 과거에도 경험론의 참뜻은 모호했다. 환경론의 반박을 받았던 전통적 이원론에서는 인류의 본질적인 단일성을 전제로 인류끼리는 큰 차이가 없다는, 훨씬 더 깊이 있고 설득력이 높은 (신분 차별을 타파할 만한_옮긴이) 근거를 가지고 있었다.

오늘날, 환경론은 흔히 인종, IQ 따위에 관한 논쟁에서 목소리를 높이고 있다. 만약 인간에게 생물학적으로 결정된 지적 자질이 없다면, (사회적으로 결정되는 속성인) IQ와 인종, 성별 등의 상관관계는 없을 것이다.

그 (차별에 반대하는_옮긴이) 동기는 높이 평가할 수 있지만 그 주장을 진지하게 받아들이기는 어렵다. 잠시 인종과 IQ가 명확하게 규정된 속성이라고 가정하고, 두 속성 사이에 상관관계를 발견했다고 치자. 어쩌면 특정 인종에 속한 개인은 평균적으로 다른 인종의 개인보다 IQ가 약간 높을 수도 있다. 먼저, 이 결론은 근본적으로 과학에 아무런 이득도 가져다주지 않는다는 점을 주목하라. 임의로 선택된 두 가지 특성의 상관관계를 발견하는 것에는 아무 이득이 없다. 만약 어떤 사람이 이 엉뚱하고 요령부득인 문제에 관심을 둔다면, 훨씬 더 명확하게 규정된 속성, 말하자면 손톱의 길이와 눈의 색깔을 연구하는 게 훨씬 더 타당할 것이다. 그래서 발견의 이해관계는 사회적 영역에 놓여 있다고 할 수 있다. 여기서 발견이란 각 개인을 있는 그대로 보지 않고 어떤 범주(인종, 성, 그 밖에 무엇이든지)의 사례로 여기는 사람들에게만 이로운 것이다. 이런 인식의 혼란에 시달리지 않는 사람에게, 어떤 부류에 속한 사람들의 평균 IQ 값이 이러저러하다는 것은 관심도 0퍼센트인 문제다. 큰 키와 수학을 잘하는 능력 사이에 약간 상관관계가 있다고 생각해보자. 어느 만큼 키가 자라지 못한 사람은 고등수학을 공부하지 못하게 해야 하는가? 아니면 사람들을 한 개인으로서 바라보고, 재능과 관심이 있다면 고등수학을 공부하도록 격려해야 하는가? 키가 큰 사람들이 이 길을 끝까지 추구하는 경우의 수가 약간 더 높다고 판명되더라도, 후자를 선택하는 것이 마땅하다. 그런데 우리는 '키 차별주의'라는 사회적 병폐를 겪지 않았기 때문에, 이 문제는 그 누구의 관심도 사지 못한다.

확실히 사람들 각각은 생물학적으로 결정된 자질이 다르다. 만약 그렇지 않다면, 세상은 너무 끔찍하여 똑바로 보기에 무서울 것이다. 생물학적 자질의 특성들 사이에 상관관계를 발견하더라도 인종차별주의자, 성차별주의자 등 외에는 누구에게도 과학적으로든 사회적으로든 의미가 없다. 인종과 IQ의 상관관계가 있다고 주장하는 사람들과, 이 주장을 부정하는 사람들은 인종차별주의와 그 밖의 혼란에 일조하고 있다. 그들의 발언은 이 문제에 대한 해답이 큰 차이를 만들어낸다는 전제를 바탕으로 하기 때문이다. 하지만 그 전제는 사실이 아니다. 인종차별주의자와 성차별주의자 같은 사람들에게만 사실로 보일 뿐이다.

이런저런 사례를 보더라도, 환경론이 '진보적'이기 때문에 받아들여야 한다는 생각은 진지하게 대하기가 어렵다. 말 자체가 성립하지 않는다. 이 문제는 교리가 아니라 진리의 문제이기 때문이다. 사실의 문제는 이념을 근거로 풀 수 없다. 내내 봐왔던 대로, 환경론은 완전히 잘못된 생각이라는 것은 매우 다행스런 일이고, 무엇이 참이냐 거짓이냐 하는 문제는 어느 쪽 연구 결과를 우리가 선호하느냐에 따라 해결되지 않는다.

사실에 관한 문제는 믿음의 교리로 해결되지 않지만, 이념에 대한 헌신과 과학적 신념의 관계를 조사하는 것은 때때로 타당하다. 이것은 우리가 지금 논의 중인 문제에 특히 타당하다. 지식인층이 사실과 논리를 명백히 마주하고서도 그토록 폭넓게, 그토록 오랫동안, 열정적이고 집중적으로 (사실에 배치되는_옮긴이) 신념을 간직해왔다. 어떻게 해서 환경주의 사상이 지식인들을 이토록 사로잡았을까?

그 대답은 지식인이 현대(라고 하지만 약간 지나간 현대) 사회에서 맡은 독특한 역할에 있다. 지식인은 역사를 기록하는 사람들이기 때문에, 우리는 이런 점에서 이른바 '역사의 교훈'을 경계해야 한다. 그들이 제시하는 역사가 이기적인 것임을 알게 되는 것은 놀라운 일이 아니다. 지식인이라고 하면 독립심이 강렬하고, 정직하고, 고귀한 가치를 옹호하는 사람들이고 자의적인 규칙과 권위에 대항하는 사람들이라고 상상하게 된다. 하지만 실제 기록은 이것과는 다른 모습을 보여준다. 지식인은 으레 이념과 사회를 감독하고, 권력에 봉사하거나, 지도자임을 자처하며 민중운동을 통제하면서 스스로 권력자가 되려 했던 사람들이다. 통제와 조작에 얽매인 민중은, 인간에게 고유한 도덕적·지적 본성이 없고 국가와 민간의 관리자와 이데올로그, 곧 무엇이 선과 정의인지 아는 이들이 빚어내는 대상일 뿐이라고 믿는 게 유리하다. 인간에게 고유한 본성이 있다는 생각은 조작과 통제를 수행하는 데 도덕적 장애가 된다. 특히 인간의 본성이라는 것이 위에서 간략하게 살펴본 자유주의적 개념과 일치한다면, 조작과 통제는 더욱 어려워진다. 자유주의적 개념에 따르면, 인권은 인간의 본성에 뿌리를 내린 권리다. 사람들이 노예, 임금노예, 외부 권력의 하수인이 되어 '권력자의 이익에 따라' 조종되고 통제되는 권위적 지배 체계에 복종해야 한다면, 그것은 근본적인 인권을 침해하는 것이다.

환경론이 지식인에게 미치는 유달리 경이적인 호소력에 관한 이러한 추측에 일말의 진실 이상이 담겨 있다고 나는 생각한다.

타고난 생물학적 자질의 차원에서 언어를 비롯해 인간이 지닌 여타 기능의 속성을 설명하는 데 성공하더라도, 생물학적 자질이 어떻게 발달하는지 설명해야 하기 때문에 여전히 성과는 없고 문제는 남아 있다는 주장이 때로 제기된다. 문제는 해결된 것이 아니라 다른 데로 미뤄졌을 뿐이라는 것이다. 이것은 흥미로운 주장이다. 똑같은 논리로, 새가 배워서 날개를 가지는 게 아니라 유전적 자질로 인해 그렇게 되도록 만들어졌기 때문에 날개가 돋아나는 것이라고 논증한다 해도, 이것은 아무것도 설명하지 못한다. 유전적 자질이 어떻게 발현되는지 설명해야 하는 일이 남아 있기 때문에 문제는 해결된 게 아니라 미뤄졌을 뿐이다. 어느 경우든 새로운 문제가 제기되는 것은 틀림없는 일이다. 바로 이런 식으로 한 문제를 해결하면 다른 문제가 일어나는 법이다. 하지만 새의 날개가 학습이 아니라 유전적 자질 때문에 자란다는 것을 알게 되고, 또 인간이 다른 사람을 관찰한 결과 자신도 똑같이 사춘기를 겪겠다고 결심하는 게 아니라 그렇게 만들어졌기 때문에 사춘기를 겪게 된다는 것을 알았는데, 그런 앎이 아무 의미도 없다고 주장하는 것은 어리석은 일일 것이다. 물론 언어의 발달과 날개의 발육에 대해서는 아직 설명하지 못하는 것이 남아 있다. 이 문제는 중요한 것이기는 하지만, 다른 연구 영역에 속하는 것이다.

오늘날 이 문제에 답을 구할 수 있을까? 사실, 알려진 것은 별로 없다. 진화론은 많은 것에 대한 정보를 주지만, 지금까지 이 본성에 얽힌 문제에 대해서는 알려준 바가 그다지 없다. 자연 선택 이론보다는 분자생물학에서 더 많은 것을 알아낼 수 있을지 모른다. 분자생물학은 지구상의 여러 생존 조건에서 어떤 물리적 체계가 발달하는지, 왜 발달하는지, 궁극적으로 어떤 물리적 법칙에 따라 발달하는지 연구한다. 확실히, 유기체의 모든 특징이 특별히 선택되었다고는 생각할 수 없다. 언어 체계나 날개 조직의 경우, 그것들이 발생하기에 이른 선택의 과정을 상상하기조차 쉽지 않다. 이를테면 형성기의 날개는 동작에 '유용'하지 않고 오히려 방해가 될 뿐이다. 그런데도 왜 날개 기관은 진화의 초기 단계에 발달했는가?

어떤 경우에는, 여러 기관이 같은 목적을 위해 발달했는데, 그것들이 진화 과정에서 어떤 형태에 도달하여 서로 다른 목적에 유용하게 되고, 그 시점에 자연 선택의 과정에 따라 각각의 목적에 맞게 정교하게 다듬어진 것 같다. 곤충의 날개가 이런 과정을 거쳐 발달한 것으로 여겨진다. 곤충은 열 교환의 문제를 안고 있으며, 형성기의 날개가 이 문제를 해결하는 데 이바지할 수 있다. 날개가 어느 정도 크기에 다다르면 이 용도로는 쓸모가 줄지만 날아다니기에는 좋아지기 시작하고, 그 시점에서 날개로 발달한다. 그렇다면 인간의 정신 능력도 이와 비슷하게 진화했을지 모른다.

　인간의 산수 능력을 예로 들어보자. 어린이에게는 수 체계를 습득하는 능력이 있다. 어린이는 수 세는 법을 배울 수 있으며, 앞의 수에 1을 더한 수가 한없이 이어질 수 있음을 안다. 또한 산술적인 연산 기술을 쉽사리 습득한다. 만약 어린이가 앞의 수에 1을 더한 수가 한없이 이어질 수 있음을 미리 알지 못한다면, 결코 연산을 배우지 못할 것이다. 만약 아이에게 1, 2, 3에서 임의의 수 n까지 가르친다면 아이는 그것이 n으로 끝나는 이야기라고 생각할 것이다. 언어 능력처럼 산수 능력은 다른 영장류의 지능 범위를 훌쩍 벗어난 것이다. 한때, 어떤 새에게 산수를 가르칠 수 있다고 여겨진 적이 있었다. 새 앞에 점 네 개를 놓으면, 새가 나란히 놓은 그릇 중 네 번째 그릇에 든 먹이를 찾아내는 것을 보임으로써 새에게 수를 가르칠 수 있음을 증명하려 한 시도였다. 새는 일곱 번째 그릇에 든 먹이까지 찾아냈고, 그것으로 새도 수를 셀 수 있다는 결론이 나왔다. 하지만 이 결론은 틀렸다. 수 체계의 가장 기본적인 속성은 일련의 수가 무한히 이어진다는 것이다. 여러분은 언제나 앞의 수에 1을 더한 수를 말할 수 있다. 새는 그리 많지 않은 물건의 순서를 맞추는 제한된 능력을 가지고 있지만, 그것은 산수 능력과 전혀 무관하다. 셈 능력은 새가 보여준 능력과 '오십보백보'인 것이 아니라, 성격이 완전히 다른 능력이다.

　산수 능력은 어떻게 발달했을까? 그것이 특별히 선택된 기능이라고는 볼 수 없다. 오늘날, 이 능력을 활용하지 않는 문화가 여전히 존재한다. 그 문화권의 언어에는 무한히 이어지는 숫자를 가리키는 낱말이 없고, 사람들은 셈을 할 줄 모른다. 하지만 그들에게는 확실히 산수 능력이 있다. 어른들은 적절한 환경이 주어지면 곧 수를 세고 셈할 줄 알게 된다. 그리고 이 종족의 어린이가 과학기술 사회에서 성장하면 다른 사람들과 마찬가지로 기술자나 물리학자가 될 수 있다. 능력은 존재하는데, 숨어 있는 것이다.

사실, 산수 능력은 인류 역사 대부분에 걸쳐 잠재해 있으면서 사용되지 않았다. 인간의 진화가 현재의 단계에 도달하여 산수 능력이 겉으로 나타났던 것은 최근에 이르러서였다. 간단히 말해, 수를 셀 줄 알고 산수 문제를 풀거나 수학 이론을 세울 수 있는 사람이 생존에 유리하여 더 많은 후손을 낳을 수 있기 때문에 자연 선택을 통해 산수 능력이 발전했다고는 볼 수 없다. 산수 능력은 오히려 다른 어떤 것의 부산물로 발달했으며, 상황의 요구에 따라 발현된 것이다.

이 시점에, 산수 능력이 언어 능력의 부산물로서 발달했을 가능성을 추측할 수 있다. 인간의 언어 능력은 생물학적 세계에서 상당히 이례적인, 아마 유일무이한 특징을 띤다. 전문 용어로 말하자면, 언어 능력에는 '개별적 무한discrete infinity'이라는 속성이 있다. 간략하게 말해, 각 문장을 이루는 낱말의 수는 고정되어 있다. 한 개, 두 개, 세 개, 47개, 93개 등등. 얼마나 많은 낱말로 문장을 구성할지는 원칙적으로 제한이 없다. 동물의 세계에서 볼 수 있는 다른 체계는 사뭇 다르다. 원숭이가 동료를 부르는 소리는 한정되어 있다. 가령 40가지로 정해져 있다. 반면, 꿀벌 언어는 무한하지만 개별적이지 않다. 꿀벌은 어떤 형태의 동작으로 벌집과 꽃의 거리를 알린다. 거리가 멀수록 동작이 많아진다. 어떤 두 가지 신호 사이에는 원칙적으로 또 다른 신호가 있는데, 앞뒤 두 신호 사이의 거리를 알려주며, 이것이 구별 능력으로 이어진다. 누군가는 이 체계가 인간의 언어보다 훨씬 '풍부하다'고 주장할지 모른다. 수학적으로 잘 규정된 의미에서 '더 많은 신호'로 이루어지기 때문이다. 하지만 의미 없는 주장이다. 그것은 토대가 완전히 다른, 상이한 체계다. 그것을 '언어'라고 하는 것은 잘못된 비유다.

인간의 언어는 개별적 무한이라는, 극히 이례적이고 어쩌면 유일무이한 속성을 지닌다. 인간의 산수 능력도 마찬가지다. 사실 우리는 인간의 산수 능력이란 본질적으로, 언어에서 다른 특질들을 제거하고 개별적 무한의 메커니즘을 남겨둔 인간 언어의 '추상'이라고 생각할 수 있다. 만약 그렇다면, 인간의 산수 능력이 진화 과정에서 사용되지 않았지만 이용 가능한 상태로 있었음이 설명된다.

그래도 여전히 인간 언어의 원천 문제는 남아 있다. 몇 가지 추측이 있지만 추측에 그칠 뿐 설득력이 없다. 아득히 먼 어느 시기에, 개별적 무한이라는 속성을 지닌 돌연변이가 발생했을지 모른다. 어쩌면 세포생물학과 관계가 있어서 신체 메커니즘의 속성 차원에서 설명할 수도 있겠지만, 지금은 알려진 것이 없다. 언어 능력이 없었다면 어떤 제한된 상태에서 '생각을 생각하는 것'이 가능했을 테고, 그때도 언어 능력이 있었다면 동일한 개념의 장치가 자유롭게 새로운 생각과 추론 작용을 구축했을 테고, 그리하여 생각을 표현하고 교환하는 것이 가능했을 것이다. 그 시점에서, 진화의 압력이 적어도 부분적으로 언어 능력을 발전시켰을 것이다. 진화의 진전에 따라 특정한 수준의 복잡한 뇌에 작용하는 물리 법칙도 반영되었을지 모른다. 우리는 아직 모르는 일이다.

내가 볼 때, 오늘날의 상황은 대체로 이러하다. 언어 연구와 시각 연구 같은 특정한 분야에서 상당한 진전이 있었고, 앞으로 더욱 많은 진전이 있을 것이다. 하지만 많은 문제가 현재 우리의 지적 능력을 벗어나 있고, 어쩌면 영원히 그럴지 모른다.

《최소주의 언어이론》 서설

이 글(원제 Introduction to *The Minimalist Program*)은 《최소주의 언어이론*The Mininalist Program*》(Cambridge, MA : MIT Press, 1995), 1~11쪽에 처음 실렸다.

이 작업은 두 가지 연관 질문에서 비롯되었다.

(1) 인간의 언어 능력human language faculty이 충족해야 한다고 여겨지는 일반 조건은 무엇인가?

(2) 이 조건에서 벗어나는 특별한 구조가 없다면, 언어 능력은 어느만큼이나 이 조건의 영향을 받는가?

첫 번째 질문에는 두 가지 측면이 있다.

(A) 정신/두뇌라는 인지 체계 안에 놓인 언어 능력의 위치 때문에 언어 능력에 부과되는 조건은 무엇인가?

(B) 단순성·경제성·균형성·비잉여성 등과 같은, 독립적인 개연성을 지닌 개념의 자연스러움을 전반적으로 고려할 때 어떤 조건들이 언어 능력에 부과되는가?

질문 (B)는 명확하지 않지만 내용이 없지는 않다. 이 문제에 대한 관심은, 대개의 합리적인 질문이 그렇듯이 기본적인 방향을 제시할 수 있다. 타당한 고려와 명확한 해명이 이루어진다면, 우리는 특정한 체계가 어떤 형태로 고려 사항들을 충족하는지 물을 수 있다. 반면 질문 (A)는 명확한 대답이 있지만, 언어에 대한 현재의 이해력 수준과 관련 인지 체계에 비추어 그 일부만을 추측할 수 있을 뿐이다.

질문 (2)에 대한 답이 구체적으로 나온다면, 언어는 '완벽한 체계' 같은 것이고, 합리적 방식으로 외부의 제약 조건을 충족할 수 있다. 최소주의 언어이론은 바로 이 가능성을 탐구하려는 것이다.

이 목표를 향한 어떤 진전이 있다면, 그것은 생물학의 아주 진지한 주제를 심화할 것이다. 인간의 언어 같은 체계가 어떻게 정신/두뇌에서 나타날 수 있을까? 인간 언어의 기본 속성들과 유사한 것을 유기체의 세계에서 발견할 수가 없는데? 이 문제는 가끔 인지과학의 위기로 제기되곤 하는데, 이러한 문제 제기는 적절하긴 하지만 대상을 잘못 짚은 것이다. 이 문제가 주로 생물학과 두뇌과학의 주제이긴 하지만, 아직까지 생물학과 두뇌과학은 언어에 관해 잘 정립된 결론으로 나아갈 만한 바탕을 제시해주지 못했다.[1] 내 생각에, 언어에 대한 상세하고도 기술적技術的, technical인 연구에 더 폭넓은 관심을 가져야 할 이유가 바로 여기에 있다.

최소주의 언어이론에서 사실에 기초한 몇 가지 가설은 1950년대 초까지 거슬러 올라가는 기존의 이론들과 겹치면서도, 연구가 진행되면서 약간 다른 형태를 취한다. 그중 하나는, 인간에게는 다른 체계와 상호작용하면서 언어—언어 능력—를 전담하는 정신/두뇌 요소가 있다고 보는 것이다. 이 가설은 명백히 입증되지는 않았지만 합리적으로 수립된 것 같고, 나는 이 책에서 내내 이 가설을 정당하게 여길 것이다. 언어 능력에 적어도 두 가지 요소가 있다는 경험적 명제도 마찬가지다. 곧 정보를 저장하는 인지 체계와, 그 정보에 접근해 다양하게 활용하는 실행 체계가 있다는 것이다. 이중에서 먼저 관심을 끄는 것은 인지 체계다.

추측건대 실행 체계는 적어도 부분적으로는 언어 특유의 것이고, 따라서 언어 능력을 구성하는 요소이지만, 특정한 언어에 속한 것이라고는 생각되지 않는다. 언어 환경이 변한다고 해서 실행 체계가 인지 체계의 방식대로 변하지는 않는다. 이것은 지극히 단순한 가설이고, 잘못된 것일 수도 있지만 잘못된 것으로 밝혀지지는 않았다. 이보다 더 좋은 생각을 알지 못하기 때문에 나는 이 가설을 받아들여, 언어 변화가 인지 체계의 제약을 받는다고 생각할 것이다.

또한 나는, 기술적인 차원에서 인지 체계가 언어적 표현의 수단으로 실행 체계와 상호작용한다는 가설을 초기의 연구에서 빌려왔다.[2] 인지 체계가 다음 두 가지 '외부' 체계와 상호작용한다는 가설은 좀 더 특수하다. 조음調音-지각 체계articulatory-perceptual system(A-P)와 개념-의도 체계conceptual-intentional system(C-I)가 그것이다. 따라서 두 방향에서 경계면interface level이 형성되는데, A-P 경계에 있는 음성 틀Phonetic Form(PF)과 C-I 경계에 있는 논리 틀Logical Form(LF)이 그것이다. 이 '양방향 경계double interface'라는 속성은 언어란 의미를 지닌 소리라는 전통적 설명을 표현하는 한 가지 방법이고, 이런 생각은 적어도 아리스토텔레스까지 거슬러 올라간다.

암묵적으로 널리 받아들여지지만, 언어 능력에 내부 구조가 있고 그 구조가 정신/두뇌의 다른 체계들 사이에 일정한 위치를 차지한다는 가설은 전혀 입증되지 않았다. 일반적인 틀에서도 조음調音, articulation(말소리를 내는 데 관여하는 발성 기관의 움직임을 통틀어 이르는 말_옮긴이)과 지각이 같은 경계지점을 통해 연결된다는 생각은 논쟁의 여지가 있고, 근본적으로 잘못된 생각이라는 주장도 나올 수 있다.[3] C-I 경계에 관한 문제들은 더욱 모호하고, 거의 알 수 없다. 나는 관습적인 가설을 적당히 견지할 것이다. 만약 그것들이 어느 정도 옳다는 게 드러난다면, 놀랍고도 흥미로운 발견이 될 것이라고 말할 따름이다.

최소주의 이론을 이끈 질문들이 뚜렷이 떠오른 것은 15년 전쯤 원리-매개변수principles-and-parameters(P&P) 방안model이 형태를 갖추었을 무렵이다. 최근의 역사를 살펴보면, 이 질문들이 어떤 맥락에서 제기되었는지 파악하는 데 도움이 될 것이다. 말할 것도 없겠지만, 이런 말은 도식적이며 선별적이고, 뒤늦은 통찰에서 나온 것이다.

초기의 생성문법은 다음 두 가지 문제에 직면했다. 하나는 특정 언어의 현상을 그려낼 방법을 찾는 것('서술 타당성descriptive adequacy')이었고, 다른 하나는 '말하는 이 겸 듣는 이'가 그런 현상들을 어떻게 아는지 설명할 방법을 찾는 것('풀이 타당성explanatory adequacy')이었다. 당시에는 거의 깨닫지 못했지만, 이 연구 과정은 풍요로운 전통에 관심을 갖는 계기가 되었는데, 그 전통의 마지막 대표 주자는 오토 예스페르센Jespersen, Otto(1860~1943, 덴마크의 언어학자_옮긴이)이었다.[4] 예스페르센은 다음과 같이 생각했다. 발화發話하는 경험으로부터 언어 구조가 유추되어 "말하는 이의 내면에 들어오게" 되고, 그래서 "그 구조에 대한 개념"이 생긴다. 그 개념은 "명확하게 자리를 잡고, 말하는 이로 하여금 자기만의 문장을 만들어내도록 이끈다." 그 문장들은 으레 말하는 이와 듣는 이에게 새롭고, 결정적으로 "자유로운 표현"이다.

우리는 언어의 이런 속성을 받아들여서 언어이론의 주요 목표를 설정할 수 있다. '구조에 대한 개념'과 그것이 '자유로운 표현'을 끌어내는 과정을 명료하게 있는 그대로 서술하고, 그 과정이 말하는 이의 내면에서 어떻게 일어나는지 설명하는 것이 언어이론의 주요 목표다. 이것은 각각 서술 타당성과 풀이 타당성 문제로 귀결된다. 특정 언어 L에 대해 서술 타당성을 얻으려면, L의 이론(문법)은 언어 능력이나 적어도 그 능력의 일부가 다다른 상태를 규정지어야 한다. 풀이 타당성을 얻으려면, 언어이론은 언어 능력의 초기 상태를 규정짓고, 언어 능력이 어떻게 경험을 배치해 어떤 상태에 다다랐는지 밝혀야 한다. 예스페르센은 더 나아가 "모든 인간의 언어에 공통점이 있다"면 그것은 "구문론에 관한 것"일 거라고 생각했다. "보편(일반) 문법"이 있을 수 있고, 따라서 어쩌면 이 영역에서 언어 능력의 초기 상태에 관해 광범위하게 설명할 수 있으나, "아무도 보편적 형태론은 꿈조차 꾸지 못했다." 이런 생각이 최근의 연구에서 어느 정도 공감을 얻고 있다.

현대에 들어 행동주의 추세와 다양한 구조주의 접근 방법 때문에 전통적 언어이론에 대한 관심이 뒷전으로 물러났다. 그 결과 연구의 영역이 급격히 줄어들었지만, 장차 전통적인—그리고 확실히 타당한—관심사로 돌아올 때 활용할 수 있는 데이터베이스는 크게 확장되었다. 전통적인 관심사를 돌아보려면, 언어가 '유한한 수단의 무한한 활용'으로 이루어진다는 고전적 언어 사상을 더 잘 이해해야만 한다. 형식과학의 발전이 이해를 도와, 문제를 생산적으로 다룰 수 있도록 해주었다. 생성문법은 오래전에 잊어버린 언어/정신 연구 주제들의 집합이며, 형식과학이 제공한 새로운 앎이라고 볼 수 있다.

이들 문제에 접근하기 시작한 초기에, 전통적인 문법과 어휘 연구에서는 언어에 관한 가장 기초적인 사실에 대해서조차 해석은커녕 설명도 시작하지 않았음이 드러났다. 전통적인 연구는 그보다 이미 암묵적으로 어떤 언어를 알고 있는 독자가 이용할 수 있는 단서를 제공한다. 질문의 중심 주제는 상당히 무시되었지만, 필수적인 암묵적 지식을 당연한 것으로 보고 아주 쉽게 접근하기 때문에, 전통적 문법과 사전은 폭넓은 언어 자료를 담은 것처럼 보인다. 하지만 이것은 환상이다. 우리가 당연시하는 것, 곧 언어 능력의 본질과 특정한 상태를 자세하게 설명하려고 들면 전통 문법과 사전은 별 쓸모가 없다는 사실이 곧 드러난다.

이것은 언어 연구만의 상황이 아니다. 질문을 더 예리하게 규정해보면 기본적인 현상조차 우리 지식의 범위에서 빠져나가고, 단순하고도 설득력 있는 것처럼 보이는 직관적 설명도 타당성이 전혀 없다는 것을 알게 된다. 만약 사과가 땅에 떨어지는 현상을 당연한 것으로 여긴다면, 진지한 역학은 탄생하지 못했을 것이다. 마찬가지로 정해진 질문에 대응하는 전통적 규칙이나 아주 공들인 사전의 표제어 모음에 만족한다면, 아무도 언어학적 대상 본연의 속성을 설명하기에 이르지 못한다.

의심의 여지 없이 풍부하고도 복잡한 언어 현상에 대한 인식은 서술 타당성과 풀이 타당성이라는 두 가지 목표 사이에 긴장을 낳았다. 풀이 타당성을 얻으려면, 언어 능력의 초기 상태에 대한 이론에서는 제한적 변화만 허용되어야 한다. 곧 개별 언어들은 말하는 이가 경험하기 전에 이미 대부분 알고 있는 것이어야 한다. 보편 문법Universal Grammar(UG)에 허용된 선택의 여지는 몹시 제한된다. 경험은 그 선택들을 이런저런 방식으로 확정해서 다양하고도 복잡한 일련의 표현, 소리, 뜻을 정하는 언어 능력 상태를 만들어내야 한다. 얼핏 봐도 경험의 데이터와 언어 사용자의 지식 사이에는 엄청난 간극이 있다. 그런데 상이한 언어들에 대해 극히 다른 방식으로 서술 타당성을 추구하는 과정에서 생성 체계는 풍부해지고 풀이 타당성이란 목표는 더욱더 뒤로 밀려나게 되었다. 다양한 언어의 실제적 규칙 체계를 정식화하려 할 때 발견되는 광범위한 현상이 이 문제를 더욱 악화시켰다.

서술 타당성과 풀이 타당성 사이에 빚어진 긴장이 초기 생성문법 연구 과정을 특징짓는다. 그 긴장 내부의 경향을 여기서 다루고자 한다. 1960년대 초부터 생성문법의 중심 목표는, UG 원리의 제약을 받는 단순한 규칙은 놔두고 개별 언어에 맞게 고안된 복잡한 규칙 체계에서 일반 원리를 추출하는 것이었다. 이 방향의 진보는 해당 언어에만 있는 속성의 다양성 폭을 줄이면서, 풀이 타당성에 이바지했다. 또한 더 단순하고 자연스러운 이론을 도출하면서, 최소주의 접근 방식으로 발전할 토대를 다지는 경향을 띠었다. 이 방향이 반드시 옳다는 보장은 없다. '더 성가시고' 더 풍부하고 더 복잡한 UG가 허용 가능한 다양성을 줄이면서, 풀이 타당성이라는 애초의 경험주의적 목표에 이바지할 가능성도 있다. 하지만 실제로는 두 방향이 서로 보강하면서 나란히 발전하는 것이 입증되었다. 경험의 교집합 범위 안에서 한 사례에 잉여 원리가 개입한다.* 그러면 이 원리가 잘못 규정되었으며 비잉여 원리로 대체되어야한다는 사실이 거듭 발견되었다. 따라서 잉여를 없애야 할 필요성은 연구의 효과적인 원칙이 되었다. 다시 말하지만, 이것은 생물학적 체계의 놀라운 속성이다.

이런 노력들이 마침내 P&P 방안으로 결실을 맺었다.[5] 수천 년에 걸

---

* 음운론의 단위로, 의미의 차이를 나타내는 데 기여하지는 못하지만 의사소통에는 실제적인 기여를 하거나, 어떤 말의 발성을 해당 언어답게 하는 것을 잉여 자질剩餘資質, redundant feature이라 한다. 예컨대 영어 낱말 펜pen의 복수인 pens/penz/와 영국의 화폐단위 페니penny의 복수형인 pence/pens/의 음운론적인 차이는 끝소리가 각각 z와 s로 난다는 것이다. 그런데 영국 일부 지역 사람들은 pens와 pence 모두 끝소리를 s로 내는데도 두 낱말을 구별해서 인식한다. 이들에게 두 낱말의 차이를 만들어내는 것은 n의 길이다. pens의 n은 길고 pence의 n은 짧게 발음된다. 곧 잉여자질인 [n:]과 [n]이 두 낱말을 구별하게 해주어 의사소통에 기여하는 것이다. 또한 한국어에서 ㄱ으로 적히는 폐쇄음은 낱말의 첫음절에서는 무성음 [k]로 발음되지만, 모음 사이에서는 유성음 [g]로 발음되는 것이 일반적이다. 모음 사이에서도 무성음 [k]로 발음하면 의미는 전달되지만 어색한 느낌을 주고, 유성음으로 발음했을 때 비로소 한국어다운 발성이 된다. _편집자(네이버지식백과 참조, 출전 국어국문학자료사전)

친 언어 연구의 풍요로운 전통과 근본적으로 결별하고, 전통 문법에 대한 관심과 전통적인 접근 방법의 부활로 볼 수 있었던 (아마 그래서 현대의 구조주의 언어학자보다 전통적인 문법학자들에게 더 잘 맞았던) 초기의 생성문법보다 훨씬 더 나아간 것이었다. P&P 접근 방법에 따르면, 초기 생성문법에 큰 변화 없이 편입되었던 전통적인 기본 사상은 원칙적으로 잘못된 것이다. 특히 언어가 관계절, 수동태 같은 문법 구조를 형성하기 위한 규칙으로 이루어졌다는 생각은 배척해야 한다. P&P 접근 방법은, 언어에는 흔히 알고 있는 규칙 같은 것이 없고, 인위적인 분류의 산물을 제외하면 이론적으로 중요한 문법 구조가 없다는 판단에 따른다. 보편 원리와 그 원리 적용 방식을 정하는 확고한 일련의 선택(매개변수)이 있지만, 언어 안에 또는 여러 언어를 가로지르며 존재하는 전통적인 의미의 문법 구조나 개별 언어 특유의 규칙은 없다고 본다.

여기서 각 언어의 인지 체계는 연산 체계computational system(CS)와 어휘로 이루어진다고 추정된다. 어휘는 CS가 언어적 표현을 만들기 위해 고르고 합치는 요소다. 이것을 (PF, LF) 결합으로 설정한다. 어휘는 UG 원리나 해당 언어의 속성이 예측할 수 있는 것은 뭐든지 배제하면서, 잉여 없는 최적의 형태로 CS에게 요구되는 정보를 제공해야 한다. 사실상 어휘의 모든 항목은 **실사實辭 범주**substantive categories에 속한다. 그것들은 명사, 동사, 형용사, 관사로 받아들여지며, 그 실사들의 본질과 상호 관계에 관한 많은 질문은 제쳐둔다. **기능 범주**functional categories라는 또 다른 범주가 있는데 시제, 보문소 등이 여기 속한다. 이것은 처음부터 정밀하게 규정할 필요는 없는 용어로, 앞으로 더 정밀하게 다듬어나갈 것이다.

P&P 접근 방법에서는 언어 변화와 유형학의 문제가 예전과 약간 다른 형태로 불거진다. 언어 차이와 유형학은 매개변수 값의 선택으로 바

꿰어야 한다. 연구의 주된 문제는 매개변수의 값이 어떻게 선택되는가, 그리고 어떤 언어 성분에서 각종 선택이 일어나는가 밝히는 일이다. 매개변수가 경계면에서 해석interpretation되는 일 없이 **형식 자질**formal features로 제한된다고 볼 수도 있다.[6] 더 강력한 방안은 매개변수를 기능 범주의 형식 자질로 제한하는 것이다.[7] 이런 명제들은 구문론과 형태론을 구분한 예스페르센의 직관이 부분적으로 표출된 것이라고 볼 수 있다. 나는 이런 명제들이 옳다고 가정하고, 더 명확히 밝히려고 노력하지 않을 것이다. 내가 보기에 어떤 강력한 가설을 과감히 시도하기에는 알려진 것이 너무 적기 때문이다.

이런 맥락에서 언어 습득은 초기 상태의 매개변수를 허용된 방식으로 확정하는 과정이라고 해석된다. 매개변수를 어떻게 설정하느냐에 따라 기술적인 의미의 언어, 곧 여기서 우리가 다루려는 I-언어가 규정된다.[8] 여기에서 I는 'internal(내재적),' 'individual(개인적),' 'intensional(내포적)'을 뜻한다.

P&P 방안에서 논점을 체계화하는 이런 방법은, 언어를 언어 능력의 상태로 규정하는 것이 매우 부당하다는 것을 뚜렷이 드러낸다. 언어 능력의 상태는 확고한 매개변수 값을 지닌 초기 상태의 구체적 예시로 볼 수 없다. 언어 능력의 상태는 다양한 경험의 약간 우발적인 산물이라 할 수 있고, 그 자체로는 특별한 관심을 불러일으키지 못한다. 이것은 자연계에서 다양한 현상들의 집합이 그 자체로는 관심을 불러일으키지 못하는 것과 같다(그래서 과학자는 자연 환경에서 발생하는 것을 그냥 기록하지 않고 실험한다). 내 생각에는, 만약 우리가 언어 능력의 속성을 이해하기를 바란다면 훨씬 더 구체적인 이상화理想化, idealization가 필요하다.[9] 하지만 제한적 이상화도 많은 오해와 혼란을 일으키기 때문에, 오늘날 그 문제를 추구하는 것은 유익하지 않을 것이다. 게다가 이상화는 실체를 파악

하기 위한 합리적 접근 방식으로서는 오해를 일으키기 쉬운 용어다.

P&P 방안은 특정한 가설이라기보다 과감한 추측에 가깝다. 그래도 P&P 방안의 기본 가정은 오늘날 잘 알려진 것들에 비추어 합리적인 듯하고, 서술 타당성과 풀이 타당성 사이의 긴장을 해결하는 자연스러운 방법을 제시한다. 사실, 전통과의 이런 결별은, 너무나 어렵기 때문에 방치되어왔던 풀이 타당성이라는 중대한 문제에 대처할 수 있다는 희망을 처음으로 제공했다. 생성문법의 초기 연구는 언어(문법)에 관한 여러 대안 이론 중에서 UG가 정한 틀에 들어맞고 관련된 자료에 일치하는 이론을 선택하는 평가 수단만을 탐구했다. 게다가 명확하게 규정되지 않은 '실행 가능성feasibility' 개념을 제외하면 구체적으로 생각할 만한 것이 없었다.[10] 그러나 I-언어 같은 P&P 개념이 정확하다는 게 증명된다면, 곧 행위·습득·사회적 상호작용 등에 관한 연구에서 추정되는 언어 개념의 본질적 성격을 파악한다면, 풀이 타당성이란 문제가 다시 진지하게 제기될 수 있다. 그것은 유한한 보편적 매개변수에 대해서, 경험에서 어떤 값이 나오는지 측정하는 문제가 된다. 이것은 결코 사소한 문제가 아니고, 적어도 생산적으로 추구할 수 있는 문제다.

만약 이런 생각의 방향이 옳다면, 인간 언어에는 단 한 가지 언어 연산 체계computational procedure for human language(C_{HL})와 한정된 범위의 다양한 어휘가 있는 것이다. 언어의 차이는 연산의 어떤 부분이 겉으로 실현되는가 하는 결정적 문제를 비롯해 본질적으로 형태론적인 성격을 띤다. 이 주제는 장 로제 베르뇨Vergnaud, Jean-Roger의 추상격格 이론과, 의문절과 관계절에 관한 제임스 황Huang, James의 유형학적 연구에서 앞서 제기했다.

P&P 접근 방법의 이런 설명은 앞선 사례를 부풀려 말한 것이다. 특정한 선택을 위해 곧바로 자료를 끄집어낼 수 있다면, 언어들 간에 더

다양한 차이가 있을 것으로 충분히 예상된다. 몇 가지 선택의 영역이 있다. 하나는 음운론의 지엽적인 부분이다. 또 하나는 '소쉬르가 말한 자의성' 곧 어휘의 소리와 그 뜻이 짝을 이루는 방식이다. 나는 이런 문제들을, 언어의 연산 속성과 깊은 관련이 있어 보이지 않거나 C_{HL}에 들어오지 않는 것으로 보이는 다른 많은 문제들과 함께 옆으로 제쳐놓았다. 의미론 분야의 가변성, UG가 이용할 수 있는 어휘 목록의 선택, 어휘 항목과 다른 인지 체계의 관계에 대한 사소하지 않은 문제 등등이 그것이다.

초기 생성문법 연구와 마찬가지로 P&P 방안의 체계화는 광범위한 경험적 자료를 새로 발견하고, 그것들을 얼마간이나마 이해하게 해주었다. 이제는 유형학적으로 다른 언어들에서도 폭넓은 자료가 나오고 있다. 명확하게 제기될 수 있는 문제들과 그것들이 다루는 경험적 사실은 참신한 깊이와 다양성을 갖추었으며, 그 자체로서 유망하고 고무적인 발전이다.

서술 타당성과 풀이 타당성 사이의 긴장이 줄어들고, 풀이 타당성이 그나마 연구 대상으로 떠오르면서, 이제 우리 앞에 놓인 과제는 훨씬 어렵고 더 흥미로워졌다. 일차 과제는, 언어 현상의 풍부함과 다양함이 실은 현상적 착각에 불과하며 고정된 몇몇 원리들이 약간 다른 조건에서 상호작용한 결과임을 밝혀 보이는 것이다. 또한 P&P 접근 방법이 제시하는 관점의 변화는 단순성에 대한 고려가 문법 이론에 어떻게 들어오는가 하는 문제를 달리 보게 만들었다. 생성문법의 초기 연구에서 논의되었듯이, 단순성에 대한 고려에는 독특한 두 가지 형태가 있다. 일반적으로 합리적 연구 범위에 들어오는, 애매하지만 무의미하지 않은 단순성 개념은 이론에 내재해 있으면서 I-언어들 중에서 (한 가지를_옮긴이) 골라내는 수단이 되는 단순성과 사뭇 달라야 한다.[11] 전자의 단순성 개념은 언어 연구와 별 관계 없지만 이론 내재 단순성 개념은 UG의 구성 요소이고, 경험과 I-언어의 관계를 결정하는 과정의 일부이며, 그 성격은 물리적 상수와 같다. 초기 연구에서 그 내재적 개념은, 규칙 체계에 허용된 틀과 일치하는 제시된 문법들(현재의 용어로는 I-언어) 사이에서 (하나를_옮긴이) 선택하는 평가 절차의 형태를 취했다. P&P 접근 방법은 제한적이지만 사소하지 않은 목표를 넘어, 풀이 타당성 문제에 대응하는 방도를 제시하고 있다. 초기 연구의 관점에서는 평가 절차가 없으면 단순성이라는 내재적 개념도 없다.

그런데 약간 비슷한 발상이 다시 등장했다. 이번에는 이론 내재적인 것으로 최적의 것이 아닌 것들을 배제하면서 도출된 것들 중에서 선택을 하는, 경제성을 고려한 형태였다. 하지만 단순성의 표면적 개념은 변하지 않았다. 표면적인 단순성 개념은 다소 정밀하지 않아도 항상 작용하는 것이다.

이 지점에서 한발 더 나아간 질문이 제기된다. 이름 하여 최소주의 언어이론의 질문이다. 언어는 얼마나 '완전'한가? 언어학자들은 적어도 A-P 경계의 조건이 불러온 언어 양상과 어휘의 형태론적-형식적 특질에서 '불완전'을 예상한다. 언어 능력의 구성 요소들은 가상의 개념적 필요에서 벗어난 것들의 저장소인가, 그렇다면 어느 정도까지 저장하는가, 그래서 연산 체계 C_{HL}은 독특할 뿐 아니라 의미 있는 정도로 최적의 것인가 하는 것이 본질적인 질문이다. 우리는 같은 문제를 다른 관점에서 살펴보면서, 그 증거가 언어 능력의 구체적인 구조에 얼마나 더 가까이 다가가게 해줄지 밝히려고 한다. 그러려면 '완전함'에서 벗어난 모든 사항을 면밀히 분석해 그 원인을 규명해야 한다.

이 진전된 목표로 향하는 발걸음은 이 글의 서두에 제시한 질문 (A)와 (B)에 대한 답변에 엄청난 서술적 부담을 지운다. 경계지점의 상황이 미치는 효과, 내재적 일관성에 대한 일반적 고려의 명료한 체계화, 개념의 자연스러움 등, 표면적 차원의 '단순성'을 서술해야 하는 것이다. 이미 P&P 이론에서도 상당했던 경험적 부담은 이제 훨씬 더 커졌다.

따라서 제기되는 문제들은 대단히 흥미롭다. 내 생각에 오늘날 우리가 이런 질문들을 체계화하고, 몇몇 분야에서 어느 정도 문제 해결에 성과를 거두었다는 점은 상당히 중요하다. 만약 이 노선에 따른 최근의 사고방식이 옳은 방향에 가깝다면, 언어 관련 학문의 장래는 풍요롭고도 흥미진진할 것이다…….

언어와 정신 연구의 새 지평

이 글은 《언어와 정신 연구의 새 지평New Horizons in the Study of Language and Mind》
(Cambridge : Cambridge University Press, 2000), 3~18쪽에 처음 실렸다.

체계적으로 탐구된 가장 오래된 분야라고 할 수 있는 언어 연구는 고대 인도와 그리스 시대까지 거슬러 올라가며, 역사적으로 풍부하고 내실 있는 성과를 쌓아왔다. 그러나 다른 관점에서 보면, 언어 연구의 역사는 상당히 짧다. 오늘날의 주요 연구 과제는 겨우 40년쯤 전에 형성되었다. 어떤 선구적인 전통 사상이 되살아나고 재구성되면서 아주 생산적인 탐구의 길을 열었던 것이다.

최근 약 40년 동안 언어 연구가 발휘해온 매력은 새삼스레 놀랄 일이 아니다. 인간의 언어 능력은 사람들 사이에서는 큰 차이가 없고 다른 종에서는 상당히 비슷하다고 볼 만한 사례가 없는, 진정한 '종種의 속성'인 것 같다. 어쩌면 가장 비슷한 사례는 10억 년이라는 진화상의 거리가 있는 곤충에서 발견될지 모른다. 오늘날, 데카르트의 언어관에 도전할 이유는 딱히 없다. 데카르트는 언어 기호를 사용해 생각을 자유롭게 표현할 수 있는 능력이 "인간과 동물(혹은 기계)을 구분하는 진정한 특징"이라고 생각했다. 여기서 '기계'는 17세기와 18세기의 상상력을 사로잡은 자동인형일 수도 있고, 오늘날 사유와 상상력을 자극하는 자동 기계일 수도 있다.

더욱이 언어 능력은 인간의 생활, 생각, 상호작용의 모든 측면에 결정적으로 개입한다. 생물계에서 인간이 유독 역사, 문화 발전, 복잡하고 풍부한 다양성을 가지게 된 것, 인구의 규모라는 기술적 차원에서 생물학적 성공을 거둔 것도 상당 부분 언어 덕분이다. 만약 화성에 과학자가 있어서, 지구에서 일어나는 이상한 일들을 관찰한다면, 이 독특한 지적 유기체의 출현과 그 중요성에 깊은 인상을 받을 것이다. 많은 신비를 간직한 언어라는 주제는, 당연하게도, 인간의 본성과 자연계에서 차지하는 위치를 이해하려는 사람들의 호기심을 자극해왔다.

인간 언어는 생물학적으로 비슷한 예가 없는 것처럼 보이는 기본 속성에 바탕을 둔다. 언어는 개별적 무한성이란 속성을 지니며 그것의 가장 순수한 형태는 자연수 1, 2, 3…… 등이다. 어린이들은 이 속성을 배워서 아는 것이 아니다. 어린이의 내면에 이미 기본 원리가 존재하지 않는다면, 그 원리들을 부여해줄 어떤 외부의 원천은 없다. 어린이는 세 낱말과 네 낱말로 구성된 문장은 있지만 세 낱말 반으로 구성된 문장은 없고, 문장 속의 낱말들은 무한히 이어질 수 있다는 것을 저절로 안다. 그것은 한정된 형태와 의미를 가지고서 더 복잡한 문장을 얼마든지 만들 수 있다는 뜻이다. 이런 지식은 생물학적 자질의 일부로서 데이비드 흄의 표현을 빌린다면 "자연 본래의 손the original hand of nature"이 우리에게 건네주는 것이다.[1]

언어의 이런 속성은 갈릴레오의 호기심을 자극했다. 그는 인간의 가장 위대한 발명이 "알파벳 스물네 개로 다른 사람과 가장 은밀한 생각"을 소통하는 방법을 발견한 일이라고 보았다.[2] 이 발명품은 알파벳 스물네 개로 언어의 개별적인 무한성을 반영하기 때문에 성공한 발명품이 되었다. 그 뒤 얼마 지나지 않아 포르루아얄 문법the Port Royal Grammar

을 만든 사람들은 수십 가지 소리로 무한한 표현을 만들어내어 우리의 생각과 상상과 느낌을 전달하는 '경이로운 발명'에 충격을 받았다. 현대적 관점에서 보자면 그것은 '발명'이 아니라 생물학적 진화의 '경이로운' 산물이지만, 그 속성에 대해서는 사실상 알려진 것이 별로 없다.

언어 능력은 '언어 기관language organ'이라고 할 수 있다. 과학자들이 말하는 시각 체계나 면역계, 순환계처럼 언어 능력도 신체 기관이다. 여기서 말하는 신체 기관은, 몸에서 다른 부분은 건드리지 않은 채 따로 떼어낼 수 있는 게 아니다. 그것은 더 복잡한 구조의 하부 체계다. 우리는 개별 특성을 지닌 부분들과 그것들 사이의 상호작용을 탐구하여 전체 구조를 이해하고 싶어한다. 언어 능력에 대한 연구도 이와 같은 방식으로 수행된다.

더 나아가 우리는 다른 신체 기관들과 마찬가지로 언어 기관의 근본적 형질이 유전자에서 나온다고 본다. 그것이 어떻게 이루어지는지 규명하려면 갈 길이 까마득히 멀지만, 유전적으로 정해진 언어 능력의 '초기 상태'는 다른 방법으로 탐지해볼 수 있다. 개별 언어는 그 초기 상태와 경험의 과정이라는 두 요소가 상호작용한 결과임이 분명하다. 초기 상태란 경험을 '입력'으로 받아들이고 언어를 '출력'으로 내주는 '언어 습득 장치'라고 생각해볼 수 있다. 이때 출력은 정신/두뇌 내부에서 표현된 것이 밖으로 나온 것이다. 입력과 출력은 둘 다 탐구의 대상이다. 우리는 경험의 과정과 습득되는 언어의 속성을 연구할 수 있다. 이런 방식으로 우리는 경험과 언어를 매개하는 초기 상태에 대해 꽤 많은 것을 배울 수 있다.

더욱이 인류가 공통된 초기 상태를 지닌다고 믿을 만한 강력한 이유가 있다. 만약 내 자녀들이 도쿄에서 성장한다면 그 아이들은 그곳 어린이들처럼 일본어를 말할 것이다. 그것은 일본어의 발현이 영어에 관해

가정된 초기 상태와 직접적인 관계가 있다는 뜻이다. 이런 식으로 초기 상태 이론이 충족해야 하는 강력한 경험적 조건들을 채울 수 있다. 또 언어생물학에 몇 가지 문제를 제기할 수 있다. 유전자는 최초 상태를 어떻게 정하는가? 최초 상태와 그 후의 상태에 관여하는 두뇌 메커니즘은 어떤 것인가? 이것들은 직접 실험할 수 있는 훨씬 더 단순한 유기체에 적용하기에도 대단히 어려운 문제지만, 어느 정도는 탐구의 대상으로 떠오를 수 있다.

내가 그동안 윤곽을 그려온 접근 방법은 언어 능력에 관한 것이다. 더 구체적으로는 언어 능력의 초기 상태와 이후에 취하는 여러 상태를 말한다. 어린 소년 피터의 언어 기관이 L이라는 상태에 있다고 가정하자. 우리는 L을 피터에게 '내재한 언어'라고 생각할 수 있다. 내가 이 책에서 말하는 언어는 바로 이런 뜻이다. 그렇게 이해한다면 언어는 '우리가 말하고 이해하는 방법' 같은 것으로서, 이는 전통적인 언어관이기도 하다.

전통적인 용어를 새로운 틀에 받아들여서, 우리는 피터의 언어에 대한 이론을 피터의 언어 '문법'이라고 부른다. 피터의 언어는 각각의 소리와 의미를 가지고서 무한한 표현을 결정한다. 전문 용어로 피터의 언어는 언어 표현을 '생성한다.' 따라서 그의 언어에 대한 이론은 생성문법이 된다. 각각의 표현은 속성의 복합체이고, 이 복합체가 피터의 언어 행위 체계에 '지시'를 내린다. 발음 기관과 생각을 조직하는 방법 등이 언어행위 체계다. 언어와 그 행위 체계가 제자리에 놓이면 피터는 소리와 표현의 의미에 관해 광범위한 지식을 가지고, 귀에 들리는 것을 해석하고 생각을 표현하며 다양한 방식으로 언어를 사용하는 능력을 갖추게 된다.

생성문법은 1950년대에 '인지 혁명'이라 불리던 것의 맥락에서 나왔고, 그 인지 혁명의 발전에 중요한 역할을 했다. '혁명'이라는 용어가 적절하든 그렇지 않든 중대한 관점의 변화가 일어났다. 곧 언어 행동과 그 결과물(텍스트 같은)에 대한 연구에서, 생각과 행위 내면의 메커니즘에 대한 연구로 방향이 바뀐 것이다. 인지적 관점은 언어 행동과 그 결과물을 탐구의 대상으로 여기지 않고, 정신의 내면 메커니즘과 그것이 행위를 일으키고 경험을 해석하는 방법을 증명하는 자료로 여긴다. 구조주의 언어학의 관심 초점이었던 언어 속성과 유형은 이제 다른 수많은 것들과 함께, 표현을 생성하는 내면의 메커니즘 차원에서 설명되어야 할 현상으로 여겨진다. 이런 접근 방법은 '유심론적mentalistic'이지만, 논쟁의 여지가 없다. 그것은 세계의 기계적 측면, 화학적 측면, 시각적 측면 등등과 병존하는 '세계의 정신적 측면'에 관계한다. 인지적 관점은 자연계에 실재하는 대상, 곧 두뇌, 그 상태와 기능을 연구하면서 궁극적으로 정신에 대한 연구와 생물학의 통합을 지향한다.

'인지 혁명'은 17세기와 18세기의 '첫 번째 인지 혁명'이라고 할 만한 것의 통찰력, 성과, 그리고 문제점을 상당히 쇄신하고 재정립했다. 첫 번째 인지 혁명은 우리의 세계관을 근본적으로 수정한 과학혁명의 일부였다. 당시 빌헬름 폰 훔볼트는 언어를 가리켜 "유한한 수단의 무한한 사용"이라고 갈파했다. 하지만 당시의 통찰은 기본 사상이 모호하고 막연했기 때문에 제한적인 방식으로만 발전했다. 20세기 중반 형식과학의 발전으로 적절한 개념들이 치밀하고 명쾌한 형태를 갖추었으며, 언어의 표현을 생성하는 연산 원리를 명확하게 설명할 수 있게 되었다. 그래서 부분적으로나마 "유한한 수단의 무한한 사용"이라는 사상을 제대로 포착할 수 있었다. 그 밖에도 전통적인 문제에 대한 해답을 찾는 도정에 전망을 밝히는 여러 가지 진보가 이루어졌다. 언어 변화에 대한 연구는 큰 성과를 거두었다. 인류학적 언어학에서는 여러 가지 고정관념을 깨뜨리면서 언어의 본질과 다양성에 대한 이해 수준을 훨씬 더 풍부하게 해주었다. 음운 체계와 같은 특정한 주제에 대한 연구는 20세기의 구조주의 언어학에서 크게 발전했다.

생성문법에 관한 초창기 연구 덕분에, 아주 잘 연구된 언어에서조차 기본 속성이 간과되었다는 사실이 금세 드러났다. 아주 포괄적인 전통 문법과 사전에서조차 언어의 표면만 훑었을 뿐임이 밝혀졌다. 언어의 기본 속성을 당연한 전제 조건으로 받아들여 그것을 제대로 파악하지도, 표현하지도 못했던 것이다. 만약 언어학의 목표가 외국어 학습을 돕고, 낱말의 관습적 발음과 의미를 파악하고, 각 언어가 서로 어떻게 다른지 알아보는 것이라면, 기존의 태도도 무방하다. 하지만 우리 목표가 언어 능력과 그 상태들을 파악하려는 것이라면, 우리는 암묵적으로 '읽는 이의 지능'을 전제하는 것으로 끝낼 수 없다. 그 지능이야말로 탐구의 대상인 것이다.

언어 습득에 관한 연구는 같은 결론을 도출한다. 표현에 대한 해석을 신중하게 살펴보면, 어린이는 초기 단계부터 자신이 경험한 것보다 훨씬 더 많은 것을 알고 있음이 곧바로 드러난다. 단순한 낱말도 마찬가지다. 언어 성장이 절정에 달할 때, 어린이는 대단히 모호한 조건에서 극히 제한적으로 접한 경우에 약 한 시간에 한 개꼴로 낱말을 익힌다. 어린이들이 낱말을 이해하는 복잡 미묘한 방식은 사전辭典의 가르침을 훌쩍 넘어서는 것으로, 이제 겨우 탐구의 대상이 되고 있다. 단일한 낱말 너머로 시선을 돌려보면 더욱 극적인 결론이 끌려 나온다. 언어 습득은 일반적으로 신체 기관의 성장과 똑같다. 다시 말해, 언어는 어린이가 자연스럽게 획득하는 것이지 애써 노력해서 배우는 것이 아니다. 분명 환경이 중요하지만, 전체적인 발달 과정과 기본적인 발현 특질은 초기 상태에 이미 정해져 있다. 초기 상태는 모든 인간에게 공통된다. 그렇다면 그 본질적인 속성에서 세부 사항에 이르기까지, 모든 언어는 똑같은 틀에서 찍어낸 것이라 할 수 있다. 화성의 과학자는 당연히 인간의 언어는 하나뿐이라고 결론짓고, 개별 언어의 차이는 사소한 변이 정도로 이해할 것이다.

생성문법의 관점에서 언어를 더 신중하게 탐구하면서, 그동안 언어의 다양성이 지나치게 과소평가되었음이 명백해졌다. 언어의 복잡성과, 언어 능력의 초기 상태에 결정되는 범위도 마찬가지였다. 동시에 언어의 다양성과 복잡성이 실은 겉모습에 지나지 않음도 알게 되었다.

이것은 놀라운 결론이고, 역설적이지만 부인하기 어렵다. 이로써 현대 언어학의 중심 문제가 적나라하게 드러난다. 어떻게 하면 모든 언어가 실은 한 언어에서 나왔음을 입증하면서도, 겉보기에 다양한 소리와 의미의 난해한 속성을 충실하게 기록할 수 있을까? 진정한 언어 이론은 '서술 타당성descriptive adequacy'과 '풀이 타당성explanatory adequacy'이라는 두 가지 조건을 충족해야 한다. 개별 언어의 문법이 그 언어를 말하는 이가 아는 속성들을 충분히 정확하게 설명한다면, 서술 타당성 조건을 충족한 것이다. 언어 이론이 풀이 타당성 조건을 충족하려면 단일한 초기 상태로부터, 경험이 정한 '범위 조건boundary conditions'에 따라, 개별 언어가 어떻게 파생될 수 있는지 보여주어야 한다. 이런 방식을 취한다면 더 심층적인 층위에서 언어의 속성을 설명할 수 있을 것이다.

두 가지 연구 과제 사이에는 심각한 긴장이 도사리고 있다. 서술 타당성 분야의 연구는 더욱더 복잡하고 다양한 규칙 체계로 나아가는 것처럼 보이는 반면, 풀이 타당성 분야의 연구에서는 사소한 변이를 제외하면 언어 구조가 불변일 필요가 있다. 두 분야의 긴장이 주로 연구 방향을 설정한다. 그 긴장을 자연스럽게 해소하는 방법은 초창기 생성문법 연구에까지 영향을 미쳤던 전통적 가정에 도전하는 것이다. 언어란 개별 언어마다 다른 복잡한 규칙 체계이며, 각각 특정한 문법 구조를 지닌다는 가정 말이다. 힌두어의 관계사절, 스와힐리어의 동사구, 일본어의 수동태 등을 규정하는 규칙이 따로 있다는 이야기다. 풀이 타당성을 숙고하면 이런 가정이 옳지 않음을 알 수 있다.

핵심 문제는 언어 능력 자체에 있는 규칙 체계의 일반적 속성을 찾는 것이다. 바라건대 이 문제가 해결되면 나머지 문제는 단순하고 평이할 것이다. 약 15년 전, 핵심 문제에 접근하려는 노력은 초기의 생성문법보다 훨씬 더 단호하게 전통과 결별하는 접근 방법으로 구체화되었다. '원리-매개변수principles-and-parameters(P&P)' 방안이라 불린 이 접근 방법에서는 규칙 개념과 문법적 구조를 완전히 거부했다. 힌두어의 관계사절, 스와힐리어의 동사구, 일본어의 수동태 등을 형성하는 규칙은 따로 없다고 본 것이다. 우리에게 익숙한 문법 구조는 인위적으로 분류된 것으로서, 정보를 밝혀 보이는 데는 유익하지만 이론적 근거가 없다. 그것들은 '지구상의 포유동물'이나 '가족의 애완동물'과 비슷한 지위에 있다. 문법 규칙들은 해체되어 언어 능력의 일반 원리 속에 포함되었다. 이들 일반 원리가 상호작용하면서 표현 속성들을 만들어낸다.

언어 능력의 초기 상태는 스위치에 연결된 고정 네트워크라고 생각해볼 수 있다. 이 네트워크는 언어 원리들로 구성되어 있고, 스위치는 경험에 따라 정해지는 선택 사항들이다. 스위치가 어느 한쪽으로 켜지면 스와힐리어가 되고, 다른 쪽으로 켜지면 일본어가 된다. 개별 언어는 이런 스위치들의 특정한 집합으로 여겨진다. 전문 용어로는 매개변수들의 집합이다. 연구 계획이 성공을 거둔다면 우리는 말 그대로 이들 집합 중 하나를 선택해서 스와힐리어를, 또 다른 집합을 선택해서 일본어를, 하는 방식으로 인간이 습득할 수 있는 온갖 언어를 추출해낼 수 있을 것이다. 언어 획득의 경험적 조건은, 어린이에게 실제로 주어지는 대단히 한정된 정보를 바탕으로 스위치가 켜진다는 것이다. 스위치 설정상의 자그마한 변화도 엄청나게 다양한 출력상의 변화로 이어진다는 것을 주목할 필요가 있다. 그 파급 효과는 체계 전체로 퍼져나간다. 이것은 제대로 된 이론이라면 어떻게든 포착해야 하는 언어의 일반적 속성이다.

지금까지 말한 것은 물론 계획일 뿐 결코 완성품이 아니다. 현재의 형태로는 잠정적인 결론이 성립하지도 못할 것 같다. 과연 접근 방법이 올바른 방향을 잡은 것인지도 확신할 수 없다. 하지만 이 접근 방법은 연구 계획으로서 훌륭한 성과를 거두어, 광범위한 유형의 언어에 대한 경험적 탐구가 폭발적으로 성장했다. 전에는 정리조차 할 수 없었던 새로운 질문들이 솟구치고, 흥미진진한 해답들이 쏟아져 나왔다. 언어 습득과 작용과 병리 등등에 관한 문제들이 새로운 형태를 취하고서 대단히 생산적인 결과를 낳았다. 더욱이 그 운명이 어떻든 간에, 이 연구 계획은 상충하는 서술 타당성 조건과 풀이 타당성 조건을 언어 이론이 어떻게 충족해야 하는지를 시사한다. 사상 처음으로 진정한 언어 이론의 윤곽을 그린 것이다.

이 연구 계획의 주요 과업은 원리와 매개변수, 그 상호작용 방법을 찾아내 명확히 밝히는 것이고, 틀을 확장해 언어의 여러 측면과 활용 양상을 아우르는 것이다. 많은 것이 아직 불분명한 상태로 남아 있기는 하지만, 언어의 설계에 대한 새롭고 장대한 질문들을 생각하고 추구할 만큼 충분한 진전이 있었다. 게다가 우리는 그 설계가 얼마나 타당한지도 물을 수 있다. 언어 능력이 충족해야 하는 조건을 감안하면, 언어는 어떤 위대한 기술자가 만든 구조물에 가깝다는 느낌도 든다.

질문은 날카롭게 다듬어야 하고, 그렇게 하는 데는 여러 가지 방법이 있다. 언어 능력은 정신/두뇌라는 더 큰 구조물 안에 박혀 있다. 그것은 다른 체계와 상호작용하면서, 언어가 제 기능을 발휘하려면 충족해야 하는 조건을 부과한다. 여러 체계가 언어 표현들을 '읽고' 생각과 행위에 대한 '지시'로 삼는다는 의미에서, 이것들을 '가독성可讀性 조건'이라고 생각할 수 있다. 이를테면 감각운동 체계는 소리가 연관된 지시를 읽을 수 있어야 하고, 그 소리는 언어가 생성하는 '음성音聲 표현'을 말한다. 발음 기관과 인지 기관은 어떤 발음의 속성을 이해할 수 있도록 특별한 설계가 되어 있다. 이렇게 각 체계는 언어 능력의 생성 작용에 가독성 조건을 부과하고, 그 조건에 따라 언어 표현에 적절한 발음 형태가 부여된다. 언어 능력의 자원들을 활용하는 개념 체계와 다른 체계들도 마찬가지다. 각 체계의 고유한 속성에 따라 언어가 생성하는 표현은 특정한 '의미론적 표상'을 지닌다. 따라서 우리는 언어와 상호작용하는 외부 체계에서 제기하는 가독성 조건에 언어가 얼마나 '좋은 해결책'이 되는지 물어야 한다. 상당히 최근까지 이 문제는 진지하게 제기되지 않았고, 체계적으로 정립되지도 않았다. 지금은 이 문제를 제기할 수 있고, 이런 의미에서 언어 능력이 '완벽'에 가깝다고 볼 수 있는 징후도 있다. 언어 능력이 완벽한 해결책이라면, 이것은 놀라운 결론이다.

'최소주의 언어이론'이라는 것은 이들 문제를 탐구하려는 노력이다. 지금은 프로젝트의 성과를 평가하기에 너무 이르다. 다만 나는 이제 유익한 문제들이 의제로 설정될 수 있게 되었고, 초기의 성과는 유망하다고 평가한다. 이제 최소주의 이론의 발상과 전망에 대해 몇 마디 얘기한 다음, 여전히 지평선에 남아 있는 몇 가지로 다시 돌아가기로 하자.

최소주의 언어이론은 우리에게 관습적인 가설을 꼼꼼히 살펴보도록 요구한다. 가장 존중해야 할 가설은 언어에 소리와 의미가 있다는 것이다. 현재 이 가설은 이렇게 해석하는 것이 자연스럽다. 언어 능력은 소리와 의미라는 두 가지 '경계면interface levels'에서 정신/두뇌의 다른 체계들과 상호작용한다. 언어가 만들어낸 특정한 표현은 감각운동 체계가 읽을 수 있는 소리 표상, 그리고 생각과 행위에 관한 개념 및 여타 체계가 읽을 수 있는 의미 표상으로 이루어진다.

한 가지 의문은 경계면 외에 다른 층위가 있는지 여부다. 언어에 '내면의' 층위가 있을까? 특히 현대의 언어 연구에서 제시된 심층 구조와 표층 구조 층위가 있을까?[3] 최소주의 언어이론에서는 이들 층위를 설정한 관점에 따른 모든 설명이 잘못 서술되었으며, 경계면의 가독성 조건을 설정하면 언어학 관련 문헌에서 말하는 투영 원리, 결속 이론, 격格 이론, 연쇄 조건 등이 더 잘 이해된다는 것을 보이려 했다.

또한 우리는 경계면 속성에 관한 가장 취약한 가설에서는 연산 작용이 불가피하다는 것을 보이려 한다. 한 가지 가설은 낱말 같은 단위가 있다는 것이다. 외부 체계에서는 '피터Peter'와 '크다tall' 같은 항목을 해석할 수 있어야 한다. 또 다른 가설은 이들 항목이 '피터는 키가 크다 Peter is tall'와 같이 더 큰 표현으로 조직된다는 것이다. 세 번째 가설은 각 항목에 소리 속성과 의미 속성이 있다는 것이다. '피터Peter'라는 낱말은 양 입술을 닫으며 내는 소리로 시작하며, 어떤 사람을 가리키기 위해 사용된다. 따라서 언어에는 세 가지 요소가 있다.

- 소리와 의미의 속성, '자질features'
- 위 속성들의 집합체인 '어휘 항목lexical items'
- 이런 '원자atomic' 단위로 구성된 복잡한 표현

그 결과, 표현을 생성하는 연산 체계는 두 가지 기본 작용을 한다. 하나는 자질들을 결합하여 어휘 항목으로 만드는 것이고, 다른 하나는 어휘 항목으로 시작해서 이미 구축된 것들로부터 더 큰 구문론적 대상을 만들어내는 것이다.

우리는 첫 번째 작용을 본질적으로 어휘의 목록이라고 생각할 수 있다. 전통적 관점에서 보면 이 목록은 '예외', 곧 소리와 의미의 자의적인 결합이자 언어 능력에 속한 굴절의 속성들 중 특정하게 선택된 것들의 목록이다. 여기에서 언어 능력은 우리가 쓰고자 하는 명사와 동사가 복수인지 단수인지, 명사가 주격인지 대격인지 등을 선택한다. 이 굴절 자질은 연산에 중요한 역할을 하는 것으로 밝혀졌다.

최적의 설계는 연산 과정에 새로운 자질을 도입하지 않는다. 지표 indices, 어구 단위phrasal units, 마디 층위bar levels가 없어야 한다(따라서 구-구조 규칙phrase structure rule이나 X마디 이론X-bar theory도 없다).[4] 또한 우리는 가독성 조건이 강제하거나 연산 자체에서 자연스럽게 유발된 것 외에는 구조적 관계를 불러일으키는 것이 없음을 보이려 한다. 첫 번째 범주 곧 가독성 조건이 강제하는 것에는 발음 층위의 인접성, 의미론 층위의 논증-구조와 양화사-변수 관계가 있다. 두 번째 범주 곧 연산 자체에서 유발된 것에는 자질들 사이의 위치 관계, 그리고 연산 과정에서 결합된 두 구문론적 대상 사이의 기본 관계가 있다. 두 구문론적 대상 중 하나와 다른 하나의 부분들을 결속하는 관계를 성분통어c-command 관계라고 한다. 새뮤얼 엡스타인이 지적했듯이[5] 성분통어란 언어 설계에 중심 구실을 하는 개념인데 지금까지 대단히 부자연스러운 것으로 여겨졌지만, 이 관점에서 보면 자연스럽게 제자리를 찾아 들어간다. 하지만 우리는 표현의 파생에 내재하는 지배와 결속의 관계를 배제하고, 그 밖의 여러 가지 관계와 상호작용도 배제한다.

최근의 연구에 익숙한 사람들은 잘 알겠지만, 정반대 결론을 지지하는 경험적 증거도 풍부하다. 설상가상으로 중요한 성과를 낸 원리와 매개변수 틀 연구에서는 내가 방금 제안한 모든 것이 틀렸다는 것을 핵심 가정으로 삼는다. 당연한 생각이지만, 언어는 이런 측면에서 몹시 '불완전'하다. 그러므로 이들 서술 장치가 불필요하니 제거해야 한다고 증명하는 것은 작은 일이 아니다. 이런 '잉여의 짐'을 벗어버리면 서술과 풀이의 힘이 커진다고 말하는 것이 차라리 낫다. 그러나 나는 지난 몇 년 동안의 연구를 통해, 예전에는 불가능해 보이던 결론들이 그럴듯할 뿐만 아니라 옳을 가능성도 높다고 생각하게 되었다.

언어들은 분명 서로 다르며, 우리는 그것들이 어떻게 다른지 알고 싶다. 한 가지 측면은 소리의 선택인데, 소리는 일정한 범위 안에서 변화한다. 또 다른 측면은 소리와 의미의 결합인데, 이것은 본질적으로 자의적이다. 이는 너무나 분명하므로 오래 생각할 필요가 없다. 더욱 흥미로운 점은 언어들의 굴절 체계가 서로 다르다는 사실이다. 격格 변화 체계가 좋은 예다. 라틴어에서는 격 변화가 상당히 다양하고, 산스크리트나 핀란드어에서는 훨씬 더 다양하지만 영어에서는 미미하고 중국어에서는 거의 보이지 않는다. 어쨌든 겉으로는 그렇게 보인다. 풀이 타당성을 고려하면 여기서도 외양은 사람을 속인다. 최근의 연구에서는[6] 언어들의 격 변화 체계가 보기보다 별로 다르지 않다는 것을 보여준다. 예를 들어 중국어와 영어는 라틴어와 동일한 격 변화 체계를 가지고 있지만 발음의 실현이 다를 뿐이라는 것이다. 게다가 언어의 다양성은 상당 부분 굴절 체계의 속성으로 수렴할 수 있다. 만약 이것이 옳다면, 언어의 차이라는 것은 어휘의 일부분으로 좁혀진다.

가독성 조건은 어휘 항목으로 결합되는 자질들을 다음 세 가지로 나눈다.

1. 의미론 경계면에서 해석되는 의미론적 자질
2. 발음 경계면에서 해석되는 음성학적 자질
3. 위의 두 경계면에서 해석되지 않는 자질

완벽하게 설계된 언어에서 각 자질은 의미나 소리에 관계된 것이고, 어떤 지위를 만들어내거나 연산을 용이하게 하는 장치가 아니다. 만약 그렇다면, 해석하지 못할 형식 자질formal features은 없다. 이것은 강력한 요구 사항으로 보인다. 라틴어의 주격과 대격 같은 구조 격처럼 원형적인 형식 자질은 의미론 경계면에서 해석하거나 발음 층위에서 표현하지 않아도 된다. 굴절 체계에는 다른 사례들도 있다.

구문 연산의 관점에서 언어 설계에는 두 번째의 더 극적인 불완전성이 있다. 적어도 하나는 명백해 보인다. '전위轉位 속성displacement property'이라는 것으로, 언어에 널리 퍼져 있는 양상이다. 어구가 마치 문장의 다른 위치에 있는 것처럼, 비슷한 항목이 자연스러운 이웃 관계에 있는 것으로 해석되는 것을 말한다. "클린턴이 선출된 것 같다Clinton seems to have been elected"라는 문장을 보자. 우리는 '선출하다elect' 항목과 '클린턴Clinton' 항목의 관계를 "사람들이 클린턴을 선출한 것 같다It seems that they elected Clinton"라는 문장에서처럼 이해한다. 전통적 의미에서 '클린턴'은 '선출하다'의 목적격이지만, '~는 것 같다seems'에 의해 주격으로 '전위'되었다. 여기서 주어 '클린턴'과 동사 '~는 것 같다seems'는 굴절 자질이 일치하지만, 의미론적인 관계는 없다. 주어는 저 멀리 떨어져 있는 동사 '선출하다elect'와 의미론적 관계가 있다.

이제 우리에게는 두 가지 '불완전성'이 있다. 해석되지 않는 자질과 전위 속성이 그것이다. 인간의 언어 능력이 최적으로 설계되어 있다고 가정한다면, 두 가지 불완전성이 서로 관련되어 있다고 예측하는 것이 타당하다. 해석되지 않는 자질은 전위 속성을 실행하는 메커니즘인 것이다.

전위 속성은 특별한 목적으로 설계된 상징체계, 곧 '수학 언어'나 '컴퓨터 언어'나 '과학 언어'로 쓰이는 비유적 의미의 '언어'나 '형식 언어'

에는 내장되지 않는다. 이들 체계에는 굴절 체계도 없기 때문에 해석되지 않는 자질이 없다. 전위와 굴절은 인간 언어의 속성이다. 이것은 다른 특별한 목적으로 설계되는 상징체계에서는 무시되는 많은 속성 중 일부다. 이들 상징체계는 인간의 정신/두뇌의 구조가 인간의 언어에 부여하는 가독성 조건을 무시한다.

언어의 전위 속성은 문법적 변형이나 다른 여러 가지 장치로 늘 표현된다. 언어가 왜 이 속성을 띠는가 하는 것은 흥미로운 질문이며, 1960년대부터 논의되었지만 아직 해답이 나오지 않았다. 나는 그 이유 중의 일부가 표층구조 해석으로 설명된 현상과 관련 있지 않을까 하고 생각한다. 이런 현상은 전통 문법에 자주 등장한다. 예를 들면, 주제-평설 topic-comment, 구체성specificity, 새로운 정보와 오래된 정보, 전위된 위치의 강조 기능 등이 있다. 만약 내 추측이 옳다면, 전위 속성은 가독성 조건 때문에 생겨난 것이다. 달리 말하면 우리의 사고 체계가 외부에서 부과하는, 해석에 대한 요구에서 비롯된 것이다. 우리의 사고 체계에는 해석을 요구하는 속성이 있다(이는 언어 사용에 대한 연구에서 증명된다). 여기서는 다 다룰 수 없지만 이러한 문제들이 현재 흥미진진하게 연구되고 있다.

생성문법 연구가 시작된 이후, 연산 작용은 두 가지로 생각되었다.

- 어휘 항목들로 더 큰 구문 대상을 이루는 구-구조 규칙
- 전위 속성을 발현하는 변형 규칙

두 가지는 모두 전통적인 뿌리를 가지고 있지만, 뜻밖에도 다양하고 복잡해서 예상보다 서로 상당히 다르다는 것이 곧 드러났다. 생성문법 연구 계획은 그런 복잡성과 다양성이 외양에 지나지 않고, 두 가지 규칙

이 더 단순한 형태로 수렴될 수 있음을 보여주려 했다. 구-구조 규칙의 다양성 문제를 '완벽하게' 해결하기 위해 그 규칙들을 없애는 대신에, 이미 형성된 두 대상을 취해 서로 결합함으로써 결합된 속성을 그대로 간직한 더 큰 대상을 만든다. 이것을 병합이라고 한다. 최근의 연구는 이 목표를 이룰 수 있을 듯하다.

그렇다면 최적의 연산 절차는 병합 작용과 전위 속성을 구성하는 작용으로 이루어진다. 후자는 변형 작용이나 그 대응이다. 병행 시도된 두 가지 중 두 번째 것은, 변형 성분을 가장 단순한 형태로 되돌리려 했다. 그렇지만 구-구조 규칙과 달리 변형 성분을 제거할 수는 없는 듯하다. 최종 결과는 이 현상의 핵심에 이동Move이라는 단 한 가지 작용이 있다는 것이다. 특정 언어나 구성물의 속성과 상관없이 어떤 것이든 아무 데로나 이동한다. 이동 방식은 특정 언어를 결정하는 특별한 매개변수 선택, 곧 스위치 설정과 상호작용하는 일반 원리에 따라 정해진다. 병합 작용은 두 가지 대상, X와 Y를 받아들여 Y가 X에 부속되도록 한다. 이동 작용은 대상 X와 X의 일부인 대상 Y를 받아들여 Y를 X에 병합한다.

다음 문제는 바로 해석되지 않는 자질이 전위 속성을 발현하는 메커니즘임을 보이는 것이다. 그렇게 되면 연산 체계의 기본적 불완전 요소인 해석되지 않는 자질과 전위 속성이 하나로 수렴된다. 내가 제안한 바대로 생각의 외부 체계가 부과한 가독성 조건 때문에 전위 속성이 비롯된다면, 언어의 불완전성은 완전히 해소되고 언어 설계는 결국 최적의 상태임이 판명된다. 해석되지 않는 자질은 정신/두뇌의 일반 구조가 부과한 가독성 조건을 충족하는 메커니즘으로서 반드시 필요한 것이다.

이렇게 통합이 이루어지는 방법은 상당히 단순하지만, 그것을 일관성 있게 설명하는 것은 이 책의 범위를 벗어난다. 직관적인 기본 발상은 다음과 같은 것이다. 경계면 조건을 충족하려면 해석되지 않는 자질을 지워야 하고, 거슬리는 자질과 그것을 생략할 수 있는 상대 자질 사이에 가까운 위치 관계가 있어야 한다. 일반적으로, 두 자질은 의미론적 해석의 진행 과정 때문에 서로 멀리 떨어져 있다. 이를테면 "Clinton seems to have been elected(클린턴이 선출된 것 같다)"라는 문장이 의미론적으로 해석되려면 'elect(선출하다)' 항목과 'Clinton(클린턴)' 항목이 'elect Clinton(클린턴을 선출하다)'라는 어구처럼 이웃 관계에 있어야 한다. 그래야 이 문장이 'It seems to have been elected Clinton(사람들이 클린턴을 선출한 것 같다)'와 같은 뜻으로 적절히 해석되는 것이다. 'It seems to have been elected Clinton'의 주동사인 'seems'에는 해석되지 않는 굴절 자질이 있다. 3인칭 단수 남성형 동사임을 가리키는 이 속성은 이 문장에 실질적인 의미를 독립적으로 보태주지는 못한다. 그 의미는 이미 이 속성과 일치하는 명사구에 제거될 수 없는 형태로 표현되어 있기 때문이다. 따라서 'seems'에 거슬리는 자질은 지워져야 하는데, 전통 문법에서는 이를 '호응agreements'이라는 용어로 설명한다. 이 결과가 나오려면, 호응하는 어구 'Clinton'이 지닌 상대 자질은 주동사 'seems'의 거슬리는 자질에 끌려가서 본래의 위치에서 생략되어야 한다. 그러나 'Clinton'이라는 어구는 (생략되지 않고_옮긴이) 전위된다.

'Clinton'의 **자질**만 끌려갔다는 데 주목하자. 전체 어구는 감각운동 체계와 관련된 까닭에 이동한다. 감각운동 체계는 소속 어구에서 격리된 자질들을 '발음'할 수도 없고 '들을' 수도 없다. 하지만 어떤 이유에선지 감각운동 체계가 가동하지 않으면, 그 자질들만이 출현한다. 그래서 'an unpopular candidate seems to have been elected(인기 없는 후보가 선출된 것 같다)' 같은 문장과 나란히 'seems to have been elected an unpopular candidate(인기 없는 후보를 선출한 것 같다)'라는 형태의 문장이 만들어진다. 여기서 서로 멀리 떨어진 'an unpopular candidate(인기 없는 후보)' 어구와 동사 'seems'가 호응하는데, 명사구의 자질이 동사 'seem'의 위치에 끌려오면, 나머지 어구는 뒤에 남겨진다. 감각운동 체계가 가동하지 않는 것을 '숨은 이동covert movement'이라고 하는데, 아주 흥미로운 속성이 있는 현상이다. 에스파냐어를 비롯해 많은 언어에 이런 문장이 있다. 영어에도 있지만 다른 이유 때문에 'there seems to have been elected an unpopular candidate'에서처럼 의미론적으로 무의미한 요소인 'there'를 도입해야 한다. 또한 상당히 흥미로운 이유로 어순을 도치해 'there seems to have been an unpopular candidate elected'라는 문장이 나오게 된다. 이들 속성은 언어에 전반적으로 영향을 끼치면서 상호작용을 통해 외양만 조금 다른 복잡한 현상을 만들어내는 특별한 매개변수 선택에서 비롯된다. 우리가 지금 살펴보는 사례에서는 모든 것이 다음과 같은 간단한 사실로 귀속된다. 해석되지 않는 형식 자질은 상대 자질을 이용해 위치 관계에서 지워져야 하기 때문에, 경계면의 의미론적 해석에 필요한 전위 속성이 만들어진다.

이 간략한 설명에는 속임수가 조금 들어 있다. 공백을 채우는 일은 유형이 다른 언어들의 많은 분파와 함께 상당히 흥미로운 그림을 보여준다. 하지만 여기서 더 나간다면 이 글의 범위를 넘어서게 되리라.

마지막으로 또 다른 문제를 간략하게 언급하려 한다. 이것은 언어의 내면 연구가 외부 세계와 관계를 맺는 방식에 관한 것이다. 쉬운 낱말로 시작해보자. 피터의 어휘에 '책'이라는 낱말이 있다고 하자. 이 낱말은 소리 속성과 의미 속성의 복합체다. 감각운동 체계는 외부의 사건과 결부해서 발음을 제대로 내고 제대로 알아듣기 위해 음성학적 속성을 사용한다. 피터가 예컨대 분자의 움직임에 대해 말하고, 다른 사람들이 그것에 대해 무엇이라 얘기하는지 해석할 때, 정신 안의 또 다른 체계가 그 말의 의미론적 속성을 사용한다.

소리 측면의 연구 방향에 대해서는 별다른 논쟁이 없지만, 의미 측면에서는 의견 차이가 크다. 내가 보기에, 경험적인 것을 중시하는 연구에서는 음운론과 음성학에서 소리를 연구하는 방법을 끌어와서 의미 문제에 접근하려는 듯하다. 그들은 '책'이라는 낱말의 의미론적 속성을 발견하려 한다. 책은 말이 아니라 명목이고, 물과 같은 실체나 건강과 같은 추상적 존재가 아닌 인공물을 가리키기 위해 사용된다고 본다. 그렇다면 이 속성들이 '책'이라는 낱말이나 그 연관 개념의 의미 일부인지 묻게 된다. 현재의 이해 수준에서 이런 안건을 구체화할 좋은 방법은 없는 형편이지만, 언젠가는 경험적 문제가 발굴될 것이다. 어느 쪽이든, 어휘 항목 '책'에 내재된 일부 자질들이 방금 말한 것 같은 해석 방식을 결정한다.

언어 사용을 조사하면 물질적 성분, 설계, 의도된 특징적 용례, 제도적 기능 등의 관점에서 낱말이 해석된다는 것을 알게 된다. 사물은, 소리를 결정하는 음성학적 자질과 대등하게, 내가 의미론적 자질로 받아들이는 이런 속성에 따라서도 그 존재가 확인되고 분류된다. 언어 용법은 다양한 방식으로 이 의미론적 자질에 주목한다. 도서관에 톨스토이의 《전쟁과 평화》가 두 권 있다고 하자. 피터가 한 권을 꺼내고 존이 나머지 한 권을 꺼낸다. 피터와 존은 같은 책을 꺼낸 것일까, 다른 책을 꺼낸 것일까? 어휘의 물질적 성분에 주목한다면 두 사람이 꺼낸 책은 서로 다른 것이다. 추상적인 내용에 초점을 둔다면 그들은 같은 책을 꺼냈다. 물질적인 요소와 추상적인 요소를 동시에 주목하는 경우도 있다. 이를테면 이렇게 말할 수 있다. "그가 쓰려고 하는 책은, 그가 언젠가 쓴다면 적어도 무게가 5파운드는 나갈 것이다." 혹은 "그의 책은 전국의 모든 서점에 있다." 마찬가지로 문을 흰 페인트로 칠하고 그것을 통해 걸어 들어가면서, 대명사 '그것it'을 사용해 그 형체와 배경을 뭉뚱그려 가리킬 수 있다(흰 페인트로 칠한 것은 '문짝', 곧 문의 형체이고 문짝을 열었을 때 사람이 지나갈 수 있도록 트이는 공간인 '문'은 문의 배경이라 할 수 있다_옮긴이). 'the bank was blown up after it raised the interest rate(은행이 이자율을 올린 뒤에 파산했다)'라는 문장을 약간 바꿔 'it raised the rate to keep from being blown up(은행이 파산을 막기 위해 이자율을 올렸다)'라고 쓸 수 있다. 여기서 대명사 'it'과 'being blown up(파산하다)'의 '숨은 주어'는 물질적인 요소와 추상적인 요소를 동시에 받아들였다.

이런 사실은 흔히 뻔해 보이지만, 사소한 것이 아니다. 지시적인 종속 요소들은 아주 엄밀한 제약을 받고 있지만, 일부 차이는 지키고 또 다른 차이는 무시한다. 그 방식은 낱말의 유형에 따라 아주 흥미롭게 달라진다. 이런 속성은 언어 습득, 언어들의 보편적 성질, 발명된 형태 등 여러 가지 측면에서 조사할 수 있다. 무엇을 발견하든 놀랄 만큼 복잡하다. 그런데 놀랍지도 않게 증거보다 앞서 알려지고, 여러 언어에 공유되어 있다. 인간의 언어에 이런 속성이 있을 것이라고 예상할 만한 **선험적 근거**는 없다. 화성인의 언어는 다를 수 있다. 과학과 수학의 상징체계는 확실히 다르다. 언어의 특성이 어느 정도까지 두뇌의 일반적 자질에 적용되는 일반 생화학 법칙의 결과인지는 아무도 모른다. 이것은 또 다른 중요한 문제로서 여전히 머나먼 지평선 너머에 있다.

비슷한 관점에서 의미론적 해석에 접근하는 방법이 17세기와 18세기 철학에서 아주 흥미로운 방식으로 발전했다. "우리가 사물에 속하는 것으로 생각하는 정체성"은 실은 인간의 지성이 만들어낸 "허구일 뿐"이라는 데이비드 흄의 원리가 종종 받아들여졌다.[7] 흄의 결론은 대단히 그럴 듯하다. 내 책상에 놓인 책은 내부의 구조 때문에 특별한 속성을 갖는 게 아니다. 그보다는 사람들이 생각하는 방식과 생각을 표현하는 용어의 의미 때문에 나름의 속성을 갖는다. 말의 의미론적 속성은 정신의 원천이 이용할 수 있는 관점에서 세계를 생각하고 이야기하는 데 사용된다. 음성학적 해석도 비슷한 방식으로 전개되는 듯하다.

현대 언어철학은 다른 방향으로 가고 있다. 낱말이 무엇을 가리키는지 묻고, 다양한 답을 내놓는다. 그런데 그 질문에는 명확한 뜻이 없다. '책'의 예가 전형적이다. 피터와 존이 도서관에서 같은 책을 꺼냈을 때 '톨스토이의《전쟁과 평화》'라는 표현이 무엇을 가리키는지 묻는 것은 별 의미가 없다. 그 대답은 우리가 생각하고 이야기할 때 의미론적 자질을 어떻게 사용하는가에 달려 있다. 일반적으로 가장 단순한 말도 세계의 실재나 우리가 '믿는 공간'의 실체를 포착하지 못한다. 내가 보기에, 이 문제에 대해 관습적으로 가정되는 것들은 대단히 의심스럽다.

나는 현대의 생성문법이 전통적 관심사를 다루고자 했다고 말한 바 있다. 특히 인간과 다른 피조물이나 기계의 '진정한 차이'는[8] 일상적인 언어 사용에서 가장 명료하게 드러나는 행위 능력이라는 데카르트적 사상에 주의를 기울였다. 데카르트가 주목한 인간의 능력은 어떤 뚜렷한 한계가 없고, 내면의 상태로부터 영향을 받지만 그것이 결정적인 요인은 아니고, 상황에 적응하지만 그 상황에서 유발되는 것도 아니며, 일관성 있고, 듣는 이의 반응을 불러일으킨다. 내가 지금껏 논한 연구의 목표는 이런 정상적인 언어 활동에 관여하는 일부 요소들을 밝히는 것이다. 모든 요소가 아니라 일부 요소만.

생성문법은 언어 활동에 사용되는 메커니즘을 발견하고자 애쓰면서, 그 메커니즘이 **어떻게** 정상적인 생활에 창의적으로 이용되는지 탐구하는 데 이바지하고 있다. 메커니즘이 어떻게 이용되는가 하는 것은 데카르트 학파의 호기심을 자극한 문제이기도 한데, 데카르트의 시대와 마찬가지로 오늘날에도 의문으로 남아 있다. 관련 메커니즘에 대한 이해가 매우 높아지기는 했지만 말이다.

이런 점에서 볼 때, 언어 연구는 다른 신체 기관에 대한 연구와 아주 유사하다. 시각 체계와 운동신경 연구는 뇌가 분산된 자극을 덩어리로 해석하고 책상에 놓인 책으로 팔을 뻗는 과정의 메커니즘을 밝혀냈다. 하지만 이 분야의 과학은 사람들이 어떻게 해서 책상에 놓인 책을 보거나 집어 들기로 결정하는가 하는 문제를 제기하지 않았고, 시각 체계나 운동신경이나 다른 기관을 사용하는 양상에 대한 추론은 별 성과를 거두지 못했다. 언어 사용 양상에서 가장 두드러지게 나타나는 이런 능력은 전통적인 핵심 관심사였다. 17세기 초의 데카르트에게 그 능력은 "우리가 가질 수 있는 가장 고상한 것"이며 우리가 "진정으로 가진" 전부였다. 데카르트보다 50년 전, 에스파냐의 철학자이자 외과의사인 후안 우아르테Huarte, Juan(1529~1588)는, 이해하고 행동하는 보통 인간의 "생성하는 능력"이 "동물과 식물"에게는 낯선 것이지만[9] 이 능력은 창조적 상상력에 비하면 훨씬 격이 떨어지는 낮은 수준의 이해력이라고 말했다. 이 낮은 수준에조차 우리의 이론적 탐구가 미치지 못하고 있다. 그것에 관여하는 메커니즘을 부분적으로 탐구했을 뿐이다.

최근 몇 년 동안 언어학을 비롯해 여러 분야에서 이 메커니즘에 관해 많은 것을 알아냈다. 이제 우리는 어렵고 힘든 도전이 필요한 문제에 마주쳐야 하고, 여전히 '과학적' 탐구가 미치지 못하는 비밀도 많다. 인간을 유기적 세계의 일부라고 생각하면, 이는 그리 놀라운 일도 아니고, 괴로운 일도 아닐 것이다.

07

언어와 두뇌

이 글(원제 Language and the Brain)은 《자연과 언어에 관해 *On Nature and Language*》
(Cambridge : Cambridge University Press, 2002), 61~91쪽에 처음 실렸다.

위 주제에 제대로 대응하는 방법은 언어와 그 두뇌의 근본 원리를 살펴보고, 65년 전쯤 정립된 화학-물리학적 관점의 모형이나 그보다 몇 년 뒤에 생물학의 일부까지 포함된 통합적 관점의 모형에 그 근본 원리들이 어떻게 합치되는지 증명하는 것이다. 하지만 나는 그 방법을 선택하지 않을 것이다. 이 주제에 대해 자신 있게 말할 수 있는 몇 가지 중 하나는, 내가 이 주제에 올바르게 접근할 수 있을 만큼 충분히 알지 못한다는 점이다. 자신이 좀 적게 말할 수 있는 것은 현재의 지식수준이 두뇌과학과 더 높은 정신 기능, 특히 언어 능력을 통합하는 토대를 놓기에는 미흡하지 않나 하는 것이다. 따라서 머나먼 목표를 향해 나아가는 길에는 놀라운 일이 많이 벌어질 것이다. 내가 언급한 고전적 사례들이 현실적 모형이라면, 그리 놀라운 일이 없을지도 모른다.

좀 회의적인 나의 전망은 널리 퍼져 있는 두 가지 대립하는 견해와는 상당히 다른 것이다. 첫째 견해는 이렇게 주장한다. 회의적인 견해는 근거가 없으며 더 정확히 말해 심각하게 잘못되었다. 통합 문제는 제기조차 되지 않았기 때문이다. 그것은 정신을 연구하는 학문인 심리학에서도 제기되지 않는다. 또한 '정신에 대한 컴퓨터 모델computer model of mind'을 받아들이는 생물학에도 해당 사항이 없다.[1] 언어에도 해당되지 않는다. 언어는 초인간적 대상extra-human object이기 때문이다. 이것이 주류 심리철학과 언어철학에서 받아들이는 통설이며, 최근에는 신경과학과 동물행동학의 주요 학자들도 이에 동의하고 있다. 그들의 속뜻이야 어찌되었든 적어도 겉으로 드러난 측면은 그렇게 보인다. 뒤에 현대의 두드러진 사례들을 언급할 것이다.

첫째 견해와 상반되는 둘째 견해는 통합의 문제가 제기되지만, 회의론은 근거가 없다고 본다. 두뇌과학과 인지과학의 통합은 곧 닥쳐올 것이며, 데카르트의 이원론을 극복하게 될 것이다. 진화생물학자 E.O. 윌슨Wilson, Edward Osborne(1929~)은 미국과학예술아카데미American Academy of Arts and Science에서 펴낸 최근의 두뇌과학 논문집에서 이런 낙관론을 직접적으로 표명했다. 그의 견해는 현재 최고의 학문 수준을 요약한 것으로서 학자들 사이에서 폭넓게 공유된 듯하다. "연구자들은 곧 두뇌-정신 문제가 해결될 것이라고 자신 있게 말하고 있다."[2] 비슷한 자신감이 지난 반세기 동안 계속 표명되었다. 두뇌-정신 문제가 벌써 해결되었다고 발표한 저명한 학자도 있다.

그렇다면 우리는 통합의 일반 문제에 대해 몇 가지 관점을 확인할 수 있다.

1. 쟁점이 없다. 언어와 고등 정신 기능은 일반적으로 생물학의 소관이 아니다.

2. 언어와 고등 정신 기능은 원칙적으로 생물학에 속한다. 인간의 생각과 표현이나 인간의 행동과 반응을 연구하려면 암묵적으로라도 이러한 전제를 받아들이는 것이 생산적인 접근 방법이다.

2번 관점에는 두 가지 변종이 있다.

(A) 통합이 코앞에 있다.

(B) 현재 우리는 생물학의 이 부분들이 서로 어떻게 연관되는지 알지 못하고, 근본적으로 이 문제를 통찰하는 것은 불가능할지도 모른다.

내가 보기에는 마지막 관점, 2(B)가 가장 설득력 있다. 그렇게 보는 이유를 밝힐 것이다. 또 이 주제를 신중하게 종합적으로 살펴보기 위해 다루어야 하는 영역들도 개관할 것이다.

나는 일반적으로 타당해 보이고 오랫동안 고려의 대상이 될 만한 세 가지 명제를 논의의 틀로 선정하고 싶다. 하지만 나 자신의 과거 학설이 아니라 선도적인 과학자들의 현재 학설을 인용하면서 이 명제를 설명하려 한다.

첫 번째 명제는, 앞에서 말한 미국과학예술아카데미 연구 논문집의 서문에서 신경과학자 버넌 마운트캐슬Mountcastle, Vernon Benjamin(1918~)이 명료하게 정리했다. 그는 수록된 논문들의 공통 주제에 대해서 이렇게 말한다. "심리적인 것things mental, 곧 정신minds은 두뇌로부터 발현되는 속성이다." 하지만 "이들 속성은 분석 불가능한irreducible 것으로 여겨지지 않으며, 더 낮은 층위의 사건들 간 상호작용을 통제하는 원리들로부터 생성된 것이다. 우리는 아직 그 생성 원리를 제대로 알지 못한다."

두 번째 명제는 방법론적인 것이다. 이 명제는 동물행동학자 마크 하우저Hauser, Mark의 종합적인 연구서 《의사소통의 진화Evolution of Communication》에 분명하게 제시되어 있다.[3] 그는 틴베르헌의 의견을 받아들여, "인간의 언어를 비롯하여 동물 왕국의 의사소통"을 연구하기 위해서는 다음 네 가지 시각을 받아들여야 한다고 주장한다.

1. 의사소통을 수행하는 심리학적이고 생리학적인 메커니즘을 찾

는 것. 기계론적 시각.

2. 심리학적이거나 생리학적인 수준에서도 접근할 수 있는 유전적 요소와 환경적 요소를 분류하는 것. 개체발생론적 시각.

3. 형질의 '적응 결과'와 그 결과가 생존과 생식에 미치는 효과를 발견하는 것. 기능론적 시각.

4. '대대로 전해지는 특성에 비추어 형질의 구조를 평가할 수 있도록 種種의 진화 역사'를 밝히는 것. 계통발생론적 시각.

세 번째 명제는 인지신경과학자 C.R. 갤리스텔Gallistel이 제시한 것으로서 "모듈 방식의 학습관"이다.[4] 그는 이 명제를 "요즈음 신경과학의 표준"으로 받아들인다. 이 관점에 따르면, 두뇌는 '극히 적대적인 환경'에서가 아니면 특정 문제를 해결하기 위해 계산적으로 전문화된 '특수 기관'을 대단히 잘 만들어낸다. 이들 특수 기관의 성장과 발달이 때때로 '학습'이라고 불리는데, 학습은 내부적으로 지시되는 과정과 그 과정의 발달을 촉발하고 형성하는 환경의 영향이 빚어낸 결과다. 언어 기관도 인간 두뇌를 구성하는 이러한 특수 기관이다.

초창기부터 사용되어온 관습적 용어로 말하면 언어 기관은 언어 능력faculty of language(FL)이다. 유전자의 표출인 FL의 초기 상태에 관한 논리 체계는 보편 문법universal grammar(UG)이라 한다. 개별 언어가 획득된 상태의 논리 체계를 개별 문법이라 한다. 상태 그 자체는 내재 언어internal language라고 하고 줄여서 '언어'라 한다. 언어의 초기 상태는 다른 신체 기관과 마찬가지로 갓 태어난 당시에는 분명하게 발현되지 않는다.

내가 (조건부로) 합리적이라 생각하는 이들 세 가지 명제를 더 자세히 들여다보자. 첫 번째 명제, '심리적인 것, 곧 정신은 두뇌로부터 발현되는 속성이다'부터 시작하자.

이 명제는 널리 받아들여지는 통설로서, 현대의 획기적인 업적으로 여겨지곤 한다. 물론 여전히 많은 논쟁의 대상이 되지만 말이다. 지난 몇 년 동안 '정신적 현상은 완전한 자연 현상으로, 두뇌의 신경 생리작용으로 일어나는 것'이며, '인간의 정신 능력은 사실상 두뇌의 능력이라는 대담한 주장'은 '놀라운 가설'로서 제시되었다. 이것은 드디어 데카르트의 이원론에 종지부를 찍는 심리철학의 '혁신적인 사상'으로 여겨졌다. 하지만 일부에서는 여전히 신체와 정신 사이에 메울 수 없는 간극이 있다고 생각한다.

이렇게 갈피를 못 잡는 상황이기 때문에 그 이유를 아는 것이 유익하다. 이 첫 번째 명제는 그리 새로운 게 아니다. 수세기 전부터 알려진 근거가 있으므로 논쟁할 여지가 없다. 이 명제는 18세기에 뚜렷이 표명되었으나 당시의 종교 교리를 모독한다는 이유로 논란의 대상이 되었다. 1750년경 데이비드 흄은 생각을 '두뇌의 작은 동요動搖'라고 정의했다.[5] 수년 뒤 저명한 화학자 조지프 프리스틀리Priestley, Joseph(1733~1804)가 그 명제를 정교하게 가다듬었다. "감각 또는 지각과 생각의 힘"은 "어떤 조직적인 물질 체계"의 속성이다. "이른바 정신적인" 속성은 일반적으로 두뇌와 "인간의 신경 체계"로 이루어진 "유기적 구조의 산물"이다. 달리 말하면 "심리적인 것, 곧 정신은 두뇌로부터 발현되는 속성이다"(마운트캐슬). 프리스틀리는 당연히 이 발현이 어떻게 이루어지는지 알 수 없었고, 그로부터 200년이 지난 지금의 우리도 별반 나을 것이 없는 처지다.

두뇌과학과 인지과학은 현대 과학의 초창기에 나온 이 발현 명제에서 유용한 교훈을 얻을 수 있다고 생각한다. 또 자연과학이 20세기 중반에 이르러 물리학, 화학, 생물학을 통합한 과정에서도 배울 것이 있나고 본다. 정신과 두뇌에 관한 현재의 논쟁은 20세기에 들어서 치열하게 전개되었던 원자, 분자, 화학 구조와 반응 등을 둘러싼 논쟁과 매우 흡사하다. 그리고 그 논쟁의 과정에 교훈이 있다.

최근 다시 살아난 발현 명제가 18세기에 처음 등장한 데는 그럴 수밖에 없는 사유가 있었다. 갈릴레오 이후 근대 과학혁명의 바탕에는, 세계는 원칙적으로 위대한 장인이라면 만들어낼 수 있는 거대한 기계라는 전제가 있었다. 17세기와 18세기 사람들은 아주 복잡한 시계나 정교한 자동 장치 같은 것에 매혹되었는데, 이는 최근에 컴퓨터가 사유와 상상을 자극하는 것과 비슷하다. 앨런 튜링Turing, Alan Mathison(1912~1954)이 60년 전에 예증했듯이, 인공물의 변화는 기본적인 논쟁의 결과를 한정지었다. 이른바 '기계론 철학'이라는 명제에는 경험적 측면과 방법론적 측면이 있다. 사실에 입각한 (경험적_옮긴이) 명제는 세계의 본성에 관한 것으로, 세계를 상호작용하는 부품들로 이루어진 기계로 보는 것이다. 방법론적 명제는 앎의 가능성intelligibility에 관한 것이다. 기계적 모형, 곧 장인이 만들 수 있는 장치가 있어야 참된 이해가 가능하다는 것이다.

이러한 갈릴레오의 이해 방안model of intelligibility에는 다음과 같은 당연한 결론이 따른다. 메커니즘이 실패하면, 이해도 실패한다는 것이다. 그래서 갈릴레오는 기계론적 해명의 명백한 부적절함에 실망하기에 이르렀고, 인간은 결코 '자연히 일어나는 한 가지 효과'조차 완벽하게 이해하지 못할 것이라고 결론지었다. 이에 비해 데카르트는 아주 낙관적이었다. 그는 자연 현상을 대부분 기계론적 개념으로 풀이할 수 있다고 생각했다. 인간을 제외한 유기계有機界와 비유기계는 물론이고 인간의 생리, 감각, 지각, 행동까지도 설명할 수 있다고 보았다. 기계론적 해명이 한계에 봉착하는 경우는 생각이 인간의 기능을 매개할 때였다. 그것은 기계론적 해명에서 벗어나는 원리에 바탕을 둔, 인간에게 고유한 현상이었다. 의지에 따라 선택하는 행위에 깔려 있는 '창조적' 원리는 '우리가 가질 수 있는 가장 고상한 것'이자 '진정으로 우리에게 속한' 전부다(데카르트 학파의 개념). 인간은 '자극을 받고 마음이 내켜서' 어떤 행동을 하는 것이지, '강제'(나 무작위)로 움직이지 않는다는 점에서 기계, 곧 나머지 세계와 다르다. 데카르트 학파가 가장 두드러진 예로 내세우는 것이 일반적인 언어 사용이다. 인간은 언어로써 자기 생각을 무한히 다양하게 표현할 수 있다. 그 표현 방식은 구체적인 상황의 제약을 받지만 그것으로 결정되지는 않고, 여건에 적합하게 조정되기는 하지만 그것에서 기인하지 않고, 남들로 하여금 비슷한 방식으로 표현할 수 있는 생각들을 떠올리게 한다. 이것이 바로 '언어 사용의 창조적 측면'이라는 것이다.

이것은 우리가 아는 한 정확한 결론임을 명심하자.

이런 관점에서, 데카르트 학파는 다른 생물에게도 우리와 같은 정신이 있는지 알아보는 실험 절차를 개발했다. 튜링 시험이라는 형태로 부활한 이 실험 절차는 지난 반세기 동안 더욱 정교해졌고, 튜링이 경고한 결정적 오류는 없었다. 이것이 흥미로운 화제지만 여기서는 더 언급하지 않겠다.[6] 같은 맥락으로, 데카르트는 정신-신체 문제를 비교적 명료하게 체계화할 수 있었다. 자연의 두 가지 원리, 곧 기계적 원리와 정신적 원리를 확립한 다음에는 그 두 가지가 서로 어떻게 작용하는지 물을 수 있다. 이것이 17세기 과학의 주요 문제였다. 하지만 이 문제는 오래 가지 못했다. 뉴턴 스스로도 매우 당황한 일인데, 잘 알려졌다시피 뉴턴이 다음과 같은 학설을 정립했을 때 구도 전체가 붕괴하고 말았다. 뉴턴에 따르면 기계론의 범위에서 벗어나는 것은 정신뿐 아니고, 자연의 모든 것, 심지어 가장 단순한 지구와 행성의 운동도 기계론의 범위를 훌쩍 벗어난다. 근대 과학사를 정립한 사람 중 하나인 알렉상드르 쿠아레

Koyré, Alexander(1892~1964, 러시아계 프랑스인 과학사가이자 철학자_옮긴이)가 지적했듯이, 뉴턴은 "완전히 물질적이거나 기계론적인 물리학은 불가능하다"는 사실을 보여주었다.[7] 따라서 자연계는 근대 과학혁명의 원천인 앎의 가능성이라는 기준을 채워주지 못한다. 쿠아레가 지적했듯이, 우리는 "경험이 우리에게 부과한, 이해할 수 없고 설명할 수 없는 '사실들'이 과학의 신체 안에 들어와 있음을 인정"해야 한다.

뉴턴은 기계론에 대한 자신의 반박이 '부조리'하다고 보았고, 그래서 많은 노력을 기울였지만 해결할 길을 발견하지 못했다. 당시 또는 후대의 위대한 과학자들도 마찬가지였다. 나중의 발견은 더욱더 큰 '부조리'를 가져왔다. 데이비드 흄은, 뉴턴이 자명한 기계론 철학을 반박함으로써 "자연의 궁극적 비밀을 지금까지처럼 앞으로도 영원히 모호할 신비의 영역으로 되돌려놓았다"고 선언했다. 그 무엇도 흄의 선언을 누그러뜨리지 못했다.

한 세기가 지난 뒤, 유물론의 역사를 다룬 고전적 저서에서 프리드리히 랑게Lange, Friedrich Albert(1828~1875, 독일의 철학자_옮긴이)는 뉴턴이 유물론 학설뿐만 아니라 앎의 가능성 기준들과 그것에 기반을 둔 예측들까지 사실상 무너뜨렸다고 지적했다. 그때부터 과학자들은 '힘이라는 추상적 개념이나 추상과 구체적 이해 사이의 애매모호한 어딘가에서 머뭇거리는 개념'에 익숙해졌다. 그것은 유물론 역사의 '전환점'이었고, 이로써 17세기 '순수 유물론자들'이 구축했던 학설의 잔재마저 모조리 제거되고, 유물론은 별 의미 없는 학설이 되었다.

방법론적 명제와 경험적 명제는 붕괴되어 다시 회복되지 않았다.

방법론적 측면에서 볼 때, 앎의 가능성 기준은 상당히 약해졌다. 근대 과학혁명에 영감을 불어넣었던 기준이 포기되었다. 세계를 이해할 가능성이 아니라 이론을 이해할 가능성이 목표가 되었다. 둘 사이에는 상당한 차이가 있다. 이 차이는 정신의 다른 능력들을 활성화할 수도 있고, 미래에 인지과학의 연구 주제가 될 수도 있다. 탁월한 뉴턴 학자 I. 버나드 코언Cohen, I. Bernard(1914~2003)이 말했듯이, 이런 변화는 "과학에 대한 새로운 관점을 설정한다." 과학의 목표는 이제 우리에게 자명하게 보이는 법칙에 근거하여 "근본적으로 규명하고자 하는 게 아니라," 경험과 실험으로 드러나는 현상에 대해 가장 훌륭한 이론적 설명을 찾아내는 것이 되었다. 따라서 상식적 이해를 따르는 것은 합리적 탐구 방법이 아니다.

객관적 사실의 측면에서는 신체, 물질, '물리적인 것'이라는 개념이 이제 존재하지 않게 되었다. 기계적인, 전자기적인, 화학적인, 광학적인, 유기적인, 정신적인 등등의 측면을 지닌 세계가 존재할 뿐이다. 각각의 측면은 선험적으로 규정되지 않고 한정되지도 않은 채 편의상 이름이 붙은 것이다. 이제 편의상 임시로 가정하는 경우 외에는 생명이 화학의 범위에 들어가는지 생물학의 범위에 들어가는지 아무도 묻지 않는다. 시시각각 변화하는 생산적 탐구의 영역에서, 사람들은 이해 가능한 규명 이론들을 개발하고 그것들을 통합할 뿐이다.

현장에 일하는 과학자들은 과학적 탐구의 새로운 한계를 잘 알았다. 18세기 화학자 조지프 블랙Black, Joseph(1728~1799, 영국_옮긴이)은 이렇게 말했다. "화학친화력chemical affinity은 제1법칙으로 받아들여져야 한다. 우리는 뉴턴이 중력을 설명한 것 이상을 설명하지 못한다. 뉴턴의 중력 법칙 같은 이론을 수립할 수 있을 때까지 친화력 법칙에 대한 설명을 미루자." 그리고 그의 말대로 되었다. 화학은 풍부한 학설들을 정립해나갔다. "화학의 승리는 환원주의적 기반 위에 구축된 게 아니라 새로 등장한 물리학과 결별하면서 얻어진 것이었다"고 선도적인 화학 역사가는 평가했다.[8] 사실, 환원주의적 기반은 발견되지 않았다. 65년 전에 라이너스 폴링Pauling, Linus Carl(1901~1994, 미국의 물리화학자_옮긴이)이 마침내 달성한 것은 통합이지 환원은 아니었다. 물리학은 기초 화학과 통합하기 위해 근본적인 변화를 겪어야 했다. '물리적인 것'이라는 상식적 개념과 결별한 것은 더욱 급격한 변화였다. 물리학은 하이젠베르크Heisenberg, Werner Karl(1901~1976, 독일의 물리학자_옮긴이)가 말하듯이 "직관적 구도"에서 "벗어나야" 했고 "세계를 시각화하려는" 희망을 포기해야 했다.[9] 그것은 17세기 과학혁명이 내세운 앎의 가능성에서 훌쩍 멀어지는 일이었다.

근대 과학혁명 초창기에 '최초의 인지혁명'도 비롯되었다. 어쩌면 이 단계가 '혁명'이라는 이름에 걸맞은 인지과학의 유일한 단계인지도 모른다. 데카르트 학파의 기계론은 신경생리학의 기초를 놓았다. 17세기와 18세기의 사상가들은 지각, 언어, 사상에 대해서도 반짝이는 생각을 풍부히 내놓았으나, 그 후 그들의 생각은 부분적으로만 재발견되었다. 신체에 대한 개념이 없었으므로, 당시에—그리고 오늘날에도—심리학은 화학의 길을 따를 수밖에 없었다. 신학적 얼개를 제외하면, 나중에 '로크의 제안'으로 알려진 존 로크의 신중한 추측을 엎을 만한 대안이 없었다. 로크의 제안이란 다음과 같다. 신은 "물질에 생각하는 능력을 더하기"로 했던 모양이다. 이것은 "도저히 운동motion이 일으킬 수 없다고 생각되는 효과를 신이 운동에 부여한 것과 같다." 특히 먼 거리에서 작용하는 인력을 두고 많은 과학자들은 신비한 속성을 다시금 주장했다 (뉴턴은 부분적으로 동의했다).

이런 맥락에서 볼 때, 발현 명제는 사실상 불가피한 것이었다.

18세기 : '감각 또는 지각과 생각의 힘'은 '어떤 조직적인 물질 체계'의 속성이다. '이른바 정신적인' 속성은 일반적으로 두뇌와 '인간의 신경 체계'로 이루어진 '유기적 구조의 산물'이다.

　한 세기 뒤에 다윈은 '두뇌의 분비물인 생각'을 어째서 '중력, 물질의 속성보다 더 놀라운 것으로' 여겨야 하느냐고 비유적으로 물었다.[10]

　오늘날 두뇌 연구는 "심리적인 것, 곧 정신은 두뇌로부터 발현되는 속성이다"라는 전제를 바탕에 둔다.

　이 명제는 시종일관 본질적으로 같고 논쟁의 여지가 없다. 뉴턴 이후의 세계에서는 이 명제를 엎을 만한 대안을 상상하기 어렵다.

　근대 과학의 개척자들이 바랐던 방식으로 세계를 완전히 이해한다는 것이 불가능함을 깨달은 현역 과학자들은 세계의 다양한 측면에 대해 '갖은 학설들'을 구축하고, 통합하고자 애쓰는 것 이상을 할 수가 없다. 그들의 목표는 통합이지 환원이 아니다. 과학의 역사가 분명히 보여주듯이, 앞에 어떤 놀라운 일이 기다리고 있는지 아무도 추측할 수 없다.

　데카르트의 이원론은 합리적인 과학 명제였지만 3세기 전에 사라졌음을 깨닫는 것이 중요하다. 그 뒤로 정신-신체 문제는 논쟁의 대상이 되지 않았다. 그러나 이 명제는 데카르트의 정신 개념이 부적절해서 사라진 게 아니라, 뉴턴이 기계론 철학을 타파하자 신체 개념이 무너져버렸기 때문에 사라진 것이다. '기계 속의 유령'과 같이 정신을 규정했던 '데카르트의 오류'를 오늘날에는 흔히 조롱한다. 하지만 그것은 실상을 오해한 것이다. 뉴턴은 기계를 쫓아냈을 뿐 유령은 그대로 두었다. 현대의 물리학자, 폴 데이비스Davies, Paul Charles William(1946~)와 존 그리빈Gribbin, John R.(1946~)은 그 점을 거듭 지적하면서 자신들의 새 책《물질 신화The Matter Myth》를 마감했다. 하지만 두 저자는 기계의 소멸을 새로운 양자물리학의 탓으로 잘못 돌렸다. 그것은 또 다른 타격이었지만 '물질 신화'는 250년 전에 벌써 소멸되었다. 이것은 당시의 현역 과학자들이 이해했던 사실이고, 그때부터 표준적인 과학사에 기록된 일이다. 이 문제들은 좀 더 생각해볼 가치가 있다.

다시 젊어진 20세기 인지과학은 다음 사항에 면밀한 관심을 기울이는 것이 유익할 것이다. 사실상 변화가 없는 화학과 근본적으로 바뀐 물리학이 1930년대에 통합된 뒤 무슨 일이 벌어졌는지, 통합 전에는 무슨 일이 있었는지 살펴보는 일이 그것이다. 가장 극적인 사건은 생물학과 화학의 통합이었다. 이것은 진정한 환원이지만, 새로 창조된 물리화학으로 환원한 것이었다. 관련된 과학자들 중에서 폴링이 두드러진다. 때때로 이 진정한 환원은 정신적인 세계를 현대의 두뇌과학 같은 영역으로 환원할 수 있으리라는 자신만만한 기대를 불러 모았다. 어쩌면 그렇게 될 수도 있고, 안 될 수도 있다. 과학의 역사는 어느 경우든 자신만만하게 기대할 이유를 별로 제공하지 않는다. 참된 환원은 과학사상 그리 흔치 않고, 그것이 미래에 닥쳐올 일의 모형이라고 당연히 가정하지 않아도 된다.

화학과 물리학이 통합되기 직전에 벌어진 일은 더욱더 교훈적이다. 통합에 앞서, 선도적인 과학자들이 화학이란 계산하는 장치, 곧 화학 반응의 결과를 체계화하고 때로는 예측하는 방법일 뿐이라고 공통되게 주장했다. 20세기 초에, 분자에 대해서도 똑같은 생각들을 했다. 푸앵카레 Poincaré, Jules-Henri(1854~1912, 프랑스의 수학자, 이론물리학자, 천문학자, 과학철학자_옮긴이)는 가스의 분자 이론이 계산 방법 이상의 것이라는 신념을 조롱했다. 그는 사람들이 당구 경기에 익숙해서 그런 잘못에 빠진다고 했다. 화학은 실재적인 것과는 무관하다고 주장되었다. 이유는, 아무도 그것을 어떻게 물리학으로 환원할지 모르기 때문이었다. 1929년, 과학을 잘 알던 버트런드 러셀은 화학 법칙이 "현재로서는 물리학 법칙으로 환원될 수 없다"고 지적했다.[11] 틀린 말은 아니지만, 중요한 면에서 오해를 부르는 말이었다. '현재로서는'이라는 어구는 부적절한 것으로 드러났다. 곧 밝혀졌지만, 물리적 자연과 법칙 개념이 (근본적으로) 수정되지 않았다면 환원은 영원히 불가능했다.

이제 화학의 실재성에 관한 논쟁은 근본적인 오해에 바탕을 둔 것이었음이 분명해진 셈이다. 화학은 우리가 생각하는 개념의 의미에서 '실재적'이며 '세계(자연계_옮긴이)에 관한' 학문이다. 그것은 세계가 어떻게 작동하는가 하는 문제를 두고 인간의 지성이 고안해낼 수 있었던 가장 훌륭한 관념의 일부다. 그보다 더 잘 만들어낼 수는 없다.

몇 년 전에 벌어진 화학 관련 논쟁은 오늘날 심리철학과 인지과학에서 여러 방면으로 되풀이되고 있다. 물론 이론화학은 자연과학으로서, 핵심 물리학과 서로 구분이 안 될 정도로 융합하고 있다. 그것은 엄청나게 복잡하면서 알려진 것은 매우 적은 체계를 연구하고자 애쓰는 두뇌과학과 인지과학의 경우와 달리, 과학적 인식의 주변부에 있지 않다. 화학에 관한 최근의 논쟁들과 뜻밖의 결과는 두뇌과학과 인지과학에 상당히 교훈적이다. 이들이 던지는 교훈에 따르면, 정신에 대한 컴퓨터 모델들computer models of mind을 생물학과 별개인 것으로, 곧 원칙적으로 생물과학의 업적과는 전혀 무관한 것으로 생각하는 것은 잘못이다. 또한 언어를 플라톤식으로나 비생물학적 개념으로 생각하는 것도 중요한 증거에서 동떨어진 생각이다. 정신과 물질의 관계를 환원 가능한 것이 아니라 **수반**隨伴, supervenience 개념으로 보는 것도 잘못이다. 수반이란 정신적 사건이나 상태에 변화가 발생하면 '물리적 변화'가 따른다는 것인데, 그 반대는 아니라고 한다. 그 밖에는 딱히 더 말할 것이 없다. 통합 이전의 화학에 관한 논쟁은 이렇게 바꿔 말할 수 있다. 화학의 실재성을 부정하는 사람들은 화학적 속성이 물리학적 속성에 수반되지만 물리학적 속성으로 환원되지는 않는다고 주장한다. 하지만 이런 생각은 잘못이다. 정확한 물리학적 속성들은 아직도 발견되지 않았다. 그것들을 발견하기만 한다면 수반 이야기는 무의미해질 것이고, 우리는 통합으로 나아갈 것이다. 정신적인 측면의 세계를 연구할 때도 이와 같은 태도가 합리적이라고 나는 본다.

일반적으로, 뉴턴 이후 과학자들과 특히 뉴턴 본인의 조언을 따르는 것이 현명하다. 우리는 우리가 할 수 있는 방식으로 '갖은 학설들'을 구축하고자 노력할 따름이다. 세계가 이러이러하다는 상식적인 직관—우리는 세계가 그렇지 않다는 것을 안다—에 얽매이지 말고, 보편적인 과학적 인식의 차원에서 '법칙에 대한 설명을 미뤄야' 한다는 사실도 괘념치 말아야 한다. 보편적인 과학적 인식이라는 것은 지난 300년 동안 꾸준히 드러났듯이, 통합의 임무에 부적절해 보인다. 바로 그것 때문에, 내가 보기에 이 주제에 대한 많은 논의는 아마 꽤나 심각하게 오도誤導되었다.

그 밖에도 통합 이전의 화학과 현재의 인지과학 사이에는 기억할 만한 유사성이 있다. '화학의 승리'는 결국 물리학 재편을 위한 소중한 지침을 제공했다. 핵심 물리학이 충족해야 하는 조건을 제시한 지침이었다. 마찬가지로, 꿀벌의 의사소통에 대해 발견된 사항들은 장차 세포 차원의 설명이 성립할 때 충족해야 할 조건을 제시한다. 두 경우 모두 쌍방 통행이다. 물리학이 발견한 것들은 성립 가능한 화학적 모형을 제한하는 조건이 되고, 기초 생물학이 발견한 것들 또한 곤충 행동 모형을 제한한다.

두뇌과학과 인지과학에도 익숙한 유사점들이 있다. 이를테면 데이비드 메어Marr, David Courtnay(1945~1980, 영국의 신경과학자, 심리학자_옮긴이)는 연산, 알고리즘, 수행 이론의 주제를 강조했다. 또 바다달팽이의 학습에 관한 에릭 캔들Kandell, Eric Richard(1929~, 미국의 신경생리학자_옮긴이)의 연구는 "경험주의 심리학자들이 추상적 수준에서 제시했던 발상을 신경 차원으로 변환"하고자 하면서 인지심리학과 신경생물학이 어떻게 "결합해서 학습 연구에 새로운 시각을 끌어내기 시작하는지" 보여준다.[12] 아주 합리적이다. 다만 실제 연구 과정에서 우리는 무엇인가 빠져 있기 때문에 결합이 이루어지지 못할 가능성이 있다는 경고를 받는다. 어디서 무엇이 빠졌는지, 찾아내기 전에는 알 수가 없다.

지금까지 처음에 제시한 세 가지 명제 중 첫 번째, "심리적인 것, 곧 정신은 두뇌로부터 발현되는 속성이다"라는 지도 원리에 대해 이야기했다. 이 명제는 거의 자명한 이치에 가깝다. 다윈과 한 세기 전의 걸출한 과학자들이 이해한 이유에서, 또 뉴턴이 발견한 '부조리'가 그럼에도 참이기 때문에 그렇다.

이제 두 번째 명제를 살펴보자. 마크 하우저의 《의사소통의 진화》에서 따온 방법론적 명제다. 이 명제의 몇 가지 특징을 설명하려면 틴베르헌의 인과관계 접근 방법을 적용해야 한다. (1)메커니즘 (2)개체발생론 (3)적응 결과 (4)진화 내력이라는 네 가지 기본 관점이 있다.

다른 사람들과 마찬가지로 하우저에게 가장 중요한 '성배'는 인간의 언어다. 목표는 네 가지 관점으로만 언어를 탐구할 경우 언어가 어떻게 이해될 수 있는지 보이는 것이다. 아주 단순한 체계에도 같은 방법론을 적용할 수 있다. 동물의 세계에서 예를 든다면, 꿀벌의 '춤 언어dance language'도 (논쟁의 여지가 없지 않지만) 통설에 따르면 적어도 겉보기에는 인간의 언어와 유사하다. 무한한 범위와 '표현의 전위轉位' 속성, 곧 감각 영역에 속하지 않는 정보를 전할 수 있는 능력 등이 그렇다. 꿀벌의 두뇌 크기는 풀의 씨앗 크기 정도이고, 뉴런은 100만 개 이하다. 의사소통의 방법이 다른, 관련 종種들도 있다. 침입성侵入性 실험invasive experiment에는 제한이 없다. 하지만 꿀벌의 경우에도 가장 기본적인 문제, 특히 생리학과 진화 측면의 문제에는 아직 해답이 없다.

이 주제를 검토하면서 하우저는 메커니즘을 거의 논하지 않는다. 메커니즘에 관해 내놓은 몇 가지 제안은 상당히 이색적이다. 이를테면, 수학자이자 생물학자인 바버라 시프먼Barbara Shipman의 이론을 원용한다. 시프먼에 따르면, 벌의 행동은 일종의 '쿼크 탐지기quark detector'를 이용해 6차원 위상位相 공간을 3차원 위상 공간으로 바꾸는 능력에 바탕을 둔다.[13] 진화에 대해서, 하우저는 몇 마디 문장으로 그 문제의 본질을 규정한다. 그가 검토한 다른 사항들도 마찬가지다. 예컨대 노래하는 새는 '발생학 연구의 성공적인 사례'지만, 진화상의 자연 선택에 대한 '설득력 있는 시나리오'가 없다. 아니, 설득력 없는 시나리오조차 없다.

곤충이나 새의 경우가 이렇다면, 그보다 훨씬 복잡한 인간 언어의 경우, 생리학적 메커니즘과 계통 발생에 관한 문제는 수수께끼로 남을 수밖에 없다.

하우저의 연구를 자세히 들여다보면, 그와 여러 사람들이 세웠던 목표가 얼마나 아득한 것인지 깨닫게 된다. 그것은 가치 있는 목표지만, 그에 관한 우리 태도는 현실적이어야 한다. 첫째, 책의 제목이 오해를 불러일으킨다. 의사소통의 진화라는 주제는 잠깐 언급하고 지나갈 뿐이다. 이 책은 진화보다는 여러 생물 종種의 의사소통에 대한 비교 연구서다. 표지에 인용된, 《네이처Nature》지에 실린 데릭 비커턴Bickerton, Derek(1926~, 영국인으로, 하와이와 가이아나의 크레올어를 연구한 언어학자_옮긴이)의 서평 문구와 '장래의 방향'을 추측한 마지막 장에서도 분명히 드러난다. 마지막 장의 제목은 현실적이게도 "비교 의사소통"이며, 진화에 대한 추론은 별로 없다. 일반적으로 하우저를 비롯한 사람들이 말하는 자연 선택의 기록이란, 생물이 생태계에 기막히게 잘 적응한 것을 설명하는 말이다. 어떤 생물이 그 생태적 지위에 적합함을 보여주는 사실들은 때로 매력적이고 함축적이지만 진화의 역사라고 할 수는 없다. 그보다는 진화학도가 해결해야 할 문제를 정립해 보여주는 것이라고 할 수 있다.

둘째, 하우저는 의사소통에 관한 종합적인 비교 연구가 "언어의 형식 연구와 무관하다"고 한다(나는 이것이 과장이라고 생각한다). 그것은 사소한 지적이 아니다. 그가 '언어의 형식 연구'라고 부르는 것에는 동물행동학적 접근 방법의 두 가지 관점, 곧 (1)언어의 메커니즘과 (2)개체 발생이라는 심리학적 측면이 있다. 게다가 심리학적 측면과 무관한 것은 생리학적 측면과도 무관하다. 생리학적 측면에 관계된 것은 심리학적 측면에 조건을 부여하기 때문이다. 따라서 인간의 언어에 대해서는 틴베르헌이 권유한 두 관점을 사실상 적용하지 못한다. 마찬가지로 비교 의사소통 연구는 꿀벌의 의사소통에 대한 현대의 탐구와도 '무관'할 것이다. 꿀벌의 의사소통 연구는 '기술언어학記述言語學, descriptive linguistics'*의 풍성하고 세밀한 변종이라고 생각되기 때문이다. 이것은 타당해 보이는 결론이다. 곤충, 새, 원숭이 등의 특정한 종에 대해 기술하는 수준에서 많은 정보가 확보되었는데, 보편적인 성질은 별로 나타나지 않고 있다.

그러나 동물의 의사소통과 인간의 언어 사이의 '무관함'은 그보다 훨씬 더 깊다. 하우저도 관찰했듯이, 언어를 의사소통 체계로만 볼 수는 없기 때문이다. 언어는 의사소통 수단을 넘어선, 생각을 표현하는 체계다. 물론 언어는 걷는 방식이나 옷 모양, 머리 모양 등 사람이 취하는 모든 것이 그렇듯이 의사소통의 수단으로 쓰일 수 있다. 하지만 실제적 의미

---

* 언어의 구성 요소들 간의 관계에 초점을 두고 그 구조를 기술, 해명하려는 언어학, 특히 1920~1950년대 미국에서 급속히 발달한 구조언어학을 말한다. 이 책에서는 기술언어학의 맥락에서 이해해야 하는 '기술, 기술적記述的, descriptive'이라는 표현을 문맥에 따라 '서술' '설명' '기술'로 옮겼다. _옮긴이

에서 의사소통은 언어만의 고유한 기능이 아니고, 언어의 기능과 본성을 이해하는 데 유일하게 중요한 것도 아니다. 하우저는 서머싯 몸 Maugham, Somerset(1874~1965, 영국의 소설가, 극작가_옮긴이)의 다음 경구를 인용한다. "사람이 꼭 해야 할 말이 있을 때에만 말을 한다면, ……인류는 곧 말을 잃어버릴 것이다." 정곡을 찌른 듯 보인다. 언어가 주로 말하는 이 자신을 위해 쓰인다는 사실을 차치하고 말이다. 어른에게는 '내면의 대화', 어린이에게는 혼잣말이 말하는 이 자신을 위해 사용하는 언어다. 게다가, 인간의 언어를 형성하거나 하지 않은 자연 선택의 과정을 추측하는 일에 무슨 이득이 있는지 몰라도, 언어 체계가 어떤 의사소통 방식의 산물이라는 신념은 결정적인 영향력이 없다. 생각을 잘 떠올리고 명료하게 해주는 일련의 자잘한 돌연변이에 대해서 그럴듯한(그러나 무의미한) 얘기를 얼마든지 꾸며낼 수 있다. 어쩌면 그보다 덜 기발한 이야기도 꾸며낼 수 있다. 그런 돌연변이들이 집단적으로 동시에 일어났다고 가정할 필요는 없으니까. 물론 내가 이런 얘기를 꾸며내려는 건 아니다. 벌어졌을지 모르는 일에 대한 아주 그럴듯한 이야기들이 실제로 벌어진 일에 관해 깊이 알려질수록 불행한 결말을 맞은 경우는 널려 있다.

같은 맥락에서, 인간의 언어가 하우저의 '의사소통 정보의 분류'(짝짓기, 생존, 말하는 이의 정체 등)에 등장하지도 않은 것은 주목할 만하다. 틀림없이 언어는 경고 신호나 말하는 이의 정체성 확인 등을 위해 쓰일 수 있지만, 언어의 기능을 그런 방면에서 연구하는 것은 가망 없이 그릇된 일이다.

하우저가 기능적인 관점을 '적응을 위한 해결책'에 한정하는 것도 곤란한 점이다. 그것은 진화 연구를 대단히 제한하는 일이다. 진화에 대한 연구는 다윈이 강력하게 강조했고, 지금은 널리 그 중요성이 이해되고 있다. 사실 하우저는 적응 기능이 없는 특질의 사례를 잇따라 인용하면서 주장을 펴는데, 그런 사례는 아주 제한된 상황에서만 나타나고 자연에서는 그에 상응하는 상황이 벌어지지 않는다.

이런 문제는 거의 논의되지 않는다. 내가 인용한 부분들은 여기저기에 단편적으로 흩어져 있다. 그러나 그것들은 만약 우리가 동물행동학적 관점을 진지하게 받아들일 경우, 얼마나 많은 빈틈을 메워야 하는지 보여준다. 그러나 나는 지난 40년 동안 동물행동학적 관점을 채택해야 한다고 주장했고, 당연히 그렇게 해야 한다.[14] 하우저가 장래의 연구 방향을 인간 언어의 진화 쪽으로 추측하자 수수께끼가 더욱 두드러졌다. 그는 익숙한 기본 문제 두 가지를 언급하는데, (1)어휘의 폭발적 증가와 (2)의미 있는 발화를 무한히 다양하게 생성하는 순환 체계를 규명할 필요가 있다는 것이다. 하우저는 후자에 대해서는 추측하지 않았다. (1)에 관해서는 하우저 자신의 전공 영역(인간이 아닌 영장류)을 포함하는 동물의 왕국에는 비슷한 것이 없다고 보고했다. 그는 어휘 폭발의 필수 조건이 인간의 타고난 모방 능력이라고 보고, 그 능력이 동물계의 다른 생물과 근본적으로 다른 점, 어쩌면 인간만의 독특한 것이라고 생각한다. 그는 딱 하나 예외로 훈련받은 원숭이를 찾을 수 있었다. 그의 결론은 이렇다. "원숭이에게서 모방 능력을 끌어내려면 인간적 환경의 특정한 형색이 필요하다." 이 결론이 옳다면, 모방 능력은 적응 선택의 결과가 아닐지 모른다. 하우저를 비롯한 학자들은 적응 선택에 한해서 진화를 연구해야 한다고 주장하지만 말이다. 그는 인간이 지닌 모방 능력의 기원에 대해 우리가 아무것도 모르고, 인간의 진화 과정에 언제 어떻게 나타났는지도 결코 알아낼 수 없을 것이라고 한다.

게다가 다른 많은 학자들과 마찬가지로 하우저는, 인간이 무엇을 가리키기 위해 낱말을 사용하는 것이 원숭이 등(가능한 유인원도 있다는 증거가 있지만 불확실하다고 그는 말한다) 나른 종에서 드물게 보이는 '(무언가를_

옮긴이) 가리키는 신호referential signals'와는 본질적 구조와 기능적 속성이 다르다는 것을 심각하게 과소평가한다. 이것은 전위 표현이나 상황과 무관한 지시적指示的 표현 문제를 훌쩍 뛰어넘는 문제다. 또한 하우저는 제시된 현상을 심각하게 과장한다. 그는 다윈의 신중한 추론을 인용하면서 이렇게 말한다. "이렇게 우리는 인간 언어의 진화에 관해 중요한 교훈 두 가지를 배운다." 곧 "인간 언어의 구조와 기능은 자연 선택으로 설명할 수" 있고, "인간과 인간이 아닌 동물의 의사소통 형식 사이에 놓인 가장 인상적인 연결고리는 감정 상태를 표현하는 능력이다." 마찬가지로 스티븐 핑커Pinker, Steven(1954~, 캐나다 태생인 미국 심리학자_옮긴이)는 "언어 진화에 관한 다윈주의식 설명이 어떻게 유일하게 가능한 설명이 되는지 **보여준다.** ······자연 선택은 언어 같은 복잡하게 설계된 형질을 설명할 수 있는 유일한 메커니즘이기 때문이다"(고딕체로 표시된 부분은 내가 강조한 것이다). 거창한 야심 표명은 제쳐두고 인간 언어의 진화에 관해 정말 뭔가를 '보여' 주었다면, 또는 인상적인 추론을 통해 우리에게 뭔가를 '알려' 주었다면 주목할 가치가 있을 것이다. 하지만 그런 놀라운 일은 벌어지지 않았다. 신중한 추론과 자신만만한 선언은 아무것도 입증하지 못한다. 기껏해야 어쩌면 따라가 볼 만한 길일지 모른다는 인상을 줄 뿐이다. 아마도.

따라서 입증되었다고 하는 하우저의 결론은 그냥 너그럽게 읽어줄 수 있을 뿐 별로 이치에 맞지 않는다. 논쟁의 여지 없이, 자연 선택은 자연의 법칙(과 역사적/생태적 우연성)이 정한 선택의 범위 안에서 작용한다. 하지만 이런 요소들이 다가올 현상에 어떤 구실을 한다고 선험적으로 선언한다면, 그것은 순전히 독단적 주장에 지나지 않는다. 자연계의 피보나치수열, 인간의 언어, 생물학적 세계의 어떤 현상을 생각할 때도 이것은 참이다. '드러나 보인 것' 혹은 '설득력 있게 주장된 것'은, 다윈이

주장했듯이 자연 선택이 진화의 일차적 요소라는 것이 그럴듯하다는 점
이다. 이에 대해서는 (하우저가 생각하는 범위 안에서) 아무도 의문을 제기
하지 않는다. 그런데 어째서 나나 다른 사람이 '자연 선택론은 인간 언
어의 설계상 특징을 설명하지 못한다'고 주장했다고 자신이 단정했는지
에 대해 하우저는 아무 말도 하지 않는다(그 말의 의미를 이해하기 위해 너그
럽게 읽어준다 하더라도 명백히 참이 아닌데). 자연 선택과 그 밖의 진화 메커
니즘에 대해 널리 알려진 전제를 넘어 눈, 기린의 목, 가운데귀〔中耳〕의
뼈, 포유동물의 시각 체계, 인간의 언어 등을 연구하면서 실제로 일어난
일을 알아내려고 하는 사람들이 있다. 이때, 자신만만하게 단정하는 것
과 설득력 있는 논증을 혼동해서는 안 된다.

하우저는 이것을 부인하겠지만, 면밀히 살펴보면 그의 실제 결론은
하버드대학 동료 교수이자 진화생물학자인 리처드 르원틴Lewontin,
Richard Charles(1929~)의 극단적 회의론과 크게 다르지 않다. 르원틴은
인지認知의 진화가 현대 과학의 범위를 벗어났다고—단호하게—결론
지었다.[15]

하우저가 선언한 목표가 너무나 아득하기 때문에, 다소 기이한 발상
이 나오게 된 듯하다. '인간의 두뇌, 성대, 언어가 공동 진화한 것 같다'
는 발상이 그 예다. 하우저는 신경과학자 테런스 디컨Deacon, Terrence
William의 언어와 두뇌의 공진화共進化, coevolution 개념을 빌려다 썼다.[16]
디컨의 주장에 따르면, 언어와 언어의 개체적 발생—동물행동학적인
접근 방법의 관점 (1)과 (2)—을 연구하는 학자들은 신경과학의 일반적
인 접근 방법을 받아들일 때 심각한 오류를 저지른다. 그들은 정신-두
뇌의 유전적 요소와, 경험과 성숙에 따른 상태 변화를 발견하려고 하는
데, 연구자들이 간과해온 더 유망한 대안이 있다. 경험 자료를 넘어선,
"언어 학습에 대한 추가 지원"은 "어린이의 두뇌도, 부모나 교사의 두뇌

도 아니고 두뇌 밖에 있는 언어 자체에 귀속된다." 언어 자체와 개별 언어Language and languages는 초인간적 실체로서, 놀랍게도 "인간 숙주와 연계해서 진화하고 적응하는 능력"이다. 언어라는 피조물은 초인간적일 뿐만 아니라, 분명히 생물학적 세계의 바깥에 있다.

이 이상한 존재는 무엇이고, 어디에서 왔는가? 그 실체에 대해서 알려진 것이라고는, 그동안 두뇌의 속성으로 오해되었던 언어의 속성들을 한데 모으도록 진화했다는 것뿐이다. 그것의 기원은 수수께끼와 다름없다. 하지만 어쨌든 그것이 나타나자, 자연 선택을 통해 "세상의 언어들이 인간의 두뇌 바깥에서 질풍노도처럼 적응하면서 저절로 진화했다." 그것들은 "점점 더 사람들에게 잘 적응해" 갔다. 기생충과 숙주, 또는 먹이와 포식 동물처럼 익숙한 공진화의 짝패였다. 또는 바이러스가 가장 비슷한 예라고 한다. 우리는 언어의 보편적 성질에 대한 설명을 끌어낼 수 있다. 그것들은 "진화하는 각 언어에서 저절로 그리고 독립적으로 나타났으며……," 상어와 돌고래의 등지느러미 같은 "언어 진화를 수렴하는 특색"이다. 저절로 진화하면서 신속한 자연 선택을 통해 언어의 보편적 속성을 획득하는 초인간적 실체 중 하나가 뉴잉글랜드에서 내 손녀에게 달라붙었는데, 니카라과에서 또 다른 하나가 이 아이에게 달라붙었다. 이 아이는 정말로 불가사의한 이 바이러스 두 종에 감염되었다. 타고난 두뇌 구조와 경험의 상호작용을 살펴서 이 모든 결과를 설명하려 드는 것은 잘못이다. 그게 아니라 그 어떤 기생충이 특정 공동체의 숙주들에게 신비로운 방식으로 달라붙어—정상적인 자연과학적 추정을 위해 디컨의 용어를 빌리면 "마술사의 수법"을 통해—숙주들에게 특정한 언어를 알게 한다.

디컨은 물론 아기들에게 "인간의 언어를 배우는 기질"이 있고, "언어의 기초를 이루는 규칙을 선택하는 데 강한 편향성을 지닌다"는 사실에 동의한다. 기초 산수조차 배울 수 없는 상태에서도 아기들은 몇 년 만에 "엄청나게 복잡한 규칙 체계와 풍부한 어휘"를 획득한다. 따라서 "다른 종種이 상당히 주의 깊은 훈련과 집중적인 노력을 거쳐도 될까 말까 한 일을 우리가 쉽게 할 수 있는 것을 보면 인간의 두뇌에는 뭔가 특별한 것"이 있다. 하지만 우리가 시각 체계 등 자연의 다른 측면에 접근하듯이 두뇌의 특별한 구조와 자질에 접근하는 것은 잘못이다. 꿀벌과 원숭이의 시각 기관이 신속한 자연 선택에 따라 진화해서 숙주인 꿀벌과 원숭이에게 달라붙어 볼 수 있는 능력을 부여했다고 주장하는 사람은 없을 것이다. 또 꿀벌의 흔들기 춤이나 버빗원숭이가 내는 신호음이 생물체(꿀벌이나 버빗원숭이_옮긴이) 밖의 기생충 같은 존재로서 숙주에게 그런 능력을 제공하도록 공진화한 것이라고 말할 사람도 없을 것이다. 그러나 인간의 언어라는 특별한 경우에, 우리는 자연과학의 정상적 과정을 추구하지 않고 그 "자질"과 "특별한 구조"의 본성과 그것들이 두뇌 메커니즘에서 실현되는 방법을 알아내려 한다(그 과정에서 언어와 공진화했다는 생물체 밖의 실체는 어디론가 사라져버린다).

생물체 밖에서 '바이러스'가 들어와 숙주에게 달라붙도록 진화했다는 이 독특한 설명에 따르면 우리는 "일반적 학습 논리" 이상의 것을 어린이에게 돌리지 않아도 된다. 그러므로 언어학자와 심리학자들의 놀라운 실패는 이미 극복되었다. 그들은 세상의 언어들—아직 말해지지 않았지만 말해질 수 있는 언어들—이 자연 선택을 통해 "어린이의 정신적 자질을 구현"하도록 두뇌 밖에서 저절로 진화했다는 사실을 거부한다.

그러나 디컨의 제안이 올바른 궤도에 있다고 볼 만한 이유가 있다. 어린이가 언어와 그 밖의 인지 수준을 획득하는 데 "일반적 학습 논리" 이상의 것이 필요 없다는 발상은 아주 영웅적인 움직임으로만 지탱될 수 있다. 그것이 이 글의 서두에 소개한 세 번째 명제의 핵심인데, 곧 살

퍼볼 것이다. 구조를 배제한 일반 학습 논리로 잘못 제시되곤 하는 것을 인정하려면 비상하게 풍부한 천성과 모듈 방식을 전제해야 하는데, 이들 전제 조건에서도 같은 결론이 도출된다. 그리고 극단적인 모듈 구조를 전제로 추정한 진화 시나리오에서도 역시 아주 특이한 내재적 구조를 가정하고 같은 결론을 도출한다.[17]

디컨은 이제 진정한 문제는 "상징적 지시symbolic reference"뿐이라고 말한다. 진화론적 관점에서 설명한다면 나머지 사항들은 어떻게든 제자리를 찾아 들어간다는 것이다. 디컨은 그 나머지가 어떻게 제자리를 찾아 들어가는지 논하지 않았다. 하지만 그것도 그리 중요하지 않다. '상징적 지시' 또한 완전히 미스터리이기 때문이다. 인간 언어의 가장 기본적인 속성을 무시한 까닭도 한몫을 차지한다.

나는 지금껏 따옴표로 인용 표시를 했는데, 그 말의 뜻을 명확하게 이해하지 못했기 때문이다. (내가 주장해온 견해를 포함해) '언어학'에서 설명하는 것도 이해가 쉽지 않다. 그 설명은 너무 막연해서 때로는 이해를 못 하는 원인이 무엇인지 추측하기도 쉽지 않다(가끔은 쉽기도 한데, 가령 '언어능력competence'이라는 전문 용어가 오해되는 원인은 찾아내기 쉽다). 그 의미가 무엇이든, 결론은 인간 언어의 본성을 찾아내기 위해 두뇌를 연구하는 것은 잘못이라는 것 같다. 따라서 언어 연구는 인간과 함께 공진화하다가 인간에게 '들러붙는' 생물체 바깥의 실체를 연구하는 것이어야 한다는 것이다. 이런 생각들이 저명한 진화심리학자와 생물학자들로부터 높은 평가를 받았지만, 나는 이유를 모르겠다. 이런 주장은 공인된 과학적 문제를 이해할 가망이 없는, 완전한 수수께끼로 만들어버리고, 지난 수백 년 동안 받아들여져 온 합리적 탐구 절차를 막아버린다.

동물행동학적 접근의 방법론적 명제로 돌아가 보면, 그 명제가 원칙적으로 합리적이긴 하지만 그것을 추구하는 방식들은 많은 문제를 낳는다. 40년 전 '행동과학'을 비판하는 문헌들에서 옹호되었던 것처럼 이 접근 방법을 다시 추구하자는 소리는, 학문을 40년 전으로 되돌리는 것에 지나지 않는다는 게 내 생각이다. 우리는 언어의 구조와 사용을 관장하는 두뇌—그리고 어쩌면 두뇌 이상의 것—의 유전적 요소와 그것이 이룩한 상태(다양한 언어)를 연구하고, 그 상태가 변화하는 과정(언어 습득)을 조사할 수 있다. 우리는 심리학적·생리학적 메커니즘과 원리를 발견하고 통합하여 공인된 과학적 문제들을 풀고자 노력할 수 있다. 이런 탐구는 동물행동학적 접근 방법의 처음 두 가지 관점, 곧 메커니즘과 개체발생론 연구를 구성한다. 셋째 관점인 기능론으로 방향을 돌리면, 특정한 상태에 다다른 사람의 언어 사용에 대해 조사할 수 있다. 하지만 언어의 효과를 생존과 생식에 미치는 범위로만 제한하는 것은 너무 좁게 생각하는 것이다. 언어에 대해 더 많이 알려면 그 범위를 넓혀야 한다. 넷째 관점인 계통발생론은 그 전망이 너무나 아득하고 비교 의사소통 연구로는 별 진전을 보지 못할 듯하다. 이것은 전혀 다른 문제다.

마지막으로, 세 번째 명제인 갈리스텔의 '모듈 방식의 학습관'을 살펴보자. 모든 동물의 학습은 각기 특정한 방식으로 '배우려는 본능'이라는 특별한 메커니즘에 바탕을 둔다는 명제다. 틴베르헌은 이것을 '타고난 학습 기질'이라고 부른다.[18] 이 '학습 메커니즘'은 '극히 적대적인 환경'이 아닌 한 다소간 반사적으로 '특별한 부류의 연산을 하게 해주는, 두뇌의 내부에 있는 신경 회로 조직'으로 여겨진다. 이런 의미에서 인간의 언어 습득은 특별한 '언어 기관'에 근거한 본능이다. 갈리스텔은 이 '모듈 방식의 학습관'을 '현대 신경과학의 개념'으로 받아들인다. 그는 이 이론 틀이 조건반사 같은 실제 현상을 잘 설명한다고 주장한다. "각각의 문제에 특정하게 대응하는 학습 메커니즘에 더해 보편적인 용도가 있는 학습 메커니즘이 존재한다고 상상하는 것은…… 보편적인 용도가 있는 기관 구조를 상상하는 것과 같다. 곧 간, 신장, 심장, 폐와 같이 특정한 기능이 있는 각 기관이 관여하지 않는 문제를 담당하는 일반 기관이 있다고 보는 것과 마찬가지다." 눈이나 귀, 그 밖에 다른 감각 기관이 다루지 않는 "감각의 문제를 해결하는 보편적 기능을 지닌 감각 기관"이 있다고 보는 것과 같은 주장은, 생물학에서 인정되지 않는다. "생물학에서, 모든 차원의 분석이나 모든 종류의 기능을 보더라도 메커니즘의 전문화는 아주 보편적이고 명백하기 때문에, 그것을 생물학적 메커니즘의 일반 원리로서 주의 깊게 볼 필요가 있다고 생각하는 사람은 없다." 따라서 "과거와 현재의 학습 이론들 대부분"이 유기체의 연구에서 당연시되는 것들과 아예 동떨어져 있다는 사실은 "이상하게 보이지만 진실"이다. 갈리스텔은 이것이 잘못이라고 주장한다.

내가 아는 한 갈리스텔이 권유하는 접근 방법은 타당하다. 언어의 경우에도, 실제 모든 연구 과정에서, 격렬히 거부될 때조차, 암묵적으로라도 받아들여지는 것 같다. 인간의 생물학적 자질 중 일부가 '언어 기관', 곧 언어 능력faculty of language(FL)으로 특화되었다는 결론은 불가피한 것이다. 언어 능력의 초기 상태는 유전자의 발현으로, 시각視覺 체계의 초기 상태와 견줄 만하다. 그 기능은 모든 인간이 거의 똑같이 보유하는 것으로 나타난다. 따라서 보통 어린이는 적절한 조건이 따르면, 심지어 아주 불리하고 '적대적인 환경'에서조차 언어를 습득할 것이다. 언어 능력의 초기 상태는 경험이 유발하고 형성하는 영향에 따라 변화하면서, 내재적인 성숙 과정에 따라 정해진 몇 단계를 거쳐 마침내 사춘기에 도달한다. 우리는 FL의 초기 상태를, L 상태에 도달하도록 경험을 계획하는 장치, 곧 '언어 습득 장치language acquisition device'(LAD)로 볼 수 있다. LAD의 존재는, 본질적으로 같은 경험이 주어지는 고양이(나 침팬지 등등)의 발육과는 명확하게 구별되는 아이의 언어 발달을 '언어 모듈'로 설명하는 가설과 마찬가지로 종종 논쟁의 대상이 된다. 극렬한 '급진파 행동주의자'조차 어린이가 혼란스러운 주위 배경에서 언어 재료를 구별 해낼 수 있음을 (적어도 암묵적으로는) 가정하여, FL(=LAD)의 존재를 당연 시한다.[19] 내가 알기로는 언어 획득에 관한 논의가 구체화될수록, 예외 없이 더 풍부한 언어 기관과 특정 영역을 가정하게 된다. 어휘 항목 습 득의 경우, 아무리 간단한 어휘에서도 복잡하고 풍성한 의미론 구조가 드러난다. 이런 속성은 (언어를 배우는 원천이 되는_옮긴이) 근거가 아주 제 한적일 때도 발휘된다. 따라서 이 속성은 언어들 사이에서 본질적으로 균일한 것이라고 보아야 하고, 내가 아는 한 실제로 그렇다.

　지금 우리는 동물행동학적 접근 방법 중 처음 세 가지 관점의 영역에 서 구체적인 질문으로 옮아가면서, 생존과 생식을 위한 적응의 결과로 언어 사용을 제한하지 않았다. 우리는 언어 발현의 근본적 속성, 그리고 생각을 표현하고 때로는 의사소통하고 때로는 세상에 대해 생각하거나 말하는 언어의 쓸쓸이를 탐구할 수 있다. 같은 맥락에서 동물 비교 연구 도 주의를 기울일 만하다. 다양한 종種에 존재하는 **표상**representation 문 제에 관한 중요한 작업이 진척되어왔다. 몇 년 전에 갈리스텔은 관련 논 고들을 개괄하면서 표상이 동물의 행동과 인지에 중요한 구실을 한다고 주장했다. 여기에서 '표상'은 이소모피즘isomorphism,* 곧 "동물의 행동 을 적응시키는 환경의 한 측면"과 정신-두뇌 작용 사이의 일대일 관계 로 이해된다. 이를테면 개미는 체취로 동종同種의 사체를 알린다.[20] 표 상 연구의 결과가 어떻게 인간의 정신세계와 관련되는지 묻는 것은 타 당하다. 언어의 경우, '소리 표상'과 '의미 표상'이 제기된다.

---

* 심리 현상과 생리 과정이 일대일로 대응한다는 학설. 질(재료)은 다르나 그 관계(형태)는 같다는 의미에서 이질동상異質同像, 유질동상類質同像, 심리 물리 동형설心理物理同型說이 라고도 한다. _편집자(표준국어대사전, 네이버지식백과 참조)

앞에서 말한 대로, 생물언어학적 관점에서 이 탐구 방식은 타당해 보인다(그리고 실제 연구에 암묵적으로 채택되고 있는 듯 보인다). 우리는 특정 언어 L을 FL의 한 상태라고 생각할 수 있다. L은 무한한 표현을 생성하는 순환 작용이다. 각 표현은 다른 정신-두뇌 체계들을 위한 정보의 모음이라고 볼 수 있다. 정보에 소리와 의미, 두 가지 범주가 있다는 가정은 아리스토텔레스까지 거슬러 올라갈 정도로 유서가 깊다. 각 정보는 감각운동 체계와 개념-의도 체계에서 이용된다. 개념-의도 체계를 느슨하게 '사고思考 체계'라고도 한다. 이렇게 말하면 지나친 단순화가 될 수도 있지만, 전통적 가정을 따르기로 하자. 그렇다면 각 표현은 소리와 의미라는 두 가지 범주의 정보 모음으로 구성된 내재적 대상이다. 이들 정보 모음이 '표상', 곧 소리 표상과 의미 표상이다. 하지만 두 가지 표상과 환경적 측면 사이에는 이소모피즘이 성립하지 않는다. 다시 말해, 내재적 상징과 표상된 사물 사이에는 대응 관계가 없다('나무'라는 단어와 실제 나무 사이에는 아무 관계도 없다는 뜻_옮긴이).

소리의 측면에서 볼 때 이것은 당연시된다. 소리 표상의 요소, 이를테면 영어의 /ba/라는 내재적 요소가 외부 세계에 존재하는 BA라는 소리를 선택한다고 말하는 것은 잘못이 아니다. 하지만 그것은 유익한 논의 방향이 아니고, 그렇게 논의된 적도 없다. 그보다 음향음성학과 조음음성학調音音聲學, articulatory phonetic에서는 소리를 만들고 해석하는 소리 표상 정보를 감각운동 체계가 어떻게 사용하는지 알아내려고 한다. 결코 사소한 과제가 아니다. 소리 표상을 감각운동 체계에 대한 일련의 명령으로 생각해볼 수 있다. 그러나 내재하는 표상의 특정한 요소가 외부 세계의 어떤 사건(아마 분자 운동으로 구성된) 범주와 짝지어지는 것이 아니다. 의미의 차원에서도 비슷한 결론이 타당해 보인다. 가장 단순한 낱말도 서로 다른 많은 정보를 함축한다는 생각은 적어도 아리스토텔레스 시대부터 받아들여져 왔다. 물질적 구조, 설계, 의도된 용도, 근원, 게슈탈트(형태)와 인과적 속성, 그 밖에 많은 것에 대한 정보가 한 낱말에 들어 있는 것이다. 17세기와 18세기의 인지 혁명 때 이들 주제가 깊이 탐구되었지만, 홉스부터 흄에 이르기까지 영국 경험론자들의 훌륭한 업적들조차 전문 학계 밖으로는 거의 알려지지 않았다. 이 결론은 수량을 헤아릴 수 있는 단순한 가산명사, 곧 '강', '집', '나무', '물', 사람과 장소의 이름 등 '가장 순수한 지시어'(대명사, 의미 없는 범주) 같은 것에 적용할 수 있다. 이들 속성은 관계 구조에 얽힌 요소들(동사, 시제와 상相……)에 이르면 더 복잡해진다. 복잡한 표현으로 나아갈수록 더 그렇다. 이런 복잡한 지식 체계가 개체 발생 과정에 얼마나 일찍부터 작용하는지는 별로 알려져 있지 않다. 하지만 본질적인 것은 대부분 타고난 생물학적 자질이라고 가정할 만한 충분한 이유가 있다. 이를테면 근대 과학혁명 초기의 용어로 말해서 입체시立體視(3차원 입체를 감지하는 시각_옮긴이) 능력이나 상황에 따른 다양하고 전문적인 운동 계획motor planning 능력(익숙하지 않은 행동을 계획하는 능력_옮긴이) 등이 그렇다.

나머지 동물 세계에서는 아무리 단순한 수준이라도 인간의 언어와 비슷한 것이 전혀 없는 것 같다. 어휘의 폭발적인 증가와 상징적인 표상이 인간 언어의 결정적 구성 요소라는 것은 의심할 여지 없이 진실이다. 하지만 모방설이나 상징-사물 일치설 따위는 내세워봐야 별 소득이 없다. 몇 걸음만 옮겨봐도 곧 잘못된 길로 판명된다. 표상의 조합이나 생성을 고려하면, 유추는 피상적인 수준을 넘어서지 못한다.

면밀히 살펴보면 언어의 이런 속성들은 지체 없이 명백해진다. 그렇다고 해서 그 속성들이 깊이 연구되거나 잘 이해되었다는 말은 아니다. 오히려 그 반대다. 조금만 앞으로 나아가도 우리는 곤혹스러운 또 다른 속성들을 발견하게 된다. 표현의 구성 요소—표준 용어로 **자질**features

—은 그 접근 체계에서 해석될 수 있어야 한다. 감각운동 체계와 사고 체계의 경계에 있는 표상들은 해석할 수 있는 자질로 이루어진다. 따라서 메타수학의 형식 체계나 컴퓨터 언어처럼 잘 설계된 인공적 상징체계에서와 같이, 연산에 들어오는 자질들은 해석이 되어야 한다. 하지만 자연 언어에서는 그렇지 않다. 아마 소리 측면에서는 결코 그렇지 않다. 결정적인 예가 굴절 자질인데 이 자질은 의미론적 해석을 받지 않는다. 구조적 격(주격, 목적격)이나 복수형 호응 자질(명사로는 해석할 수 있지만 동사나 형용사로는 해석되지 않음)이 그 예다. 이 사실은 표면적인 형태로는 명백하지 않지만 상당히 구체화되었다. 지난 20년의 연구는 해석되지 않는 자질들의 체계가 여러 언어들에서 꽤 비슷한 것이 아닌가 생각할 만한 상당한 근거를 제공했다. 자질들의 외부 발현은 매우 체계적인 방식으로 다르지만 말이다. 언어 유형의 폭넓은 다양성은 언어의 이 지극히 협소한 부속 성분으로 환원된다. 그렇다면 언어 기관의 순환 연산 체계는, 가능한 어휘 항목의 기본 구조와 함께 미리 정해져 있는 고정된 것으로서 유전자의 발현이라고 할 수 있다. FL의 특정한 상태—특정한 내재적 언어—는 고도로 구조화된 가능 어휘 목록을 선택하고, 해석되지 않는 굴절 자질과 그 발현을 제한하는 매개변수를 확정함으로써 결정된다. 이것은 언어의 본질에 대한 답으로서 별로 나쁘지 않은 첫 번째 근사치일 수 있고, 어쩌면 그 이상일지 모른다.

해석되지 않는 자질들은 자연 언어에서 널리 발견되는 전위 속성과 결부되어 있는 것으로 보인다. 전위 속성은 어떤 위치에 있는 어구가 마치 다른 곳에도 있는 것처럼 해석되는 것을 말한다. 이를테면 수동태 문장의 주어는 그것이 목적어의 위치에 있는 것처럼, 다시 말해, 그 낱말에 의미론적 구실을 부여하는 동사와 이웃해 있는 것처럼 해석된다. 전위는 흥미로운 의미론적 속성이다. 사고의 '외부' 체계(FL에는 외부이고 정신-두뇌에는 내부인)에서는 적절한 해석을 위해 이런 속성을 지닌 표현들을 생성하도록 FL에게 요구한다. 해석되지 않는 자질들은 전위 속성을 충족하는 메커니즘일지 모른다. 어쩌면 언어 능력에 외부적으로 부과된 조건을 충족하는 최적의 메커니즘일 수도 있다. 만약 그렇다면, 전위 속성도 해석되지 않는 자질도 FL의 '결함'이나 '설계 오류'(은유적으로 말해서)가 아니다. 이와 함께 여러 가지를 고려하면 최적의 설계에 대한 더 일반적인 질문들이 제기된다. FL은 정신-두뇌 체계 곧 감각운동 체계와 사고 체계가 부과하는 경계면 조건들에 대한 최적의 해결책이 될 수 있을까?

이런 질문들은 최근에야 진지하게 제기되었다. 언어 능력의 고정 원리와 제한된 선택을 어느 정도 파악하기 전에는 제기될 수 없는 질문들이었다. 언어를 습득하는 경험 조건에 따른 언어 유형의 다양성은 피상적인 것에 지나지 않음을 우리는 안다. 당연히 부분적이고 잠정적이지만, 지난 20년 동안 우리는 언어에 대해 훨씬 더 많이 알게 되었다. 이제 최적의 설계 문제가 진지하게 제기되고, 때로 답안이 나오기도 한다. 게다가 언어가 경계면 조건들에 대한 최적의 해결책이라는 생각은, 사소한 문제가 아닌데, 몇 년 전보다 훨씬 더 그럴듯한 것으로 여겨진다. 이것이 참이라면, 정신 이론에 관해, 두뇌 설계에 관해, 그리고 언어 능력 같은 대단히 복잡한 기관의 진화에 자연 법칙이 미친 영향에 관해 흥미로운 질문이 제기된다. 초보적 차원의 진화 이론에도 생생하게 살아 있고, 최근까지 다소 주변부로 밀려나 있던 다시 톰프슨Thompson, D'Arcy Wentworth(1860~1948, 영국의 생물학자_옮긴이)과 앨런 튜링의 선구적 연구에서도 제기되었던 질문들이다. 먼 훗날에는, 앞에서 논의한 동물행동학적인 포괄적 접근 방법도 더 풍성해질 것이다.

고전적 정신 이론의 기본 문제들도 해결하려면 아직 갈 길이 멀었다.

언어 사용의 창조적 측면, 상황에 적절한 행동과 상황에 따른 행동의 구별, 어떤 방식으로 '강요된 행동'과 그저 '자극을 받아 마음이 내킨 행동'의 구별 등이 기본 문제다. 또 어떻게 "동물의 몸체를 이루는 각 지체가 의지의 지시에 따라 움직이는가" 하는 일반적인 문제는, 뉴턴이 풀지 못한 미스터리에 대해 쓴 글에도 나온다. 뉴턴은 물체 간 상호작용의 원인, 끌어당기거나 밀어내는 전기력, 과학혁명의 수준에서도 알 수 없는 여러 가지 기본 문제들을 나열했다.

어떤 영역에서는 정신–두뇌의 구성 요소에 대한 탐구가 극적인 진전을 이룩했다. 신기술의 가능성을 믿는 정당한 열광, 정신세계과 그 발현에 대한 탐구 도정에서 수면에 떠오르기를 기다리는 흥미진진한 작업도 많다. 하지만 갈릴레오, 뉴턴, 흄 등 근대 과학 초창기의 위대한 인물들이 내린 판단을 마음 한구석에 새기는 것도 그리 나쁘지 않다. 그들은 "자연의 궁극적인 비밀들이 영원히 머물 어둠"에 대해 말했다. 어쩌면 그 어둠은, 그래도 이 모든 의문을 곰곰이 곱씹을 수밖에 없는 이 호기심 많은 생명의 생물학적 자질에 그 뿌리가 있는지도 모른다.

이 책은 스키너의 《언어 행동》을 비판하여 일약 지성계에 문명文名을 날린 서평문(1959)을 비롯하여 비교적 최근의 저서인 《실패한 국가》 (2007)에 이르기까지 근 50년 동안 촘스키가 저술해온 글들 중에서 가장 훌륭한 논고 25편을 한데 모아놓은 것이다. 논고라고 하지만 학술지에 발표된 것들은 아니고, 강연이나 대중적 시사 잡지를 통해 발표되거나 저서의 서문이나 후기 등 대중을 위해 쓴 것이므로 특별한 사전 지식이 없어도 충분히 읽을 수 있는 내용이다. 7편이 언어 관련 논문이고 나머지 18편은 주로 미국의 국내외 정책을 다룬 정치·경제 평론이다. 촘스키는 평소 자신의 언어학 연구와 정치·경제 비판은 서로 무관한 문제라고 겸손하게 말했으나 여기에 실린 7편의 언어학 논문을 읽어보면 그의 언어 연구가 사회 비판과 깊은 관련이 있음을 알 수 있다.

촘스키의 언어 사상에 결정적 영향을 미친 두 사상가는 데카르트와 훔볼트였다. 일반적으로 언어는 마음의 거울로 인식되어왔다. 마음은 인간을 동물과 구분해주는 것으로서 그 특징은 기계적 사전 결정을 초월한다는 것이다. 데카르트는 인간의 마음이 외부의 강요에 따르기보다는 호기심과 충동에 의해 더 잘 작동한다고 보았는데 이것을 창조적 원칙이라고 말했다. 훔볼트는 언어 생성 과정이 마음의 내재적 특성에 뿌리를 두고 있고, 그 특성에는 자유를 지향하는 경향이 있다면서 언어의 특징을 유한한 수단의 무한한 활용이라고 말했다.

이것은 어린아이가 자신이 배운 것보다 훨씬 더 많은 말과 문장을 자유롭게 구사할 수 있는 것을 가리키는데, 촘스키는 이런 창조적 능력에 착안하여 언어 능력은 배워서 아는 것이 아니라 생래적으로 가지고 태어나는 자질, 즉 자유의 본능과 유사한 것이라고 말한다. 또한 촘스키는 언어 연구가 인간의 마음을 탐구하는 모델로 사용될 수 있고, 인간 본성에 대하여 좀 더 폭넓은 이론을 수립하게 해준다고 보았다. 촘스키는 이런 언어와 마음에 대한 연구로부터, 인간이란 근본적으로 창조적이고 탐구적이며, 자기완성을 지향하는 존재라고 정의한다. 창조하고 탐구하는 것, 바로 이것이 인간의 모든 행위를 회전시키는 중심축인데 그 동력은 자유의 본능에서 나온다는 것이다. 다시 말해 자유는 인간의 지능, 존엄, 행복을 발전시킬 수 있는 유일한 조건이다.

언어 현상의 구체적 설명과 관련하여, 촘스키는 서술 타당성과 풀이 타당성이라는 용어를 내세워, 지금까지의 문법은 서술 타당성에만 집중했을 뿐, 풀이 타당성에는 이르지 못했다고 주장했다. 가령 그가 제창한 생성문법의 초창기 프로그램에서는 가장 잘 연구된 언어들에서도 언어의 기본적 속성이 간과되었다고 한다. 기존의 전통 문법과 사전들은 언어의 겉만 훑었고, 언어의 기본적 속성('화자의 지능')을 당연한 것으로 받아들였기 때문에 그 속성을 제대로 파악하지 못했다. 만약 언어학의 목표가 외국어를 배우려는 사람들에게 문법을 가르쳐주고, 단어와 발음을 알게 하고, 언어들의 상이점을 알게 해주는 것에 그친다면 그것은 언어의 바깥 현상만 알려주는 것이 된다. 촘스키의 언어학은 그것을 넘어서서 풀이 타당성으로 나아감으로써 언어가 어떻게 생성되는지 밝혀내려 한다.

촘스키는 이 풀이 타당성을 위해 보편 문법이라는 용어를 사용한다. 보편 문법의 체계는 개별 언어의 경험에 의해 확정되는 매개변수의 체계와 불변의 보편 원리 체계로 구성된다. 다시 말해 이 지구상에 사용되는 많은 언어들이 겉으로는 각각 다르게 보이지만 속으로 들어가보면 보편 문법의 몇 가지 안 되는 규칙과 매개변수를 바탕으로 하는 하나의 공통언어(보편 언어)라는 것이다. 가령 언어의 격格 체계는 이에 대한 좋은 사례가 된다. 라틴어에서는 격 변화가 상당히 풍부하고, 산스크리트어나 핀란드어에서는 훨씬 더 풍부하지만 영어에서는 격 변화가 미미하고 중국어에서는 거의 보이지 않는다. 그러나 더 깊이 파고들면 중국어와 영어는 라틴어와 동일한 격 체계를 가지고 있고 단지 발음의 실현만이 다른 것이다.

이런 촘스키의 보편 문법 사상은 그의 사회 분석에도 그대로 적용된다. 역사적으로 살펴볼 때 세계사에서 벌어지는 많은 사건들의 양태는 복잡다단하지만 그것은 결국 로마제국, 비잔틴제국, 오스만제국, 대영제국, 제3제국, 소련 제국, 일본 제국 등 제국의 운영이라는 보편적 현상으로 환원된다. 그리고 거의 모든 제국들이 자신들의 행동을 이상주의적 터전 위에서 정당화하려 했다. 영국과 프랑스의 제국도 그러했고 동아시아의 일본도 그랬으며 동유럽의 러시아도 마찬가지였다.

제국의 이상주의를 표면만 살펴보는 것은 사회 현상의 서술 타당성만 따지는 것이 된다. 바꾸어 말해 그 밑에 도사린 제국의 위선과 횡포를 파헤치지 않는다면, 제국을 제대로 설명하지 못하는 게 된다. 이런 제국의 행태는 인간의 본성과도 일치되지 않는 것이다. 인간의 본성에는 자유를 지향하는 본능이 있고 그것을 바탕으로 사회의 정의와 도덕으로 나아가려는 강렬한 열망이 있다. 문명화의 과정은 사회정의와 도덕심이 발달되어온 과정에 대하여 깊은 통찰을 제시한다. 문명이 발전하면서, 사람들은 기존의 여러 제도(가령 노예제도, 인종 차별, 남녀 차별 등)가 인간의 본질적 권리를 침해한 것으로 이해하게 되었다. 이런 이해를 바탕으로 하여 제국에 대한 도전이 시작되었고 민주주의가 정립되었으며, 그것을 더 좋은 제도로 만들기 위한 운동이 현재도 진행 중이다. 이렇게 볼 때, 지금까지 알려진 유한한 지식을 가지고 무한의 이상을 열망하는 촘스키의 정치·사회관은 "유한한 수단의 무한한 활용"이라는 언어관과 일맥상통하는 것이다.

언어학 연구에서 차용해온 자유의 사상과 정의의 철학은 사회비평가 촘스키를 일관되게 지탱해온 힘이었다. 그는 1945년 이래 미국이 펼쳐온 국내외 정책(특히 대외 정책)의 본질이 경제적 제국주의라고 진단한다. 그런 제국주의적 간섭과 행태를 베트남, 인도네시아, 동티모르, 그리스, 터키, 니카라과, 쿠바, 칠레, 콜롬비아, 이라크, 코소보, 이스라엘 등의 사례를 들어 예리하게 분석한다. 특히 이스라엘과 팔레스타인이 관련된 중동 문제에 대해서는 이스라엘을 크게 비판한다. 이런 비판은 촘스키 자신이 유대인이라는 사실과 맞물려 많은 물의와 비난을 일으켰다.

이 문제와 관련하여 촘스키 비판자들은 그의 유대인 정신에 시비를 걸었다. 많은 유대인들이 과연 그가 유대인인지 의심했고 왜 그렇게 이스라엘(나아가 이스라엘을 옹호하는 미국의 정책)을 비판하는지 잘 이해하지 못했다. 촘스키는 호즈힌 O. 카림과 인터뷰하면서 이 문제에 답변했다. 먼저 카림은 "어떤 사람들은 당신이 이스라엘에 가장 격렬하게 반대하는 미국인이라면서, 당신의 유대인 아이덴티티를 증오하기 때문에 그렇다고 말합니다. 과연 당신은 그런 이유로 이스라엘을 비판하는 것입니까?"라고 질문을 던진다. 촘스키는 구약성서의 사건을 언급하면서 이렇게 대답했다.

그런 비난은 흥미롭군요. 성서를 잘 아는 사람들은 그런 비난의 근원을 알 겁니다. 그 비난은 구약성서에서 악의 화신인 아합 왕 시절까지 거슬러 올라갑니다. 아합 왕은 예언자 엘리야를 가리켜 이스라을 증오하는 자라고 비난했습니다. 아합 왕의 아첨꾼 신하들은 그런 얘기에 동의했습니다. 요즘 유행하는 아첨꾼의 말을 빌려 오자면 엘리야가 '자기를 증오하는 유대인'이라는 것이었습니다. 그가 왕의 정책을 비판하고 정의와 인권 존중을 주장했기 때문이지요.

미국 비판에 대해서도 마찬가지다. 어떻게 자신이 나고 자라고 출세한 나라에 대하여 그토록 비판적일 수 있느냐는 비난에 대하여 촘스키는 인텔리겐치아(어용 지식인)와 코미사르(지배 관료)라는 소련 용어를 빌려 그들이 말하는 '국가'의 개념을 반격한다. 그들은 입만 열면 "국가의 이익을 위해서" 혹은 "민중의 이익을 위해서" 운운하지만 실은 호가호위狐假虎威하여 자신들의 이익에 봉사하는 자들이라는 것이다. 어떻게 보더라도 그들이 미국이라는 국가 그 자체가 될 수 없다는 것이다. 그들이 종교처럼 숭배하는 '국가'는 실은 권력 엘리트가 장악하여 민간 권력(대기업들)의 이익에 봉사하는 귀족적 정부에 지나지 않는다는 것이다. 그러면서 촘스키는 1945년 이래 미국 정부가 민간 기업의 이익을 위해 대외 정책을 수립하고 추진해온 과정을 아주 세밀하게 파헤친다. 촘스키는 미국의 우익 지식인들에 대해서도 아주 회의적이다. 진실을 말하고 거짓을 폭로하는 것이 지식인들의 책임일진대, 그들은 진실을 말해주기는커녕 사태의 진상을 은폐하기 위해 여론 조작(프로파간다)에 몰두한다고 지적한다.

이 프로파간다에 대하여 촘스키는 데이비드 바사미언과 인터뷰하면서 흥미로운 답변을 했다. 바사미언은 촘스키가 기존의 저서들에서 문학 이야기는 거의 하지 않지만, 저서 《필연적 환상》(1989)에서 《카라마조프의 형제들》에 나오는 '대심문관'을 인용했다고 말한다. 그러면서 대심문관의 어떤 점이 인상적이었느냐고 묻는다. 촘스키는 이렇게 대답했다.

도스토옙스키는 여론 조작에 대해서 말하고 있습니다. 신비, 의식, 공포, 심지어 기쁨까지도 철저하게 조작하여 사람들로 하여금 누군가에게 복종하며 살아가야 되겠구나 하고 느끼게 만드는 거지요. 대심문관 장章은 그것을 아주 극적이면서 정확하게 제시한 문장이에요. 그리스도가 사람들에게 기존의 제약으로부터 벗어나는 자유를 주기 위해 지상에 다시 왔기 때문에 그리스도를 비난합니다. 그러니까 세월이 바뀌어 사람들이 원하는 건 자유와 진리가 아니라 제약과 강제임을 그리스도가 모르고 있다는 얘기지요. 대중은 신비, 주술, 통제에 복종해야 된다는 겁니다. 그래서 그리스도가 범죄자라는 결론이 나옵니다. 그렇게 논조가 흘러가요.

바사미언은 촘스키에게 이 교회를 국가(권력 엘리트가 장악한 귀족적 정부)의 비유, 대심문관을 권력 엘리트의 상징으로 보는 것이냐고 묻는다. 이 책에서 촘스키는 고위 관료, 어용 지식인, 언론인들을 가리켜 국가라는 종교에 복무하는 세속世俗의 사제司祭라고 표현하는데 이 신념대로라면 그렇다고 대답했을 법한데도 즉답을 피해간다. 단지, 그들이 보기에 자유란 위험하고 대중은 복종, 신비, 권위 등을 필요로 하는데 세련된 여론 조작, 즉 프로파간다를 통하여 그런 것들을 강제해야 한다는 것이 대심문관의 생각이라고 대답했다.

촘스키가 이 책에서 일관되게 주장하는 사항은 권력 엘리트들의 기만행위와 그에 부수되는 프로파간다에 속아 넘어가지 말라는 것이다. 그런 기만과 프로파간다를 극복하기 위해서는 인텔리겐치아가 아닌 진정한 지식인이 대중의 앞에 나서서 거짓을 폭로하고 진실을 말해야 한다. 시민들도 그런 진실을 알아보는 안목을 길러야 하고 활발한 시민운동을 펼쳐야 한다. 통상적으로 하듯이 산발적으로 시위에 참석하거나 4년마다 한 번씩 투표하는 것으로 시민의 역할이 종료되는 것이 아니며, 그것만으로는 민중의 권리가 획득되지 않는다. 민주적 문화의 기초를 만들어내기 위해서는 매일 헌신적으로 운동에 참여하여 국가정책 결정에 견제와 균형의 역할을 수행해야 한다. 민중이 배제되는 정치와 경제 분야에서 참된 지식인의 발언에 귀 기울이면서 언제 어디에서나 주권재민의 권리를 요구하고 또 행사해야 한다. 촘스키는 지난 50년 동안 이런 신념을 말과 글과 행동으로써 실천해왔다. 이 책은 그런 생애의 궤적을 보여주는 "오늘날 세계에서 가장 중요한 대중 지식인"(잡지《프로스펙트》와《포린폴리시》의 평가)의 총체적 결산표다.

들어가는 글

1 《뉴욕 리뷰 오브 북스》에 실린 촘스키의 글은 그 잡지의 웹사이트(www.nybooks. com)에서 볼 수 있다. 하지만 일부는 정기 구독자만 볼 수 있다. 다음 자료 참조. Noam Chomsky, *Hegemony or Survival: America's Quest for Global Dominance*, 증 보판(New York: Owl Books, 2004), *Failed States: The Abuse of Power and the Assault on Democracy*(New York: Owl Books, 2007), *Interventions*(San Francisco: City Lights Books/Open Media Series, 2007).

2 Noam Chomsky, "The Responsibility of Intellectuals(지식인의 책무)," *American Power and the New Mandarins* (New York: Pantheon Books, 1969; New York: The New Press, 2002), 313. Noam Chomsky, *At War with Asia* (New York : Pantheon Books, 1970; Oakland : AK Press, 2003).

3 노엄 촘스키, 제임스 펙James Peck의 인터뷰, *The Chomsky Reader* (New York: Pantheon Books, 1987), 13.

4 Milan Rai, *Chomsky's Politics*(London: Verso, 1995), 8에서 인용.

5 Noam Chomsky, Robert F. Barsky, *Noam Chomsky: A Life of Dissent*(Cambridge, MA: MIT Press, 1997), 80에서 인용.

6 예를 들면, Noam Chomsky, *The Minimalist Program* (최소주의 이론, Cambridge, MA: MIT Press, 1995) 등.

i 행동하는 지성의 광장

01 지식인의 책무

1 이런 연구 프로젝트가 이제는 수행되어 그 결과가 〈Citizens' White Paper〉, F.Schurmann, P.D.Scott, and R. Zelnik, 《The Politics of Escalation in Vietnam》(New York : Fawcett World Library; Boston: Beacon, 1966)으로 발간되었다. 1965년 2월 전 쟁이 확대되기 전에 미국이 유엔의 외교 협상 노력을 거부한 증거에 대해서는 다음

자료를 참조하라. Mario Rossi, "The US Rebuff to U Thant," New York Review of Books, November 17, 1966. Theodore Draper, "How Not to Negotiate," New York Review of Books, May 4, 1967. 베트남 민족해방전선(NFL)이 연립정부를 수립하여 그 지역을 중립화하려 했다는 증거도 있다. 하지만 미국과 사이공 동맹자가 거부했다. Douglas Pike, Viet Cong(Cambridge, MA: MIT Press, 1966). 이런 자료들을 읽을 때는 제시된 증거와 주장된 '결론'을 구분할 필요가 있다. 그 이유는 아래에서 간략히 설명된다(주석 33 참조).

《The Politics of Escalation in Vietnam》에 대하여, 남베트남을 정복하여 입맛에 맞는 정부를 세워야 한다는 사람들의 반응을 살펴보는 것은 흥미롭다. 가령 로버트 스칼라피노Robert Scalapino는 이렇게 주장했다(《New York Review of Books》, December 11, 1966). 이 책의 주제는 우리의 지도자들이 '악마'라는 것이다. 제정신인 사람이라면 이런 주제를 믿지 않을 것이므로 이 주제는 반박되어야 한다. 다른 태도를 취하는 것은 '무책임함'을 드러내는 것이다. 스칼라피노는 이어 이 책의 중심적 결점을 지적한다. 만약 우리가 외교적 해결을 선호했더라면 그것이 적에게 허약함의 표시로 해석되었을 가능성을 무시했다는 것이다.

2   *New York Times*, October 14, 1965.

3   Ibid., February 6, 1966.

4   *Boston Globe*, November 19, 1965.

5   다른 때에 슐레진저는 학자다운 신중함을 보였다. 《The Politics of Escalation in Vietnam》 서문에서 그는 하노이 측에서 "협상에 대하여 약간의 흥미를 보였다"라고 인정했다. 협상에 대한 미 행정부의 거짓말에 대하여 그는 저자들이 군사적 필요성을 과소평가했고 미래의 역사학자들이 저자들의 잘못을 입증할 것이라고 말했다. 이런 신중함과 초연함은 냉전의 기원에 대한 슐레진저의 연구 태도와 비교해봐야 한다. 《New York Review of Books》(October 20, 1966)에 보낸 편지에서 그는 이렇게 말했다. "냉전이 공산주의 호전성 외의 다른 요소들에 의하여 촉발되었다는 수정주의적 시도에 대하여 고발해야 할 때가 되었다. 냉전의 기원은 더 이상 논의할 여지없이 확정되었다고 본다. 하지만 왜 미국이 베트남에서 협상에 의한 해결을 하지 않았는지 하는 문제는 미래의 역사가들에게 남겨두어야 할 사안이다."
미 정부는 때때로 왜 협상에 의한 해결을 기피했는지 좀 더 분명하게 입장을 밝혔다. 널리 인정되는 바와 같이, 협상 카드를 취하면 미국은 그 지역에서 상황을 통제하는 힘을 빼앗기기 때문이다. 주석 37 참조.

6   Arthur M. Schlesinger, Jr., *A Thousand Days: John F. Kennedy in the White House* (Boston: Houghton Mifflin Company, 1965), 121.

7   Walt W. Rostow, *The View from the Seventh Floor*(New York: Harper & Row, 1964), 149. 그의 다른 책도 참조하라. Rostow, *The United States in the World Arena* (New York: Harper & Row, 1960), 144. "스탈린은 전후 세계의 취약성을 이용하여 2차 세계대전 중에 확보한 광대한 지역에서 더 멀리 뻗어나가고자 했다. 이것은 유라

시아에서 세력 균형을 얻기 위한 노력의 일환이었다. 동쪽으로 시선을 돌려 마오쩌둥을 지원하고, 북한과 인도차이나 공산주의자들을 자극했다."

8 이를테면 CIA 분석가의 논설인 CIA analyst George Carver, "The Faceless Viet Cong," *Foreign Affairs* 44 (April 1966): 317~372. 주석 33 참조.

9 Cf. Jean Lacouture, *Vietnam: Between Two Truces* (New York: Random House, 1966), 21. 지엠의 분석은 당시 서방의 관측통들이 동의하는 바였다. 가령 리처드 W. 린홀름Richard W. Lindholm이 편집한 《Vietnam : The First Five Years》(East Lansing: Michigan State University Press, 1959)에서 극동 전문가 윌리엄 핸더슨William Henderson은 이렇게 썼다. "지식층의 이탈, 남부의 무장 항거 점증 등은 지난 2년 동안 남부의 치안이 눈에 띄게 나빠졌다는 증거다. 이것은 모두 지엠의 냉혹한 독재 탓이었다. 베트남의 정치 상황은 더욱 나빠져서 예상치 못할 재앙으로 끝맺을 것이다."

10 Bernard Fall, "Vietnam in the Balance," *Foreign Affairs* 45 (October 1966): 1~18 참조.

11 스탈린은 그리스 공산당 내의 티토주의적 경향을 못마땅하게 생각했고 발칸 연합이 티토의 지도 아래 구축될 가능성도 좋아하지 않았다. 그렇지만 스탈린은 반란의 어떤 단계에서 그리스 게릴라를 지원했을 것이다. 물론 이에 대한 확실한 증거는 없다. 1944년 후반부터 그리스 내전에 미국과 영국이 개입했다는 증거는 많다. D.G. Kousoulas, *The Price of Freedom* (Syracuse, NY: Syracuse University Press, 1953); *Revolution and Defeat* (New York : Oxford University Press, 1965) 참조. 이 두 저서는 반공주의적 입장에서 기술되었다.

12 자세한 내용은 다음 자료를 참조하라. James Warburg, *Germany: Key to Peace* (Cambridge, MA : Havard University Press, 1953), 189. 워버그는 이런 결론을 내린다. "크렘린은 서구적 의미의 전 독일 민주주의의 창설을 받아들일 준비가 되어 있었다." 반면에 서방 국가들은 "독일이 순전히 방어적인 유럽공동체(즉 나토)에 참여하도록 하려는 계획을 솔직하게 시인했다."

13 *The United States in the World Arena*, 344~345. 동독과 헝가리 혁명에 대한 무자비한 진압에 가슴 아파하는 사람들은 다음 사실을 상기하면 좋을 것이다. 만약 미국이 중부 유럽의 중립화 제안을 기꺼이 고려했더라면 이런 수치스러운 사건들은 피할 수 있었을 것이다. 조지 케넌George Kennan의 최근 발언은 이 문제에 대하여 흥미로운 논평을 제공한다. 가령 소련이 서유럽을 위협 내지 공격하려다가 미군에 저지당했다는 가정은 처음부터 잘못된 것이었다는 이야기다. 또 케넌은 소련이 일방적으로 동독에서 철수하고 통일 독일을 핵무기 바탕의 서구 방위 체제에 편입시켜야 한다는 주장은 황당한 것이라고 말했다. Edward Reed, ed., *Peace on Earth* (New York : Pocket Books, 1965).

로스토가 말한 이런 역사적 환상이 미 국무부의 단골 메뉴가 되었다는 사실은 주목할 만하다. 이 때문에 토마스 만은 미국이 도미니카에 개입하게 된 것이 "중국-소련 군사 블록"에 대한 반응이라고 해석했다. 윌리엄 번디Willam Bundy는 1966년 2월 12일

포모나 대학 연설에서 공산주의 발달 단계에 대해서 분석했다. 번디는 1920년대와 30
년대 초의 소련은 "아주 군사적이고 호전적인 단계"에 있었다고 말했다. 노골적인 조
작보다 환상이 더 무서운 것은, 그것이 사실로 받아들여져 정책 수립에 반영될지도
모르기 때문이다.

14   *New York Times*, February 6, 1966.

15   미 하원 외교위원회 극동·태평양소위원회 청취록 *United States Policy Toward Asia*,
(Washington: Government Printing Office, 1966), 89.

16   *New York Review of Books*, November 20, 1966. 이 말은 케네디 대통령이 체디 제
이건Cheddi Berret Jagan(1918~1997, 가이아나의 초대 민선 총리_옮긴이)에게 한 말
을 연상시킨다. "무역 관계에 들어가는 것은 위험한데, 한 나라를 경제적 의존 상태에
밀어넣기 때문입니다." 이것은 물론 소련과 상업 관계를 맺을 경우의 위험을 지적한
것이다. Schlesinger, *A Thousand Days*, 776쪽 참조.

17   *A Thousand Days*, 252.

18   Ibid., 769.

19   이것 또한 부정확하다. 케네디의 '현실적' 분석에 깃들인 냉소주의를 이해하기 위해
서는 트루히요 체제의 진정한 성격을 알아야 한다.

20   Walt W. Rostow and R. W. Hatch, *An American Policy in Asia* (New York:
Technology Press and John Wiley & Sons, Inc., 1955).

21   "End of Either/ Or," *Foreign Affairs* 45 (January 1967): 189~201.

22   *Christian Science Monitor*, November 26, 1966.

23   Ibid., December 5, 1966.

24   공정한 관점을 유지하기 위하여, 이런 사실을 상기하는 게 좋겠다. 알프레트 로젠베
르크Alfred Rosenberg(1893~1946, 나치 독일의 지도자_옮긴이)가 한 막말은 인류
의 4분의 1을 아사시키겠다고 한 게 아니라, 슬라브인 3000만 명을 제거해야 한다고
말한 것이다. 앞에서 본 새로운 전문 용어를 쓰면 여기에서 유추는 '무책임한 것'이
다. 즉 미국의 성명과 행동에 다른 나라들의 그것과 동일한 기준, 해석을 적용하면
'무책임하다'고 한다.

25   《뉴욕타임스》, 1966년 2월 6일자. 골드버그는 계속해서 말하기를, 미국은 이 모든 사
람이 자발적인 지지자들인지 확신하지 못한다. 이것은 공산주의자의 이중성이 드러
난 첫 번째 사례는 아니다. 또 다른 사례는 1962년에 있었다. 미 정부 정보원에 의하
면, 게릴라 1만 5000 중에서 사상자 3만 명이 나왔다. Schlesinger, *A Thousand Days*,
982 참조.

26   재간된 논설집 *The End of Ideology: On the Exhaustion of Political Ideas in the
Fifties*(New York : The Free Press, 1960), 369~375. 나는 여기서 지난 10여 년 동안

논의되어온 '이데올로기의 종언'을 자세히 다룰 생각은 없다. 합리적인 사람이라면 여기 들어 있는 주제들에 시비를 걸지 않으리라고 본다. 그 주제들이란 이러하다. 즉 어떤 역사적 순간에 '민간의 정치'는 타당하고 또 효율적이다. 행동(또는 곧잘 무시되는 문제인 행동하지 않는 것)을 지지하는 사람은 그 사회적 비용을 산정할 책임이 있다. 교조적 광신주의와 '세속적 종교'는 타도해야 한다(가능하다면 무시해야 한다). 가능하다면 문제에 대하여 기술적 해결이 시도되어야 한다. "사상이 자유롭게 살아나려면 교조적 이데올로기는 사라져야 한다"(아롱Aron). 이런 주제들이 때때로 '반마르크스적' 입장의 표명으로 인정되고 있으므로 다음 사실을 명심하는 게 좋다. 이런 생각은 룩셈부르크, 판네쿠크Pannekoek, 코르쉬Korsch, 아르투어 로젠베르크, 기타 사상가들로 대표되는 비볼셰비키 마르크스주의와는 아무 상관이 없다.

27 Rostow and Hatch, *An American Policy in Asia*, p. 10.

28 이 '테크놀로지'가 가치중립적이라는 사실은 별로 중요하지 않다. 그것을 적용하는 사람들의 확고한 입장을 감안하면 말이다. 연구가 집중되는 문제는, 북동부 브라질의 혁명가들이나 SNCC(Student Nonviolent Coordinating Committee, 학생비폭력조정위원회 : 1960년대 미국의 시민권 운동을 주도한 운동 조직_옮긴이)가 제기하는 문제들이 아니라 펜타곤과 대기업들이 제기하는 문제. 빈약한 무기를 가진 게릴라가 무자비한 군사적 테크놀로지와 맞서서 효과적으로 저항하는 것을 다루는 연구 프로젝트를 나는 들어본 적이 없다. 이런 문제는 시대에 뒤떨어진 유랑하는 지식인이나 관심을 가지는 것이다.

29 '중국의 확장주의'에 대한 선전이 홍수를 이루는 터라 한마디 논평이 필요하다고 생각한다. 이 주제에 대한 전형적인 미국 프로파간다는 애들라이 스티븐슨Adlai Stvenson(1900~1965, 미국의 민주당 정치가. 유엔 창설에 기여했다_옮긴이)이 죽기 직전에 내놓은 평가다(*New York Times Magazine*, March 13, 1966 참조). "지금까지 새로운 공산당 '왕조'는 아주 공격적이었다. 티베트를 먹어 삼켰고 인도를 공격했으며, 말라야 사람들은 '민족 해방'을 얻기 위해 12년간이나 싸워야 했다. 그들이 평화적인 수단으로 영국에 대해 해방을 얻어낼 수도 있었는데 말이다. 요즘도 태국 북부에서 침투와 공격이 이미 진행 중이다."
말라야에 대해서는 스티븐슨이 중국 민족을 중국 정부와 혼동한 듯하다. 실제 사건에 관련되어 있는 사람들은 해리 밀러의 의견에 동의할 것이다. 해리 밀러Harry Miller, *Communist Menace in Malaya*(New York : Frederick A. Praeger, Inc., 1954), 230. 밀러는 말했다. "중국 공산당은 베이징 라디오를 통하여 의례적인 분노의 성명을 내놓을 뿐 말레이 문제에 별 관심이 없다. 1954년의 중국-인도 조약이 '중국의 티베트 지역'에 대하여 언급한 것과 관련하여 중국의 행동에 대해 심하게 비판할 수는 있을 것이다. 하지만 내가 부족이나 미조 부족을 대하는 인도의 태도가 확장주의가 아니듯이, 티베트에 대한 중국의 태도도 확장주의가 아니다. 태국 북부에서는 '침투'가 진행 중이다. 하지만 그 행위자가 중국이라고 믿을 만한 이유는 없다. 이런 침투 행위는 미국이 베트남을 공격하기 위해 태국을 군사기지로 사용하는 것과 무관하지 않다."
'인도에 대한 공격'은, 중국이 인도의 통제가 잘 미치지 않는 지역에 티베트와 신장 자치구를 잇는 도로를 완공한 지 몇 년이 지난 뒤에 국경 분쟁으로 불거진 문제다. 인도 사람들은 이런 공사가 있었다는 것을 중국 언론을 통해서 알았다. 미 공군 지도에 의하면, 분쟁 지역은 중국 영토 내에 있다. Alastair Lamb, *China Quarterly*, No. 23(July~September 1965), 202~207 참조. 이 전문가는 이렇게 말했다. "중국이 인도 아대륙을 몽땅 접수하려는 기본 계획을 세우고 있다는 얘기는 비현실적이다." 그에 의하면, 인도가 그 도로가 지나는 땅에 대한 영유권을 주장했다는 사실을 중국이 몰랐을 수도 있다. 중국이 군사적 승리를 거둔 후, 중국 군대는 대부분의 지역에서 맥마혼선 너머로 철수했다. 맥마혼선은 영국이 1914년 중국에 부과하려 했던 경계선인데 중국(국민당 혹은 공산당), 미국, 다른 정부들이 받아들이지 않았다.

책임자 위치에 있는 스티븐슨 같은 사람이 이 모든 것을 중국의 확장주의라고 말하는 것은 기이한 일이다. 미국 미사일과, 동남아시아에 주둔하는 엄청난 미군 기지들의 네트워크에 둘러싸인 중국에 대하여 가상적 공격 태도를 논의한다는 것은 어리석은 일이다. 장래에는 힘을 갖춘 중국이 확장주의로 나설지 모른다. 우리는 원한다면 그 가능성도 생각해볼 수 있을 것이다. 하지만 현재의 국제정치에서 가장 중요한 측면은 미국의 공격성이다.

30 W.S. Churchill, *The Second World War*, vol. 5, Closing the Ring (Boston: Houghton Mifflin Company, 1951), 382.

31 *United States Policy Toward Asia*, 104. 주석 15 참조.

32 Ibid., 105.

33 Pike, *Viet Cong*, 110. MIT의 국제학연구소에서 연구한 외교관이 집필한 이 책은 미국 편인 세력과 혁명을 지원하는 세력을 대비한다. 미국에 동조하는 세력은 "전 세계의 혁명적 소요는 낮은 생활수준이나 압제적이고 부패한 정부 때문이라고 진단한다." "혁명적 게릴라 전쟁"을 지지하는 세력은 "사람들의 열망에 반대하면서 개인을 설득하여 조종한다." 그 개인이 스스로를 조종하게 만든다." 혁명적 게릴라 전쟁은 "외부의 혁명으로부터 들어온 수입품이다"(베트콩 외의 다른 사례는 팔레스타인의 유대인 민병 조직 하가나와 아일랜드 혁명군인데 이는 스탈린이 수출한 무장 혁명이다. 32~33쪽 참조). 베트콩은 원주민의 자발적 운동이 아니다. "이 정도 규모와 야망을 가진 사회 구축 프로그램은 당연히 하노이에서 조직되었다(76쪽). 77~78쪽에는 이런 내용이 있다. "조직 활동이 수년 동안 강력하게 체계적으로 전개"된 뒤에 하노이의 라오 동Lao Dong 당이 "조직을 구축하기로" 결정을 내렸다. 80쪽에는 이런 문장도 나온다. "이런 노력은 북부의 작품이다." 다른 곳에서는 카오다이Cao Dai의 뛰어난 역할도 언급되어 있다(74쪽). 카오다이는 "지엠 정부에 적극적으로 반기를 든 최초의 주요한 사회적 그룹"이었고(222쪽), 호아하오Hoa Hao 파는 "NLF의 또 다른 주요 초창기 멤버였다"(69쪽). 파이크Pike는 이것을 공산당의 이중성이라고 판단한다. 그들은 남부에서 "마르크스-레닌주의"를 강조하면서 "정치적이 아닌 철학적 동맹을 표방"했다. 반면에 북부에서는 스스로를 "마르크스-레닌주의 조직"이라고 하면서 "세계적인 공산주의 운동의 주류에 속한다고 천명"했다(150쪽). 저자는 "연대, 동맹, 단결이라는 비밀 주문을 외우면 세상에 마법이 일어날 것으로 믿는 신데렐라와 바보들"같이 잘 속아 넘어가는 사람들"에게 경멸을 표시한다. 그들은 "농촌을 소요의 장으로 만

들고 사이공 정부를 계속하여 전복함으로써 미국을 곤란하게" 만든다. 저자는 순진하게도 "온유한 사람들이 이 지상을 상속하리라"고 믿는 사람들에게도 경멸을 표시한다. 그들은 "정의와 미덕의 이름으로 세상의 부가 그들에게 오리라"고 믿는다. 세련된 서방의 정치학자가 이런 "슬프고도 끔찍한 광경"을 쳐다보면서 느꼈을 법한 분노가 이해된다.

34 Lacouture, op. cit., 188. 오싹하게도, 동일한 군부 대변인은 이어서, 이것은 아시아, 아프리카, 라틴아메리카에서 우리가 직면하고 있는 문제이기 때문에 '적절한 대응책'을 찾아야 한다고 말했다.

35 Charles Mohr, *New York Times*, February 11, 1966. 고딕체 글자는 내가 강조한 부분이다.

36 *New York Times*, February 18, 1966.

37 William Bundy, "The United States and Asia," Alastair Buchan, ed., *China and the Peace of Asia* (New York: Frederick A. Praeger, Inc., 1965), 29~30.

38 Op. cit., 80.

39 United States Policy Toward Asia, 191~201, 그 밖의 여러 곳.

40 Rostow and Hatch, *An American Policy in Asia*, 10.

41 *United States Policy Toward Asia*, 128.

42 Lindholm, op. cit., 322.

03 언어와 자유

1 F. W. J. Schelling, *Philosophical Inquiries into the Nature of Human Freedom*.

2 예를 들면 Noam Chomsky, 《For Reasons of State》(New York: Pantheon Books, 1970), chap. 6, 308~309에 인용된 Paul Ricoeur의 말을 보라.

3 R.D. Masters, ed., *First and Second Discourses*, by Jean-Jacques Rousseau (New York: St. Martin's Press, 1964)의 엮은이 서문.

4 1세기 뒤의 프루동과 비교해보라. "인간의 생각, 의지, 개성을 부인하는 권력은 생사여탈의 권력이고, 인간을 노예로 만드는 것은 그를 암살하는 것이나 다름없다."

5 Lehning ed., Bakunin, *Etatisme et anarchie*, editor's note 50, from P. Schrecker, "Kant et la révolution française," *Revue philosophique de la France, et de l'Etranger*, September-December 1939에서 인용.

6 촘스키의 관련 논고는 《Cartesian Linguistics》(New York: Harper & Row, 1966), 그리

고 《Language and Mind》(New York: Harcourt, Brace & World, 1968).

7 주석 5 참조. Noam Chomsky, *Aspects of the Theory of Syntax* (Cambridge, MA: MIT Press, 1965), chap. 1, sec. 8.

8 논의를 위해 다음 자료 참조. E.H. Lenneberg, *Biological Foundations of Language* (New York: Wiley, 1967); Chomsky, *Language and Mind*; E.A. Drewe, G. Ettlinger, A.D. Milner, and R. E. Passingham, "A Comparative Review of the Results of Behavioral Research on Man and Monkey," Institute of Psychiatry, London, 미간행 원고, 1969; P.H. Lieberman, D.H. Klatt, and W.H. Wilson, "Vocal Tract Limitations on the Vowel Repertoires of Rhesus Monkey and other Nonhuman Primates," *Science*, June 6, 1969; and P.H. Lieberman, "Primate Vocalizations and Human Linguistic Ability," *Journal of the Acoustical Society of America* 44, no. 6 (1968).

9 위에 언급된 촘스키의 저서들과 Noam Chomsky, *Current Issues in Linguistic Theory* (The Hague: Mouton, 1969).

10 J.W. Burrow ed, *The Limits of State Action*, by Wilhelm von Humboldt (London: Cambridge University Press, 1969)의 엮은이 서문. 이후의 인용문은 대부분 여기서 옮겨 왔다.

11 위에 인용된 칸트의 말과 비교해볼 것. 칸트의 논문은 1793년에 나왔고 훔볼트의 논문은 1791~1792년에 나왔다. 훔볼트의 논문은 부분적으로만 발표되었을 뿐 전문은 그의 생전에 발간되지 못했다. Humboldt, 《The Limits of State Action》의 엮은이 서문 참조.

12 Thomas G. Sanders, "The Church in Latin America," *Foreign Affairs* 48, no. 2 (1970).

13 Ibid. 인용문은 파울로 프레이리Paulo Freire(1921~1997, 브라질의 교육자·작가_옮긴이)의 생각이다. 서구의 학생운동에서도 비슷한 비판 의식을 공유하고 있다. 예로써 다음 자료를 보라. Mitchell Cohen and Dennis Hale, eds., *The New Student Left* (Boston: Beacon, 1967), chap. 3.

14 다시 말해, 사람은 내면의 욕구에 따라 행동할 때, 그리하여 "본성과 조화를 이루는 방식으로 생활할 때 비로소 가장 원숙하고 기품 있는 성취를 달성한다."

15 1791년 프랑스 헌법(프랑스대혁명 후 왕정을 폐지하고 공화국을 선포한 헌법_옮긴이)에 대한 훔볼트의 논평에서 인용. Marianne Cowan, ed., 《Humanist Without Portfolio》(Detroit: Wayen State University Press, 1963)에 일부 번역되어 있다.

16 Rudolf Rocker, "Anarchism and Anarcho-syndicalism," in Paul Eltzbacher, *Anarchism*(New York : Libertarian Book Club, 1960). 저서 《민족주의와 문화 *Nationalism and Culture*》(1947)에서 로커Rocker는 훔볼트에 대하여 자연권 이론과 권위적 정부에 대한 반대를 주창한 "독일의 대표적 사상가"라고 말했다. 로커는 루소를 권위주의의 선구자로 본다. 하지만 그는 《사회계약론》만 고려했고 그보다 훨씬 자

유주의적인《인간 불평등 기원론》은 언급하지 않았다. 버로는 훔볼트의 논고가 "19세기의 인민주의, 아나키즘, 생디칼리즘"의 등장을 예고했으며, 초기 마르크스 사상의 단서도 보여준다고 지적했다. 다음 자료를 참조하라. Chomsky, *Cartesian Linguistics*, n.51.

17 Karl Polanyi, *The Great Transformation* (New York: Octagon Books, 1975).

18 Paul Mattick, "Workers' Control," in Priscilla Long, ed., *The New Left* (Boston: Porter Sargent, 1969), 377에서 인용. chap. 7, 96도 보라.

19 Martin Buber, *Paths in Utopia* (Boston: Beacon, 1985), 19에서 인용.

20 하지만 루소 자신은 "원래의 단순함"을 잃어버린 사람으로서 "법률과 행정가가 없는" 세상에서 살 수 없었다. 그는 소속 사회의 "신성한 유대 관계를 존중"했고 사회의 "법률과 그 법률을 제정하고 관장하는 사람들에게 철저히 순종"했다. 그러면서도 "많은 존경스러운 사람들의 도움이 있어야만 유지될 수 있는 체제"를 경멸했다. 그러한 체제에서는 "아무리 세심하게 관리해도 좋은 일보다 재앙이 늘 더 많이 일어난다."

21 chap. 7 참조.

22 이에 관한 특정 행동과학 분파의 기만적인 주장에 대한 논의는《For Reasons of State》chap. 7을 보라.

04 아나키즘 소론

1 옥타브 미르보Octave Mirbeau(1850~1917). James Joll, *The Anarchists* (Boston: Little, Brown, 1964), 145~146에서 인용.

2 Rudolf Rocker, "Anarchism and Anarcho-syndicalism," in Paul Eltzbacher, *Anarchism* (New York: Libertarian Books Club, 1960).

3 Rocker, ibid., 77에 인용됨. 이 문장과 다음 문장의 인용문은 본래 미하일 바쿠닌의 다음 글에 나오는 말이다. Michael Bakunin, "The Program of the Alliance," in Sam Dolgoff, ed. and trans., *Bakunin on Anarchy* (Montreal: Black Rose Books, 1980), 255.

4 Diego Abad de Santillán, *After the Revolution*(New York : Greenberg, 1937), 86. 혁명이 시작되고 몇 달 지나 집필된 마지막 장에서 그는 이 노선에 따라 생긴 일들에 대한 불만을 표시했다. 에스파냐의 사회혁명의 업적에 대해서는 다음 자료를 참조하라. Noam Chomsky, *American Power and the New Mandarins* (New York: Pantheon Books, 1969), chap. 1과 인용 자료; 영어로 번역된 브로우에Broué와 테이메Témime의 중요한 연구. 이후의 중요한 연구서들 중 특히 Frank Mintz, *L'Autogestion dans l'Espagne révolutionnaire* (Paris: Editions Bélibaste, 1971); César M. Lorenzo, *Les*

Anarchistes espagnols et le pouvoir, 1868-1969 (Paris: Editions du Seuil, 1969); Gaston Leval, Espagne libertaire, 1936-1939: *L'Oeuvre constructive de la Révolution espagnole* (Paris: Editions du Cercle, 1971). 또한 Vernon Richards, *Lessons of the Spanish Revolution* (London: Freedom Press, 1972), 1972 증보판.

5 Robert C. Tucker, 《The Marxian Revolutionary Idea》의 마르크스주의와 아나키즘 논의에 인용됨.

6 바쿠닌이 게르첸Gertsen(영어로는 Herzen_편집자)과 오가레프Ogareff에게 보낸 편지(1866)에서. Daniel Guérin, *Jeunesse du socialisme libertaire* (Paris: M. Rivière, 1959), 119에 인용됨.

7 Fernand Pelloutier. Joll, *Anarchists*에서 인용. 출전은 "L'Anarchisme et les syndicats ouvriers," *Les Temps nouveaux*, 1895. 전문을 보려면 아나키즘 역사상의 명문들을 탁월하게 골라 엮은 다음 자료를 보라. Daniel Guérin, ed., *Ni Dieu, ni maître* (Lausanne: La Cité Éditeur, 1969).

8 Martin Buber, *Paths in Utopia* (New York: Collier Books, 1986), 127.

9 바쿠닌은 이렇게 썼다. "아무리 민주적인 국가라도, 심지어 가장 붉은 공화국일지라도 인민이 정말로 원하는 것을 줄 수가 없다. 곧 인민은 아래로부터 의사가 결정되며, 위로부터 내려오는 간섭이나 폭력이 없는 자유로운 자주 조직과 관리를 원한다. 모든 국가, 심지어 마르크스 씨가 말하는 준準인민국가도 본질적으로 위에서부터 민중을 다스리는 기계에 지나지 않는다. 통치는 자부심 높은 소수 지식인 특권층이 맡는다. 이들 지식인층은 자신들이 인민보다 인민의 필요와 욕망을 더 잘 안다고 생각한다……." "그러나 인민은 자신들을 때리는 지팡이에 '민중의 지팡이'라는 이름이 붙는다면 그리 기분이 좋지 않을 것이다." (《Statism and Anarchy》[1873], in Dolgoff, 《Bakunin on Anarchy》, 338). 여기서 말하는 '민중의 지팡이'는 민주적 공화정이다. 물론 마르크스는 다른 견해를 보였다.
이 논쟁에 미친 파리 코뮌의 충격파에 관한 논의로는 《Ni Dieu, ni maître》에 다니엘 게랭이 쓴 논평을 보라. 이보다 약간 확장된 논의는 Daniel Guérin, 《Pour un marxisme libertaire》 (Paris: R. Laffont, 1969). 주석 24 참조.

10 1917년 레닌의 '지적 좌편향'에 관한 논의로는 다음 자료 참조. Robert Vincent Daniels, "The State and Revolution: A Case Study in the Genesis and Transformation of Communist Ideology," *American Slavic and East European Review* 12, no. 1 (1953).

11 Paul Mattick, *Marx and Keynes* (Boston: Porter Sargent, 1969), 295.

12 Michael Bakunin, 〈La Commune de Paris et la notion de l'état〉, 다니엘 게랭의 《Ni Dieu, ni maître》에 재수록. 바쿠닌이 자유의 조건으로서 개인의 본성 법칙을 언급한 것은 6장에서 논의할 합리주의적 · 낭만주의적 전통에서 발달한 창의적 사고방식과 견줄 만하다. N. Chomsky, 《Cartesian Linguistics》와 《Language and Mind》 참조.

13 Sholomo Avineri, *The Social and Political Thought of Karl Marx* (London : Cambridge University Press, 1968), 142. 《신성 가족》의 논평을 언급하면서 아비네리 Avineri는 사회주의 운동 내에서 이스라엘의 키부츠주의만이 "현재 사회 조직의 양식과 형태가 미래 사회의 구조를 결정한다"는 점을 인식했다고 썼다. 그런 인식은 아나키즘적 생디칼리즘의 특징적인 입장이기도 하다.

14 Rocker, *Anarchosyndicalism*, 28.

15 앞서 인용한 게랭의 저작을 보라.

16 Karl Marx, *Critique of the Gotha Program* (Moscow: Foreign Languages Publishing House, 1947).

17 Karl Marx, *Grundrisse der Kritik der Politischen Ökonomie*, Mattick, *Marx and Keynes*, 306에 인용됨. 같은 맥락에서 다음 자료도 참조하라. Mattick, "Workers' Control," Priscilla Long, ed., *The New Left* (Boston: Porter Sargent, 1969); Avineri, *Social and Political Thought of Marx*.

18 Karl Marx, 《Capital》, 로버트 터커Robert Tucker의 인용. 터커는 이런 타당한 주장을 폈다. 마르크스는 혁명가들을 '불만족한 소비자'라기보다 '좌절한 생산자'로 보았다 (《The Marxist Revolutionary Idea》). 이 같은, 자본주의 생산관계에 대한 급진적 비판은 계몽주의적 자유주의libertarian 사상의 직접적인 소산이다.

19 Marx, *Capital*. Avineri, *Social and Political Thought of Marx*, 233에 인용됨.

20 Pelloutier, "L'anarchisme."

21 "Qu'est-ce que la propriété?"는 "소유는 도둑질이다property is theft"는 마르크스에게 거슬리는 표현이었다. 마르크스는 이 말의 쓰임새에 논리적인 문제를 발견했다. 도둑질이란 (도둑질이 아닌_옮긴이) 정당한 소유가 따로 있음을 전제로 하는 말이기 때문이다. Avineri, *Social and Political Thought of Marx*.

22 Buber, *Paths in Utopia*, 19에서 인용.

23 J. Hampden Jackson, *Marx, proudhon and European Socialism* (London: English Universities Press, 1957), 60에서 인용.

24 Karl Marx, *The Civil War in France* (New York : International Publishers, 1968), 24. 아비네리Avineri는 마르크스가 코뮌에 대한 이런저런 논평들에서 의도와 계획을 예리하게 짚어냈음을 읽어냈다. 마르크스가 다른 곳에서도 분명하게 밝힌 것처럼 그의 평가는 이보다 훨씬 비판적이다.

25 그 배경을 보려면 다음 자료 참조. Walter Kendall, *The Revolutionary Movement in Britain, 1900-1921: The Origins of British Communism* (London: Weidenfeld & Nicolson, 1969).

26 *Collectivisations: L'Oeuvre constructive de la Révlution espagnole*, 8.

27 논의를 위해 다음 자료 참조. Mattick, *Marx and Keynes*; and Michael Kidron, *Western Capitalism Since the War* (Harmondsworth: Penguin, 1970). 또한 Noam Chomsky, *At War with Asia* (New York: Pantheon Books, 1970), chap. 1, 23~26에 인용된 참고문헌도 참조하라.

28 Hugh Scanlon, *The Way Forward for Workers' Control* (Nottingham: Institute for Workers' Control, 1968) 참조. 스캔런Scanlon은 영국의 대형 노조인 AEF 의장이다. 노동자자주관리연구소Institute for Workers' Control는 1968년 3월 제6차 노동자 자주관리 회의 결과 설립되어, 노동자 자주관리에 관한 연구를 촉진하고 정보를 전파하는 기지 구실을 하고 있다.

29 Guérin, *Ni Dieu, ni maître*, introduction.

30 Ibid.

31 Arthur Rosenberg, *A History of Bolshevism* (New York: Russell & Russell, 1965), 88.

32 Marx, *Civil War in France*, 62~63.

05 국제 사건과 힘의 논리

1 Telford Teylor, *Nuremberg and Vietnam: An American Tragedy*, 29.

2 테일러가 북베트남에 대한 미군의 폭격을 어느 정도 알고 있었는지는 불분명하다. 반면에 다른 논평가들은 그렇지 않다. 가령 닐 시핸Neil Sheehan은 이렇게 썼다. "북베트남 사람들은 이것을 믿지 않겠지만, 북부를 폭격할 때 군사 시설과 제한적인 산업 시설만 공격하려고 의식적으로 노력했다. 획득될 군사적 이득과 잠재적인 민간의 피해를 저울질하면서……"(〈우리가 전범 재판을 받아야 하는가Should We Have War Crime Trials?〉, 《뉴욕타임스》, 1971년 3월 28일자). 시핸이 이 기사에서 검토한 책자 33권은 시핸의 주장과는 정반대인 증거를 제시한다. 시핸은 자신이 왜 이들 자료를 과소평가했는지 그 이유를 밝히지 않았다. 나 자신이 하노이 인근에서 직접 제한적으로 관찰한 바에 따라, 나는 '그것을 믿지 않는' 북베트남 사람들의 입장을 지지한다. 시핸이 하노이 외곽에서 심하게 폭격을 맞은 지역인 폴리, 타인호아 등의 폐허를 직접 둘러보았어도 '그것을 믿지' 않았을 것이다. 그럼에도 북베트남 폭격은 그 강도나 파괴성에서 남베트남이나 라오스 폭격에 미치지 못한다.

3 라다비노드 팔Radhabinod Pal 판사는 도쿄 전범 재판에서 반대 의견을 피력하면서 원자폭탄 투하는 도쿄 전범 재판에 회부된 범죄를 모두 합친 것보다 더 지독한 범죄라고 주장했다. *International Military Tribunal for the Far East*(Calcutta: Sanyal & Co, 1953), 621. 관련 문장은 다음 책에 인용되어 있다. *American Power and the New Mandarins*(New York : Pantheon Books, 1969), 168~169. 하지만 팔은 원자탄을 사용하기로 한 결정에 대해서는 기소해야 한다는 의견을 제시하지 않았다. 테일러는 나가사키 원폭 투하는 전쟁 범죄로 간주할 수 있다고 생각했다.

4   Taylor, *Nuremberg and Vietnam*, 79; United Nations, General Assembly, *Report of the International Law Commission*, Suppl. 12 (A/1316), 1950, 11. Herbert W.Briggs, ed., *The Law of Nations: Cases, Documents and Notes*, 2nd ed. (New York: Appleton-Century-Crofts, 1952)에 재수록.

5   뉘른베르크와 유엔헌장이 동일한 지위를 갖고 있느냐고 의문을 제기할 수 있을 것이다. 나는 여기서 이 문제를 다루지 않겠다. 그러나 아래에서 주장된 바와 같이 미국이 인도차이나에서 이 둘을 크게 위반했다는 강력한 증거가 있다.
최근에 공개된 펜타곤 문서들은 테일러가 말한(내가 보기에 과장한) '증거의 문제'에 관한 어려움을 크게 해소해줄 것이다. 이 문서들의 흥미로운 특징은 프란츠 쉬르만 Franz Schurmann 등이 《베트남전 확전의 정치학*The Politics of Escalation in Vietnam*》(Boston : Beacon, 1966)에서 해석한 미국의 인도차이나 정책을 확인해준다는 것이다. 문서에 의하면, 공개적으로 밝혀진 증거들만으로도 미국 정책의 주된 노선을 알 수 있다. 이들 문서는 미국이 침략 전쟁 확대를 기도했고 분쟁의 평화적 해결을 위한 유엔헌장을 무시했다는 것을 보여준다. 다음 자료를 참조하라. *For Reasons of State*(New York : Pantheon Books, 1973), chap.1.

6   테일러가 아직도 이 판단을 받아들이는지는 불분명하다.

7   미국이 베트남 문제를 정식으로 유엔 안보리에 상정한 것은 1966년 1월에 들어서였다(United Nations, Security Council, *Official Records*, vol. 21, suppl. January~March〔S/7105〕, 1966, 105). 그 전 1964년 8월 미국은 통킹 만 사건을 검토해달라고 안보리에 요구했다. (*Official Records*, vol.19, suppl. July September〔S/5849〕, 1964, 135). 그리고 미군의 폭격이 남부와 북부에서 크게 확대된 뒤인 1965년 2월에 보고서를 제출했다(《Official Records》, vol.20, suppl. January~March〔S/6174〕, 1965, 43). 다음 자료를 참조하라. "The Legality of U.S. Participation in the Defense of Viet-Nam," *U.S. Department of State Bulletin*, vol. 54(1966). Richard A. Falk, ed., *The Vietnam War and International Law*에 재수록(이후 *Falk-Vietnam*으로 표시), 583, 590. 미군의 직접적인 무력 교전은 1961~1962년에 시작되었다.

8   Richard A. Falk, "International Law and the United States Role in Viet Nam: A Response to Professor Moore," *Yale Law Journal* 76 (1967): 1051, 1130 n. 80, *Falk-Vietnam*에 재수록, 445, 480 n. 80.

9   Thomas J. Farer, "Intervention in Civil Wars: A Modest Proposal," *Columbia Law Review* 67 (1967): 266, 271. *Falk-Vietnam*에 재수록, 509, 514.

10   Robert Scigliano, *South Vietnams* (Westport, CT: Greenwood Press, 1964), 145. 시글리아노Scigliano는 미시간 주립대학 베트남 자문단의 일원이었다.

11   George McT. Kahin and John W. Lewis, *The United States in Vietnam* (New York: Dial Press, 1967), 137 참조.

12   Bernard Fall, *Street Without Joy* (Harrisburg, PA: Stackpole, 1961), 346.

13   《뉴욕타임스》1962년 3월 10일자. 30퍼센트란 헬리콥터 운행을 제외한 것이다. 1964 년 초 미국은 베트남에 헬리콥터 248대를 보유했고, 그해 말에는 327대를 보유했다. V.S.G.Sharp and W.C.Westmoreland, *Report on the War in Vietnam(As of 30 June 1968)*, 85(1968) 참조. 이에 비해 프랑스는 1954년 4월까지 인도차이나에 헬리콥터 10대 정도만 보유했다(Fall, *Street Without Joy*, 242).

14   Robert Shaplan, *The Lost Revolution*, 170ff. 삼각주 지역에서 1968년까지 북베트남 사람들은 발견되지 않았다. 미군이 1960년대 초 까마우 반도의 민간인들을 폭격한 사 실이 퇴역 대령 플레처 프루티Fletcher Prouty에 의해 확인되었다. 그는 당시 CIA와 미공군 사이의 연락장교로 근무했다(〈Review of the War〉, WNET-TV, 채널 13, 뉴 욕, 1971년 2월 15일). 미군이 1960년대 초 마을들을 공습했다는 사실을 기자들이 확 인했다. 맬컴 브라운Malcolm Browne(1961부터 AP 베트남 특파원)은 미군의 네이 팜탄 및 중폭격기의 공격을 맞은 마을들을 방문하고 기사를 썼다. "그 결과는 너무나 비참했다. 불행하게도 베트콩은 지하 벙커를 너무나 교묘하게 지어서 정통으로 폭격 당하지 않는 한 공습이나 네이팜탄의 피해를 거의 입지 않았다. 하지만 민가들은 파 괴되었고 인명 피해도 엄청났다. 어떤 마을에서는 불에 그을린 아기들과 어린이들의 시체가 절반쯤 날아간 시장 통에 쓰레기처럼 쌓여 있었다"(*The New Face of War* 〔Indianapolis : Bobbs-Merrill, 1965〕, 118). 분명 이 사실은 미군 지휘부와 정부 수뇌 부에 알려져 있었다. 구체적인 증거를 들자면 브라운의 책 서문은 주 베트남 미국 대 사를 두 번 역임한 헨리 캐벗 로지Henry Cabot Lodge가 썼다. 참고로, 도쿄 전범 재판 에서 각료가 전쟁 포로들을 학대한 사실을 알고서도 사임을 하지 않았으면 전쟁범죄 자 취급을 받았다. 도쿄 재판에 대해서는 다음 자료를 참조하라. Erwin Knoll and Judith N.McFadden, eds., *War Crime and the American Conscience*(New York : Holt, Rinehart and Winston, 1970), 195.

15   Richard Tregaskis, *Vietnam Diary* (New York: Holt, Rinehart and Winston, 1963), 108.

16   Donald Robinson, "America's Air Guerillas-Will They Stop Future Vietnams?", *Parade*, supplement(부록) to *Boston Sunday Globe*, January 31, 1971. 이 이야기에 의하면 1970년 11월 북베트남 손타이 근처의 버려진 전쟁포로수용소를 습격한 것은 특수작전부대였다.

17   미 정부의 나팔수에 지나지 않는 더글러스 파이크Douglas Pike도 다음 사실은 인정 했다. NLF는 남베트남에서 유일한 "대중 기반 정당"이었다. 그리고 1964년 하반기에 미국이 지원하는 정부는 NLF와 연합하는 것을 상상도 할 수 없었다. "고래가 잔챙이 를 잡아먹을지 모른다"고 우려했기 때문이다(*Viet Cong*〔Cambridge, MA: MIT Press, 1966〕, 110, 361~362). 다른 곳에서 파이크는 1963년에 남베트남 주민의 절반가량이 암묵적으로 NLF를 지지했다"고 시인했다(*War, Peace, and the Viet Cong* 〔Cambridge, MA : MIT Press, 1969〕, 6). 위의 책 216쪽도 참조할 것. 강대국이 자국의 개입을 칭송하는 현지 정부를 수립하는 일은 그리 어려운 일이 아니다. 예를 들어 체 코슬로바키아 공산당의 14차 전당대회는 1966년 이래 "공식적으로 인정된" 대회인

데 러시아의 1968년 침공을 "환호와 갈채"로 환영했다. (《보스턴글로브Boston Globe》, Reuters, 1971년 5월 26일).

18 1954년 제네바협정의 선거 규정 준수를 위해 남베트남에 수립된 체제를 미국이 거부한 것을 가리킨다. 마찬가지로 라오스에서 파테트 라오가 1958년 선거에서 예상치 않은 승리를 거두자(미국이 우파를 위해 표를 매수했는데도 불구하고), 미국은 연립정부 전복에 결정적 역할을 했다. 다음 자료를 참조하라. Len Ackand, "No Place for Neutralism: The Eisenhower Administration and Laos," in Nina S. Adams and Alfred W. McCoy, eds., *Laos: War and Revolution* (New York: Harper & Row, 1970); Jonathan Mirsky and Stephen Stonefield, "The United States in Laos," in Edward Friedman and Mark Selden, eds., *America's Asia* (New York: Pantheon Books, 1971), 253-323. chap. 2, sec I도 보라.

19 그것이 과연 '법'인지 의문스럽다.

20 Leo Goodstadt, "Might and Right", *Far Eastern Economic Review*, April 10, 1971에서 인용. 구드스타트Goodstadt는 "물리력의 사용은 마오에게 차선책"이라고 말한다.

21 Pike, *Viet Cong*, 91~92. 파이크는 이런 말을 했다. "무력 투쟁은 GVN이 강요한 사항이었다. NLF는 살아남기 위하여 반격할 수밖에 없었다"(101쪽).

22 Truong Chinh, *La résistance vaincra*. Fall, *Street Without Joy*, 372~373에 인용됨(폴 Fall의 발췌 번역).

23 Fall, *Street Without Joy*, 372~373.

24 1930년대 일본이 내세운 방어적이고 이상주의적인 동기에 대해서는 다음 자료 참조. chap. 2 of *American Power and the New Mandarins*, chap. 2, 176~177, 179~184, 189~190, 193~202.

25 이와 관련된 미국의 무지함은 영국 동지들에 비하면 아무것도 아니다. 가령 《Far Eastern Economic Review》의 이름 없는 주간 칼럼니스트(아마도 편집자인 듯)는 이렇게 썼다. "열린 마음을 가진 사람이 보기에는, 미국의 베트남 개입 효과가 무엇이었든 그 개입은 이상주의적인 동기와 좋은 의도 아래 이루어진 것이 분명하다. ……미국이 제국주의적 목적으로 베트남에 개입했다고 주장하는 것은…… 완전히 난센스다"(column, 〈Traveller's Tales〉, 《Far Eastern Economic Review》, 1971년 2월 20일). 정반대의 증거가 풍부하게 있는데도 미국이 역사상 아주 독특한 나라라고 생각하는 사람이 있을 수 있다. 하지만 이런 의심스러운 판단을 지속적으로 고집하는 것은 히스테리의 한 형태다. 이 신문의 칼럼니스트는 《Far Eastern Economic Review》의 중립성을 주장했다. 정부 측 입장을 옹호해야 하는 '어용' 학자들과는 다르다는 얘기였다. 《Far Eastern Economic Review》는 미국의 "전략 혹은 정책의 실수를 서슴없이 비판"하고 또 "베트콩의 만행도 주저 없이 공격"한다는 것이다. 그래서 진정한 객관성을 확보했다는 얘기다. 칼럼니스트는 "밀라이 학살에 가담한 군대를 동정적으로 이해하려 한 소수에 속하는 자사의 사설"을 자랑스럽게 여긴다고 말했다. 하지만 그는

다음과 같은 사실은 주목하지 못했다. 그 칼럼니스트가 비난하는 미국의 평화운동은 그와 똑같은 입장을 취했다. 하지만 현지의 군대와, 멀리 안전한 곳에 있는 정책 입안가들을 구분하는 태도를 자화자찬하지는 않았다.

26 Fall, *Street Without Joy*, 373. 이 책이 1960년대 초반에 집필되었다는 것을 명심할 것. 당시 폴은 "미국의 베트남 개입을 유엔헌장의 정신에 입각한 행위라고 생각하여 지지했다" (206쪽). 이 저서가 나온 지 3년 후에 국방장관 맥나마라는 의회에 나와 이런 증언을 했다. 베트콩과 북베트남 사람들은 "차량 지원 한 대 없이 …… 남베트남에서 활동하고 있다." 상원의원 프록스미어Proxmire의 발언, 《Congressional Record》, vol. 177(April 5, 1971), S4585 참조.

27 Fall, *Street Without Joy*, 378.

28 《오타와 시티즌Ottawa Citizen》의 인터뷰 기사(1970년 1월 12일자). 밀라이 대학살 1년 전인 1967년 무렵 꽝응아이 병원에 근무한 어떤 미국인은 민간인 전쟁 피해자의 약 70퍼센트가 미군과 동맹군의 폭격에 의한 것이라고 말했다. 피폭 지역이 미군의 통제 아래 있어서 피해자를 도시 병원으로 옮길 수 있었던 경우에 국한된 수치다. 인용과 참조를 위해서는 다음 자료를 보라. Chomsky, *American Power and the New Mandarins*, 284; *At War with Asia*(New York : Pantheon Books, 1970), 270~271.

29 《뉴욕타임스》, 1971년 5월 25일자. 여기서 지칭된 인물은 로널드 L. 라이든아워 Ronald L. Ridenhour다. 그는 사건이 발행한 지 1년 뒤에 미 국방장관에게 그 사실을 폭로했다. 그 사건은 NLF가 즉각 주목했으나 그 밖의 많은 사건들은 아직 인정되지도 논의되지도 않고 있다. 세부 사항이 1968년 6월 15일 파리에서 폭로되었으나 서방 언론에 의해 무시되었다. 자세한 사항을 위해서는 다음 자료를 참조하라. Erich Wulff, "Le Crime de Song My: Avec les félicitations du commandant en chef," *Africasia* [Paris], 1971. 4. 26~5. 9. 불프Wulff는 베트남에서 6년간 근무한 서독 외과의사인데 "또 다른 '오라두르쉬르글란과 리디체'(2차 세계대전 때 독일군이 살육한 프랑스와 체코의 마을_옮긴이)"에 대해 1967년 러셀 법정에서 증언을 했다. 그의 증언은 다음 자료에 수록되어 있다. "A Doctor Reports from South Vietnam—Testimony by Erich Wulff," John Duffett, ed., *Against the Crime of Silence*(New York : Simon & Schuster, 1970).

30 *New York Times*, April 29, 1971; *Boston Globe*, May 10, 1971. 델럼스 위원회의 청문회 기록은 1972년 출간되었다(Citizens' Commission of Inquiry, *The Dellums Committee Hearings on War Crimes in Vietnam*, Vintage Books, 1972).

31 *Congressional Record*, vol. 177 (1971), E2826-2900. Vietnam Veterans Against the War, eds., *The Winter Soldier Investigation*, Beacon, 1972으로 출간.

32 *New York Times*, April 26, 1972.

33 E. Opton의 증언, Knoll and McFadden, *War Crimes*, 114.

34 R.W. Apple, "Calley: The Real Guilt," *New Statesman*, April 2, 1971, 449. 초창기 주

민 이주의 강제성은 미군 사령부도 잘 알고 있었다. 샤프Sharp와 웨스트모어랜드 Westmoreland는 이렇게 썼다. 1962년 3월의 첫 전략 마을 프로그램은 "농민들을 강제로 이주시킨 것이었다. 농민들은 조상 전래의 땅에 대한 집착이 아주 강했다" (《Report on the War in Vietnam》, 79). 이 보고서는 변명으로 일관되어 있고 내가 볼 때 진지하게 참고할 만한 자료가 되지 못한다. 단 미군 교전의 세부 사항과 관련해서는 참고할 만한 점이 있다.

35   Apple, "Calley: The Real Guilt," 34.

36   가끔 들려오는 이런 설명은 황당한 것이다. 이 설명은 당초 새뮤얼 P. 헌팅턴Samuel P. Huntington이 〈The Bases of Accommodation〉, 《Foreign Affairs》 46, no. 4(1968)에서 개진한 것이다. 헌팅턴의 글은 미국이 인도차이나에서 폭격을 본격적으로 확대하기 전에 나온 것이다. 하지만 수백만 톤에 이르는 폭탄과 수천 제곱 마일에 미친 고엽제의 효과를 미리 예측할 수 없었다 하더라도(물론 믿기 어려운 얘기지만), 그 사실은 1968년 중반 무렵에는 확실히 알려져 있었다. 이와 동일한 냉소적 허세를 존 폴 반 John Paul Vann 중령(퇴역)이 내보인 바 있다. 그는 남베트남 '평화 작업'의 수석 미국 고문관이었다(이하 232~233쪽 참조). 그는 《뉴스위크》(1969년 1월 20일자)에 이렇게 말했다. "우리는 부주의하게도 게릴라 전쟁으로 가는 길로 발을 내디뎠다. 그것이 바로 도시화다"(L. A. G. Moss and Z. M. Shalizi, "War and Urbanization in Indochina," Jonathan S. Grant et al., eds., *Cambodia : The Widening War in Indochina*〔New York : Washington Square Press, 1971〕, 192에 인용됨).

37   Sheehan, "Should We Have War Crimes Trials?"

38   주석 36 참조.

39   Sheehan, "Should We Have War Crimes Trials?"

40   《뉴욕타임스》, 1971년 4월 6일자. 대부분 인용 자료가 이 기사에서 나왔다. 나머지는 헨리 캄Henry Kamm이 《뉴욕타임스》1969년 11월 15일자에 실은 기사와 미국 퀘이커 봉사위원회의 백서White Paper of the American Friends Service Committee(1969년 5월 5일)에서 나왔다. 후자의 자료에는 현지 작업자들의 베트남어로 된 보고서가 실려 있다.

41   Fall, *Street Without Joy*.

42   국내의 정치 상황 때문에 대통령은 베트남에 많은 미군(폭격이 필요 없을 정도로 많은 미군)을 보낼 수 없었다는 주장이 가능하다. 그러나 프랑스는 베트남에 징병군을 보낸 적이 없고 인도차이나 전역에서 활동하는 프랑스군은 7만을 넘지 않았다. 프랑스의 군사력에 대해서는 다음 자료를 참조하라. Chomsky, *For Reasons of State*, chap. 1, note 4. 미국 대중이 한동안은 대규모 징병 군대 파병을 적극 허용했다는 점에서 미국의 베트남전은 특이한 경우다. 더욱이 본질적으로 식민 전쟁인 싸움에 징병군을 보내는데 말이다.

43   아래 주석 46 참조.

44   Arthur Westing, "Poisoning Plants for Peace," *Friends Journal* 16 (1970). 본문에 인용된 수치는 이 기사와 아래 주석 45의 기사에서 가져왔다.

45   Arthur Westing, "Ecocide in Indochina," *Natural History*, March 1971.

46   Ngo Vihn Long, "Leaf Abscission," Barry Weisberg, ed., *Ecocide in Indochina*(San Francisco : Canfield Press, 1970), 54. 롱Long은 그 당시 작물 파괴 행위는 농민들을 전략 마을로 이주시키기 위한 것이었다고 했다.
      다음은 《Thoi-Bao Ga》(매사추세츠 주 케임브리지에서 발간된 베트남 학생 언론)에 롱이 기고한 내용이다. "사이공 신문 《Tin Sang》 1970년 11월 12일자에 의하면, 남베트남 정부 농업위원회 위원장은 미국의 화학 고엽제가 남베트남의 작물 약 60퍼센트를 파괴했다고 발표했다. 1971년 3월 9일자 사이공 일간신문 《Duoc Nha Nam》은 남베트남이 1970년 미국에서 쌀 50만 톤을 수입했다고 보도했다. 롱의 추산에 의하면 이것은 500만 명을 먹일 수 있는 양이다. 그렇지만 기자들과 기타 인사들은 기아가 널리 퍼졌으며 굶어 죽는 사람들도 많다고 보도했다(《Thoi-Bao Ga》, March–April 1971, 6).
      예전에 《사이언스*Science*》의 기자였던 《로스앤젤레스타임스》의 기자 브라이스 넬슨Bryce Nelson은 이렇게 썼다. AAAS 고엽제 평가위원회의 미공개 자료에서는 4개월 동안(1970년 9~12월)에 고엽제에 오염된 물에 노출되어 90명이 사망했다고 지적했다(《Village Voice》, January 28, 1971). 남베트남에 4년간 머물렀던 국제자원봉사단 IVS 단원은 작물을 모두 망친 깐토 성과 따이닌 성의 농부들을 "수없이" 많이 만났다. 그는 따이닌 병원에서 많은 환자들을 만난 경험도 보고했다. 환자들은 "유황 때문에 얼굴과 사지가 심하게 탔다." 또 메콩 삼각주 지역의 병원에서 "많은 어린아이들이 불에 그을려 끔찍할 정도로 신체가 일그러진" 것을 목격했다. 로저 몽고메리Roger Montgomery가 편집자에게 보낸 편지, 《뉴욕타임스》, 1971년 1월 22일자. Chomsky, 《For Reasons of State》, chap.1, note 10 참조.

47   Richard Dudman, *Forty Days with the Enemy*, 69.

48   다음 자료 참조. *New York Times*, April 22, 1971; *Boston Globe*, April 16, 1971; *Boston Glove*, April 23, 1971. *Congressional Record*, vol. 117 (February 18, 1971), 하원의원 매클라스키McCloskey의 공식 증언, H794-800. Chomsky, *For Reasons of State*, chap. 2, section 1.

49   *Congressional Record*, vol. 117 (1971), H796. 1968년의 대규모 공습 확대 전인 1967년에 꽝응아이 성과 꽝띤 성에서 비슷한 보고가 이루어졌다. (Jonathan Schell, *The Military Half*).

50   *The Law of Land Warfare*, Department of the Army Field Manual FM 27~10 (1956), 18, par. 37.

51   1970년 12월 29일 미국과학진흥회 연례 회의에서 위스콘신 대학 법학 교수이자 미국 군축청Arms Control and Disarmament Agency의 법률고문이었던 조지 번George Bunn의 진술, "The Broad Implications of the Continued Use of Herbicides in

Southeast Asia," AAAS Annual Meeting, December 29, 1970(등사판 인쇄물).

52 William A. Nighswonger, *Rural Pacification in Vietnam*.

53 다음 자료를 참조하라. Jeffrey Race, "How They Won," *Asian Survey*, August 1970; Robert L. Sansom, *The Economics of Insurgency in the Mekong Delta of Vietnam* (Cambridge, MA : MIT Press, 1970). 레이스Race는 군 복무 중 사이공 남부에 있는 롱안 성의 한 지구장을 자문하는 역할을 담당했다. 샌섬Sansom은 공군 대위로 국가안보위원회에서 일했다. NLF가 장악한 지역들을 방문한 반공 기자들은 상당한 증거를 제시했다. 다음의 여러 자료를 참조하라. Committee of Concerned Asian Scholars, *The Indochina Story* (New York: Pantheon Books, 1970), 36에 인용된 Jacques Doyon의 보고. Katsuichi Honda, *The National Liberation Front and Vietnam: A Voice from the Villages* (혼다Honda가 수집한 기사 모음, 1967년 일본 《아사히신문》 기사를 개인적으로 번역, 발간한 것). Chomsky, *For Reasons of State*, chap. 1, note 215의 참고문헌. 난민의 눈에 보인 파테트 라오의 프로그램에 관해서는 다음 자료에 축약된 인터뷰를 보라. Adams and McCoy, *Laos*, 451~459; Chomsky, *At War with Asia*, 239. Mark Selden, "People's War and the Transformation of Peasant Society," Selden and Friedman, *America's Asia*; William A. Nighswonger, 위 책, 2장 1절.

54 Robert Shaplen, "The Challenge Ahead," *Columbia Journalism Review* 9, no. 4 (1970~1971).

55 논의를 위한 더 자세한 참고 자료로 다음을 보라. Edward S. Herman, *Atrocities in Vietnam* (Philadelphia: Pilgrim Press, 1970), chap. 2. 당시 이 모든 것이 잘 인지되었다. 일례로 다음 자료를 보라. R. W. Lindholm, ed., *Vietnam: The First Five Years* (East Lansing: Michigan State University Press, 1959).

56 예를 들어 다음 자료에 인용된, 친일 부역자에 대한 중국 민족주의자들의 테러에 관한 언급을 보라. Noam Chomsky, *Problems of Knowledge and Freedom* (New York: Pantheon Books, 1971), 95(한국어판 : 장영준 옮김, 《촘스키, 러셀을 말하다》, 시대의창, 2011, 166쪽).

57 NLF의 폭력 행사에 대해서는 다음 자료 참조. Douglas Pike, 위 책, 219. 더 자세한 분석은 다음 자료에 있다. Jeffrey Race, *War Comes to Long An* (Berkeley: University of California Press, 1972).

58 Herman, *Atrocities in Vietnam* 참조. 이 자료에서는 비교 수치를 추산하려고 시도했다.

59 Don Oberdorfer, *Tet!* (Garden City, NY: Doubleday, 1971), 201.

60 Len Ackland, 〈Hue〉, 미발간. 오버도퍼Oberdorfer가 사용한 정보 중 하나. 당연한 일이지만 다른 사람들도 숫자 게임을 펼쳤다. 현지 사정을 잘 아는 특파원 도널드 커크 Donald Kirk는 이렇게 보도했다. "미군이 북베트남 사람들을 성채에서 몰아내기 전에 시민 약 4000명이 학살되었다. …… 미군은 28일에 걸친 시가전 끝에 그들을 몰아낼 수 있었다." 그러니까 북베트남인들에 의해 4000명이 학살되었다는 이야기다(《시

카고트리뷴*Chicago Tribune*》, 1972년 5월 4일자). 로버트 톰슨Robert Thompson 경은 공산당이 5700명을 학살했다고 주장했고, "압수된 문서를 보면, 그들은 이 숫자를 부풀렸고 더 죽이지 못한 것을 불평했다"(《뉴욕타임스》, 1972년 6월 15일자). 이런 문서들은 제시된 적이 없었고, '압수된 문서'라는 것은 1969년 11월 밀라이 학살이 언론에 보도된 직후 느닷없이 튀어나왔다. 그러니까 그 문서는 1년 반 동안 어디선가 '잠자고 있었다'는 것이다. 윌리엄 색스비William Saxbe 상원의원은 '북베트남인'들이 7000명 이상을 학살했다고 했는데, 이것은 당시 전투 중에 죽은 사람들 수보다 더 많은 것이다(《연방의회의사록*Congressional Record*》, 1972년 5월 3일).

61 오버도퍼는 덧붙여 "시민 100명 이상"이 밀라이에서 살해당했다고 하면서 그 근거로 다음 자료를 들었다. Seymour Hersh, *My Lai* 4 (New York: Random House, 1970). 이 책에서는 그 수치를 대략 400~500명으로 추산한다.

62 Oriana Fallaci, "Working Up to Killing," *Washington Monthly*, February 1972.

63 Richard West, *New Statesman*, January 28, 1972.

64 Philip Jones Griffiths, *Vietnam Inc.* (New York: Macmillan, 1971), 137. 그리피스 Griffiths의 책에는 후에서 전투가 진행 중일 때 찍은 사진들이 실려 있다. 내 책《At War with Asia》, 295~296 참조. 확인되지 않은 증언을 비롯해 양편의 대학살에 대한 논의와 참고문헌은 Herman, 《Atrocities in Vietnam》 참조.

65 주석 53 참조.

66 촘스키가 가지고 있는 이 보고서의 복사본은 제목이 달리지 않은 것으로, 밴이 1971년 오스트레일리아의 사회심리학자 앨릭스 케리Alex Carey에게 개인적으로 건넨 것이다. 케리는 베트남에서 오스트레일리아가 수행한 역할을 연구해왔다. 케리가 신중하게 작성한 소책자《Australian Atrocities in Vietnam 1-19》(날짜 미기재)를 보라. 케리의 표현에 따르면 "히틀러와 게슈타포를 따라가고 있는 우리의 행보"가 담겨 있다.

67 주석 55 참조.

68 Robert W. Komer, "Impact of Pacification on Insurgency in South Vietnam," *Journal of International Affairs* 25, no. 1 (1971). 코머는 1965년 2월, 남베트남에서 벌어진 미국의 노골적인 침략과 폭격 확대를 이렇게 표현했다.

69 Ibid. 위 책, 216쪽, 통치 능력이 정치적 적법성을 주장할 수 있는 한 요소라는 리처드 포크의 말을 상기하라.

70 Komer, "Impact of Pacification." 관대한 제국주의자들은 미국의 정책에 의구심을 품으면서도 그것을 거부하지 않았다. 참혹한 결과가 명백히 드러난 뒤에도 말이다. 앞의 주석 14 참조.

71 피닉스 프로그램은 "베트콩의 정치·행정 기구를 중립화시키려는 프로그램이다. 많은 사람들이 베트콩의 정치·행정 기구가 반란의 핵심 능력이라고 보았다"(Komer, "Impact of Pacification"). 관료들의 입장에서 '중립화'는 곧 '암살이나 체포'를 의미한

다. '중립화'된 사람의 수에 대해서는 의견이 엇갈린다. 평화 작업의 책임자였던 미 부대사 윌리엄 콜비는 상원 외교위원회에 나와서 이렇게 증언했다. 1969년에 약 2만 명이 '중립화'되었는데, 그중 6187명은 살해되었다. 반면에 사이공 정부는 1969년에 민간인 4619명이 '적'에게 살해되었다고 주장했다. 피닉스 프로그램의 희생자는 미군과 GVN이 펼친 합동 작전으로 살해된 민간인들의 일부다. 남베트남에서 IVS의 일원으로 활동한 뒤 랜드RAND 연구소의 팀장 겸 분석관이 된 렌 오클랜드Len Ackland는 이렇게 지적했다. 피닉스 프로그램은 민간인들을 체포하거나 살해하기 위한 프로그램이었으며, 그 민간인들은 "민족해방전선을 위해 일하는 세금 징수원, 사무원, 우편 집배원 등"을 말한다. 세부 사항은 다음 자료를 참조하라. Chomsky, *At War with Asia*, 301~302; Herman, *Atrocities in Vietnam*, 46~47. 다음 자료도 보라. Komer, "Impact of Pacification," 91~93, 161.

72   주석 66 참조.

73   후자의 표현은 남베트남을 반공 정권이 통치하는 것을 가리키는 미국의 정치 용어다. 미국에서는 아예 무시되었던 1962년의 NLF 정치 프로그램은 남베트남, 라오스, 캄보디아의 중립화를 요구했다. 이것을 기만적인 요구라고 볼 수도 있을 것이다. 하지만 미국이 그런 의심에 근거하여 무력을 일방적으로 사용할 권리를 명백히 갖고 있다고 할 수는 없다.

74   이것은 미국이 수립한 반공 정권에 의해 남베트남이 통치되어야 한다는 말을 다르게 표현한 것이다. 굿윈Goodwin은 그 당시 베트남의 내란이 국내에 한정되어 있었다는 사실을 잘 알고 있었고 그것을 책에서 설명했다.

75   Richard Goodwin, *Triumph or Tragedy* (New York: Random House, 1966), 38. 관련된 견해의 다양한 표현을 보려면 다음 자료에 인용된 문구와 참고문헌 참조. Chomsky, *American Power and the New Mandarins*, 특히 chap. 3, "The Logic of Withdrawal," 221~294.

76   *New York Times*, May 24, 1971.

77   Ibid. 주석 71 참조(윌리엄 콜비 확인).

78   1937년 10월 마누엘 케손 필리핀 대통령은 이렇게 지적했다. "부자들은 아주 호화롭게 살아갈 수 있다……. 땅을 경작하고 공장에서 일을 해야 하는 남녀들은 에스파냐 통치 시대나 별반 다를 것이 없다……. 미국 통치 35년은 그들에게 실망과 절망을 안겨주었을 뿐이다……." G. E. Taylor, *The Philippines and the United States*(New York : Council on Foreign Relations, 1964), 22. 테일러는 이런 판단을 뒷받침하기 위해 많은 증거를 제시했고, 그런 다음 이런 결론을 내렸다. 1930년대 후반에 이르러, "대부분의 사람들은 〔미국 점령〕 전보다 생활 형편이 더 나빠졌다"(85쪽). 1950년의 벨Bell 보고서는 소득의 불균형이 더욱 심해졌고 평균적 생활 수준은 전전戰前에 미치지 못했다고 밝혔다(137쪽).
미국국제개발처USAID의 필리핀 사업 책임자인 웨슬리 D. 하랄드슨Wesley D. Haraldson은 1967년 4월 25일 하원 소위원회에 나와서 이렇게 증언했다. 농민의 평균적 생활 조건은 "지난 50년 동안 별로 달라지지 않았다……. 지난 10년 동안 부자들은 더 부자가 되고 가난한 사람들은 더 가난해졌다"(Hernando J. Abaya, *The Untold Philippine Story*(Quezon City : Malaya Books, 1967], 360에 인용됨).

79   Phi-Van, "The Peasants (Dan Que)," appendix to Ngo Vinh Long, *Before the August Revolution.*

80   예를 들면, Lawyers Committee on American Policy Towards Vietnam, *Vietnam and International Law* (Flanders, NJ: O'Hare, 1967). 또한 《Falk-Vietnam》의 몇몇 논고도 보라. 테일러의 책보다 늦게 나온 가장 최근의 연구 성과는 다음 자료다. William L. Standard, *Aggression: Our Asian Disaster* (New York: Random House, 1971). 또한 chap. 1, sec. III, VI (subsections 5, 6).

81   Chester Cooper, *The Lost Crusade* (New York: Dodd, Mead, 1970), 276~277. 강조 삽입.

82   세부 사항을 위해서는 다음 자료를 참조하라. Theodore Draper, *Abuse of Power* (New York : Viking Press, 1967), 73~82. 북베트남 군대가 남베트남에 개입했다는 미 행정부의 주장을 드레이퍼가 강하게 비판했는데, 이에 대한 응답은 없었다. 이와 같은 내부적 모순은 정부 주장을 믿을 수 없는 것으로 만든다. 또 위의 주석 80에 제시된 문헌을 참고할 것. 북베트남 대대가 남부에서 발견된 것은 정규적 북베트남 폭격이 시작된 지 두 달 반 뒤의 일이라는 것을 기억해둬야 한다. 또 발생하지도 않은 사실에 대하여 '보복'을 한다면서 북베트남의 전략적 거점을 최초로 폭격한 지 여덟 달 반만의 일이었다. 북베트남이 라오스와 캄보디아를 공격했다는 정부의 주장은 신빙성이 없다. Chomsky, *For Reasons of State*, chap. 2 참조.

83   Cooper, *Lost Crusade*, 264~265.

84   I.F. Stone, "A Reply to the White Paper," *I. F. Stone's Weekly*, March 8, 1965.

85   "국제 통제위원회International Control Commission(ICC : 공식 명칭은 베트남 감독·관리를 위한 국제위원회(International Commission for Supervision and Control in Vietnam : ICSC). 1954년, 1차 인도차이나 전쟁을 마감한 제네바협정에 따라 남북 베트남에서 종전 처리를 감독하기 위해 만들어진 기구다. 반공 진영, 공산 진영, 중립 진영을 대표하여 캐나다, 폴란드, 인도 군으로 이루어졌다. _편집자/위키백과 참조] 의 보고서에 의하면 1961년 2월 28일까지, 남부에 대해서는 약 154건 위반 사례가 보고되었고 북부에 대해서는 단 1건이 보고되었다"(Scigliano, *South Vietnam*, 154). 시글리아노는 이렇게 주장했다. 북부는 "더 민첩하고 영악했다." "ICC팀이 임무를 제대로 수행하지 못한 것은…… 남베트남보다 북베트남이 더 심했다"(155쪽). 그러나 한 ICC 보고서는 이렇게 보고했다. "앞 문단에서 밝혀진 바와 같이, ICC에 대한 남북의 협력 정도는 같지 않았다. ICC가 북부에서 어려움을 겪기는 했지만 어려움의 상당 부분은 남부에서 발생한 것이었다."(International Control Commission, *Sixth Interim Report of the International Commission for Supervision and Control in Vietnam*, Cmnd. No. 31, 26~31, 새간본 Marvin E. Gettleman, ed., *Viet Nam : History,*

Documents and Opinions[Greenwich CT : Fawcett Publications, 1965), 170~172.)
제네바협정과 관련된 남부와 북부의 의무 사항에 대해서는 다음 자료를 보라. Daniel
G. Partan, "Legal Aspects of the Vietnam Conflict", *Falk-Vietnam*, 201, 209~216.

86   Bernard Fall, "Vietnam: The Agonizing Reappraisal," *Current History*, February
1965. 참고문헌을 더 보려면 다음 자료 참조. Chomsky, *American Power and the
New Mandarins*, 242~243, 281~282. 더 자세한 입증 자료는 다음을 참조. Joseph
Zasloff, *Political Motivation of the Viet Cong* RAND Memorandum RM-4703-2-ISA/
ARPA (May 1968), 124. 펜타곤 문서에서는 이런 일이 1954년 시작되었다는 사실을
알 수 없다.

87   주석 80 참조.

88   이 문제에 대한 테일러의 유일한 언급은 다음과 같다. "우리가 수십만 군대를 남베트
남에 보내고, 북베트남을 폭격하고, 캄보디아로 진입했을 때, 우리의 국가 지도자들
은 히틀러와 그의 장군들처럼 침략 전쟁의 죄악을 저지른 것일까……?"(13쪽). 다른
문맥에서 등장한 이 질문은 두 번 다시 나오지 않았다.

89   Thomas M. Franck, "Who Killed Article 2(4)? or: Changing Norms Governing the
Use of Force by States," *American Journal of International Law* 64, no 4 (1970).

90   Bernard Fall, *Last Reflections on a War* (Garden City, NY: Doubleday, 1967), 276.

91   Franck, "Who Killed Article 2 (4)?"

92   군사적인 개입 가능성에 관한 최근의 논의는 다음 자료 참조. Walter Goldstein, "The
American Political System and the Next Vietnam," *Journal of International Affairs* 25,
no. 1 (1971).

93   George W. Grayson, Jr., *Washington Post*, January 10, 1971. 그레이슨Grayson은 윌
리엄앤드메리대학 행정학 부교수로, 라틴아메리카 정치와 혁명 이론 전문가다.

94   1963년 하원 예산결산위원회 소위원회의 국방부 예산결산 청문회. M. Klare, "The
Pentagon's Counterinsurgency Research Infrastructure," *NACLA Newsletter* 4, no. 9
(1971)에 인용됨.

95   1964년 무렵 이미 맬컴 브라운이 정확히 간파한 사실이다(*The New Face of War*, xi).

96   Gall, "Guerrilla Movement in Latin America," *New York Times*, March 28, 1971. 기
자는 이렇게 지적했다. 멸공 운동의 지도자는 현재 과테말라의 선출 대통령이다. 그
의 정권은 그 나라 역사상 가장 포악하다. 1971년 초에 살해된 많은 사람 중에는 합법
적인 반공 야당의 인사들도 있었다.

97   Ibid. 위의 주석 16을 참조할 것. 이 작전은 전 세계적인 것이다. 동일한 보고서에 의하
면 플레처 프루티Fletcher Prouty 대령은 이렇게 말했다. 미 공군–CIA 부대(SOF가 생
기기 전의 부대)는 티베트 부족민들을 콜로라도로 공수해 군사훈련을 시키고 나서 티
베트로 돌려보냈다. 이렇게 하여 4만 2000명에 이르는 저항군이 조직되었다. 로빈슨

Robinson 또한 다음과 같이 보고했다. 그들은 태국에서 미국 반폭동 작전에 참여했고 사우디아라비아와 심지어 북한에서도 임무를 수행했다.

98 Marcel Neidergang, "Violence et terreur," *Le Monde*, January 19, 1968.

99 특히 다음 자료를 참조하라. Henry Kissinger, *Nuclear Weapons and Foreign Policy* (New York : Council on Foreign Relations, 1957), 132~233; *The Necessity for Choice*(New York : Harper, 1961), 57~98. 키신저는 강대국 분쟁의 틀 내에서 '제한된 전쟁 전략'을 논의했다. 만약 그 '제한된 전쟁'을 어디서 수행할 것인지 우리 스스로에게 질문을 던진다면 그 해석은 제각각이다. 강대국들은 제국 내에서 패권을 유지하기 위해 기울이는 노력을 어떤 원칙(자유, 사회주의 등)의 수호를 위한 노력이라고 늘 주장해왔다. 이 점에서, 냉전은 초강대국의 지도부에게 좋은 선전 구실의 수단이 되었다. 냉전이라는 구실 아래 자국의 국민들이 제국주의적 지배를 유지하려는 위험하고 값비싼 노력을 지지하도록 유도했던 것이다. Franck, "Who Killed Article 2(4)?"; chap. 1, sec. V 참조.

06 워터게이트 : 회의적 견해

1 John Kifner, " 'Best Friend' of Gainesville 8 Defendant Testifies to Being FBI Informer," *New York Times*, August 18, 1973.

2 기억이 잘 나지 않는 사람은 다음 자료에 실린 제임스 애론슨James Aronson의 평론을 참고하면 좋을 것이다. *The Press and the Cold War* (Indianapolis: Bobbs-Merrill, 1970).

3 확실히 이것은 공식 입장이 아니다. 텔레비전 방송과 언론의 공모로 인해 정부는 사실과 전혀 다른 해석을 사건에 부여할 수 있었다. 파리협정과 그 협정에 도달한 과정과 관련하여 정부와 언론이 벌인 기만행위에 대해서는 다음 자료를 참조하라. Chomsky, "Indochina and the Fourth Estate," *Social Policy*(September 1973).

4 John W. Finney, *New York Times*, April 12, 1973 참조.

5 1971년 5월 28일, 재무부 뉴스. David P. Calleo and Benjamin M. Rowland, *America and the World Political Economy*(Bloomington: Indiana University Press, 1973), 99에 인용됨.《먼슬리 리뷰Monthly Review》의 편집자들은 제국주의적 정책이 경제 위기에 기여한 내막을 잘 설명했다. 이 주제가 인기를 끌기 훨씬 전에, 시모어 멜먼 Seymour Melman(1917~2004, 미국의 산업공학, 경영과학operations research 학자_옮긴이)은 군국주의적 국가자본주의 제도가 국가정책을 아주 혼미하게 만든다고 경고한 바 있다.

6 Jack Foisie, "US still financing Thai forays into Cambodia," *Los Angeles Times-Boston Globe*, August 19, 1973 참조. 잭 포시Jack Foisie는 방콕에서 이렇게 보도했다. "캄보디아는 아직도 태국 내 미군 기지들의 은밀한 활동 표적이다." 태국은 "바탐

방 성을 수복하려는 오래된 희망"을 품고 있다. 라오스에서 발생한 8월 19일 쿠데타는 태국에서 조종한 것이다. 이것은 태국이 아직도 그들의 소제국에 라오스의 일부를 편입시킬 뜻을 갖고 있음을 보여준다. 이것은 1965년 조지 볼George Ball 같은 비둘기파가 수립한 정책에 의거한 것이다. *Pentagon Papers*, Senator Gravel edition (Boston: Beacon, 1971), vol.4, 618 참고.

7   *American Foreign Policy* (New York: Norton, 1969), 97. 키신저의 관점에서는 속국으로 남을 "온갖 지역을 개척하는 사업을 관리하는 일"보다 이것이 차라리 미국의 관심사로서 적절하다.

8   이른바 '브레즈네프 독트린(선언)'. 다음의 중요한 연구서에서 밝혀진 대로, 이전에 발표된 아이젠하워, 흐루쇼프, 케네디, 존슨의 독트린(선언)도 사실상 정확히 같은 맥락에 위치한다. Thomas M. Franck and Edward Weisband, *Word Politics: Verbal Strategy Among the Superpowers* (New York: Oxford University Press, 1971).

9   이전의 폭로에 대한 의회의 반응은 다음 자료 참조. Noam Chomsky, *For Reasons of State* (New York: Pantheon Books, 1973), 13f.

10   많은 것이 전에도 알려져 있었다. 특히 알려고 노력하는 사람들에게는. 다음 자료들을 참조하라. *For Reasons of State*, chap. 2, 그리고 인용된 자료들. 최근의 폭로는 다음 자료 참조. Tad Szulc, "Mums' the War," *New Republic*, August 18-25, 1973; Walter V. Robinson, "Cambodian Raids-the Real Story," *Boston Globe*, August 12, 1973.

11   Marcel Barang, "Le Laos, ou le mirage de la neutralité," *Le monde diplomatique*, June 1973 참조.

12   드문 예외로 주석 6 참조.

13   1962년 초 로저 힐스먼Roger Hilsman은 미군 비행기들이 캄보디아 마을을 폭격하는 것을 목격했다. 그 비행기들은 다시 당초의 목표였던 베트남 마을을 폭격했다. *To Move a Nation*(New York : Delta, 1967) 참조. 부분적인 기록이 다음 자료에도 있다. Chomsky, *At War with Asia*(New York : Pantheon Books, 1970), chap. 3.

07 역사 다시 만들기

1   다음 자료들 참조. *At War with Asia* (New York: Pantheon Books, 1970), chap. 1; *For Reasons of State* (New York: Pantheon Books, 1973), chap. 1, sec. 5. 남베트남에서 공산당의 성공이 불러올 위험을 논한 자료는, Douglas Pike, *Viet Cong* (Cambridge, MA: MIT Press, 1966). 다음 연구도 중요하다. Jeffrey Race, *War Comes to Long An* (Berkeley: University of California Press, 1971); William A. Nighswonger, *Rural Pacification in Vietnam* (New York: Praeger, 1967); Robert L. Sansom, *The Economics of Insurgency in the Mekong Delta of Vietnam* (Cambridge, MA: MIT

Press, 1970).

공산주의자들이 농촌 인구를 잘 조직할지 모른다는 두려움 때문에 미국은 남베트남과 라오스의 농촌 사회를 무자비하게 공격했다. 남베트남에서는 공격이 더욱 치열했는데 NLF가 남베트남, 라오스, 캄보디아를 중립화시킬지 모른다는 우려 때문이었다. 이런 기본적인 목표에 비추어 볼 때, 미국은 비록 상당한 패배를 겪기는 했지만 인도차이나전쟁에서 이겼다고 할 수 있다. 남베트남의 NLF는 설날 대공세 후 파괴되었고, NLF의 근거지였던 농촌 사회 또한 파괴되었다. 인도차이나 전역이 근근이 생존하는 지역으로 전락했고 어쩌면 그로부터 결코 회복하지 못할 것이다. 미국의 전후 정책은 되도록 회복할 가능성을 남기지 않는 쪽으로 설계되었다. 미국이 인도차이나에서 거둔 불완전한 승리와 그것이 자유 언론에서 일반 대중에게 제시되는 방식에 대해서는 다음 자료를 참조하라. Noam Chomsky and Edward S. Herman, *The Political Economy of Human Rights*, vol. 2(Cambridge, MA : South End Press, 1979).

2   Robert W. Tucker, *The Radical Left and American Foreign Policy* (Baltimore: Johns Hopkins University Press, 1971); "Vietnam: The Final Reckoning," *Commentary* (May 1975).

3   터커의 논증 또한 결함이 있다. 그는 이렇게 주장했다. "제국주의 실행 비용이 경제적으로 더 크게 보면 해롭기 때문에, 기업의 지배자들 사이에서 반대의 목소리가 생겨났다"(1968년 초 베트남의 경우). 따라서 미국 제국주의의 개입이 "미국 '기업 지배자들'의 이익을 위해서였다"는 '급진적 비판'의 논리에는 하자가 있다. 그가 지속적으로 논의하고 있는 '급진적 비판'이 줄기차게 지적했듯이, 이 비용에 대한 재평가 때문에 '덜 비싼' 쪽으로 시선을 돌리게 되었고 그리하여 대리전, 자본 집중적 전쟁, 종내에는 참전의 청산으로 나아가게 되었다. 터커의 논리를 따른다면, 때때로 비효율적인 공장을 폐쇄하는 기업의 지배자들은 이익의 극대화를 추구하지 않는 셈이다. 터커의 비판에 나타난 사실과 논리의 오류에 대해서는 다음 자료를 참조하라. Chomsky, *For Reasons of State*. 하지만 터커의 논증은 주류 학자가 이른바 급진적 비판을 본격적으로 다룬, 아주 성실하고 진지한 노력이다. 하지만 나는 급진적 비판의 '급진radical'이라는 표현에는 동의하지 않는다.

4   Arthur M. Schlesinger, *The Bitter Heritage* (Boston: Houghton-Mifflin, 1967).

5   초창기와 잃어버린 기회에 대한 계몽적인 설명은 다음 자료를 보라. Archimedes L. A. Patti, *Why Viet Nam? Prelude to America's Albatross* (Berkeley: University of California Press, 1980). 이 시기와 이후 시기에 관한 중요한 문서 다수가 다음 책에 정리되어 있다. Gareth Porter, *Vietnam: The Definitive Documentation*, 2 vols. (New York: Coleman, Stanfordville, 1979). 펜타곤 문서의 기록에 관한 논의로는 다음 자료 참조. Chomsky, *For Reasons of State*, chap. 1. Richard B. Duboff, "Business Ideology and Foreign Policy: The National Security Council and Vietnam", N. Chomsky and Howard Zinn, eds., *Critical Essays*, vol. 5 of *The Pentagon Papers* (Gravel ed.) (Boston: Beacon, 1972). 제네바협정 후의 시기에 관해서는 특히 다음 자료 참조. Race, op. cit.

6   Roger Hilsman, *To Move a Nation* (Garden City, NY: Doubleday, 1967).

7   이 시대에 대해서는 다음 자료 참조. George McT. Kahin, "Political Polarization in South Vietnam: U.S. Policy in the Post-Diem Period," *Pacific Affairs*(Winter 1979–1980). 카힌Kahin이 지적했듯이, 응오딘지엠 정권을 밀어낸 남베트남 장군들과 관리들은 "워싱턴과는 아주 다른 우선적 관심사를 갖고 있었고 군사적 해결보다 정치적 해결을 선호했다. …… 그들은 미국의 개입 없이 베트남 정당들 사이에서 협상에 의한 해결을 바랐다." 하지만 이런 견해는 미 행정부로서는 용납할 수 없는 것이었다. 국무차관 조지 볼George Ball이 설명했듯이, '베트남에 대한 중립적 해결안'은 미 정부의 의도가 아니었다. 우리는 이기기를 바란다." 볼은 비둘기파로 널리 평가되는 사람이다. 7만 5000명 수준을 넘어서는 전면적인 침공에는 반대했기 때문이다. 응오딘지엠 이후의 베트남 지도부는 NLF를 이렇게 생각했다. "압도적으로 비공산주의적이고, 인민혁명당 성분(공산주의 세력으로 간주되는 성분)은 아직 조직 내에서 압도적 지위를 갖고 있지 않다. 따라서 하노이의 통제를 벗어나 자유롭게 〔남베트남의 평화 정착안을 구성하여 친서방 중립 정부를〕 만들 수 있다." "하지만 불행히도 우리 〔남베트남 사람들 사이의 평화적 해결〕 방안이 밖으로 흘러나갔고 미 정부가 그 소식을 접수했다"(응우옌응옥토, 민간인 출신 총리, 1969). 남베트남 장군들은 1년 뒤 북베트남을 폭격하려는 미국의 계획에 반대했다. 이 때문에 응오딘지엠 이후의 정부는 미국이 사주한 쿠데타에 의해 전복되고 칸 장군이 들어섰다. 하지만 칸도 1년 뒤 미국이 사주한 쿠데타에 의해 쫓겨났다. 각 단계에서 미 정부는 침략에 맞서 남베트남을 '수호'해달라는 명목으로 미국을 '초대'할 법한 정부를 수립했다(때때로 미국이 이런 계획을 베트남 정부에게 통지하지 않아 그들의 '요청'이 사후에 벌어지기도 했다). 1964년 당시 NLF의 프로그램에 따라 남베트남이 중립화할지 모른다는 미국의 대단한 우려가 펜타곤 문서에 잘 기록되어 있다. *For Reasons of State* 참조.

8   Maxwell D. Taylor, *Swords and Plowshares* (New York: Norton, 1972).

9   다음 자료 참조. Chomsky, *Towards a New Cold War: U.S. Foreign Policy from Vietnam to Reagan* (New York: The New Press, 2003), chap. 3.

10   Taylor, *Swords and Plowshares*, chap. 3.

11   Ibid., chap. 3, note 35에 인용된 자료를 보라.

12   《뉴욕타임스》, 1975년 4월 21일, 24일, 5월 1일자. 루이스는 여러 차례 인도차이나전쟁에 대한 그 나름의 평가를 내렸다. 그는 다음과 같이 말했다. 로디지아(아프리카 남부에 있던 옛 영국 식민지. 오늘날의 잠비아, 짐바브웨 지역_편집자)와 관련하여 미국은 아무것도 하지 말아야 한다. 왜냐하면 "만약 우리가 베트남을 기억한다면, 개입은 **아무리 선량한 의도를 가지고 있더라도**, 불충분한 정보에 바탕을 두었을 때에는 엄청난 피해를 입히기 때문이다"(《뉴욕타임스》, 1979년 2월 1일자). 캄보디아에서 미국은 2차 세계대전 중 일본에 떨어뜨린 것보다 3배나 많은 폭탄을 투하했다. 그리하여 "수천 제곱마일의 비옥한 토지와 마을이 파괴"되었다. 그 과정에서 "크메르 루주를 만들어냈다" (시아누크의 말). 간단히 말해서 그 정책은 **아무리 선량한 것이었다 하더라도** 끔

찍한 결과를 가져왔다(1979년 9월 24일자). 전쟁에 반대하는 사람들의 주장은 이렇다. "미국이 인도차이나에서 통용되는 정치적, 문화적 힘을 오해했다는 것이다. 미국은 **아주 비싼 값을 치르지 않고서는** 해법을 관철할 수 있는 위치에 있지 않았았다"(1979년 12월 27일자). 크리스마스에 하노이를 폭격한 것은 "더 큰 실패의 상징이었다. 관계 당사자들이 베트남전쟁은 **이길 수 없다**는 것을 다 알고 난 후에도 무려 4년이나 더 전쟁이 계속되었다. 이런 실패의 대가는 엄청났고 지금도 그 여파가 남아 있다. 1969년부터 1972년까지 미국은 인도차이나전쟁에 500억 달러를 쏟아부었고, 400만 톤의 폭탄을 투하했으며, 2만 492명의 미국인을 희생시켰다. 하지만 **가장 큰 비용**은 수치로 따질 수가 없다. **이 나라는 더 양극화되었고 더욱 심한 정치적 좌절을 겪고 있다**(1980년 12월 22일자). "우리가 베트남에서 배운 교훈은, 최고 강대국이 할 수 있는 일에 한계가 있다는 점이다. 우리는 그것을 명심해야 한다"(1979년 12월 27일자). 운운(강조 표시는 내가 한 것이다).

나는 미국 주류 언론에서 가장 베트남전쟁에 비판적인 사람의 글을 인용했다. 그는 호전적인 여론에 영합하기를 거부한 거의 유일한 인물이다(아래 참조). 호전적 애국주의가 여론을 휩쓰는 와중에 서 있는 기자가 미국과 그 이념적 제도에 대해서 아주 서글픈 논평을 내놓은 것이다.

루이스는 크리스마스 폭격에 대한 정부의 선전을 지겨울 정도로 반복한다. 티우와 그의 사이공 동료들이 10월의 합의를 "봉쇄"했다. "키신저는 [그 합의 때] 평화가 '가까이 왔다'고 분명하게 말했다." 그들의 이런 태도 때문에 "피에 물든 대단원", 즉 하노이 폭격이 시작되었다. 이와 관련된 사실에 대해서는 다음 자료를 참조하라. *Towards a New Cold War*, chap. 3과 6.

13 Bernard Fall, "Vietcong-the Unseen Enemy in Vietnam," *New Society*, April 25, 1965. Fall and M. G. Raskin, eds., *The Vietnam Reader* (New York: Vintage, 1965)에 재수록.

14 다음 자료에 실린 뉘른베르크 재판 기록에서 인용. Karl Dietrich Bracher, *The German Dictatorship* (New York: Praeger, 1970), 423.

15 논의를 위해 케빈 버클리Kevin Buckley와 알렉스 심킨Alex Shimkin의 조사 연구에 바탕을 둔 다음 자료 참조. *The Political Economy of Human Rights*, vol. 1, chap. 5, section 1.3. *Towards a New Cold War*, chap. 5.

16 Charles E. Bohlen, *The Transformation of American Foreign Policy* (New York: Norton, 1969).

17 Charles Kadushin, *The American Intellectual Elite* (Boston: Little, Brown, 1974); 위 책 chap. 1. 여론 조사에 관해서는, Andre Modigliani, *American Political Science Review*, September 1972.

18 Evelyn Keene, *Boston Globe*, May 18; 벤틀리 대학Bentley College 졸업식 연설.

19 James McCartney, *Boston Globe*, May 29, 1975.

20 *Towards a New Cold War*, chap. 8 참조.

21 Editorial, *New Republic*, February 1, 1975. 편집자들은 (법에 따라) 무력의 위협이나 사용을 회피하게 만드는 '임의적인 지속적 정책'을 반대해야 한다고 경고한다. 그들은 펜타곤을 이렇게 안심시킨다. "베트남전쟁을 반대하는 사람들이 군사행동을 아예 맹목적으로 반대한다고 가정해서는 안 된다." "그들은 국가이익에 대해서는 호의적으로 반응할 것이고 테러와 공격으로 위협받는 민주 우방국에 대한 윤리적 의무에도 민감하게 반응할 것이다" (구체적 사례, "점령 지역의 통제권 상실을 위협받는 이스라엘"). 그들은 중동 지역의 군사 개입이 이루어질 경우의 그 자비로운 의도를 강조한다.

하지만 이 편집자들은 인도차이나에서 미군이 한 군사적 행동을 "침략"이라고 하지 않았다. 이 편집자들은 또한 유가油價의 상승을 지지함으로써 "침략"을 한 나라들인 캐나다, 영국, 베네수엘라, 이란(이 나라가 미국의 피보호국이었던 시절)을 침공해야 한다고 진지하게 논의하지도 않았다.

22 다음 자료들 참조. Jonathan Power, *New York Times*, March 15, 1975; *Middle East International*(April 1975)의 몇몇 기사; 세계은행World Bank 정책 입안·프로그램 점검 책임자(파키스탄인)의 분석, David Francis, *Christian Science Monitor*, May 5, 1975의 보도; 그 밖의 여러 출처들.

08 대외 정책과 인텔리겐치아

1 다음 자료를 참조하라. Chomsky, *For Reasons of State*(New York, Pantheon Books, 1973). 남베트남 난민들에 대한 리오 천Leo Cherne의 논평도 비교 참조. 천은 프리덤 하우스Freedom House(1941년 엘리너 루스벨트 등이 설립한 보수 성향 초당파적 단체로 미국과 해외의 민주화 운동을 지원해왔다_옮긴이)의 집행위원회 위원장이면서 국제구조위원회 이사장이다. "최근 베트콩이 장악한 농촌 지역에서 피난 나온 사람들은 70만 명이 넘는다. 이들은 남베트남 정부가 제공하는 미약한 대피소를 선택했다"(〈왜 우리는 철수할 수 없는가Why We Can't Withdraw〉, *Saturday Review*, 1965년 12월 18일). 미국의 강제 이주 프로그램에 대해서는 다음 자료를 참조하라. *For Reasons of State*; *"Human rights" and American Foreign Policy*(Nottingham: Spokesman, 1978) chap. 5. 한 가지 사례를 들어보겠다. 천이 베트콩을 피해 달아나는 난민들 얘기를 쓰던 그 시점에 정부의 지원을 받은 한 연구서는 이렇게 설명했다. 미군의 공습과 포격 때문에 마을 사람들은 "GVN에 대한 그들의 입장과는 아무 관계 없이······ 안전한 마을로 옮겨 가야 했다." 천이 소련에 있었다면 이렇게 말할 것이다. 서방 제국주의의 대리인인 살인마 테러리스트들이 장악한 농촌 지역에서 피난 나온 사람들은 카불의 미약한 피신처를 찾아가고 있다고.

천은 아주 냉소적으로 이렇게 덧붙인다. "남베트남 사람들은 〔GVN의 결점을〕 극복할 수 있게 조용히 내버려둬 달라고 한다. GVN의 불안정, 그 민주적 제도의 불완전성, 경제·사회 프로그램의 부적절함을 극복할 수 있도록 말이다." 마찬가지로 소련에서라면, 천은 아프가니스탄 사람들이 소련의 은혜로운 침공을 맞아 투쟁 중인 자신들의 나라에서 비슷한 문제들을 극복할 수 있게 가만 내버려둬 달라 한다고 비꼴 것이다. 이런 냉소적 논평이 아무런 공포, 분노, 논평도 일으키지 않고 그냥 지나가다니, 바쿠닌이 말한 지식인들의 질병, 즉 '국가 숭배'가 어느 정도에 이르렀는지 잘 알 수 있다.

2   *New York Times*, February 6, 1966.

3   《뉴욕타임스》 1974년 9월 28일자. 《'Human Rights' and American Foreign Policy》, chap. 1, note 33에서 비슷한 진보파 학자의 사례 참조. 사례는 무수히 많다.

4   Peter L. Berger, "When Two Elites Meet," *Washington Post*, April 18, 1976. *Commentary*, March 1976에 재수록.

5   Samuel P. Huntington, in M. J. Crozier, S. P. Huntington, and J. Watanuki, *The Crisis of Democracy: Report on the Governability of Democracies to the Trilateral Commission* (New York: New York University Press, 1975). 다음 자료도 보라. *"Human Rights" and American Foreign Policy*, chap. 1, note 34.

6   특별한 사례들, *"Human Rights" and American Foreign Policy*, chap. 3과 4. 더 폭넓은 증거 자료와 논의는 다음 자료 참조. N. Chomsky and E. S. Herman, *The Political Economy of Human Rights*, 2 vols. (Cambridge, MA: South End Press, 1979).

7   촘스키의 논설 "Watergate: A Skeptical View," *New York Review of Books*, September 20, 1973(이 책 1부 6장); editorial, *More*, December 1975; introduction to N. Blackstock, ed., *COINTELPRO* (New York: Vintage Books, 1976).

8   베트남전을 반대하는 인텔리겐치아들의 본질적 한계에 관해서는 다음 자료를 보라. *"Human Rights" and American Foreign Policy*, chap. 1. 학생운동에서 제기하는 비판에 대한 격렬한 반응과 대중적 반전운동 합류를 거부하는 의사 표명에 대해서는 다음 자료 참조. Julius Jacobson, "In Defense of the Young," *New Politics*, June 1970.

9   《보스턴글로브*Boston Globe*》, 1976년 10월 18일자. 이런 논증의 변종은 흔해빠졌다. 《'Human rights' and American Foreign Policy》의 chap.1에 인용된 《뉴리퍼블릭*New Republic*》의 편집자 마틴 페레츠Martin Peretz의 말은 이러하다. "미국이 [인도차이나에서] 무너진 것은 가장 추악한 국가적 죄악으로 역사에 기록될 것이다"(1977년 6월 11일). 페레츠는 새로운 종류의 역사가 창조되는 과정에 흥미로운 기여를 했다. 그는 자신이 소개하는 책이 "평화운동에 맞서 유의미한 독립적 터전의 경계를 둘러치고 있다"고 말했다. 그는 "정치적 타결이 가능했다"고 말하면서 '평화운동'에 암묵적으로 반대한다. 물론 모든 사람이 정치적 해결을 선호하지만 그 조건이 다를 뿐이다. 미국 정부가 남베트남의 유일한 대중 기반 정당임을 알고 있었던 NLF가 남베트남 정부에 참여하도록 허용될 수 있었을까? '평화운동'은 바로 이런 조건에서 정치적 해결이 이루어지기를 바랐다. 하지만 미국은 그런 해결을 거부했다. 만약 NLF가 연립 정권에 참여한다면 "고래처럼 잔챙이를 다 먹어치울 것"이기 때문이다. 이 말은 미 행정부의 전문가 더글러스 파이크가 한 말이다. 실패라는 추악한 죄악을 저지르기까지 미

행정부는 이런 정치적 해결을 거부했다. 실제 역사의 배경을 감안해 볼 때 미국의 포기가 죄악이라는 페레츠의 말은 의미심장하다.

10   *"Human Rights" and American Foreign Policy*, chap. 3과 6.

11   Bruce Andrews, *Public Constraint and American Policy in Vietnam*, SAGE Publications, International Studies Series, vol. 4 (1976). 앤드루스가 설명한 대로 다소 모호한 사실도 있음을 주목하라. 이 경우 반대 입장은 대개 '이기거나 꺼지거나' 하는 태도의 다른 표현이었다.

12   주석 5에 나온 *Crisis of Democracy*. 위 책, chap. 1.

13   이러한 노선을 따르는 특히 공허한 사색으로 다음 자료 참조. Sandy Vogelsang, *The Long Dark Night of the Soul* (New York: Harper & Row, 1974).

14   Nathan Glazer, "American Jews and Israel: The Last Support," *Interchange*, November 1976.

15   Gordon Connell-Smith, *The Inter-American System* (Oxford: Royal Institute of International Affairs, 1966), 343.

16   헨리 키신저가 말한 '정치가'에 대한 정의를 생각해보자. "정치가는 어떤 생각을 판단할 때 '진실' 여부가 아니라 효용성을 기준으로 삼는다." '진실'이라는 말은 따옴표로 표시되어 있는데, 이는 평소 이 말에 대한 키신저의 경멸감을 드러낸다. 같은 글에서 키신저는 공산주의 국가들의 '이데올로기적 지도부'와 교섭하는 데 따르는 어려움을 불평한다. "마르크스–레닌주의의 본질은…… 사회구조, 경제적 과정, 특히 계급투쟁 같은 '객관적' 요소가 정치가의 확신보다 더 중요하다고 보는 것이다……. 소련 지도자들은 선의 표명을 액면 그대로 받아들이지 못한다." 우리는 늘 그렇게 하는데 말이다. "Domestic structure and foreign policy," *American Foreign Policy*(New York: Norton, 1969).
몇 쪽 뒤에서 "키신저는 현대 국제 질서의 가장 심대한 문제"를 지적한다. 그 문제는 기아, 전쟁, 억압, 기타 마음의 표면을 사로잡는 사소한 일들이 아니다. 차라리 현재의 쟁점들이 가장 '기본적인 차이'에 부수되는 것이라고 할 수 있다. 그것은 두 가지 정책 유형과 '철학적 관점의 차이'다. '실제 세계가 관찰자의 외부에 존재한다는 관념'을 깊이 신봉해온 서양과 '뉴턴식 사고방식의 초기 충격을 피해 실제 세계는 관찰자의 내면에 거의 완전하게 존재한다'고 여전히 믿는 문화를 가르는 차이다. 프랑스 혁명, 레닌, 모택동 등은 이 철학적 장벽을 뛰어넘지 못했다(하지만 키신저도 인정했다시피 러시아는 인간의 머리 바깥에 세계가 실재한다는 것을 부분적으로 이해했다). 이러한 얘기는, 공산주의자들이 객관적 실재에 매달리기 때문에 교섭하기 어렵다는 말과는 앞뒤가 맞지 않는다. 이런 전형적인 헛소리는 학원 지식인에 대한 패러디로 치부될 수 있다. 하지만 이런 헛소리가 언론과 학계를 상대할 때에는 아주 효과적이다. *"Human rights" and American Foreign Policy*, chap. 6 참조.

17   이 용어는 이사야 벌린Isaiah Berlin이 사용한 것이다. "The Bent Twig", *Foreign*

Affairs, October 1972. 그는 국가사회주의 사회의 복종적인 인텔리겐치아를 가리켜 이 용어를 사용했다. 적절한 용어이지만 모든 인텔리겐치아를 포괄한다고 보기는 어렵다.

18 키신저는 '전문가'라는 용어를 권위 앞에서 무조건 복종하는 사람의 뜻으로 순순히 받아들이고 있다. 이 전문가는 진리 따위는 신경 쓰지 않는다. 키신저 자신도 마찬가지다(앞의 주석 16 참조).

19 앞의 주석 16에 인용된 글에서 키신저는 이렇게 말했다. "법률과 기업이…… 미국의 핵심적 주도 그룹이다." 여기까지는 그의 말이 옳다. 하지만 어떤 법률가를 가리키는 가? 흑인들의 민권을 옹호하는 법률가? 분명 아닐 것이다. 그보다는 기업 권력과 연계되어 있는 법률가를 말할 것이다. 그럼 다음으로 어떤 기업인을 가리키는가? 동네 모퉁이의 채소 가게 주인? 아니다. '기업계의 엘리트'들을 말한다. 키신저에 의하면 이들에게는 특별한 재주가 있는데 그것은 바로 "기존에 알려진 것을 잘 주무르는 능력"이다. 이런 기술을 목수나 농부들도 공유하고 있지만, 아쉽게도 목수나 농부는 외부 세계의 존재에 대해서 알지 못한다. 키신저의 교묘한 둔사遁辭를 옆으로 제쳐놓으면, 그가 하고자 하는 말은 분명하다. 외교 정책은 대체로 개인 권력의 손에 있다는 것이다. 일부 이데올로그들은 더 노골적이다. 가령 헌팅턴은 《민주주의의 위기》에서 이렇게 썼다. "트루먼은 상대적으로 소수의 월스트리트 법률가와 금융가들의 협조를 얻어 이 나라를 다스렸다." 하지만 헌팅턴은 이런 행복한 날들이 가버렸다고 우려한다. 다른 그룹들이 "동원, 조직되어" 자신들의 이익을 요구하기 시작했고 그리하여 "민주주의의 위기"가 초래되었다는 것이다. *"Human Rights" and American Foreign Policy*, chap. 1 참조.

20 *"Human Rights" and American Foreign Policy*, chap. 1, 82 참조.

21 *Trialogue*, Fall 1976.

22 가령 리언 위젤티어Leon Wieseltier는 나(촘스키)의 정치 논설에 대해서 이렇게 말했다. "좌파 편집증의 기념탑이다. 그의 글은 온전히 미국의 언론이 '국가가 지원하는 선전 체계'임을 입증하는 데 바쳐진다. 촘스키가 캄보디아의 학살에 대해서 쓴 글은 장 라쿠튀르Jean Lacouture가 희생자의 수를 잘못 인용한 것을 공격할 때처럼 분노에 차 있지는 않다"(《뉴리퍼블릭》, 1981년 9월 23일). 첫째, 객관적 사실을 살펴보면, 언급된 인용문은 완전 날조다. 둘째, 내가 라쿠튀르를 '공격한' 것의 성격은 다음 요약문에 잘 드러나 있다. "정치적 논의를 포함하는 서방의 지적 담론에서, 오류의 시정은 아주 드물다. 이것은 평론지를 흘낏 넘겨봐도 금방 알 수 있다. 라쿠튀르는 이런 일반적 규범으로부터 벗어난 것에 대하여 칭송을 들을 만하다. 우리는 그의 시정이 부적절하다고 생각하고 또 그 시정 속에 표현된 결론의 일부에 대해서는 동의하지 않지만, 오독은 범죄가 아니라는 점을 강조하고 싶다. 오류가 없는 서평이란 드물다. 오류가 발견되면 바로잡는 것이 적절하다"(*Political Economy of Human Rights*, vol. 2, 377). 대조적으로 우리는 크메르 루주의 "만행 기록"을 "엄청나고 끔찍한 일"로 표현했다.

위젤티어는 일부 언론에 대한 비판은 편집증이 아니라고 생각한다. "스캔들이 **있다.**

〔언론에서〕중동의 PLO를 다룬다는 것은 도덕적, 정치적 위신과 관련이 있다." 이것은 미국 언론에 익숙한 독자라면 누구나 아는 사실이다.

'라쿠튀르에 대한 나의 공격'이 나름의 신화적 생명을 얻게 되었으므로, 여기서 객관적 사실에 대하여 한마디 할 필요가 있을 듯하다(자세한 내용은 위 책 참조). 프랑수아 퐁쇼François Ponchaud의 저작 《캄보디아 0년Cambodge année zéro》에 대한 라쿠튀르의 서평은 1977년 초 《누벨 옵세르바퇴르Nouvel Observateur》와 《뉴욕리뷰 New York Review》에 실렸다. 그리고 퐁쇼의 저작에 대한 권위 있는 해설로서 이곳 미국의 언론에 널리 인용되었다. 나는 그 책을 읽었고 서평에 정확한 인용이 별로 없다는 것을 발견했다. 위젤티어가 언급한 그 사건과 관련하여, 라쿠튀르는 크메르 루주가 약 200만 명을 학살했다고 "자랑했다"고 주장했다. 이 수치는 분명히, 전쟁 중에 80만 명이 죽었고 그 후 여러 가지 이유로 120만 명이 죽었다는 퐁쇼의 추산에 바탕을 두고 라쿠튀르 자신이 제시한 것이었다. 나는 라쿠튀르에게 개인적인 편지를 보내 이런 일련의 오류를 지적하면서 시정해줄 것을 요청했다. 《뉴욕리뷰》에 부분적인 시정 기사를 내면서(프랑스에서는 시정 기사를 내지 않았다), 라쿠튀르는 나에게 이런 질문을 던졌다. "그 정권이 불쌍한 사람들을 수천 명 죽였느냐 수십만 명 죽였느냐" 하는 것이 그리 중요한 문제인가?(하지만 그는 당초 200만 학살을 "자랑" 운운했다.) 《네이션》에 게재한 서평에서 우리는 퐁쇼의 책을 '읽어볼 만한 진지한 책'으로 추천하면서, "크메르 루주의 야만 행위를 겪은 사람들의 처참한 이야기를 잘 전달하고 있다"고 말했다. 그러면서 E.S. 허먼Herman과 나는 라쿠튀르의 질문에 답변했다. 우리는 객관적 사실이 중요하다고 느끼며, 십만 단위와 천 단위의 차이는 의미심장한 것이라고 지적했다. 우리는 또한 학살 희생자의 수에 대하여 여러 가지 추정이 있는데 각각 엄청난 차이를 보인다고 말했다. 가령 《파 이스턴 이코노믹 리뷰Far Eastern Economic Review》는 "수천 명"이라고 한 반면 라쿠튀르는 200만 명이라고 했다. 우리는 어떤 수치가 정확한 것인지 결정할 입장에 있지 못하다는 말도 했다. 라쿠튀르 자신도 200만이라고 했다가 몇 달 뒤에는 수천 명이라는 등 오락가락했다. 게다가 국제 언론에서는 기만과 둔사의 포장 작업이 널리 진행되었다. 심지어 어떤 언론은 내가 폴포트의 범죄를 부정한다고 주장했고 《뉴리퍼블릭》을 위시하여 일부 언론은 나의 반론권마저 거부했다. 한 가지 사례만 언급하면, 미국 번역판의 저자 서문에서 퐁쇼는 내가 그의 책에 찬사를 보냈다는 사실을 언급하면서 캄보디아에 대한 "정확한 태도와 정밀한 생각"을 보여준 나에게 다시 칭찬을 돌려주었다. 같은 날짜로 되어 있는 세계판의 저자 서문에서 이 문장은 삭제되고 대신 이런 문장이 들어갔다. 즉 내가 퐁쇼의 책을 "날카롭게 비판"했고 "학살은 없었다"고 주장했으며 난민들의 증언은 무시하고 캄보디아 정권의 "신중히 작성된 공식 성명"에만 의존해야 한다고 고집했다는 것이다. 퐁쇼 자신이 잘 알고 있겠지만, 이런 주장은 모두 거짓이다. 미국판과 세계판을 비교해보라. 그러나 세계판은 미국에서 구할 수 없고 미국판은 다른 나라들에서 구할 수가 없다. 퐁쇼가 세계판에 실은 주장은 널리 인용되었고 미국으로 역수입되었다. 하지만 그가 미국판에서 한 말은 무시되었고, 이러한 기만적 상황에 대한 폭로도 무시되었다. 여기서는 관련 기록을 나열하지 않겠다. 기록을 면밀히 검토해보면 진실에 대한 인텔리겐치아 다수의 기이한 태도를 알 수 있다. 공공의 적을 비난할 때에도 진실은 지켜야 하는 것이다.

23 전쟁과 평화 연구 프로젝트War-Peace Studies Project에 관한 다음의 논평은 Laurence H. Shoup, Shaping the Postwar World〉, 《Insurgent Sociologist》 5, no. 3(Spring 1975)에 따른 것이다. 이 자료에는 아래에 나오는 인용문이 명시되어 있다. 다음의 중요한 연구서도 참고하라. Laurence Shoup and William Minter, *Imperial Brain Trust*(New York: Monthly Review Press, 1977). 내가 알기로 이 프로젝트를 처음으로 진지하게 연구한 이 훌륭한 저작은 완전히 무시당했으며 윌리엄 번디에 의해 외교협의회지에서 매도당했다(*Foreign Affairs*, October 1977).

24 비교 참조. Gabriel Kolko, *The Politics of War*(New York : Random House, 1968); David P. Calleo and Benjamin M.Rowland, *America and the World Political Economy*(Bloomington : Indiana University Press, 1973). 내가 알기로 콜코Kolko는 이 문제를 진지하게 검토한 최초의 역사가다. 칼레오와 로랜드Calleo and Rowland는 이런 결론을 내렸다. "전쟁은 영국의 경제력을 고갈시켰다. 이것은 상당 수준까지 미국의 책임이다. 전쟁 내내 헐은 영국 블록을 해체하려고 애썼다. 군수물자 대여법을 적절히 활용하여 체계적으로 영국을 재정적 위성국가 수준으로 전락시켰다." 물론 영국은 향후 어떤 일이 닥쳐오리라는 것을 알고 있었다. 칼레오와 로랜드는 이 문제에 관하여 처칠이 루스벨트에게 보낸 '분노에 찬' 편지를 인용했다. 다음 자료를 참조하라. Introduction, note 16, *"Human Rights" and American Foreign Policy*.

25 서방의 정책이 이런 결과에 어떤 영향을 미쳤는가 하는 문제를 두고서 많은 논의가 있었다. 알베르트 슈페어Albert Speer(1905~1981, 독일의 건축가로 나치에 부역하여 뉘른베르크 전범재판에서 20년 금고형을 받았다_옮긴이)는 서방과 히틀러가 직접 협력한 '유일한 사례'를 회상했다. 영국 함대에 의해 그리스의 한 섬에 고립되어 있던 독일 부대를 러시아 전선으로 돌림으로써, 러시아가 아닌 영국이 살로니카를 점령하도록 한 사례가 그것이다. Albert Speer, *Inside the Third Reich*(New York : Macmillan, 1970; Avon Books, 1971), 509.

26 *"Human Rights" and American Foreign Policy*, chap. 11, note 4 참조.

27 Cf. Kolko, op. cit. 302f.

28 당시 그리고 그 후에도 여러 해 동안 서반구는 주요 생산 지역이었다. 1968년까지 북 아메리카의 산유량이 중동보다 앞섰다. Cf. John Blair, *The Control of Oil*(New York : Pantheon Books, 1976).

29 이 원칙이 미국 석유기업의 힘을 확장하기 위해 어떻게 적용되거나 폐기되었는지 논의하려면 다음 자료 참조. 《Multinational Oil Corporations and U.S. Foreign Policy》(이하 MNOC), 미 상원 외교위원회 보고서, 1975년 1월 2일 (Washington, DC: Government Printing Office, 1975).

30 Michael Tanzer, *The Energy Crisis* (New York: Monthly Review Press, 1974) 참조. 여기서 특히 다른 나라들을 석유 기반 경제로 전이시키는 데 쓰인 장치에 대한 논의를 보라.
Joyce and Gabriel Kolko, *The Limits of Power* (New York: Harper & Row, 1972)도

참조.

31 이 계획은 정부가 정유사에 강요했다. 당연히 영국이 강력하게 반발했지만 무시되었다. 이것은 정부가 미국 자본주의의 장기적 목적을 위해 기업계의 단기적 이익을 무시해버린 여러 사례 중 하나다. *"Human Rights" and American Foreign Policy*, chap. 11 참조.

미국의 40퍼센트 지분은 5대 미국 정유사에 배분되었다. 엑손모빌 사의 중동 지역 조정책(코디네이터)(*MNOC*, 71)에 의하면, 정유사들은 '겉치레window dressing'를 위해 각각 지분 1퍼센트를 미국 독립 회사들에게 양보했다. 이것은 트루먼 대통령이 '국가 안보'를 이유로 내세우면서 오일 카르텔에 대한 대배심의 조사를 무시한 직후에 벌어진 일이다. 국무부, 국방부와 내무부는 "미국 정유 회사는 대외 정책의 도구" (아마 서로에게 이득이 되는 도구)라고 대통령에게 건의했다. 따라서 미국의 대외 정책은 상당 부분 정유사의 장기적 이해관계에 의해 유도된다.

32 Yoshio Tsurumi, 'Japan' in "The Oil Crisis: In Perspective," *Daedalus*, Fall 1975. 전전戰前 시기에 대하여 논의하면서, 위 글쓴이는 "미국 기업과 정부가 직접적인 자문 관계가 아닌 경우 서로 일정한 거리를 유지한다는 미국의 신화"에 대하여 논평했다. Reviews, *Journal of International Affairs*, Spring/Summer 1976. 앞의 주석에 인용된 조건 아래서, 국지적 갈등이 벌어질 수 있다. 미국 자본주의의 총책이라 할 수 있는 미 정부는 특정 부문의 이익과 다른 이익을 지향할 수 있다.

33 이들 기록의 내용을 검토하려면 다음 자료를 보라. Richard B. Du Boff, 〈Business Ideology and Foreign Policy〉, N. Chomsky and H. Zinn, eds., 《Critical Essays》, 그래블판Gravel edition 펜타곤 문서 제5권 (Boston: Beacon, 1972). 미국의 제국주의 계획을 이해하고자 펜타곤 문서를 더 심도 깊게 분석한 자료는, John Dower, 〈The Superdomino in Postwar Asia〉, 같은 책. 그리고 《For Reasons of State》, 특히 31~66쪽.

34 *Annals of the American Academy of Political and Social Science*, March 1976.

35 Robert L. Gallucci, *Neither Peace nor Honour: The Politics of American Military Policy in Vietnam*(Baltimore : Johns Hopkins University Press, 1975). '군사 정책'에 대한 제약이 결정적이다. 미국의 베트남 개입 결정이 내려지는 기본 과정은 어디에서도 다뤄지지 않는다.

36 학생운동의 영향으로 인해, 소위 급진 비판을 완전 무시하는 것이 어렵게 되었다. 하지만 미국이 다른 강대국들과 똑같이 행동한다고 보는 가정이 어떻게 '급진' 비판이 되는 것인지는 불분명하다. 이 문제를 다루려는 간행물들이 여럿 출간되었다. 그중 내가 보기에 가장 진지한 연구서는 Robert W. Tucker, 《The Radical Left and American Foreign Policy》(Baltimore: Johns Hopkins University Press, 1971)다. 터커의 분석에 나타난 오류를 비판한 책으로 《For Reasons of State》를 참조하라. '급진 비판'에 대한 비판 문헌들을 매우 예리하게 통찰한 논의로 다음 자료를 참조하라. Stephen Shalom, 〈Economic Interests and United States Foreign Policy〉, 미출간. 이

글을 바탕으로 한 글쓴이의 보스턴 대학 박사학위 논문, 〈US-Philippine Relations : A Study of Neo-Colonialism〉(1976).

'급진 비판'에 대한 엉뚱한 해석의 예를 레슬리 H. 겔브Leslie H. Gelb의 저서에서 볼 수 있다. 겔브는 펜타곤 문서 프로젝트의 책임자로 리처드 K. 베츠Richard K. Betts와 함께 《The Irony of Vietnam : The System Worked》 (Washington, D.C. : Brookings Institution, 1979)를 저술했다. 그는 먼저 '미국의 베트남전 개입에 대한 아홉 가지 설명'을 개괄한다. 그중 첫 두 가지는 '이상적 제국주의'와 '경제적 제국주의'다(경제적 제국주의는 특히 내가 주장하는 것이다. 《For Reasons of State》, 63~65쪽 참조). 겔브는 이 두 가지를 포함하여 아홉 가지 설명 유형이 왜 '실패작'인지를 밝힌다. 하지만 그 두 가지는 펜타곤 문서와 다른 문서에 기록되어 있는 주제이고 객관적 사실인데도 겔브는 이것을 의도적으로 무시해버린다. 기이하게도 그는 나머지 일곱 가지의 결점은 분석하면서도 첫 두 가지에 대해서는 무시한다. 이들 설명의 '유형'이 왜 실패한 것인지 간단히 언급할 뿐이다. "이 설명들을 어떻게 종합하든, 그것들은 왜 미국이 베트남에 개입하게 되었는가에 대한 설명일 뿐, 개입 과정, 전쟁의 전략, 전쟁을 끝내기 위한 전략의 분석은 되지 못한다." 이 주장마저도 잘못된 것이다. 겔브의 펜타곤 문서 프로젝트에 언급되어 있고 겔브가 책에서는 무시해버린 '급진적' 가설은 인도차이나 전역에 적용된 미국 전략을 잘 설명하고 있다. 또 패배로부터 승리를 끌어내기 위해 이루어진 닉슨과 키신저의 노력도 설명한다(《'Human Rights' and American Foreign Policy》, chap. 3 참조). 전후에 미국이 거둔 부분적 승리를 유지, 활용한 정책에 대해서도 언급한다. 미국이 거둔 부분적 승리란 인도차이나를 파괴함으로써 끔찍한 '도미노 효과'가 다른 곳으로 파급되는 것을 막았다(《'Human Rights' and American Foreign Policy》, chap. 4, note 1 참조)는 것이다. 설사 겔브의 논평이 정확하다고 가정하더라도 그 암시적 의미를 주목해야 한다. 미국 정책의 근원에 대한 연구는 무관하고 요령 없는 것으로 무시되었다. 다만 정책의 수행에 시선을 집중해야 한다는 의미다. 겔브가 '비둘기파'를 언급할 때 그는 '비관론자들'에게 집중한다. 이 비관론자들은 미국이 실패할 것이라고 생각하는데, 겔브에 따르면 그들의 의견은 "무시되지 않았다." 이것은 "시스템이 잘 가동한다"는 것을 의미한다. "왜 미국이 베트남에서 실패했는지" 설명해주는 분석만이 미국의 정책에 대한 분석으로서 진지하게 고려할 만한 가치가 있다. 미국이 성공할 자격을 갖고 있다는 가정을 아예 배제하는 분석은 진지한 고려의 대상이 아니다.

겔브는 유럽 내 프랑스의 역할과 프랑스인들의 정서에 대한 고려가 초창기 미 정책을 결정하는 데 중요한 요소였다고 본다. 이것은 부수적 요인에 지나지 않는다. 문서 기록은 극동에 관한 제국주의적 전략이 아주 중요한 요인이었음을 보여준다. 겔브는 이런 사실을 모르지 않았다. 단지 그것을 잘못 제시한 것이다. 아무런 근거도 없이 그것을 "마르크스 이론의 전복으로서, 경제적 이해가 정치적 이해의 은폐물로 이용되었다"라고 제시했다. 프랑스의 유럽 내 역할 운운하는 이론은 '세련된' 이론으로 널리 인기가 있었는데, 그것이 국가라는 종교에 별로 위협을 주지 않기 때문이다. 그러나 펜타곤 문서에 상세히 드러난 실제 계획 과정은 다르다.

겔브가 말한, 엉뚱한 목적을 달성하기 위한 전략이라는 좁은 측면에서 살펴본다고 해도, 겔브가 관련 문서를 사용한 방식은 면밀하게 소사할 필요가 있다. 가령 제네바협정(1954)의 후유증을 논의하면서, 그는 국가안전보장회의의 반응(NSC 5429/2, August 20, 1954)을 언급조차 하지 않았다. 여기에는 그럴 만한 이유가 있다. 우리가 이 문서를 살펴보면, 그것은 인도차이나의 평화가 불러올 가장 위험한 사태에 대응해 미국이 동아시아 전역을 전복하고 공격하려는 계획을 수립한 것임을 알 수 있다. 《For Reasons of State》, 100f 참조. 하지만 펜타곤 문서 연구 프로젝트에서는 이 문서를 심각하게 왜곡 전달한다.

37   *"Human rights" and American Foreign Policy*, chap. 1, note 23에 그중 한 사례가 있다.

38   Lawrence B. Krause, "The International Economic System and the Multinational Corporation," *The Multinational Corporation, Annals of the American Academy of Political and Social Science*, September 1972.

39   Ray, "Corporations and American Foreign Relations."

40   Gaddis Smith, "The United States as Villain," *New York Times Book Review*, October 10, 1976.

41   Charles B. Maurer, *Call to Revolution* (Detroit: Wayne State University Press, 1971), 174에 인용됨.

42   기업 언론이 의식하는 한 가지 사실은, 그래도 기업가들은 자신들의 '뜻'을 여론에 반영시키기 어렵다고 끊임없이 징징거린다는 것이다. *"Human Rights" and American Foreign Policy*, chap. 1 참조.

43   *"Human Rights" and American Foreign Policy*, chap. 11 참조.

44   "International Economics," *Business Week*, March 29, 1976

45   *Winning the Cold War: The U.S. Ideological Offensive*, 미 하원 외교위원회 국제조직·운동소위원회 Subcommittee on International Organizations and Movements of the Committee 청문회, 88대 의회, 제2회기, Part VIII, U.S. Government Agencies and Programs, 1964년 1월 15~16일 (Washington, DC: U.S. Government Printing Office), 953f.

46   라틴아메리카와 아시아에서 AID의 훈련을 받은 경찰이 가장 사악한 고문자 겸 살해자로 판명되었다. 엘살바도르는 최근의 사례다. 《'Human Rights' and American Foreign Policy》, 서문 참조. 미국에서 훈련받은 군대도 그에 못지않게 탄압과 살육을 저질렀다. 이 주제에 대해서는 《The Political Economy of Human Rights》, vol.1을 참조하라.
     사례를 하나면 든다면 소모사의 니카라과를 들 수 있다. 국가방위군의 공격으로 "농촌에서 수천 명이 사망했고, 게릴라를 숨겨준 것으로 의심되는 마을들은 파괴되었다." 마을 사람들은 "공습, 즉결 처형, 끔찍한 고문 등에 대해서 말했다……. 〔AID의 후한 재정 지원을 받는〕 미국 지원 '농민 복지 프로그램'은 〔북부에서는〕 반게릴라 활동의 구실에 지나지 않는 것으로 대개 여겨진다." 북부에서는 군사작전이 정기적으로 수행되었다. 더욱이 "국가방위군의 지도부 약 85퍼센트는 미국에서 반게릴라 전쟁 기술을 직접 전수받았다." 니카라과는 "군사 학교의 한 학년 전체"를 파나마 운하 지역에 있는 미 육군 학교에 보내 "1년간 군사교육을 받게 하는 유일한 나라"다. Stephen Kinzer, "Nicaragua, a Wholly Owned Subsidiary," *New Republic*, April 9, 1977. 니카라과의 고위 가톨릭 성직자 7명은 사목 편지에서 그 나라에 불고 있는 '잔학한 테러의 바람'을 비난했다. Jean-Claude Buhrer, "Les droits de l'homme en Amérique centrale," *Le Monde diplomatique*, May 1977. 사실 왜곡이 심한 국무부 《인권보고서*Human Rights Reports*》도 니카라과에 문제점이 있다는 것을 시인했다 (일차적으로 쿠바가 지원하는 게릴라 활동 때문에). 그러면서도 미국의 역할은 의도적으로 무시해버렸다. 《Human Rights Reports》, 1977년 3월 미 상원 외교위원회 대외 원조 소위원회에 제출된 보고서 (Washington, DC : U.S. Government Printing Office, 1977) 참조. 이 보고서에 관해 논의한 자료로는 《The Political Economy of Human Rights》, vol.1을 보라.

47 Otto H. Kahn, *The Myth of American Imperialism*, 미국실업가협회Committee of American Business Men 간행물, 1924년 12월 30일 산업민주주의연맹League for Industrial Democracy이 주최한 미국의 제국주의에 관한 모임 4부 "정치적 혹은 군사적 제국주의 혐의The Allegation of Political or Military Imperialism"에서 한 연설.

48 참고문헌을 알아보려면 "*Human Rights*" *and American Foreign Policy*, chap. 4 참조.

49 James Chace, "American Intervention," *New York Times*, September 13, 1976.

50 Chace, "How 'Moral' Can We Get?" *New York Times Magazine*, May 22, 1977.

51 확실히 모순은 쉽게 해소될 수 있다. 우리는 이런 문장들을, 미국 정치 분석의 표현법에서 나오는 '안정'이라는 용어가 쓰이는 실제 의미를 보여주는 것으로 보면 된다.

52 Norman A. Graebner, *Cold War Diplomacy: 1945-60* (New York: D. Van Nostrand, 1962).

53 Sixto Lopez, "The Philippine Problem: A Proposition for a Solution," *The Outlook*, April 13, 1901.

54 "How 'Moral' Can We Get?" '종종'이란 낱말은 조금 절제된 표현이다.

55 1977년 3월 24일 기자회견에서. 《뉴욕타임스》 3월 25일자에 실렸다.

56 벤틀리 대학 졸업식 연설, 《보스턴글로브》 1975년 5월 18일자. 1부 7장을 보라.

57 William Beecher, "US show of force impressed N. Korea," *Boston Globe*, September 3, 1976.

58 Quarterly Review Staff Study, "The Attack on the Irrigation Dams in North Korea," *Air Universities Quarterly Review* 6, no. 4 (Winter 1953-54). 참조, Robert Frank Futrell, *The United States Air Force in Korea, 1950-1953* (New York: Duell, Sloan and Pearce, 1961), 623f.

59　John Osborne, *New Republic*, June 7, 1975. 국가의 명예를 용감하게 수호하는 오즈번Osborne의 생각을 더 보려면《 'Human rights' and American Foreign Policy》, chap. 4 참조.

09 미국과 동티모르

1　1978년 한 해 동안의 일과 더 자세한 내용에 관해서는 다음 자료 참조.Chomsky and E. S. Herman, *The Political Economy of Human Rights*, vol. 1 (Cambridge, MA: South End Press, 1979), chap. 3, section 4.4, 그리고 인용된 참고문헌들. Arnold Kohen and John Taylor, *An Act of Genocide*, TAPOL, U.K. (1979); 동티모르 인권위원회East Timor Human Rights Committee(Box 363, Clinton Station, Syracuse, NY 13201) 제공 자료들.

2　Jack Anderson, *Washington Post*, November 9, 1979. 미 공군 장군이며 포드 대통령의 국가안보 보좌관인 브렌트 스코크로프트Brent Scowcroft는 이렇게 말했다. "그것은 근본적으로 현실 인식에 관한 문제라고 생각한다. 우리는 합리적인 대안이 없었다……. 인도네시아 사람들을 적대시하는 것은 말이 되지 않았다……. 동티모르는 고려해야 할 실체가 되지 못했다." Daniel Southerland, "US role in plight of Timor: an issue that won't go away," *Christian Science Monitor*, March 6, 1980.
　　미국 관리들은 동티모르 사태를 알지 못했다고 거듭 주장했다. 하지만 이것은 핑계에 지나지 않는다는 게 분명해졌다. Chomsky and Herman, 앞의 책과 다음에 제시되는 자료 참조. 앤더슨은 1975년 9월 19일자 미 정보부 기밀 보고서를 인용했다. 그 보고서는 "프레틸린 전사들의 치열한 저항"을 받은 인도네시아의 공격을 서술했다. 또 다른 보고서는 이렇게 서술했다. 인도네시아 장군들은 "동티모르 문제에 대한 수하르토 대통령의 느린 대응 방식에 대하여 짜증을 냈다. ……그들은 직접적인 군사 개입을 허락해달라고 대통령을 조르고 있다." 12월 3일자 정보 보고서에서는 이렇게 말했다. "고위급 인도네시아 정부 관리들은 결정을 내렸다. 동티모르 상황의 유일한 해결책은 프레틸린에 공개적인 공세를 취하는 것이다." 또 다른 보고서는 이렇게 예고했다. 포드와 키신저가 자카르타를 방문할 때 수하르토는 이 문제를 거론하면서 포드로부터 "동정적인 태도를 이끌어내려고 할 것이다." 포드는 앤더슨에게 미국의 국익은 "인도네시아 편을 드는 것"이라고 했다. 앤더슨은 포드가 인도네시아의 침공을 "암묵적으로 승인" 했다고 표현했다. 미국이 동티모르 상황을 예의 주시하고 있었다는 것은 의심의 여지가 없다.

3　포드 행정부와 카터 행정부는 자신들이 무슨 일을 하는지 잘 알고 있었다. 그들은 학살용 물자를 지원했을 뿐만 아니라, 미국의 장비가 사용되는 용처에 대하여 전혀 제약을 두지 않았다. 이것은 미-인도네시아 무기 협정(1958)을 완벽하게 위반한 것으로서, 이 협정에서는 미국 무기를 방어용으로만 사용해야 한다고 명시했다. 정부 측

증인인 데이비드 케니David Kenney는 하원 청문회에서 이렇게 말했다. "우리는 인도네시아에 군사적 지원을 해주었을 뿐, 그 무기를 어디에 사용하고 어디에 사용하지 말라는 얘기는 하지 않았다. 우리는 현재까지 그렇게 하지 않았다."(미 하원 외교위원회 아시아태평양·국제기관 소위원회Subcommittees on Asian and Pacific Affairs and on International Organizations 청문회, 96대 의회, 회기 중, 1980년 2월, 193.) 케니는 당시 국무부 의회연락사무소 인권(명칭은 그렇다) 분야 입법관리관이면서 인도네시아 전문가였다. 1975년부터 1979년까지 미국은 인도네시아에 2억 5000만 달러 이상의 군사원조를 했는데, 대부분 카터 행정부가 무기 지원을 가속화한 후에 이루어진 것이다. Scott Sidel, "The United States and Genocide in East Timor," *Journal of Contemporary Asia* 11, no. 1(1981) 참조.

4 Daniel P. Moynihan with Suzanne Weaver, *A Dangerous Place* (Boston: Little, Brown, 1978).

5 노력의 부족 때문은 아니다. 1980년 12월 8일, 《뉴욕타임스》는 당시 상원의원 모이니핸이 유엔보전위원회Committee for United Nations Integrity에 나가서 한 연설을 보도했다. "모이니핸 상원의원이 연설한 회의는 유엔의 방향을 평가하기 위해 소집된 것으로, 학자, 과학자, 예술가 100여 명이 서명한 성명서를 발표했다. 이 성명서는 세계 조직이 '더 이상 사회정의, 인권, 국가 간 평등의 수호자가 아니'라고 비난했다. 또한 유엔이 '부적절한 정치적 음모에 의해 왜곡'되었으며 '평화를 반대하는 세력이 될 위험'에 처했다고 말했다." 같은 날 《뉴욕타임스》는 인도네시아의 동티모르 침공 기사를 실었다. 침공은 동티모르 인구의 "10분의 1에서 3분의 1"을 희생시킬 것이고, 그 나라는 "캄보디아와 마찬가지로 …… 기아와 난민의 동의어가 되었다." 사설은 계속해서 말했다. "미국은 약간의 비상 원조를 제공했다. 그러나 워싱턴의 역할은 그리 영광스러운 것이 아니었다." 워싱턴의 실제 역할은 상세히 보도되지 않았다. 사설의 제목은 〈인도네시아의 수치The Shaming of Indonesia〉였다. 내가 그 신문에 보낸 편지는 무시되었다. 나는 편지에, 워싱턴의 실제 역할을 간과한 사실을 지적하고, 또 유엔의 학살 방지 노력을 무력화시킨 인사(모이니핸)가 유엔에 대해 "부적절한 정치적 음모에 의해 왜곡되었다"며 평화를 위협하는 세력이 되었다고 비난하는 것은 웃기는 얘기라고 썼다.

유엔보전위원회는 티모르 문제를 다루는 위원회가 아니라 유엔의 팔레스타인 지지 문제를 다루는 조직이었다. 이것은 미국인들의 눈으로 볼 때 중대한 범죄였다. 1980년 10월 16일 《뉴욕타임스》에 실린 광고를 읽는 독자는 좀 우습다는 느낌을 받았을 것이다. 시간제 인권 조직으로 활동하는 이스라엘 로비 집단은 이 광고에서 "쿠르드족, 베르베르족, 캄보디아, 베트남, 티모르의 수백만 난민들에 가해진 인권 침해에 침묵하는" 유엔을 비난했다. 유엔은 티모르 문제에 침묵을 지킨 것이 아니었다. 하지만 미국의 언론은 유엔의 항의와 그 항의를 저지한 미국의 조치에 대하여 침묵을 지켰다. 모이니핸은 《뉴욕타임스》에 이 광고를 실은 단체에 의해 영웅으로 평가되는 인물이다(그 단체의 이름은 브나이브리트 반명예훼손연맹Anti-Defamation League of B'nai B'rith인데 이스라엘 언론에서는 미국 내 친이스라엘 선전의 "대들보 중 하나"로 평가되었다(Beni Landau, 《Ha'aretz》, July 28, 1981). 1984년이 다가오고 있다.

캄보디아와 베트남에 관하여 유엔이 침묵했다는 얘기에는 미국이 두 나라를 파괴하던 시기는 들어가지 않을 것이다. 미 국무부 관리는 모이니핸을 염두에 두고서 미국의 대對티모르 정책은 "선의의 무관심이 아니었다"고 인정했다. "그것은 사악한 무관심이었다."(Southerland, 앞의 책. 군수물자 2억 5000만 달러어치를 인도네시아에 지원하면서 유엔을 방해한 정책은 '무관심'이라고 할 수 없을 것이다.)

6   좀 더 자세한 내용은 Chomsky and Herman, 앞의 책을 보라. 유엔을 '왜곡'하려는 미국의 노력은 모이니핸 류의 '정치적 음모'에만 국한되지 않는다. 인도네시아가 동티모르를 침공한 지 몇 주 후에 유엔은 진상 조사단을 동티모르에 파견했다. 하지만 인도네시아는 조사단이 방문하려는 지역을 폭격함으로써 조사단의 접근을 막았다. 잭 앤더슨은 미 정보부 문서를 바탕으로 미국이 이 사태에 어떤 역할을 했는지 보도했다(《워싱턴포스트》, 1979년 11월 8일자). 한때 인도네시아 당국은 유엔 조사단이 탑승한 프리깃함을 격침할 생각도 했다. "미 정보 당국은 이 괴기한 음모를 알고 있었으나 그 정보를 서류철 깊숙이 묻어두고 배에 탄 유엔 대표단이 어뢰를 맞을지도 모른다는 사실을 알려주지 않았다."

7   Congressional Research Service, *Human Rights and U.S. Foreign Assistance*, 상원 외교위원회 제출 보고서(1979년 11월), 144.

8   Kathleen Teltsch, "Timor Priest, Charging Genocide, Seeks U.S. Help," *New York Times*, December 14, 1979.

9   Robert Levey, "Power play cripples E. Timor," *Boston Globe*, January 20, 1980. 현재까지 미국 언론이 쓴 것 중에서 가장 포괄적이고 정확한 기사. 레오네투 신부의 증언은 Daniel Southerland, 〈East Timor's agony rivals that of Cambodia〉, 《Christian Science Monitor》(국제판, 1979년 12월 17일자)에서도 보도했다. 신부의 말은 다음과 같이 인용되었다. "인도네시아는 보병 부대와 미국이 제공한 정찰기 OV-10(일명 브롱코 Bronco)을 동원하여 공격해왔다. 그들은 사람들을 마을과 수용소 주위로 집결시켰다. 그들은 구호 식품을 부분적으로 훔쳐서 팔아먹었다."
     서더랜드Southerland는 말했다. "레오네투 신부는 기꺼이 미 하원의원들 앞에서 증언했을 것이다. 그는 초대받지 못했다. 그가 미 의회에서 증언했다면 인도네시아가 불쾌하게 여기고, 과거에 벌어졌던 일에 대한 논쟁이 재현되었을 것이다." 그는 12월 4일의 의회 청문회를 말하는 것이다. 하지만 '재현'이라는 말은 좀 어울리지 않는다. 미국 주류 언론에서는 논쟁 자체가 거의 이뤄지지 않았기 때문이다. 다음 자료를 참조하라. Daniel Southerland, "East Timor: plight worse than Cambodia?", *Christian Science Monitor*, December 6, 1979.

10   Teltsch, op.cit. 그러나 레오네투 신부의 증언은 《뉴욕타임스》의 강력한 사설을 이끌어냈다(〈An Unjust War in East Timor〉, 1979년 12월 24일자). 1975년부터 시작된 동티모르 사태에 대해 이 신문이 처음으로 비판한 글이다. "탄압에 사용된 대부분의 무기가 미제라고 하는데도, 워싱턴은 늘 써먹는 실용적 이유를 들이대면서 침묵을 지켰다. …… 동티모르에 대한 미국의 침묵은 캄보디아에 대한 분노와는 기이한 대조를 이룬다. 두 나라의 고통은 엄청나다." 그러나 이 대조되는 현상에는 기이한 점이 없

다. 캄보디아에서는 그 고통을 공적의 탓으로 돌릴 수 있지만, 동티모르 사태는 미국 책임인 것이다. 따라서 상반되는 태도가 충분히 예측된다. 또한 사설은 이런 정확한 지적을 했다. "미국인들은 인도네시아가 머나먼 동티모르에서 저지르는 부당한 전쟁에 대하여 점차적으로 알게 되었다." 하지만 미국이 지원한 학살이 4년 동안이나 진행되어왔는데도 미국 사람들이 알지 못한 이유에 대해서는 설명하지 않았다.

11 Jimmy Burns, "Indonesian troops 'taking supplies for the starving,'" *Observer*, January 20, 1980.

12 David Watts, "Relief is reaching East Timor but thousands have already died from Indonesian starvation policy," *The Times* (London), December 14, 1979.

13 더 자세한 논의와 참고 자료는 다음을 참조. Chomsky and Herman, op. cit.

14 Henry Kamm, 〈전란의 구렁텅이에서 빠져나오려고 분투하는 티모르War-Ravaged Timor Struggles Back from Abyss〉, 《뉴욕타임스》, 1980년 1월 28일자. 캄은 이렇게 말했다. "인도네시아군 정보부 소속의 베니 만달리카 소령이 자카르타에서 파견 나와 늘 내 곁에 있었다. 내가 민간인이나 티모르 출신 인도네시아 장교들과 인터뷰를 할 때 노트를 했고 종종 기자가 쓴 노트를 노골적으로 들여다보기도 했다. 내가 왜 그렇게 행동하느냐고 묻자 그가 대답했다. '당신이 정확한 정보를 얻을 수 있도록 내가 옆에서 지켜야 합니다. 나의 상급자는 당신이 어디로 가든지 따라가라고 지시했습니다. 만약 당신이 거리의 사람을 인터뷰하면 엉뚱한 정보를 얻을 수도 있습니다.'"
캄은 인도네시아의 합병과 평화 공작 과정은 "양측의 편파적인 선전에 뒤덮여 있다"고 말했다. 하지만 무엇이 어떻게 해서 "비교적 공정한 정보원"인지는 밝히지 않았다. "양측은 동티모르 주민에게 압력을 가했고 그들이 너무나 야만적으로 전쟁을 수행했기 때문에 많은 사람들이 달아났다"고 했는데, 그렇다면 레오네투 신부는 왜 "비교적 공정한 정보원"이 되지 못하는가? 프레틸린을 피해서 달아난 난민들, 가톨릭 사제들, 그들의 호소문을 몰래 해외로 빼내 인도네시아에 학살 중지 압력을 가해달라고 호소하는 편지를 보낸 사람들—《타임스》의 동남아 특파원이 의도적으로 몇 년 동안 무시해온 사람들—은 왜 "비교적 공정한 정보원"이 되지 못하는가? 이런 사람들은 전쟁의 야만성이 양측에 공평하게 나뉘어 있다고 주장하지 않았다. 인도네시아 군대의 규모라든가 민간인에 대한 인도네시아의 공격 등을 감안할 때 그것은 가당치 않은 말이다. 캄은 사태를 공정하게 보도한다고 했는데 별 설득력 없는 얘기다. 초창기에 인도네시아 장군들이 해준 얘기를 그대로 전달한 보도만큼이나 객관성이 결여되어 있다. 그가 말한 양측의 "편파적인 선전"이란 표현은 다음과 같은 사실을 외면한 것이다. 미국 정부의 일방적인 선전 내용이 언론을 완전히 장악했고 그리하여 자유 언론에 객관적인 사실인 양 제시되었다. Chomsky and Herman, 앞의 책 참조.
캄의 기사와 함께, 다른 면에 국제구호위원회International Rescue Committee의 회장인 리오 천Leo Cherne이 서명한 전면 광고가 실렸다. 베트남인들과 그들을 지지하는 러시아인들을 압박하여 캄보디아에 원조를 보낼 수 있게 해달라고 촉구하는 광고였다. "인도주의적 원조의 확대에 더하여, 현재로서 필요한 것은 분노의 함성이다. 그함성이 베트남과 소련까지 들릴 수 있게 해야 한다. 모스크바와 하노이의 사람들이 세계 여론에 귀를 막고 있다는 것은 사실이 아니다. 그들에게 수치심을 안겨 행동에 나서도록 할 수 있다. 만약 그들이 행동에 나서지 않는다면 우리라도 행동에 나서야 한다. 우리가 침묵을 지킨다면 곧 그들이 살인을 저지르고도 면피하도록 놔두는 것이다." 캄보디아에서 그렇다는 이야기다. 하지만 국제 구호 요원들은 베트남 사람들과 그들이 캄보디아에 수립한 정권이 황폐해진 땅에서 기근을 완화하기 위하여 성공적인 작업을 벌이고 있다고 주장했다.

난민들에 대한 천의 우려에 대해서는 《Towards a New Cold War》 chap. 2, Note 1을 보라.

15   James M. Markham, "Refuges from East Timor Report Famine Situation," *New York Times*, January 29, 1980. 마컴은 1979년 말에 동티모르를 빠져나온 사람들의 증언을 보도했다. 주로 중국계 티모르인이었는데 뇌물을 주어 동티모르에서 빠져나오는 데 성공했다. 그중 한 사람은 이렇게 말했다. "모두들 그곳에서 떠나고 싶어했다. 그곳은 악마의 땅이었다." 그들은 "현지에 놔두고 온 가족에 대한 인도네시아의 보복이 두려워" 제대로 말하지 않으려 했다. 그들은 구타, 처형, 기아에 의한 집단 사망, 인도네시아 관리의 구호물자 착복, 고문과 실종, 인도네시아인으로 동화시키려는 시도, "미제 브랑코 정찰기에 의한 것으로 보이는" 정기적인 폭격, 많은 인도네시아 사상자들이 "헬리콥터로 딜리 야전병원으로 후송되고 있다"는 것 등을 말했다. 한 사람은 딜리를 "테러 천지a world of terror"라고 표현했다. 리스본에 있는 다른 난민들처럼 대개 정치에 관심이 없는 듯 보였다. 한 '인상이 험악한 남자'는 그 인상 때문에 "UDT 요원으로 오해되어 게릴라들에게 산속으로 끌려갔었다"고 말했다. "그는 인도네시아 군대보다는 자신을 끌고 간 프레틸린 게릴라들에 대하여 더 악감정을 품고 있었다."

이전에 미국 기자들은 리스본으로 피난 간 난민들 얘기는 의식적으로 회피했다. 혹은 동티모르에 대한 그들의 증언을 애써 무시했다(Chomsky and Herman, 앞의 책 참조). 공산주의자들의 만행에 대하여 할 얘기가 있는 난민들은 다른 대접을 받았다. 이런 보도 통제 상태를 극복하기 위하여, 이 문제에 관심 있는 사람들에 의하여 동티모르 난민들이 미국에 들어오게 되었다. 가령 1980년 1월 중순에 동티모르 난민 네 명(그중 세 명은 마컴의 제보자였다)이 여러 주요 신문의 편집자들을 만났으나, 내가 알기로 그들의 증언은 신문에 나지 않았고, 또 더 많은 난민의 증언을 끌어내는 도화선이 되지도 못했다. 미 언론에서는 이들이 '사전에 선택된' 난민 증인들이었으므로 의구심을 품었을 수도 있다. 하지만 언론들은 취재원 선정 자체를 의도적으로 회피해왔다. 원하지 않는 정보를 가져오는 티모르 난민들을 피하는 언론의 태도는 미 국무부의 태도를 그대로 빼닮았다. 《Towards a New Cold War》, 372쪽 참조.

16   위에 인용한 기사들; 《빌리지 보이스*Village Voice*》에 실린 알렉산더 코번Alexander Cockburn의 여러 중요한 보도와 논평; 편집자 모턴 콘드라케Morton Kondracke가 서명한 대체로 정확한 기사 〈엉클 샘(미국)이 뒷받침한 또 다른 캄보디아 사태Another Cambodia, with Uncle Sam in a supporting role〉, 《뉴리퍼블릭》, 1979년 11월 3일자; 《크리스천 사이언스 모니터》 사설, 〈동티모르East Timor─또 다른 기아the other famine〉, 1979년 12월 18일. 이 사설은 동티모르의 처참한 상황을 묘사하고, 그 상황을 야기한 미국의 역할은 철저히 무시한 채 "동정심의 분출"을 호소한다.

17 이 학살에 대한 서방의 반응에 대해서는 《Toward a New Cold War》, 372∼373쪽을 보라.

18 Chomsky and Herman, 앞의 책, chap. 4, section 1의 논의와 참고문헌 참조.

19 Arnold Kohen, "The Cruel Case of Indonesia," *Nation*, November 26, 1977.

20 A. J. Langguth, review of Chomsky and Herman, op. cit., *Nation*, February 16, 1980.

21 "The New Foreign Correspondence," *Washington Journalism Review*, March 1980.

22 무엇보다 가톨릭 사제인 프란시스쿠 마리아 페르난데스Francisco Maria Fernades 신부와 아폴리나리우 구테레스Apolinario Guterres 신부의 증언을 참조할 것. 이들은 "포르투갈에 있는 동티모르 난민위원회의 대표"다. 두 신부는 말했다. "우리는 동티모르에서 인도네시아 사람들에게 쫓겨났다. 우리가 서티모르에서 자카르타의 네덜란드 대사에게 동티모르를 도와달라고 호소했기 때문이었다. 난민들을 포르투갈로 보낼 수 있도록 도와달라고 요청했다." 두 신부는 동티모르에서 저질러진 인도네시아의 만행에 대하여 자세하게 말했다. 서티모르로 달아난 많은 난민들을 처형했고, 1976년 5월에는 네덜란드 대사의 도움으로 포르투갈로 가기 위해 서티모르에서 대기 중이던 난민 7000명을 동티모르로 축출했다. 두 신부는 그것이 "인종 학살"의 수준이라고 했다. "인도네시아의 융단폭격과 무차별 학살이 조금도 줄어들지 않고 계속되고 있다"는 말도 했다. 티모르 사람들 수천 명의 이민이 금지되었고, "난민 캠프까지 가기가 어렵고 또 특히 인도네시아 관리의 부패 때문에 동티모르 사람들은 구호물자를 제대로 받지 못한다." 그리고 국제적십자사의 예산 중 절반이 구호물자 수송용 헬리콥터를 운영하는 비용으로 들어간다고 두 신부는 말했다. "이 비용은 곧바로 인도네시아 정부로 들어갑니다. 인도네시아는 동티모르 사람들을 살해하는 데 사용하는 비행기와 헬리콥터를 〔미국에서〕 지원받습니다. 하지만 동티모르인들을 돕기 위한 헬리콥터는 돈을 주고 빌려야 하는 겁니다."
1980년 6월 10일에 있었던 페르난데스 신부의 증언도 참조하라. 신부의 증언은 하원 세출위원회Committee on Appropriations의 소위원회 청문회에서 이루어졌다. 96대 의회, 제2회기, 대외활동관련기구 소위원회Subcommittee on Foreign Operations and Related Agencies, Part 6 (Washington, DC : U.S. Government Printing Office, 1980). 이 증언 역시 미 언론에는 보도되지 않았다. 페르난데스 신부는 인도네시아 침공으로 동티모르 사람들 약 30만 명이 죽었다고 증언했다. 다음 자료를 참조하라. "Accounts of Repression in East Timor Contradict U.S. View in House Inquiry," Reuters, *International Herald Tribune*, June 13, 1980.

23 Bernard D. Nossiter, *New York Times*, October 26, November 12, 1979.

24 "Cambodia and Timor," editorial, *Wall Street Journal*, February 6, 1980.

10 '특별한 관계'의 기원

1 Bernard D. Nossiter, *New York Times*, June 27, 1982.

2 *Boston Globe*, June 27; June 9, 1982.

3 Nadav Safran, *Israel: The Embattled Ally* (Cambridge, MA: Harvard University Press, 1978), 576, 110, 이스라엘에 호의적인 해석을 제공하느라 퇴보해버린 연구. 논의를 위해 다음 자료 참조. Noam Chomsky, *Towards a New Cold War* (New York: Pantheon Books, 1982, 이하 *TNCW*, chap. 13.

4 G. Neal Lendenmann, "The Struggle in Congress over Aid Levels to Israel," *American-Arab Affairs*, Winter 1982~1983 (참조 chap. 4, note 60, *Fateful Triangle*); *Boston Globe*, September 26, 1982.

5 미국 원조의 실제 수준을 가늠하려는 시도로서 다음 자료 참조. Thomas Stauffer, *Christian Science Monitor*, December 29, 1981. 공식 기록의 상세한 내용은 다음 자료를 보라. Yosef Priel, *Davar*, December 10, 1982; Ignacio Klich, *South*, February 1983.

6 Bernard Weinraub, *New York Times*, May 26, 1982.

7 "Senate OK's foreign aid plan with $2.6b for Israel," *Washington Post-Boston Globe*, December 18, 1982.

8 Ian S. Lustick, "Israeli Politics and American Foreign Policy," *Foreign Affairs*, Winter 1982/83; Amanda Mitchison, "Gift horses," *New Statesman*, February 4, 1983.

9 〈Israel : Foreign Intelligence and Security Services〉, 《Counterspy》에 재수록, 1982년 5~6월. 미국 기자들이 이란에서 가져온 서류들 중 하나로, 이란에서 미 대사관이 점령된 후 나온 문서다. 이런 상황을 감안할 때 그 문서의 신빙성을 확신할 수 없다. 하지만 그 문서의 성격이나 추후의 논의에 의해 그 신빙성이 확인되는 듯하다. 이스라엘 모사드(이스라엘 CIA)의 장이었던 이세르 하렐Isser Harel은 그 문서의 신빙성을 받아들였으나 "반유대주의" "일방적이고 사악한 문서" "아는 체하는 태도" 등을 매도했다. 그것은 그 문서가 작성되던 시기(1979)에 CIA가 "역사를 새로 쓰려" 했던 태도를 반영한다. Yuval Elizur, 《Boston Globe》, 1982년 2월 5일자, 유대교 저녁예배의 인터뷰 인용.

10 마티야후 펠레드 전 장군의 미국 방문 보도, *New Outlook* (Tel Aviv), 1975년 5/6월.

11 《New Outlook》 편집자 심하 플라판Simha Flapan, 1979년 10월 워싱턴 회의에서 발언; 중동평화재단Foundation for Middle East Peace 이사장인 멀 소프Merle Thorpe, Jr.가 인용, 하원 외교위원회 유럽·중동소위원회Subcommittee on Europe and the Middle East 청문회, 97대 의회, 제1회기, 1981년 12월 16일(Washington, DC: U.S. Government Printing Office, 1982), 143.

12 *Fateful Triangle*, chap. 5, sections 5~8 참조.

13 아래 책, chap. 4 참조.

14 Jessie Lurie, *Jewish Post & Opinion*, May 28, 1982.

15 이른바 '이스라엘 로비'의 정치적 영향력에 관해 다음 자료 참조. Seth Tillman, *The United States in the Middle East* (Bloomington: Indiana University Press, 1982). 틸먼은 상원 외교위원회의 중동 담당 실무진이었다.

16 Leon Hadar, "Labour of Love," *Jerusalem Post*, March 2, 1982.

17 Stephen Zunes, 〈Strange Bedfellows〉, 《프로그레시브*Progressive*》, November 1981 참조. 스티븐 주니스Stephen Zunes는 열렬한 이스라엘 지지와 열렬한 반유대주의는 쉽게 결합한다고 지적했다. Richard Bernstein, 〈Evangelicals Strengthening Bonds with Jews〉, 《뉴욕타임스》, 1983년 2월 6일자. J.A. James, 〈Friends in need〉, 《예루살렘 포스트*Jerusalem Post*》, January 20, 1983. 위 두 자료는 미국 정치에서 발휘되는 "복음주의파의 잠재적 영향력"을 논하면서 이들이 엄청난 자금 동원력과 함께 "막대한 언론 인프라"를 장악하고 있다고 한다. 《다바르*Davar*》에 따르면, "미국과 이스라엘에 설립되어 기독교 극단주의자들로부터 기부금을 받는" 성전산기금Temple Mount Fund은 요르단 강 서안의 유대인 정착촌에 수천만 달러를 기부하려 한다(《이스라레프트 뉴스 서비스*Israleft News Service*》, 1983년 1월 23일). 이스라엘과 복음주의 개신교의 동맹은 앞으로 라틴아메리카에서 더 두드러진 활약을 할 것으로 추정된다. 과테말라의 모델을 따라서 말이다. 과테말라의 리오스 몬트Ríos Montt 정부는 예전 정부보다 더 끔찍한 만행을 저지르는 것으로 알려졌다. 하지만 이 정부는 복음주의 개신교 운동의 도움을 받으며 또 이스라엘에서 군사적 조언과 무기 공급을 받는다. 주석 42 참조.

18 Amnon Kapeliouk, 《Israel: la fin des mythes》(Paris : Albin Michel, 1975), 219에서 인용. 탁월한 이스라엘 기자가 쓴 이 책은 이스라엘 노동당 정부의 정책(1967~1973년)을 가장 잘 설명한다. 영역판을 내기 위해 여러 미국 출판사에 접촉했으나 어디에서도 출판하려 들지 않았다.

19 Zunes, "Strange Bedfellows"에 인용됨.

20 예를 들면 다음과 같은 자료가 있다. *Pro-Arab Propaganda in America: Vehicles and Voices: a Handbook* (Anti-Defamation League of B'nai Brith, 1983); Thomas Mountain, "Campus anti-Zionism," *Focus* (Brandeis University), February 1983('사실'로 통용되는 것에 대해 반명예훼손연맹에 감사함); 그리고 흔히 출처 없이 전국 대학에 유포되는 많은 소책자와 전단들(배포하는 학생들은 그것이 반명예훼손연맹에서 나왔다고 한다).

21 *Fateful Triangle*, 284f 참조.

22 Benny Landau, *Ha'aretz*, July 28, 1981; Tillman, *The United States in the Middle East*,

65; Jolanta Benal의 메이어 페일 인터뷰, *Win*, March 1, 1983.

23   Nathan and Ruth Ann Perlmutter, *The Real Anti—Semitism in America*(New York : Arbor House, 1982), 72, 111, 116, 136, 133f, 159, 125, 231. 이 책은 이스라엘 정책 비판자들에 대한 각종 중상 비방을 담고 있다. 그런 만큼 이스라엘 정책 비판자들의 견해를 멋대로 곡해한다. 공산당의 선전 문헌만큼이나 주목할 가치가 없는 책이다.

24   Jon Kimche, *There Could Have Been Peace* (New York: Dial Press, 1973, 310~311).

25   Abba Eban, *Congress Bi-Weekly*, March 30, 1973; 1972년 7월 31일의 연설; Irving Howe, "Thinking the Unthinkable About Israel: A Personal Statemint," *New York*, December 24, 1973.

26   Christopher Sykes, *Crossroads to Israel: 1917–1948* (Bloomington: Indiana University Press, 1965), 247.

27   《Jewish Post & Opinion》지 인터뷰, 1982년 11월 19일자. 인터뷰 담당자인 데일 V. 밀러Dale V. Miller는 그의 입장을 정확하게 해석했다. 그러니까 비판의 "영역"은 "이스라엘 고유의 권한"이라는 이야기다. 9월 베이루트 학살에 대한 비젤의 견해에 대해서는 386~387 참조.

28   Safran, *Israel*, 571.

29   Joyce and Gabriel Kolko, *The Limits of Power* (New York: Harper & Row, 1972), 242에 인용됨.

30   이 점에 관한 논의를 위해 다음 책에 실린 나의 글 〈군비축소 운동으로 나아가는 방향은 무엇인가What directions for the disarmament movement?〉 참조. Michael Albert and David Dellinger, eds., *Beyond Survival: New Directions for the Disarmament Movement* (Cambridge, MA: South End Press, 1983).

31   Gabriel Kolko, 《The Politics of War》(New York: Random House, 1968), 188에 인용됨. 원문은 Winston Churchill, 《Triumph and Tragedy》(Boston: Houghton-Mifflin, 1953), 249. 최근의 논의로는 다음 자료 참조. Lawrence S. Wittner, 《American Intervention in Greece》(New York : Columbia University Press, 1982). 콜코의 책 두 권(앞의 주석 29 참조)은 전쟁 기간과 전후 시기를 이해하는 데 귀중한 자료다. 기본적으로 콜코의 분석을 뒷받침하는 기록 작업을 비롯해 매우 유용한 연구 작업이 많이 이루어졌지만, 이 사실은 별로 알려지지 않았다. 이들 자료는 정통 이론을 따르지 않기 때문에 언급, 인용하는 것은 학자적 윤리에 위배되는 일로 간주된다.

32   Wittner, *American Intervention in Greece*, 119, 88.

33   Ibid., 1, 149, 154, 296; 같은 자료에서 더 폭넓은 기록과 검토를 볼 수 있다.

34   Ibid., 80, 232.

35   논의를 위해 *TNCW*, chap. 2와 11, 여기에 인용된 자료들을 보라.

36 *New York Times*, August 6, 1954; 이후의 인용문과 논평의 출처는 *TNCW*, 99.

37 *TNCW*, 457에 인용됨. 출처는 *MERIP*(The Middle East Research and Information Project : 중동 정보 조사 프로젝트) 보고서, 1981년 5월; 또한 *J. of Palestine Studies*, 1981년 봄. 이 자료는 정보자유법에 따라 공개된 것이다.

38 이 작전의 직접적인 책임자인 아브리 엘아드Avri el-Ad가 이 작전을 설명한 책, 《Decline of Honor》(Chicago: Regnery, 1976). 모셰 샤레트Sharett, Moshe 총리의 당시 사건 관련 일지를 발췌 수록한 Livia Rokach, 《Israel's Sacred Terrorism》(Belmont: AAUG, 1981) 참조. 모셰 샤레트의 일지는 당시 그 작전을 최고위급에서 어떻게 검토했는지 보여준다. 뒤따른 정치·군사적 위기('라본 사태the Lavon affair')에 관해서는 다음 자료 참조. Yoram Peri, *Between Battles and Ballots: Israeli Military in Politics*(New York: Cambridge University Press, 1983). 이 책은 많은 허상을 무너뜨리는 중요한 저작이다.

39 "Issues Arising Out of the Situation in the Near East," 기밀 해제 12/ 10/ 81, NSC 5801/ 1에 대한 주석, 1958년 1월 24일.

40 Michael Bar-Zohar, *Ben-Gurion: A Biography* (New York: Delacorte, 1978), 261f.

41 Ibid., 315~6; Peri, *Between Battles and Ballots*, 80. 이스라엘이 미국 정찰함 리버티 Liberty 호를 공격한 것은 미국이 이 공격 계획을 눈치챌까 우려한 때문이었다. 다음 자료를 참조하라. James Ennes, *Assault on the Liberty*(New York : Random House, 1979); Richard K. Smith, *U. S. Naval Institute Proceedings*, June 1978. 이 문서는 "아주 수월하게…… 이스라엘 조종사들(과 나중에는 어뢰정들)이 천천히 무방비로 움직이던 대형 정찰함 리버티 호를 격침했다"고 묘사했다. 이 공격의 목적은 "해외의 강국들에게 이스라엘의 전쟁 계획 핵심부를 감추고," 그리하여 "이스라엘의 안보에 필요한 지역을 장악하기 전에 초강대국의 휴전 압력"을 피하려는 것으로 규정되었다. 하지만 휴전과 '안보'에 관한 객관적 상황을 감안할 때, 이것은 아주 후한 해석이라 할 수 있다.

42 *TNCW*, 315와 인용된 참고문헌. 앞의 주석 9에서 인용한 CIA 조사도 참조할 것. 이 조사서에서는 이렇게 밝힌다. "이스라엘은 또한 은밀한 정치적, 경제적, 준군사적 활동 프로그램을 광범위하게 수행했는데 특히 아프리카에서 많이 수행했다." 미국 노동계 지도자들에 관한 보고서에서 레온 하다르는 이렇게 말했다. "그들은 제3세계, 특히 아프리카에서 이스라엘이 좋은 연결망을 구축하여 소련의 영향력을 물리치는 것을 보고서 감명을 받았다." 소련의 영향력을 물리친다는 말은 불필요한 민족주의 조직을 물리치는 것을 의미하는 암호다. 미국의 노동계 지도자들은 모부투에 대한 지원을 기쁘게 받아들였고, 이런 태도는 더 이상 놀라운 일이 아니다. 앞의 주석 16 참조.

43 Yoav Karni, "Dr. Shekel and Mr. Apartheid," *Yediot Ahronot*, March 13, 1983. 이스라엘과 남아프리카의 군사 및 기타 다양한 관계에 대해서는 *TNCW*, 293f. 그리고 인용된 자료들; Israel Shahak, *Israel's Global Role*(Belmont : AAUG, 1982); Benjamin Beit-Hallahmi, "South Africa and Israel's Strategy of Survival," *New Outlook*(Tel

Aviv), April/May 1977; Beit-Hallahmi, "Israel and South Africa 1977–1982: Business As Usual—And More," *New Outlook*, March 1983. 노동당과 리쿠드당이 남아프리카에 대해서 보인 열성적 태도를 다뤘다. 하지만 노동당은 이 문제를 감추기를 원했다. 남아프리카 공화국 상품에 대한 불매 조치를 피하기 위해, 남아프리카 상품을 유럽과 미국에 보내는 데 이스라엘이 중간 경유지 역할을 했다. Uri Dan, "The Angolan Battlefield," *Monitin*, January 1982; Carole Collins, *National Catholic Reporter*, January 22, 1982, 기타 여러 자료들.

44 참조, *TNCW*, 290f. 그리고 인용된 자료들; Shahak, *Israel's Global Role*; Ignacio Klich, *Le Monde diplomatique*, October 1982, February 1983; *Washington Report on the Hemisphere*(Council on Hemispheric Affairs), June 29, 1982; *Latin America Weekly Report*, August 6, September 24, December 17, 24, 1982; *El Pais*(Spain), March 8~10; Steve Goldfield, Jane Hunter, and Paul Glickman, *In These Times*, April 13, 1983. 기타 여러 자료들. 최근에 이런 사실이 보도되었다. 키부츠 베이트 알파(마팜)는 칠레 군대에 장비를 제공해왔다(《하레츠》, 1983년 1월 7일자). 특히 이스라엘은 현재 과테말라에 가장 많은 무기를 공급하는 나라다(《이코노미스트 *Economist*》, 1982년 4월 3일자). 의회의 무기 수출 금지 때문에 운신의 폭이 비좁은 미국을 도와 무기를 공급하고, 또 이스라엘 군사 자문관들이 현지에서 활발히 활동하고 있다. 끔찍한 만행을 저지른 과테말라의 새 정부는 이스라엘 자문관들 덕분에 정권을 잡게 되었다고 말한다. 그전의 학살자 루카스 가르시아 정권은 노골적으로 이스라엘을 '모델'로 칭송했다(290). 리오스 몬트 정권의 야만 행위에 대해서는 다음 자료를 참조하라. Allan Nairn, 〈The Guns of Guatemala〉, 《New Republic》, 1983년 4월 11일자(이스라엘 연계는 다루지 않는데 이 잡지에서는 그것을 아예 다룰 수가 없다). 이스라엘 언론의 정보와 함께 Benjamin Beit-Hallahmi, 〈Israel's support for Guatemala's military regimes〉에 소개된 참고 자료와 미출간 문서를 보라. 추가 세부 사항으로 돌아가서, "미국을 대신하여 제3세계의 분쟁 지역에 무기를 공급하는" 이스라엘의 무기 판매에 대해서는 《SOUTH》(1982년 4월)를 참조하라. 무기 판매는 현재 이스라엘 산업 수출의 3분의 1을 차지한다(《Dvar Hashavua》, 1982년 8월 27일자).

45 Michael Klare, in Leila Meo, ed., *U. S. Strategy in the Gulf* (Belmont, MA: AAUG, 1981) 참조.

46 Michael Klare, *Beyond the "Vietnam Syndrome"* (Washington, DC: Institute for Policy Studies, 1981).

47 《뉴욕타임스》 1982년 10월 13일자 전면 광고; 조지프 처바Joseph Churba의 편지, 《뉴욕타임스》 1982년 11월 21일자. 다음 자료도 참조. Steven J. Rosen, 《The Strategic Value of Israel》, 미국-이스라엘 관계에 대한 AIPAC 문서들, 1982. AIPAC은 공식 등록된 워싱턴의 친이스라엘 로비 단체다.

48 Thomas L. Friedman, "After Lebanon: The Arab World in Crisis," *New York Times*, November 22, 1982.

49 Tamar Golan, *Ma'ariv*, December 1, 1982; Reuters, *Boston Globe*, January 20, 1983; UPI, *New York Times*, January 22, 1983.

50 *New York Times*, December 6, 1982.

51 Susan Morgan, *Christian Science Monitor*, December 14, 1982; "Guatemala: Rightists on the warpath," *Latin America Weekly Report*, March 4, 1983.

52 최근의 많은 사례들 중 하나로 다음 자료를 참조하라. Marlise Simons, 《뉴욕타임스》, 1982년 12월 14일자. 미국인 가톨릭 선교사들은 기자에게 이렇게 말했다. "최근에 침략자들은 붙잡힌 농부와 산디니스타 동조자들을 고문하고 죽였다. 그들은 예전과 똑같은 테러를 저질렀다." 소모사의 국가방위군은 파나마 운하 지역에 있는 미군 군사학교에서 훈련을 받았다.

53 Charles Maechling Jr., "The Murderous Mind of the Latin Military," *Los Angeles Times*, March 18, 1982.

54 참조, *TNCW*, 429와 chap. 13, 그리고 인용된 참고 자료들.

55 Yoav Karni, "The secret alliance of the 'Fifth World'," *Yediot Ahronot*, November 22, 1981. *TNCW*, 292~293 참조.

56 Leslie H. Gelb, "Israel Said to Step Up Latin Role, Offering Arms Seized in Lebanon," *New York Times*, December 17, 1982.

57 Chomsky, *For Reasons of State* (New York: Pantheon Books, 1973), 51의 인용과 논의 참조.

58 Adam Clymer, *New York Times*, June 27, 1982. 전문은 *Le Monde*, June 11; *Christian Science Monitor*, June 11, 1982.

59 참조, John Cooley, *Green March, Black September* (London: Frank Cass, 1973), 161~162; Chomsky, *Peace in the Middle East?* (New York: Pantheon Books, 1974), 140.

60 미국 언론은 이스라엘 군 지도자들 사이의 중요한 논의를 무시했던 것으로 보인다. 다음 기사는 예외다. John Cooley, 《Christian Science Monitor》, 1972년 7월 17일. "이스라엘의 탄생을 둘러싼 '다윗과 골리앗' 전설"에 관한 논의로는 다음 자료를 보라. Simha Flapan, *Zionism and the Palestinians* (New York: Barnes & Noble, 1979), 317f.

61 *Yediot Ahronot*, July 26, 1973; *Peace in the Middle East?*, 142 참조.

62 참조, Chomsky, "Israel and the New Left," Mordecai S. Chertoff, ed., *The New Left and the Jews* (New York: Pitman, 1971); *Peace in the Middle East?*, chap.5, 어빙 하우, 시모어 마틴 립셋Seymour Martin Lipset(1922~2006, 미국의 정치사회학자_옮긴이) 등의 탁월한 기여에 관한 논의를 포함. 더 진전된 논의는 chap. 5를 보라.

63 이것과 다른 사례들에 대해 주석 62의 자료들을 참조하라. 모든 비판이 증거나 합리적 논증의 형식조차 취하지 않은 채 제기되었는데, 인정된 테두리 밖의 표적에 대해서는 늘 이런 식이다.

64 *Jewish Post & Opinion*, November 5, 1982.

65 예루살렘 국내 방송 서비스Jerusalem Domestic Television Service, 1982년 9월 24일. 미국 정부 대외 방송 정보 서비스U.S. government Foreign Broadcast Information Service(FBIS)를 통해 《The Beirut Massacre》(New York: Claremont Research and Publication, 1982)에 다시 실림.

66 Amos Oz, "Has Israel Altered Its Visions?", *New York Times Magazine*, July 11, 1982. 이들 사건에 대한 학계의 오해에 관해서는, Safran, 《Israel》을 거론한 *TNCW*, 331 참조.

67 언론에서 이 사건을 다룬 드문 예로는 《크리스천 사이언스 모니터》 1982년 6월 4일자의 현지 특파원 기사; Cecilia Blalock, 《크리스천 사이언스 모니터》, 1982년 6월 22일자; Philip Geyelin, 《워싱턴포스트》《주간 맨체스터 가디언Manchester Guardian Weekly》, 1982년 6월 20일자. 이 사건과 은폐 과정에 대해서는 주석 41의 참고문헌 참조. 그리고 다음 자료들도 보라. Anthony Pearson, *Conspiracy of Silence* (New York: Quartet, 1978); James Bamford, *The Puzzle Palace* (Boston: Houghton Mifflin, 1982).

68 이스라엘에 **비판적인** 것으로 여겨지는 주간지 《Time》을 인용한 《Fateful Triangle》, 5 참조.(이 책의 원서에도 본문에 후주 번호 68이 없는 채 후주만 실려 있어 원서 그대로 싣습니다. _편집자)

11 세계 패권을 잡으려는 계획

1 Gabriel Kolko, *The Politics* of War (New York: Random House, 1968), 471.

2 William Roger Louis, *Imperialism at Bay* (Oxford: Clarendon Press, 1977), 481.

3 이번과 아래의 인용문들은 다음의 탁월한 연구 논문에서 가져왔다. Melvyn Leffler, "The American Conception of National Security and the Beginnings of the Cold War, 1945-1948," *AHR Forum, American Historical Review*, April 1984.

4 Kolko, *Politics of War*.

5 Samuel Huntington, in M. J. Crozier, S. P. Huntington, and J. Watanuki, *The Crisis of Democracy* (New York: New York University Press, 1975), 삼각위원회 보고서. 삼각위원회에 대해서는 다음 자료 참조. Holly Sklar, ed., *Trilateralism* (Cambridge, MA: South End Press, 1980); Noam Chomsky, *Towards a New Cold War* (New York: Pantheon Books, 1982, 이하 *TNCW*).

6 Laurence Shoup and William Minter, *Imperial Brain Trusty*(New York: Monthly Review Press, 1977); 간략한 서평은 *TNCW*를 보라. Robert Schulzinger, *The Wise Men of Foreign Affairs*(New York: Columbia University Press, 1984). 이것은 쇼프와 민터Shoup and Minter의 핵심 자료를 빼버린 피상적 역사서로서 윌리엄 번디의 "공식적 반박"만 논의한다. 번디는 쇼프와 민터의 자료가 "임의로 취사선택"된 것이라고 비난했다(《Foreign Affairs》, 1977년 10월). 번디와 슐레진저는 쇼프와 민터의 연구가 극우파의 편집증적 관점과 같다면서 아예 상대하지 않았다. 쇼프와 민터의 중요한 연구는 다른 곳에서도 무시당했다. 표준 역사가들은 여기에 인용된 케넌의 입장과 케넌의 회고록도 무시했다. 전쟁 기간과 전후 시기에 대해서는 다음 자료를 참조하라. Kolko, *Politics of War*; Gabriel and Joyce Kolko, *The Limits of Power*(New York : Harper & Row, 1972). 이 두 책은 개척자적인 저서다.

7 Noam Chomsky, *For Reasons of State* (New York: Pantheon Books, 1970), chap. 1, V의 논의와 참고문헌 참조.

8 James Chace, "How 'Moral' Can We Get," *New York Times Magazine*, May 22, 1977.

9 참조, *TNCW*, chap. 2.

10 1966년 11월 1일, 2일, 린든 B. 존슨 대통령의 연설; *Public Papers of the Presidents of the United States*, 1966, Book II (Washington, 1967), 563, 568; *Congressional Record*, March 15, 1948, House, 2883.

11 Dean Acheson, *Present at the Creation* (New York: Norton, 1969), 219; *TNCW*, 195f. 에서 더 확장된 논의 참조.

12 Seymour Hersh, *The Price of Power* (New York: Summit, 1983), 270에 인용됨. Roger Morris; Morton Halperin et al., *The Lawless State* (New York: Penguin, 1976), 17에서 다음 자료를 인용. Hersh, *New York Times*, September 11, 1974.

13 LaFeber, *Inevitable Revolutions* (New York: Norton, 1983), 157.

14 Walter Laqueur, 《월스트리트저널》, 1981년 4월 9일자; 《이코노미스트》, 1981년 9월 19일자. 미 정부가 관리하는 미군 기지에서 수행된 대쿠바 테러 전쟁에 대해서는 다음 자료를 보라. Herman, 《Real Terror Network》, *TNCW*와 인용 출처들. 널리 신망받는 스털링의 황당한 이야기는 부분적으로 CIA가 날조한 문서에 바탕을 둔 것이다. CIA 문서는 변절자의 진실성을 훼손하기 위해 만들어진 것인데, 고의적인 '정보 누설'에 따라 하급 정보망을 통해 널리 유통되었다. 참조 Alexander Cockburn, 《네이션 Nation》, 1985년 8월 17일자.

15 《For Reasons of State》, 31~37쪽, 펜타곤 문서에서 인용.

16 요약 회의록Minutes summarizing PPS 51, 1949년 4월. Michael Schaller, 〈Securing the Great Crescent: Occupied Japan and the Origins of Containment in Southeast

Asia〉,《Journal of American History》, 1982년 9월호에 인용됨; 이 보고서는 '이들 국가 경제의 다변화'도 허용되어야 한다고 제안한다. 다음 자료들에서 이 주제의 전면적 전개가 다뤄진다. Schaller; essays by John Dower and Richard Du Boff in Chomsky and Howard Zinn, eds., *Critical Essays*, vol. 5 of the *Pentagon Papers* (Boston: Beacon, 1972); *For Reasons of State*, chap. 1, V.

17　Perkins, I, 131, 167, 176f. 마지막 문구는 유럽 정치가들 사이에 '퍼진, 아니 그보다 차라리 거의 보편적이라고 해야 할 시각'을 퍼킨스Perkins가 요약한 것이다.

18　참조, *For Reasons of State*, 37; *PEHR*, II; *TNCW*; Joel Charny and John Spragens, *Obstacles to Recovery in Vietnam and Kampuchea: U.S. Embargo of Humanitarian Aid* (Boston: Oxfam America, 1984).

19　Noam Chomsky, *At War with Asia* (New York: Pantheon Books, 1970), 286.

20　이 주제에 관해서는 다음 자료를 보라. *PEHR*, II, 2.2.

21　*At War with Asia; For Reasons of State; PEHR*, II; 그리고 인용된 자료들.

12 적을 봉쇄하기

1　민주주의에 대한 혐오감이 극도로 높아져, 부의 편중에 따른 소수의 지배를 막을 유일한 대안은 국가의 통제뿐이라는 말도 나온다. 이것을 암묵적으로 전제한 까닭에, 니콜라스 레만Nicholas Leman(《뉴퍼블릭》, 1989년 1월 9일자)은 허먼Herman과 나의 책《여론 조작Manufacturing Consent》이 언론에 대한 "더 강력한 국가 통제"를 옹호했다고 주장한 것이다. 그의 주장이 근거로 삼은 우리의 글은 다음과 같다. "장기적으로 볼 때 민주적 정치 질서를 위해서는 (일반 대중이) 매체에 접근해서 더욱 폭넓게 통제할 필요가 있다"(307쪽). 이 말은 몇 가지 가능한 양태를 검토한 후에 나온 것이다. 가령 일반 대중이 TV 채널에 더 폭넓게 접근함으로써 "방송 과점 상태를 약화시키고" 또 "지역민 집단의 접근 가능성"을 높일 수 있다. "지역 비영리 라디오, TV 방송", "공동체 공익 기관에 의한 라디오 방송국 소유(프랑스의 소규모 방송국이 사례로 제시되었다)", 지역 공동체의 청취자가 후원하는 라디오 등도 가능한 대안으로 제시되었다. 이러한 대안들은 기업의 과점과 부의 통치에 도전하는 방안들이다. 따라서 이런 방안들은 잘 모르는 사람에게 '국가 통제'로 해석될 수 있다. 그들은 일반 대중이 매체를 장악하여 스스로 여론을 만들어나간다는 것은 상상조차 못하는 것이다. 물론 일반적인 원론을 떠나 각론으로 들어가면 여러 가지 복잡한 요소와 제한이 있을 것이다. 이런 것들은 복잡한 체계를 분석할 때 으레 따라 나오는 것으로 이해해야 한다.

2　조슈아 코언과 조엘 로저스Joshua Cohen and Joel Rogers의 《민주주의론On Democracy》에는 더 폭넓은 결론이 자세하게 설명되어 있다.

3　Christopher Hill, *The World Turned Upside Down* (New York: Penguin, 1984), 60, 71, 동시대 작가들을 인용.

4   Edward Countryman, *The American Revolution* (New York: Hill and wang, 1985), 200, 224ff.

5   James Curran, "Advertising and the Press," Curran, ed. , *The British Press: A Manifesto* (London: MacMillan, 1978).

6   Lawrence Shoup and William Minter, *Imperial Brain Trust* (New York: Monthly Review Press, 1977, 130). 이 책은 1939~1945년의 국무부와 외교협의회Council on Foreign Relations의 '전쟁과 평화 연구 프로젝트War and Peace Studies Project'를 연구한 것이다.

7   더 상세한 논의는 다음 자료 참조. Chomsky, *Necessary Illusions* (Cambridge, MA: South End Press, 1989), appendix II, sec. 1.

8   초기에는 산업자본주의 중심지들이 옛 식민지를 착취해서 경제력을 회복해야 했기 때문에 예외가 허용되었다. 그러나 이는 임시방편으로 이해되었다. 자세한 내용은 다음 자료들 참조. William S. Borden, *The Pacific Alliance: United States Foreign Economic Policy and Japanese Trade Recovery, 1947-1955* (Madison, WI: University of Wisconsin Press, 1984); Andrew J. Rotter, *The Path to Vietnam: Origins of the American Commitment to Southeast Asia* (Ithaca, NY: Cornell University Press, 1987).

9   《WP Weekly》, 1987년 12월 28일자.

10   Lippmann and Merz, "A Test of the News," Supplement, *New Republic*, August 4, 1920. 인용문은 다음 자료에서 가져왔다. James Aronson, *The Press and the Cold War* (Boston: Beacon, 1973), 25f.

11   참조, *Necessary Illusions*, appendix II, section 1.

12   H.D.S. Greenway, 《보스턴 글로브*Boston Globe*》, 1988년 7월 8일자. 그 배경에 대해서는 다음 자료 참조. 《Turning the Tide》, 194쪽 이하, 그리고 인용 자료; Christopher Simpson, 《Blowback》 (New York: Weidenfeld & Nicolson, 1988).

13   1960년대 후반에 이르러, 이것은 미국의 동남아시아 개입을 뒷받침하는 기본 요소가 되었다. 미국의 세계 계획에서 그것은 일본을 위한 '공동 번영권'으로 재편되었다. 이 공동 번영권은 미국이 지배하는 대영역의 한 부분이면서, 원자재의 제공처가 되고 서유럽 자본주의 구축을 위해 달러를 재활용하는 시장이 되어야 했다. 다음 자료들을 참조하라. Chomsky, *At War with Asia*(New York : Pantheon Books, 1970), introduction of *For Reasons of State*(New York : Pantheon Books, 1973); Chomsky and Howard Zinn, eds. , *Critical Essays*, vol. 5 of the *Pentagon Papers*(Boston : Beacon, 1972); Borden, *Pacific Alliance*; Michael Schaller, *The American Occupation of Japan*(New York : Oxford University Press, 1985); Andrew Rotter, *Path to Vietnam*(Ithaca, NY : Cornell University Press, 1987).

14 Acheson, *Present at the Creation* (Norton, 1969, 374, 489); Borden, op. cit., 44, 144.

15 참조, *Necessary Illusions*, appendix II, section 2.

16 Carey, "Managing Public Opinion."

17 Ibid., 다음 자료 인용. Bell, "Industrial Conflict and Public Opinion," A.R. Dubin and A.Ross, eds., *Industrial Conflict* (New York: McGraw-Hill, 1954).

18 참조, *Necessary Illusions*, appendix V, section 5.

19 Carey, "Managing Public Opinion." 1950년대 대학계의 숙청에 관해서는 다음 자료 참조. Ellen Schrecker, *No Ivory Tower* (New York: Oxford University Press, 1986). 나중에 벌어진 숙청의 소규모 본보기로서 다음 책에 실린 글들을 보라. Philip J. Meranto, Oneida J. Meranto, and Matthew R. Lippman, *Guarding the Ivory Tower* (Denver: Lucha Publication, 1985).

20 논의를 위해, 내가 쓴 다음 기사 참조. "Democracy in the Industrial Societies," *Z Magazine*, January 1989.

21 평화를 위한 식량 정책The Food for Peace program(PL 480)은 유명한 사례다. 로널드 레이건은 "한 나라가 다른 나라의 빈곤한 사람들을 위해 해줄 수 있는 가장 위대한 인도주의적 행위 중 하나"라고 말했다. PL 480은 당초 설계된 목적에 충실히 봉사했다. 미국 농업 재벌에 보조금 지급하기, 사람들을 "우리의 식량에 의존하게 만들기"(휴버트 험프리Hubert Humphrey 상원의원은 자신의 지역구인 미네소타 농촌 지역의 이익을 위해 이 정책을 세웠다), 반폭동 작전에 기여하기, "서구와 제3세계의 자본주의 정부를 지원하기 위한 글로벌 군사 네트워크 창설" 자금 마련을 위해 재무장 자금의 현지 조달을 요구하기(William Borden), 미국 군수산업체들에 간접적인 보조금 지급하기 등이 PL 480의 당초 목적이었다. 미국은 이런 수출 보조금을 활용하여(일반적으로 '불공정' 무역으로 간주된다) 거대한 일본 시장을 유지"했다(William Borden). 그 결과 제3세계의 농업과 생존에 미친 악영향은 심대했다. Tom Barry and Deb Preusch, 《The Soft War》(New York : Grove Press, 1988, 67f.); Borden, 《Pacific Alliance》, 182f. 그리고 기타 자료들 참조.

22 *New York Time*, October 30, 1985.

23 참조, *Political Economy of Human Rights and Manufacturing Consent*.

24 《뉴욕타임스》 1977년 3월 25일자; 기자회견 기록.

25 《로스앤젤레스타임스Los Angeles Times》, 1988년 10월 25일자; Robert Reinhold, 《뉴욕타임스》, 같은 날짜.

26 당시의 비교 추산은 다음 자료 참조. *Political Economy of Human Rights*, II, chap. 3.

27 *New York Time*, March 3, 1985.

28 T. Hunter Wilson, *Indochina Newsletter* (Asia Resource Center), November-

December 1987. Mary Williams Walsh, *Wall Street Journal*, January 3; George Esper, Associated Press, January 18; *Boston Globe*, picture caption, January 20, 1989.

29 Mary Williams Walsh, *Wall Street Journal*, January 3, 1989; Robert Pear, *New York Times*, August 14; Elaine Sciolino, *New York Times*, August 17; Paul Lewis, *New York Times*, October 8; Walsh, *Wall Street Journal*, September 1, 1988. 1989년 1월 3일 기사에서 메리 월시Mary Williams Walsh는 서글픈 어조로 이렇게 썼다. "아프간 지도의 배포는 카불 정권에게는 선전전의 자그마한 승리다. 워싱턴에 있는 적들"은 철수한 지 14년이 되었는데도 아직 그런 지도를 제작하지 못했기 때문이다. 이 선전전의 승리는 아주 자그마한 것이었다. 왜냐하면 미국이 지뢰 지도를 제공하지 못했다거나 제공할 책임이 있다고 인식하는 사람이 없기 때문이다.

30 Barbara Crossette, *New York Times*, November 10, 1985.

31 Crossette, *New York Times*, February 28; E. W. Wayne, *Christian Science Monitor*, August 24, 1988.

32 Anderson, "The Light at the End of the Tunnel," *Diplomatic History*, Fall 1988.

33 Lee H. Hamilton, "Time for a new American relationship with Vietnam," *Christian Science Monitor*, December 12, 1988; Frederick Z. Brown, *Indochina Issues* 85, November 1988; *Boston Globe*, July 8, 1988.

34 Francis Jennings, *Empire of Fortune* (New York: Norton, 1988), 215.

35 Kapeliouk, *Yediot Ahronot*, April 7, 1988; April 1, 15.

36 Ziem, *Indochina Newsletter* (Asia Resource Center), July–August 1988; Susan Chira, *New York Times*, October 5, 1988; *Wall Street Journal*, April 4, 1985. 종전 10주년에 나온 회고 담론들(1985)이 미군 공격의 주된 피해자인 남베트남에 대한 책임을 어떻게 피해 갔는가 하는 데 대해서는 《Manufacturing Consent》(한국어판: 《여론조작》, 정경옥 옮김, 에코리브르, 2006) 참조.

37 NSC 144/1, 1953; NSC 5432, 1954; 그 밖에 다수 문서들. 더 상세한 논의는 《On Power and Ideology》 참조. 기본 원칙은 계속 되풀이되며, 사용된 낱말까지 똑같은 경우도 종종 있다.

38 국내의 전선을 겨냥한 이러한 선전 도구에 관해서는 다음 자료를 보라. Herman and Brodhead, *Demonstration Elections*.

39 Jorge Pinto, 《뉴욕타임스》, op-ed(사설 맞은편 난), 1981년 5월 6일자; Ricardo Castañeda, 엘살바도르의 한 법무법인 대표, 하버드 대학 케네디 행정대학원의 에드워드 메이슨 프로그램 이수자Edward Mason Fellow, Kennedy School, Harvard University, p.c.; "Salvador Groups Attack Paper and U.S. Plant," World News Briefs, 《뉴욕타임스》, 1980년 4월 19일자. 《뉴욕타임스》의 보도 범위에 관한 정보는 FAIR(Fairness & Accuracy In Reporting: 언론 감시 운동 단체_옮긴이)의 크리스 버크

Chris Burke가 조사한 《뉴욕타임스》 기사 목록에서 얻은 것이다.

40 "Sad Tales of La Libertad de Prensa," *Harper's*, August 1988. 더 상세한 논의는 다음 자료 참조. *Necessary Illusions*, appendix IV, section 6.

41 Deirdre Carmody, 《뉴욕타임스》, 1980년 2월 14일자. 위에 언급한 4월 19일자의 단신 보도를 그의 간청에 대한 응답으로 볼 수 있겠다.

42 *New York Times*, editorial, March 25, 1988.

13 고의적인 무지와 그 용도

1 Tony Blair, in "A New Generation Draws the Line," *Newsweek*, April 19, 1999; Vaclav Havel, "Kosovo and the End of the Nation-State," *New York Review of Books*, June 10, 1999.

2 Michael Wines, "Two Views of Inhumanity Split the World, Even in Victory," *New York Times*, "Week in Review" lead article, June 13, 1999; Michael Glennon, "The New Interventionism," *Foreign Affairs*, May/June 1999.

3 Bob Davis, "Cop of the World? Clinton Pledges U.S. Power Against Ethnic Cleansing, but His Aides Hedge," *Wall Street Journal*, August 6, 1999. William Jefferson Clinton, "A Just and Necessary War," *New York Times*, May 23; April 1, speech at Norfolk Air Station, *New York Times*, April 2, 1999.

4 Sebastian Mallaby, 〈Uneasy Partners〉, 《뉴욕타임스 북 리뷰New York Times Book Review》, 1997년 9월 21일. Thomas Friedman, 《뉴욕타임스》, 1992년 1월 12일자에 인용된 행정부 고위 정책 기획자의 말. Davis, 윗글, 인터뷰에서 샌디 버거가 한 말을 풀어 쓴 것.

5 Department of Defense Report to Congress, *Kosovo/Operation Allied Force After-Action Report*, January 31, 2000. Tony Blair, Alan Little, "Moral Combat: NATO At War," BBC2 Special, March 12, 2000.

6 2000년 4월 10~14일의 77 남반구 정상회의 선언Declaration of Group of 77 South Summit, April 10-14, 2000. 그 배경을 알아보려면 다음 자료 참조. *Third World Resurgence*(Penang), no. 117, 2000.

7 Anthony Sampson, "Mandela accuses 'policeman' Britain," *Guardian*, April 5, 2000.

8 Schiff, Amnon Barzilai, *Ha'aretz*, April 5, 2000. 인도, 이스라엘, 이집트에서 나온 반응에 대해서는 다음 자료 참조. Noam Chomsky, *The New Military Humanism: Lessons of Kosovo* (Monroe, ME: Common Courage Press, 1999), chap. 6.

9 이 사건에 관해서는 다음 자료 참조. Noam Chomsky, *Deterring Democracy*

(London, New York: Verso, 1991); *The New Military Humanism: Lessons of Kosovo.*

10   Ibid. 터키와 쿠르드족에 관한 논의와 아래 인용문들은 다음 자료 참조. *The New Military Humanism: Lessons of Kosovo.*

11   Andrew Kramer, "Putin following Yeltsin's misguided policies, Solzhenitsyn says," AP, *Boston Globe*, May 17, 2000.

12   John Mearsheimer, "India Needs The Bomb," *New York Times*, op-ed, March 24, 2000; Samuel Huntington, "The Lonely Superpower," *Foreign Affairs*, March/April 1999. Chalmers Johnson, *Blowback* (New York: Henry Holt, 2000), 59. Michael MccGwire, "Why did we bomb Belgrade?" *International Affairs* (Royal Academy of International Affairs, London), 76.1, January 2000.

13   Christopher Marquis, 〈Bankrolling Colombia's War on Drugs〉, 《뉴욕타임스》, 2000 년 6월 23일자, 마지막 문단.

14   Tamar Gabelnick, William Hartung, and Jennifer Washburn, *Arming Repression: U.S. Arms Sales to Turkey During the Clinton Administration* (New York and Washington: World Policy Institute and Federation of Atomic Scientists, October 1999). 다른 출처들을 더 보려면 다음 자료 참조. NMH. 라틴아메리카와 카리브해 지역에 관해서는 다음 자료 참조. Adam Isacson and Joy Olson, *Just the Facts: 1999 Edition* (Washington: Latin America Working Group and Center for International Policy, 1999). 이 문단 이하에서는 영원한 선두 주자 이스라엘과 이집트는 논외로 친다. 각 회계 연도마다 순위는 여러 측면을 정확히 산정하여 매겨진다(보조금, 판매, 훈련, 합작, 합동 훈련 등).

15   주석 14 참조. Jonathan Randal, *After Such Knowledge, What Forgiveness: My Encounters with Kudistan* (Boulder, CO: Westview Press, 1999).

16   이들 사태와 교조적 프리즘으로 굴절된 시각에 대해서는 다음 자료 참조. *The New Military Humanism: Lessons of Kosovo.* 이후 시점의 정보는 다음 자료 참조. *Rogue States* (Cambridge, MA: South End Press, 2000), chap. 5.

17   Thomas Cushman, editor, "Human Rights and the Responsibility of Intellectuals," *Human Rights Review*, January–March 2000; Aryeh Neier, "Inconvenient Facts," *Dissent*, spring 2000; 미국이 후원한 터키의 만행을 고찰한 데 따른 두 사람의 반응은 다음 자료에서 볼 수 있다. *The New Military Humansim: Lessons of Kosovo.*

18   Tim Judah, *Kosovo: War and Revenge* (New Haven: Yale University Press, 2000), 308.

19   Ferit Demer, 로이터 통신Reuters, 터키 툰젤리발 기사, 4월 1일; Chris Morris, 《가디언 Guardian》(런던), 2000년 4월 3일자. AP, 《로스앤젤레스타임스Los Angeles Times》, 2000년 4월 2일자.

20 《Fateful Triangle: US., Israel, and the Palestinians》(Cambridge, MA : South End Press, 1999, 1983년판의 개정판) 참조. 레바논 정부와 국제 구호 기관들은 1982년 이래 2만 5000명이 죽었다고 보고했다. 1982년 침공의 희생자 수는 약 2만으로 추산된다.

21 "Israel, US vote against funding for UN force in Lebanon," AP Worldstream, June 15; Marilyn Henry, "Israel, US angered by Kana clause in UN peacekeeping package," *Jerusalem Post*, June 18, 2000. 1996년 침공 상황에 대해서는 다음 자료 참조. *Fateful Triangle*. 유엔 복합 시설에 대한 포격이 고의적이었다는 국제사면위원회Amnesty와 유엔의 조사 결과를 비롯해 상세한 기록이 다음 자료에 있다. Shifra Stern, *Israel's Operation "Grapes of Wrath" and the Qana Massacre*, ms., April-May 1996.

22 연방 뉴스 서비스Federal News Service, 윌리엄 코언 장관의 국방부 브리핑, "Tukey's Importance to 21st Century International Security," 워싱턴 DC 소재 그랜드하얏트호텔Grand Hyatt Hotel, Washington DC, 3월 31일; Charles Aldinger, "U.S. praises key NATO ally Turkey," Reuters, March 31, 2000. Judith Miller, "South Asia Called Major Terror Hub in a Survey by U.S.," *New York Times*, April 30, 2000, 머리기사.

23 Little, op. cit.

24 주석 14 참조.

25 참조, Lars Schoultz, 《Comparative Politics》, 1981년 1월. 슐츠Schoultz는 미국의 라틴 아메리카 정책과 인권을 연구하는 선도적인 저술가다. 근거를 밝혀줄 더 폭넓은 조사 자료와 확증을 경제학자 에드워드 허먼Edward Herman의 연구에서 찾아 볼 수 있다. Chomsky and Herman, 《Political Economy of Human Rights》(Cambridge, MA: South End Press, 1979), vol. I. chap. 2.1.1; Herman, 《The Real Terror Network》 (Cambridge, MA: South End Press, 1982), 126ff. 이들 자료는 레이건 대통령 재임기 보다 앞선 시대를 검토한 것이어서, 현재로서는 불필요한 부분도 있다.

26 Carla Anne Robbins, 〈How Bogota Wooed Washington to Open New War on Cocaine〉, 《월스트리트저널》, 2000년 6월 23일자. 뒤따른 내용의 출처와 더 상세한 정보, 논의를 보려면 다음 자료 참조. 《Rogue States》, chap. 5.

27 Rafael Pardo, 〈Colombia's Two-Front War〉, 《포린어페어스Foreign Affairs》, 2000년 7/8월호. 파르도Pardo(1953~)는 그 게릴라 기반 정당이 암살로 와해되었을 때 콜롬비아 정부의 평화 협상 담당 특별고문이자 국방장관이었다.

28 Sean Murphy, "Contemporary Practice of the United States Relating to International Law," *American Journal of International Law* (henceforth *AJIL*) 94, no. 1 (January 2000).

29 William Shawcross, *Deliver Us from Evil: Peacekeepers, Warlords and a World of Endless Conflict* (New York: Simon & Schuster, 2000), 26ff. 쇼크로스는 이런 구도를 미 국무부 차관보 스트로브 탤벗에게서 가져왔다고 밝히고, 아무런 정의 부여나 제한 설정 없이 받아들여 사용했다. 《월스트리트저널》의 편집자 맥스 부트Max Boot는 서

평에서, 쇼크로스가 "미국이 캄보디아에 있는 북베트남 기지들을 공격했다"('캄보디아에 있는 북베트남 기지'란 사실상 캄보디아 민간인들을 가리키는 말이다)고 비난하고 난 후 마침내 '진보'하여 미국이 '선량한 힘'임을 알아차리게 된 것을 칭찬했다. 《포린어페어스》, 2000년 3/4월호.

30 《뉴스위크Newsweek》 외교 통신원 Michael Hirsh, 〈The Fall Guy〉, 《포린어페어스》, 1999년 11/12월호.

31 Richard Butler, "East Timor: Principle v. Reality," *The Eye* (Australia), 7–20, 1999.

32 라착 대학살에 관한 보도와 그 증거에 대해서는 다음 자료 참조. Edward Herman and David Peterson, "CNN: Selling Nato's War Globally," Phililp Hammond and Edward Herman, eds., *Degraded Capability: The Media and the Kosovo Crisis* (London: Pluto, 2000).

33 Colum Lynch, "US seen leaving Africa to solve its own crisis," *Boston Globe* (henceforth *BG*), February 19, 1999. John Donnelly and Joe Lauria, "UN peace efforts on trial in Africa; Annan angry as U.S. holds to limits on military role," *BG*, May 11; Barbara Crossette, "U.N. Chief Faults Reluctance of U.S. To Help in Africa," *New York Times,* May 13, 2000.

34 정책을 입안하는 최고위급 관료와 지식인 들이 이해하는 '신인도credibility' 개념의 성격과 범위에 관해서는 다음 자료 참조. *The New Military Humanism: Lessons of Kosovo,* chap. 6.

35 PKI의 성공을 다룬 자료로서, 공인된 근거 구실을 하는 Harold Crouch, 《Army and Politics in Indonesia》 (Ithaca, NY: Cornell University Press, 1978), 351, 155. chap. 2, 〈Green Light for War Crimes〉와 〈A New Generation Draws the Line〉에 인용된 근거 자료 참조.

36 Piero Gleijeses, *Shatterd Hope: The Guatemala Revolution and the United States, 1944-1954* (Princeton, NJ: Princeton University Press, 1991), 365. *Foreign Affairs* editor James Chace, *New York Times Magazine,* May 22, 1977.

37 주석 5; 상원 코소보군사작전위원회Armd Services Committee on Kosovo operations 청문회에서 윌리엄 코언의 증언, 1999년 10월 14일, 연방뉴스서비스Federal News Service.

38 Ivo Daalder and Michael O'Hanlon, "Without the air war, things could have been worse," *Washington Post National Weekly,* April 3, 2000.

39 참조, *The New Military Humanism: Lessons of Kosovo,* 22와 아래 chap. 3.

40 참조, *The New Military Humanism: Lessons of Kosovo,* chap. 6; 아래 chap. 3.

41 Michael Ignatieff, 〈What is war for? And should we have done it?〉, 《National Post》 (캐나다), 2000년 4월 18일자; Michael Ignatieff, 《Virtual War》에 수록된, 로버트 스키

들리Robert Skidelsky와 주고받은 서신 발췌록.

42 "Panorama: War Room," BBC, April 19, 1999.

43 John Goetz and Tom Walker, "Serbian ethnic cleansing scare was a fake, says general," *Sunday Times*, April 2, 2000. Franziska Augstein, "Im Kosovo war es anders," *Frankfurter Allgemeine Zeitung*, March 25; also *Die Woche*, March 24; *Der Spiegel*, March 17; *Sueddeutsche Zeitung*, April 4; *Le Monde*, April 11, 2000. Heinz Loquai, *Der Kosovo-Konflict: Wege in einen vermeidbaren Krieg* (Baden-Baden: Nomos Verlag, 2000).

44 Ruth Wedgwood, "NATO's Campaign in Yugoslavia," *AJIL* 93, no. 4 (October 1999), 폭격에 대한 법률적 변호; Donald Byman and Matthew Waxman of Rand Corporation, "Kosovo and the Great Air Power Debate," *International Security* 24, no. 4 (Spring 2000); David Fromkin, *Kosovo Crossing* (New York: The Free Press, 1999); Alan Kuperman, "Rwanda in Retrospect," *Foreign Affairs*, January/February 2000. 그 외 다수 사례들은 다음 자료 참조. NMH와 아래 chap. 3.

45 Fouad Ajami, 〈Wars and Rumors of War〉, 《뉴욕타임스 북 리뷰*New York Times Book Review*》, 2000년 6월 11일자; Aryeh Neier, op. cit., 그 밖에 다수 자료. 나이어의 요지는, 내가 (《The New Military Humanism: Lessons of Kosovo》에서) 앞서 언급한, 실제로 발생하고 지속되어온 정당한 사유들을 뒷받침하는 자명한 이치를 무시했으며 그것은 '부정직'한 일이라는 것이다.

46 국방 특별위원회에서 증언하면서, 전쟁 중 영국 국방부의 2인자였으며 공식적으로 국가 정보를 책임지는 국방장관 길버트Gilbert 경은, 나토가 1999년 9월에 침공할 수도 있었다는 주장을 비웃었다. 그는 이렇게 증언했다. "코소보를 육상 공격하는 것은 9월이면 가능했을 것이다. 지난해 9월이 아니라 올해〔2000년〕 9월 말이다." Patrick Wintour, 〈War strategy ridiculed〉, 《가디언*Guardian*》, 2000년 7월 21일자.

47 Ian Williams, "Left Behind: American Socialists, Human Rights, and Kosovo," *Human Rights Review* 1-2(January–March 2000).

48 Jiri Dienstbier, BBC Summary of World Broadcasts, March 25; Naomi Koppel, "Ground Troops Urged for Yugoslavia." AP Online, March 29, 2000; Elizabeth Sullivan, "A Threatening Thaw in the Balkans," *Cleveland Plain Dealer*, April 3; Laura Coffey, *Prague Post*, March 29, 2000. MccGwire, op. cit. 디엔스트비에르는 체코의 반정부 운동 지도자로서, 1970년대 후기와 1980년대 초기에 수감되어 있었다가, 나중에 최초의 탈공산주의 외교부 정관이 되었다.

49 Donald Fox and Michael Glennon, "Report to the International Human Rights Law Group and the Washington Office on Latin America," 워싱턴 DC, 1985년 4월, 미국이 후원한 엘살바도르의 국가 폭력에 대해 국무부가 얼버무린 것과 관련하여.

16 미국-이스라엘-팔레스타인

1 Baruch Kimmerling, "Preparing for the War of His Choosing," *Ha'aretz*, July 12, 2001. 인터넷으로도 볼 수 있다. www.palestinemonitor.org/israelipoli/preparing_for_the_war_of_his_cho.htm.

2 Ze'ev Sternhell, "Balata Has Fallen," *Ha'aretz*, March 7, 2002.

3 Shlomo Ben-Ami, *Makom Lekulam* [A Place for All] (Jerusalem: Hakibbutz Hameuchad, 1987). Efraim Davidi, "Globalization and Economy in the Middle East-A Peace of Markets or a Peace of Flags?", *Palestine-Israel Journal*, vol. 7, nos. 1-2 (2002)에 인용됨.

4 Kimmerling, op. cit.

5 "Moving Past War in the Middle East," *New York Times*, April 7, 2002.

6 1989년 5월 15일 이스라엘 정부가 공인한 평화 계획안 원문(1989년 12월의 베이커 안 Baker plan을 통해 아버지 부시 대통령이 지지한 페레스-샤미르 공동 계획안Peres-Shamir coalition plan). 다음 책에 있는 이 평화 계획안에 대한 비공식 번역 참조, Chomsky, *World Orders Old and New*(New York: Columbia University Press, 1999), 231~232; http://domino.un.org/UNISPAL.NSF/bdd57d15a29f428d85256c 3800701fc4/2fa32a5884d90dc985256282007942fa! OpenDocument.

7 John Donnelly and Charles A. Radin, "Powell's Trip Is Called a Way to Buy Time for Sharon Sweep," *Boston Globe*, April 9, 2002, A1.

8 See *Fateful Triangle: The United States, Israel, and the Palestinians*, 개정판 (Cambridge, MA: South End Press, 1999), 75.

9 Patrick E. Tyler, "Arab Ministers Announce Support for Arafat," *New York Times*, April 7, 2002, section 1, 17; Agence France-Presse, "Israeli Troops Keep Up Offensive as Powell Starts Regional Tour," April 8, 2002; Toby Harnden, "It Is When, Not If, the Withdrawal Will Start," *Daily Telegraph* (London), April 8, 2002; Robert Fisk, "Mr. Powell Must See for Himself What Israel Inflicted on Jenin," *The Independent* (London), April 14, 2002, 25.

10 Melissa Radler, "UN Security Council Endorses Vision of Palestinian State," *Jerusalem Post*, March 14, 2002.

11 *Middle East Illusions*, chap. 8 참조. 더 상세한 내용은 다음 책에 내가 쓴 서문을 참조. Roane Carey, ed., *The New Intifada*(New York: Verso, 2001). Chomsky, *Pirates and Emperors, Old and New: International Terrorism in the Real World*(Cambridge, MA: South End Press, 2002)에 재수록.

12 Fiona Fleck, "114 States Condemn Israelis," *Daily Telegraph* (London), December 6,

2001; Herb Keinon, "Geneva Parley Delegates Blast Israel," *Jerusalem Post*, December 6, 2001.

13   Graham Usher, "Ending the Phony Cease-Fire," *Middle East International*, January 25, 2002, 4.

14   Geoffrey Aronson, ed., "Report on Israeli Settlements in the Occupied Territories," *Foundation for Middle East Peace* 12, no. 1(January–February 2002); Ian Williams, *Middle East International*, December 21, 2001; Judy Dempsey and Frances Williams, "EU Seeks to Reassert Mideast Influence," *Financial Times*(London), December 6, 2001, 7.

15   Francis A. Boyle, "Law and Disorder in the Middle East," *The Link* (Americans for Middle East Understanding) 35, no. 1(January–March 2002): 1–13. 전문을 인터넷에서 볼 수 있다. www. ameu.org/uploads/vol35_issue1_2002.pdf.

17 제국주의의 거대한 전략

1   White House, *The National Security Strategy of the United States of America*, released September 17, 2002.

2   John Ikenberry, *Foreign Affairs*, September–October 2002.

3   그 결정적인 차이점에 관해서는 다음 자료를 보라. Carl Kaysen, Steven Miller, Martin Malin, William Nordhaus, and John Steinbruner, *War with Iraq*(Cambridge, MA: American Academy of Arts and Sciences, 2002).

4   Steven Weisman, *New York Times,* March 23, 2003.

5   Arthur Schlesinger, *Los Angeles Times*, March 23, 2003.

6   Richard Falk, *Frontline*(India) 20, no. 8(April 12–25, 2003).

7   Michael Glennon, *Foreign Affairs*, May–June 2003 and May–June 1999.

8   Dana Milbank, *Washington Post*, June 1, 2003, Guy Dinmore, James Harding, and Cathy Newman, *Financial Times*, May 3–4, 2003.

9   Dean Acheson, *Proceedings of the American Society of International Law*, no. 13/14 (1963). Abraham Sofaer, U.S. Department of State, *Current Policy*, no. 769 (December 1985). 애치슨은 특히 미국의 경제전쟁을 가리켜 말한 것이었지만, 분명히 국제 테러리즘에 대해서도 알고 있었다.

10   클린턴 대통령의 유엔 연설, 1993년 9월 27일; William Cohen, *Annual Report to the President and Congress*(Washington, DC: U.S. Government Printing Office, 1999).

11 Memorandum of the War and Peace Studies Project; Laurence Shoup and William Minter, *Imperial Brain Trust* (New York: Monthly Review Press, 1977), 130ff.

12 이 점에 관해 매우 강한 주장이 담긴 다음 자료를 보라. Bacevich, *American Empire: The Realities and Consequences of U. S. Diplomacy* (Cambridge, MA: Harvard University Press, 2002).

13 《뉴욕타임스》, 2003년 1월 29일자에 게재된 조지 W. 부시 대통령 연두 교서.

14 콘돌리자 라이스Condoleezza Rice, 2002년 9월 8일 울프 블리처Wolf Blitzer와 한 CNN 인터뷰에서. Scott Peterson, 《크리스천 사이언스 모니터*Christian Science Monitor*》, 2002년 9월 6일자. John Mearsheimer and Stephen Walt, 《포린폴리시 *Foreign Policy*》, 2003년 1-2월호. 위성 사진을 근거로 삼은 1990년대의 주장들을 《세인트피터스버그타임스*St. Petersburg Times*》가 조사했다. 전문가들은 상업 위성에서 찍은 사진들을 분석했지만 아무것도 찾아내지 못했다. 이 조사 결과는 지금도 무시되고 있다. '어떤 사실은 사실적이지 않다some facts (are) less factual'는 것을 고찰한 피터슨Peterson의 위 기사 참조. 별도의 확인을 위해 다음 기사 참조. Peter Zimmerman, 《워싱턴포스트*Washington Post*》, 2003년 8월 14일자.

15 《크리스천 사이언스 모니터》지와 TIPP의 여론 조사, 《크리스천 사이언스 모니터》, 2003년 1월 14일자. Linda Feldmann, 《크리스천 사이언스 모니터》, 2003년 3월 14일자. Jim Rutenberg and Robin Toner, 《뉴욕타임스》, 2003년 3월 22일자.

16 Edward Alden, *Financial Times*, March 21, 2003; Anatol Lieven, *London Review of Books*, May 8, 2003.

17 Elisabeth Bumiller, 《뉴욕타임스》, 2003년 5월 2일자. 같은 날 같은 신문에 게재된 조지 W. 부시의 발언.

18 Jason Burke, 《Sunday Observer》, 2003년 5월 18일자. 211쪽을 보라.

19 Program on International Policy Attitudes (PIPA), 보도자료, 2003년 6월 4일.

20 Jeanne Cummings and Greg Hite, 《월스트리트저널》, 2003년 5월 2일자; Francis Clines, 《뉴욕타임스》, 2003년 5월 10일자. 고딕체로 표시한 글자는 로브가 강조한 부분을 표시한 것이다.

21 David Sanger and Steven Weisman, *New York Times*, April 10, 2003; Roger Owen, *Al-Ahram Weekly*, April 3, 2003.

22 Comment and Analysis, *Financial Times*, May 27, 2003.

23 코르푸해협사건Corfu Channel Case 본안에 대한 국제사법재판소International Court of Justice의 1949년 4월 9일 판결.

24 참조, Chomsky, *New Military Humanism* (Monroe, ME: Common Courage Press, 1999).

25   나의 책 《A New Generation Draws the Line》(New York: Verso, 2000), 4쪽 이하를
      보라. 2003년 2월 25일 쿠알라룸푸르에서 발표된 비동맹 운동Nonaligned Movement
      의 성명서.

26   Aryeh Dayan, *Ha'aretz*, May 21, 2003.

27   Amir Oren, *Ha'aretz*, November 29, 2002.

28   Suzanne Nossel, *Fletcher Forum*, Winter-Spring 2003.

29   Richard Wilson, *Nature* 302, no. 31(March 1983). Michael Jansen, *Middle East
      International*, January 10, 2003. Imad Khadduri, *Uncritical Mass*, 회고록 원고, 2003.
      Scott Sagan and Kenneth Waltz, *The Spread of Nuclear Weapons*(New York:
      Norton, 1995), 18-19.

30   Neely Tucker, *Washington Post*, December 3, 2002; Neil Lewis, *New York Times*,
      January 9, 2003.

31   Ed Vulliamy, *Sunday Observer*, May 25, 2003.

32   참조, Chomsky, *Hegemony or Survival*(New York: Metropolitan Books, 2003), 200.

33   Jack Balkin, *Los Angeles Times*, February 13, 2003, and *Newsday*, February 17,
      2003. Nat Hentoff, *Progressive*, April 2003.

34   다음 자료에 인용된 윈스턴 처칠의 말, A. W. B. Simpson, *Human Rights and the End
      of Empire: Britain and the Genesis of the European Convention*(New York: Oxford
      University Press, 2001), 55.

35   Kaysen et al., *War with Iraq*. Michael Krepon, *Bulletin of the Atomic Scientists*,
      January-February 2003.

36   John Steinbruner and Jeffrey Lewis, *Daedalus*, fall 2002.

37   참조, Chomsky, *Year 501*(Cambridge, MA: South End Press, 1993), chap. 1.

38   James Morgan, 《Financial Times》, 1992년 4월 25~26일자, G-7, IMF, GATT를 비롯
      한 '새로운 제국주의 시대'의 기구들에 관한 기사에서. Guy de Jonquières, 《Financial
      Times》, 2001년 1월 24일자. Mark Curtis, 《The Ambiguities of Power》 (London: Zed,
      1995), 183에 인용된 후쿠야마의 말.

39   다음 자료에 인용된 부시와 베이커의 말. Sam Husseini, *Counterpunch*, March 8,
      2003. Dilip Hiro, *Iraq: In the Eye of the Storm* (New York: Thunder's Mouth Press/
      Nation Books, 2002), 102f.

40   Edward Luck, *New York Times*, March 22, 2003.

41   Elisabeth Bumiller and Carl Hulse, 《뉴욕타임스》, 2002년 10월 12일자. Julia Preston,
      《뉴욕타임스》, 2002년 10월 18일자에 인용된 콜린 파월의 말. David Sanger and Julia

Preston, 《뉴욕타임스》, 2002년 11월 8일자. Doug Sanders, 《토론토글로브앤드메일 Toronto Globe and Mail》, 2002년 11월 11일자에 인용된 앤드루 카드의 말.

42 Mark Turner and Roula Khalaf, *Financial Times*, February 5, 2003.

43 David Sanger and Warren Hoge, *New York Times,* March 17, 2003. Michael Gordon, *New York Times*, March 18, 2003.

44 조지 W. 부시 기자회견문, 《뉴욕타임스》 2003년 3월 7일자. Felicity Barringer and David Sanger, 《뉴욕타임스》 2003년 3월 1일자.

45 Alison Mitchell and David Sanger, *New York Times,* September 4, 2002. Ari Fleischer cited by Christopher Adams and Mark Huband, *Financial Times*, April 12–13, 2003. Jack Straw cited by David Sanger and Felicity Barringer, *New York Times,* March 7, 2003.

46 "In Powell's Words: Saddam Hussein Remains Guilty," *New York Times,* March 6, 2003. Weisman, *New York Times,* March 23, 2003.

47 Condoleezza Rice, 《Foreign Affairs》, 2000년 1–2월호. John Mearsheimer and Stephen Walt, 《Foreign Policy》, 2003년 1–2월호에 인용됨. 9·11은 이들의 위험도 평가에 영향을 미치지 않았다는 점을 주목하라.

48 Dafna Linzer, AP, *Boston Globe*, February 24, 2003.

49 Guy Dinmore and Mark Turner, *Financial Times*, February 12, 2003. Jeanne Cummings and Robert Block, *Wall Street Journal*, February 26, 2003.

50 Geneive Abdo, "US Offers Incentives for Backing on Iraq," *Boston Globe*, February 13, 2003. Eric Lichtblau, "Charity Leader Accepts a Deal in a Terror Case," *New York Times,* February 11, 2003. 참조, Chomsky, *Hegemony of Survival*, 208.

51 Richard Boudreaux and John Hendren, *Los Angeles Times*, March 15, 2003.

52 Neil King and Jess Bravin, 《Wall Street Journal》, 2003년 5월 5일자. 여기 인용된 미국 의 태도에 관해서는 국제 정치에 관한 여론조사기관인 PIPA(The Program on International Policy Attitudes)의 2003년 4월 18~22일 여론조사를 보라. 이라크인들 의 태도에 관해서는, 유엔이 "주도적 역할을 하기를" 이라크인의 85퍼센트 이상이 원 한다는 인권의사회Physicians for Human Rights 조사 결과를 밝힌 인권의사회 부회 장 수재나 서킨Susannah Sirkin의 기고(《뉴욕타임스》, 2003년 8월 21일자)를 보라.

53 John Ikenberry, *Foreign Affairs*, September–October 2002. Anatol Lieven, *London Review of Books*, October 3, 2002.

54 Samuel Huntington, *Foreign Affairs*, March–April 1999. Robert Jervis, *Foreign Affairs*, July–August 2001.

55 Kenneth Waltz in Kim Booth and Tim Dunne, eds., *Worlds in Collision: Terror and* the Future of the Global Order (New York: Palgrave Macmillan, 2002). Steven Miller in Kaysen et al., War with Iraq. Jack Snyder, National Interest, spring 2003. Selig Harrison, New York Times, June 7, 2003.

56   Bernard Fall, Last Reflections on a War (Garden City, NY: Doubleday, 1967).

57   이 문제를 마무리한 펜타곤 문서의 최종 자료를 검토하려면, Chomsky, 《For Reasons of State》, 25쪽을 보라.

58   Maureen Dowd, New York Times, February 23, 1991.

59   세계경제포럼 보도자료, 2003년 1월 14일. Guy de Jonquières, 《파이낸셜타임스》, 2003년 1월 15일자.

60   Alan Cowell, New York Times, January 23, 2003; Mark Landler, New York Times, January 24, 2003. Marc Champion, David Cloud, and Carla Anne Robbins, Wall Steet Journal, January 27, 2003.

61   Foreign Desk, "Powell on Iraq: 'We Reserve Our Sovereign Right to Take Military Action,'" New York Times, January 27, 2003.

62   Kaysen et al., War with Iraq.

63   Hans von Sponeck, Guardian, July 22, 2002.

64   Ken Warn, Financial Times, January 21, 2003. 국제적 여론조사에 관해서는 다음 자료 참조. Chomsky, Hegemony or Survival, chap. 5.

65   Glenn Kessler and Mike Allen, Washington Post Weekly, March 3, 2003. Fareed Zakaria, Newsweek, March 24, 2003.

66   참조, Chomsky, Hegemony or Survival, chap. 1, note 6. Ido Oren, Our Enemies and Us (Ithaca, NY: Cornell University Press, 2002), 42에 인용된 Atlantic Monthly, 1901.

67   Andrew Bacevich, American Empire, 215ff. 고딕체 부분은 원문에서 강조된 부분이다.

68   The Collected Works of John Stuart Mill, vol. 21, ed. John M. Robson (Toronto: University of Toronto Press; London: Routledge and Kegan Paul, 1984). 참조, Hegemony or Survival, 44~45. 후임자의 고귀한 성격에 대한 영국의 태도는 조금 달랐다. Hegemony or Survival, 149 참조.

69   Andrew Bacevich, World Policy Journal, fall 2002.

70   Michael Glennon, Christian Science Monitor, March 20, 1986.

71   Sebastian Mallaby, New York Times Book Review, 1997년 9월 21일자. Michael Mandelbaum, The Ideas That Conquered the World(New York: Public Affairs, 2002), 195. Thomas Friedman, 《뉴욕타임스》, 1992년 1월 12일자에 인용된 행정부 고위 정책 입안자의 말.

72   Boot, *New York Times,* February 13, 2003. Robert Kagan, *Washington Post Weekly,* February 10, 2003.

73   밀의 에세이와 그것이 쓰인 배경에 대해서는 다음 자료 참조. Chomsky, *Peering into the Abyss of the Future.* 영국이 인도와 중국에서 저지른 범죄는 리처드 코브던 Richard Cobden 같은 고전적 자유주의자를 비롯해 많은 영국인들에게 충격을 주었다. 참조, Chomsky, *Hegemony or Survival,* chap. 7, note 52.

74   Henri Alleg, *La Guerre d'Algérie,* 다음 자료에 인용됨. Yousef Bedjauoi, Abbas Aroua, and Méziane Ait-Larbi, eds., *An Inquiry into the Algerian Massacres* (Plan-les-Ouates (Genève): Hoggar, 1999).

75   Walter LaFeber, *Inevitable Revolutions* (New York: Norton, 1983), 50ff., 75ff.

76   Mohammad-Mahmoud Mohamedou, *Iraq and the Second Gulf War* (San Francisco: Austin & Winfield, 1998), 123.

77   David Schmitz, *Thank God They're on Our Side* (Chapel Hill: North Carolina Press, 1999). "Japan Envisions a 'New Order' in Asia, 1938," Dennis Merril and Thomas Paterson, eds., *Major Problems in American Foreign Relations, Volume II: since 1914* (New York: Houghton Mifflin, 2000)에 재수록.

78   소련 법률가들의 논지는 다음 자료 참조. Sean Murphy, *Humanitarian Intervention* (Philadelphia: University of Pennsylvania Press, 1996). 케네디 행정부의 입장에 대해서는 다음 자료 참조. Chomsky, *Rethinking Camelot.*

79   1944년 1월, 이반 마이스키Ivan Maisky의 말, Vladimir Pechatnov, *The Big Three After World War II* (Woodrow Wilson International Center, Working Paper no. 13, July 1995)에 인용됨.

80   LaFeber, *Inevitable Revolutions*에 인용됨. Robert Tucker, *Commentary,* January 1975.

81   Mexican historian José Fuentes Mares in Cecil Robinson, ed. and trans., *The View from Chapultepec: Mexican Writers on the Mexican-American War* (Tucson: University of Arizona Press, 1989), 160에 인용됨.

82   William Stivers, *Supremacy and Oil* (Ithaca, NY: Cornell University Press, 1982)에 인용됨.

83   Morgenthau, *New York Review of Books,* September 24, 1970.

84   휴먼 라이츠 워치Human Rights Watch와 앰네스티 인터내셔널의 정기 보고서와 특히 다음 자료들 참조. Javier Giraldo, *Colombia: The Genocidal Democracy* (Monroe, ME: Common Courage Press, 1996); Garry Leech, *Killing Peace: Colombia's Conflict and the Failure of U.S. Intervention* (New York: Information Network of the Americas, 2002).

18 《실패한 국가》의 후기

1   Robert Pastor, *Condemned to Repetition: The United States and Nicaragua* (Princeton: Princeton University Press, 1987), 고딕체는 패스터가 강조한 부분.

2   Ali Abdullatif Ahmida, *Forgotten Voice: Power and Agency in Colonial and Postcolonial Libya* (London: Routledge, 2005).

3   Selig Harrison, *Financial Times*, January 18, 2006.

4   Ellen Knickmeyer and Omar Fekeiki, *Washington Post*, January 24, 2006. Charles Levinson, *Christian Science Monitor*, January 30, 2006. 오시라크 사건에 대해서는 《Hegemony or Survival》, 25쪽 참조.

5   참조, Chomsky, *Failed States* (New York: Metropolitan Books, 2006), 77; *Hegemony or Survival* (New York: Metropolitan Books, 2003), 157-158.

6   Anthony Bubalo, *Financial Times*, October 6, 2005. Shai Oster, *Wall Street Journal*, January 23, 2006.

7   Aijaz Ahmad, *Frontline* (India), October 8, 2005. Katrin Bennhold, *International Herald Tribune*, October 5, 2004. Also Victor Mallet and Guy Dinmore, *Financial Times*, March 17, 2005. Daniel Dombey et al., *Financial Times*, January 26, 2006. David Sanger and Elaine Sciolino, *New York Times,* January 27, 2006.

8   Siddlharth Varadarajan, *Hindu*, January 24, 2006; *Hindu*, January 25, 2006; *International Herald Tribune*, January 25, 2006. Fred Weir, *Christian Science Monitor*, October 26, 2005. 참조, "Declaration of Heads of Member-States of Shanghai Cooperation Organisation" (China, Russian Federation, Kazakhstan, Kyrgyz Republic, Tajikistan, Uzbekistan), July 5, 2005, Astana, Kazakhstan; *World Affairs* (New Delhi), Autumn 2005.

9   그 배경에 대해서는 《Hegemony or Survival》, chap. 6 참조.

10   NIC, *Global Trends*. Joel Brinkley, 《뉴욕타임스》, 2005년 10월 25일자. Dan Molinski, AP, 2005년 10월 24일. 부시의 정책은 전통적으로 미국을 지지해온 오스트레일리아도 멀어지게 했다. 2005년의 한 조사에 따르면, 오스트레일리아인 대부분이 "미국의 대외 정책과 이슬람 극단주의가 가하는 외부적 위협"은 둘 다 똑같은 비중으로 가장 위험스러운 일로 생각하고, 중국에 대한 우려는 그 3분의 1에 그친다. 단 58퍼센트만이 "미국을 우호적으로 보는 데 비해, 뉴질랜드는 94퍼센트, 영국은 86퍼센트, 일본은 84퍼센트, 중국은 69퍼센트가 우호적으로 생각한다." 인구의 절반이 중국과의 자유무역을 선호하지만, 미국에 대해서는 3분의 1만이 찬성한다. Tom Allard and Louise Willams, 《Sydney Morning Herald》, 2005년 3월 29일자.

11   Marc Frank, 《Financial Times》, 2005년 10월 21일자. John Cherian, 《Frontline》(인

도), 2005년 12월 30일자, 파키스탄 주요 일간지 《Dawn》을 인용.

12   Gwynne Dyer, 《Guardian》, 2005년 10월 25일자. Adam Thomson, 《Financial Times》, 2005년 12월 11일자. 워싱턴 경제정책연구센터Center for Economic and Policy Research(CEPR) 공동 소장인 경제학자 마크 웨이스브롯Mark Weisbrot, CEPR 보도자료, 2006년 1월 28일.

13   Andy Webb-Vidal, 《Financial Times》, 2005년 1월 3일자. Diego Cevallos, IPS, 2005년 12월 19일. Weisbrot, CEPR 보도자료, 2006년 1월 28일. 물 문제에 대해 더 자세한 내용은 다음 자료를 보라. William Blum, 《Rogue State》 (Monroe, ME: Common Courage Press, 2000), 77~78.

14   Andy Webb-Vidal, *Financial Times*, March 13, 2005. Justin Blum, *Washington Post*, November 22, 2005. Michael Levenson and Susan Milligan, *Boston Globe*, November 20, 2005.

15   David Bacon, *Z Magazine*, January 2006; *Multinational Monitor*, September-October 2005.

16   Scott Wilson and Glenn Kessler, *Washington Post*, January 22, 2006. Steven Erlanger, *New York Times*, January 23, 2006.

17   Walt Bogdanich and Jenny Nordberg, 《뉴욕타임스》, 2006년 1월 29일자. 《Failed States》 chap. 4, note 14와 154의 참고문헌 참조. Gregory Wilpert, Znet의 논평, 2005년 12월.

ii 촘스키 언어학의 파노라마

01 스키너의 《언어 행동》에 대한 서평

1   스키너는 최근의 동물 행동 연구와 그것을 복잡한 인간 행동에 적용할 가능성에 대해 상당히 자신 있게 말하지만, 이런 자신감은 별로 공유되지 못하는 듯하다. 유수한 행동주의자들의 최근 연구서들은 그 가능성에 회의를 표시한다. 대표적인 것으로 다음 연구서들이 있다. *Modern Learning Theory* by W.Estes et al(New York : Appleton-Century-Crofts, 1954); B.R.Bugelski, *Psychology of Learning*(New York : Holt, 1956); S.Koch, in *Nebraska Symposium on Motivation*, vol.58(Lincoln, 1956); W.S.Verplanck, "Learned and Innate Behavior," *Psychological Review* 52(1955): 139. 가장 강력한 주장을 편 사람은 H. 할로Harlow다. 그는 〈Mice, Monkeys, Men, and Motives〉, 《Psychological Review》 60(1953), 26~32에서 이렇게 주장했다. "다음과 같은 제안을 강력하게 지지할 수 있다. 지난 15년 동안 연구된 심리 문제의 중요성은 크게 감소했다. 부정적인 가속도가 붙은 기능이 완전히 중요성을 상실하는 지점에 한없이 가까워지고 있기 때문이다." 동물 행

동 연구(비교동물행동학)에 다르게 접근하는 학파의 중요 학자인 N. 틴베르헌 Tinbergen은 이런 결론을 내렸다. "행동의 인과관계는 과거에 생각한 것보다 훨씬 복잡하다. 안팎의 수많은 요소들이 복잡한 신경중추 구조에 작용한다. 둘째, 우리가 갖고 있는 정보가 단편적이라는 것은 명확한 사실이다." *The Study of Instinct*(Oxford, Clarendon Press, 1951), 74.

2   《Behavior of Organisms》(New York : D.Appleton–Century Company, 1938)에서 스키너는 이런 주장을 폈다. "조건화 반응은 특별한 강화와 반응의 상관관계에서 나온 것이지만, 조건화 반응과 그에 앞서 나오는 차별화된 자극의 관계는 거의 보편적인 규칙이다"(178~179쪽). 심지어 발산된 행동도 '근원적 힘'이 만들어낸다고 보았다(51쪽). 그러나 자발적 행동의 경우 그 근원적 힘은 실험의 통제를 받지 않는다. 유도 자극, 차별화된 자극, '근원적' 힘의 차이가 상세하게 설명되어 있지 않아 개인의 내면적 사건들이 차별화된 자극으로 고려될 때에는 세 용어가 더욱 헷갈린다(아래를 참조할 것).

3   한 유명한 실험에서 침팬지는 복잡한 과제를 수행하면 증표를 받았는데, 그것은 먹을 것과 관련이 있으므로 2차 강화인이 되었다. 이 실험에 의거하여 돈, 인정, 위신 등이 인간 행동에 이런 동기 유발 효과를 가져온다는 생각은 증명되지 않았고 별로 그럴듯하지도 않다. 행동주의 운동 내부의 많은 심리학자들이 그러한 생각을 의심스러워한다(cf. fn.23). 대개의 인간 행동에서 2차 강화인의 증거는 너무나 단편적이고 모순적이며 복잡하기 때문에 그 어떤 이론도 그럴듯해 보일 수 있다.

4   스키너는 위에서 자신이 내놓은 기본적 결과가 일반성을 띤다고 말했다. 하지만 이 말은 그가 부과한 실험의 한계에 비추어 이해되어야 한다. 정말로 언어의 기본 과정이 종species의 제한 없이 잘 이해된다면, 언어가 인간에게만 있다는 말은 아주 우스꽝스러워진다. 몇몇 산발적인 관찰 사례를 제외하고[스키너의 논문 "A Case History in Scientific Method", *American Psychologist* 11 (1956): 221~233 참조], 스키너는 이 주장을 다음과 같은 사실에 의거하고 있다. 박탈과 강화의 특별한 조건 아래 쥐의 막대기 누르기와 비둘기의 쪼기 실험에서 질적으로 유사한 결과가 나왔다. 하지만 이러한 사실을 어느 정도 믿어야 할지 의문이 제기된다. 그 사실은 '구불구불한 곡선을 고르게 편smooth dynamic curves'(아래 참조) 것과 같은, '자극'과 '반응'의 정의 및 실험 설계에 따라 나온 인공의 산물이기 때문이다. 막대기 누르기 실험에서 얻어진 간단한 반응을 복잡한 행동에 대입해 '추론'하려는 것은 너무나 위험하다. 이런 점은 다른 학자들도 논평했다(예를 들어 Harlow, op.cit.). 가장 단순한 결과의 일반성도 의심스럽다. M.E. Bitterman, J. Wodinsky, and D.K. Candland, "Some Comparative Psychology", *The American Journal of Psychiatry* 71 (1958): 94~110 참조. 이 자료에 따르면 쥐와 물고기가 기본적 문제를 해결하는 데에는 중요한 질적 차이가 있다.

5   다른 측면에서 스키너의 생각에 관해 유사한 논증을 제시한 사례는 M. Scriven, "A Study of Radical Behaviorism", H. Fiegl and M. Scriven, eds., *Minnesota Studies in the Philosophy of Science*, vol. 1, *Foundations of Science & the Concepts of Psychology and Psychoanalysis* (Minneapolis: University of Minnesota Press, 1956).

W.S. 베르플랑크Verplanck의 기고문, *Modern Learning Theory*(283~288쪽) 참조. 베르플랑크는 '자극'과 '반응'의 적절한 정의를 규정하기가 대단히 어려움을 논하면서, 이런 타당한 결론을 내린다. 스키너의 정의에 따르면 자극은 결과적 행동과는 동떨어진 객관적인 것으로 인식하기 어려우며, 또 자극을 제어할 수도 없다. 베르플랑크는 스키너가 말하는 체계의 여러 측면들을 명징하게 검토한다. 이른바 '행동의 법칙'이라는 것도 대부분 검증할 수 없고, '타당한 관계lawful relation'라는 개념은 자의적이고 모호하다고 평하면서, 동시에 스키너가 수집한 실험 데이터의 중요성을 지적한다.

6   《Behavior of Organism》에서 스키너는 이 결과를 기꺼이 받아들이려 했다. 그는 이렇게 주장한다(41~42쪽). 일반 어휘 중 자의적으로 표현되는 낱말들은 다음과 같은 조건이 충족되지 않으면 설명을 위한 용어로 쓰기에 적절치 않다. 자극과 반응의 속성을 명시해야 하고, 그 상관관계가 실험으로 증명되어야 하고, 그 관계에 따른 기동적 변화가 타당해야 한다. 따라서 개를 피해 숨는 아이를 설명할 때, "'개라는 것 dogness'과 '숨는다는 것hidingness'의 본질적 속성에 호소하면서, 또 사람들이 이 낱말을 직관적으로 안다고 가정하면서 일반 어휘로 분류하는 것은 적절치 않다." 앞으로 보게 되겠지만 지금 검토하는 이 책에서 스키너는 바로 이런 분류를 했다.

7   253f. 다른 곳에서도 자주 나온다. 이 책에서 개진한 개념을 사용해 우리가 어떻게 행동을 통제할 수 있는지 보여주는 사례로서 스키너는 '연필'이라는 반응을 이끌어내는 방식을 든다. 그에 따르면, 가장 효과적인 방법은 실험 대상에게 "연필이라고 말씀하세요"라고 말하는 것이다(가령 권총을 머리에 갖다 대는 '혐오 자극'을 사용하면 가능성이 더 높아질 것이다). "연필이나 필기구가 없을 때 실험 대상에게 연필 스케치를 할 수 있는 종이를 한 장 건네고, 알아볼 수 있을 정도로 고양이 그림을 그리면 푸짐한 보상을 하겠다고 말하는" 방법도 있다. 또한 "연필"이나 "펜과……"라고 말하는 녹음 목소리를 나직하게 틀어두는 방법도 쓸모 있다. "연필"이나 "펜과……"라고 적힌 글자를 읽게 하는 방법도 괜찮다. "잘 보이는 뜻밖의 장소에 크고 색다른 연필을" 놓아두는 것도 좋다. 그런 상황에서 우리의 실험 대상은 "연필"이라고 말할 것이다. "이번 사례에 유용한 기술이 모두 예시되어 있다." 인간의 행동을 통제하는 데 기여하는 행동 이론은 이 책의 다른 곳에도 풍부하게 예시되어 있다. 가령 스키너는 "붉다"라는 반응을 이끌어내는 방법을 예시한다(113~114쪽, 제시된 방법은 실험 대상 앞에서 붉은 물체를 들고서 "이게 무슨 색깔인지 말해 보세요"라고 말하는 것이다). 인간 행동을 통제하기 위한 "조작적 조건 형성operant conditioning"의 응용 사례로서 그렇게 하찮지 않은 것도 이야기하는 것이 공정하다. 피실험자가 (예컨대) 복수형 명사를 말할 때마다 실험자가 "맞아요Right"나 "좋아요Good"라고 맞장구 쳐주면 피실험자가 말하는 복수형 명사의 수가 늘어난다는 것을 보여주는 방대한 실험 결과가 있다〔특정한 주제나 내용에 긍정적인 태도를 보일 때도 비슷하다. 주로 긍정적인 결과를 낸 수십 가지 실험에 대한 조사 연구인 L. Krasner, 〈Studies of the Conditioning of Verbal Behavior〉, 《Psychological Bulletin》 55 (1958) 참조〕. 대개 피실험자가 그 변화 과정을 인지하지 못한다는 것이 꽤 흥미롭다. 이 실험 결과가 일반적인 언어 행동에 대해서 우리에게 알려주는 것이 무엇인지는 간명하지 않다. 그렇더라도 스키너 패

러다임에 따랐을 때 그나마 얻을 수 있는 긍정적인 사례다.

8   "Are Theories of Learning Necessary?" *Psychological Review* 57 (1950): 193~216.

9   스키너의 다른 저작에서도 마찬가지다. 〈학습 이론은 필요한가Are Theories of Learning Necessary?〉라는 논문에서 스키너는 유일하게 유효한 자료인 반응의 빈도를 관찰할 수 없는 실험적 상황에 행동 분석을 확대 적용하는 방법을 숙고한다. 그의 답은 이러하다. "빈도 분석을 할 수 없는 경우에 확률 개념이 주로 추정된다. 행동 분야에서는 빈도 자료를 확보할 수 있는 상황을 조성한다. 하지만 이렇게 분석할 수 없는 행동의 전형을 분석하거나 규정할 때에는 확률 개념을 사용한다."(199쪽) 물론 빈도에 직접 근거하지 않는 확률 개념도 있다. 하지만 이런 것이 어떻게 스키너가 생각하는 사례들에 적용된다는 것인지 나는 이해하지 못하겠다. 나는 위 인용문이 확률 개념과는 전혀 상관없는 행동을 설명하는 데 '확률'이라는 낱말을 사용하겠다는 뜻을 알리는 것 외에 다른 의미가 있다고 보지 않는다.

10   다행스럽게도 "영어에서는 이것이 별 어려움을 낳지 않는다." 왜냐하면 "상대적인 음높이는…… 그리 중요하지 않기 때문이다."(25쪽) 영어에서 상대적인 음높이의 기능이나 그 밖에 다른 억양의 특징에 대한 연구 결과가 다수 있는데 그에 대한 언급은 전혀 없다.

11   '빈도frequency'와 대비하여 '성향tendency'이라는 낱말의 모호함 덕분에 뒤 인용문이 앞 인용문의 명백한 부정확함에서 비켜났다. 어쨌거나 상당한 확대 해석이 필요하다. 만약 '성향'이 일상적인 의미로 쓰였다면 이 서술은 분명 잘못되었다. 사람들은 목성에 위성 4개가 있다거나, 소포클레스의 많은 희곡 작품이 인멸되었다거나, 지구가 1000만 년 이내에 다 말라버릴 것이라는 주장을 강력하게 믿을 수 있다. 이런 언어 자극에 기울어진 성향을 조금도 경험하지 않고서 말이다. '행동 성향tendency to act'이란 자기가 믿는 것을 참이라고 말하고픈 동기에 따라 특정한 방식으로 응답하는 경향들을 아우르는 것으로 규정하면, 우리는 스키너의 주장을 아주 우매한 진실로 바꿔 놓을 수 있다.

12   일반적으로 강화하는 것은 자극 그 자체가 아니라 특정한 맥락의 상황에서 나오는 자극이라는 점을 덧붙여야 한다. 실험의 배치에 따라, 특정한 물리적 사건이나 대상이 강화할 수도, 징벌할 수도, 아예 무시될 수도 있다. 스키너는 아주 간단한 실험적 배치로 만족했기 때문에 이러한 조건을 설정할 필요가 없었을 것이다. 이러한 조건을 정확하게 설정한다는 것은 결코 쉬운 일이 아니다. 그러나 만약 스키너가 자신의 설명 체계를 행위 전반에 적용하고자 한다면 마땅히 조건 설정이 필요하다.

13   이것은 자주 지적되었다.

14   〈Are Theories of Learning Necessary?〉 199쪽. 다른 곳에서 그는 '학습learning'이라는 용어를 복잡한 조건으로 한정 지었는데, 이들 조건이 그 특성으로 규정되지는 않았다.

15   "비교적 패턴이 없는 발성이 선택적으로 강화되어, 점차 특정 언어 공동체 내에서 통

용되는 결과를 만드는 형태가 될 때, 어린아이는 언어 행동을 획득한다"(31쪽). "차별 강화가 모든 언어 형태를 형성하고, 예전의 자극이 우발적인 상황에 들어오면 강화는 결과적으로 통제를 불러온다…… . 행동의 유용성이나 개연성, 강도는 강화가 어떤 시간표에 따라 효과적으로 지속되느냐에 따라 달라진다"(203~204). 다른 곳에서도 빈번히 나온다.

16   여기서 강화의 시간표를 말하는 것은 전적으로 무의미하다. 생각이나 언어적 상상에서 은밀한 강화가 어떻게 '배치'되는지 우리가 어떻게 판정할 수 있나? 침묵, 발화, 전달된 정보에 대한 앞날의 반응 같은 요소들이 어떻게 배치될지 어떻게 알 수 있나?

17   아이가 낱말의 의미나 통사 구조를 배우는 데 필요한 '꼼꼼한 훈련'을 논한 것으로 다음 자료 참조. N. Miller and J.Dollard, *Social Learning and Imitation* (New Haven: Institute of Human Relations, 1941), 82~83. 언어가 어떻게 성취되는지 추론한 다음 자료에도 동일한 개념이 암시되어 있다. O.H. Mowrer, *Learning Theory and Personality Dynamics* (New York: Ronald Press, 1950), chap. 23. 이런 견해는 아주 일반적인 듯하다.

18   이 문헌에 대한 일반적 검토와 분석으로는 다음 자료 참조. D. Thistlethwaite, "A Critical Review of Latent Learning and Related Experiments," *Psychological Bulletin* 48 (1951): 97~129. 《Modern Learning Theory》에 실린 K. 매코쿼데일 MacCorquodale과 P.E. 밀Meehl의 논문에 따르면, 추동 감소 이론의 관점에서 잠재 학습 자료를 다루려고 진지하고 신중하게 시도했으나 그 결과는 별로 만족스럽지 못했다. W.H. 소프Thorpe는 동물행동학의 관점에서 이 문헌을 검토하고 귀소歸巢와 지남력指南力, topographical orientation(시간과 장소, 상황이나 환경 따위를 올바로 인식하는 능력_옮긴이)에 대한 자료를 내놓았다. *Learning and Instinct in Animals* (Cambridge: Methuen, 1956).

19   E.R. Hilgard, *Theories of Learning* (New York: Appleton–Century–Crofts, 1956), 214.

20   D.E. Berlyne, "Novelty and Curiosity as Determinants of Exploratory Behavior," *British Journal of Psychiatry* 41 (1950): 68~80; id., "Perceptual Curiosity in the Rat," *Journal of Comparative Physiology and Psychiatry* 48 (1955): 238~246; W.R. Thompson and L.M. Solomon, "Spontaneous Pattern Discrimination in the Rat," *Journal of Comparative Physiology and Psychiatry* 47 (1954): 104~107.

21   K.C. Montgomery, "The Role of the Exploratory Drive in Learning," *Journal of Comparative Physiology and Psychiatry* 47 (1954): 60~63. 같은 학술지에 실린 여러 논문이 탐험 행동은 새로운 외부 자극으로 일깨워진, 상대적으로 독립된 1차 '추동'임을 입증하고자 하는 의도에 따라 작성되었다.

22   R.A. Butler, "Discrimination Learning by Rhesus Monkeys to Visual–Exploration Motivation," *Journal of Comparative Physiology and Psychiatry* (1953): 95~98. 나중의 실험은 이런 '추동'이 아주 오래 지속된다는 점을 보여주었다. 반면에 유도된 추동

은 급속히 사라진다.

23 H.F. Harlow, M.K. Harlow, and D.R. Meyer, "Learning Motivated by a Manipulation Drive," *Journal of Experimental Psychology* 40(1950): 228~234. 그리고 할로의 후속 연구들. 할로는 생리적 기반의 충동이나 신체 유지를 위한 욕구가 영장류의 동기 유발이나 학습 성취도와는 무관하다는 입장을 일관되게 유지했다. 그는 여러 논문에서 영장류에게 호기심, 놀이, 탐구, 조작이 배고픔이나 기타 생리적 욕구보다 더 강력한 추동 요인이 된다고 주장했다. 그리고 이런 것들은 학습된 추동의 특징을 보여주지 않는다는 것이다. D.O. 헵Hebb도 고등동물의 경우 일, 위험, 퍼즐, 지적 활동, 가벼운 공포와 좌절 등에 적극 매혹된다는 견해를 지지하는 행동적·신경학적 증거를 내놓았다. "Drives and the CNS," *Psychological Review* 62(1955): 243~254. 헵은 이런 결론을 내렸다. "우리는 인간이 왜 돈을 위해서 일하는지, 아이들이 어떻게 괴로워하지 않고 배우는지, 왜 사람들이 할 일 없이 노는 것을 싫어하는지 굳이 비비 틀어서 얼토당토않게 설명할 필요가 없다."

"Early Recognition of the Manipulative Drive in Monkeys," *British Journal of Animal Behavior* 3(1955): 71~72의 각주에서 W. 데니스Dennis는 다음과 같은 사실을 상기시켰다. 초창기 연구자들(Romanes, 1882; Thorndike, 1901)은 "학습 이론의 영향을 상대적으로 덜 받아서, 원숭이들의 내면적 동기에 따른 행동에 주목했다." 하지만 할로의 실험 이전에 원숭이들에 대해 비슷한 보고가 나온 적은 없었다는 것이다. 그는 G.J. 로매니스Romanes의 《동물지능*Animal Intelligence*》(1882)을 인용해서 이렇게 썼다. "이 동물이 다른 동물들과 가장 다른, 유별난 특징은 지칠 줄 모르는 탐구 정신이다." 체계를 강조하다 통찰력 있는 예전 연구자들의 업적을 도외시하는 경우는 최근의 구조주의 언어학에서도 쉽게 찾아 볼 수 있다.

24 J.S. 브라운Brown은 《Current Theory and Research in Motivation》 (Lincoln: University of Nebraska Press, 1953)에 실린 할로Harlow의 논문에 대해 논평하면서 이렇게 주장했다. "[할로가 인용한 실험의] 모든 경우에, 창의적인 추동 감소 이론가는 공포, 불안, 좌절 등의 단편을 발견할 것이고, 그리하여 그것이 무엇이든 감소되어 강화하는 효과를 냈다고 주장할 것이다"(53쪽). 같은 얘기를 창의적인 플로지스톤phlogiston(산소를 발견하기 전, 연소를 설명하고자 상정했던 물질_옮긴이)이나 에테르(빛을 파동으로 생각했을 때 이 파동을 전파하는 매질로 여겨졌던 가상의 물질_옮긴이) 이론가에게도 할 수 있을 것이다.

25 Cf. H.G. Birch and M.E. Bitterman, "Reinforcement and Learning: The Process of Sensory Integration," *Psychological Review* 56 (1949): 292~308.

26 예를 들어, 올즈의 논문 "A Physiological Study of Reward," D.C. McClelland, ed., *Studies in Motivation*, 134~143 (New York: Appleton–Century–Crofts, 1955) 참조.

27 이 현상을 다룬 탁월한 논의는 K. 로렌츠Lorenz의 저작을 인용한 Thorpe, op. cit., 특히 115~118쪽, 337~376쪽.(*Der Kumpan in der Umwelt des Vogels* 참조. 영역판 C.H. Schiller, ed., *Instinctive Behavior*, New York: International Universities Press, 1967: 83~128에서 재인용).

28   Op. cit. 372.

29   다음 자료 참조. J.Jaynes, "Imprinting: Interaction of Learned and Innate Behavior," *Journal of Comparative Physiology and Psychiatry* 49 (1956): 201~206. 여기서는 다음과 같은 결론을 내린다. "실험은 다음과 같은 사실을 증명한다. 이렇다 할 보상이 없는데도 이 종의 어린 새들은 움직이는 자극 대상을 따라가고 다른 대상들보다 이 대상을 아주 빨리 좋아하게 된다."

30   물론 이 사실을 스키너의 이론 틀 안에 완벽하게 편입할 수 있다. 가령 아이는 어른이 빗을 사용하는 것을 관찰하고서 특별한 지시를 받지 않았는데도 자신의 머리카락을 빗으려고 한다. 우리는 이 행위를 이렇게 설명할 수 있다. 곧 아이는 그렇게 행동하면 강화를 받기 때문에 그렇게 한다. 혹은 '강화를 시키는' 사람처럼 행동함으로써 강화되기 때문에 그렇게 한다(164쪽 참조). 하지만 다른 행동에 대해서도 이런 기계적인 설명이 가능하다. 스키너가 잠재 학습과 관련 주제에 대한 문헌에 별로 신경을 쓰지 않는다는 사실은 얼핏 기이해 보인다. 그가 강화 개념에 그토록 의존하는 점을 감안하면 말이다. 나는 그의 저서에서 잠재 학습에 대한 논평을 보지 못했다. 마찬가지로 스키너로부터 강한 영향을 받고 집필된 듯 보이는 F.S.켈러Keller와 W.N. 숀펠드Schoenfeld의 《Principles of Psychology》(New York : Appleton-Century-Crofts, 1956)도 잠재 학습에 대하여 "논의외의 사항"이며 "근본 원칙을 밝혀주기보다 오히려 어둡게 만드는 것"이라고 일축했다(the law of effect, 41). 하지만 스키너의 경우에 이런 무시는 아주 타당한 것이다. '강화'라는 개념에 실질적 의미를 둔 추동 감소론자와 기타 이론가들에게는 실험과 관찰이 중요하다(그 때문에 종종 난처해지기도 한다). 하지만 스키너가 사용하는 용어의 관점에서 볼 때, 이런 결과나 그 밖에 생각할 수 있는 다른 것들은 핵심적 주장, 즉 강화가 행동의 획득과 유지에 필수적이라는 주장에 아무런 영향을 미치지 못한다. 행동에는 부수적 상황이 따르는데, 그 본질이 뭐든 간에 그것을 '강화'라고 부를 수 있기 때문이다.

31   틴베르헌Tinbergen(op.cit., chap VI)은 이 문제의 여러 양상을 검토하면서, 하급 동물의 여러 복잡한 운동 패턴(가령 날아가기, 헤엄치기 등)의 발달에 성숙이 차지하는 역할을 논했다. 또 '타고난 학습 기질'이 특정 시기에 특정 방식으로 효력을 발휘한다는 문제에 대해서도 논했다. 침팬지가 통찰력을 발휘하는 행동에 운동 패턴의 성숙이 차지하는 역할에 관한 논의는 다음 자료를 참조하라. Schiller, *Instinctive Behavior*, 285~288.
     E.H. 레너버그Lenneberg는 생물학적 구조가 언어 습득에 영향을 미칠 가능성에 관해 매우 흥미로운 논의를 펼치면서, 이 가능성을 무시할 경우의 위험성을 지적한다 ("Language, Evolution and Purposive Behavior," S. Diamond, ed. , Culture in History, Culture in history, 1960).

32   틴베르헌의 위 책에 인용한 여러 사례 중에서 85쪽의 사례.

33   K.S. Lashley, "In Search of the Engram," *Symposium of the Society for Experimental Biology* 4(1950): 454~482. R. Sperry, "On the Neural Basis of the Conditioned Response," *British Journal of Animal Behavior* 3(1955): 41~44. 이 자료에서는 이렇

게 주장한다. 래슐리와 다른 학자들의 실험 결과와, 그가 인용한 사실들을 설명하기 위해서는 통찰, 기대, 예상 등 고급 두뇌 활동이 아주 간단한 조건 형성과 연계된다고 가정해야 한다. 우리는 오늘날 조건 반응의 "신경 메커니즘에 대하여 아직 만족할 만한 그림을 얻지 못하고 있다."

34 더욱이 아주 간단한 경우를 제외하고는 말하는 이의 동기 강도强度가 박탈이 지속된 기간과 상응하지 않는다. 명백한 반증 사례가 D.O. 헵Hebb이 '소금에 절인 땅콩 현상salted-nut phenomenon'(《Organization of Behavior》, New York: Wiley, 1949, 199)이라고 부른 것이다. 우리가 생리적 충동과 관계없는 '박탈'을 고려하면 문제는 더욱 심각해진다.

35 사람은 '화산이 폭발하고 있다'거나 '옆방에 살인광이 있다'는 말에도 정서적으로, 또 행동으로 적절한 반응을 보일 것이다. 이전에 그러한 언어적 자극과 물리적 자극을 결합한 적이 없더라도 말이다. 언어의 파블로프식 조건 형성에 대한 스키너의 논의(154쪽)도 마찬가지로 설득력이 없다.

36 J.S. Mill, A System of Logic(1843). R. 카르나프Carnap는 최근 "Meaning and Synonymy in Natural Languages," *Philosophical Studies* 6(1955): 33~47에서, 말하는 이(화자) X를 위한 술어 Q를 "대상 y가 성취해야 하는 일반 조건이다. 이 조건이 충족될 때 X는 y에게 술어 Q를 돌릴 수 있다"고 정의했다. 어떤 표현이 내포하는 것은 '정서적 의미'와는 대비되는 '인지적 의미'를 구성한다고 한다. 정서적 의미란 본질적으로, 그 표현에 대한 정서적 반응이다.

이것이 의미에 접근하는 가장 좋은 방법인지는 차치하고, 외연, 인지적 의미, 정서적 의미가 서로 다른 것이라는 사실은 분명하다. 의미에 대한 경험적 연구에서는 이러한 차이가 종종 무시되기 때문에 큰 혼란을 일으킨다. 가령 C.E. 오스굿Osgood은 자극이 또 다른 자극을 가리키는 기호가 되는 사실을 설명하려고 했다(초인종이 음식을 부르는 신호가 되고 말이 사물을 가리키는 기호가 되는 등). 이것은 명백히 (언어 기호에 대한) 외연의 문제다. 그러나 그가 의미를 계량하고 측정하기 위해 실제로 전개한 방법은 정서적 의미에만 적용되었다(Osgood, G.J. Suci, and P.H. Tannenbaum, *The Measurement of Meaning*, Urbana: University of Illinois Press, 1957). 가령 A가 히틀러와 과학을 둘 다 아주 싫어하지만, 그 둘을 아주 강력하고 '활동성이 강한' 것으로 생각한다고 하자. 반면 B는 히틀러에 대해서는 A에게 동의하지만, 과학은 아주 좋아하면서도 별반 쓸모없고 그리 중요하지 않은 것으로 생각한다. 그렇다면 A는 의미 면에서 '과학'과 '히틀러'에게 동일한 입장이지만, B는 '히틀러'에 관한 한 A와 동일한 입장이나 '과학'에 대해서는 전혀 다른 입장을 취한다. 그렇다고 A가 '히틀러'와 '과학'이 동의어라거나 같은 외연을 지닌다고 생각하지는 않는다. 그리고 A와 B는 '과학'의 인지적 의미에 대해서는 같은 입장일 것이다. 이것이 여기에서 측정되는 것들(낱말의 정서적 의미)에 대한 태도다. 오스굿의 설명에는 외연, 인지적 의미, 정서적 의미에 따라 점진적 차이가 있다. 이러한 혼란은 세 가지 범주에 모두 '의미'라는 낱말이 사용되었기 때문이다. (Osgood, Suci, and Tannenbaum의 책에 대한 B. 캐럴Carroll의 서평 참조, Language 35: 1, January~March 1959).

37   다음 자료에서 대개 명료하게 지적되었다. W. V. Quine, *From a Logical Point of View* (Cambridge: Harvard University Press, 1953).

38   지시의 측면에서 동의어의 성격을 규정하는 방법이 다음 자료에 제시되었다. N. Goodman, "On Likeness of Meaning," Analysis 10(1949): 1~7. 굿맨은 다음 자료에서 난점들을 논했다. Goodman, "On Some Differences About Meaning," *Analysis* 13(1953): 90~96. 카르나프는 아주 비슷한 생각을 피력하면서(op. cit. 6장) 다소 혼란스럽게 표현했는데, 이는 그가 외연적인(지시적인) 개념만이 사용되었다는 사실을 부각하지 않았기 때문이다.

39   일반적으로, 여기에서 논의된 사례들은 서투르게 다뤄지고 있다. 그리고 제시된 분석의 성공도 과장되어 있다. 각각의 경우 객관성을 갖춘 듯 보이는, 제시된 분석은 분석된 표현에 상응하지 않는다. 한 가지 사례를 들면, "나는 내 안경을 찾고 있다"는 말은 제시된 다음 해석과 일치하지 않는다. "전에 내가 이런 식으로 행동했을 때, 나는 내 안경을 찾았고, 그러고 나서 이런 행동을 멈췄다"거나 "내 안경을 찾게끔 이끌어주는 어떤 행동을 하고 싶게 만드는 상황이 벌어졌는데, 그 행동에는 내가 지금 하고 있는, 보는 행동도 포함된다"라는. 이 문장의 주어는 안경을 처음으로 찾는 것일 수도 있다. 그리고 안경을 찾을 때의 행동이 시계를 찾을 때의 행동과 똑같을 수도 있다. 이 경우 스키너의 해석에 따르면 "나는 내 안경을 찾고 있다"와 "나는 내 시계를 찾고 있다"가 같은 말이 된다. 의도성이라는 까다로운 문제가 이렇게 피상적인 방식으로 다뤄져서는 안 된다.

40   그러나 스키너는 인간(혹은 앵무새)에게 본능적인 모방 기능이나 경향이 있다는 사실을 애써 부인한다. 근거는 오로지 아무도 글을 읽으려는 본능적인 경향을 보이지 않는다는 것이다. 하지만 독서와 소리를 흉내 내는 행동에는 유사한 '역동적 속성'이 있다. 이런 유사성은 그의 설명 범주가 투박함을 보여준다.
앵무새의 경우, 스키너는 앵무새들이 흉내 내려는 본능적 자질은 가지지 않고, 단지 성공적인 모방에 의해 강화될 뿐이라고 말한다(59쪽). 스키너가 사용하는 '강화'라는 낱말은 구분하기가 어렵다. 왜냐하면 다른 본능적 행동에 대해서도 똑같은 말을 할 수 있기 때문이다. 가령 어떤 과학자가 새들이 일정한 방식에 따라 본능적으로 둥지를 짓는다고 말했다고 치자. 그러면 스키너 식으로 이렇게 말할 수 있다. '새는 이런 방식으로 둥지를 지음으로써 본능적으로 강화된다.' 이런 주장은 '강화'라는 낱말을 의례적으로 도입한 또 다른 사례로서 제쳐버리고 싶다. 어떤 적합한 분류 체계에서는 이것에 일말의 진리가 있을지 모르지만, '강화'에 실질적 의미가 부여된다면 유능한 관찰자들이 보고한 사례들 중 어느 정도가 그에 해당될지 의문이 든다. Thorpe, op. cit. 353f; K. 로렌츠Lorenz, 《솔로몬의 반지*King Solomon's Ring*》(New York: Crowell, 1952), 85~88쪽 참조. 모방이 2차 강화에 의해 발달된다는 것을 보여주려한 모우러Mowrer도 op. cit. 694의 사례를 인용했다. 그는 이 사례를 그럴듯하다고 믿는 것 같으나, 이 사례는 참이라고 볼 수 없다. 어린아이들의 경우 모방을 2차 강화의 관점에서 설명하는 것은 타당성이 없다.

41   이 가능성 또한 제한되어 있다. 만약 이런 전형적인 예를 진지하게 받아들인다면 다

음의 얘기도 참으로 받아들여야 한다. 1에서 100까지 헤아릴 줄 아는 아이는 이 임의의 10×10 행렬을 마치 구구단처럼 배울 수 있다.

42 마찬가지로 "어떤 문학 작품의 보편성은, 동일한 것을 말하려는 다수의 독자들을 가리킨다(275쪽, 즉 가장 '보편적인' 작품은 상투어 사전과 인사말 사전이다). 또 말하는 이는 우리가 막 말하려던 것을 말하면서 "자극을 준다"(272쪽).

43 비슷한 예로 소통에 관한 스키너의 주장(362~365쪽)을 보자. 지식이나 사실의 소통은 말하는 이에게 새로운 반응을 이용할 수 있도록 제공해주는 과정이라고 한다. 동물 실험에 근거한 추론은 특히 이 점에 취약하다. 쥐를 훈련해서 어떤 특정한 행동을 하게 만든다면, 이것은 쥐의 행동 목록에 한 가지 반응을 추가하는 셈이 된다. 하지만 인간의 소통에 대해서는 이런 식의 의미 부여가 매우 어렵다. 만약 A가 B에게 새로운 정보, 곧 철도가 붕괴 직전이라는 얘기를 들려주었다면, '철도가 붕괴 직전'이라는 반응이 지금 B에게 어떤 반응을 제공해줄 것인가? B는 (그게 사실인지 모른 채) 전에 그런 말을 했을 수도 있고, 또 그것이 말이 되는 문장(바른 어순에 따라 형성되었으므로)이라는 사실은 이미 알 것이다. 그 말의 정확한 뜻이 무엇이든 간에 B의 반응 강도가 높아진다고 추정할 근거는 없다(가령 B는 그 사실 자체에 관심이 없을 수도 있고, 반응을 억누르고 싶어할 수도 있다). '이용 가능한 반응 제공making a response available'이라는 개념은 '지식 전달'에 대한 스키너의 설명을 시시한 것으로 만들어버리기 쉽다.

44 332쪽. 그러나 그 다음 쪽에서 같은 예문의 s는 "'소년'으로 표현된 대상이 달리는 속성을 보유한다"는 것을 표시한다. 이런 개념 구도를 가지고 일관성을 유지하기는 정말 어렵다.

45 그 반대가 오히려 참이라고 논증할 수 있다. 말을 머뭇거리는 행동에 대한 연구는 다음과 같은 사실을 보여주었다. 머뭇거림은 주요 품사인 명사, 동사, 형용사 앞에서 일어나는 경향이 있다. 머뭇거림은 엄청난 불확실성이나 대단한 정보가 있을 경우에 발생하기 때문이라고 설명된다. 진행 중인 구문에서 머뭇거림이 나타나는 한, '핵심 반응'은 '문법 틀' 다음에 선택되는 것으로 보인다. C. E. Osgood, 미발간 논문; F. Goldman-Eisler, "Speech Analysis and Mental Processes," *Language and Speech* 1(1958), 67.

46 예를 들면, 언어 행동의 실제 단위는 무엇인가? 어떤 조건에서 물리적 사건이 주의를 끌거나(자극이 되거나) 강화인이 되는가? 특정한 경우, 어떤 자극이 '통제' 아래 있는지 어떻게 결정되는가? 어느 때 자극들이 서로 '유사한가'? 등등. 〔우리가 자동차나 당구공을 향해 "멈춰!"라고 말하는 것은 그런 행동이 사람을 강화하는 행동과 충분히 비슷하기 때문이라고 말하는 것(46쪽)은 별로 흥미롭지 않다.〕

'유사한'이나 '일반화' 같은 분석되지 않은 개념을 사용하는 것은 특히 곤란하다. 그것은 학습의 중요한 양상들이나 새로운 상황에서 이루어지는 언어 사용에 대한 명백한 무관심을 드러낸다. 어느 면에서는 언어가 일반화에 의해 학습되고, 새로운 발화發話나 상황이 낯익은 발화나 상황과 유사하다는 점을 의심하는 사람은 없을 것이다. 정말로 진지한 관심사가 되는 문제는 특정한 구체적 '유사성'이다. 스키너는 이런 유사성에 관심이 없다. 켈러와 숀펠드(Keller and Schoenfeld, op. cit.)는 (자신들이 규정한) 이런 개념들을 스키너식 '현대 객관 심리학'에 편입시키면서, "두 가지 자극에 같은 종류의 반응이 나오면" 두 자극은 유사한 것이라고 정의했다(124쪽; 하지만 어느 경우에 반응이 '같은 종류'가 되는가?). 두 사람은 이러한 정의가 자신들이 말한 '일반화의 원칙'(116쪽)을, 어떤 합리적인 해석에 따르더라도, 동어반복으로 바꿔버린다는 것을 모르는 것 같다. 이러한 정의는 언어 학습이나 적절한 상황에서 새로운 반응을 구성하는 문제에 대한 연구에 별 도움이 되지 않는다.

47　"The Problem of Serial Order in Behavior," L.A. Jeffress, ed., *Hixon Symposium on Cerebral Mechanisms in Behavior* (New York: Wiley, 1961).

48　여기에는 본질적으로 신비한 것이 없다. 복잡한 본능적 행동 패턴과 '특정 방식으로 배우려는 본능적 경향'은 하등 동물들을 상대로 면밀히 연구되었다. 많은 심리학자들은, 이러한 생물학적 구조가 고등 동물의 복잡한 행동 습득에는 중요한 효과를 미치지 않으리라고 생각하는 경향이 있다. 그러나 이러한 견해를 정당화할 만한 진지한 논의는 본 적이 없다. 최근의 연구는 각 유기체가 이용하는 전략들을 복잡한 '정보 처리 체계'로서 면밀히 분석할 필요가 있음을 강조한다. J.S. Brunner, J.J. Goodnow, and G.A. Austin, *A Study of Thinking*(New York: Wiley, 1956); A. Newell, J.C. Shaw, and H.A. Simon, "Elements of a Theory of Human Problem Solving," *Psychological Review* 65(1958): 151~166 참조. 그 밖에 인간 학습의 특성에 관해 의미 있는 단서가 실린 자료들. 인간이 습득한 것은 대부분 타고났거나, 훈련되었다 해도 그 시기는 아직 알려진 것이 거의 없는 초기 학습 과정이었을지 모른다. 〔참조할 반론은 H.F. Harlow, "The Formation of Learning Sets," *Psychological Review* 58 (1949): 51~65와 학습의 성격이 획기적으로 전환하는 것이 초기 훈련의 결과임을 보인 나중의 여러 논문들; Hebb, *Organization of Behavior*, 109ff.〕 그것들은 확실히 복잡하다. 이 절에서 다룬 주제들에 관한 논의로는 다음을 참조. Lenneberg, op. cit.; R.B. Lees, review of Chomsky's *Syntactic Structure in Language* 33 (1957): 406f.

03 방법론적 예비 사항들

1　이런 방식으로 전통적인 유심론mentalism을 받아들이는 것은 블룸필드의 유심론(혹은 정신주의_옮긴이)mentalism 대 기계론(혹은 심적 기계機制_옮긴이)mechanism 이라는 이분법을 받아들이는 게 아니다. 유심론적 언어학은 단지 이론적 언어학으로서, 언어능력을 판별하기 위해 언어행위를 데이터(자기관찰內省法, introspection 등을 통해 제공된 다른 데이터와 함께)로 사용하는 것이다. 연구의 주된 대상은 언어능력이다. 정신주의자mentalist는 전통적 의미에서, 자신이 연구하는 정신적 실재의 생리적 기반에 대해 가정할 필요가 없다. 그런 기반이 있다는 것을 부정할 필요는 더욱 없다. 정신주의적 연구는 궁극적으로 신경생리 기제 연구 분야에서 대단히 큰 가치를 발휘하리라고 본다. 왜냐하면 정신주의 연구는 신경생리 기제의 속성과 기능을 추상적으로 결정하는 일을 하기 때문이다.

언어학에서 정신주의냐 반정신주의反精神主義, antimentalism냐를 가르는 것은 목표와 관심사이지, 진위 여부나 의미가 있다 없다 하는 문제가 아니다. 이 공연한 논쟁에는 다음과 같은 세 가지 문제가 얽혀 있다.

(1) 이원론: 언어행위를 밑받침하는 규칙들은 비非물질적 매체로 표현되는가?

(2) 행동주의: 언어행위 데이터가 언어학자의 최대 관심사인가? 아니면 언어학자는 행동의 저 밑바닥에 있는 심층 체계 같은 다른 사실에도 신경 쓰는가?

(3) 내성주의內省主義, introspectionism: 이런 내재된 체계의 속성을 규명하는 데 자기관찰 데이터를 사용해야만 하는가?

블룸필드는 이원론에 지나칠 정도로 공격을 퍼부었다. 행동주의 입장은 논의할 만한 사항이 아니다. 그것은 이론적 서술에 대한 관심 부재를 표현한 것일 따름이다. 다음 자료를 보면 분명해진다. W. F. Twaddell의 논문, *On Defining the Phoneme. Language Monograph No. 16*, 1935. M. Joos, ed., *Reading in Linguistics* (Washington, 1957)에 재수록. 이 논문은 사피어Edward Sapir(1884~1939, 독일 태생인 미국 문화인류학자·언어학자_옮긴이)의 정신주의적 음운론을 비판한 것이다. 사피어는 조사 대상자의 반응과 의견을 증거 삼아, 음운론적 요소들의 추상적 체계가 정신적으로 실재한다고 주장했다. 트와들Twaddell이 볼 때 이러한 주장은 무의미한 것이다. 트와들의 관심사는 행동 그 자체다. 그가 볼 때 행동은 "충분히 응축된 형태가 아니긴 하지만 언어학도에게는 꽤 쓸 만하다." 이처럼 언어 이론에 대해 관심이 없기 때문에 '이론'이라는 용어의 의미를 '데이터의 요약'으로 한정하자는 제안이 나오게 되었다.〔트와들의 논문. 최근에는 R. W. 딕슨Dixon, 《Linguistic Science and Logic》 (The Hague: Mouton & Co., 1963)에서 그런 주장이 나왔는데, 이 책의 '이론'에 대한 논의는 너무 막연하여 지은이의 의중이 무엇인지 여러 가지 해석이 가능할 정도다.〕 상식적으로 이론에 대한 무관심은 엄격한 조작주의operationalism(개념의 의미는 구체적인 조건 설정에 따른 물리적이거나 정신적인 조작에 따라 정의되어야 한다는 견해_옮긴이)나 철저한 검증이 중요하다는 등의 생각에서 비롯되는 듯하다. 이러한 태도는 실증주의 과학철학에서 잠시 주목을 받았으나 1930년대 초에 들어와 거부되었다. 아무튼 위의 문제 (2)는 실질적인 논점을 전혀 제기하지 않는다. 문제 (3)은 (2)의 행동주의적 제한을 거부할 때만 발생한다. 방법론적 순수성에 입각하여 조사 대상자(언어학자 포함)의 내성적 판단을 무시해야 한다는 주장은, 현재로서는, 언어학 연구를 완전 불모 상태로 빠뜨리는 것이나 마찬가지다. 이에 대하여 어떤 해명이 나올지 상상하기 어렵다. 이 문제는 나중에 다시 거론할 것이다. 더 자세한 논의를 보려면 다음 자료 참조. J.J. Katz, "Mentalism in Linguistics", *Language* 40 (1964), 124~137.

2   논의를 위해 다음 자료 참조. N. Chomsky, Current Issues in Linguistic Theory (The Hague: Mouton & Co., 1964). 이보다 조금 시기가 앞선 자료는 J.A. Fodor and J.J. Katz, eds., *The Structure of Language: Readings in the Philosophy of Language* (Englewood Cliffs, NJ: Prentice-Hall, 1964). 이 책은 1962년 매사추세츠 주 케임브리지에서 열린 제9차 세계언어학자대회의 '언어 이론의 논리적 바탕The Logical Basis of Linguistic Theory' 부문에서 발표된 논문의 개정확장판이다. 발표 논문 수록 자료는 H. Lunt, ed., *Proceeding of the Ninth Congress of Linguists* (The Hague: Mouton & Co., 1964).

3   이 견해는 최근에 유럽의 여러 언어학자들에게 거부되었다(예를 들어 Dixon, *Linguistic Science and Logic*; E.M. Uhlenbeck, "An Appraisal of Transformation Theory," *Lingua* 12(1963), 1~18; E.M. Uhlenbeck, '언어 이론의 논리적 바탕The Logical Basis of Linguistic Theory' 부문의 논의, Lunt, *Proceedings*, 981~983). 그러나 이 학자들은 전통 문법을 의심하는 까닭을 제시하지 않는다. 오늘날의 유용한 증거들에 비추어 볼 때 대체로 전통 문법의 견해는 기본적으로 옳으며, 따라서 유럽 학자들이 제시하는 쇄신은 전적으로 부당하다고 여겨진다. 가령 위흘렌벅Uhlenbeck은 "the man saw the boy(그 남자가 그 소년을 보았다)"라는 문장의 성분을 〔the man saw(그 남자가 보았다)〕 〔the boy(그 소년을)〕로 분석했다. 이는 〔the man put(그 남자가 놓았다)〕 〔it in the box(그것을 상자에)〕, 〔the man aimed(그 남자가 겨누었다)〕 〔it at John(그것을 존에게)〕, 〔the man persuaded(그 남자가 설득했다)〕 〔Bill that it was unlikely(빌에게 그것은 가망 없다고)〕 같은 문장에도 마찬가지로 적용될 것이다. 성분 구조를 정하는 데는 여러 가지 고려 사항이 있다(cf. note 7). 내가 알기로, 유럽 언어학자들은 예외 없이 이 제안에 반대하여 전통적 분석을 지지한다. 이에 대해 제시된 유일한 주장은 이것이 '순수한 언어학적 분석'의 결과라는 것이다. '언어 이론의 논리적 바탕' 부문에서 이루어진 위흘렌벅의 논의와 관련 토론 참조. 딕슨은 전통 문법에 반대하면서도 (전통 문법이 "전문 언어학자들에게서 오랫동안 매도되었다"는, 정확하지만 뜬금없는 지적 외에) 대안이나 다른 주장을 내놓지 않는다. 이 경우, 더 이상 논의할 것이 없다.

4   J. Beattie, *Theory of Language* (London: A. Stahan, 1788).

5   C. Ch. Du Marsais, *Les véritables principes de la grammaire* (1729); 이 원고의 작성 연대에 관해서는 G. Sahlin, *César Chesneau du Marsais et son rôle dans l'évolution de la grammaire générale* (Paris: Presses Universitaires, 1928) 참조. Sahlin, 29~30에서 인용.

6   N. Chomsky, *Cartesian Linguistics: A Chapter in the History of Rationalist Thought* (New York: Harper & Row, 1966) 참조.

7   C. Lancelot, A. Arnaud, et al., *Grammaire générale et raisonnée* (1660).

8   D. Diderot, *Lettre sur les Sourds et Muets* (1751); J. Assézat, ed., *Oeuvres Complètes de Diderot*, vol. 1 (Paris: Garnier Frères, 1875)에서 인용.

9   Ibid., 390.

10   Ibid., 371.

11   Ibid., 372.

12   Ibid., 371–372.

13   예를 들어 G. Ryle, "Ordinary Language," *Philosophical Review* 62 (1953), 167~186.

14   이 점을 명확히 하고자 하는 다양한 시도가 있다. 다음 자료 참조. N. Chomsky,

Syntactic Structures (The Hague: Mouton & Co., 1957); H.A. Gleason, *Introduction to Descriptive Linguistics*, 2d ed. (New York: Holt, Rinehart & Winston, 1961); G.A. Miller and N. Chomsky, "Finitary Models of Language Users," R. D. Luce, R. Bush, and E. Galanter, eds., *Handbook of Mathematical Psychology*, vol. 2 (New York: Wiley, 1963), ch. 13, 419~492. 그 밖에 많은 자료가 있다.

05 《최소주의 언어이론》 서설

1 이 문제에 관한 논의로는 다음 자료 참조. N. Chomsky, "Bare Phrase Structure," *MIT Occasional Papers in Linguistics* 5 (1994), Department of Linguistics and Philosophy, MIT. 이 논문은 H. Campos and P. Kempchinsky, eds., *Evolution and Revolution in Linguistic Theory: Essays in Honor of Carlos Otero* (Washington, DC: Georgetown University Press, 1995)에 수록되었고 G. Webelhuth, ed., *Government and Binding and the Minimalist Program* (Oxford: Blackwell, 1995)으로도 출간되었다. N. Chomsky, "Naturalism and Dualism in the Study of Language and Mind," *International Journal of Philosophical Studies* 2 (1994): 181~209, Edelman, *Bright Air, Brilliant Fire: On the Matter of the Mind* (New York: Basic Books, 1992)를 인용. 에덜먼Edelman은 이 문제를 인지과학 일반에 심각하지만 치명적이지는 않은, 연산적computational이거나 연결주의connectionist에 얽힌 위기로 다룬다.

2 다음 자료에서 가져왔다. N. Comsky, *The Logical Structure of Linguistic Theory* (New York: Plenum, 1975), 1955년 초고의 1956년 수정본에서 발췌, Harvard University and MIT (Chicago: University of Chicago Press, 1985).

3 '조음調音, articulation'이라는 말은 언어 기능을 발성 기관에 한정하는 양상을 띠기 때문에 의미가 다소 협소하다. 지난 몇 년간 이루어진 기호언어 연구에서는 이 전통적인 가정을 무시했다. 나는 이 용어를 계속 쓰겠지만, 어떤 구체적인 출력/산출 체계와 연계하지 않고 단지 구어의 경우에 대해서만 쓸 것이다.

4 논의 자료로 다음을 참조. N. Chomsky, *Essays on Form and Interpretations* (Amsterdam: Elsevier North-Holland, 1977), chap. 1.

5 공식화의 하나로서 N. Chomsky, *Lectures on Government and Binding* (Dordrecht: Foris, 1981) 참조.

6 여기서 말하는 해석interpret은 당연히 이론 내적인 의미로 이해해야 한다. 더 느슨한 의미로 보면 단편적인 표현, 무의미한 말, 다른 언어의 표현, 비언어적 소음 등 모든 대상에 (특정 상태의) 언어 기능은 해석을 부여한다.

7 다음 자료 참조. H. Borer, *Parametric Syntax* (Dordrecht: Foris, 1984); N. Fukui, "A Theory of Category Projection and Its Application" (PhdD diss., MIT, 1986), 개정판 *Projection in Syntax* (Stanford, CA: CSLI Publications, 1995), 유통 University of

Chicago Press; N. Fukui, "Deriving the Differences Between English and Japanese: A Case Study in Parametric Syntax," *English Linguistics* 5 (1988), 249~270.

8 N. Chomsky, *Knowledge of Language* (New York: Praeger, 1986) 참조.

9 예컨대 우리가 말하는 '영어' '프랑스어' '에스파냐어' 등은, 동질적 언어 공동체 내의 이상적인 개인 언어일지라도, 노르만의 정복, 독일 지역과 인접한 점, 바스크족이라는 토대 등등 언어 능력의 속성으로 볼 수 없는 요소들을 반영한다. 합리적으로 생각해서, 자연계에 실질적으로 존재하는 대상인 언어 능력의 속성들이 어떤 관찰된 체계 안에서 예시되기를 바라기는 어렵다. 일반 유기체 연구에서도 이와 같은 가정이 당연시된다.

10 N. Chomsky, *Aspects of the Theory of Syntax* (Cambridge, MA: MIT Press, 1965) 참조.

11 Chomsky, *Logical Structure of Linguistic Theory*, chap. 4 참조.

06 언어와 정신 연구의 새 지평

1 David Hume, *An Enquiry Concerning Human Understanding*, ed., L. A. Selby-Bigge, 3d ed., rev. by P. H. Nidditch (Oxford: Clarendon Press, 1748, 1975), 108, sec. 85.

2 Galileo Galilei, *Dialogues on the Great World Systems*, trans. Thomas Salusbury (1632, 1661), end of first day.

3 예를 들어 Noam Chomsky, *Aspects of the Theory of Syntax* (Cambridge, MA: MIT Press, 1965); Chomsky, *Lectures on Government and Binding* (Dordrecht: Foris, 1981); Chomsky, *Knowledge of Languate* (New York: Praeger, 1986) 참조.

4 Noam Chomsky, *The Minimalist Program* (Cambridge, MA: MIT Press, 1995).

5 Samuel Epstein, "UN-principled Syntax and the Derivation of Syntactic Relations," Samuel Epstein and Norbert Hornstein, eds., *Working Minimalism* (Cambridge, MA: MIT Press, 1999).

6 Noam Chomsky, *Minimalist Program*; Chomsky, "Minimalist Inquiries: The Framework," ms., MIT, 1998.

7 David Hume, *A Treatise of Human Nature*, ed., L. A. Selby-Bigge, 2d ed., rev. by P. H. Nidditch (Oxford: Clarendon Press, 1740, 1748), sec. 27.

8 René Descartes, letter (to Morus), in R. M. Eaton, ed., *Descartes Selections* (1649, 1927).

9   Juan Huarte, *Examen de Ingenios*, trans. Bellamy (1575, 1698), 3; Noam Chomsky, *Cartesian Linguistics* (New York: Harper & Row, 1966) 참조.

07 언어와 두뇌

1   Ned Block, "The Computer Model of the Mind," in D. N. Osherson and E. E. Smith, eds., *An Invitation to Cognitive Science*, vol. 3, *Thinking* (Cambridge, MA : MIT Press, 1990).

2   "The Brain," *Daedalus*, Spring 1998.

3   Mark Hauser, *The Evolution of Communication* (Cambride, MA: MIT Press, 1996).

4   C. R. Gallistel, "Neurons and Memory," in M. S. Gazzaniga, ed., *Conversations in the Cognitive Neurosciences* (Cambridge, MA: MIT Press, 1997); "The Replacement of General-Purpose Learning Models with Adaptively Specialized Learning Modules," in M. S. Gazzaniga, ed., *The Cognitive Neurosciences*, 2d ed. (Cambridge, MA: MIT Press, 1999).

5   David Hume, *Dialogues Concerning Natural Religion*, ed. Martin Bell (New York: Penguin, 1990).

6   Noam Chomsky, "Language and Cognition," 1990년 7월 MIT에서 열린 인지과학회 (Cognitive Science Society) 대회 환영사, D. Johnson and C. Emeling, eds., *The Future of the Cognitive Revolution* (New York: Oxford University Press, 1997). Chomsky, "Language and Nature," *Mind* 104, no. 413 (January 1995): 1~61, Chomsky, *New Horizons in the Study of Language and Mind* (Cambridge: Cambridge University Press, 2000)에 재수록. 본문에 인용하지 않은 많은 근거 자료가 여기에 실려 있다.

7   Alexandre Koyré, *From the Closed World to the Infinite Universe* (Baltimore: Johns Hopkins University Press, 1957).

8   Arnold Thackray, *Atoms and Powers* (Cambridge, MA: Harvard University Press, 1970).

9   Gerald Holton, "On the Art of Scientific Imagination," *Daedalus*, Spring 1996, 183~208에서 인용.

10   V.S. Ramachandran and Sandra Blakeslee, *Phantoms in the Brain* (London: Fourth Estate, 1998)에서 인용.

11   Bertrand Russell, *The Analysis of Matter* (Leipzig: B. G. Teubner, 1929).

12   R.D. Hawkins and E.R. Kandel, "Is There a Cell-Biological Alphabet for Simple

Forms of Learning?," *Psychological Review* 91 (1984): 376~391.

13   Adam Frank, "Quantum Honeybees," *Discover* 80 (November 1997).

14   Noam Chomsky, 〈스키너의 《언어 행동》에 대한 서평review of B. F. Skinner, *Verbal Behavior*〉, *Language* 35, no. 1 (1959): 26~57.

15   R.C. Lewontin, "The Evolution of Cognition," *Thinking: An Invitation to Cognitive Science*, vol. 3, ed. Daniel N. Osherson and Edward E. Smith (Cambridge, MA: MIT Press, 1990), 229~246.

16   Terrence Deacon, *The Symbolic Species: The Co-evolution of Laguage and the Brain* (New York: Norton, 1998).

17   이 주제에 관한 최근의 논의로 다음 자료 참조. Jerry Fodor, *The Mind Doesn't Work That Way: Scope and Limits of Computational Psychology* (Cambrigde, MA: MIT Press, 2000); Gary Marcus, "Can Connectionism Save Constructivism?," *Cognition* 66 (1998): 153~182.

18   촘스키, 〈스키너의 《언어 행동》에 대한 서평〉 참조. 더 일반적인 논의는 Chomsky, *Reflections on Language* (New York: Pantheon Books, 1975).

19   이 보기 드문 가정의 중요성에 관해서는 다음 자료 참조. Fodor, *Mind Doesn't Work That Way*.

20   C.R. Gallistel, ed., *Animal Cognition, Cognition*, special issue, 37, no. 1~2 (1990).

1951. "Morphophonemics of Modern Hebrew." Master's thesis, University of Pennsylvania.

1953. "Systems of Syntactic Analysis." *Journal of Symbolic Logic* 18, no. 3 (September).

1954. Review of *Modern Hebrew* by E. Reiger. *Language* 30, no. 1 (January-March).

1955. "Logical Syntax and Semantics: Their Linguistic Relevance." *Language* 31, nos. 1-2 (January-March).

1955. *Logical Structure of Lingustic Theory.* Manuscript (microfilm). Reprints, New York: Plenum Press, 1975; Chicago: University of Chicago Press, 1985.

1955. "Transformational Analysis." Ph.D. dissertation. Philadelphia: University of Pennsylvania.

1955. "Semantic Considerations in Grammar." Monograph no. 8. Georgetown: Georgetown University Institute of Languages and Linguistics.

1957. *Syntactic Structures.* The Hague: Mouton. Reprints, Berlin and New York, 1985; Berlin and New York: Mouton de Gruyter, 2002.

1958. "Linguistics, Logic, Psychology, and Computers." *Computer Programming and Artificial Intelligence* (March).

1959. Review of *Verbal Behavior* by B. F. Skinner. *Language* 35, no. 1 (January-March).

1961. "Some Methodological Remarks on Generative Grammar."

Word 17, no. 2 (August).

1965. *Aspects of the Theory of Syntax*. Cambridge, MA: MIT Press.

1965. *Cartesian Linguistics*. New York: Harper & Row. Reprints, Lanham, MD: University Press of America, 1986; Christchurch, New Zealand: Cybereditions Corporation, 2002; Cambridge: Cambridge University Press, 2008.

1968. With Morris Halle. *Sound Pattern of English*. New York: Harper & Row. Reprint, Cambridge, MA: MIT Press, 1991.

1968. "Vietnam: A Symptom of the Crisis in America." *Folio* 6, no. 2 (Spring-Summer).

1969. Review of *No More Vietnams*, edited by R. M. Pfeiffer. *New York Review of Books*, January 2.

1969. *American Power and the New Mandarins*. New York: Pantheon Books; London: Chatto and Windus. Reprint, New York: The New Press, 2002.

1969. "Some Tasks for the Left." *Liberation* 14, nos. 5-6 (August-September).

1969. "Knowledge and Power: Intellectuals and the Welfare-Warfare State." In *The New Left: A Collection of Essays*, ed. Patricia Long. Boston: Porter Sargent.

1970. *At War with Asia*. New York: Pantheon Books. Reprint, Oakland, CA: AK Press, 2005.

1970. "A Visit to Laos." *New York Review of Books* 15, no. 2 (July 23).

1970. "In North Vietnam," *New York Review of Books* 15, no. 3 (August 13).

1970. *For Reasons of State*. New York: Pantheon Books. Reprint, New York: The New Press, 2003.

1970. *Current Issues in Linguistic Theory*. Berlin and New York: Mouton de Gruyter.

1971. *Chomsky: Selected Readings*, ed. J. P. B. Allen and Paul Van Buren. London: Oxford Uni-versity Press.

1971. *Problems of Knowledge and Freedom*. New York: Pantheon Books. Reprint, New York: The New Press, 2003(한국어판: 장영준 옮김, 《촘스키, 러셀을 말하다》, 시대의창, 2011).

1968. *Language and Mind*. New York: Harcourt Brace and World. Expanded ed., New York: Harcourt Brace Jovanovich, 1972.

1972. *Studies on Semantics in Generative Grammar*. The Hague: Mouton

1972. "The Pentagon Papers as Propaganda and as History." In *The Pentagon Papers*, vol. 5, eds. Noam Chomsky and Howard Zinn. Boston: Beacon.

1973. "Endgame: The Tactics of Peace in Vietnam." *Ramparts* 11, no. 10 (April): 25-28, 5-60.

1973. With Edward S. Herman. *Counter-Revolutionary Violence: Bloodbaths in Fact and Propa-ganda,* Module no. 57. Andover, MA: Warner Modular Publications.

1973. "Watergate: A Skeptical View." *New York Review of Books* 20, no. 4 (September 20).

1974. *Peace in the Middle East?* New York: Pantheon Books. (아래 2003년 *Middle East Illusions*를 보라.)

1975. *Reflections on Language*. New York: Pantheon Books. (아래 1998년 *On Language*를 보라.)

1976. "Conditions on Rules of Grammar." *Linguistic Analysis* 2, no. 4.

1977. "Human Rights: A New Excuse for U.S. Interventions." *Seven Days* 1, no. 8 (May 23).

1977. "Workers Councils: Not Just a Slice of the Pie, But a Hand in Making It." *Seven Days* 1, no. 10 (June 20).

1977. "Why American Business Supports Third World Fascism."

Business and Society Review (Fall).

1977. *Essays on Form and Interpretation.* New York: Elsevier North-Holland.

1978. *"Human Rights" and American Foreign Policy.* Nottingham: Spokesman Books.

1978. "Against Apologetics for Israeli Expansionism." *New Politics* 12, no. 1 (Winter): 15-46.

1978. *Language and Responsibility.* New York: Pantheon Books. (아래 1998년 *On Language*를 보라.)

1978. "An Exception to the Rules." Review of *Just and Unjust Wars* by Michael Walzer. *Inquiry* (April 17).

1979. "The Hidden War in East Timor." *Resist*, January-February.

1979. With Edward S. Herman. *The Political Economy of Human Rights. The Washington Con-nection and Third World Fascism*, vol. 1. *After the Cataclysm: Postwar Indochina and the Reconstruction of Imperial Ideology*, vol. 2. Cambridge, MA: South End Press.

1980. *Rules and Representations.* New York: Columbia University Press; Oxford: Basil Blackwell Publisher. Reprint, New York: Columbia University Press, 2005.

1981. *Lectures on Government and Binding: The Pisa Lectures.* Holland: Foris Publications. Reprint, Berlin and New York: Mouton de Gruyter, 1993.

1981. "Resurgent America: On Reagan's Foreign Policy." *Our Generation* 14, no. 4 (Summer).

1981. "On the Representation of Form and Function." *The Linguistic Review* 1.

1981. *Radical Priorities*, ed. Carlos P. Otero. Montréal: Black Rose Books. Expanded ed., Oakland, CA: AK Press, 2003.

1982. *Towards a New Cold War: Essays on the Current Crisis and How We Got There.* New York: Pantheon Books. Reprinted as

Towards a New Cold War: U.S. Foreign Policy from Vietnam to Reagan. New York: The New Press, 2003.

1982. *Some Concepts and Consequences of the Theory of Government and Binding.* Cambridge, MA: MIT Press.

1983. *Fateful Triangle: Israel, the United States, and the Palestinians.* Cambridge, MA: South End Press. Expanded ed., Cambridge, MA: South End Press, 1999(한국어판: 최재훈 옮김, 《숙명의 트라이앵글》, 이후, 2008).

1984. *Modular Approaches to the Study of the Mind.* San Diego: San Diego State University Press.

1985. "Crimes by victims are called terrorism." *In These Times*, July 24-August 6.

1985. "Dominoes." *Granta* 15 (Spring).

1985. *Turning the Tide: U.S. Intervention in Central America and the Struggle for Peace.* Cambridge, MA: South End Press. Expanded ed., Montréal: Black Rose Books, 1988; Cambridge, MA: South End Press, 2000.

1986. *Knowledge of Language: Its Nature, Origin, and Use.* New York: Praeger Publishers.

1986. "The Soviet Union vs. Socialism." *Our Generation* 7, no. 2 (Spring/Summer).

1986. *Barriers.* Cambridge, MA: MIT Press.

1986. "Visions of Righteousness." *Cultural Critique*, no. 3 (Spring).

1986. "Middle East Terrorism and the US Ideological System." *Race and Class* 28, no. 1.

1986. *Pirates and Emperors: International Terrorism in the Real World.* New York: Claremont Research and Publications; Battleboro, VT: Amana Books; Montréal: Black Rose Books, 1987. (아래 2002년 *Pirates and Emperors, Old and New*를 보라.)

1987. *On Power and Ideology: The Managua Lectures.* Cambridge,

MA: South End Press.

1987. *Language and Problems of Knowledge: The Managua Lectures.* Cambridge, MA: MIT Press.

1987. *The Chomsky Reader*, ed. James Peck. New York: Pantheon Books.

1988. *The Culture of Terrorism.* Cambridge, MA: South End Press(한국어판: 홍건영 옮김, 《테러리즘의 문화》, 자음과모음, 2002).

1988. *Language and Politics*, ed. Carlos P. Otero. Montréal: Black Rose Books. Expanded ed., Oakland, CA: AK Press, 2004.

1988. "Scenes from the Uprising." *Z Magazine*, July/August.

1988. "The Palestinian Uprising: A Turning Point?" *Z Magazine*, May.

1988. With Edward S. Herman. *Manufacturing Consent: The Political Economy of the Mass Media.* New York: Pantheon Books. Expanded ed., New York: Patheon Books, 2002(한국어판: 정경옥 옮김, 《여론조작》, 에코리브르, 2006).

1989. *Necessary Illusions: Thought Control in Democratic Societies.* Cambridge, MA: South End Press(한국어판: 황의방 옮김, 《환상을 만드는 언론》, 두레, 1989).

1990. "The Dawn, So Far, Is in the East." *Nation* 250, no. 4 (January 29).

1991. *On U.S. Gulf Policy.* Open Magazine Pamphlet Series, no 1. Westfield, NJ: Open Media.

1991. "International Terrorism: Image and Reality." In *Western State Terrorism*, ed. Alexander George, 12-38. Oxford: Polity Press.

1991. "Some Notes on Economy of Derivation and Representation." In *Principles and Parameters in Comparative Grammar*, ed. Robert Freidin. Cambridge, MA: MIT Press.

1991. *The New World Order.* Open Magazine Pamphlet Series, no. 6. Westfield, NJ: Open Media.

1991. *Deterring Democracy*. New York: Verso. Expanded ed., London: Vintage, 1992; New York: Hill and Wang, 1992.

1991. *Media Contol: The Spectacular Achievements of Propaganda*. Open Magazine Pamphlet Series, no. 10. Westfield, NJ: Open Media. Expanded ed., New York: Seven Stories Press/ Open Media, 2002.

1992. " 'What We Say Goes': The Middle East in the New World Order." In *Collateral Damage: The "New World Order" at Home and Abroad*, ed. Cynthia Peters. Cambridge, MA: South End Press.

1992. "Language and Mind: Challenges and Prospects." Talk given at the Commemorative Lecture Meeting, 1988 Kyoto Prizes, Kyoto, November 11, 1988. In *Kyoto Prizes and Inamori Grants*, 1988. Kyoto: Inamori Foundation.

1992. "A Minimalist Program for Linguistic Theory." *MIT Occasional Papers in Linguistics* 1. Cambridge, MA: MIT Working Papers in Linguistics. Reprinted in *The View from Building 20*, eds. Kenneth Hale and Samuel Jay Keyser. Cambridge, MA: MIT Press, 1993.

1992. *What Uncle Sam Really Wants*. Berkeley: Odonian Press.

1992. With David Barsamian. *Chronicles of Dissent*. Monroe, ME: Common Courage Press.

1993. "The Masters of Mankind." *Nation*. March 29.

1993. *Enter a World That Is Truly Surreal: President Clinton's Sudden Use of International Violence*. Westfield, NJ: Open Media.

1993. "On US Gulf Policy." In *Open Fire: The Open Magazine Pamphlet Series Anthology*, eds. Greg Ruggiero and Stuart Sahulka. New York: The New Press.

1993. *Letters from Lexington: Reflections on Propaganda*. Monroe, ME: Common Courage Press; Toronto, ON: Between the Lines. Expanded ed., Boulder: Paradigm Publishers, 2004.

1993. *Year 501: The Conquest Continues*. Cambridge, MA: South

End Press.

1993. *Rethinking Camelot: JFK, the Vietnam War, and U.S. Political Culture*. Cambridge, MA: South End Press.

1993. *Language and Thought*. Wakefield, RI: Moyer Bell.

1993. With David Barsamian. *The Prosperous Few and the Restless Many*. Berkeley, CA: Odonian Press.

1994. "Humanitarian Intervention." *Boston Review* 18, no. 6 (December 1993-January 1994).

1994. *World Orders Old and New*. Cairo: The American University in Cairo Press; New York: Columbia University Press. Expanded ed., New York: Columbia University Press, 1996.

1994. With David Barsamian. *Keeping the Rabble in Line*. Monroe, ME: common Courage Press.

1994. With David Barsamian. *Secrets, Lies and Democracy*. Berkeley, CA: Odonian Press.

1995. "Rollback." In *The New American Crisis: Radical Analyses of the Problems Facing America Today*, eds. Greg Ruggiero and Stuart Sahulka. New York: The New Press.

1995. "Memories." *Z Magazine*, July/ August.

1995. *The Minimalist Program*. Cambridge, MA: MIT Press.

1996. With David Barsamian. *Class Warfare: Interviews with David Barsamian*. Monroe, ME: Common Courage Press.

1996. " 'Consent without Consent': Reflections on the Theory and Practice of Democracy." *Cleveland State Law Review* 44, no. 4.

1996. *Powers and Prospects: Reflections on Human Nature and the Social Order*. St. Leonards, Australia: Allen and Unwin; Cambridge, MA: South End Press.

1996. "Hamlet without the Prince of Denmark." Review of *In Retrospect* by Robert McNamara. In *Diplomatic History* 20, no. 3 (Summer).

1997. "The Cold War and the University." In *The Cold War and the University: Toward an In-tellectual History of the Postwar Years*. New York: The New Press(한국어판: 정연복 옮김, 《냉전과 대학》, 당대, 2001).

1998. *On Language: Chomsky's Classic Works* Language and Responsibility and Reflections on Language *in One Volume*. New York: The New Press.

1998. With David Barsamian. *The Common Good*. Monroe, ME: Odonian Press(한국어판: 강주헌 옮김, 《촘스키, 세상의 권력을 말하다》1·2, 시대의창, 2004).

1998. "Power in the Global Arena." *New Left Review* 230 (July/August).

1999. *The Umbrella of U.S. Power: The Universal Declaration of Human Rights and the Contra-dictions of U.S. Policy*. New York: Seven Stories Press/ Open Media.

1999. *Profit Over People: Neoliberalism and Global Order*. New York: Seven Stories Press(한국어판: 강주헌 옮김, 《그들에게 국민은 없다》, 모색, 2004).

1999. *The New Military Humanism: Lessons from Kosovo*. Monroe, ME: Common Courage Press.

1999. With Heinz Dieterich. *Latin America: From Colonization to Globalization*. Melbourne: Ocean Press.

1999. "The United States and the University of Human Rights." *International Journal of Health Services* 29, no. 3.

1999. "Domestic Terrorism: Notes on the State System of Oppression." *New Polittical Science* 21, no. 3.

2000. "US Iraq Policy: Motives and Consequences." In *Iraq Under Siege: The Deadly Impact of Sanctions and War*, ed. Anthony Arnove. Cambridge, MA: South End Press.

2000. *New Horizons in the Study of Language and Mind*.

Cambridge: Cambridge University Press.

2000. *Rogue States: The Rule of Force in World Affairs.* Cambridge, MA: South End Press(한국어판: 장영준 옮김, 《불량국가》, 두레, 2001).

2000. *A New Generation Draws the Line: Kosovo, East Timor and the Standards of the West.* London and New York: Verso.

2000. *Chomsky on MisEducation*, edited by Donaldo Macedo. Lanham, MD: Rowman and Littlefield Publishers(한국어판: 강주헌 옮김, 《실패한 교육과 거짓말》, 아침이슬, 2001).

2000. *The Architecture of Language*, ed. Nirmalangshu Mukherji, Bibudhendra Narayan Patnaik, and Rama Kant Agnihotri. New Delhi: Oxford University Press.

2001. With David Barsamian. *Propaganda and the Public Mind: Conversations with Noam Chmsky.* Cambridge, MA: South End Press(한국어판: 이성복 옮김, 《프로파간다와 여론》, 아침이슬, 2002).

2001. "Elections 2000." *Z Magazine*, January.

2001. "Update: Elections." *Z Magazine*, February.

2001. *9-11*, ed. Greg Ruggiero. New York: Seven Stories Press. Expanded ed., New York: Seven Stories Press, 2002(한국어판: 박행웅·이종삼 옮김, 《촘스키 9-11》, 김영사, 2001).

2002. *Understanding Power: The Indispensable Chomsky*, eds. Peter R. Mitchell and John Schoeffel. New York: The New Press(한국어판: 이종인 옮김, 《촘스키, 세상의 물음에 답하다》1·2·3, 시대의창, 2005).

2002. *On Nature and Language*, eds. Adriana Belletti and Luigi Rizzi. Cambridge: Cambridge University Press(한국어판: 이두원 옮김, 《촘스키, 자연과 언어에 관하여》, 이정출판사, 2003).

2002. With W. Tecumseh Fitch and Marc D. Hauser. "The Faculty of Language: What Is It, Who Has It, and How Did It Evolve?" *Science* 298 (November 22).

2002. *Pirates and Emperors, Old and New: International Terrorism in the Real World.* Cambridge, MA: South End Press(한국어판: 지소철

옮김, 《해적과 제왕》, 황소걸음, 2004).

2003. *Power and Terror: Post-9/11 Talks and Interviews*, eds. John Junkerman and Takei Masakazu. New York: Seven Stories Press(한국어판: 홍한별 옮김, 《권력과 테러》, 양철북, 2003).

2003. *Chomsky on Democracy and Education*, ed. Carlos P. Otero. New York: RoutledgeFalmer(한국어판: 이종인 옮김, 《사상의 향연》, 시대의창, 2007).

2003. *Middle East Illusions*. Lanham, MD: Rowman and Littlefield.

2003. *Hegemony or Survival: America's Quest for Global Dominance*. New York: Metropolitan Books. Expanded ed., New York: Owl Books, 2004(한국어판: 오성환·황의방 옮김, 《패권인가 생존인가》, 까치글방, 2004).

2003. *Objectivity and Liberal Scholarship*. New York: The New Press.

2004. *The Generative Enterprise Revisited: Discussion with Riny Huybregts, Henk van Riemsdijk, Naoki Fukui and Mihoko Zushi*. Berlin and New York: Mouton de Gruyter.

2004. "Turing on the 'Imitation Game.'" In *The Turing Test*, ed. Stuart Shieber. Cambridge, MA: MIT Press.

2005. "Three Factors in Language Design." *Linguistics Inquiry* 36, no. 1 (Winter).

2005. "What We Know: On the Universals of Language and Rights." *Boston Review* 30, nos. 3-4 (Summer).

2005. With W. Tecumseh Fitch and Marc D. Hauser. "The Evolution of the Language Faculty: Clarifications and Implications." *Cognition* 97, no. 2 (September).

2005. *Government in the Future*. New York: Seven Stories Press/ Open Media(한국어판: 유강은 옮김, 《촘스키, 미래의 정부를 말하다》, 모색, 2006).

2005. *Chomsky on Anarchism*. Oakland: AK Press(한국어판: 이정아

옮김, 《촘스키의 아나키즘》, 해토, 2007).

2005. *Imperial Ambitions: Conversations of the Post-9/11 World*. New York: Metropolitan Books(한국어판: 강주헌 옮김, 《우리의 미래를 말하다》, 해토, 2007).

2006. *Failed States: The Abuse of Power and the Assault on Democracy*. New York: Metropolitan Books. Paperback ed., New York: Owl Books, 2007(한국어판: 강주헌 옮김, 《촘스키, 실패한 국가, 미국을 말하다》, 황금나침반, 2006).

2006. "Latin America at the Tipping Point." *International Socialist Review*, no. 46 (March/ April).

2006 "On Phases." In *Foundational Issue in Linguistic Theory*, eds. Robert Freidin, Carlos P. Otero, and Maria-Luisa Zubizaretta. Cambridge, MA: MIT Press.

2007. With Gilbert Achcar. *Perilous Power: The Middle East and U.S. Foreign Policy: Dialogues on Terror, Democracy, War and Justice*, ed. Stephen R. Shalom. Boulder: Paradigm Publishers.

2007. *Interventions*. San Francisco: City Lights Books/Open Media Series(한국어판: 강주헌 옮김, 《촘스키, 우리가 모르는 미국 그리고 세계》, 시대의창, 2008).

2007. With Ervand Abrahamian, David Barsamian, and Nahid Mozaffari. *Targeting Iran*. San Francisco: City Lights Books/Open Media Series.

2007. *Inside Lebanon: Journey to a Shattered Land with Noam and Carol Chomsky*, ed. Assaf Kfoury. New York: Monthly Review Press(한국어판: 강주헌 · 유자화 옮김, 《촘스키, 고뇌의 땅 레바논에 서다》, 시대의창, 2012).

2007. With David Barsamian. *What We Say Goes: Conversations on U.S. PoWer in a Changing World*. New York: Metropolitan Books(한국어판: 장영준 옮김, 《촘스키, 변화의 길목에서 미국을 말하다》, 시대의창, 2009).